W0041032

Springer

Berlin
Heidelberg
New York
Barcelona
Budapest
Hongkong
London
Mailand
Paris
Singapur
Tokio

Claus Buddeberg · Jürg Willi (Hrsg.)

Psychosoziale Medizin

Mit Beiträgen der Autorinnen und Autoren

U. Ackermann-Liebrich, B. Buddeberg-Fischer,
C. Buddeberg, E. Heim, D. Ladewig,
K. Laederach, P. C. Meyer, A. Riehl-Emde, J. Willi,
E. Zemp Stutz

2., vollständig
überarbeitete
Auflage

Mit
68 Abbildungen
und 72 Tabellen

 Springer

Prof. Dr. med. CLAUS BUDDEBERG
Prof. Dr. med. JÜRG WILLI

UniversitätsSpital Zürich
Psychiatrische Poliklinik
Abt. für Psychosoziale Medizin
Culmannstr. 8
CH-8091 Zürich

ISBN 3-540-63955-1 Springer-Verlag Berlin Heidelberg New York

ISBN 3-540-16121-X 1. Auflage, Band 1, Springer-Verlag Berlin Heidelberg New York
ISBN 3-540-16229-1 1. Auflage, Band 2, Springer-Verlag Berlin Heidelberg New York

Die Deutsche Bibliothek – CIP-Einheitsaufnahme
Psychosoziale Medizin / Hrsg.: Claus Buddeberg ; Jürg Willi. – 2.,
vollst. überarb. Aufl. – Berlin ; Heidelberg ; New York ; Barcelona ;
Budapest ; Hongkong ; London ; Mailand ; Paris ;
Singapur ; Tokio : Springer, 1998
   (Springer-Lehrbuch)
   ISBN 3-540-63955-1

Herstellung: PRO EDIT GmbH, D-69123 Heidelberg
Einbandgestaltung: design & production GmbH, D-69123 Heidelberg
Satzherstellung: Hagedorn Kommunikation, D-68519 Viernheim

SPIN: 10519664   15/3135-5 4 3 2 1 0 – Gedruckt auf säurefreiem Papier

Das vorliegende Buch stellt für die Psychosoziale Medizin wichtige Fakten kurz und übersichtlich dar. Folgende Symbole sollen dem Leser zur besseren Orientierung dienen und das Lernen erleichtern:

Übersicht und Zusammenfassung

Merksätze und wichtige Tabellen

Fallbeispiele

Prof. Dr. med. URSULA ACKERMANN-LIEBRICH
Institut für Sozial- und Präventivmedizin
Universität Basel
Steinengraben 49
CH-4051 Basel

Prof. Dr. med. CLAUS BUDDEBERG
Abteilung für Psychosoziale Medizin
Psychiatrische Poliklinik
UniversitätsSpital
Culmannstr. 8
CH-8091 Zürich

PD Dr. med. BARBARA BUDDEBERG-FISCHER
Abteilung für Psychosoziale Medizin
Psychiatrische Poliklinik
UniversitätsSpital
Culmannstr. 8
CH-8091 Zürich

Prof. Dr. med. EDGAR HEIM
Tannackerstr. 3
CH-3653 Oberhofen

Prof. Dr. med. DIETER LADEWIG
Psychiatrische Universitätsklinik
Wilhelm Klein-Str. 27
CH-4025 Basel

Dr. med. KURT LAEDERACH
Medizinische Universitätspoliklinik
Station für Psychosomatik und Psychosoziale Medizin
Freiburgstr. 3
CH-3010 Bern

PD Dr. phil. PETER C. MEYER
Abteilung für Evaluation und Medizinische Informatik
Psychiatrische Universitätsklinik
Lenggstr. 31
CH-8029 Zürich

Dr. phil. ASTRID RIEHL-EMDE
Psychiatrische Poliklinik
UniversitätsSpital
Culmannstr. 8
CH-8091 Zürich

Prof. Dr. med. JÜRG WILLI
Psychiatrische Poliklinik
UniversitätsSpital
Culmannstr. 8
CH-8091 Zürich

Dr. med. ELISABETH ZEMP STUTZ
Institut für Sozial- und Präventivmedizin
Universität Basel
Steinengraben 49
CH-4051 Basel

Psychosoziale Medizin ist seit 1982 in der Schweiz ein Unterrichts- und Prüfungsfach in den ersten drei Jahren des Medizinstudiums. Neben der Vermittlung von Kenntnissen aus den Gebieten Entwicklungs- und Persönlichkeitspsychologie, Psychophysiologie, Sozialpsychologie und Gesundheitssoziologie werden den Studierenden Erfahrungen und Fertigkeiten in der Gestaltung der Arzt-Patient-Beziehung und des ärztlichen Gesprächs vermittelt. Als Dozenten sind Psychiater, Internisten, Allgemeinärzte, Psychologen und Soziologen am Unterricht in Psychosozialer Medizin beteiligt. Durch diese interdisziplinäre Konzeption des Faches ist eine interprofessionelle Zusammenarbeit gewährleistet, wie sie in den anderen deutschsprachigen Ländern aufgrund der Aufsplitterung der „Psycho-Fächer" bisher nicht verwirklicht werden konnte. Im gegenwärtigen Wandel der Medizin und der Gesundheitsversorgung kommt der Psychosozialen Medizin mit ihrem interdisziplinären Ansatz eine zentrale Rolle zu. Soziokulturelle, psychologische und ökonomische Aspekte werden in den kommenden Jahren für viele Bereiche der Medizin an Bedeutung zunehmen. Von daher ist es wichtig, daß Studierende der Medizin im Verlauf ihrer Ausbildung für den Arztberuf relevante Grundlagen der Sozialwissenschaften kennenlernen und in ihr Denken und Handeln integrieren.

Die erste Auflage dieses Lehrbuches erschien 1986 in zwei Bänden. Herausgeber waren *Jürg Willi*, federführend für Band 1 und *Edgar Heim*, federführend für Band 2. Die jetzt vorliegende zweite Auflage wurde vollständig überarbeitet und im Umfang gekürzt. Der Text ist eindeutig als Lehrbuch konzipiert. Der Wissensstoff wird von den Autorinnen und Autoren übersichtlich und praxisnah dargestellt und an Beispielen aus ihrer ärztlichen Tätigkeit veranschaulicht. Die Kapitel 1 bis 8 befassen sich mit sozialwissenschaftlichen Grundlagen, welche für den Arztberuf wichtig sind. In den Kapiteln 9 bis 14 werden Gesundheits- und Krankheitsmodelle, die Arzt-Patient-Beziehung, das ärztliche Gespräch sowie Fragen der Krankheitsbewältigung und schwierige Krankheitssituationen behandelt. Das Buch richtet sich in erster Linie an Studierende der Medizin. Es bietet aber auch für Ärztinnen und Ärzte, die sich im Rahmen ihrer Weiter- und Fortbildung mit Fragen der psychosozialen und psychosomatischen Grundversorgung befassen, wichtiges Grundlagenwissen. Ebenfalls finden Psychologen, Soziologen, Sozialarbeiter und Angehörige medizinischer Assistenzberufe, die in ihrer Tätigkeit heute mit vielen psychosozialen Problemsituationen konfrontiert werden, in diesem Buch praxisnahe Konzepte und Hinweise.

Im Interesse einer guten Lesbarkeit des Textes wird auf eine Schreibweise verzichtet, die immer beide Geschlechter – Arzt/Ärztin, Patient/Patientin – berücksichtigt. Wo möglich werden geschlechtsneutrale Formulierungen gewählt (z. B. Studierende anstatt Studenten/Studentinnen). Wenn die Lesenden im Text direkt angesprochen sind, wird die männliche *und* weibliche Form verwendet. Bei Beschreibungen und Aussagen, welche für beide Geschlechter Gültigkeit haben, stehen die Begriffe Ärzte, Patienten, etc. stellvertretend für die männliche und weibliche Form.

Die Herausgeber danken all jenen, welche an der Konzeption und Gestaltung dieser zweiten Auflage tatkräftig mitgewirkt haben: An erster Stelle ist hier *Edgar Heim* zu nennen, der nach seiner Emeritierung als Ordinarius für Psychiatrie und Psychotherapie an der Universität Bern seine Funktion als Herausgeber an *Claus Buddeberg* weitergegeben hat. Die Autoren, Dozierende an den Universitäten Basel, Bern und Zürich, haben wesentlich zum Gelingen dieses Buches beigetragen. Ihnen möchten wir für die kompetente Bearbeitung und Darstellung von Themen aus ihren Fachgebieten danken. Ein besonderer Dank gilt Frau *Regula von Orelli*, die mit großem Einsatz, Sorgfalt und Ausdauer den Großteil der Manuskripte geschrieben und entsprechend den Vorgaben des Springer-Verlages gestaltet hat. Unterstützt wurde sie in ihrer Arbeit durch die Sekretärinnen der einzelnen Autoren, die ebenfalls unseren Dank verdienen. Frau *Barbara Buddeberg-Fischer* hat die Umbruchabzüge der einzelnen Kapitel korrigiert und den Text an einigen Stellen inhaltlich und stilistisch verbessert. Auch sie hat wesentlichen Anteil am Gelingen diese Lehrbuches. Schließlich haben uns viele ungenannte Kolleginnen und Kollegen wichtige Anregungen für die Überarbeitung und Neugestaltung des Textes gegeben. Ihnen sei an dieser Stelle ebenfalls gedankt. Nicht zuletzt möchten wir *Anne C. Repnow, Susanne Schimmer* und *Rose-Marie Doyon* vom Springer-Verlag, sowie *Constanze Sonntag* von der Firma Proedit für die gute Zusammenarbeit danken.

Zürich, September 1998   CLAUS BUDDEBERG
                                          JÜRG WILLI

Inhaltsverzeichnis

6 Psychische Grundfunktionen 217

7 Persönlichkeitspsychologie 249

CLAUS BUDDEBERG, JÜRG WILLI

••• Die Medizin ist eine Disziplin, deren wissenschaftliche Grundlagen in den Natur- und Sozialwissenschaften liegen. Der rasche Wissenszuwachs vor allem in der biologischen und technologischen Grundlagenforschung hat dazu geführt, dass heute Krankheiten geheilt oder in ihrem Verlauf beeinflusst werden können, die noch vor wenigen Jahren als unheilbar galten. Parallel zum naturwissenschaftlich-technischen Fortschritt sind in der modernen Medizin psychosoziale Fragestellungen und Probleme aufgetreten, welche nicht nur die Kranken, sondern auch ihre Angehörigen und die Ärzte betreffen. Der Psychosozialen Medizin kommt die Aufgabe zu, die Rolle psychologischer und soziologischer Faktoren für die Entstehung, den Verlauf und die Bewältigung von Krankheiten sowie für die Förderung und Erhaltung von Gesundheit zu klären und diese Aspekte in der Aus- und Fortbildung von Medizinern zu vertreten.

1.1 Was ist Psychosoziale Medizin?

Begriffsdefinition. Die Psychosoziale Medizin befasst sich mit der psychologischen und soziologischen Dimension der Medizin. Jeder Zustand von Krank- und Gesundsein sowie jede ärztliche Untersuchung und medizinische Behandlung hat neben biologischen auch psychosoziale Aspekte. Psychosoziale Medizin meint deshalb nicht einfach Psychologie und Soziologie für Mediziner, sondern sie betrifft die sozialwissenschaftlichen Aspekte der Medizin. Das Hauptwort *Medizin* betont die Verankerung des Faches in der medizinischen Praxis und soll gegenüber den Begriffen medizinische Psychologie und medizinische Soziologie vor einer einseitigen theoretischen Ausrichtung und Wissensvermittlung schützen. Die Psychosoziale Medizin soll in der Ausbildung von Studierenden der Medizin praxisrelevante Grundlagen der Psychologie und Soziologie vermitteln, die in einem unmittelbaren Bezug zur ärztlichen Tätigkeit stehen [4,5]. Sie orientiert sich an einem biopsychosozialen Modell von Gesundheit und Krankheit, wie es im Verlauf der letzten Jahrzehnte in der Zusammenarbeit zwischen Medizinern, Natur- und Sozialwissenschaftlern entwickelt wurde und heute in der Medizin breite Anerkennung findet.

Entwicklung des Faches. Parallel zur Entwicklung in anderen Ländern entstanden seit Mitte der 60er Jahre an den Schweizer Universitäten Initiativen, praxisrelevante Aspekte der medizinischen Psychologie und Soziologie sowie der Sozialpsychologie ins Medizinstudium zu integrieren. Die Psychosoziale Medizin ist das jüngste Examensfach des medizinischen Curriculums in der Schweiz. Im Reglement der eidgenössischen Medizinalprüfungen vom 1. 10. 1982 wurde erstmals eine Prüfung im Rahmen des ersten Teils der ärztlichen Schlussprüfung über *Grundlagen der Psychosozialen Medizin* festgelegt [4]. Der Lehrstoff wird in Vorlesungen, Kursen und Seminaren erarbeitet und diskutiert. Neben der Vermittlung von Kenntnissen aus den Bereichen Entwicklungspsychologie, Persönlichkeitspsychologie, Sozialpsychologie, Gesundheitssoziologie und Psychophysiologie werden den Studierenden Fertigkeiten und Erfahrungen in der Gesprächsführung und in der Gestaltung der Arzt–Patient–Beziehung vermittelt.

Examen im Fach Psychosoziale Medizin. Die Prüfungen am Ende des 3. bzw. 4. Studienjahres gliedern sich in zwei Teile. Im ersten Teil wird den Kandidaten ein Videoband eines hausärztlichen Gesprächs vorgespielt, zu welchem sie Fragen schriftlich zu beantworten haben. Im zweiten Teil werden sie zum Videoband und zum Lehrstoff des Faches mündlich geprüft. Die Erfahrungen mit dem Unterricht und Examen in Psychosozialer Medizin haben gezeigt, dass das Fach eine wichtige Ergänzung zu den somatischen Grundlagenfächern des medizinischen Curriculums darstellt.

Psychosoziale Medizin als création suisse. Die Entwicklung der „Psycho–Fächer" im deutschsprachigen Raum verlief in den letzten Jahrzehnten unterschiedlich. In Deutschland wurden in den 60er Jahren, entsprechend dem Trend zu einer zunehmenden Aufsplitterung der Medizin in Subspezialitäten, eigenständige Institute und Kliniken für medizinische Psychologie, medizinische Soziologie und Psychosomatische Medizin geschaffen und dafür Lehrstühle eingerichtet. Wie die Erfahrungen zeigen, hat sich zwischen diesen

Gebieten nur an einzelnen Orten eine intensivere Zusammenarbeit entwickelt. In der Schweiz gingen die Initiativen zur Einrichtung des Faches Psychosoziale Medizin von Vertretern der poliklinischen Psychiatrie und Psychotherapie aus, die eine enge Verbindung des neuen Faches mit der Psychiatrie, der Allgemeinmedizin und der Inneren Medizin für wichtig erachteten. Gegenwärtig sind Psychiater, Internisten und Allgemeinärzte, Psychologen und Soziologen als Dozenten im Fach Psychosoziale Medizin tätig. Dadurch ist eine interdisziplinäre und interprofessionelle Zusammenarbeit und Verankerung gewährleistet. Diese findet im klinischen Studium dahingehend eine Fortsetzung, dass die Fachvertreter der Psychosozialen Medizin in den einzelnen medizinischen Fächern zusätzlich Vorlesungen und Kurse über psychosomatische Störungen und psychische Aspekte körperlicher Krankheiten halten.

Betrachtet man die Bestrebungen zur Reform des Medizinstudiums, auf die in Kap. 1.5 noch näher eingegangen wird, so erscheint die interdisziplinäre Konstruktion und Verankerung der Psychosozialen Medizin gegenüber der Etablierung mehrerer, voneinander abgegrenzter Teilgebiete wesentliche Vorteile zu haben. Die Einrichtung von Lehrstühlen und eigenständigen Abteilungen für Psychosoziale Medizin an allen Schweizer Universitäten wurde bisher noch nicht verwirklicht. Hier haben die seit Beginn der 90er Jahre spürbar gewordenen Einschränkungen der finanziellen Mittel für die Universitäten eine Verzögerung gebracht. Für die weitere Entwicklung des Faches in Lehre und Forschung erscheint jedoch die institutionelle Verankerung der Psychosozialen Medizin an allen Schweizer Universitäten für die nächsten Jahre eine vorrangige Aufgabe.

1.2 Wandel der Medizin

!

Veränderungen auf verschiedenen Ebenen sozialer Systeme. Die Medizin durchläuft gegenwärtig einen tiefgreifenden Wandlungsprozess, der gleichzeitig auf verschiedenen Ebenen stattfindet. *Tabelle 1-1* gibt einen Überblick über Veränderungen auf verschiedenen Ebenen sozialer Systeme, welche für die Medizin von Bedeutung sind. Die einzelnen Ebenen sind als Subsysteme des nächsthöheren Systems zu verstehen. Dies bedeutet, dass sich Veränderungen auf den einzelnen Ebenen wechselseitig beeinflussen (s. Kap. 5).

Die einzelnen Systeme, ihre Veränderungen und ihre wechselseitigen Beeinflussungen werden in den einzelnen Kapiteln dieses Lehrbuches ausführlicher dargestellt. An dieser Stelle sollen einige wesentliche Veränderungen in ihrer Bedeutung für das ärztliche Denken und Handeln sowie die Arzt–Patient–Beziehung kurz dargelegt werden [1].

Veränderungen des Morbiditätsspektrums. Die Verschiebung von den *akuten lebensbedrohlichen* zu den *chronischen lebensbegleitenden Erkrankungen* ist eine wesentliche Änderung in der Entwicklung der Medizin im 20. Jahrhundert. War der Arzt früher vor allem ein Helfer und Retter in akut bedrohlichen Situationen, so ist er heute zusätzlich auch ein Vermittler für medizinische und soziale Unterstützung und Berater bei der Bewältigung gesundheitlicher Probleme. Heute sind es vor allem chronische, nicht heilbare Beschwerden und

Tabelle 1.1. Für die Medizin relevante Veränderungen auf verschiedenen Ebenen sozialer Systeme

System–Ebene	Veränderungen
Patient	Morbiditätsspektrum, Patientenrolle, Erwartungen, Einstellungen, Verhalten
Arzt / Ärztin	Medizinisches Wissen; diagnostische und therapeutische Möglichkeiten; Arztrolle; Prävention und Rehabilitation von Krankheiten
Arzt–Patient–Beziehung	Juristische Rahmenbedingungen, ethische Werte, Beziehungsdefinition, Aufteilung von Verantwortung
Systeme der Gesundheitsversorgung	Arztdichte, Verhältnis spitalinterne und -externe Versorgung, Praxismodelle, Qualitätsmanagement, Schul- und Komplementärmedizin
Kostenträger der Gesundheitsversorgung	Steuerung des Leistungsauftrags und der Leistungsvergütung gegenüber Ärzten, Differenzierung des Leistungskatalogs gegenüber den Versicherten
Systeme naturwissenschaftlicher und technologischer Forschung	Wissenszuwachs vor allem in den Bereichen Molekularbiologie, Genetik und Informatik, technologische Neuerungen, Verarbeitung grosser Datenmengen
Gesundheitspolitische Systeme	Gesetzgebung, ressourcen- und leistungsorientierte Steuerung, regionale Steuerung
Gesamtgesellschaft	Demographische und ökonomische Entwicklungen, Arbeitswelt, familiäre Lebensformen, Lebensstile

Krankheiten, die körperliche, seelische und geistige Einschränkungen bewirken und die Menschen veranlassen, ärztliche Hilfe zu suchen. Für den Arzt hat damit die Bedeutung von Krankheiten zugenommen, die immer wieder zu Beschwerden und Inanspruchnahme ärztlicher Hilfe führen.

Die Zunahme chronischer Krankheiten hat auch dazu geführt, dass der *Prävention dieser Krankheiten* in der Medizin vermehrte Beachtung geschenkt wird. Der Arzt hat dabei die Aufgabe, Patienten zu gesundheitsfördernden und – erhaltenden Verhaltensweisen und Einstellungen zu motivieren. Ist eine chronische Krankheit eingetreten, so kann der Arzt häufig den Verlauf des Leidens günstig beeinflussen. Neben der Behandlung von Krankheitssymptomen spielen dann auch sog. *Rehabilitationsmassnahmen* zur familiären, beruflichen und sozialen Wiedereingliederung des Patienten eine wichtige Rolle.

Demographischer Wandel. Die Lebenserwartung hat im Laufe dieses Jahrhunderts in den westlichen Ländern erheblich zugenommen. Der gleichzeitige Geburtenrückgang hat zu einer Veränderung der Bevölkerungspyramide mit einer prozentualen Zunahme der älteren Menschen geführt. Typische Alterserkrankungen, die nicht selten in Kombination beim selben Patienten auftreten, haben zu einer Zunahme von Menschen mit sog. *Polymorbidität* geführt. Dabei handelt es sich vor allem um degenerative Veränderungen des Bewegungsapparates, Krebserkrankungen, Krankheiten des Herz–Kreislauf–Systems und um neurologische und psychiatrische Folgen altersbedingter Gefässveränderungen des zentralen Nervensystems. Um 1900 dominierten in der Todesursachenstatistik akute, infektiöse Erkrankungen wie Tuberkulose, Tetanus, Pocken, Diphtherie,

Poliomyelitis und Pneumonie. Diese Erkrankungen sind in den entwickelten Industrieländern auf weniger als 2 % ihrer damaligen Häufigkeit zurückgegangen. Heute sind die erwähnten chronischen Krankheiten für mehr als 80 % aller Todesfälle und für einen hohen Anteil der Morbidität verantwortlich.

Zuwachs des medizinischen Wissens. Der rapide Wissenszuwachs durch die medizinische Forschung, vor allem in der Molekularbiologie, der Genetik und den Neurowissenschaften wirft quantitative und qualitative Probleme auf. In manchen medizinischen Grundlagenfächern liegt die Halbwertszeit des Wissensstandes im Bereich von wenigen Monaten. Die Forschung wird dabei weniger von Medizinern als von Naturwissenschaftlern und Ingenieurwissenschaftlern betrieben. Die für die medizinische Ausbildung bedeutsame primärärztliche Versorgung ist bislang nur in beschränktem Umfang Gegenstand der Forschung geworden. Der rasche Wissenszuwachs hat dazu geführt, dass sich das Verhältnis zwischen der Medizin und ihrer Forschung zunehmend konflikthafter darstellt. Es gibt eine zunehmende Kluft zwischen Forschung und Praxis. Die Bio- und Technowissenschaften überwiegen gegenüber den Sozial- und Geisteswissenschaften, und Fragen der (primär)medizinischen Versorgung treten hinter die Erforschung spezieller biologischer, physiologischer und biochemischer Probleme in den Hintergrund.

Von monokausalen zu ökosystemischen Krankheitskonzepten. In der Bevölkerung ist nach wie vor das monokausale Denken weit verbreitet, d. h. die Suche nach einer einzigen Krankheitsursache oder dem massgeblichen Krankheitserreger. An die Stelle dieser monokausalen Erklärungsmodelle sind in der Medizin in den letzten Jahrzehnten zunehmend multikausale Konzepte getreten. Danach führen angeborene oder erworbene Risikofaktoren und zusätzliche Umgebungsfaktoren zum Ausbruch einer Krankheit. Auch diese multikausalen Konzepte stehen den linearen Ursache–Wirkungsgesetzen der Newtonschen Mechanik noch nahe.

> **!** Die Überwindung linear-kausaler Vorstellungen in der Medizin ist Anliegen sog. *kybernetischer Konzepte*, welche eine *zirkuläre Kausalität* annehmen. Danach erscheint Krankheit in einem komplexen ökologischen System zugleich als Folge und als Ursache einer Störung von Regulationsvorgängen, welche sich im Laufe der Evolution als lebens- und gesundheitserhaltend herausgebildet haben. Ökosystemische Konzepte verknüpfen und verbinden die verschiedenen, z.B. biologischen, psychologischen und sozialen Dimensionen des Individuums und seiner Umgebung.

Veränderungen der Arzt–Patient–Beziehung. Der Wandel im Krankheitsspektrum der Medizin hat auch zu Veränderungen in der Arzt–Patient–Beziehung geführt. Zur Zeit der akuten Infektionskrankheiten war der *Arzt* vor allem ein Heiler und Helfer in der Not. Mit der Zunahme von chronischen Krankheiten, die nicht selten Folgeerscheinungen gesundheitsschädigender Verhaltensweisen und Konsumgewohnheiten sind, ist der Arzt in den letzten Jahren mehr und mehr zu einem Anbieter von Dienstleistungen und Produkten geworden. Er muss sich auf dem Gesundheitsmarkt nicht nur gegenüber Kollegen und paramedizinischen Anbietern behaupten, sondern auch gegenüber gut informierten „mündigen Patienten" seine Meinung und sein Handeln vertreten.

War der *Patient* früher ein hilfesuchender Bittsteller, so ist er heute mehr und mehr zu einem kritischen Kunden und Konsumenten geworden. Nicht selten sucht er vor operativen Eingriffen oder einschneidenden Behandlungen eine „second opinion" bei einem anderen Arzt. Ist er mit der Behandlung und deren Resultat nicht zufrieden, so wendet er sich an einen Anwalt, der dann auf juristischer Ebene berechtigte oder vermeintliche „Kunstfehler" des Arztes anficht.

Damit hat sich die *Arzt–Patient–Beziehung* gewandelt. Sie war früher klar asymmetrisch, mit einem deutlichen Autoritäts-, Wissens- und Entscheidungsgefälle zugunsten des Arztes. Diese traditionelle Konstellation findet man heute noch in der Notfall- und operativen Medizin. In Situationen, wo rasches Handeln erforderlich ist, hat sie nach wie vor ihre Berechtigung. Die weit überwiegende Zahl der Kontakte zwischen Arzt und Patient findet heute aber in Situationen statt, wo kein Entscheidungs- und Handlungszwang besteht. Bei chronischer, langwieriger Krankheit ist eine *symmetrische Beziehungskonstellation zwischen Arzt und Patient* gefordert mit geteilter Verantwortung und einer Entscheidungspriorität auf Seiten des Patienten. Dem Arzt kommt hier die Rolle eines Beraters, Vermittlers und Koordinators zu, der die Meinungen und Vorstellungen eines Patienten zu respektieren und zu berücksichtigen hat. Vor allem älteren Ärzten fällt es nicht leicht, ihre Arztrolle und ihr Verhalten in der Arzt–Patient–Beziehung flexibel, d.h. entsprechend den Erfordernissen der jeweiligen Situation zu handhaben. Sie verharren in einer paternalistischen Haltung, die dann nicht selten zu Konflikten in der Arzt–Patient–Beziehung führen kann.

Kostenentwicklung im Gesundheitswesen. Bis Ende der 80er Jahre konnten die Versicherungsträger (Kranken–, Unfall– und Invalidenversicherungen), die Gemeinden und Kommunen die Kosten des Gesundheitswesens mehr oder weniger bezahlen. Der Arzt konnte im Einsatz diagnostischer Verfahren und in der Verordnung therapeutischer Massnahmen frei entscheiden. In sämtlichen Industrieländern sind jedoch die Kosten des Gesundheitswesens in den letzten Jahren so gestiegen, dass Massnahmen zur Kostendämpfung in Vorbereitung sind oder schon eingeführt wurden.

> **!** Als *Hauptfaktoren für das Wachstum der Gesundheitsausgaben* wurden in nationalen und internationalen Studien folgende Faktoren ermittelt: Eine vermehrte Inanspruchnahme medizinischer Leistungen durch eine immer älter werdende Anzahl von Versicherten und der technologische Wandel in der Medizin.

Technologische Neuerungen wie z. B. die neuen bildgebenden Verfahren (Computertomographie, Positronenemissionstomographie, Magnetresonanzuntersuchung) oder die Organtransplantationen, haben die medizinischen Behandlungsmöglichkeiten erweitert und neue Nachfragen nach medizinischen Leistungen geschaffen. Es scheint, dass dabei das Finanzierungs– bzw. Entschädigungssystem medizinischer Leistungen keinen wesentlichen Einfluss auf die Entwicklung neuer Technologien hat. Sowohl Länder mit staatlichen Gesundheitsdiensten wie Grossbritannien, die prospektiv über den Staatshaushalt finanziert werden, als auch Länder mit retrospektiver Finanzierung, bei denen dem Versicherten bzw. den medizinischen Leistungserbringern die entstandenen Kosten erstattet werden (Beispiele Schweiz und Deutschland), weisen ähnliche Wachstumsraten der Gesundheitskosten auf.

Möglichkeiten der Kostendämpfung. Gegenwärtig werden auf verschiedenen Ebenen des Gesundheitswesens Möglichkeiten zur Kostenkontrolle diskutiert. Von den *Politikern* werden neue Organisationsmodelle des öffentlichen Gesundheitswesens vorgeschlagen mit regional integrierten stationären und ambulanten Versorgungsstrukturen und einer leistungsorientierten Steuerung der Kosten für stationäre Behandlungen. Danach sollen z. B. an die Stelle von Defizitgarantien für Globalbudgets von Krankenhäusern sog. Fallkostenpauschalen treten. Dies bedeutet, dass für häufig durchgeführte stationäre Behandlungen wie z. B. eine Gallenblasen– oder Gebärmutter–Operation bestimmte Fallkostenpauschalen bezahlt werden. Die Vorschläge zielen vor allem auf eine Verminderung der Zahl und Dauer stationärer Behandlungen zugunsten vermehrter kostengünstigerer ambulanter Behandlungen.

Die *Versicherungsträger* sehen Möglichkeiten zur Kostendämpfung vor allem in alternativen Versicherungsformen wie z. B. den aus den USA bekannten HMO's (Health Maintenance Organizations). HMO's garantieren den Versicherten vollumfängliche medizinische Versorgung, die jedoch auf bestimmte Anbieter beschränkt ist. Der Patient hat dabei nicht mehr die freie Arztwahl, sondern verpflichtet sich, bei gesundheitlichen Problemen zunächst bestimmte, vom Versicherungsträger bezeichnete Ärzte der Primärversorgung zu konsultieren. Diese entscheiden dann, ob im Einzelfall zusätzlich Spezialisten beigezogen werden sollen. Durch diese Art einer prospektiven Finanzierung besteht für Patienten und Ärzte in gleicher Weise ein Anreiz, Leistungen auf ein medizinisch notwendiges Minimum zu reduzieren und möglichst kostengünstig zu erbringen.

Auf *individueller Ebene* haben Ärzte und Patienten Möglichkeiten, ihre Aufwendungen bzw. Ausgaben für medizinische Leistungen zu reduzieren: die Ärzte, indem sie z. B. auf freiwilliger Basis sog. Gruppenpraxen bilden und damit Investitions- und Unterhaltskosten für technische Einrichtungen sowie Praxispersonal verteilen und reduzieren; die Patienten, indem sie bei der Versicherung von Zusatzleistungen die Höhe der Krankenkassenprämien dadurch beeinflussen, dass sie über die Höhe des jährlichen Selbstkostenanteils entscheiden können. Gegenwärtig findet im Gesundheitswesen eine Entwicklung statt, in welcher alternative Versorgungs-, Versicherungs- und Behandlungsmodelle im Hinblick auf ihre Kosten und ihre Effizienz erprobt und miteinander verglichen werden. Für den Arzt besteht dabei die Möglichkeit, sich nach Abschluss seiner Ausbildung für eine Tätigkeit mit unterschiedlichen strukturellen Rahmenbedingungen und mehr oder weniger unternehmerischem Risiko zu entscheiden.

1.3 Gesundheits- und krankheitsrelevante Faktoren

Wechselbeziehung zwischen Umwelt und Individuum. Für die Aufrechterhaltung von Gesundheit, sowie die Entstehung und den Verlauf von Krankheit sind die Wechselbeziehungen zwischen Umwelt und Individuum von zentraler Bedeutung. In *Abbildung 1–1* sind die wichtigsten Faktoren und ihre Beziehungen zueinander schematisch dargestellt. Die Umwelt eines Menschen ist sehr verschieden, je nachdem wo er lebt und wohnt. Klimatische Faktoren, Grad der Industrialisierung, Wohnformen und Bevölkerungsdichte spielen dabei ebenso eine Rolle wie die Formen und Regeln zwischenmenschlichen Zusammenlebens. Die Verschmutzung und strukturelle Bedin-

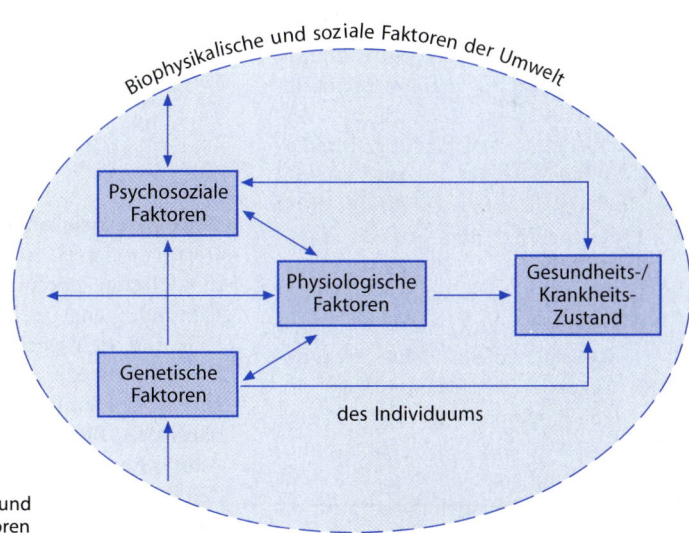

Abb. 1.1. Gesundheits- und krankheitsrelevante Faktoren

gungen der Arbeitswelt sind gegenwärtig besonders aktuelle Umweltfaktoren, die in ihrer Bedeutung für die Gesundheit eines Individuums diskutiert werden. Neben krankmachenden Substanzen und biologischen Krankheitserregern sind es vor allem längerdauernde kleine, sich kumulierende Belastungen des Alltagslebens, welche die Gesundheit beeinträchtigen können. Auf der Ebene des Individuums sind es genetische und psychosoziale Faktoren, welche physiologische Abläufe von Organsystemen bis hin zu zell- und molekularbiologischen Vorgängen steuern. Das Zusammenspiel der einzelnen Faktoren und das Funktionieren von Regel- und Rückkoppelungssystemen (s. Kap. 5) sind von ausschlaggebender Bedeutung, ob ein Mensch gesund oder krank ist. Dabei sind die Übergänge zwischen Gesundheit und Krankheit fliessend. Ein kurzes *Fallbeispiel* soll das Wechselspiel zwischen den genannten Faktoren veranschaulichen.

 Eine 38jährige Juristin wünscht sich nach 8 Jahren gewollt kinderloser Ehe ein Kind. Da sie spontan nicht schwanger wird, entschliesst sie sich mit ihrem Mann, einem zwei Jahre älteren Ingenieur, zu einer fertilitätsmedizinischen Behandlung. Verschiedene Abklärungsuntersuchungen ergeben, dass sowohl bei ihr als auch bei ihrem Mann altersbedingt die Fertilität eingeschränkt ist. Sie hat Unregelmässigkeiten im monatlichen Menstruationszyklus, bei ihm zeigen die Samenzellen leichte Veränderungen. Nach Besprechung mit dem Frauenarzt entschliesst sich das Paar für eine Hormonbehandlung zur Steuerung des Zeitpunkts des Eisprungs und zu einer sog. homologen Insemination (Einführen des durch Masturbation gewonnenen Samens des Mannes in die Gebärmutter der Frau durch den Arzt). Die Frau wird schwanger. In der 16. Schwangerschaftswoche wird eine Fruchtwasserpunktion und genetische Untersuchung von Fruchtwasserzellen durchgeführt. Diese ergibt den Befund einer Trisomie 21, d. h. einer Überzahl des Chromosoms 21. Diese Anomalie der Chromosomenzahl führt beim Kind zum Syndrom eines sog. Mongolismus, gekennzeichnet durch Schwachsinn, schräge Lidspalten, überstreckbare Gelenke und teilweise Fehlanlage anderer Organe. In Anbetracht dieser Missbildung des Kindes diskutieren die behandelnden Ärzte mit den werdenden Eltern die Frage eines allfälligen Schwangerschaftsabbruchs. Nach reiflicher Überlegung entschliesst sich die Frau, die Schwangerschaft auszutragen. Die Geburt des mongoloiden Kindes verändert die Lebenssituation des Paares grundlegend. Die Frau gibt ihren Beruf auf, um sich ganz der Betreuung des behinderten Kindes zu widmen.

Biopsychosoziale Wechselwirkungen.
Dieses Beispiel zeigt anschaulich, wie biologische, psychologische und soziale Faktoren eng miteinander verknüpft sind und sich wechselseitig beeinflussen. Das Hinauszögern der Familiengründung ist bei Akademiker-Ehepaaren ein immer häufigeres Phänomen. Mit zunehmendem Alter nimmt jedoch bei beiden Partnern die Fertilität ab und die Wahrscheinlichkeit von Chromosomen-Anomalien des

Kindes zu. Die moderne Medizin ermöglicht die intrauterine Diagnose von Missbildungen des Kindes. Der Entscheid zum Austragen der Schwangerschaft wird durch verschiedene psychologische, ethische und soziale Aspekte beeinflusst. Die Geburt des behinderten Kindes führt zu einem einschneidenden Wandel in der Biographie der Frau und des Paares. Der Arzt ist in verschiedenen Phasen ein wichtiger Gesprächspartner und Berater dieses Ehepaares.: Zunächst während der gewollt kinderlosen Ehejahre in Zusammenhang mit der Empfängnisverhütung, dann als Behandler des unerfüllten Kinderwunsches und schliesslich als Ansprechpartner bei der Klärung der Frage eines allfälligen Schwangerschaftsabbruchs. Der Hausarzt wird für diese Familie für viele Jahre eine wichtige Person bleiben, die nicht nur bei medizinischen, sondern auch bei psychosozialen Fragen und Problemen konsultiert werden wird. Das Beispiel zeigt, dass der Arzt in seiner Tätigkeit nicht nur mit Fragen der Biologie des Menschen konfrontiert wird, sondern ebenso mit vielfältigen Fragen, welche die Psyche und die soziale Rolle und Vernetzung seiner Patienten betreffen. Er sollte sich deshalb während des Studiums Wissen, Fertigkeiten und Kompetenz in diesen Bereichen erwerben.

1.4 Stellung der Psychosozialen Medizin im medizinischen Ausbildungscurriculum

Grundlagenfach. Im Medizinstudium zählt die Psychosoziale Medizin neben Anatomie, Physiologie und Biochemie zu den Grundlagenfächern. Der Lehrstoff konzentriert sich auf Grundlagen der Psychologie und Soziologie, die für den angehenden Arzt von praktischer Relevanz sind. Die Psychosoziale Medizin unterscheidet sich von der Psychiatrie und von einer einseitig verstandenen Psychosomatik, indem sie sich nicht speziell auf psychische oder psychisch bedingte Krankheiten bezieht. Sie konzentriert sich auf alle psychologischen und soziologischen Aspekte des Krankseins, unabhängig davon, ob die jeweilige Krankheit mehr psychischer oder somatischer Natur ist. Gegenüber der Sozial- und Präventivmedizin behandelt die Psychosoziale Medizin nicht so sehr die gesellschaftlich-epidemiologischen Dimensionen des Krankseins, sondern bezieht sich vor allem auf die Interaktionen im Bereich Patient–Arzt–Umfeld, also insbesondere auf die Arzt–Patient–Beziehung sowie die Wechselwirkungen zwischen Patient und Familie. Die Psychosoziale Medizin steht somit der Allgemeinmedizin besonders nahe, deren vermehrte Beachtung in der Ausbildung der Ärzte ebenfalls zu den Erfordernissen unserer Zeit gehört.

Interdisziplinäres Bindeglied. Im Kreis der klinischen Fächer ist die Psychosoziale Medizin eine Art interdisziplinäres Bindeglied. Die zunehmende Aufsplitterung vor allem der grossen klinischen Fächer Pädiatrie, Innere Medizin und Chirurgie in immer mehr Subspezialitäten hat dazu geführt, dass eine ganzheitliche Betrachtung eines Kranken und seines Leidens schwieriger wird. Besonders an grossen Kliniken besteht die Gefahr, dass Patienten mit komplexen Krankheiten in einzelne pathologische Organe und Funktionen „aufgeteilt werden", um deren Behandlung sich gleichzeitig mehrere Spezialisten bemühen. So ist es keine Ausnahme, dass manche Patienten gleichzeitig von 10 und mehr Ärzten behandelt werden. In der Kooperation der somatischen Spezialisten besteht vor allem in der stationären Behandlung die Gefahr, dass die psychologische und soziale Dimension des Krankseins ausgeblendet und in der Behandlung nicht berücksichtigt wird. Die Gefahr dieses psychosozialen Defizits wird in der Medizin zunehmend erkannt.

Hier erfüllen die sog. *Konsiliar-Liaison-Dienste* in den grossen Spitälern eine wichtige Funktion. Diese werden von Psychosozialmedizinern versehen, die von ihrer Weiterbildung her entweder Psychiater, Internisten oder Allgemeinmediziner sind. Ihre Aufgaben als Konsiliarärzte liegen in der Mitbehandlung von Patienten mit komplexen Krankheitsbildern und in der Beratung und Supervision von Abteilungsteams in Fragen der Betreuung schwieriger und schwerkranker Patienten. In den klinischen Fächern finden psychosoziale Aspekte sowohl im Unterricht wie in der Krankenbehandlung gegenwärtig mehr oder weniger Berücksichtigung, je nach Einstellung des jeweiligen Klinikleiters. Nicht nur der immer grösser werdende Graben zwischen Grundlagenfächern und klinischen Fächern, sondern auch die immer weiter fortschreitende Aufsplitterung der klassischen klinischen Disziplinen haben in den letzten Jahren zu der Überzeugung geführt, dass eine grundlegende Neukonzeption des Medizinstudiums eine dringende Notwendigkeit darstellt [2].

1.5 Konzeption der medizinischen Ausbildung

Traditionelles Konzept des Medizinstudiums. Das Konzept des Medizinstudiums ist in seinen Grundzügen in den deutschsprachigen Ländern seit rund 100 Jahren gleichgeblieben. Im *vorklinischen Studium* erwirbt sich der Student das *naturwissenschaftliche Wissen*, speziell Kenntnisse in Biologie, Physik und Chemie. Es folgen die Lehrveranstaltungen über *Bau und Funktion der gesunden Organe*, d. h. Anatomie, Histologie, Physiologie und Biochemie. Das *klinische Studium* beginnt mit den klinischen Basisfächern Pathologie und Pathophysiologie, in denen die Studierenden über *Bau und Funktion der kranken Organe* unterrichtet werden. Die Lehrveranstaltungen des eigentlichen *klinischen Studiums* sind gegliedert nach einzelnen Fächern (Innere Medizin, Chirurgie, Frauenheilkunde, Psychiatrie usw.), in denen *Krankheitsbilder als Fehlfunktion einzelner Organe oder Organsysteme* dargestellt werden. In den klinischen Fächern werden ausserdem die Diagnostik und Therapie der einzelnen Krankheiten vermittelt. Die Summe der Lehrveranstaltungen soll, so das Konzept, den ganzheitlich ausgebildeten Arzt ergeben, der mit der Diplomierung zur freien Berufsausübung berechtigt ist.

Beweggründe für eine Studienreform. Die rasche Zunahme des biomedizinischen und technologischen Wissens in allen medizinischen Fächern hat in den letzten Jahren dazu geführt, dass die Dozenten immer mehr neuen Stoff in den bereits ausgebuchten Lehrplan gepackt haben. Die Überladung des Ausbildungscurriculums hat zu einer *Verschulung des Medizinstudiums* geführt, mit der Studierende und Lehrende in gleicher Weise unzufrieden sind. Für die Examina wird ein grosses Wissen für kurze Zeit angelernt, das danach jedoch grossenteils wieder rasch vergessen wird. Am Ende des Studiums haben die Studierenden ein mehr oder weniger gutes Faktenwissen und sind kaum in selbständigem Lernen und Umsetzen des Gelernten in praktisches ärztliches Handeln geschult. Die gegenwärtige Organisation des Studiums trägt dem raschen Wandel der Medizin, wie er in Kap. 1.2 beschrieben wurde und den daraus sich ergebenden *Veränderungen des Arztberufes* kaum Rechnung.

> **!** Wechselnde Aufgaben und Anforderungen erfordern vom Arzt die Fähigkeit, komplexe Probleme wahrzunehmen, zu analysieren und Lösungsmöglichkeiten zu entwickeln. Diese Fähigkeiten werden bisher im Medizinstudium kaum vermittelt.

Die Mängel im medizinischen Ausbildungscurriculum haben zuerst in den angelsächsischen Ländern und seit einigen Jahren auch in den deutschsprachigen Ländern zu Reformbemühungen und der Entwicklung alternativer Ausbildungsmodelle geführt. In der Schweiz haben die Reformbestrebungen vor allem an den Universitäten von Genf und Bern zu konkreten Studienreformprojekten geführt [3]. In Deutschland hat sich ein interuniversitäres Gremium, der *Murrhardter Kreis* in den letzten Jahren intensiv mit der Reform der Medizinerausbildung und dem Arztbild der Zukunft befasst [1].

Zielsetzungen einer Studienreform. Die Zielsetzungen verschiedener Reformansätze gehen in die gleiche Richtung und lassen sich in folgenden Punkten zusammenfassen:

- Reduktion des Lehrstoffes durch gezielte Abstriche in Fachgebieten, die für den praktisch tätigen Arzt weniger relevant sind
- Abbau der Magistralvorlesungen zugunsten des Selbststudiums in kleinen Gruppen
- Vermittlung von Faktenwissen, wenn immer möglich in einem problemorientierten Kontext
- Bessere Integration von Grundlagen- und klinischen Fächern
- Fächerübergreifender Unterricht zwischen biologischen und psychosozialen Fächern

- Laufende Evaluation sowohl der Studierenden wie des Unterrichtscurriculums
- Änderung der Examina im Sinne fächerübergreifender Prüfungen.

Ausbildungsziele. Die Ausbildung während des Medizinstudiums soll dazu führen, dass die Studierenden Bau und Funktion des gesunden und kranken menschlichen Organismus sowie des subjektiven Erlebens von Gesund- und Kranksein verstehen. Die dazu notwendigen natur- und sozialwissenschaftlichen Methoden, Erkenntnisse und Zusammenhänge müssen ihnen geläufig sein. Durch das Studium von Modellbeispielen im problemorientierten Unterricht sollen die Studierenden mit der wissenschaftlichen Denkweise soweit vertraut sein, dass sie Schlüsse ziehen und Problemlösungsstrategien erarbeiten können. Das selbständige Arbeiten in kleinen Gruppen soll die Kommunikation und Kooperation fördern, Fähigkeiten, welche sowohl in der Betreuung von Patienten als auch bei der Zusammenarbeit von Angehörigen verschiedener Berufsgruppen von zentraler Bedeutung sind.

Alternative Unterrichtsformen. Konzepte zur Reform des Medizinstudiums basieren auf drei Pfeilern, dem *problemorientierten Unterricht, einer Optimierung zwischen Unterrichtsziel und Unterrichtsform* und einer laufenden *Selbstevaluation* der Studierenden. Das *problemorientierte Lernen* (englisch: problem based learning) ist eine Lernform, bei welcher das Lernen in kleinen Gruppen von Studierenden anhand von medizinisch relevanten Problemen stattfindet. Unter Anleitung eines Tutors können die Studierenden selbst den Gang und die Richtung des Gesprächs bestimmen. Sie tragen Informationen zusammen, um die dem Problem zugrundeliegenden Mechanismen zu finden und Lerninhalte zu definieren. Das zugehörige Wissen wird anschliessend im Selbststudium erarbeitet. Das problemorientierte Lernen soll interdisziplinär sein und zu einer besseren Vernetzung des Wissens führen.

Unterrichtsziel und Unterrichtsform. Im bisherigen Ausbildungscurriculum sind Unterrichtsziele und –formen nur teilweise aufeinander abgestimmt. So werden in Vorlesungen nach wie vor oft Fakten dargestellt, welche sich die Studierenden wesentlich effizienter im Selbststudium aus Lehrbüchern aneignen könnten. Die Vorlesung sollte vor allem der Vorstellung exemplarischer, eindrücklicher Fallbeispiele, der Vermittlung von Konzepten und zur Klärung wichtiger ungelöster Fragen dienen. Problemlösungsstrategien lassen sich am besten in kleinen Gruppen unter Anleitung von Tutoren erarbeiten. In den praktischen Kursen sollen schliesslich Fertigkeiten erlernt und das gelernte Wissen in praktisches Handeln umgesetzt werden. Im günstigen Fall sind die Themen in den verschiedenen Unterrichtsformen zeitlich aufeinander abzustimmen.

Evaluation der Studierenden und des Unterrichts. Die Selbstevaluation der Studierenden am Ende einer Unterrichtseinheit dient der eigenen Standortbestimmung. Sie kann entweder mit Fragebogen im Multiple–Choice–Verfahren oder in essayähnlicher Form durchgeführt werden. Neben der laufenden Selbstevaluation sollen die Studierenden auch die Möglichkeit haben, den Dozenten Rückmeldungen über den erteilten Unterricht zu geben. Dies kann am Ende einer Vorlesungssequenz oder eines Kurses mittels eines kurzen Fragebogens oder einer Gruppendiskussion stattfinden.

Neugestaltung des Medizinstudiums. Die Notwendigkeit zu Reformen des Medizinstudiums ist unbestritten [1,2]. Auch von politischer Seite wird sie in verschiedenen Ländern nachdrücklich gefordert. Die Rahmenbedingungen für eine umfassende Reform sind jedoch gegenwärtig in Anbetracht der hohen Studentenzahlen und der beschränkten finanziellen Mittel nicht besonders günstig. Es ist zu hoffen, dass die Modellversuche, die gegenwärtig an verschiedenen Universitäten stattfinden, Erfahrungen und Erkenntnisse liefern, die in absehbarer Zeit eine Umgestaltung des Medizinstudiums auf breiter Basis ermöglichen.

Die Psychosoziale Medizin befasst sich mit den psychologischen und soziologischen Aspekten von Gesundheit und Krankheit. Sie ist seit 1982 in der Schweiz ein obligatorisches Unterrichtsfach im Medizinstudium und wird während den ersten Studienjahren in Vorlesungen und Kursen unterrichtet. Neben der Vermittlung von Kenntnissen aus den Bereichen Entwicklungs-, Persönlichkeits- und Sozialpsychologie sowie Gesundheitssoziologie und Psychophysiologie werden den Studierenden Fertigkeiten in der Gesprächsführung und Gestaltung der Arzt–Patient–Beziehung vermittelt.

Im Vergleich zu Deutschland, wo sich die „Psycho-Fächer" in den letzten Jahren aufgesplittert haben und nur in beschränkter Weise in Lehre, Forschung und Krankenversorgung kooperieren, hat das Schweizer Modell der Psychosozialen Medizin mit ihrer interdisziplinären Konstruktion und Verankerung wesentliche Vorteile. Sie orientiert sich an einem kybernetischen Denkmodell mit der Annahme einer zirkulären Kausalität. Danach erscheint Krankheit in einem komplexen ökologischen System zugleich als Folge und als Ursache einer Störung von Regulationsvorgängen, welche sich im Laufe der Evolution als lebens- und gesundheitserhaltend herausgebildet haben.

Die Medizin durchläuft gegenwärtig einen tiefgreifenden Wandlungsprozess, der gleichzeitig auf verschiedenen Ebenen stattfindet. Das Krankheitsspektrum hat sich von den akuten lebensbedrohlichen zu den chronischen lebensbegleitenden Erkrankungen verschoben. Neben der kurativen Medizin findet die Prävention von Krankheiten und die Gesundheitsförderung zunehmende Beachtung. Auch in der Arzt–Patient–Beziehung finden gegenwärtig grundlegende Veränderungen statt. War der Arzt früher ein Heiler und Helfer, so ist er heute mehr und mehr ein Anbieter medizinischer Dienstleistungen und Produkte. Die Rolle des Patienten hat sich ebenfalls gewandelt. Aus dem hilfesuchenden Bittsteller ist ein Kunde und Konsument geworden, der dem Arzt mit kritischer Skepsis begegnet. Die gegenwärtige Organisation des Medizinstudiums mit einem stufenweisen, fächerorientierten Unterricht trägt dem raschen Wandel der Medizin und den sich daraus ergebenden Veränderungen des Arztberufes nicht mehr Rechnung. Die Mängel im medizinischen Ausbildungscurriculum haben in verschiedenen Ländern zu Reformbemühungen und zur Entwicklung alternativer Ausbildungsmodelle geführt. Als zentrale Elemente der Reform des Medizinstudiums werden ein problemorientierter Unterricht, die Optimierung zwischen Unterrichtsziel und Unterrichtsform sowie eine laufende Selbstevaluation der Studierenden betrachtet. Die Psychosoziale Medizin mit ihrem interdisziplinären Denkansatz und ihren kooperativen Behandlungskonzepten kann zur Reform des Medizinstudiums einen wichtigen Beitrag leisten.

Literatur

Weiterführende Lehr- und Handbücher

1. Robert Bosch Stiftung (Hrsg.): Das Arztbild der Zukunft 3. Auflage. Beiträge zur Gesundheitsökonomie 26. Gerlingen: Bleicher 1995
2. Saladin P., Schaufelberger H.J. & Schläppi P. (Hrsg.): Medizin für die Medizin. Basel, Frankfurt: Helbing & Lichtenhahn 1989

Einzel- und Übersichtsarbeiten

3. Burri P.H., Janosa–Dietrich U. & Zbinden K.: Das Studienreformprojekt an der Medizinischen Fakultät der Universität Bern. Meducs 8: 7–15, 1995
4. Thommen M. & Heim E.: Die Situation des Fachgebietes Psychosoziale Medizin an den Schweizer Universitäten. Schweiz. Ärztezeitung 75: 505–510, 1994
5. Willi J.: Was ist Psychosoziale Medizin? Schweiz. Ärztezeitung 63: 1102–1104, 1982

JÜRG WILLI, URSULA ACKERMANN-LIEBRICH, EDGAR HEIM

••• Zu Beginn dieses Lehrbuches steht die Auseinandersetzung mit den besonderen Lebensbedingungen und Eigenheiten der Studierenden der Medizin und der Ärztinnen und Ärzte. Das Kapitel ist in drei Unterkapitel gegliedert. Das erste behandelt das Medizinstudium und die Studierenden der Medizin. Es folgt ein Kapitel über ärztliche Berufsausübung und Familienleben. Wie steht es mit den Karrierewünschen und den -realitäten von Ärztinnen und Ärzten, was müßte verändert werden, um eine wirkliche Chancengleichheit zu ermöglichen? Im dritten Unterkapitel werden die Belastungen und Gesundheitsrisiken des Arztberufes behandelt.

2.1   Die Studierenden der Medizin

2.1.1   Wer studiert Medizin?

Attraktivität des Medizinstudiums. Welches sind die typischen Einstellungen und Motivationen, dieses Studium zu wählen? Die Attraktivität des Studiums der Medizin hat sich in den letzten Jahrzehnten vermindert. 1976 war Medizin in der Schweiz jenes Studienfach, welches bei beiden Geschlechtern die höchste Präferenz genoß und von rund einem Fünftel der Studierenden gewählt wurde, gefolgt bei den Männern von Ingenieurwissenschaften und Jurisprudenz, bei den Frauen von Sprachwissenschaften und Sozialwissenschaften [18]. Zehn Jahre später ist es zu einem deutlichen Terrainverlust der Medizin gekommen. Medizin ist in der Gunst der Männer auf Platz drei zurückgefallen, während Wirtschaftswissenschaften die höchste Attraktivität haben. Auch bei den Frauen steht sie nach Sprach- und Sozialwissen-schaften, obwohl der Terrainverlust weniger deutlich ist.

Medizin in Zukunft ein Frauenberuf? Der Anteil Frauen an den Studierenden der Medizin ist von 31 % im Jahre 1980 auf 47 % 1996 gestiegen. Die Frauen machen inzwischen mehr als die Hälfte der Studienanfänger der Medizin aus, ein Anteil, der nur von Studierenden der Geistes- und Sozialwissenschaften übertroffen wird. Der vermehrte Einzug der Frauen in die Medizin ging im gleichen Zeitraum mit einer Abnahme der Männer um 16 % einher. Die Medizin ist daran, ein Frauenberuf zu werden, eine Entwicklung, die in Osteuropa schon stattgefunden hat. Die *„Feminisierung"* des Medizinstudiums entpuppt sich beim näheren Hinsehen eher als eine *„Entmaskulinisierung"* [10].

Merkmale von Studierenden der Medizin. In einer umfassenden Studie wurden die Studienanfänger der Universität Zürich und der ETH (Eidgenössische

Technische Hochschule) Zürich zu Beginn des Studiums und am Ende des zweiten Semesters auf ihre *Belastungen*, ihre *Einstellungen* und ihr *Befinden* untersucht [6]. Gemäß dieser Studie kann man die Studierenden der Medizin im Vergleich zu Studierenden anderer Fachrichtungen als Musterstudenten bezeichnen. Sie haben die positivste Einstellung zum Studium und bewerten Fachwissen am höchsten. Das Studium der Medizin ist für sie weit häufiger als bei anderen das Studium der ersten Wahl. Sie weisen einen höheren Berufswunsch auf und richten sich im Studium bereits stark auf ihre Berufsziele aus. Sie haben denn auch mehr als andere ein klares Berufsbild. Die hohe Motivation läßt sie offenbar relativ wenig über Belastungen im Studium klagen. Sie weisen nämlich die höchste Zahl an Unterrichts- und Lernstunden an der Universität auf. Den Studienbedingungen messen sie geringere Bedeutung zu als andere. Das soziale Klima im Studium wird als am schlechtesten von allen Studierenden beurteilt, während die Studienbedingungen an der ETH und an der naturwissenschaftlichen Fakultät diesbezüglich am besten abschneiden. Das Befinden der Studierenden der Medizin ist jedoch nicht gut. Während sich Studienanfänger zu Beginn des Studiums bezüglich Depressivität nicht von jenen anderer Fachrichtungen unterscheiden, nimmt bei ihnen bis Ende des ersten Studienjahres die Depressivität deutlicher als bei anderen Studierenden zu. Der hohe Selektionsdruck wirkt sich negativ auf die Zusammenarbeit und die Beziehungen unter Medizinstudierenden aus.

Familiäre Herkunft. Studierende der Medizin scheinen nach wie vor gehäuft aus privilegierten familiären Verhältnissen zu kommen. Sie weisen einen höheren Anteil von Akademikern unter den Eltern (44 %) auf, ähnlich wie die Studierenden der Jurisprudenz und Architektur. Der Anteil von jenen, die sich ihr Studium selbst finanzieren müssen, ist dementsprechend geringer, ebenso der Anteil jener, die einer beruflichen Nebentätigkeit nachgehen. Studierende der Medizin stammen, wie von anderen Studien bekannt ist, häufig aus Arztfamilien. Sie verfügen damit über eine hohe Vertrautheit mit der ärztlichen Berufstätigkeit und den Lebensbedingungen von Ärzten.

Motive für die Studienwahl. Bezüglich Motivationen, das Medizinstudium zu ergreifen, steht das wissenschaftliche Interesse an erster Stelle, gefolgt vom Wunsch, die Menschen zu verstehen und ihnen zu helfen, sowie von beruflicher Unabhängigkeit. Der Wunsch nach sozialer Anerkennung (Sozialprestige) und nach finanziellem Wohlstand treten in der Rangliste erst weiter hinten auf. Ob diese Wünsche für die Berufswahl tatsächlich weniger bedeutsam sind oder ob sie schamhaft verleugnet werden, läßt sich schwer beurteilen [21].

2.1.2 Studienerfolg und Belastungen im Studium

Droht eine Ärzteschwemme? Obwohl das Medizinstudium nicht mehr das begehrteste Studium ist, wird weiterhin von einer drohenden Ärzteschwemme gesprochen und versucht, die Zahl der Studierenden durch selektive Vorprüfungen zu senken. Dabei läßt sich in der Schweiz eine drohende Ärzteschwemme kaum objektiv begründen. Die Zahl der Studienabschlüsse in Humanmedizin ist seit den 80er Jahren kontinuierlich zurückgegangen (1985: 847 medizinische Studienabschlüsse, 1994: 680). 1985 schlossen 20 % aller männlichen Studierenden ihr Studium im Fachgebiet Medizin ab, 1994 waren es nur noch 10 %. Wenn man zudem den steigenden Frauenanteil an der Ärzteschaft berücksichtigt, von denen nach bisherigen Erfahrungen viele nur einen Teil der Arbeitszeit dem Beruf widmen und Frauen zudem durchschnittlich mehr Zeit pro Patient aufwenden, muß sogar von einer *rückläufigen Ärztekapazität* gesprochen werden [10].

Eignung für den Arztberuf. Die strengen Selektionsverfahren bewirken oft das Gegenteil des Intendierten und erhöhen das Prestige und die Attraktivität einer Fachrichtung, was insbesondere mit dem Numerus clausus in Deutschland belegt werden kann. Die Eignungsprüfungen, die im Rahmen eines Numerus clausus für die Schweiz erprobt werden, lassen lediglich Aussagen über den Studienerfolg zu, nicht aber über die spätere ärztliche Tätigkeit. Die Eignung für den Arztberuf hängt stark von Persönlichkeitsmerkmalen ab, die durch Tests schwer zu erfassen wären und sich oft erst später entwickeln. Dazu kommt, daß die Medizin ein breites Spektrum von Tätigkeitsfeldern anbietet, vom Computerspezialisten bis zum philosophisch-psychologisch Interessierten, vom Sportarzt bis zum Manager usw. Am Ende des Studiums bietet sich den Absolventen und Absolventinnen des Medizinstudiums Gelegenheit zu einer neuen, breit angelegten Berufswahl.

Studienabbruch. Trotz der hohen Durchfallraten beim erstmaligen Versuch der propädeutischen Examina wirken diese wenig selektiv. Die Medizin gehört neben Ingenieurwissenschaften zu jenen Fächern mit der geringsten Studienabbruchquote (<25 %), während andere Studienrichtungen wie etwa Geistes- und Sozialwissenschaften solche von mehr als 50 % aufweisen [18]. Generell läßt sich sagen: Je berufsorientierter, strukturierter und naturwissenschaftlicher ein Fach, desto geringer die Drop-out-Raten. In der Bundesrepublik Deutschland zeigt Medizin im Vergleich zu anderen Studienrichtungen trotz Numerus clausus mit Abstand die geringste Abbruchquote von weniger als 10 %. Die insgesamt höhere Abbruchquote von Studentinnen gegenüber Studenten ist teilweise auf die bevorzugte Wahl von Studienrichtungen mit hoher Abbruchquote zurückzuführen (Geistes- und Sozialwissenschaften). Es zeigt sich auch innerhalb der Medizin ein geschlechtstypischer Unterschied. Die Studienabbruchquoten der Männer in der Schweiz liegen unter 20 %, jene der Frauen über 20 % mit erheblichen Unterschieden nach Sprachregion. Die Abbruchquoten der Medizinstudentinnen sind jedoch gesunken und waren 1996 an den deutschsprachigen Hochschulen geringer als in jedem anderen Studienfach. Bei den Studienabschlüssen in Human- und Zahnmedizin betrug 1994 der Anteil der Frauen 44 %.

Anforderungen und Belastungen des Studiums. Wie eine Studie an der Medizinischen Fakultät Bern [21] zeigt, leiden Studierende der Medizin am meisten unter dem Prüfungsdruck. Sie sind schon im Studium mit Wochenarbeitszeiten von über 60 Stunden oft überlastet. Der Streß im Studium nimmt in den höheren Semestern zu. Medizinstudentinnen fühlen sich mehr gestreßt als Medizinstudenten, vor allem auch durch das Problem, die hohen Leistungsanforderungen mit ihren Wünschen nach Pflege ihrer sozialen Beziehungen zu verbinden. Studierende der Medizin sind häufiger als Studierende anderer Fachrichtungen von der Frage beunruhigt, ob sie mit den Belastungen und Leistungsanforderungen ihres Studiums zurechtkommen, obwohl sie glauben, mit persönlichen Lebensproblemen gut umgehen zu können [21]. Selbstzweifel sind bei den Medizinstuden-

tinnen ausgeprägter als bei Medizin-
studenten. Medizinstudentinnen erwarten
mehr Probleme im Studium und zweifeln
eher an ihrer persönlichen Eignung für
die gewählte Ausbildung. Sie sind stärker
am Studium selbst interessiert und erwarten davon eine Horizonterweiterung
und vertiefte Einsichten in die gesellschaftlichen Zusammenhänge, während
ihre männlichen Kollegen sich stärker
auf eine gute berufliche und materielle
Existenz ausrichten.

2.2 Ärztliche Berufsausübung und Familie

2.2.1 Die Berufstätigkeit von Ärztinnen und Ärzten

Frauen werden in der Schweiz seit etwas
mehr als hundert Jahren zum Medizinstudium zugelassen. Erst seit etwa 1930
gibt es eine relevante Zahl von Ärztinnen.
Seither ist der Frauenanteil an der Ge-
samtärzteschaft gestiegen. Abb. 2.1 zeigt
die Zunahme der Ärztinnen und die Zunahme der Studentinnen seit 1930. Aller-

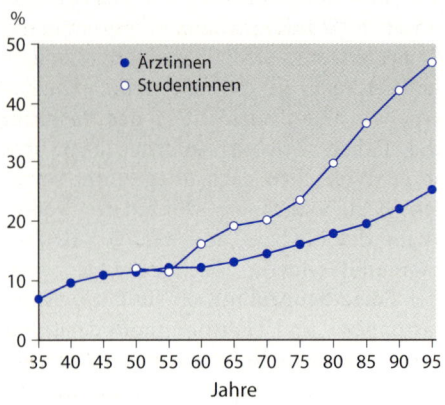

Abb. 2.1. Anteil der Frauen an der Gesamtzahl der
Ärzte bzw. der Medizin-Studenten in %

dings treten sie nach wie vor nicht entsprechend ihrer Zahl im ärztlichen Berufsfeld in Erscheinung. Dies ist bedingt
einerseits durch die häufige teilzeitliche
Berufstätigkeit, andererseits durch Unter-
vertretung von Frauen in Karrierepositio-
nen, insbesondere in der akademischen
Medizin.

Die berufliche Realität. Ärztinnen und
Ärzte haben eine sehr hohe Berufstreue.
Eine neuere Studie [2] zeigt bei jüngeren
Ärzten (zwischen 30 und 35), daß 91 %
ihren Beruf ausüben, wobei der Anteil
bei den Frauen 84 % und bei den Männern 94 % beträgt. Die „Nichtberufstäti-
gen" sind nicht sogenannte Aussteiger,
sondern sie unterbrechen ihre Berufstätigkeit in den meisten Fällen nur für
eine bestimmte Zeit. Die Unterbrechung
ist allerdings bei Frauen und Männern
unterschiedlich begründet. Frauen unterbrechen ihre Berufstätigkeit im allgemeinen für Familienarbeit, während bei den
Männern als Grund Reisen oder Hobby
im Vordergrund stehen.

Beruf und Familie. Auch in der Berufstätigkeit finden sich deutliche Unterschiede zwischen den Geschlechtern: So
sind bereits im Alter von 34 Jahren die
Tätigkeiten bei Ärztinnen häufig auf die
Familie ausgerichtet. Nur wenige Ärztinnen arbeiten nach der Geburt eines Kindes kontinuierlich weiter und lassen sich
durch ihre Partner vertreten, während
bei Ärzten die Geburt eines Kindes meist
keinerlei Einfluß auf ihre Berufstätigkeit
hat. Ärztinnen richten denn auch ihre
weitere Berufstätigkeit auf die Verbindung von Beruf und Familie aus. So
sind ihre Karriereambitionen unterschiedlich: Ein Viertel der Frauen zwischen 30 und 34 streben nicht einen
Facharzttitel an im Gegensatz zu nur
6 % der Männer. Männer und Frauen geben dem Beruf in ihrem Leben einen ho-

hen Stellenwert, eine Untergruppe von Ärztinnen hat aber ihre Berufstätigkeit zugunsten der Familie reduziert.

> **!** Ärztinnen übernehmen mehr Haushaltverantwortung als Ärzte. Ärzte leben häufiger mit Frau und Kindern zusammen. Bei der Laufbahnplanung spalten Ärzte aber die berufliche Laufbahnplanung von der Familie ab und erhalten damit einen größeren Freiraum. Ärztinnen fühlen sich dagegen verpflichtet, integrierter zu planen und berufliche und familiäre Ziele zu vereinen.

Weitere berufliche Entwicklung. Wie schon erwähnt, haben bereits zwischen 30 und 34 etwa 25 % der Ärztinnen auf die Erlangung eines Facharzttitels verzichtet. Später erhöht sich dieser Anteil, und so finden sich in allen Statistiken beträchtlich mehr Frauen, die keine spezielle Weiterbildung absolviert haben. Diese Situation hat viele Ursachen: Eine davon ist, daß die Erlangung des Facharzttitels in die Zeit fällt, in der die meisten Ärztinnen eine Familie gründen. Teilzeitarbeit ist nach wie vor nicht sehr häufig verfügbar [17] und solange die Gesellschaft erwartet, daß Mütter ihre Kinder betreuen, während Väter vollzeitlich arbeiten, sind Ärztinnen auf Teilzeitstellen angewiesen. Diese Stellen stehen aber generell viel zu selten zur Verfügung: Im Jahr 1993 wurde der ungedeckte Bedarf für die Schweiz auf 1365 Teilzeitstellen geschätzt.

Wahl des Fachgebietes. Häufiger als in anderen Fachgebieten finden sich Ärztinnen in der Allgemeinmedizin. 1986 waren 41 % der Schweizer Ärztinnen in der Allgemeinmedizin tätig, aber nur 23 % hatten einen Facharzttitel [8]. Frauen versuchen häufig, einen Kompromiß zwischen der hohen beruflichen Beanspruchung und familiären Aufgaben durch die Wahl eines Faches zu finden, das Flexibilität in der Beanspruchung zuläßt wie etwa Psychiatrie, Dermatologie, Ophtalmologie oder Otorhinolaryngologie.

2.2.2 Heirat und Familie

Die Frauen, die in der Allgemeinpraxis tätig sind, sind zu 65 % verheiratet (Allgemeinärzte über 92 %), haben zu 70 % Kinder (Männer 91 %) und ihr Partner ist zu 59 % ein Arzt, während dies für die Ärzte nur für 8 % zutrifft. Ärztinnen, die mit einem Arzt verheiratet sind, brechen ihre Weiterbildung doppelt so häufig ab wie Ärztinnen mit Ehemännern aus anderen Berufen. Sie übernehmen dafür einen Anteil der beruflichen Infrastruktur ihres Ehemannes [1, 8]. Partnerinnen von Ärzten sind zu einem sehr hohen Anteil (44 %) aus paramedizinischen Berufen. Dies zeigt auch eine spezifische Einstellung: die Heirat mit einer Krankenschwester oder Physiotherapeutin erlaubt es dem Arzt eher, während der Weiterbildungsphase die Familienaufgaben an die Partnerin zu delegieren; die Auseinandersetzung über die Berufstätigkeit findet dann häufig erst später statt.

Ärztinnen versuchen, integrativ zu planen, das bedeutet, sie wollen Karriere *und* Familie verwirklichen. Die Männer legen die traditionelle Rollenvorstellung berufsspezifisch aus und die Familie interveniert seltener. Ehen von Ärzten werden seltener geschieden, auch wenn sie oft nicht harmonisch verlaufen. Es scheint, als ob die gegenseitige Zweckgemeinschaft so stark ist, daß das Zusammenhalten nicht in Frage gestellt werden kann.

2.2.3 Karriereplanung

Ärztinnen haben ebenso Karrierewünsche wie Ärzte. Die Zielsetzung ihrer Wünsche beschränkt sich jedoch häufig auf den Erwerb eines Facharzttitels und richtet sich seltener auf Leitungsfunktionen oder eine Habilitation. Der Unterschied in der Karriereplanung zeigt sich früh: Bereits mit durchschnittlich 34 Jahren zeigen sich Ärztinnen gegenüber den Ärzten auf der „Karriereleiter" zurückgesetzt. Im einzelnen finden sich Ärztinnen durch die langen Präsenzzeiten in Ganzzeitbeschäftigungen auch stärker belastet als Ärzte, was wieder darauf hinweist, daß sie neben dem Beruf noch andere Lebensziele verwirklichen wollen. Während der Assistentenzeit haben viele Ärztinnen und Ärzte Zweifel an ihrer Berufswahl [2]. Der Anteil ist bei den Frauen höher als bei den Männern.

> **!** Die spätere Arbeitszufriedenheit ist aber sowohl bei Ärztinnen wie bei Ärzten als hoch einzustufen, insbesondere zeigt sich in einer Untersuchung über die Schweizer Ärztinnen eine erstaunlich große Zufriedenheit mit der gewählten Laufbahn, obwohl die Aussage sehr häufig war, daß wegen der Familie oder den Gegebenheiten auf eine Karriere, bzw. eine ehemals gewünschte Spezialisierung verzichtet wurde [1].

Das fehlende weibliche Vorbild. Die allgemein beobachtete Tendenz von Frauen, weniger Karriere zu machen, hat auch mit den fehlenden weiblichen Vorbildern in Vorgesetztenpositionen zu tun. Diese tragen dazu bei, daß Ärztinnen Karriere-

konzepte planen, die weit von den eigenen Selbstvorstellungen und Lebensentwürfen liegen. Sie halten sich für weniger karrieregeeignet, was zu einem männerdominierten Circulus vitiosus in der Medizin führt. Trotz Zunahme der Frauen in der Medizin wird diese Tendenz verstärkt: Wenn die Facharzttitel an eine verlängerte Weiterbildungszeit gebunden sind, werden die Schwierigkeiten für Frauen noch größer. Es besteht somit die Gefahr einer Spaltung in der Medizin: Frauen mit weniger anerkannter Weiterbildung könnten in Zukunft auch schlechter entschädigt werden.

2.2.4 Modelle partnerschaftlicher Kooperation

Ärztinnen sind zu einem sehr hohen Anteil berufstätig (über 80 %). Dies ist mehr als in der durchschnittlichen weiblichen Bevölkerung. In der Schweizer Volkszählung 1990 zeigte sich, daß in Partnerhaushalten mit Kindern unter 20 Jahren rund die Hälfte der Frauen nicht erwerbstätig war [11]. Aber nur rund 5 % der Männer waren nicht voll erwerbstätig. Die Aufteilung der Hausarbeit und Kinderbetreuung in der Partnerschaft ist in unserer Gesellschaft in keiner Weise verwirklicht. Dieser Problembereich birgt für Partnerschaft und Beruf erhebliches Konfliktpotential und fordert weitere Veränderungen. Wenige Ärzte sind stolz darauf, daß es ihnen gelingt, durch Verzicht auf eine ständige hundertprozentige Berufstätigkeit auch der Partnerin eine befriedigende Laufbahn zu ermöglichen. Dennoch finden sich in der oben zitierten neuen Schweizer Studie [2]. Ehepaare, denen eine „Doppelkarriere" gelingt. Die Studie kommt zum Schluß, daß, wer als Frau wie als Mann die Rollenvielfalt im Leben verwirklichen will, mit schwer zu überwindenden Karrierehindernissen zu rechnen hat. Die Ärztinnen mit ihrer offenbar doch überdurchschnittlichen Energie können hier Zeichen setzen, die für die Medizin von Bedeutung sind, aber auch anderen Frauen Mut macht, neue Modelle zu wagen.

2.3 Stressoren und Gesundheitsrisiken des Arztberufes

Weitere Informationen zum Streßbegriff und Streßvorgängen sind in Kap. 8 zu finden.

2.3.1 Verleugnung einer Realität helfender Berufe

! Die sog. helfenden Berufe – Ärzte, Pflegende und Angehörige anderer medizinischer Partnerberufe – erfreuen sich im allgemeinen einer hohen öffentlichen Wertschätzung, wenn auch ihr Prestige nicht mehr so unangefochten ist, wie noch vor einer Generation. Ein Teil der Anerkennung mag gerade darin bestehen, daß mit der Ausübung dieser Berufe nach wie vor eine hohe sozial-ethische Motivation verbunden ist. Indirekt scheint sich also eine breitere Öffentlichkeit der zu erbringenden überdurchschnittlichen Leistung der Heilberufe bewußt zu sein. Was aber im allgemeinen weniger bekannt ist und selbst von den Angehörigen der medizinischen Berufe nicht wahrgenommen wird, ist der Preis des besonderen Einsatzes oder die Konsequenz der überdurchschnittlichen Belastung: die mannigfachen Gesundheitsschäden. Ein Grund für die Verleugnung dieser Tatsache könnte darin liegen, daß trotz der besonderen Beanspruchung die Arbeitszufriedenheit resp. die Erfüllung durch den Beruf hoch eingeschätzt wird. Somit weisen Medizinalpersonen die Vorstellung weit von sich, daß eine Tätigkeit, die man mit großer Motivation gewählt hat und mit Befriedigung ausübt, zugleich schädigend sein könnte. Vielleicht ist gerade dies eine von verschiedenen Arten des Umgangs mit den berufsspezifischen Belastungen. Aber letztlich ist das Gesundheitsverhalten des medizinischen Personals nicht unbedingt geschickter als jenes der übrigen Bevölkerung.

2.3.2 Stressoren

Sie lassen sich in die folgenden Kategorien unterteilen, die sich allerdings überlappen:

- *Verantwortung für Patienten*: Aspekte der Kooperation, der Compliance; emotionale Anforderungen, „Problempatienten"; ethische Konflikte
- *Zeitfaktor*: Zu viele Patienten, resp. zu wenig für den einzelnen; zu viel administrative Arbeit; zu lange Präsenz, inkl. Notfalldienst; zu wenig Zeit für Weiter- und Fortbildung
- *Fachliche Kompetenz*: Schwierige diagnostische und therapeutische Entscheide; übertriebene „gesellschaftliche" Anforderungen; Angst vor Kunstfehlern

- *Praxisstruktur, Finanzen*: Anforderungen als Manager; finanzielle Verunsicherung; Fremdbestimmung durch Kostenträger
- *Kollegiale Beziehungen*: Teamspannungen; kollegiale Kritik; Konkurrenzverhalten
- *Rollenkonflikte*: Nicht erfüllte Ansprüche von Familie und Freundeskreis.

Zu diesen Stressoren kommen weitere situative Einflüsse des Berufsumfeldes hinzu: die anspruchsvolle und verantwortungsvolle Aufgabe, die große Arbeitslast, die risikobeladenen täglichen beruflichen Entscheide, die mangelnde Anerkennung der Öffentlichkeit hinsichtlich dieser Anforderungen und die in neuerer Zeit gehäuften öffentlichen Vorwürfe der Anmaßung, des Hierarchiedenkens, der Begehrlichkeit und des Großverdienertums. Besonders schwer erträglich ist für viele Kollegen, daß diese Vorwürfe mit dem zugleich bestehenden hohen idealistischen Anspruch an den Arzt einhergehen. Dieser bleibt aller Kritik zum Trotz, zumindest in Bezug auf den persönlich gewählten Hausarzt, aufrechterhalten. Der Rollenkonflikt gegenüber der Familie, die daraus zusätzlich entstehenden Eheprobleme und erzieherischen Schwierigkeiten tragen weiter zur Belastung bei.

Funktionsabhängiger Streß. Je nachdem in welchem Versorgungsbereich und in welcher Aufgabe Ärzte tätig sind, unterscheiden sich die Berufsstressoren. Eine australische Vergleichsuntersuchung zwischen Hausärzten, Krankenhauskader und Assistenten illustriert dies deutlich [7]. Der hier gefundene Hauptstressor, Arbeitslast unter Zeitdruck, wurde von allen beklagt und in vielen anderen Untersuchungen bestätigt. Hausärzte klagen als Folge davon oft über Erschöpfung mit Schlafstörungen. Junge Mediziner dagegen sind offensichtlich verstärkt da-

durch belastet, daß sie nicht im gleichen Maße die Kontrolle über ihre Arbeitssituation ausüben wie die Allgemeinmediziner und leitenden Ärzte. Hohe berufliche Verantwortlichkeit gepaart mit Ungewißheit ist für sie am schwierigsten. Hausärzte wiederum sind auch durch ihre Rolle als „Unternehmer" deutlich gefordert. Nebst den genannten Stressoren ist für den Kader der Krankenhäuser der Entscheidungsdruck und die Krankenhauspolitik am schwersten zu ertragen.

Arzt-Arzt-Beziehung als Belastung. Im Fokus der ärztlichen Bemühungen steht unbestritten die Patientenbetreuung. Vielleicht wird gerade deshalb oft ignoriert, wie der kollegiale Umgang indirekt ebenfalls zum Stressor werden kann [15]. Für die Beziehungs- und Kommunikationspflege im Krankenhaus steht zu wenig Zeit und soziale Kompetenz zur Verfügung. Assistenten vermissen fachliche Rückmeldungen von Vorgesetzten. Unter Ober- und Chefärzten scheinen Spannungen durch Interessenkonflikte und Karriere-Rivalität bedingt. Auch unter Hausärzten findet sich häufig eine Rivalität um Patienten, wobei als besonders schmerzlich erlebt wird, wenn einzelne Patienten unerwartet den Hausarzt wechseln. Nicht wenige Arbeitskonflikte ergeben sich auch aus der mangelhaften Managementschulung auf allen Stufen.

Spezifische Stressoren der Ärztinnen. Wie bereits erwähnt, sind Frauen durch die Doppelbelastung in Beruf und Familie mehr gefordert als ihre männlichen Kollegen. Dennoch: Obwohl die Verantwortung für die Familie als zusätzliche Belastung verstanden wird, sind die alleinstehenden Ärztinnen insgesamt mehr gestreßt als die verheirateten [3]. Das Familienleben ist nicht nur belastend, sondern bietet auch einen Rückhalt als

Schutz gegen Stressanforderungen. Ärztinnen zeigen sich im Beruf als emotional stärker ansprechbar als ihre männlichen Kollegen. In einer Untersuchung von Betreuern schwerkranker Krebspatienten [16] zeigten Ärztinnen signifikant mehr Betroffensein gegenüber dem Leid ihrer Patienten als Ärzte. Auch von Problemen mit Mitarbeitern fühlten sie sich mehr belastet.

2.3.3 Gesundheitsrisiken

> **!** Während frühere Studien meist eine alterskorrigiert erhöhte Sterblichkeit der Ärzte feststellten, entspricht laut neuerer Untersuchungen die Lebenserwartung der Ärzte jener der Durchschnittsbevölkerung. Gegenüber Kohorten vergleichbarer Bildung (z. B. Anwälte, Pfarrer, Ingenieure) ist die Mortalität der Ärzte jedoch erhöht.

Eine finnische Untersuchung weist nach [20], daß gegenüber anderen akademischen Berufen Ärzte nur gerade in Bezug auf Tumore besser dran sind, nicht aber hinsichtlich Kreislaufstörungen (spez. Herzinfarkt, Hochdruck) oder Ulcus duodeni. Deutlich verstärkt ist das Gesundheitsrisiko für psychische Störungen. In der Altersgruppe 45 bis 65 Jahre ist die Suizidrate deutlich erhöht. Während amerikanische Studien gegenüber alters- und bildungskorrigierten Gruppen meist nur eine leicht erhöhte Suizidrate angeben, sind die Aussagen europäischer Studien pessimistischer: Sowohl englische wie skandinavische Untersuchungen ergaben um das Zwei- bis Dreifache erhöhte Suizidindizes. Weiter wurden bei Ärzten gegenüber der durchschnittlichen Bevölkerung gehäuft Depressionen, Alkoholismus, Medikamentenmißbrauch sowie Eheprobleme festgestellt. Vermutlich besteht zwischen diesen Störungen und Suizid auch bei Ärzten eine gewisse Wechselbeziehung.

Funktionsabhängige Gesundheitsrisiken. Nach Fachspezialitäten geordnet weisen neuere Ergebnisse auf ein erhöhtes Mortalitätsrisiko der Allgemeinchirurgen hin, die sowohl hinsichtlich Kreislaufstörungen (verglichen mit Allgemeinpraktikern) wie Suizid (verglichen mit Psychiatern) gefährdet sind. Eine umfangreiche Studie der Finnischen Ärztegesellschaft hat neben erhöhten Streßwerten ein gehäuftes Vorkommen des Burn out-Syndroms und der Suizidvorstellungen ergeben. Dabei unterschieden die Autoren zwischen *„higher stress specialties"* wie Allgemeinmedizin, Onkologie, Pneumonologie und Psychiatrie einerseits und *„lower stress specialties"* wie Geburtshilfe, Dermatologie und Otorhinolaryngologie andererseits [19]. Die ersteren unterscheiden sich von den letzteren dadurch, daß sie vermehrt mit chronischen, unheilbaren oder sterbenden Patienten konfrontiert sind.

Sondersituation der Ärztinnen. Eine sorgfältige alters- und jahrgangsbezogene Kohortenstudie konnte aufzeigen, daß Ärztinnen der Schweiz im Vergleich zur Durchschnittspopulation eine tiefere Mortalität und höhere Lebenserwartung haben [4], was von je einer amerikanischen und finnischen Untersuchung bestätigt wird. Dieses Ergebnis scheint im Widerspruch zu stehen zu den oben beschriebenen höheren Belastung und unbefriedigerenden Karrieremöglichkeiten von Ärztinnen. Es könnte aber auch sein, daß Ärztinnen das gesundheitsbewußtere Verhalten von Frauen allgemein mit jenem des ärztlichen Berufsstandes im besonderen zu verbinden vermögen. Bei all diesen Aussagen ist zu bedenken, daß die bisherigen Erlebenswahrscheinlichkeiten auf Jahrgänge abstellen, die ca. 1920 und früher geboren wurden. Somit sind Schlußfolgerungen für Verhaltensweisen, wie sie für die Zivilisation des ausgehenden 20. Jahrhunderts gelten, wo Frauen sich im Arbeits- und Risikoverhalten immer mehr den Männern annähern, mit großer Vorsicht zu ziehen.

Suizidrisiko von Ärztinnen. Die erhöhte Suizidalität von Ärztinnen wie auch Psychologinnen ist durch verschiedene Untersuchungen belegt. Amerikanische Studien gehen von einer vierfach erhöhten Suizidalität aus, skandinavische nehmen gar ein noch höheres Risiko an [5]. Zu beachten ist, daß davon auch junge Kolleginnen in Ausbildung betroffen sind. Im gleichen Zusammenhang ist die erhöhte Lebenszeit-Prävalenz für Depression von 25–40 % aller Ärztinnen zu nennen [9]. Eine schon erwähnte Studie an deutschen Krankenhausärzten [16] fand auf einer standardisierten Beschwerdeliste erhöhte Werte für alle Ärzte, wobei sich Ärztinnen gegenüber ihren Kollegen noch einmal signifikant abhoben. Obwohl Ärztinnen in der Regel weniger trinken als Ärzte und auch als die Durchschnittsbevölkerung, bestehen bei Ärztinnen, die übermäßig Alkohol konsumieren, gleichzeitig auch andere Risiken wie Medikamentenabusus, Depression und erhöhte Suizidalität. Ferner leben Ärztinnen gehäufter in gestörten Familienverhältnissen und sind somit auch öfter als ihre männlichen Kollegen geschieden.

2.3.4 Bewältigung der ärztlichen Stressoren

Die theoretischen und praktischen Erkenntnisse der Bewältigungsvorgänge (oder Coping) werden in Kap. 13 ausführlich erörtert.

Der Erfolg der Bewältigung von Belastungssituationen hängt von den drei Kriterien Belastung – Persönlichkeit – Umfeld ab.

Persönlichkeitstypisierung. Zum eigentlichen Bewältigungsverhalten der Ärztinnen und Ärzte gibt es relativ wenige systematische Erhebungen. Sie zeigen ein Spektrum auf, das demjenigen einer allgemeinen Population ähnlich ist. Die Unterschiede sind vor allem situationsabhängig. Soweit die Persönlichkeit das Bewältigen zu charakterisieren vermag, haben wir aus eigenen Untersuchungen [14] vier idealtypisch unterschiedliche Verarbeitungsmuster festgestellt:

- *„Der Macher"*, der tatkräftig seine Probleme direkt angeht, initiativ, sachbezogen und effizient ist, bewältigt Schwierigkeiten entsprechend durch Zupacken und Bewahren von Übersicht und Kontrolle, nüchterne Problemanalyse, Verleugnen von Unangenehmem und Selbstaufwerten durch Leistung.
- *„Der Vermeider"* dagegen ist zwar unkompliziert im Umgang, aber etwas oberflächlich, auch effizient in der Berufsarbeit, aber weniger verläßlich. Er schiebt gerne unangenehme Probleme ab, solange sie ihn nicht zentral herausfordern. Er bevorzugt es, Probleme zu bewältigen, indem er sie bagatellisiert und verleugnet, sie durch gutes Essen und/oder Trinken kompensiert, sich in unausweichliche Situationen schickt und es versteht, sich von sei-

nem Umfeld Zuwendung zu verschaffen, um so den inneren Frust los zu werden.

- **„Der Umgängliche"** ist sehr harmoniebedürftig und von seinem Umfeld abhängig. Er schützt seine Verletzlichkeit, indem er Konflikten wenn möglich aus dem Weg geht (verleugnet), sich abkapselt, zurückzieht und Spannungen u.U. mit Alkohol oder Medikamenten „löst".

- **„Der Problemtürmer"** schließlich hat eine eher pessimistische Lebenshaltung, die sich auch im Berufsalltag zeigt, den er voller Probleme erlebt. Dabei ist er gerade wegen seiner Selbstkritik im Grunde sehr verläßlich, engagiert und beruflich kompetent. Kritik von außen macht ihm aber sehr zu schaffen. Innere und äußere Schwierigkeiten löst er oft dadurch, daß er sich vor allem um andere kümmert, sich wo nötig zurückzieht, die Situation bedenkt und dann erst zu Lösungen schreitet; seiner introvertierten Veranlagung gemäß ist er stark religiös oder philosophisch ausgerichtet, was ihm auch Halt zu geben vermag. Nur unter starker Belastung kann auch er Fluchttendenzen zeigen.

Diese idealtypische Charakterisierung ist nur ausnahmsweise in Einzelpersonen auszumachen. Meist entspricht menschliches Verhalten Mischformen aus einzelnen Idealtypen.

Geschlechtsunterschiede. Ob Ärztinnen in der Regel andere Bewältigungsformen als Ärzte wählen, kann aufgrund des heutigen Wissens kaum beantwortet werden. Tendenzmäßig sind berufliche Unterschiede (z. B. Ärztinnen versus Schwestern) wichtiger als Geschlechtsdifferenzen. In einer eigenen größeren Erhebung bei Zahnärzten (mit 10 % Anteil Frauen) [12] zeigte sich einzig, daß Zahnärztin-

nen in der Regel weniger Mühe hatten, mit Problempatienten umzugehen als ihre männlichen Kollegen und daß sie es eher verstanden, von ihrem Umfeld (Familie) Zuwendung zu erhalten. Die soziale Situation war aber bei den meisten verschieden von jener selbständiger Hausärztinnen, indem ein höherer Anteil dieser Zahnärztinnen nur teilzeitlich tätig war. In der schon erwähnten Studie zum kollegialen Umgang in der Ärzteschaft [13] konnten wir diese Tendenzen bei 22 Ärztinnen gegenüber 52 Ärzten bestätigen. Insbesondere verstanden es die Kolleginnen, mit mehr emotionaler Entspannung und sozialer Zuwendung ihre Belastungen auszugleichen. Männer dagegen bevorzugten ablenkende Strategien.

Streßmanagement. Im deutschen Sprachraum gibt es erst seit wenigen Jahren Angebote des Streß-Managements in Heilberufen. Diese richten sich jedoch viel häufiger an die Partnerberufe als an die Ärzte. Gegenüber der Wirtschaft gibt es also im Krankenhauswesen – wie ja auch in vielen andern Fragen der Betriebsorganisation – noch einiges aufzuholen. Immerhin besteht eine klare Tendenz zur Management-Schulung von leitenden Ärzten, die sich vermutlich früher oder später auch verstärkt mit Überforderungssituationen befassen wird.

 Auf eine Kurzformel gebracht läßt sich zum ärztlichen Coping sagen: Don't work hard – work smart!

In den letzten Jahrzehnten haben sich zwei wichtige Veränderungen bezüglich des Medizinstudiums ergeben:

Das Medizinstudium hat für Studierende an Attraktivität eingebüßt, und die Medizin ist daran – wie schon seit längerer Zeit in Osteuropa – zunehmend ein Frauenberuf zu werden. Im Gegensatz zu diesen Veränderungen steht die Tatsache, daß immer noch sehr wenige Frauen leitende und akademische Spitzenpositionen einnehmen und somit für die Studierenden der Medizin als weibliche Vorbilder und Identifikationsfiguren erfahren werden können. Trotz hoher Berufsmotivation und ebenbürtiger Karrierewünsche sind Ärztinnen weniger bereit, ihre volle Zeit und Kraft in den Beruf zu investieren und auf die Pflege sozialer Beziehungen und auf Lebensqualität zu verzichten. Dies gilt in gleicher Weise für alleinstehende Ärztinnen wie für Ärztinnen in Partnerschaft und Familie. Im Falle einer Familiengründung leisten Ärztinnen nach wie vor mehr Familienarbeit als Ärzte. Die Doppelbelastung wird als Streß empfunden, die Beziehung zu den Kindern kann aber auch eine persönliche Ressource sein. Daß bisher relativ wenig Frauen medizinische Spitzenkarrieren absolvieren, steht auch im Zusammenhang mit inneren Barrieren, nämlich mit dem Umstand, daß sie sich persönlich weniger zutrauen und schneller bereit sind, eigene Wünsche gegenüber jenen des Ehepartners zurückzustellen. Es werden in diesem Kapitel partnerschaftliche Modelle familiären Zusammenlebens gefordert. Bei deren konsequenter Durchsetzung muß darauf geachtet werden, daß junge Väter und junge Mütter nicht gemeinsam gegenüber kinderlosen Ärzten und Ärztinnen benachteiligt werden.

Der ärztliche Beruf hat nach wie vor ein hohes Prestige unter anderem auch durch die Bereitschaft der Heilberufe, überdurchschnittlichen Einsatz zu erbringen und dabei wenig Rücksicht auf die mit der überdurchschnittlichen Belastung einhergehenden Gesundheitsschäden zu nehmen. Das Gesundheitsverhalten der Ärzte ist nicht geschickter als jenes der übrigen Bevölkerung. Während die Mortalität der Ärzte und Ärztinnen im Vergleich zur allgemeinen Bevölkerung nicht überdurchschnittlich ist, liegt sie doch höher als bei Gruppen vergleichbarer Bildung. Nach wie vor erschreckend hoch sind die Suizidraten. Die Ursachen sind in den deutlich erhöhten psychischen Gesundheitsrisiken mit Sucht- und Depressionsneigung zu sehen.

Literatur

Weiterführende Lehr- und Handbücher

1. Ackermann-Liebrich U., Gerber K., Lachenmeier M: Schweizer Ärztinnen – Eine Studie über ihre berufliche und familiäre Lage. Bern: Hans Huber 1983
2. Augsburger Th., Frei R., Niklowitz M., Willi, J.: Die Förderung der Einseitigkeit. Karriere und Karrierewünsche von Schweizer Ärztinnen und Ärzten. Bern: Hans Huber 1996

Einzel- und Übersichtsarbeiten

3. Aärimaa M., Asp S., Juntunen J., Kauttu K., Olkinuora M., Strid L.: Male and female physicians. Work, career, family and stress. Suom.Lääkäril 43:1282–1288, 1988
4. Ackermann-Liebrich U., Mateos Wick S., Spuhler Th.: Survival of female doctors in Switzerland. Brit. Med. J. 302: 959, 1991
5. Arnetz B.B., Hörte L.G., Hedberg A., Theorell, T., Allander E., Malker H.: Suicide patterns among physicians related to other academics as well as to the general population. Acta psychiat. scand. 75:139–143, 1987
6. Bachmann N., Berta D., Eggli P., Hornung R.: Ressourcen und Belastungen im Studium. Eine Untersuchung an den Zürcher Hochschulen. Zürich: Psychologisches Institut der Universität Zürich, Abteilung für Sozialpsychologie 1997
7. Bates E.: Doctors and their spouses speak: stress in medical practice. Sociology of Health & Illness 4:25–39, 1982
8. Bettelini P., Brunner A., Ackermann-Liebrich U.: Die Frau als Allgemeinpraktikerin: Beruf oder Ausweg? Schweiz. Ärztezeitung 37: 1517–1522, 1991
9. Carlson G.A., Carlson D.C.: Suicide, affective disorder and women physicians. Am.J.Psychiat. 138: 1330–1335, 1981
10. Fierz V.: Medizin wird Frauenberuf trotz steigender Hindernisse. Schweiz.Ärztezeitung 77: 366–369, 1996
11. Haug W.: Familie heute. Das Bild der Familie in der Volkszählung 1990. Bern: Bundesamt für Statistik 1990
12. Heim E., Augustiny K.F.: Umgang der Zahnärzte mit Berufsstress. Schweiz.Monatsschr.Zahnmed. 98:1057–1066, 1988
13. Heim E., Valach L., Moser M.R., Niederer A.: Bewältigung der Belastungen im kollegialen ärztlichen Umgang. In Vorbereitung
14. Heim E.: Bewältigung der Berufsstressoren in den Heilberufen. Psychother. Psychosom. med.Psychol. 43:307–314, 1993
15. Heim E.: Vom kollegialen Umgang in der Ärzteschaft – Beziehung von Ärzten und Ärztinnen. Schweiz.Ärztezeitung 77:150–157, 1996
16. Herschbach, P.: Stress im Krankenhaus. Die Belastungen von Krankenpflegekräften und Ärzten/Ärztinnen. Psychother.Psychosom. med.Psychol. 41:176–186, 1991
17. Kurath J., Jost Dettwiler M.C., Ackermann-Liebrich U.: Teilzeitarbeit an Assistenzstellen. Schweiz. Ärztezeitung 33: 1245–1250, 1993
18. Meyer Th.: Studienabbruch an schweizerischen Hochschulen – Eine Strukturanalyse. Bern: Bundesamt für Statistik 1996
19. Olkinuora M., Asp S., Juntunen K., Strid L., Aärimaa M.: Stress symptoms, burnout and suicidal thoughts in Finnish physicians. Soc.Psychiatr.Epidemiol. 25:81–86, 1990
20. Rimpelä A.: Death amongst doctors. Stress-Medicine 5:73–75, 1989
21. Zehnder S.: Stress, Motivation und Zufriedenheit bei Berner Medizinstudentinnen und -studenten. Bern: Dissertation der Universität Bern 1992

PETER C. MEYER, CLAUS BUDDEBERG

Die Psychosoziale Medizin geht vom Menschen als einem Beziehungswesen aus, das in sozialen Bezügen gezeugt, geboren und aufgezogen wird, einem Wesen, das aus den Interaktionen mit der mitmenschlichen Umwelt die wichtigsten Anstöße für die Entfaltung seiner Persönlichkeit und für deren Fortentwicklung über die Lebensspanne hinweg erhält. Krankheit entsteht meist in sozialen Bezügen und wird in sozialen Bezügen behandelt.

Dieses Kapitel soll Grundlagen und Begriffe vermitteln, die für das Verstehen, die Erforschung und die Beeinflussung sozialer Bezüge Voraussetzung sind. Die sozialen Bezüge werden aus verschiedenen Perspektiven dargestellt, die sich teilweise überschneiden. Es handelt sich um die Perspektive der Person, deren *soziale Wahrnehmung* von persönlichen Vorurteilen, Werthaltungen und Einstellungen bestimmt ist. Es folgt ein Abschnitt über *Grundlagen der Kommunikation*, d.h. über die Art und Weise, wie sich eine Person verbal und averbal mit anderen Personen in Beziehung setzt und sich austauscht. Im Abschnitt über *soziale Rollen* wird die Person als Teil eines sozialen Systems dargestellt, welches Erwartungen an sie stellt und ihr Aufgaben zuweist, deren Erfüllung ihr sozialen Status und Anerkennung einbringen kann. Die Kenntnisse dieser Grundlagen sind eine wichtige Voraussetzung für die Gestaltung der Arzt-Patient-Beziehung, deren Praxis im Kap. 11 ausführlich dargestellt wird. Schließlich folgt ein Abschnitt über *soziale Schichtung und soziale Minderheiten*, in welchem auch Probleme der Arbeitslosigkeit und der Gastarbeiter be-

handelt werden, welche für die Medizin von großer Bedeutung sind.

3.1 Soziale Wahrnehmung

Soziale Wahrnehmung, etwa die Art, wie der Arzt den Patienten, der Patient den Arzt, das Krankenhaus und die Behandlung wahrnimmt, spielt in der Medizin eine wichtige Rolle. Die Wahrnehmung anderer Personen wird u. a. durch Stereotype, Vorurteile, Einstellungen und Werthaltungen beeinflußt.

3.1.1 Wahrnehmungsprozesse

Wenn wir einem Gastarbeiter aus dem Süden begegnen, wenn wir mit der Polizei zu tun haben oder wenn wir zum Arzt gehen, haben wir immer schon im voraus bestimmte Vorstellungen über diese Menschen oder Institutionen. Die Vorstellungen beruhen zum Teil auf eigenen Erfahrungen, oft jedoch zum größeren Teil auf Meinungen und Einstellungen, die wir von anderen Menschen übernommen haben. Unsere Wahrnehmung sozialer Gruppen wird durch soziale Prozesse beeinflußt.

> **!** Der Begriff „soziale Wahrnehmung" umfaßt einerseits die Wahrnehmung von *sozialen Objekten*, d. h. von sozialen Gruppen (z. B. den Ausländern), von Institutionen (z. B. der Polizei) und von sozialen Prozessen (z. B. der Hospitalisierung). „Soziale Wahrnehmung" bedeutet andererseits Wahrnehmung unter *sozialem Einfluß*.

Subjektive Faktoren der Wahrnehmung. Die beiden Bedeutungen des Begriffs „soziale Wahrnehmung" sind eng miteinander verknüpft, da die Wahrnehmung sozialer Objekte immer mehr oder weniger stark sozial beeinflußt wird. Bei unseren Vorstellungen über die Ausländer werden wir z. B. von unseren Eltern, Freunden, Kollegen und von den Massenmedien beeinflußt. Die Wahrnehmung anderer Personen wird auch stark durch subjektive Faktoren wie Einstellungen, Gefühle, Wünsche und Absichten bestimmt. Wir müssen oft aufgrund beschränkter Informationen spontane Urteile über Mitmenschen abgeben. Wenn wir uns einen ersten Eindruck über einen Menschen bilden, finden Wahrnehmungsprozesse statt, die gelegentlich zu einem sehr verzerrten Bild dieses Menschen führen. *Selektion, Generalisierung und Kategorisierung sind drei typische Prozesse der Wahrnehmung, die zu Verzerrungen führen können. Die Wahrnehmung wird zusätzlich durch sog. Stereotypen beeinflusst.*

Selektion. Kein Mensch ist in der Lage, die ganze Fülle der ihm zur Verfügung stehenden Informationen zu verarbeiten. Wir nehmen deshalb primär diejenigen Informationen wahr, die aufgrund früherer Erfahrungen bedeutsam sind oder auf die wir wegen persönlicher Motive, z. B. Wünsche, Interessen oder Ängste ansprechen.

Generalisierung. Wir schließen von einzelnen Beobachtungen auf die ganze Persönlichkeit eines Menschen. Wenn jemand lächelt, wird gefolgt, daß er ständig guter Laune sei (zeitliche Ausdehnung einer Beobachtung). Wenn ein Versicherungsvertreter schlecht gekleidet ist, wird gefolgt, daß er und seine Firma unseriös seien (analoge Schlußfolgerung). Der Beobachter kann beim Generalisieren über die vorhandenen Informationen hinausgehen und neue hinzufügen (Ergänzung). Verschiedene Einzelinformationen können zu einem Ganzen zusammengefügt werden (Strukturierung).

Kategorisierung. Aufgrund einzelner Beobachtungen wird eine Person einer bestimmten Kategorie von Menschen zugeordnet. Die Person wird nun als Mitglied dieser Kategorie wahrgenommen, und es werden ihr zahlreiche typische Merkmale dieser Kategorie unterstellt.

Es gibt zahlreiche Beispiele für Generalisierungen und Kategorisierungen, die nur wenig zutreffen, aber allgemein akzeptiert werden: Gesichter mit Falten in den Augenwinkeln werden als humorvoll, freundlich und sorglos angesehen. Brillenträger werden als gelehrig und fleißig betrachtet. Frauen mit dicken Lippen werden als sexy empfunden.

Ein *Stereotyp* ist eine stark vereinfachte Vorstellung über eine Personenkategorie oder über ein anderes soziales Objekt. Stereotypen werden im Alltag als „Clichés" oder als „Schablonen" bezeichnet.

Stereotypen unterstützen die Urteilsbildung und können als eine erste Annäherung auch einen gewissen Wahrheitsgehalt haben. Die Verwendung von Stereotypen erlaubt es dem Individuum, mit zahlreichen ihm persönlich unbekannten Menschen in Kontakt zu treten und die Unsicherheit über mögliche Reaktionen zu vermindern. Durch einen längeren Kontakt wird die Wahrnehmung differenzierter und löst sich zunehmend vom stereotypen Bild. Oft ist allerdings eine stereotype Meinung ein Teil einer Einstellung oder eines Vorurteils. Eine solche Meinung wird trotz zusätzlicher, dem Stereotyp widersprechender Beobachtungen wenig modifiziert.

3.1.2 Komponenten und Funktionen der Einstellung

Eine *Einstellung* ist eine relativ stabile Bereitschaft, ein soziales Objekt auf eine bestimmte Art und Weise wahrzunehmen und darauf zu reagieren. Einstellungen äußern sich in Überzeugungen und Meinungen, in Gefühlen und Beurteilungen sowie in einer bestimmten Handlungsbereitschaft gegenüber sozialen Objekten. Eine Einstellung hat also eine kognitive, eine affektive und eine Verhaltenskomponente.

Kognitive Komponente. Diese besteht aus gedanklichen Vorstellungen über das Objekt. Der Begriff „Meinung" entspricht der kognitiven Einstellungskomponente. Lamaisten (tibetische Buddhisten) sind z. B. der Meinung, daß Tiere gleich wie die Menschen eine Seele haben. Gemäß ihrer Vorstellung über die Seelenwanderung kann sich eine Seele als Tier oder als Mensch inkarnieren. Der Lamaismus beinhaltet also eine bestimmte Einstellung den Tieren gegenüber.

Affektive Komponente. Sie zeigt sich in den Gefühlen einem Objekt gegenüber, z. B. in Sympathie oder Ablehnung. Die Lamaisten behandeln Tiere ehrfürchtig und respektvoll, da sie diese als Lebewesen betrachten, die dem Menschen gleichwertig sind. Affektive Einstellungen sind häufig tief verwurzelte Einstellungskomponenten und Änderungen gegenüber äußerst resistent.

Verhaltenskomponente. Diese beinhaltet eine bestimmte Handlungsbereitschaft dem Objekt gegenüber. Die Lamaisten dürfen Tiere nicht töten und im Prinzip auch nicht essen. Diese Einstellung den Tieren gegenüber schließt allerdings nicht aus, daß ein Lamaist doch gelegentlich Fleisch ißt. Das tatsächliche Verhalten wird von mehreren Einstellungen, von den unmittelbaren Bedürfnissen und von der konkreten Situation bestimmt. Ein Lamaist darf z. B. das Fleisch eines Tieres essen, wenn das Tier nicht von Menschenhand getötet worden ist, sondern wenn es bei einem Absturz ums Leben gekommen ist. Gemäß Berichten aus Tibet wird deshalb dem Absturz eines Tieres „nachgeholfen", wenn das Bedürfnis besteht, Fleisch zu essen.

Eine Einstellung ist nur einer von mehreren Faktoren, die das Verhalten bestimmen. Die Einstellung streng gläubiger Katholiken dem ungeborenen Kinde gegenüber verbietet z. B. eine Abtreibung. Die konkrete soziale Situation einer kirchentreuen Katholikin kann aber so belastend sein, daß sie dennoch eine Abtreibung durchführen läßt. Wir können allgemein festhalten, daß die Beziehung zwischen einer Einstellung und dem wirklichen Verhalten nicht sehr eng ist.

Einstellungen begründen das intendierte Verhalten eines Individuums. Der funktionale Ansatz der Einstellungsforschung unterscheidet *vier Funktionen* von Einstellungen:

Funktionen von Einstellungen.

- Die *Anpassungsfunktion* dient der Belohnung bzw. der Vermeidung von Strafe. Eine Person übernimmt die Einstellungen, welche ihr die Anerkennung von Familie und Freunden einbringen. Nonkonforme Ansichten werden meistens durch eine nonkonforme Bezugsgruppe belohnt. Ängstliche Menschen passen ihre Einstellungen manchmal sehr opportunistisch ihren jeweiligen Gesprächspartnern an.
- Einstellungen haben die Funktion, grundlegende **Werthaltungen auszudrücken**. Ein Mensch kann eine große Befriedigung daraus ziehen, daß er in einer Einstellung seine persönlichen Wertvorstellungen ausdrücken kann, die ihm wichtig sind. In positiven Einstellungen gegenüber der Entwicklungshilfe, gegenüber Behinderten oder gegenüber dem öffentlichen Verkehr kann das Selbstverständnis als menschliche oder umweltschonende Person verwirklicht werden.
- Mit der *Wissensfunktion* befriedigen Einstellungen das Bedürfnis, die Welt zu verstehen und ihr einen Sinn zu geben. Die Wissensfunktion entspricht der kognitiven Komponente einer Einstellung.
- Die *Funktion der „Ich-Verteidigung"* bietet Schutz gegen existentielle Bedrohungen wie Krankheit, Tod, Schwäche, Arbeitslosigkeit, Kriminalität und Krieg. Verzerrte Einstellungen gegenüber Rauchen und Lungenkrebs, ablehnende Einstellungen gegenüber technologischen Neuerungen, verhärtete Einstellungen gegenüber Delinquenten und die Verleugnung der Gefahren eines Atomkrieges dienen der Ich-Verteidigung, denn sie verhindern die volle Anerkennung erschreckender Tatsachen. Vorurteile sind oft Einstellungen zur Ich-Verteidigung.

3.1.3 Das Vorurteil als eine starre Einstellung

Ein *Vorurteil* ist eine stereotype, meist entwertende Einstellung, die sehr starr ist und die selbst bei widersprechenden Erfahrungen kaum korrigiert wird. Vorurteile haben die Funktion der Ich-Verteidigung und der Identifikation mit einer sozialen Gruppe.

Vorurteile gegen Minderheiten. Es gibt zahlreiche Vorurteile, die verschiedenen sozialen Minderheiten unerwünschte Charaktereigenschaften zuschreiben. Ein Mensch kann z. B. mit solchen Vorurteilen eigene Minderwertigkeitsgefühle, eigene aggressive Impulse und extreme sexuelle Phantasien abwehren. Vorurteile können das Resultat verschiedener psychologischer *Abwehrmechanismen* sein (vgl. Kap. 7.3). Besonders typisch ist die Projektion eigener Impulse auf eine Minderheit. Vorurteile gegenüber Homosexuellen oder gegenüber Drogensüchtigen lassen sich dadurch erklären.

Minderheiten können leicht zu einem sog. *Sündenbock* werden, auf den angestaute Aggressionen gelenkt werden. So sind z. B. im Nationalsozialismus die Juden ein Opfer dieses sozialpsychologischen Mechanismus geworden. Heute sind die Ausländer fremdenfeindlichen Vorurteilen ausgesetzt und werden gelegentlich zu Sündenböcken für verschiedene soziale Probleme. Viele Menschen lernen Vorurteile durch die Identifikation mit einer sozialen Gruppe, ohne daß sie das Vorurteil zu ihrer persönlichen Ich-Verteidigung brauchen würden. In solchen Fällen ist die negative Einstellung allerdings kein Vorurteil im engeren Sinne, da sie nicht sehr starr ist und unter Umständen durch differenzierte persönliche Erfahrungen korrigiert werden kann.

Das traditionelle Urteil als Vorurteil. In der neueren Vorurteilsforschung wird der Vorurteilsbegriff breiter und neutraler gefaßt. Ein stereotypes Urteil über die „natürliche Rolle der Frau" wurde z. B. erst dann ein Vorurteil, als dieses Urteil nicht mehr allgemein geteilt wurde, d. h. als es seine Verbindlichkeit verloren hatte. In der modernen, pluralistischen Gesellschaft werden sämtliche traditionellen sozialen Urteile zu Vorurteilen, da sie von einer zunehmenden Zahl von Menschen angezweifelt werden. Es ist dabei nicht nötig, daß die Mehrheit der Bevölkerung das traditionelle soziale Urteil in Frage stellt. Der Zweifel an tradierten Selbstverständlichkeiten und der Angriff auf konventionelle Urteile wird zunächst oft nur von einer intellektuellen Minderheit getragen. Ein solcher Zweifel kann in der pluralistischen Gesellschaft schnell dazu führen, daß das traditionelle soziale Urteil seine allgemeine Verbindlichkeit verliert. Das Erkennen und Bezeichnen eines Vorurteils ist also ebenfalls das Resultat einer sozialen Wahrnehmung und nicht das Resultat einer rein sachlichen Beurteilung.

3.1.4 Konsistenz und Veränderung von Einstellungen

Einstellungen und besonders Vorurteile lassen sich nur schwer verändern. Aufklärungskampagnen über die Schädlichkeit des Zigarettenrauchens oder Kampagnen zum Abbau von Vorurteilen gegenüber einer Minderheit sind meistens erfolglos, wenn sie nur die kognitive Einstellungskomponente ansprechen. Die affektive und die Verhaltenskomponente widersetzen sich der Änderung. Eine Aufklärungskampagne kann selten eine neue Einstellung anbieten, die die Funktion der alten Einstellung oder des Vorurteils übernehmen könnte.

Die Veränderung einer Einstellung ist schwierig, weil die Einstellungen einer Person in einem systematischen Zusammenhang stehen. Ein Individuum versucht in der Regel zu erreichen, daß es zwischen den drei Einstellungskomponenten, zwischen seinen verschiedenen Einstellungen und zwischen seinen Einstellungen und seinem Verhalten keine Widersprüche gibt. *Das Individuum ist also bemüht, eine Konsistenz herzustellen zwischen den Einstellungskomponenten, dem System seiner Einstellungen und seinem Verhalten.*

Rückgang des Nikotinkonsums. Der Rückgang des Zigarettenrauchens kann als Folge einer gesamtgesellschaftlichen Einstellungsänderung verstanden werden. Seit den siebziger Jahren ist in der Schweiz und in anderen hochentwickelten Ländern der Tabakkonsum bei den Männern zurückgegangen und bei den Frauen gleich geblieben. Erwachsene rauchen umso weniger Zigaretten, je besser ihre Schulbildung und ihre Berufsausbildung ist. Rauchen ist heute insbesondere in den höheren Schichten nicht mehr „in". In Sitzungen, in Versammlungen oder bei Partys wird weniger geraucht. Während sich der Zigarettenraucher noch in den sechziger Jahren fast so überlegen und interessant vorkam, wie dies die Werbung suggeriert, hat heute der Nichtraucher deutlich an Prestige gewonnen. Der Konsumrückgang und der Einstellungswandel dem Rauchen gegenüber kann nicht allein durch die Aufklärungskampagnen über die gesundheitsschädigenden Folgen des Rauchens erklärt werden. Abschreckende Informationen allein bewirken kaum Verhaltensänderungen in größerem Maße. Spezifische Einstellungs- und Verhaltensänderungen sind am ehesten dann möglich, wenn sie im allgemeinen „Geist der Zeit" liegen, d. h. wenn sie konsistent sind mit dem allgemeinen sozialen Wandel und Wertwandel. Bei Plakaten der *Anti-AIDS-Kampagne*, welche für die Einhaltung von Safer-Sex-Regeln werben, sind diese Gesichtspunkte oft in origineller Weise berücksichtigt.

Wertewandel. In den hochentwickelten Ländern findet seit den siebziger Jahren ein Wertewandel von materiellen zu sogenannten postmateriellen Werten statt, in dessen Rahmen auch die persönliche Gesundheit und der eigene Körper zunehmend zentrale Werte werden. Die neuen Werte und insbesondere auch das Körperbewußtsein werden von den höheren Bildungsschichten stärker vertreten. Die zunehmend negative Einstellung dem Rauchen gegenüber ist also eingebettet in einen allgemeinen Trend des Wertewandels. *Aufklärungskampagnen* können wirksam sein, wenn sie an einen solchen Trend anschliessen. Bezeichnenderweise werden dabei die unteren sozialen Schichten weniger erreicht. Die Zigarettenfirmen haben dagegen in Entwicklungsländern neue und enorm wachsende Märkte entdeckt. Dort schlägt ihre Werbung noch voll ein. In einigen Entwicklungsländern ist die Zigarette ein Status-symbol, das dem Raucher ein wenig Prestige vom Vorbild des erfolgreichen Weißen verleiht, ähnlich wie etwa die industriell hergestellte Säuglingsnahrung.

Anpassung an Einstellungen. Sozialpsychologische Konsistenztheorien gehen davon aus, daß Widersprüche (Dissonanzen) zwischen Einstellungen und Verhalten unangenehm sind und Spannungen erzeugen. Eine Person bemüht sich, die Spannungen abzubauen, indem einzelne Einstellungen oder bestimmte Verhaltensformen verändert werden [15]. Wer z.B. in eine Institution (Schule, Arbeitsstelle, Gefängnis) eintritt, paßt sich an die Einstellungen und Meinungen an, die für seine Rolle in dieser Institution typisch sind.

So übernehmen z.B. sowohl Schüler als auch Lehrer rollentypische Einstellungen, wenn sie neu in die Schule kommen. Oder Medizinstudierende übernehmen im Wahlstudienjahr, wenn sie in Kliniken arbeiten, typische Einstellungen der Ärzte dieser Kliniken. Diese Einstellungen sind stark von der Arbeitsbelastung und anderen Sachzwängen des Klinikalltags bestimmt und unterscheiden sich oft deutlich vom idealen Arztbild, das die Medizinstudierenden vorher hatten.

Wer längere Zeit ins Gefängnis muß, paßt seine Einstellungen an die kriminelle Subkultur der Gefangenen an. Kriminelle Einstellungen werden oft erst im Gefängnis erworben. In therapeutisch orientierten Erziehungsheimen hingegen stimmt in der Regel die Insassensubkultur eher mit den Sozialisationszielen der

Institution überein. Die soziale Integration nach dem Austritt aus einer solchen Institution gelingt allerdings nur dann, wenn der ehemalige Delinquent nicht wieder in ein soziales Umfeld zurückkehrt, das delinquente Einstellungen und delinquentes Verhalten fördert. In all diesen Beispielen wird deutlich, daß Einstellungen sehr stark von sozialen Rollen und Bezugsgruppen bestimmt werden.

Änderung einer Einstellung. Einstellungsänderungen können oft auf Veränderungen in der Lebenssituation zurückgeführt werden und stehen meist im Zusammenhang mit Veränderungen des Verhaltens. *Bestimmte Einstellungen sind typisch für bestimmte Lebensphasen und verändern sich demgemäß im Verlauf des Lebens.* Einstellungen werden auch von der sozialen Schichtzugehörigkeit und von der Bezugsgruppe beeinflußt. Ein sozialer Aufstieg, eine berufliche Veränderung oder die Gründung einer Familie wirken sich meistens auf die persönlichen Einstellungen und allgemein auf die soziale Wahrnehmung aus.

Ein sozialer Aufstieg wirkt sich z.B. aus, weil die meisten Menschen Einstellungen vertreten, die ihren sozialen Status rechtfertigen. Personen mit einem niedrigen Einkommen sind in der Regel der Meinung, daß das Einkommen der Reichen ungerechtfertigt hoch sei, während sie selber einen höheren Lohn verdienen würden. Wer nun durch einen sozialen Aufstieg ein hohes Einkommen erreicht, wird seine Einstellung über die Einkommensverteilung verändern. Solche Personen sind nun eher der Meinung, daß hohe Einkommen durch große Leistungen und Fähigkeiten gerechtfertigt sind. Die Reichen sind oft der Meinung, daß die Armen deshalb arm sind, weil sie dumm, schlecht ausgebildet oder nicht genügend fleißig sind (vgl. Kap. 3.4).

3.1.5 Die Personenwahrnehmung in der Arzt-Patient-Beziehung

Der Arzt ist sehr oft gezwungen, sich aufgrund von wenigen Informationen einen Eindruck vom Patienten zu bilden. Die Kooperation des Patienten wird beeinflußt vom Eindruck des Patienten über den Arzt. Die gegenseitige soziale Wahrnehmung ist also in der Arzt-Patient-Beziehung sehr wichtig (vgl. Kap. 11).

Verzerrte Wahrnehmung. Eine Grundhaltung, die Vorurteile ausschließt, gehört zum Rollenideal des Arztes. In Wirklichkeit ist aber auch ein Arzt nicht gegen stereotype Einstellungen und Vorurteile gefeit. Er kann z.B. in der ersten Konsultation von einem südländischen Patienten den Eindruck erhalten, die vorgebrachten Rückenschmerzen seien nur eingebildet oder sogar nur simuliert. Dieser Eindruck ist konsistent mit dem Vorurteil des faulen, arbeitsscheuen Gastarbeiters. Der Patient seinerseits sieht vielleicht im Arzt einen arroganten Vertreter der Arbeitgeber und der Behörden, denen er mißtraut. In ihrer Interaktion fühlen sich der Arzt und der Patient in ihren Vorurteilen bestätigt. Je drastischer der Patient seine Symptome schildert, desto weniger wird der Arzt ihm Glauben schenken; je weniger der Arzt ihm Glauben schenkt, desto drastischer wird er seine Symptome schildern.

Der Arzt kann einen solchen *Teufelskreis der verzerrten Wahrnehmung* vermeiden, wenn er sich bewußt nicht nur vom ersten Eindruck leiten läßt, sondern versucht, den Patienten und seine Beziehung zu ihm im Verlauf einer Konsultation möglichst genau wahrzunehmen. Der erste Eindruck ist deshalb problematisch, weil er durch zufällige Umstände verfälscht sein und die weitere Wahrnehmung eines Menschen festlegen kann. Der Arzt kann einen Patienten, der eine ähnliche soziale Position wie er einnimmt, am ehesten unverfälscht wahrnehmen. Er versteht den Akademiker besser als den Arbeiter. Der Arzt kann aber auch ein genaues Bild und soziales Verständnis für den Arbeiter gewinnen, wenn er das Vertrauen dieses Patienten gewinnt und ihn aufmerksam, genau und vorurteilslos wahrnimmt.

Folgen der Wahrnehmung. Ein Wahrnehmungsprozeß ist nicht ohne Folgen. Die wahrgenommene Person kann sich gemäß der Wahrnehmung verändern. Wenn z. B. ein Lehrer einen bestimmten Schüler für dumm hält, wird dieser schlechtere Leistungen erbringen, als wenn ihn der Lehrer für intelligent hält. Wenn der Arzt bezweifelt, daß ein Patient alles unternimmt, um wieder gesund zu werden, wird die Arzt-Patient-Kooperation schlechter sein, als wenn der Arzt überzeugt ist, daß seine Ratschläge befolgt werden. Je genauer der Arzt den Patienten wahrnimmt und je realistischer er seine Möglichkeiten beurteilt, desto günstiger wird der psychosoziale Rahmen seiner Behandlung sein.

3.2 Kommunikation

Kommunikation ist in unserem Leben von zentraler Bedeutung. Ob mündlich oder schriftlich, verbal oder averbal, absichtlich oder unabsichtlich: Kommunikation ist eine notwendige Voraussetzung für die Gestaltung und Entwicklung zwischenmenschlicher Beziehungen. Kom-

munikation bildet auch die Grundlage einer reflektierten *Arzt-Patient-Beziehung* (vgl. Kap. 11) und der verschiedenen Formen des *ärztlichen Gesprächs* (vgl. Kap. 12).

3.2.1 Begriffliche Grundlagen

Im engeren Sinn wird der Begriff *Kommunikation* verwendet zur Bezeichnung einer einzelnen Mitteilung oder Botschaft, die von einer Person einer anderen gegeben wird. Im weiteren Sinn bedeutet Kommunikation Austausch von Information zwischen einzelnen Personen. Im unmittelbaren zwischenmenschlichen Kontakt sind Sprache, Mimik und Gestik, sowie der emotionale Gehalt einer Aussage die wichtigsten Kommunikationsmittel. Den wechselseitigen Ablauf von Mitteilungen zwischen zwei oder mehreren Personen bezeichnet man als *Interaktion*. Schließlich spielt in der Kommunikationstheorie noch der Begriff *Metakommunikation* eine Rolle. Er bedeutet Kommunikation über Kommunikation, d. h. Kommunikation wird selbst Gegenstand der Kommunikation.

Beim Austausch von Informationseinheiten kann man zwischen dem *Sender* und dem *Empfänger* einer Mitteilung unterscheiden. Zwischenmenschliche Kommunikationsvorgänge können daher modellhaft als Elemente einer Sender-Empfänger-Beziehung veranschaulicht werden. Mitteilungen kann man sowohl *verbal mit Worten* als auch *averbal mit Handlungen, Gesten oder der Mimik* geben. Kommunikation im unmittelbaren Kontakt zwischen einzelnen Personen besteht meist aus verbalen und averbalen Anteilen. Sowohl in der Arzt-Patient-Beziehung, wie auch im Kontakt zwischen den Mitarbeitern einer Station oder einer Klinik findet ständig ein vielfältiger Informationsaustausch statt. Im folgenden sollen einige grundlegende Eigenschaften zwischenmenschlicher Kommunikation in ihrer Bedeutung für die Arzt-Patient-Beziehung dargestellt werden.

3.2.2 Grundeigenschaften menschlicher Kommunikation

Für den psychosozialen Bereich sind vor allem die kommunikationstheoretischen Ansätze von Watzlawick et al. (1996) von grundlegender Bedeutung. Nach ihrer Auffassung lassen sich die wichtigsten Eigenschaften zwischenmenschlicher Kommunikation in *fünf metakommunikativen Axiomen* zusammenfassen:

> **!** Man kann nicht nicht kommunizieren.

Verbale und averbale Mitteilungen.
Diese Feststellung besagt, daß es im zwischenmenschlichen Kontakt unmöglich ist, nicht zu kommunizieren. Befinden sich zwei oder mehrere Personen in einer bestimmten Situation, z.B. in einem Raum oder in einem Gespräch, so ist es für keinen der Anwesenden möglich, sich an der Kommunikation nicht zu beteiligen. Verhält sich z.B. bei einem Beratungsgespräch mit einem Ehepaar der Mann so, daß er ständig redet, während seine Frau nur schweigt und scheinbar desinteressiert zum Fenster hinausblickt, so ist das Schweigen der Frau ebenso

eine Mitteilung wie das Vielreden des Mannes. Die Frau kann mit ihrem Verhalten u.a. Hilflosigkeit, Desinteresse oder verhaltenen Ärger ihrem Mann gegenüber zum Ausdruck bringen. Das Vermeiden von Informationsaustausch durch Schweigen, Regungslosigkeit oder Absonderung sind ebenso kommunikative Mitteilungen wie Worte oder Gesten.

> **!** Jede Kommunikation hat einen Inhalts- und Beziehungsaspekt, wobei der Beziehungsaspekt den Inhaltsaspekt bestimmt und von daher eine Metakommunikation darstellt.

Fakten- und Beziehungsinformation.
Jede Mitteilung enthält demnach eine *inhaltliche Fakteninformation* (Inhaltsaspekt) und eine häufig nicht bewußte, in averbalen Parametern wie Tonfall der Stimme, emotionale Gestimmtheit und Körpersprache sich äußernde *Beziehungsinformation*. Sagt z.B. ein Arzt zu einem Patienten: „Schießen Sie los, ich habe jetzt Zeit für Sie" und schaut dabei ungeduldig auf seinen Terminkalender, so wird der Patient Zweifel haben, ob der Arzt jetzt wirklich Zeit für ihn hat. Das Verhalten des Arztes steht in einem Widerspruch zu seiner verbalen Äußerung, so daß der Patient eher annehmen muß, daß sich der Arzt in Gedanken mit anderen Dingen beschäftigt. Widersprüche zwischen dem Inhalts- und Beziehungsaspekt einer Mitteilung spielen im Bereich von Kommunikationsstörungen eine wichtige Rolle. Der Beziehungsaspekt ist eine averbale Äußerung zum verbalen Inhaltsaspekt, d.h. eine Kommunikation über eine Kommunikation und hat somit metakommunikative Bedeutung.

> Die Natur einer Beziehung ist durch die Art und Weise der Kommunikationsabläufe seitens der Partner bedingt.

Ich-Du-Definition. Im Verlauf einer Interaktion hat jede einzelne Mitteilung eine doppelte Bedeutung: Sie ist einerseits ein *Reiz*, d.h. der Ausgangspunkt für die nachfolgende Reaktion des Interaktionspartners und andererseits eine *Reaktion* auf den vorangegangenen Reiz des Interaktionspartners. *Grundsätzlich gibt es drei Möglichkeiten, auf die Äußerungen eines anderen zu reagieren: Man kann sie bestätigen, verwerfen oder entwerten.* Bei einem Gespräch zwischen zwei Personen teilen sich beide Gesprächspartner unterschwellig ständig wechselseitig mit, wie jeder sich selbst und den anderen sieht. Mitteilungen enthalten somit wechselseitige *Ich-Du-Definitionen.* Zwischen den Selbstdarstellungen beider Partner und den Bildern, wie sie sich gegenseitig sehen, kann die Übereinstimmung unterschiedlich groß sein, je nachdem, ob ihre Reaktionen vorwiegend *Bestätigungen*, *Verwerfungen* oder *Entwertungen* sind.

Bestätigung. Bestätigung bedeutet, daß eine Person B auf die Äußerung einer Person A mit der Botschaft reagiert: „Ich sehe Dich auch so, wie Du Dich siehst". Auf die Äußerung eines Patienten bei der Visite: „Herr Doktor, ich habe Schmerzen auf der rechten Brustseite", könnte eine bestätigende Reaktion des Arztes z.B. lauten: „Das glaube ich Ihnen gerne, in ihrem Röntgenbild gibt es Hinweise auf eine Lungenentzündung." Durch seine Reaktion bestätigt der Arzt sowohl die Aussage des Patienten als auch den Patienten als Gesprächspartner. Die Bestätigung findet somit sowohl auf der inhaltlichen als auch auf der Bezie-

hungsebene statt. *Bestätigungen sind eine wichtige Voraussetzung für Vertrauen, Stabilität und Entwicklungsfähigkeit von Beziehungen.*

Verwerfung. Bei einer Verwerfung widerlegt B die Selbstdarstellung von A mit der Reaktion: „Ich sehe Dich nicht so, wie Du Dich siehst". In dem erwähnten Beispiel wäre folgende Äußerung des Arztes eine Verwerfung der Aussage des Patienten: „Das kann nicht sein, auf dem Röntgenbild und bei den Laborbefunden ist alles in Ordnung". *Verwerfungen können in Beziehungen zu Unsicherheit und Mißtrauen führen. Andererseits sind sie eine Voraussetzung für die Flexibilität und Wandlungsfähigkeit von Beziehungen.* Stellt z.B. ein Hausarzt die Äußerung eines Alkoholikers, er trinke keinen Tropfen Bier, in Frage, so kann sich aus den unterschiedlichen Standpunkten der beiden Gesprächspartner eine Diskussion ergeben, an deren Ende der Alkoholiker seine Sucht zugibt und Vorschläge zur Verminderung seines Bierkonsums akzeptiert.

Entwertung. Eine Entwertung liegt dann vor, wenn B die Wirklichkeit von A als dem Autor seiner Äußerung ignoriert. Entwertung bedeutet de facto: „Du existierst nicht". Eine Entwertung kann sich auf verschiedene Elemente einer Äußerung beziehen. Entwertende Reaktionen des Arztes auf die erwähnte Beschwerdeäußerung des Patienten „Herr Doktor, ich habe Schmerzen auf der rechten Brustseite" wären z.B.:

- „Sie haben schon ganz ordentlich an Gewicht zugenommen". In diesem Fall wechselt der Arzt das Thema und *entwertet den sachlichen Inhalt* der Äußerung des Patienten.
- „In der Medizin gibt es alle möglichen Ursachen für Schmerzen". Hier *ent-*

wertet der Arzt sich selbst, indem offen bleibt, ob er oder irgend jemand anderer sich weitere Gedanken über die Beschwerden des Patienten macht.

- „Schwester, hat der Patient seine Medikamente regelmäßig erhalten?" In diesem Fall würde der Arzt den Patienten als **Gesprächspartner doppelt entwerten**, indem er sich der Schwester zuwendet und gleichzeitig das Thema wechselt.

- „Versuchen Sie doch einmal an Ihren letzten Urlaub zu denken, dann tut Ihnen Ihre Brust vielleicht nicht mehr so weh." Neben dem Themenwechsel – eine inhaltliche Entwertung – liegt bei dieser Äußerung des Arztes noch eine **Entwertung der Gesprächssituation** (Ort und/oder Zeit) vor. Das **Visitengespräch** ist nicht die geeignete Situation, um den Patienten wegen seiner vielleicht übermäßigen Selbstbeobachtung zu kritisieren. Zur Besprechung der vom Arzt offenbar vermuteten hypochondrischen Tendenzen des Patienten wäre ein Einzelgespräch außerhalb der Visite ohne Beisein von Mitpatienten und der Schwester angezeigt.

Die vier Elemente einer Mitteilung: Ich sage zu Dir etwas in einer bestimmten Situation können einzeln oder kombiniert entwertet werden. Entwertungen können sehr raffiniert und versteckt erfolgen. So kann z. B. die Nichterwiderung des Blickkontaktes durch den Arzt von einem schwerkranken Patienten als ignorierende Entwertung erlebt werden. Gelegentliche Entwertungen finden in jedem Gespräch statt. Stehen jedoch entwertende Reaktionen im Vordergrund eines Gesprächs zwischen zwei Personen, so deutet dies auf eine Störung in ihrer Beziehung hin.

> **!** Menschliche Kommunikation bedient sich digitaler und analoger Modalitäten.

Digitale und analoge Information. Digitale Kommunikation (digit = englisches Wort für Ziffer oder Zahl) bedeutet Informationsübermittlung durch Zahlen oder Kennziffern, wie sie z. B. beim Rechnen üblich ist. **Digitale Informationen sind exakt und genau,** für die Charakterisierung zwischenmenschlicher Beziehungen jedoch unzulänglich. Eine digitale Information wäre z. B.: „Das Bronchus-Karzinom von Zimmer 15 hat nur noch ein Hämoglobin von 8." Diese Mitteilung ist zwar sehr exakt in Bezug auf die medizinischen Daten, sie läßt jedoch den Patienten als Person, der sich schlecht fühlt und unter seinem Zustand leidet, außer acht.

Analoge Kommunikation ist Informationsübermittlung durch Analogien wie Gebärden oder Zeichen. Analoge Mitteilungen haben häufig eine Doppelbedeutung. So kann z. B. ein Lächeln in einer bestimmten Situation Sympathie oder Verachtung ausdrücken. Analoge Information ist nicht eindeutig, sondern vielschichtig und oft symbolhaft. Das Verhältnis zwischen digitaler und analoger Kommunikation kann man folgendermaßen charakterisieren: Digitale Kommunikationen sind eindeutig und logisch, haben aber wenig bildhafte Bedeutung. **Analoge Kommunikationen sind dagegen bildhaft und mehrdeutig**, ihnen mangelt jedoch die für klare Kommunikationen erforderliche Exaktheit und Logik.

> ! Zwischenmenschliche Kommunikationsabläufe sind entweder symmetrisch oder komplementär, je nachdem, ob die Beziehung zwischen den Partnern auf Gleichheit oder Unterschiedlichkeit beruht.

Symmetrischer und komplementärer Informationsaustausch. Ein Streitgespräch zwischen zwei Ehepartnern, bei dem jeder den anderen beschuldigt, ihm Vorwürfe macht und sich selbst als fehlerlos darstellt, wäre ein Beispiel für einen symmetrischen Kommunikationsablauf. Das Verhalten beider Partner ist in diesem Fall ähnlich oder spiegelbildlich. Komplementär wäre ein Gesprächsablauf, bei dem einer der beiden Partner in der Rolle des Anklägers den anderen beschuldigt und dieser sich durch Akzeptieren der Vorwürfe mit der Rolle des Schuldigen identifiziert. Fachgespräche zwischen Ärzten, bei denen jeder mehr wissen will als der andere, haben einen symmetrischen Kommunikationsablauf. Der Informationsaustausch bei der Chefarztvisite hingegen ist meist komplementär, indem der Chefarzt aus der übergeordneten Position dem Assistenten in der untergeordneten Position Ratschläge erteilt oder Anweisungen gibt. *Symmetrische Kommunikationsabläufe finden sich häufig in Beziehungen zwischen rivalisierenden Partnern.* Das Gespräch vermittelt dabei den Eindruck einer spannungsvollen Auseinandersetzung mit der Tendenz, in eine verbale Kampfsituation zu eskalieren. *Komplementäre Kommunikationsabläufe wirken ruhiger*, indem sich beide Partner durch ihre Äußerungen ergänzen. Sie können Ausdruck einer klar definierten Beziehung sein. Nicht selten wirken in ihnen jedoch latente, nicht offen zu Tage tretende Beziehungsspannungen mit.

Tabelle 3.1. Grundregeln der Kommunikation

> !
> - Alles was wir tun, ist Kommunikation
> - Die Art, wie eine Nachricht übermittelt wird, beeinflußt stets auch den Empfang
> - Der Ablauf eines Gesprächs wird sowohl durch die Art und Weise der Sendung als auch des Empfangs einer Mitteilung entscheidend beeinflußt
> - Der Beginn eines Gesprächs bestimmt häufig das Gesprächsergebnis
> - Kommunikation ist keine Einbahnstrasse, sondern ein gemeinsamer Prozeß

Grundregeln der Kommunikation. Die zentralen Aussagen der Kommunikationstheorie, die auch für das ärztliche Gespräch Gültigkeit haben, lassen sich in folgenden Grundregeln zusammenfassen (Tab. 3.1) [2].

3.2.3 Kriterien zur Beurteilung von Kommunikationsabläufen

Der Kommunikationsstil im Arzt-Patient-Gespräch innerhalb eines Arbeitsteams oder auch innerhalb einer familiären Gruppe gibt häufig deutliche Hinweise auf die Beziehungen zwischen den einzelnen Personen. Gespräche, bei denen die Teilnehmer sich wechselseitig überwiegend entwerten und ihre Aussagen gegenseitig verwerfen, lassen auf Spannungen in den Beziehungen zwischen den einzelnen Personen schließen. Unterschiedliches Gesprächsverhalten einer Person A – z. B. Bestätigungen gegenüber Person B, Entwertungen gegenüber Person C – läßt vermuten, daß sich A und B besser verstehen und eine engere Beziehung haben als A und C. Die Beobachtung der Kommunikationsabläufe innerhalb einer Gruppe gibt somit zuverläßige Hinweise auf die Struktur und Beziehungsdynamik eines sozialen Systems (vgl. Kap. 4). So kann z. B. in einer Gruppendiskussion aus der Beobachtung, wer wessen Argumente unterstützt bzw. ablehnt oder entwertet, auf das Beziehungsnetz der Gruppe geschlossen werden.

Beurteilung von Kommunikationsabläufen. Nach welchen Kriterien läßt sich die Kommunikation zwischen zwei oder mehreren Personen beurteilen? In Tabelle 3.2 sind die wichtigsten Elemente zur Beurteilung eines Kommunikationsablaufs zusammengefaßt. Der *Inhalt der verbalen und averbalen Kommunikation* gibt darüber Auskunft, ob in einem Gespräch die wesentlichen Themen angesprochen oder umgangen werden. Ein Ärzteteam z. B., das am Bett eines Ster-

benden die möglichen Ursachen für die Verschlechterung im Befinden des Patienten diskutiert, ignoriert die Tatsache, daß für diesen Patienten eine persönliche Zuwendung – z. B. das kurze Halten seiner Hand – wesentlich hilfreicher ist als eine noch so qualifizierte Fachdiskussion. Die *Übereinstimmung oder Diskrepanz zwischen dem Inhalts- und Beziehungsaspekt einzelner Mitteilungen* gibt Auskunft über die Eindeutigkeit einer Kommunikation. So würde z. B. ein Arzt, der einem Patienten lächelnd die Mitteilung macht, daß er an einer Krebserkrankung leide, auf den Betroffenen recht widersprüchlich wirken. Würde der Arzt seine eigene Betroffenheit z. B. durch eine nachdenkliche Haltung zum Ausdruck bringen, wäre seine Mitteilung für den Patienten eindeutiger und dem Ernst der Situation angemessener.

Kommunikationsfertigkeiten. Die *Kommunikationsfertigkeiten* einer Person lassen auf ihre Selbständigkeit, ihre Bereitschaft zur Verantwortung gegenüber sich selbst und anderen sowie auf die Fähigkeit schließen, eigene und fremde Gefühle wahrzunehmen und Gedanken zu einer bestimmten Frage zu äußern. Sie zeigen, ob jemand sowohl die Rolle des Empfängers als auch die des Senders von Informationen einnehmen kann. Zuhören und eigene Überlegungen ausdrükken können erfordern Flexibilität und Vielfältigkeit in den einzelnen Kommunikationsfertigkeiten.

Reaktionen auf Mitteilungen. Die wechselseitigen *Ich-Du-Definitionen* in einem Gespräch weisen darauf hin, in welcher Haltung und aus welcher Position Personen miteinander sprechen. Starre Haltungen und die Fixierung in einer bestimmten Position äußern sich darin, daß in der Kommunikation eine Reaktionsweise – Bestätigung, Verwerfung, Entwertung –

Tabelle 3.2. Elemente zur Beurteilung von Kommunikationsabläufen

A. Inhalt der verbalen und averbalen Kommunikation
Worüber wird kommuniziert? Über
• Sachliches (Gedanken, Gegenstände, Anlässe, andere Leute)
• Persönliches (ich oder du als Person)
• Gruppenbezogenes (ich und du, wir gemeinsam)
• Wichtig: Kongruenz bzw. Diskrepanz von Inhalts- und Beziehungsaspekt einzelner Mitteilungen
B. Kommunikationsfertigkeiten
Wie ausgeprägt ist die Fähigkeit?
• Für sich selbst (in eigener Verantwortung) zu sprechen
• Eigene Gefühle ausdrücken
• Eigene Absichten zu äußern
• Anschauliche Beschreibungen von Verhaltensweisen zu geben
C. Ich–Du-Definitionen
Wie wird auf Mitteilungen reagiert? Mit
• Bestätigen
• Verwerfen
• Entwerten

einseitig im Vordergrund steht. So wird z. B. ein Assistenzarzt, der Karrierepläne hat und sich profilieren möchte, beim Klinikrapport die Aussagen seiner Kollegen eher verwerfen oder entwerten als bestätigen. Dieses Verhalten entspricht seinem Bemühen, innerhalb der Gruppe der Assistenten hervorzutreten und eine besondere Position zu erlangen. Die Rangordnung am Klinikrapport läßt sich meist daran ablesen, in welcher Reihenfolge bei einer Diskussion die Anwesenden sprechen und welche der vorgebrachten Meinungen von andern aufgegriffen und bestätigt, welche dagegen nicht beachtet (entwertet) oder abgelehnt werden.

3.2.4 Kommunikationsstörungen

Einzelne Störungen der Kommunikation finden sich in jedem Gespräch, sind also nicht auf gestörte Beziehungen beschränkt. Allerdings ist das Ausmaß gestörter Kommunikationsabläufe bei Beziehungskonflikten wesentlich höher als bei harmonischen Beziehungen. Gesunde, tragfähige Beziehungen sind gekennzeichnet durch Vielfalt und Flexibilität des Kommunikationsverhaltens der einzelnen Gruppenmitglieder. Gestörte Beziehungen zeigen starre, sich in verschiedenen Variationen wiederholende Kommunikationsmuster. Je emotional belastender und schwieriger eine Gesprächssituation ist, desto größer ist die Wahrscheinlichkeit, daß die am Gespräch beteiligten Personen unklar, mißverständlich und teilweise widersprüchlich miteinander kommunizieren.

Beispiel gestörter Kommunikation. Das folgende Beispiel eines Visitengespräches zwischen einem noch wenig erfahrenen Assistenzarzt (A), der Abteilungsschwester (Schw) und einer 50-jährigen, an ei-

nem metastasierenden Mammakarzinom leidenden Patienten (Pat) soll einige Beispiele von Kommunikationsstörungen verdeutlichen. Die Patientin befindet sich wegen unklarer Bauchschmerzen und Stuhlschwierigkeiten seit 3 Tagen in der Klinik. Sie ist über ihre Grundkrankheit informiert. Am Vormittag hat eine Laparoskopie (Bauchspiegelung) zur Abklärung ihrer Beschwerden stattgefunden. Sie liegt in einem Zweibettzimmer mit einer älteren, ebenfalls an einer Krebserkrankung leidenden Mitpatientin. Als der Arzt und die Schwester das Krankenzimmer betreten, ist die Patientin am Telefon. Während der Visite am Nachbarbett telefoniert sie weiter. Als der Arzt und die Schwester an ihr Bett treten, ist sie immer noch am Telefon. Die Äußerungen der drei Gesprächspartner sind fortlaufend nummeriert, um sie im folgenden Gesprächskommentar genau bezeichnen zu können.

Visitengespräch mit einer 50-jährigen Patientin:
1 (Pat):   (Ist noch am Telefon, sagt zum Gesprächspartner: Also gut, Tschau).
2 (A):   Guten Tag, Frau S. Das ist eine gute Lage für Dauergespräche, wenn man den ganzen Tag liegt. Da kann man schon lange sprechen. Wie geht es?
3 (Pat):   Gut.
4 (A)   Haben Sie Schmerzen?
5 (Pat):   Nein.
6 (A):   Das war ganz schnell vorbei (gemeint ist die Laparoskopie vom Vormittag), wir haben schnell in den Bauch reingeschaut. Ich habe noch kein Resultat, was man drin gesehen hat. Die Untersuchung hat Dr. H. gemacht, er wird Ihnen das Ergebnis noch sagen, nicht wahr?

7 (Pat): Er hat gesagt, daß sie keinen Abszeß gefunden haben, nur weiße Knötchen, die sie zu entfernen versucht haben.

8 (A): Ja, Sie sind bereits informiert! Also diese Infektquelle ist nicht bestätigt worden. Wir hatten gedacht, es ist ein Abszeß, aber es ist kein Abszeß, es ist klar. Gut, ja, also wir werden da weiter abklären müssen ... wahrscheinlich, das hohe Fieber, das Sie gehabt haben ...

9 (Pat): Es ist ja jetzt etwas runter.

10 (A): Ja, vorübergehend schon, aber wir müssen ja schon wissen warum und woher.

11 (Pat): Wenn man das nur wüßte!

12 (A): Gut, (zur Schw) haben wir sonst Probleme?

13 (Schw): 37,4, Hämoglobin, Hämatokrit, Kalium und Blutzucker jetzt noch abgenommen.

14 (A): Wegen dem Insulin...?

15 (Schw): Hm, die Infusionen sind ja auch klar.

16 (A): (Zur Pat) Sie werden nachher die gleichen Spritzen bekommen, wegen dem Zucker.

17 (Pat): Ja.

18 (A): Das haben wir wegen der Operation heute abgestellt.

19 (Schw): Wir geben jetzt 1000 ml Aequifusine bis 24 Uhr und dann nochmals dasselbe bis 8 Uhr.

20 (A): (Zur Schw) Kortison haben Sie gegeben?

21 (Schw): Ja.

21 (A): Sie hat zuviel Prednison bekommen. Wenn man das gleich abstellen würde, wäre es nicht gut.

23 (Schw): Hm, ja.

24 (A): Also, auf Wiedersehen, Frau S.

Kommentar zu diesem Gespräch. Die erste Mitteilung der Patientin ist averbaler Natur: Sie telefoniert und bricht das Telefongespräch erst ab, als der Arzt und die Schwester an ihrem Bett stehen. Diese averbale Äußerung ist für den Arzt nicht eindeutig. Er weiß nicht, ob die Patientin das Telefongespräch nicht beenden will oder ob ihr Gesprächspartner sich nicht unterbrechen läßt. Ähnlich mehrdeutig ist die erste Äußerung des Arztes (2). Sie erscheint leicht ironisch und läßt darauf schließen, daß der Arzt die averbale Botschaft der Patientin als störend empfunden hat. Wahrscheinlich fühlte er sich durch das Verhalten der Patientin teilweise ignoriert und entwertet. Die Antwort 3 der Patientin ist zwar klar, entspricht jedoch nicht ihrem momentan schlechten Gesundheitszustand und ihrer Angst (11). Die Mitteilungen 6 und 8 zeigen den Arzt in einer fragwürdigen, teilweise unaufrichtigen Haltung. Zunächst gibt er vor, über das Ergebnis der Laparoskopie nichts zu wissen. Als die Patientin zu erkennen gibt, daß sie schon einiges weiß, korrigiert er sich und teilt der Patientin einige recht konkrete Informationen mit. Gegen Ende der Mitteilung 8 wirkt er verlegen. Die Äußerung 11 der Patientin bringt ihn erneut in eine schwierige Lage. In dieser Situation wechselt er das Thema und den Gesprächspartner (12), was für die Patientin eine deutliche Entwertung darstellt. Die Mitteilungen 13–22 beinhalten Informationen über medizinische Daten, die für die Patientin wahrscheinlich kaum verständlich sind. Die Äußerung am Ende des Gesprächs, daß in der Prednison-Medikation ein Fehler unterlaufen ist, wirkt auf die Patientin zusätzlich verunsichernd. Insgesamt handelt es sich um ein Gespräch mit vielen widersprüchlichen Mitteilungen und Entwertungen. Es spiegelt die Angst und Unsicherheit der Patientin und des Arztes in Anbetracht des ungünstigen Krankheitsbefundes wider. Bei den Knötchen handelte es sich um eine diffuse Bauchfellmetastasierung des Mammakarzinoms. Der Befund war für den Arzt weitgehend klar, auch wenn er die genaue histologische Diagnose des entnommenen Gewebes noch nicht kennt.

Ursachen von Kommunikationsstörungen. Die Kommunikationsstörungen in diesem Fallbeispiel sind wahrscheinlich auf die Angst der Patientin einerseits und die Unsicherheit und Unreflektiertheit des Arztes andererseits zurückzuführen. Beide wissen nicht, wie sie mit dieser Situation umgehen sollen. Besser wäre es gewesen, wenn der Arzt bei der Visite der Patientin den Vorschlag gemacht hätte, mit ihr am Abend oder am nächsten Tag eingehend den Untersuchungsbefund zu besprechen. Neben solchen momentanen, durch die emotionale Belastung der Gesprächssituation verursachten Kommunikationsstörungen gibt es auch solche, die konstant über viele Jahre bestehen und Ausdruck von ungelösten Familienkonflikten sind. So lassen sich in Familien mit einem an einer Schizophrenie oder einer schweren psychosomatischen Krankheit (z. B. Magersucht) erkrankten Familienmitglied zwischen den einzelnen Personen typische Kommunikationsmuster beobachten, die als auffällig und gestört zu betrachten sind. Inwieweit diese Kommunikationsstörungen vor Auftreten der Krankheit schon vorhanden waren und möglicherweise sogar pathogene Wirkung hatten oder sich sekundär als Folge der Krankheit entwickelten und Zeichen einer nicht gelungenen Krankheitsbewältigung sind, ist schwer zu sagen. In der Familienforschung gibt es Untersuchungsergebnisse, die für beide Möglichkeiten sprechen.

> **!** Unter den vielfältigen Kommunikationsstörungen kommen vor allem drei Störungsmuster in Gesprächen gleich welcher Art häufig vor: einseitiges Festhalten an einer Ich-Du-Definition, widersprüchliche Mitteilungen und paradoxe Aufforderungen.

Festhalten an einer Ich-Du-Definition. *Ständiges Bestätigen* zwischen zwei oder mehreren Personen kann als Hinweis auf eine Pseudoharmonie und Hemmung aggressiver Gefühle angesehen werden. *Konsequentes Verwerfen* ist das vorherrschende Kommunikationsmuster bei eskalierenden Machtkämpfen. Häufige *Entwertungen* sind Ausdruck dafür, daß Personen ihre gegenseitigen Beziehungen nicht eindeutig definieren und damit die Beziehung durch Unsicherheit und Unbestimmtheit belastet ist. Gute Kommunikation ist gekennzeichnet durch eine wechselnde Mischung der drei Ich-Du-Definitionen mit einem Überwiegen von Bestätigungen.

Widersprüchliche Mitteilungen. Mitteilungen sind vor allem dann widersprüchlich, wenn zwischen dem Inhalts- und Beziehungsaspekt eine Diskrepanz besteht. Solche Äußerungen sind Doppelbotschaften, welche die Gesprächspartner verunsichern, da die Absicht der Mitteilung unklar ist.

Paradoxe Mitteilungen. „Sei spontan!" ist das bekannteste Beispiel einer paradoxen Mitteilung. Der Satz beinhaltet eine Aufforderung, etwas ohne Aufforderung zu tun. Paradoxe Mitteilungen enthalten einen Widerspruch, der für den Empfänger nicht auflösbar ist. Er befindet sich in einer Zwickmühle, einer Beziehungsfalle. Paradoxien lähmen Personen in ihrem gegenseitigen Handlungsspielraum, da sie keine Möglichkeiten für eigene Entscheidungen lassen. Familien oder Arbeitsteams mit paradoxen Kommunikationsabläufen sind in ihrer Beziehungsstruktur starr und nicht fähig, auf Veränderungen zu reagieren. Sie sind in ihrer Wandlungs- und Entwicklungsfähigkeit blockiert. Die Störung innerhalb des Systems äußert sich häufig auch in psychischen und/oder psychosomatischen Symptombildungen einzelner Mitglieder.

Gestörte Kommunikation als Zeichen von Überforderung. Da der Arzt vor allem in der Behandlung schwerkranker Patienten häufig mit emotional sehr belastenden Situationen konfrontiert ist, besteht für ihn die Gefahr, daß er sich zu seiner eigenen Entlastung Kommunikationsmuster aneignet, die für den Patienten unklar, widersprüchlich und teilweise entwertend sind. Die selbstkritische Beobachtung des eigenen Kommunikationsverhaltens ist für den Arzt nicht nur im Interesse einer möglichst guten Behandlung seiner Patienten wichtig. Sie kann ihm auch ein Hinweis auf eigene Schwächen oder emotionale Überforderungen sein.

3.2.5 Regeln für gute Kommunikation

Ruth Cohn [1], eine Psychotherapeutin, die eingehend Kommunikationsabläufe in Gruppengesprächen untersucht hat, formulierte aufgrund ihrer Erfahrungen einige Regeln, welche für eine gute, auf ein Thema zentrierte Interaktion innerhalb einer Gruppe förderlich sind. Die Beachtung dieser Regeln im Arzt-Patient-Gespräch oder im Gespräch zwischen mehreren Personen dient der wechselseitigen Verständigung und verhindert die Entwicklung von Kommunikationsstörungen. Einige dieser Regeln werden im folgenden kurz aufgeführt und erläutert, da sie eine wichtige Grundlage für die Arzt-Patient-Beziehung und das ärztliche Gespräch darstellen (vgl. Kap. 11 und 12). Sie lauten:

- Vertritt Dich selbst in Deinen Aussagen. Sprich per „Ich" und nicht per „Wir" oder „Man".
- Störungen durch emotionale Spannungen haben den Vorrang.
- Wenn Du eine Frage stellst, sage, warum Du fragst und was Deine Frage für Dich bedeutet.
- Sei echt und selektiv in Deinen Kommunikationen. Mache Dir bewußt, was Du denkst und fühlst, und wähle, was Du sagst und tust.
- Halte Dich mit Interpretationen von anderen so lange wie möglich zurück. Sprich statt dessen Deine persönlichen Reaktionen aus.
- Sei zurückhaltend mit Verallgemeinerungen.
- Nur einer sollte zur gleichen Zeit sprechen.

Wahrnehmung und Äußerung von Gefühlen. Diese Regeln machen deutlich, daß es in einem Gespräch wichtig ist, sich selbst und die Gesprächspartner intensiv wahrzunehmen und sich selbst und den andern die gleiche Achtung zu schenken. Sie unterstreichen, daß für den Ablauf eines Gesprächs Gefühle der Gesprächspartner und emotionale Spannungen zwischen ihnen eine zentrale Rolle spielen. Verständigung ist nur dann möglich, wenn störende Gefühle ernst genommen und abgebaut werden.

Kommen wir noch einmal auf das erwähnte Beispiel des ungünstig verlaufenen Visitengesprächs zwischen der 50-

jährigen Brustkrebspatientin und dem Assistenzarzt zurück. Wesentlich günstiger wäre folgender Verlauf des Gesprächs gewesen:

(A):   Guten Tag, Frau S.. Wie geht es Ihnen nach der Laparoskopie? Das war wahrscheinlich etwas unangenehm für Sie?

(Pat):   Es hat ja nicht so lange gedauert. Ihr Kollege hat gesagt, daß man keinen Abszeß gefunden hat, nur weiße Knötchen, die er zu entfernen versucht hat.

(A):   Er hat mir dies am Telefon kurz berichtet. Ich möchte aber mit ihm noch genauer reden und das Ergebnis der weißen Knötchen abwarten.

(Pat):   Das wird ja nicht ....

(A):   Ich kann schon verstehen, daß Sie besorgt sind. Wenn ich alle Informationen habe, werden wir in meinem Büro ausführlich darüber sprechen.

Im Unterschied zu der ersten Version des Gesprächsablaufs geht der Arzt hier auf die Gefühle der Patientin ein und benennt sie (unangenehme Laparoskopie, Besorgnis über das möglicherweise ungünstige Ergebnis der histologischen Untersuchung). Er hört der Patientin zu und bleibt in seinen Antworten bei den von der Patientin angeschnittenen Fragen.

Kommunikation und Beziehungshierarchie. Es ist sicherlich nicht möglich, in jedem Gespräch diese Regeln vollumfänglich einzuhalten. In einer Diskussion z. B., in welcher mein Gesprächspartner nicht gewillt oder nicht in der Lage ist, sich um Verständigung und gegenseitige Ach-

tung zu bemühen, wird es mir schwerfallen, mit ihm in anderer Weise zu kommunizieren als er mit mir. Vor allem in Gesprächssituationen zwischen ungleichen Partnern wie z. B. zwischen Arzt und Patient ist es wichtig, daß der in der höheren Position stehende Arzt darauf achtet, nicht von oben herab, sondern auf gleicher Ebene mit dem hilfesuchenden Kranken zu sprechen. Die von Cohn formulierten Regeln sind als eine Art Orientierungshilfe zu verstehen, auch in schwierigen Situationen angemessen und verständnisvoll zu kommunizieren.

3.3 Rollentheorie

Die Rollentheorie befaßt sich mit der Person als Teil von Bezugssystemen, insbesondere mit den sozialen Erwartungen, die an eine Person gestellt werden, bestimmte Aufgaben zu erfüllen und sich in einer bestimmten Weise zu verhalten [11]. Im folgenden werden die Grundlagen für das Verständnis der Kranken- und Arztrolle vermittelt, die in Kap. 10 näher behandelt werden.

3.3.1 Rollenerwartungen und rollenkonformes Verhalten

Ein großer Teil des menschlichen Verhaltens wird durch *soziale Normen* geregelt. In zahlreichen Situationen wird ein bestimmtes, typisches Verhalten erwartet. Die soziale Normierung des Verhaltens macht es in einer komplexen arbeitsteiligen Gesellschaft möglich, das Verhalten einer unbekannten Person in typischen Situationen vorauszusagen und gibt Richtlinien für das eigene

Verhalten. Die meisten sozialen Verhaltensregeln sind an soziale Positionen gebunden.

Unter einer sozialen Rolle verstehen wir die typischen, sozial normierten Erwartungen, die an den Inhaber einer sozialen Position gerichtet werden.

Soziale Rolle und Verhaltensspielraum. Zum Beispiel wird von einem Arzt, von einem Studenten oder von einer Mutter ein bestimmtes Verhalten erwartet. Die typischen Erwartungen sind sozial normiert und unabhängig von der Person des Rollenträgers. Die Rolle drückt aus, wie sich eine Person in einer bestimmten Position verhalten sollte. Das tatsächliche Verhalten wird einerseits von den Rollenerwartungen, andererseits von der persönlichen Leistung und der konkreten Situation bestimmt. Soziale Rollen unterscheiden sich darin, wie groß der Verhaltensspielraum ist und wieviel persönliche Gestaltung vom Rollenträger erwartet wird. Während vom Soldaten primär die Ausführung von Befehlen erwartet wird, wird vom Wissenschaftler oder vom Künstler eine autonome und kreative Gestaltung seiner Rolle erwartet.

Rollenkonformes und abweichendes Verhalten. Rollenkonformes Verhalten meint ein Verhalten, das im Rahmen des durch die Rolle vorgegebenen Spielraumes bleibt. Als soziales Wesen verhält sich der Mensch im Normalfall konform mit bestimmten Rollenerwartungen. *Abweichendes Verhalten* heißt fast immer, daß nicht die von einer konventionellen Bezugsgruppe (z. B. der Familie) vorgeschriebenen Rollenerwartungen erfüllt werden, sondern solche, die von einer abweichenden Bezugsgruppe ausgehen. Der jugendliche Drogenkonsument orientiert sich z. B. an seinen Freunden, die Drogen

befürworten, und nicht an seinen Eltern oder am Gesetz. Rollenkonformes Verhalten kann mit Sanktionen gesichert werden. Negative Sanktionen wie Strafen sind dabei meist weniger effizient als positive Sanktionen wie z. B. Belohnungen für erwünschtes Verhalten. Diese Aspekte haben für die Kooperation von Arzt und Patient eine wichtige Bedeutung (vgl. Kap. 11.4)

3.3.2 Rollenhaushalt und Rollenbelastung

Jeder Mensch nimmt in verschiedenen Lebensbereichen mehrere soziale Positionen ein und muß deshalb mehreren Rollen gerecht werden. Die Summe aller Rollen, die ein Mensch hat, nennen wir *Rollenhaushalt.*

Unter *Rollenbelastung* verstehen wir die Belastung eines Individuums durch seinen Rollenhaushalt. Die Rollenbelastung besteht mit anderen Worten aus den Anforderungen, die an ein Individuum durch die Summe aller seiner Rollen gestellt werden.

Rollenerwartung und Entwicklung des Individuums. Der Mensch ist als Beziehungswesen auf soziale Reize in Form von Verhaltenserwartungen angewiesen. Die wenigsten Individuen wären im Stande, als Einsiedler allein aus sich selbst heraus produktiv und zufrieden zu sein. Der Mensch verhält sich nicht zuletzt deshalb konform mit gewissen Rollenerwartungen, weil er zu einer vollständigen Autonomie gar nicht fähig wäre. Die Entwicklung der Persönlichkeit besteht zu einem wesentlichen Teil aus

Lernprozessen im Umgang mit sozialen Rollen (vgl. Kap. 5).

Mittlere Rollenbelastung. Eine Rollenbelastung, die bewältigt werden kann, ist optimal für die Gesundheit eines Menschen. Für die meisten Menschen ist es wichtig, daß Rollen mit konstanten Erwartungen wie die Berufsrolle und die Familienrolle nicht all ihre Zeit und Energie beanspruchen. Es sollte Zeit übrigbleiben für Erholung, die durch Rollen mit variablen Erwartungen ausgefüllt werden kann, z.B. durch Freizeitrollen wie Sportler, Gastgeber, Besucher von kulturellen Anlässen etc. Eine mittlere Rollenbelastung ist eine wichtige Voraussetzung für subjektives seelisches und körperliches Wohlbefinden.

Mangelnde Rollenbelastung. Nicht nur eine übermäßige, sondern auch eine mangelnde Rollenbelastung ist ungesund. In Kap. 10 werden die negativen Auswirkungen der Arbeitslosigkeit beschrieben. Eine typische Problematik der Rollenunterforderung ist die Situation einer nicht berufstätigen Frau, nachdem ihre Kinder erwachsen geworden und von Zuhause ausgezogen sind. In dieser Lebensphase verliert die Mutterrolle an Bedeutung, und es ist für viele Frauen schwierig, wieder eine befriedigende Berufstätigkeit aufzunehmen. Der berufliche Wiedereinstieg ist in der Regel auch dann sinnvoll, wenn das Einkommen des Ehemanns für sämtliche Auslagen der Familie problemlos genügen würde. Zur angemessenen Rollenbelastung gehören in diesem Falle selbstverständlich auch die Erwartungen der Arbeitskollegen über soziale Beziehungen am Arbeitsplatz, die nur indirekt mit der erwarteten Arbeitsleistung zu tun haben.

Vielfalt von Rollenbelastungen. Verschiedene Befragungen haben übereinstimmend ergeben, daß die Lohnhöhe nicht das wichtigste Kriterium zur Wahl einer Arbeitsstelle ist. Die Möglichkeit, Verantwortung zu übernehmen, kreativ zu sein, in einem guten Team zusammenzuarbeiten und andere inhaltliche Motive sind oft wichtiger als der Lohn. Diese Wünsche an eine Arbeitsstelle bedeuten, daß die meisten Menschen eine ihnen angemessene, anregende und nicht eine minimale Rollenbelastung suchen. Die Berufstätigkeit ist allerdings nicht unabdingbare Voraussetzung für eine adäquate Rollenbelastung einer erwachsenen Person. Zahlreiche, vor allem bürgerliche Frauen sind traditionellerweise sozial, karitativ oder kulturell engagiert und finden darin ihre Anregung und Erfüllung. Wegen der Arbeitslosigkeit und Arbeitszeitverkürzung wird es in Zukunft für immer mehr Menschen wichtig sein, auch neben oder zusätzlich zur Berufstätigkeit sinnvolle Aufgaben zu übernehmen, die zu einer gesunden, mittleren Rollenbelastung beitragen.

3.3.3 Rollenstreß und Rollenkonflikte

! Unter *Rollenstreß* verstehen wir die Situation, in der das Individuum die Erfüllung seiner Rollenpflichten als (übermäßige) Belastung empfindet. Rollenüberlastung ist eine mögliche Ursache für Rollenstreß. Rollenstreß kann auch eine Folge von Widersprüchen zwischen verschiedenen Rollenerwartungen sein. Solche Widersprüche nennen wir *Rollenkonflikte*. Bei Rollenkonflikten entsteht der Rollenstreß nicht aus der übermäßigen Quantität der Rollenbelastung, sondern aus der widersprüchlichen Qualität des Rollenhaushaltes.

Konforme und widersprüchliche Rollenerwartungen. Im Folgenden werden zuerst Konflikte innerhalb einer Rolle, sogenannte Intrarollenkonflikte und anschließend Konflikte zwischen verschiedenen Rollen, sogenannte Inter-rollenkonflikte, beschrieben. Die meisten Rollen umfassen *Erwartungen verschiedener Bezugsgruppen oder -personen.* Zur Rolle der Studierenden gehören z.B. die Erwartungen der Eltern, der Professoren und der anderen Studierenden. Jede dieser Bezugsgruppen stellt bestimmte Ansprüche an das Verhalten der Studierenden. Die von einer Bezugsgruppe ausgehenden Erwartungen an eine Position bezeichnen wir als *Rollensektor.* Meistens ergänzen sich die Erwartungen der verschiedenen Rollensektoren oder setzen unterschiedliche Akzente. Die Erwartungen der Eltern bestätigen und verstärken wohl meistens die Erwartungen der Professoren. Sowohl die Eltern als auch die Professoren erwarten z.B., daß die Studierenden das Studium erfolgreich abschließen.

Gelegentlich widersprechen sich auch die Erwartungen verschiedener Rollensektoren. Die Bezugsgruppe der Studierenden kann z.B. erwarten, daß sich Studierende solidarisch verhalten und den Anforderungen eines unbeliebten Professors Widerstand entgegensetzen. In einer Schulklasse ist ein „Streber", der alle Erwartungen der Lehrer erfüllt, wenig beliebt, da er die Erwartungen der andern Schüler nicht erfüllt.

 Widersprüche zwischen den Erwartungen verschiedener Bezugsgruppen an *eine* Rolle werden *Intrarollenkonflikt* genannt. Der Arzt ist in seiner Arbeit im Krankenhaus oder in der Praxis täglich mit Intrarollenkonflikten konfrontiert. Die Wahrnehmung und Bewertung unterschiedlicher Erwartungen, die an ihn herangetragen werden, sind für die Qualität und Effizienz seiner Arbeit von zentraler Bedeutung.

Abbildung 3.1 zeigt einen Intrarollenkonflikt am Beispiel der Arztrolle. Ein praktisches Beispiel für einen Intrarollenkonflikt wäre folgende Situation:

Ein 50-jähriger Angestellter einer kleineren Firma sucht seinen Hausarzt wegen zunehmenden Herzbeschwerden auf. Der Arzt diagnostiziert eine Herzrhythmusstörung und möchte den Patienten zur genaueren Abklärung und Behandlung für vier Wochen in eine Spezialklinik einweisen. Der Arbeitgeber des Patienten ist mit diesem Vorschlag nicht einverstanden, da er den Angestellten dringend für die Fertigstellung des Jahresabschlusses benötigt. Er telefoniert mit dem Hausarzt, ob die Behandlung des Patienten nicht um drei Wochen verschoben werden könnte. Die Krankenkasse erachtet die vorgesehene Spezialklinik als zu teuer und schlägt eine andere Klinik vor. Eine Arbeitskollegin des Patienten, die seit langem keinen Urlaub mehr gehabt und eine zweiwöchige Ferienreise ge-

Gesundheitsindustrie
Hohe Investitionen
in Praxis

Patienten / Patientinnen
wollen volle Aufmerksamkeit,
alle Abklärungen, Krankschreiben,
optimale Behandlung,
Verschreibung von Kuraufenthalt

Krankenkassen
Kostengünstige
Behandlung

**Arbeitgeber der
Patienten / Patientinnen**
Arbeitsfähigkeit
wiederherstellen,
Gesundschreiben

Ärztin / Arzt

Kollegen / Kolleginnen
Überweisungen,
Aushelfen in Ferien
(gegenseitige Hilfe,
aber auch Konkurrenz)

Staatliche Behörden
Eindeutige Gutachten
Maßnahmen im Interesse
der Allgemeinheit
(soziale Kontrolle)

Arztgehilfin
Anerkennung für ihre Arbeit,
Keine Überstunden

Abb. 3.1. Intra-Rollenkonflikt am Beispiel der Arztrolle

bucht hat, ruft ihn an und fragt, ob er wirklich nicht arbeiten könne. Schließlich kommt per Zufall noch ein Vertreter einer pharmazeutischen Firma in die Praxis und preist ein neues Medikament zur Behandlung von Herzrhythmusstörungen an. Welche Erwartungen an den Arzt haben in dieser Situation Vorrang, die des Patienten, seines Arbeitgebers, der Krankenkasse, der Arbeitskollegin oder des Pharmavertreters?

„Sandwichposition". In bestimmten sozialen Positionen sind Intrarollenkonflikte besonders häufig, z. B. bei Menschen, die in einer sog. „Sandwichposition" ständig unterschiedlichen Erwartungen von Vorgesetzten und Untergebenen ausgesetzt sind. Beim Vorarbeiter, beim Unteroffizier oder allgemein beim unteren Kader prallen die Interessen von oben und von unten aufeinander. Es gehört zu den Rollenerwartungen einer Sandwichposition, daß die unterschiedlichen, ja gegensätzlichen Interessen ausgeglichen werden oder daß ein Kompromiß gefunden werden kann.

> **Widersprüche zwischen zwei oder mehreren Rollen** im Rollenhaushalt einer Person bezeichnet man als **Inter-rollenkonflikt**. Eine Ärztin z. B. kann neben ihrer Berufsrolle die Rollen einer Partnerin, Mutter und eines Parteimitgliedes innehaben. Jede dieser Rollen beinhaltet bestimmte Erwartungen. Sofern die Lebensbereiche zeitlich und örtlich getrennt sind, kann die Erfüllung unterschiedlicher Erwartungen koordiniert werden. Der Beruf einer Ärztin verlangt jedoch nicht selten einen Einsatz, der sich nur schwer zeitlich und örtlich eingrenzen läßt. Daraus können akut oder auch langfristig Interrollenkonflikte entstehen.

Berufs- und Familienrolle. In Kap. 2 über den Arzt/die Ärztin wurde die Beeinträchtigung des Familienlebens durch die berufliche Belastung des Arztes dargestellt. Besonders bei Fächern mit häufigen Notfallsituationen wie z. B. Chirurgie oder Geburtshilfe stehen Ärzte in einem ständigen Konflikt zwischen den Erwartungen von Patienten und ihren Partnerinnen oder Kindern. Ungelöste Interrollenkonflikte sind häufig die Ursache von Schwierigkeiten, Trennungen und Scheidungen von Arztehen (vgl. Kap. 5.7).

3.3.4 Die Bewältigung der Rollenbelastung

Lösung von Rollenkonflikten. Je nach persönlicher Fähigkeit und Flexibilität kann ein Rollenkonflikt problemlos bewältigt werden, oder er ist die Ursache eines *andauernden Rollenstresses*, der den Rollenträger stark belastet. Durch eine Ausbildung können die technischen und kognitiven Fähigkeiten zur Ausführung einer Berufsrolle gelernt werden. Die menschlichen Fähigkeiten im Umgang mit Rollenkonflikten können aber kaum in der Ausbildung und nur bedingt durch Erfahrungen am Arbeitsplatz gelernt werden. Die Fähigkeit zur Bewältigung von Rollen und Rollenkonflikten hängt auch von den Persönlichkeitsmerkmalen des Rollenträgers ab. Wie in Kap. 7 gezeigt wird, ist eine neurotische Person schlechter fähig, Konflikte zu lösen. Zum Beispiel ist ein Mensch, der zwanghaft und genau alle Erwartungen und Vorschriften einhalten will, von Rollenkonflikten überfordert, denn ein Rollenkonflikt kann oft nur gelöst werden, wenn das Gewicht unterschiedlicher Erwartungen und Vorschriften gegeneinander abgewogen wird. Im Alltag ist es immer wieder notwendig, zugunsten wichtigerer Erwartungen gewisse andere Erwartungen zu enttäuschen, oder sogar Vorschriften zu verletzen. Wenn z. B. Zollbeamte „Dienst nach Vorschrift" machen, bricht der Grenzverkehr zusammen. Es wird vom Zollbeamten erwartet, daß er die Sicherheitsinteressen der Polizei, die finanziellen Interessen des Staates und die Interessen des Grenzverkehrs in eine sinnvolle Übereinstimmung bringen kann.

Vermeiden von Konfliktaustragung. Im Umgang mit Rollenüberlastung und Rollenkonflikten können verschiedene Verhaltensweisen und Strategien angewandt werden. Eine Ärztin kann z. B. die Erwartungen ihres Mannes und ihrer Kinder hintanstellen und sich nur noch dem Beruf widmen. Ein Vorarbeiter kann sich mit einem Rollensektor identifizieren, z. B. mit den Interessen seines Vorgesetzten, und die Erwartungen der ihm unterstellten Arbeiter zurückweisen. Solche *Vermeidungsstrategien* lösen den objektiv weiterhin vorhandenen Rollenkonflikt nicht und können mittel- bis längerfristig zu untragbaren Situationen führen. Die Ehe einer Ärztin, die ihren Partner jahrelang frustriert, kommt in eine Krise oder scheitert. Der autoritäre Vorarbeiter wird von den Arbeitern abgelehnt. Er kann sich unter Umständen nicht mehr durchsetzen, wenn er sämtliche Erwartungen der Arbeiter brüskiert. Er wird damit auch in den Augen der Vorgesetzten ein schlechter Vorarbeiter.

3.3.5 Rollendistanz, Rollenwechsel und Rollenkompetenz

Distanz und Identifikation. Eine Bewältigung von Rollenstreßsituationen (Rollenüberlastung, Rollenkonflikte) setzt voraus, daß das Individuum von seinen Rollen einen gewissen Abstand nehmen kann. Eine gewisse *Distanz* zu den Rollen ermöglicht es dem Individuum, in beschränktem Ausmaß autonom und souverän mit den Rollenerwartungen umzugehen. Problematisch ist eine zu geringe oder zu hohe Rollendistanz. Die *Überidentifikation* mit einer Rolle kann zu einem besessenen und leidenschaftlichen Vollzug von Rollenerwartungen führen, der z. B. den Rollenwechsel, die Konformität mit anderen Rollen oder die Aufrechterhaltung einer persönlichen, rollenunabhängigen Identität in Frage stellt. Eine zu hohe Rollendistanz bedeutet *Desinteresse* und Infragestellung der Rolle.

Rollenwechsel. Im Verlaufe des menschlichen Lebens werden die sozialen Rollen mehrfach gewechselt. Die Übergänge zwischen verschiedenen Lebensphasen bedeuten in erster Linie eine Häufung von *Rollenwechseln* (vgl. Kap. 5). Ein autonomes Rollenspiel setzt voraus, daß eine neue Rolle zuerst einmal internalisiert wird, und daß sich das Individuum anschließend von der Rolle distanzieren kann. Ein Rollenwechsel kann durch eine zunehmende Distanz zur alten Rolle und durch eine innere Vorbereitung auf die neue Rolle erleichtert werden. Jeder Mensch muß im Verlaufe seines Lebens zahlreiche Rollenprobleme bewältigen: Rollenwechsel, Rollenüber- oder -unterlastung und Rollenkonflikte. Die Rollenbelastung ist für die einen Menschen überwältigend, unerträglich und krankmachend. Andere Menschen können mit objektiv gleichen Rollenproblemen adäquat und geschickt umgehen.

Rollenkompetenz. Die Rollenkompetenz, d. h. die soziale Kompetenz, mit Rollen umgehen zu können, ist das Resultat eines lebenslangen Lernprozesses und wird zusätzlich von Persönlichkeitsmerkmalen bestimmt. Es ist erstaunlich, wie verschiedene Individuen mit Rollenproblemen unterschiedlich umgehen können. Während der eine spielend mehrere anforderungsreiche Rollen und verschiedene Rollenkonflikte bewältigt, ist der andere schon vom geringsten Rollenproblem überfordert. Die Rollenkompetenz ist, wie bereits erwähnt, nur bedingt von der Schulbildung und von der Berufsbildung abhängig. Die persönliche Rollenkompetenz wird zweifellos beeinflußt von der sozialen Schicht und von der familiären Atmosphäre der Herkunftsfamilie. Ohne den Ursachen der Rollenkompetenz weiter nachzugehen, kann festgehalten werden, daß sie enorme Folgewirkungen hat. Zweifellos wird die soziale Mobilität, d. h. der soziale Auf- oder Abstieg, zu einem wesentlichen Teil durch die Rollenkompetenz beeinflußt. Eine hohe Rollenkompetenz ist auch förderlich für die Gesundheit, mindestens solange sie nicht von einem übermäßig ehrgeizigen Individuum dazu benützt wird, immer noch mehr Rollen zu übernehmen und immer noch mehr Leistung zu erbringen.

Rollenwechsel als Lebensereignis. Der Wechsel einer zentralen Rolle im Beruf, in der Partnerschaft, in der Familie ist ein wichtiges *Lebensereignis* (Life-event), das sozialen Streß verursachen kann und einen Risikofaktor für Erkrankungen darstellt. Seit den sechziger Jahren wird die Bedeutung von Lebensereignissen für die Entstehung und für den Verlauf von Krankheiten intensiv erforscht. Lebensereignisse wie Veränderungen in der Berufsrolle (Stellenwechsel, Beförderung, Pensionierung, Arbeitslosigkeit) oder in Beziehungs- und Familienrollen (Partnerverlust, Scheidung, neue Familienrolle) sind potentielle Streßfaktoren. Die Auswirkungen der Lebensereignisse hängen stark davon ab, wie sie von den betroffenen Personen erlebt und beurteilt werden. Erwünschte und von den Betroffenen kontrollierte Lebensereignisse wirken sich nicht negativ auf die Gesundheit aus [8]. Ereignisse, die hingegen weder erwünscht noch kontrollierbar sind, führen zu subjektiv empfundenen Spannungen, zu Krankheitssymptomen und zu vermehrten Arztbesuchen (vgl. Kap. 8.4).

Rollenwechsel und soziale Unterstützung. Die soziale Unterstützung durch Familienmitglieder, Freunde und Nachbarn kann bei der Bewältigung von negativen Lebensereignissen helfen. Ein hilfreiches soziales Netz trägt auch dazu bei, daß Lebensereignisse seltener unerwünscht und unkontrollierbar sind [17, 18]. Die Forschungsergebnisse über sozialen Streß und soziale Unterstützung bestätigen die Bedeutung der Rollenkompetenz im Umgang mit einem Rollenwechsel. Wer mit seiner Berufsrolle gut umgehen kann, kann einen Stellenwechsel in einer für ihn wünschbaren Situa-

tion planen. In einer geglückten Partnerbeziehung können etwa Kinder geplant werden, so daß die neuen Mutter- und Vaterrollen gewünscht werden. Zweifellos gibt es tragische Lebensereignisse, wie z.B. der plötzliche Tod des Partners, die unerwünscht und kaum kontrollierbar sind. Die Auswirkung eines Rollenwechsels wird aber in jedem Falle von der Bewertung und Bewältigung des betroffenen Menschen und durch die mobilisierbare soziale Unterstützung beeinflußt.

3.3.6 Die Bedeutung der Rollentheorie für die ärztliche Praxis

Die Rollentheorie kann dem Arzt und der Ärztin helfen, ihre Situation zu reflektieren (vgl. dazu Kap. 10.4). In der praktischen Arbeit ist es nützlich, wenn in der Sozialanamnese und in der Behandlung der Rollenhaushalt und insbesondere mögliche Rollenprobleme (Rollenüber- oder -unterlastung, Rollenkonflikte, Rollenwechsel) der Patienten exploriert werden. Rollenprobleme können zu Rollenstreß führen, der ein Risikofaktor für zahlreiche Störungen und Krankheiten ist. Rollenstreß wird vermieden, wenn zwischen der Rollenbelastung, der Rollenkompetenz und der verfügbaren sozialen Unterstützung ein Gleichgewicht besteht.

Entlastung von Rollenstreß. Während die Rollenkompetenz nur in einem längerfristigen Prozeß, allenfalls im Rahmen einer Psychotherapie, verbessert werden kann, kann die Rollenbelastung unter Umständen kurzfristig reduziert werden, indem z.B. eine anforderungsreiche soziale Position aufgegeben wird oder indem bestimmte Rollenerwartungen bewußt nicht mehr erfüllt werden. Der Hausarzt kann etwa darauf hinwirken, daß eine gestreßte Person auf eine Nebenbeschäftigung verzichtet, daß eine erschöpfte Mutter bestimmte „Mutterpflichten" an eine andere Person abtritt, oder daß eine überarbeitete Studentin Ferien nimmt und ihr Examen auf einen späteren Zeitpunkt verschiebt.

Krankheit und Rollenhaushalt. Der Arzt sollte außerdem ermitteln, welche *Bedeutung eine Krankheit* für den Rollenhaushalt einer Person hat. Es gehört zur Rolle des Kranken, daß er von seinen normalen Rollenverpflichtungen befreit wird. (vgl. Kap. 10.3). Der Arbeitnehmer wird krankgeschrieben und muß nicht mehr arbeiten. Andere Menschen können sich umgekehrt eine Krankheit gerade deshalb nicht leisten, weil sie ihre Rollenpflichten unbedingt einhalten wollen. Ein Selbständiger will z. B. sein Geschäft nicht schließen, oder eine Mutter kann sich nicht vorstellen, daß eine andere Person ihre Kinder betreuen könnte. Während also im einen Fall der sekundäre Krankheitsgewinn (vgl. Kap. 10.3) darin besteht, von Rollen befreit zu werden, wird eine Störung im anderen Fall nicht ernst genommen und die Behandlung wird verzögert, weil die betreffende Person unbedingt die Rollenpflichten erfüllen will. Beide Fälle sind ungünstig: Der eine will krank sein und bleiben, während der andere eine Krankheit nicht akzeptieren kann.

Es ist wichtig, daß der Arzt Verständnis hat für die Problematik, die hinter einem Rollenstreß steht. Zum Beispiel ist der ausländische Arbeitnehmer mit einem somatisch nicht feststellbaren Rückenleiden kein Simulant, sondern er somatisiert meistens seine realen Rollenprobleme. Wenn der Arzt in der Anamnese, in der Diagnose und in der Behandlung auf die Rollensituation seiner Patienten eingeht, hat er einen zentralen Teil der psychosozialen Krankheitsbedingungen berücksichtigt.

3.4 Soziale Schichtung und soziale Minderheiten

Im Zusammenleben von mehreren Personen in einer sozialen Gruppe bildet sich in der Regel zwischen den Gruppenmitgliedern eine Hierarchie. Auch in der Gesellschaft besteht eine Rangordnung, welche soziale Schichtung genannt wird. Dabei können für den Arzt im Umgang mit Angehörigen der sozialen Unterschicht Probleme entstehen wegen Unterschiede in der Mentalität, sprachlicher Verständigungsschwierigkeiten und unterschiedlicher Einstellungen und Haltungen zu Gesundheitsproblemen.

3.4.1 Soziale Schichtung und soziale Mobilität

Seit jeher gibt es in einer menschlichen Gesellschaft Reiche und Arme, Mächtige und Machtlose, Angesehene und Verachtete. Diese hierarchische soziale Ordnung wurde in den meisten Kulturen als natürliche Ordnung gesehen.

> **!** Eine hierarchische Rangordnung von Individuen und Gruppen in der Gesellschaft bezeichnen wir als *soziale Schichtung*. Der Rang eines Individuums in der sozialen Schichtung wird *sozialer Status* genannt. Wichtige Merkmale der sozialen Schichtung sind das Einkommen und Vermögen, die Bildung und der Beruf.

Differenzierung sozialer Schichten.
Während die Einkommenschichtung kontinuierlich vom niedrigsten bis zum höchsten Einkommen verläuft, äußert

sich die berufliche Schichtung in abgrenzbaren Berufsgruppen, die häufig ein gewisses kollektives Standesbewußtsein haben. Da die Grenzen zwischen sozialen Schichten oft fließend sind, ist die Festlegung einer bestimmten Anzahl von Schichten ziemlich willkürlich. Zur *Unterschicht* werden in der Regel die weniger qualifizierten Arbeiter, zur *Mittelschicht* die hochqualifizierten Arbeiter und die meisten Angestellten und zur *Oberschicht* leitende Angestellte und Unternehmer gezählt. In der Sozialforschung werden oft mehr als drei Schichten unterschieden, indem die Unterschicht und die Mittelschicht weiter unterteilt werden.

Soziale Gleichheit und Ungleichheit. In keiner Gesellschaft sind alle Individuen gleich einflußreich, gleich vermögend und gleich gut gebildet, aber das Ausmaß der sozialen Ungleichheit kann sehr verschieden sein. Die Ungleichheit war z. B. extrem hoch in der Kastengesellschaft des alten Indien und ist heute noch besonders hoch in einigen Entwicklungsländern Afrikas und Asiens. Eine relativ hohe soziale Gleichheit besteht z. B. im hochentwickelten Sozialstaat Schweden; weitgehend gleichgestellt sind auch die Menschen in einem Kibbuzim in Israel.

Funktionalistische Theorie der sozialen Ungleichheit. Weshalb gibt es soziale Ungleichheit? In der Soziologie und Sozialphilosophie gibt es zwei gegensätzliche Theorien zu dieser Frage [13]. Für die einen ist die soziale Schichtung ein natürliches Ordnungselement, das zum Funktionieren des sozialen Systems beiträgt (*funktionalistische Theorie*). Die talentierten und fähigen Individuen leisten viel, haben großen Einfluß und werden dafür auch belohnt, d. h. sie erwerben einen hohen sozialen Status. Wenig talentierte und schlecht qualifizierte Individuen leisten hingegen weniger und stehen deshalb unten in der sozialen Schichtung, d. h. sie haben einen tiefen Status. Die soziale Schichtung ist funktional für das Gleichgewicht des sozialen Systems, da die Belohnungsunterschiede die Fähigen zu einer höheren Leistung anspornen.

Chancengleichheit. In der idealen Gesellschaft hat jeder Mensch die gleichen Chancen, den seinem Talent und seiner Leistung angemessenen sozialen Status zu erwerben. Dieses Gesellschaftsideal der funktionalistischen Theorie entspricht dem Demokratieverständnis des liberalen Bürgertums, das seine Forderungen nach Freiheit und (Chancen-) Gleichheit gegen die Privilegien der Aristokratie durchgesetzt hat. In der dritten Forderung „Brüderlichkeit" kommt zum Ausdruck, daß den Behinderten, den Leistungsunfähigen und den Schwachen geholfen werden soll. Diese Forderung ist im modernen Sozialstaat dank Sozialhilfe und sozialer Versicherungen teilweise verwirklicht.

Konflikttheorie der sozialen Ungleichheit. Im Unterschied zur funktionalistischen Theorie vertritt die *Konflikttheorie* die These, daß die soziale Schichtung das Resultat der Auseinandersetzung zwischen verschiedenen sozialen Gruppen ist und immer wieder neue Konflikte verursacht. Die Eliten versuchen, ihre Privilegien zu erhalten oder zu vermehren, während die anderen sozialen Gruppen versuchen, einen größeren Teil vom Kuchen zu erhalten oder selbst die Macht zu erringen. In der marxistischen Theorie sind die entscheidenden Konflikte Klassenkämpfe und die entscheidenden sozialen Veränderungen Revolutionen, in der eine neue Klasse die Macht übernimmt. Andere Vertreter der Konflikttheorie betonen stärker die andauernden

Konflikte zwischen sozialen Gruppen, die nur in Ausnahmefällen zu großen sozialen Veränderungen führen.

Ursachen und Folgen sozialer Schichtung. Während die funktionalistische Theorie die positiven Aspekte der sozialen Schichtung betont, beschäftigt sich die Konflikttheorie eher mit den negativen Folgen, z. B. mit der Unzufriedenheit und mit der empfundenen sozialen Ungerechtigkeit unterer Schichten und den daraus resultierenden Spannungen und Konflikten. Obschon sich die beiden Theorien über die Ursachen und die Folgen sozialer Schichtung auf der abstrakt-logischen Ebene widersprechen, schließen sie sich nicht aus, wenn es um die Erklärung unterschiedlicher Aspekte der komplexen sozialen Wirklichkeit geht. Die funktionalistische Theorie erklärt z. B. die Funktion der sozialen Schichtung (Hierarchie) einer Klinik für den reibungslosen Ablauf der alltäglichen Arbeit. Soziale Bewegungen oder Arbeitgeber-Arbeitnehmer-Konflikte können hingegen mit der Konflikttheorie besser interpretiert werden.

> **!** Die Bedeutung der sozialen Schichtung hängt wesentlich davon ab, welche Möglichkeiten es gibt, von einem sozialen Status auf den anderen zu wechseln. Solche Bewegungen nennen wir *soziale Mobilität*. Der Wechsel auf einen höheren Status ist ein *sozialer Aufstieg*, der Wechsel auf einen tieferen Status ein *sozialer Abstieg*.

Soziale Benachteiligung. In allen Gesellschaften gibt es gewisse Schranken für die soziale Mobilität, d. h. eine *Beschränkung der Chancengleichheit*. Trotz des auch rechtlich weitgehend zugesicherten Prinzips der allgemeinen Chancengleichheit bestehen auch in unserer Gesellschaft einige Barrieren, die vor allem sozialen Minderheiten den freien Zugang zu höheren sozialen Positionen erschweren. Beispielsweise ist die Benachteiligung der ausländischen Arbeitnehmer auch rechtlich verankert, und sie ist um so größer, je stärker sich die ausländischen Arbeitnehmer von der Norm der einheimischen Mittelschicht unterscheiden. Türken sind z. B. bei uns schlechter gestellt als Italiener. Die Tochter eines Gastarbeiters hat eine weitaus geringere Chance, etwa Rechtsanwältin oder Ärztin zu werden, als der Sohn eines einheimischen Akademikers, auch wenn sie genau so begabt ist wie er.

3.4.2 Sozialer Wandel

Seit dem Beginn der Industrialisierung haben sich die Lebensbedingungen in den hochentwickelten westlichen Ländern außerordentlich stark verändert. Die soziale Ungleichheit hat sich nur wenig verringert, wenn wir die relativen Unterschiede betrachten, z. B. die Relation zwischen dem Einkommen der Oberschicht zum Einkommen der Unterschicht. Da aber das Durchschnittseinkommen, d. h. der allgemeine Wohlstand, deutlich gestiegen ist und da der Sozialstaat den Bedürftigen hilft, wird die soziale Schichtung heute weit weniger als ungerecht empfunden und führt auch zu weniger heftigen sozialen Konflikten.

Der *soziale Wandel* seit dem zweiten Weltkrieg zeigt sich in folgenden Aspekten [9, 13]:

● Die allgemeine Anhebung des materiellen Lebensstandards hat die Konsummöglichkeiten der Arbeiter verbessert.

- Die Bildungsexpansion hat dazu geführt, daß höhere Bildung nicht mehr ein exklusives Vorrecht für Kinder aus gebildeten Familien ist.
- Der Wandel der Beschäftigungsstruktur, insbesondere der Ausbau des Dienstleistungssektors und die Automatisierung der Industrieproduktion, bedingt eine hohe soziale und geographische Mobilität. Ein großer Teil der mittleren Angestellten stammt z.B. aus Arbeiterfamilien.
- Der Anteil der Selbständigen an allen Erwerbstätigen ist weiter gesunken und der Anteil der Lohnabhängigen hat zugenommen. Die Arbeitsmarktdynamik erfaßt also immer weitere Bevölkerungskreise. Die Lohnabhängigen genießen gewisse Vorteile (sinkende Arbeitszeit, verbesserte soziale Sicherheit), sind aber auch von Risiken betroffen (z.B. Arbeitslosigkeit).
- Wegen diesen Veränderungen orientieren sich die Menschen heute weniger stark an traditionellen schichtspezifischen Milieus (z.B. Arbeitermilieu, Bildungsbürgertum). Im individuellen Bewußtsein, im Alltag sowie in Kultur und Politik hat die soziale Schichtung an Bedeutung verloren.

Die beschriebenen Prozesse des sozialen Wandels verändern zweifellos die Bedeutung der sozialen Schichtung, insbesondere auch die Folgen für Gesundheit und Krankheit. Wegen des hohen Lebensstandards und der gut ausgebauten Sozialversicherungen ist heute z.B. die Gesundheitsversorgung aller sozialen Schichten relativ gut, während früher die Unterschicht stärker benachteiligt war.

Soziale Desintegration. Seit anfangs der neunziger Jahre läßt sich allerdings die These des allgemeinen Wohlstandes in Westeuropa nicht mehr länger aufrechterhalten. Phänomene wie die *„neue Armut"*, die wachsende *Arbeitslosigkeit* und gravierende *Finanzierungsprobleme* des Sozial- und Gesundheitswesens weisen auf eine zunehmende soziale Desintegration in den neunziger Jahren hin [16, 24]. Nicht nur Entwicklungsländer, sondern auch hochentwickelte, westliche Länder unterscheiden sich zum Teil beträchtlich in der sozialen Schichtung und in anderen Aspekten der Sozialstruktur. So werden z.B. in den großen Metropolen der USA die sozialen Gegensätze durch die Entmischung der Wohngebiete (Slums der Unterschicht gegenüber Vorortsiedlungen der Mittelschicht) und durch die Rassengegensätze (Konzentration der Nicht-Weißen in der Unterschicht) enorm verstärkt. In der Schweiz sind demgegenüber die Wohngebiete stärker durchmischt. Die sozial benachteiligten ausländischen Arbeitnehmer wohnen in der Schweiz stärker durchmischt mit der einheimischen Bevölkerung als in deutschen Großstädten. Wir können davon ausgehen, daß das Ausmaß und die kulturelle Bedeutung der sozialen Schichtung z.B. in New York sehr stark, in Frankfurt a.M. ziemlich stark und in Zürich relativ schwach ist. Je stärker ausgeprägt die soziale Schichtung ist, desto eher können wir auch deutliche Unterschiede zwischen den Schichten bezüglich Gesundheit und Krankheit erwarten.

3.4.3 Soziale Schichtung und Gesundheit

Wenn wir Forschungsergebnisse über den Zusammenhang zwischen sozialer Schichtung und Gesundheit oder Krankheit interpretieren, müssen wir also immer berücksichtigen, wo und wann die Daten erhoben worden sind. Die Situation einer mittleren Schweizer Stadt der neunziger Jahre unterscheidet sich z.B. beträchtlich von den Verhältnissen einer amerikanischen Großstadt der fünfziger Jahre.

Wechselbeziehung zwischen sozialen Faktoren und Gesundheit. Die soziale Schichtung bestimmt zahlreiche Aspekte der Lebensbedingungen. Der soziale Status der Eltern beeinflußt z. B. die Chance, als Säugling am Leben zu bleiben, unter günstigen Wohnverhältnissen aufzuwachsen und eine gute Ausbildung zu erhalten. Nicht nur die Säuglingssterblichkeit, sondern ganz allgemein die Chance, gesund aufzuwachsen und bis ins Alter gesund zu bleiben, hängt mit der sozialen Lage eines Menschen zusammen [5]. Wenn wir uns im folgenden mit dem Zusammenhang zwischen sozialer Schichtung und Gesundheit befassen, müssen wir uns allerdings vor voreiligen Schlüssen über die *sozialen Ursachen* von Gesundheit und Krankheit hüten [22]. Einerseits kann ein tiefer sozialer Status, bzw. ein sozialer Abstieg, die *Folge* einer Krankheit sein; andererseits sind die sozialen Faktoren immer nur ein Teil eines oft sehr komplexen Ursachenmusters von Gesundheit und Krankheit. Die soziale Schichtung ist dabei nicht nur bedeutsam wegen der unterschiedlichen objektiven Lebensbedingungen, sondern auch wegen Einstellungen, Werthaltungen und Verhaltensformen, die typisch sind für bestimmte soziale Schichten. Wir werden z. B. zeigen, daß sich schichtspezifische Sprachformen auf die Arzt-Patient-Beziehung auswirken.

> **!** Die Sterblichkeit und die Häufigkeit verschiedener Krankheiten ist in der sozialen Unterschicht und in sozialen Randgruppen relativ hoch. Die sozialen Unterschiede sind seit dem Beginn der Industrialisierung zwar kleiner geworden, sie bleiben aber auch dann noch bestehen, wenn die finanziellen Verhältnisse für den Zugang zu medizinischer Behandlung keine wesentliche Rolle spielen.

Säuglingssterblichkeit und Lebenserwartung. Die Säuglingssterblichkeit ist ein geeignetes Maß für die Gesundheitslage eines Landes oder einer sozialen Gruppe. Hier bestehen enorme Unterschiede zwischen den armen Entwicklungsländern und den reichen, hochentwickelten Ländern. In unserer Gesellschaft ist die Säuglingssterblichkeit in den letzten 150 Jahren sehr stark zurückgegangen. Daten aus England zeigen, daß dieser Rückgang in allen sozialen Schichten parallel stattfand. Obschon das staatliche Gesundheitswesen und die Sozialpolitik in England die Benachteiligung der unteren Schichten aufheben sollte, ist die Säuglingssterblichkeit in den unteren Schichten weiterhin höher als in den oberen Schichten. Deutlich unter dem Durchschnitt ist die Lebenserwartung neugeborener Kinder insbesondere bei ethnischen Minderheiten wie den Schwarzen in den USA und den ausländischen Arbeitnehmern in der Bundesrepublik und in der Schweiz. Auch bei den Erwachsenen ist die Lebenserwartung sozial ungleich verteilt. Die Lebenserwartung ist besonders tief bei ungelernten Arbeitern und relativ hoch bei höheren und leitenden Angestellten. Das Erkrankungsrisiko und das Unfallrisiko ist bei Arbeitern höher als bei Angestellten. Nicht bei allen Krankheiten bestehen die gleichen sozialen Differenzen. Als Todesursache besonders selten sind in höheren Schichten Tuberkulose, Unfälle, Grippe, Lungenentzündung und Selbstmord. Andere Todesursachen hängen weniger stark von der sozialen Schicht ab, z. B. Krebs, Diabetes, Herz-

und Gefäßkrankheiten sowie Leberzirrhose.

Koronare Herzkrankheit. Diese Krankheit wurde erst anfangs dieses Jahrhunderts bekannt und galt als typische Krankheit der reichen Männer im mittleren Lebensalter. Die Häufigkeit und die Todesfolgen der Herzkrankheiten haben vor allem in den westlichen Industrieländern in den letzten Jahren zugenommen, parallel mit der Zunahme von Alltagsstreß, Konkurrenz am Arbeitsplatz und steigenden Arbeitslosenquoten. Diese Krankheit ist in ärmeren Ländern viel seltener. In den hochentwickelten Ländern haben die Herzkrankheiten auch in den unteren sozialen Schichten zugenommen.

Krankheiten von Unterschichtsangehörigen. Die arme Bevölkerung war früher von zahlreichen Krankheiten überdurchschnittlich stark betroffen, unter anderem von Epidemien und Infektionskrankheiten, von Bronchitis, Lungenentzündung und Tuberkulose, von Magengeschwüren und Magenkrebs. Diese Krankheiten wurden als Folge der Armut gesehen, bedingt durch ärmliche Lebensbedingungen, schlechte Ernährung, unhygienische Verhältnisse und Unwissenheit. Es wurde deshalb erwartet, daß die sozialen Unterschiede in der Krankheitshäufigkeit und Sterblichkeit verschwinden würden, wenn die Armut beseitigt und die medizinische Versorgung für alle Leute zugänglich gemacht würde. Mit der Verbesserung des Lebensstandards und der medizinischen Versorgung wurden die meisten Krankheiten der Armen tatsächlich seltener, aber die sozialen Differenzen blieben auf einem tieferen Niveau bestehen, wie wir es bereits bei der Säuglingssterblichkeit und bei der allgemeinen Lebenserwartung gesehen haben. Die stark schichtabhängigen, infektiösen und akuten Krankheiten sind allerdings im Vergleich zu den chronisch-degenerativen Krankheiten wie Herzkrankheiten und Krebs als Todesursache relativ selten geworden.

Psychische Störungen. Bei den psychischen Störungen bestehen sowohl hinsichtlich der Häufigkeit einzelner Störungen wie auch ihrer Behandlung einige Zusammenhänge mit der sozialen Schicht. In psychiatrischen Krankenhäusern werden Unterschichtspatienten seltener psychotherapeutisch behandelt als Mittelschichts- und Oberschichtspatienten. Unterschichtsangehörige werden überdurchschnittlich häufig von der Polizei oder der Justiz in eine psychiatrische Klinik eingewiesen.

Bei leichten psychischen Störungen ist der Schichtzusammenhang weniger deutlich. In einer repräsentativen Bevölkerungsstichprobe von deutschen Erwachsenen der Stadt Mannheim anfangs der achtziger Jahre waren die psychischen Störungen in der Unterschicht deutlich gehäuft und in der Oberschicht signifikant unterrepräsentiert. Eine repräsentative epidemiologische Studie von leichten psychischen Störungen bei 20jährigen Schweizerinnen und Schweizern im Kanton Zürich Ende der siebziger Jahre ergab hingegen nur wenige Unterschiede zwischen den verschiedenen soziodemographischen Gruppen [12]. Der einzige deutliche Schichtzusammenhang war die Häufung dieser Störungen bei Personen ohne Berufsausbildung.

Gründe für den Zusammenhang zwischen sozialer Schicht und Krankheit. Krankheiten können direkt oder indirekt von den schichtspezifischen Lebensbedingungen verursacht werden. Der Verlauf und die Folgen einer Krankheit werden beeinflußt vom Krankheitsverhalten, das vom sozialen Status geprägt ist. Der Zugang zu medizinischen Dienstleistungen und die ärztliche Behandlung ist für Unterschichtsangehörige oft weniger gut als für Mittelschichts- und Oberschichtsangehörige.

Wir wissen z. B. nicht genau, was die Ursachen der relativ hohen Säuglingssterblichkeit in der Unterschicht sind. Es ist denkbar, daß diese Säuglinge wegen den relativ schlechten Lebensbedingungen, z. B. wegen der ungünstigen Wohnverhältnissen (Einrichtung, Platzmangel, Immissionen, Umgebung) häufiger krank werden. Bezüglich Gesundheits- und Krankheitsverhalten wissen wir, daß Unterschichtsmütter seltener in die ärztliche Schwangerschaftskontrolle und auch mit ihren Kindern seltener zum Arzt gehen. Eventuelle Risiken werden deshalb unter Umständen zu spät entdeckt. Die Arztdichte ist in Wohngegenden der Unterschicht relativ gering. Arztkonsultationen sind auch deshalb seltener und relativ kurz. Die Kommunikation mit Unterschichtspatienten ist für den Arzt relativ schwierig, da er ihr Milieu oft nur schlecht kennt. Unter diesen Bedingungen ist es nicht verwunderlich, daß die Kooperation zwischen dem Arzt und dem Patienten oft nicht sehr gut ist. Unterschichtsmütter befolgen die ärztlichen Ratschläge weniger genau und verlassen sich relativ stark auf die Empfehlungen von Laien in ihrer unmittelbaren sozialen Umgebung.

> **!** Als *soziale Ursachen* für die schlechtere Gesundheit der Unterschichtsangehörigen gelten [22]:
>
> - Ungünstige Lebensbedingungen (Wohnverhältnisse, Arbeitsbedingungen) und höhere Alltagsbelastungen.
> - Geringe personale Ressourcen wie Selbstwertgefühl, Coping-

> fähigkeit und internale Kontrollüberzeugung.
> - Schichtspezifisches Gesundheits- und Krankheitsverhalten Das „Gesundheitsbewußtsein" ist höher in der Mittel- und Oberschicht (z. B. Fitneß, Ernährung, Vorsorgeuntersuchungen).
> - Schlechtere medizinische Kenntnisse in der Unterschicht (inadäquate Wahrnehmung und Bewertung von Symptomen, inadäquate Beratung durch das Laiensystem, verspäteter Arztbesuch).
> - Bessere medizinische Versorgung von Mittel- und Oberschicht (Arztdichte, finanzielle Mittel, bessere Behandlung).
> - Soziokulturelle Distanz zwischen dem Arzt und Unterschichtspatienten (Schwierigkeiten in der Arzt-Patienten-Beziehung, schlechtere Kooperation und Compliance).

Soziale Folgen einer Krankheit. Bisher haben wir die Möglichkeit nicht in Betracht gezogen, daß der soziale Status nicht eine Ursache, sondern die Folge einer Krankheit sein kann. Bei der Säuglingssterblichkeit ist diese Kausalitätsrichtung undenkbar. Bei psychischen Störungen ist sie hingegen nicht nur denkbar, sondern es gibt einige Überlegungen und empirische Studien, die dafür sprechen, daß insbesondere die Häufung der Schizophrenie in der untersten sozialen Schicht dadurch zustande kommt, daß Schizophrene wegen ihrer verminderten beruflichen Kompetenz sozial absteigen (sog. „social drift"), oder daß sie nie im Stande waren, eine Berufsausbildung abzuschließen. Es liegt auf der Hand, daß psychische Störungen die Leistungsfähigkeit in der Ausbildung und im Beruf beeinträchtigen können.

Offene Fragen. Die Gründe für den Zusammenhang zwischen sozialer Schicht und Morbidität sowie Mortalität sind noch immer umstritten. Eine zentrale ungelöste Frage ist die, ob die Korrelation zwischen sozialer Schicht und Krankheit erklärt werden kann als *sozialer Verursachungsprozeß* oder als *sozialer Selektionsprozeß* (social drift: Sozialer Abstieg als Folge einer chronischen Krankheit). Zweifellos spielen beide Kausalitätsprozesse in unterschiedlichem Ausmaß mit. Neuere Ergebnisse von Longitudinalstudien über psychische und physische Erkrankungen, die in den 80-er Jahren publiziert wurden, geben der Verursachungshypothese größeres Gewicht [22, 23].

3.4.4 Schichtspezifische Kommunikationsprobleme zwischen Arzt und Patient

Die soziale Schichtung wirkt sich bei verschiedenen Krankheiten auf unterschiedliche Art aus. Eine auch nur annähernd vollständige Übersicht über die verschiedenen Effekte würde den Rahmen dieses Kapitels bei weitem sprengen. Es soll deshalb ein konkreter Aspekt herausgegriffen werden: Die schichtspezifischen Kommunikationsprobleme in der Arzt-Patient-Beziehung.

Im Kap. 11 wird näher ausgeführt, wie wichtig die Arzt-Patient-Beziehung für den Erfolg der ärztlichen Diagnose und Behandlung ist. Wir wollen hier aufzeigen, daß die Schichtzugehörigkeit des Patienten die Kommunikation und die Kooperation mit dem Arzt beeinflußt.

Sprachliche Verständigung und Sprachstil. Die Kommunikation zwischen dem Arzt und Unterschichts-Patienten ist relativ schwierig und die Kooperation ist eher schlecht, wenn der Arzt die Probleme seiner sozialen Distanz zu diesen Patienten nicht berücksichtigt. Die sprachliche Verständigung ist eingeschränkt, weil ein Patient aus der Unterschicht eine andere Sprache spricht als der Arzt, der einen hohen sozialen Status einnimmt. Der Sprachstil der Unterschicht beschränkt die verbalen Ausdrucksmöglichkeiten. Deshalb nennt der britische Soziologe Bernstein [10] diesen Sprachstil „restringiert". Den differenzierteren Sprachstil der Mittel- und Oberschicht bezeichnet er als „elaboriert". *Der restringierte Stil des ungebildeten Arbeiters* besteht aus kurzen, einfachen und oft unfertigen Sätzen. Es werden nur wenig Adjektive und Adverbien und nur einfache Konjunktionen verwendet. Nebensätze sind selten. *Der elaborierte Stil der Mittel- und Oberschicht* hält sich an die grammatikalische Ordnung. Logische Einschränkungen und Betonungen werden durch komplexe Satzkonstruktionen, vor allem durch die Verwendung einer Reihe von Konjunktionen und Nebensätzen vermittelt. Die Adjektive und Adverbien werden aus einem großen Repertoire ausgewählt. Die restringierte Sprache ist nicht nur typisch für die soziale Unterschicht, sondern sie kann in verschiedenen sozialen Gruppen entstehen, z.B. beim Militär, in sozialen Randgruppen wie den Kriminellen oder den Drogenabhängigen oder in Banden von Jugendlichen. Die meisten Kinder aus der Mittelschicht lernen verschiedene Arten von Sprachgebrauch, während Kindern aus Unterschichtsfamilien oft nur eine einzige, restringierte sprachliche Form zur Verfügung steht.

Kommunikative Kompetenz des Arztes. Der erfahrene Arzt ist durchaus fähig, sich so auszudrücken, daß er von einfachen, weniger gebildeten Patienten verstanden wird. Voraussetzung ist allerdings, daß er sich genügend Zeit nimmt und mit Rückfragen überprüft, ob er verstanden wurde. Patienten der Unterschicht haben Mühe, ihre Beschwerden zu schildern, wenn sie nicht klar lokalisierbar oder erklärbar sind. Wenn sie sich über allgemeine Schmerzen oder über ein gestörtes Allgemeinbefinden beklagen, die ohne weitere Informationen schwer zu diagnostizieren sind, stoßen sie beim Arzt auf weniger Verständnis als Patienten der Mittelschicht, die ihre Symptome und ihre Befindlichkeit viel differenzierter schildern können. Der verbal unbeholfene Arbeiter hat eine geringere Chance, ernst genommen zu werden bei einer funktionellen Erkrankung, deren Ursachen im psychosozialen Bereich zu suchen sind. Der differenzierte Angestellte kann dagegen bei solchen Krankheiten mit dem Arzt ein wortreiches Gespräch führen und seine Beschwerden verbal darstellen.

Einblick in Arbeits- und Wohnverhältnisse. Der Arzt kann lernen, den Unterschichtspatienten trotz der sprachlichen Schwierigkeiten zu verstehen. Dabei ist es von großem Vorteil, wenn er einen gewissen Einblick in das Milieu und die Lebensbedingungen dieser Patienten erhält. Der Arzt, der z. B. die Arbeitsbedingungen und die Wohnverhältnisse der Industriearbeiter kennt, kann eher gezielt nachfragen, welches die psychosozialen Hintergründe einer psychosomatischen oder psychischen Störung sind. Der Arzt kann diesen Einblick bei Hausbesuchen oder bei ausführlichen Gesprächen während einer Konsultation gewinnen. Eine andere Möglichkeit ist die Lektüre von Erzählungen und Reportagen über das Arbeitermilieu, z. B. der Roman „Schaltfehler" von Silvio Blatter oder die „Industriereportagen" von Günter Wallraff. Wenn

sich der Arzt in die Situation seines Patienten einfühlt, kann ein Vertrauensverhältnis entstehen, das für eine erfolgreiche ärztliche Tätigkeit unersetzbar ist. Das Vertrauen von Patienten aus der sozialen Unterschicht und aus sozialen Randgruppen ist nicht leicht zu gewinnen, aber sie sind umso dankbarer, wenn es gelingt.

3.4.5 Arbeitslosigkeit

In unserer Gesellschaft wird von erwachsenen Männern erwartet, daß sie erwerbstätig sind, d. h. daß sie Geld verdienen. Die überwiegende Zahl der 25–60jährigen Männer in den hochentwickelten Ländern befolgt diese soziale Norm. Bei den Frauen variiert die Erwerbsquote in den europäischen Ländern je nach Alter, Zivilstand und Haushaltstyp. Es kann sozial erwünscht sein, wenn jemand die Erwerbstätigkeit für eine berufliche Weiterbildung vorübergehend aufgibt. Eine Erwerbsunfähigkeit wegen Mutterschaft, Krankheit oder Unfall wird allgemein akzeptiert. Arbeitslos zu sein ist hingegen verpönt. *Als arbeitslos bezeichnen wir unfreiwillig erwerbslose, erwerbsfähige Arbeitskräfte.*

Stigmatisierung von Arbeitslosen. Arbeitslose werden stigmatisiert, d. h. negativ bewertet und in Verruf gebracht, auch wenn sie nicht persönlich verantwortlich sind für ihre Situation. Sie sind eine soziale Minderheit, die einer großen psychosozialen Belastung ausgesetzt ist, auch wenn die Arbeitslosenversicherung und allenfalls die Fürsorge die materielle Seite des Problems mildert. Mit dem allgemeinen Wohlstand ist die Erwerbstätigkeit für eine wachsende Zahl von Personen (z. B. Familienfrauen, Studierende und Rentner als Aushilfskräfte) keine eindeutig wirtschaftliche Notwendigkeit mehr. In ökonomischen Krisenzeiten geben solche Personen oft mehr oder weniger freiwillig ihren Gelderwerb auf und gelten dann nicht als Arbeitslose.

Arbeitslosigkeit als strukturelles Problem der Wirtschaft. Nach vielen Jahren der Hochkonjunktur hat die Arbeitslosigkeit in den meisten hochentwickelten westlichen Ländern seit 1990 zugenommen. Es gibt Mitte der neunziger Jahre keinen Hinweis dafür, daß in absehbarer Zeit eine allgemeine Vollbeschäftigung möglich sein wird. Die Arbeitslosigkeit ist Ausdruck eines grundlegenden Wandels der Wirtschaftsordnung in den hochentwickelten westlichen Ländern. Tabelle 3.3 gibt einen Überblick über wesentliche Gründe für die Zunahme der Arbeitslosigkeit in den hochentwickelten Industrieländern.

Die Wirkungslosigkeit der unterschiedlichen wirtschaftspolitischen Maßnahmen hat zu einer pessimistischen Grundstimmung geführt. Dabei wird allzu oft übersehen, daß ein wesentlicher Teil der Arbeitslosigkeit eine Folge der technologischen Neuerungen, insbesondere der Mikroelektronik, ist, die zum Vorteil der Menschen eingesetzt werden können. Die Automatisierung reduziert die notwendige menschliche Arbeitszeit

Tabelle 3.3. Gründe für Zunahme der Arbeitslosigkeit

- Rezession (Nullwachstum)
- Automatisierung von Produktionsvorgängen
- Höhere Wertsteigerung pro Arbeitseinheit
- Globalisierung (Auslagerung der Produktion in Billiglohnländer)
- Zentralisierung (Abbau von Filialbetrieben)
- Shareholder-Value (Zwang zur Rendite)

und würde ermöglichen, daß alle Menschen über mehr Zeit frei verfügen könnten.

Verkürzung der Arbeitszeit. Mit der Verkürzung der Arbeitszeit gewinnen Tätigkeiten außerhalb der Lohnarbeit an Bedeutung. Hier liegt auch eine enorme Zukunftschance für die Erhaltung der Gesundheit und für die Betreuung von alten und kranken Menschen. Für die gegenseitige Hilfe in der Familie und in der Nachbarschaft würde ausreichend Zeit zur Verfügung stehen. Eine wichtige Frage ist, ob die Möglichkeiten der Arbeitszeitreduktion positiv und kreativ genutzt werden oder ob die negativen Folgen, namentlich in Form von belastender Arbeitslosigkeit, überwiegen.

Der rasche technologische Wandel und die Veränderung der Arbeitsorganisation bedingen eine hohe *Flexibilität der Berufstätigen*. Der traditionelle lineare Lebensplan mit der Aufteilung in die drei Phasen der Ausbildung, der Berufstätigkeit und des Ruhestandes wird revidiert werden müssen. Die Phase der Berufstätigkeit wird vermehrt durchmischt werden mit Elementen des Lernens und der Fortbildung. Dadurch könnte sich die oben erwähnte soziale Norm der Erwerbstätigkeit auch für die Männer auflockern. Eine vorübergehende Arbeitslosigkeit könnte für viele Betroffene als eine Chance für eine Neuqualifizierung benützt werden und würde weniger als heute als Schicksalsschlag erlebt. Die positive Zukunftsperspektive besteht aus einer Verkürzung und Flexibilisierung der Arbeitszeit und aus einer Flexibilisierung der individuellen Lebensläufe.

Bewältigung der Arbeitslosigkeit. Die Arbeitslosigkeit wird auf unterschiedliche Art und Weise bewältigt. Auch in der individuellen Bewältigung ist die entscheidende Frage, ob die negativen Folgen er-

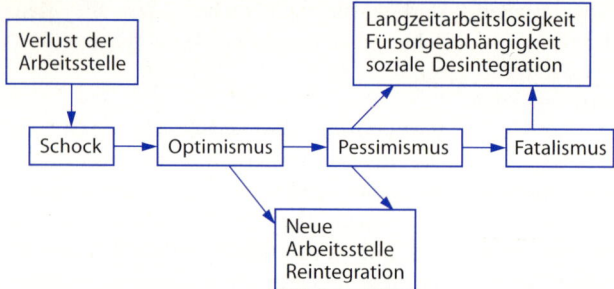

Abb. 3.2. Reaktion auf Arbeitslosigkeit

drückend sind, ob eine Neuanpassung
möglich ist oder ob sogar positive Aspekte
gesehen und ausgenützt werden (vgl. Kap.
13 Krankheitsbewältigung). Trotz der individuellen Unterschiede gibt es typische
Phasen der Reaktion auf Arbeitslosigkeit
(Abb. 3.2). *Die Mehrzahl der Betroffenen
erlebt die Phasenfolge „Schock-Optimis-
mus-Pessimismus-Fatalismus", falls sie
längere Zeit arbeitslos bleiben.*

Der Verlust des Arbeitsplatzes ruft
zuerst einen Schock hervor, wenn jemand
ununterbrochen beschäftigt war. Anschließend sind die meisten Arbeitslosen
zunächst optimistisch und bemühen sich
intensiv um eine neue Stelle. Bleiben
diese Bemühungen erfolglos, werden die
Betroffenen pessimistisch, resigniert und
erschöpft. Diese Phase ist am qualvoll-
sten. Die Arbeitslosen erleben eine vitale
Verunsicherung und Angst. In der letzten
Phase des Fatalismus werden Interessen
und Ansprüche aufgegeben. Zahlreiche
Dauererwerbslose sind entmutigt und ge-
brochen. Andere leisten eine Neuanpassung. Sie machen das Beste aus der Situation und verfallen nicht dem Fatalismus.

! Entscheidend ist, wie lange jemand arbeitslos bleibt. Wer in der
optimistischen Phase eine neue
Stelle findet, hat kaum weitere
Probleme. Bei längerer Arbeitslo-

sigkeit sind allerdings schwerwiegende psychosoziale und gesundheitliche Folgen häufig. Neben einer massiven Zunahme
der Kriminalität und der Zahl
der Suizide zieht die Arbeitslosigkeit eine erhebliche Verschlechterung der Gesundheit
nach sich.

**Arbeitslosigkeit als psychosozialer Streß
(vgl. Kap. 8.4).** Arbeitslose haben häufiger psychische und körperliche Krankheiten als Beschäftigte [14]. Daraus kann
allerdings nicht geschlossen werden, daß
Arbeitslosigkeit Krankheiten verursacht.
Dieser Befund kann auch das Resultat
des *sozialen Selektionsprozesses* sein, der
immer dann stattfindet, wenn Arbeitnehmer entlassen werden und wenn sich für
eine freie Stelle mehrere Bewerber interessieren. Die Gesunden und Leistungs-
fähigen werden zuletzt entlassen und
finden am leichtesten eine neue Stelle.
Kranke und behinderte Menschen verlieren hingegen schneller ihre Stelle und
bleiben länger arbeitslos [14].

Körperliche und psychische Störungen.
Verschiedene Studien weisen allerdings
nach, daß die Arbeitslosigkeit Krankheiten und psychosoziale Probleme verstärken oder auslösen kann [14]. Die Arbeitslosigkeit ist ein unspezifischer Bela-

stungszustand, der sich an der „schwächsten Stelle" des Betroffenen sichtbar auswirkt. Es konnten deshalb verschiedenste pathologische Auswirkungen festgestellt werden, insbesondere eine Häufung von Herz-Kreislauf- und von psychischen Störungen. In der klinischen Praxis werden namentlich depressive Verstimmungen, Schlafstörungen, Problemtrinken und Alkoholismus, Drogen- und Medikamentenmißbrauch, aber auch schwere psychotische Erkrankungen und Suizid beobachtet. Außerdem leidet die ganze Familie unter der Arbeitslosigkeit eines ihrer Mitglieder.

Selbstwertverlust und Isolation. Insbesondere Männer schöpfen ihr Selbstwertgefühl und ihre allgemeine Zufriedenheit zu einem großen Teil aus ihrer Arbeit. Der Verlust der Arbeit kann das Selbstwertgefühl grundlegend bedrohen und zu einer existentiellen Verunsicherung führen. Die Selbstachtung sinkt weiter, wenn der Arbeitslose erlebt, daß er von seiner sozialen Umwelt geächtet wird. Viele Betroffene versuchen deshalb, ihre Situation zu verheimlichen, oder sie meiden soziale Kontakte. Dieses Verhalten verschärft die soziale Isolation, die durch den Verlust der menschlichen Beziehungen am Arbeitsplatz entsteht.

Beratung von Arbeitslosen. Es ist wichtig, daß der Arzt die Arbeitslosigkeit eines Patienten erkennt und mit ihm über die individuellen und sozialen Konsequenzen eines Stellenverlustes spricht. Eine psychosoziale Krisenintervention, die die Behandlung des vorgebrachten Symptoms überschreitet, kann indiziert sein, unter Umständen in Zusammenarbeit mit einem Psychotherapeuten oder einer sozialpädagogischen Beratungsstelle. Der Arbeitslose kann darin unterstützt werden, daß er seinen Alltag aktiv gestaltet und den gewohnten Lebens

rhythmus beibehält. Die soziale Isolation kann durch Kontaktzentren oder Selbsthilfegruppen von Arbeitslosen durchbrochen werden. Dadurch kann möglicherweise verhindert werden, daß der Betroffene in eine resignierte Passivität verfällt. Gelegentlich gelingt es einem Therapeuten, dem Arbeitslosen auch positive Aspekte seiner Situation aufzuzeigen.

 Ein 53-jähriger Außendienstmitarbeiter einer pharmazeutischen Firma erhält die Mitteilung, daß er nach über 15-jähriger Tätigkeit wegen betrieblicher Umstrukturierung seine Stelle in 6 Monaten verlieren wird. Er reagiert zunächst mit Bestürzung, Wut und Ärger. Auf Anraten seiner Frau sucht er seinen Hausarzt auf und bittet diesen, ihn wegen seinen seit 5 Jahren bekannten „Herzproblemen" vorzeitig zu berenten. Der Hausarzt zeigt Verständnis für die Enttäuschung und Kränkung des Mannes und bietet ihm einige Beratungsgespräche an. Im Verlauf dieser Gespräche kommt der Patient auf eine originelle Idee, wie er allenfalls wieder eine befriedigende Tätigkeit finden könne. Mit einem kleinen Inserat in einer Quartierzeitung seines Wohnortes bietet er einen „Checkup für die verstaubte Hausapotheke" an. Das Echo auf das Inserat ist so groß, daß er diese Tätigkeit zunehmend ausbauen kann. Er erzählt einem Kollegen einer anderen pharmazeutischen Firma von seinem neuen Job, worauf ihm diese Firma eine 50-%-Teilzeitstelle offeriert. Die Kombination zwi

schen Teilzeitstelle und freiberuf-
licher Tätigkeit bedeutet für ihn
eine Verbesserung gegenüber den
Bedingungen an seiner früheren
Arbeitsstelle.

Ausweichen in soziale Randgruppen.
Ein Teil der Dauererwerbslosen löst alle
bisherigen sozialen Bindungen auf und
wendet sich sozialen Randgruppen zu.
Die Obdachlosen, die Suchtkranken, die
Kriminellen oder die Prostituierten bilden Subkulturen, die Arbeitslose auffan-
gen können. Die Betroffenen verändern
ihre soziale Identität und finden in der
Randgruppe eine Anerkennung, die ihnen in der Gesellschaft entzogen wurde.
Als Randgruppenmitglied werden sie
von der Mehrheit der Bevölkerung mindestens so stark verachtet und gemieden
wie als Arbeitslose, aber die Subkultur
der Randgruppe kennt verschiedene
Techniken, das Stigma zu bewältigen.

Die gesundheitliche Gefährdung dieser Menschen ist außerordentlich hoch.
Die ärztliche Behandlung eines Rand-
gruppenmitgliedes ist besonders heikel,
da der Arzt sowohl seine eigenen Vorurteile als auch das Mißtrauen des Patienten überwinden muß. Trotz massiv erhöhter Morbidität und Mortalität in solchen Randgruppen ist ein therapeutischer Pessimismus nicht angebracht.
Viele Süchtige, Kriminelle oder Prostitu-
ierte geben nach einigen Jahren ihr abweichendes Verhalten auf, wenn sie einen
Weg zu einem einigermaßen angepaßten
Lebensstil finden können. Mit sozialer
Unterstützung ist die Chance ihrer Rehabilitation besser. Der Arzt kann dabei
eine wichtige Rolle spielen.

3.4.6 Ausländische Arbeitnehmer

In der Schweiz wohnen seit 1970 über
eine Million Ausländer, das sind über
15 % der Bevölkerung. In Deutschland
ist dieser Anteil nur knapp halb so groß
wie in der Schweiz. In der Bundesrepublik sind die türkischen Staatsangehörigen die größte Gruppe der ausländischen
Arbeitnehmer, in der Schweiz die italienischen Staatsangehörigen. Die soziale
Unterschicht besteht in der Schweiz vorwiegend und in der Bundesrepublik
Deutschland und in Österreich zu einem
beträchtlichen Teil aus südländischen Arbeitnehmern.

**Arbeitsbedingungen und Wohnverhält-
nisse.** Diese Menschen werden als Arbeitskräfte in weniger entwickelten Regionen angeworben und haben im Gastland weit bessere Verdienstmöglichkeiten
als in ihrer Heimat. Zu Beginn des Aufenthaltes hinterlassen die Konsummöglichkeiten und der hohe materielle Lebensstandard einen nachhaltigen Eindruck. Die ausländischen Arbeitnehmer
akzeptieren auch die unangenehmste Arbeit, solange sie Geld verdienen und für
eine Rückkehr sparen können. Die Einwanderer treten in die untersten Positionen der sozialen Schichtung. Sie werden
vor allem als ungelernte und angelernte
Arbeiter in bestimmten Bereichen der
Wirtschaft angestellt und müssen dort
oft unattraktive, mühsame oder schmut-
zige Arbeiten verrichten, die von den
meisten einheimischen Arbeitern abgelehnt werden. Ihre Wohnungen haben wenig Komfort. Viele Ausländer wohnen auf
kleinstem Raum zusammengepfercht.

Die Familien der ausländischen Arbeitnehmer sind einer *dreifachen Belastung* ausgesetzt. Erstens gehören sie meistens zur *untersten sozialen Schicht* und sind den entsprechenden Problemen, die wir oben dargestellt haben, ausgesetzt. Zweitens müssen sie den *kulturellen Unterschied* zwischen ihrer Heimat und unserer deutschsprachigen, hochindustrialisierten, städtischen Kultur bewältigen. Drittens sind sie *als Ausländer benachteiligt*. Sie haben weniger Rechte und leiden außerdem an der Fremdenfeindlichkeit zahlreicher einheimischer Bürger. Viele ausländische Arbeitnehmer haben Angst, ihre Arbeitsstelle zu verlieren und in ihre Heimat zurückkehren zu müssen.

Mangel an familiärer Unterstützung. Die Ausländer sind von ihrer Familie und Verwandtschaft getrennt. Für Südländer ist dies sehr belastend, da bei ihnen in der Gemeinschaft des Familienclans die gegenseitige Hilfe und Unterstützung umfassend und selbstverständlich ist. Wenn ausländische Arbeitnehmer krank werden, fehlt ihnen die Geborgenheit und Sicherheit der Familie besonders stark. Sie haben deshalb mehr als die einheimische Bevölkerung Angst vor Krankheit und Tod. In ihrer Heimat ist es üblich, daß kranke Menschen von der ganzen Verwandtschaft gepflegt und umsorgt werden. Krank und allein zu sein ist für sie eine schreckliche Vorstellung.

Gesundheit von ausländischen Arbeitnehmern. Aufgrund der mehrfachen Belastung wäre anzunehmen, daß bei Ausländern vermehrt Krankheiten und psychische Störungen auftreten. Untersuchungen über die Gesundheit von ausländischen Arbeitnehmern in Westeuropa ergeben widersprüchliche Resultate [19]. Einige Studien zeigen eine erhöhte Krankheitsanfälligkeit von Ausländern entsprechend ihrer sozialen Benachteiligung. Andere Studien finden keinen Unterschied zwischen Ausländern und der einheimischen Bevölkerung oder weisen sogar eine tiefere Sterblichkeit von Ausländern nach. Die unerwartet gute Gesundheit der ausländischen Arbeitnehmer, insbesondere der Saisonarbeiter, kann durch ein unmenschliches „Recycling von Arbeitskräften" erklärt werden: Gesunde Arbeitskräfte werden importiert, kranke wieder exportiert. Im Gastland bleibt eine gesunde Selektion von ausländischen Arbeitnehmern. Dieser Selektionsprozeß findet bei langjährig mit ihren Familien niedergelassenen Ausländern in geringerem Ausmaß statt. Bei langjährigem Aufenthalt äußert sich die soziale Benachteiligung der ausländischen Arbeitnehmer in vermehrten Gesundheitsstörungen.

Entwertung von ausländischen Arbeitnehmern durch Ärzte. In der ärztlichen Praxis erscheinen oft Ausländer, die den psychosozialen Belastungen ihrer Arbeits- und Wohnsituation nicht mehr gewachsen sind. Da ihr Problem nicht primär oder nur vordergründig ein körperliches Leiden ist, ist eine eindeutige Diagnose oft schwierig. In ihrer Ratlosigkeit, wie die ungewohnte Symptomatik zu etikettieren sei, verwenden Ärzte gelegentlich syndromatische Bezeichnungen wie „Entwurzelungsdepression" oder „nostalgische Reaktion", die auf die spezifische Problematik der Einwanderer verweisen. Andere Bezeichnungen wie z. B. „Mamma-mia-Syndrom", „Tutto-fa-male-Syndrom" oder „Südländerkrankheit" verraten die Geringschätzung, mit der ausländische Arbeitnehmer von manchen

Ärzten behandelt werden. Folgende Syndrome finden sich besonders häufig bei ausländischen Arbeitnehmern:

Psychosomatische Störungen. Bauchschmerzen, Verstopfung, Appetitlosigkeit, Blähungen, Magenbrennen etc. werden als *Somatoforme Magen-Darm-Störungen* beklagt und sind häufig mit depressiven Verstimmungen kombiniert. Hinter vielen Fällen von Schlaflosigkeit, Arbeitsunlust und unbestimmten neurovegetativen Beschwerden verbirgt sich eine *psychogene Impotenz*, über welche die Kranken aus Scham und Angst nur zögernd sprechen. Normale Potenzschwankungen werden von jungen Südländern mit Argwohn und Minderwertigkeitsgefühlen beobachtet und schnell depressiv-hypochondrisch verarbeitet, wodurch sich ein temporäres sexuelles Versagen chronifizieren kann.

Auch *Rückenschmerzen* und eine *hypochondrische Verarbeitung von Unfällen* sind Störungen, welche ausländischen Arbeitnehmer häufiger zum Arzt führen. Da sie oft körperlich anstrengende Tätigkeiten ausüben, ist ihr Bewegungsapparat besonderen Belastungen ausgesetzt. Vergleichsweise geringfügige Unfallverletzungen können zu Beschwerdebildern führen, deren Intensität und schleppender Heilungsverlauf im Widerspruch zu dem Unfallereignis und den objektivierbaren Befunden stehen. Das Krankheitsverhalten von ausländischen Arbeitnehmern wird allerdings oft voreilig mit dem Etikett „hysterisch" belegt, weil es auf manche Beobachter einen demonstrativ-theatralischen Eindruck macht. Vielfach klagen sie mehr, gebärden sich spontaner und ungehemmter und äußern mehr bizarre und schwerer verständliche Klagen als einheimische Kranke. Was „normal" ist, muß mit einem anderen Maßstab gemessen werden. Die Südländer sind extrovertierter, impulsiver und emotionaler als die meisten deutschsprachigen Menschen. Was bei uns als übertrieben, exaltiert oder hysterisch gilt, kann für den Südländer durchaus „normal" sein.

Paranoide Syndrome. Wahnvorstellungen von Immigranten sind oft verbunden mit einer angstvollen, verwirrten Unruhe. Viele Untersucher denken zu voreilig an eine schizophrene Psychose. Die realen Anpassungsschwierigkeiten der Patienten lassen eher auf abnorme Reaktionen schließen, die tatsächlich meist schnell wieder abklingen.

Hypochondrisch-depressive Syndrome. Die ängstlich-depressiven Patienten klagen meist über neuro-vegetative dystonische Störungen. Im Vordergrund stehen Klagen über Unlust, gedrückte Stimmung, Schlaf- und Appetitstörungen und diffuse Körperbeschwerden. Die Hypochondrie der Patienten führt zu häufigen Arztkonsultationen, wiederholten diagnostischen Abklärungen und Therapieversuchen und manchmal sogar zu überflüssigen Operationen, denen sich die Patienten aber gern unterziehen.

Frühinvalidität. Bei einer nicht geringen Zahl von Gastarbeitern nimmt die *Krankheit einen chronischen Verlauf* und führt zur Berentung wegen Frühinvalidität. Der folgende Fall ist typisch für einen solchen Verlauf:

 Ein heute 50jähriger Hilfsarbeiter aus Süditalien hatte vor 10 Jahren einen Autounfall, nachdem er vorher 7 Jahre ohne besondere Gesundheitsprobleme in der Schweiz gearbeitet hatte. Die unfallbedingte Schulter- und Oberschenkelfraktur schien aufgrund der somatischen Befunde komplikationslos auszuheilen, aber der Patient klagte weiterhin über ständige Schmerzen um die Frakturstelle, über Beeinträchtigungen der Arm- und Beinbewegungen, die somatisch nicht objektivierbar waren. Er wurde als Simulant bezeichnet und als Fall mit Rentenbegehren. Der Patient wandelte sich auch psychisch immer mehr; er sprach mit Freunden nur noch über den Unfall und dessen Folgen. Er klagte über immer mehr Schmerzen an verschiedenen Körperstellen und isolierte sich sozial vollständig. Er konsultierte zahlreiche Polikliniken und Ärzte und stieß immer wieder auf Ablehnung. Es wurden viele somatische Teildiagnosen gestellt, Behandlungen und z.T. auch Operationen („eingeklemmter Nerv", Blinddarm) durchgeführt. Der Patient berichtete über immer mehr Symptome, da die Ärzte nicht auf ihn eingingen. Er wurde ein sehr schwieriger Patient und löste bei vielen Ärzten ärgerliche Abwehr aus. Es kam öfters vor, daß die Ärzte ohne Überzeugung eine Behandlung durchführten, um ihn zu befriedigen. Der Patient verlor immer wieder seine Arbeitsstelle. Seit 4 Jahren ist er nun beim gleichen Arzt in Behandlung. Dieser Arzt beantragte eine volle Invalidenrente, die der Patient dann auch erhielt. In der Behandlung gelang es, daß sich der Patient völlig auf diesen einen Arzt konzentrierte und den Arzt nicht mehr wechselte. Es wurde auch keine weitere somatische Therapie mehr

durchgeführt. Langsam kam der Patient von seinen Körpersymptomen weg. Seit einiger Zeit ist eine gewisse Entspannung festzustellen. Er bezieht allerdings weiterhin eine Invalidenrente.

Gestaltung der Arzt-Patient-Beziehung.
Für den Arzt ist es nicht leicht, die Beziehung zu einem Patienten aus dem Ausland optimal zu gestalten. Ohne Kenntnisse der Sprache des Patienten ist die Verständigung außerordentlich schwierig, und es gelingt nur schwer, ein Vertrauensverhältnis aufzubauen. Auch der sprachkundige Arzt weiß vorerst wenig über die konkreten Lebensverhältnisse der ausländischen Arbeitnehmer. Wenn er sich von seinen ersten ausländischen Patienten ihre Arbeitsbedingungen, ihre Wohnverhältnisse und ihr Familienleben ausführlich beschreiben läßt, kann er sich besser in sie einfühlen. Es ist wichtig, die ausländischen Arbeitnehmer als gleichwertige Menschen zu betrachten und ihre Klagen ernst zu nehmen. Ihr Verhalten wird manchmal voreilig als „Simulation" betrachtet, ohne daß der psychosoziale Hintergrund bekannt ist. Dies führt zu Mißtrauen bei den Patienten; sie fühlen sich ungerecht behandelt.

Der Arzt genießt an sich bei Südländern eine große Autorität. Dennoch befolgen sie die ärztlichen Ratschläge nicht sehr diszipliniert. Um die Kooperation zu verbessern, sollte der Arzt nachfragen, ob die vorgeschlagene Behandlungsmaßnahme vom Patienten verstanden und akzeptiert wird. Es ist z. B. wichtig, die Anwendung der Medikamente ausführlich zu erklären. Wenn mehrere Medikamente ohne großen Kommentar abgegeben oder verschrieben werden, ist eine schlechte Compliance zu erwarten (vgl. Kap. 11.4).

Die Lebenszufriedenheit eines Menschen wird wesentlich dadurch beeinflußt, wie er als Individuum in verschiedenen sozialen Gruppen integriert ist. Für die Einschätzung und Beurteilung eines Menschen sind Phänomene der sozialen Wahrnehmung wie Vorurteile, Generalisierung und Kategorisierung von Bedeutung. Diese Faktoren bedingen längerdauernde Einstellungen, die sich nur langsam ändern. Verzerrte Wahrnehmung kann in der Arzt-Patient-Beziehung zu Fehleinschätzungen und gegenseitigem Mißtrauen führen.

Die verbale und averbale Kommunikation ist Bestandteil jeder zwischenmenschlichen Beziehung. Durch Kommunikation werden Informationen ausgetauscht. Die Verständigung kann durch vielfältige Hindernisse erschwert werden. Durch die Berücksichtigung von bestimmten Kommunikationsregeln lassen sich Störungen vermeiden, welche auch das ärztliche Gespräch behindern können. Für den Arzt ist es wichtig, sich im Verlauf seiner Ausbildung eine kommunikative Kompetenz zu erwerben, um in schwierigen Situationen oder über belastende Themen angemessen kommunizieren zu können.

Die Rollentheorie liefert einige wichtige Erklärungen für die Stellung des Arztes in der Gesellschaft. Seine Arztrolle beinhaltet gewisse Erwartungen, die von der Umgebung an ihn gerichtet werden. Vom Arzt und vom Patienten werden rollenkonformes Verhalten erwartet. Jeder Mensch ist gleichzeitig Träger mehrerer sozialer Rollen und muß versuchen, diesen gerecht zu werden. Die Rollenbelastung kann allerdings den Arzt in schwierige Intra- und Interrollenkonflikte bringen. Zur Lösung von Rollenkonflikten können verschiedene Abwehr- und Bewältigungsstrategien eingesetzt werden.

Soziale Minderheiten und Angehörige der Unterschicht sind in hochentwickelten Gesellschaften besonderen Belastungen ausgesetzt. Ihre Lebensbedingungen sind relativ hart und weniger abgesichert als bei Angehörigen der Mittel- und Oberschicht. Das Gesundheits- und Krankheitsverhalten von Randgruppenangehörigen erfordert vom Arzt Einfühlungsvermögen und Verständnis. Arbeitslose und ausländische Arbeitnehmer sind vermehrt Anforderungen und Kränkungen ausgesetzt. Der verständnisvolle Arzt kann durch eine vorurteilslose Offenheit den Benachteiligten und Schwachen der Gesellschaft helfen, ihre Lebenssituation zu verbessern und ihre gesundheitlichen Probleme zu lindern.

Literatur

Weiterführende Lehr- und Handbücher

1. Cohn R: Von der Psychoanalyse zur themenzentrierten Interaktion. 12. Auflage. Stuttgart: Klett-Cotta 1994
2. Cole K: Kommunikation klipp und klar. Weinheim Basel: Beltz 1996
3. Dechmann B, Ryffel C: Soziologie im Alltag. Eine Einführung. 9. Auflage. Weinheim: Beltz 1995
4. Frey D, Irle MH: Theorien der Sozialpsychologie. Band I: Kognitive Theorien. 2. Auflage. Bern: Huber 1993
5. Siegrist J: Medizinische Soziologie. 5., neu bearbeitete Auflage. München: Urban & Schwarzenberg 1995
6. Watzlawick P, Bävin JH, Jackson DD: Menschliche Kommunikation. 9. unveränderte Auflage. Bern: Huber 1996

Einzel- und Übersichtsarbeiten

7. Abelin T: Rauchen. In: Weiss W (Hrsg.): Gesundheit in der Schweiz. Zürich: Seismo 219–233, 1993
8. Aneshensel CS: Social Stress: Theory and Research. Annual Review of Sociology 18:15–38, 1992
9. Beck U: Risikogesellschaft. Frankfurt: Suhrkamp 1986
10. Bernstein B: Soziale Struktur, Sozialisation und Sprachverhalten: Aufsätze 1958–1970. Amsterdam: De Munter 1970
11. Biddle BJ: Recent Developments in Role Theory. Annual Review of Sociology 12:67–92, 1986
12. Binder J, Dobler-Mikola A, Angst J: An Epidemiological Study of Minor Psychiatric Disturbances. Social Psychiatry 16:31–41, 1981
13. Bornschier VH: Das Ende der sozialen Schichtung?: Zürcher Arbeiten zur gesellschaftlichen Konstruktion von sozialer Lage und Bewusstsein in der westlichen Zentrumsgesellschaft. Zürich: Seismo 1991
14. Elkeles T, Seifert W: Arbeitslose und ihre Gesundheit: Langzeitanalysen für die Bundesrepublik Deutschland. Sozial- und Präventivmedizin 38:148–155, 1993
15. Frey D, Gaska A: Die Theorie der kognitiven Dissonanz. In: Frey D, Irle M (Hrsg.): Theorien der Sozialpsychologie, Band I: Kognitive Theorien. 2. Auflage. Bern:Huber 275–324, 1993
16. Honneth A: Desintegration. Bruchstücke einer soziologischen Zeitdiagnose. Frankfurt a.M.: Fischer Taschenbuch 1994
17. Keupp H, Röhrle B (Hrsg.): Soziale Netzwerke. Frankfurt: Campus 1987
18. Meyer PC, Suter C: Soziale Netze und Unterstützung. In: Weiss, W (Hrsg.): Gesundheit in der Schweiz. Zürich: Seismo 194–209, 1993
19. Meyer-Fehr P: Soziale Benachteiligung und Gesundheit von Immigranten. Psychosozial 35:84–96, 1988
20. Sacchi S: Postmaterialismus in der Schweiz von 1972 bis 1990. Schweizerische Zeitschrift für Soziologie 18:87–117, 1992
21. Schepank H: Psychogene Erkrankungen der Stadtbevölkerung. Eine epidemiologisch-tiefenpsychologische Feldstudie in Mannheim. Berlin: Springer 1987
22. Steinkamp G: Soziale Ungleichheit, Erkrankungsrisiko und Lebenserwartung: Kritik der sozialepidemiologischen Ungleichheitsforschung. Sozial- und Präventivmedizin 38:111–122, 1993
23. Turner RJ, Wheaton B, Lloyd DA: The Epidemiology of Social Stress. American Sociological Review 60:104–125, 1995
24. Zwick MH: Einmal arm, immer arm? Neue Befunde zur Armut in Deutschland. Frankfurt a.M.: Campus 1994

> ••• In diesem Kapitel sollen einige *theoretische Grundlagen der Systemtheorie* dargestellt und an Beispielen aus dem Bereich der Medizin veranschaulicht werden. Das Modell eines Systems, dessen Struktur und Funktion sich an bestimmten Ordnungs- und Steuerungsprinzipien orientieren, eignet sich sowohl zum Verständnis biologischer Organismen als auch sozialer Gruppen. Innerhalb des Gesundheitswesens können beispielsweise die Arzt-Patient-Beziehung, eine Arztpraxis, ein ambulantes Gesundheitszentrum, die Abteilung einer Klinik und schließlich ein ganzes Krankenhaus als hierarchisch geordnete Systeme betrachtet werden. *Systemisches Denken ist gegenwarts- und zukunftsorientiert.* Es sucht Erklärungen und Lösungen, indem es sich im Hier und Jetzt auf Unterschiede, Wechselbeziehungen und ungenutzte Möglichkeiten im sozialen System konzentriert. Es unterscheidet sich damit grundlegend vom *kausalen Denken*, *welches Ursachen* für Entwicklungen oder Störungen *in der Vergangenheit* sucht und sich durch die Behebung von Störungen entscheidende Veränderungen erhofft. Systemisches Denken und daraus abgeleitetes Handeln sind für den Arzt von grundsätzlicher Bedeutung. Für verschiedene Bereiche der Psychosozialen Medizin bildet die systemische Betrachtungsweise eine Art theoretischen Bezugsrahmen, welche für die Analyse und Lösung von Problemen sehr hilfreich sein kann.
>
> Die Ausführungen in diesem Kapitel sind theorieorientiert. Auf wenigen Seiten werden z.T. recht komplexe Überlegungen in Kürze dargestellt. Interessierte Leser finden ausführlichere Darstellungen in den am Ende des Kapitels aufgeführten Lehr- und Handbüchern.

4.1 Historische Wurzeln des systemischen Denkens

Verhältnis von Ganzheit und Teil. Die Anfänge des heutigen Systemdenkens reichen bis in die griechische Philosophie zurück. Im Griechischen bedeutet das Wort *Systema* soviel wie Zusammenstellung, das Ganze oder Ganzheit. Der Ausdruck System weist darauf hin, daß die meisten Gegenstände und Phänomene, die wir beobachten oder mit denen wir uns in Gedanken beschäftigen können, nicht einheitlich, homogen und ungegliedert sind, sondern sich aus einzelnen, häufig verschiedenen Bestandteilen zusammensetzen. Fragen des Verhältnisses zwischen „dem Ganzen" und „seinen Teilen" haben in den einzelnen Wissenschaften immer wieder eine zentrale Rolle gespielt:

- Sind Ganzheit und Teil voneinander unabhängige Kategorien oder wechselseitig aufeinander bezogen?
- Ist „das Ganze mehr als die Summe seiner Teile" – was schon Aristoteles vertreten haben soll – und wenn ja, worin besteht dieses Mehr?
- Sind Phänomene wie Ordnung und Entwicklung von Lebewesen nur durch ganzheitlich-systemische Betrachtung verstehbar, oder ist es möglich, solche Erscheinungen aus den Eigenschaften einzelner Bestandteile zu erklären?

> **!** In der Entwicklung der einzelnen Wissenschaften lassen sich *zwei grundlegende Prinzipien* unterscheiden, welche in verschiedenen Zeitepochen das Denken und Handeln geprägt und bestimmt haben:
> - Das *holistische Prinzip* orientiert sich an der Ganzheit, am Denken in übergreifenden Zusammenhängen, an der Integration der Vielfalt, an der Einheit in der Mannigfaltigkeit.
> - Das *atomistische Prinzip* gibt den Vorrang den Teilen, der Differenzierung des Komplexen, der Analyse einzelner Elemente, der Beschränkung auf einfache Bestandteile, der Spezialisierung auf Teilgebiete.

Holistische und atomistische Strömungen in der Medizin. Auch in der Entwicklung der Medizin lassen sich holistische und atomistische Strömungen unterscheiden. Die *Medizin des Mittelalters* war eine holistische Wissenschaft, in welcher Krankheit und Kranksein ganzheitlich unter biologischen, anthropologischen und philosophischen Aspekten betrachtet wurden. Die *heutige, naturwissenschaftlich orientierte Medizin* ist hingegen überwiegend dem atomistischen Prinzip verpflichtet. Sie räumt Teilaspekten von Krankheiten – ätiologischen, pathophysiologischen, molekularbiologischen – den Vorrang ein gegenüber einem integrativen Verständnis von Krankheit und Kranksein. Die zunehmende Aufgliederung der Medizin in einzelne Fach- und Spezialgebiete ist eine Folge der Zergliederung von Krankheiten in ihre pathologischen Mechanismen und Substrate. Diese Spezialisierung erschwert häufig den ganzheitlichen Zugang zum Patienten und zur Krankheit als einem multifaktoriellen Geschehen. Parallel zu Entwicklungen in verschiedenen Wissenschaftsdisziplinen findet gegenwärtig auch in der Medizin ein Wandel in Richtung eines neuen Interesses an übergreifenden Zusammenhängen statt. Das Verständnis von *Gesundheit und Krankheit als Geschehen, in welchen biologische, psychische und soziale Faktoren zusammenspielen*, findet bei Ärzten und Patienten zunehmende Anerkennung. Die Systemtheorie und das systemische Denken liefern wichtige Grundlagen und Modelle für ein solches Verständnis.

4.2 System – Definition des Begriffes

> **!** Ein *System* ist ein aus den Wechselwirkungen seiner Elemente organisiertes Ganzes. Die Elemente eines Systems beeinflussen sich gegenseitig und stehen miteinander in einer multivariablen Interaktion.

Diese Definition des Begriffes System deutet auf die Zusammenhänge zwischen

„dem Ganzen" und „seinen Elementen" und ihrer Interaktion als einer *prozeßhaften Entwicklung* hin:

- Zur Erfassung eines sogenannten Systems muß man nicht nur dessen Elemente kennen, sondern auch die zwischen ihnen bestehenden Beziehungen.
- Das System als Ganzes hat Eigenschaften und Fähigkeiten, die seinen einzelnen Elementen nicht zukommen.
- Die Eigenschaften eines Systems sind etwas anderes als die Summe der Eigenschaften der Elemente.
- In einem System bewirkt die Veränderung eines Teils die Veränderung aller Teile und des Ganzen.
- Die Interaktionsprozesse sind nicht willkürlich, sondern orientieren sich in ihrem Ablauf an gewissen Regeln und Gesetzmäßigkeiten.

Verwendung des Begriffes „System". Der Ausdruck System wird heute vielfältig verwendet. Man spricht von physikalischen, biologischen, technischen und sozialen Systemen als Beispiele der erfahrbaren Außenwelt. Daneben wird der Begriff jedoch auch zur Bezeichnung von mehr abstrakten Denk- und Vorstellungsgebilden wie z. B. philosophischen Systemen, Klassifikationssystemen oder Wertsystemen verwendet.

Ein *Beispiel für ein biologisches System* ist eine lebende Zelle als System zahlreicher organischer Verbindungen und enzymatischer Reaktionen. Die Zelle als die kleinste Einheit lebender Organismen hat Fähigkeiten wie z. B. Regulierung des Stoffwechsels oder Zellteilung, welche die sie bildenden organischen Verbindungen nicht haben. *Beispiele für soziale Systeme* sind Familien, Vereine oder Arbeitsteams. Auch soziale Systeme haben eine Struktur und regulieren sich nach bestimmten mehr oder weniger klar definierten Regeln.

Systeme in der Medizin. Im Bereich der Medizin läßt sich der Systembegriff in vielfältiger Weise verwenden. So z. B. für *humorale und/oder neuronale Regelkreise* wie Zuckerstoffwechsel oder Blutdruckregelung, zur Erklärung der *Entstehung und des Verlaufs von Krankheiten* oder zur *Beschreibung medizinischer Institutionen* wie Arztpraxen, Behandlungsabteilungen und Kliniken.

Das folgende *Beispiel* soll verdeutlichen, wie unterschiedlich sich die Realität darstellt, je nachdem, wie groß der Ausschnitt ist, auf den der Arzt seine Wahrnehmung richtet.

Bei einem 50jährigen LKW-Fahrer wird bei einer Vorsorgeuntersuchung per Zufall ein erhöhter Blutzuckerspiegel festgestellt. Betrachtet man diesen Befund unter einem kleinen, sich auf das Pankreas und seine Funktion beschränkenden Ausschnitt, so wird man die *Art der Stoffwechselstörung* einem bestimmten Typ des Diabetes mellitus zuzuordnen versuchen und nach wiederholten Messungen des Blutzuckerspiegels und der Zuckerausscheidung im Urin erste Behandlungsmaßnahmen einleiten. Wählt der Arzt einen größeren Ausschnitt für seine Abklärungen, wird er verschiedene *andere Organsysteme* (Gefäße, Augenhintergrund, Nerven) auf mögliche Sekundärfolgen der Zuckerstoffwechselstörung hin untersuchen. Betrachtet er den Patienten nicht nur als Träger einer gestörten Stoffwechselfunktion und dadurch beeinträchtigter Organe, sondern als *kranken Menschen*, so erweitert sich sein

Spektrum. Die Arbeits- und Familiensituation des LKW-Fahrers gewinnen ebenso an Bedeutung wie seine Ernährung, seine körperliche Bewegung und seine Einstellung zu der neu diagnostizierten Krankheit. Je umfassender das Bild ist, welches sich der Arzt von der Krankheit, dem Kranken und seinem subjektiven Leiden macht, desto ganzheitlicher, realistischer und für diesen Patienten geeigneter werden seine Behandlungsvorschläge sein.

Eine ganzheitliche Betrachtungsweise des zuckerkranken LKW-Fahrers fördert seine Compliance (vgl. Kap. 11.4), d. h. die Bereitschaft des Patienten, in den folgenden Monaten und Jahren mit dem Arzt in der Behandlung des Diabetes mellitus zusammenzuarbeiten und therapeutische Empfehlungen (Diät, körperliche Bewegung, Medikation) einzuhalten.

4.3 Systemtheorie – Ansätze und Konzepte

Gegenwärtige Situation der Systemtheorie. Das moderne Systemdenken hat Impulse aus ganz verschiedenen Wissenschaftsbereichen erhalten. Dies erklärt, *daß es keine allgemeine, umfassende Systemtheorie gibt*, deren Gesetze in gleicher Weise für physikalische, biologische und psychosoziale Systeme zutreffen. Es gibt zwar Merkmale und Eigenschaften wie z. B. hierarchische Ordnung oder Rückkoppelung – diese Begriffe werden noch näher erklärt – welche für alle Systeme, unabhängig von ihrer Art, Gültigkeit haben. *Die* Systemtheorie als eine Art Zauberformel zur Erklärung aller Ge-

setze und Prinzipien, welche für Systeme schlechthin gelten, gibt es zumindest gegenwärtig nicht. Insbesondere sich selbst organisierende menschliche Systeme (Paarbeziehungen, Familien, Arbeitsteams) werden in ihrer Funktionsweise nicht durch systemische Prinzipien determiniert. Dennoch benützen sie für ihre Regelung oft derartige Prinzipien, so daß deren Kenntnis nützlich ist.

Grundlagen der Systemtheorie. Das heutige Systemdenken läßt sich auf folgende Wurzeln zurückführen: auf die allgemeine Systemtheorie von *von Bertalanffy* (1968), die Kybernetik *Wieners* (1948) und die Theorie sozialer Systeme von *Parsons* (1951). Diese Wurzeln des Systemdenkens sollen kurz stichwortartig erläutert werden.

Lineare Kausalität und zirkuläre Wechselwirkungen. Bei der Untersuchung der Ordnung und Organisation von Prozessen, welche in einfachen Zellen und mit entsprechend höherer Komplexität in Organen und lebenden Organismen ablaufen, stieß der Biologe von Bertalanffy auf das Phänomen von *Wechselwirkungen* zwischen einzelnen Elementen und Funktionen. Wechselwirkungen unterscheiden sich von *linearen Kausalketten*, d. h. Zusammenhängen von Ursache und Wirkung dadurch, daß sie *zirkuläre Reaktionen* sind, bei denen ein Element sowohl Ursache als auch Wirkung ist. Von Bertalanffy gelangte zu der Ansicht, daß sich pflanzliches, tierisches und menschliches Leben nicht durch die Untersuchung von Einzelteilen und kausalen Einzelprozessen erklären lassen, sondern daß *lebende Organismen offene Systeme* darstellen, in welchen wechselseitig bedingte Reaktionen hierarchisch geordnet und organisiert sind. Dies führte ihn zum Konzept einer organismischen Biologie und zu seiner 1949 erstmals veröffentlichten *allgemeinen Systemlehre.* In dieser wies er u. a. auf die für lebende Systeme typischen Eigenschaften der *Offenheit, Organisation* und *Ordnung* hin, welche für die Entwicklung von Lebewesen von zentraler Bedeutung sind.

Kybernetik. Die Kybernetik, die zwischen 1940 und 1950 von *Wiener* begründet wurde, umfaßt das gesamte Gebiet der *Steuerungs-, Regelungs- und Nachrichtentheorie bei Maschinen und Lebewesen.* In der Kybernetik spielen Modelle der Regelung und Informationsübermittlung eine zentrale Rolle. Das Auffinden von Analogien beispielsweise zwischen neurophysiologischen und kommunikationstechnischen Prozessen und die Formulierung von allgemein gültigen Konzepten der Informationsübertragung und -verarbeitung sind Anliegen dieses Wissenschaftsbereiches. Die Kybernetik hat einen wesentlichen Beitrag zur Entwicklung der elektronischen Datenverarbeitung und von programmierbaren technischen Systemen geleistet. Für das systemische Denken erwies sich vor allem das *Modell der Rückkoppelung oder des Feedback-Kreises* als überaus fruchtbar, da es nicht nur für Maschinen Gültigkeit hat, sondern in den verschiedensten Gebieten der Natur- und Sozialwissenschaften anwendbar ist. *Positive und negative Rückkoppelungsprozesse* sind grundlegende Funktionsprinzipien lebender Systeme, auf welche noch näher eingegangen wird.

Soziale Systeme. *Parsons „Theorie sozialer Systeme"* liefert einen Bezugsrahmen für das Verständnis von strukturellen und funktionalen Merkmalen von Gruppen und Institutionen. Die *Struktur eines sozialen Systems,* wie z. B. des Ärzteteams einer Klinik, läßt sich durch das *Beziehungsnetz und die Arbeitsteilung* erfassen, welche zwischen den Ärzten bestehen. Beziehungsnetz meint die Intensität und Qualität der Beziehungen sowohl zwischen den einzelnen Individuen innerhalb eines Systems als auch zwischen dem System und seiner Umwelt. *Funktionale Dimensionen eines sozialen Systems sind z. B. Adaptions-* und *Integrationsfähigkeit, Problemlösungsverhalten* und die Fähigkeit, gesteckte *Ziele zu verwirklichen.* Strukturelle und funktionale Merkmale von Gruppen und Institutionen sind wichtige Kriterien, nach denen Situationen, Entwicklungen und Wandlungsprozesse sozialer Systeme beurteilt werden können. Die einzelnen Mitglieder von Gruppen oder Institutionen sind dabei Träger sozialer Rollen (vgl. Kap. 3.3), durch welche ihre Position und Funktion innerhalb des Systems festgelegt sind.

4.4 Strukturelle Merkmale sozialer Systeme

Die Eigenschaften von Systemen im allgemeinen und von sozialen Systemen im besonderen werden mit verschiedenen, teilweise sich überschneidenden Begriffen beschrieben, so daß es mehrere Klassifikationen von Merkmalen menschlicher Systeme gibt. Die folgende Einteilung eignet sich zur Charakterisierung sozialer Systeme im Gesundheitswesen. Tabelle 4.1 gibt einen Überblick über die wesentlichen *strukturellen Merkmale sozialer Systeme.*

Größe eines sozialen Systems. Diese wird bestimmt durch die Anzahl der Personen, die zu einer bestimmten Gruppe/Institution gehören. Die Arzt-Patient-Beziehung ist ein Beispiel für ein *soziales Mikrosystem,* das Gesundheitswesen eines Staates für ein *soziales Makrosystem.* Die Person ist das kleinste Element sozia-

Tabelle 4.1. Strukturelle Merkmale sozialer Systeme

Merkmal	Merkmalsausprägung
Größe	Mikrosysteme, Makrosysteme
Hierarchie	Suprasystem, System, Subsystem
Relationen	einfach-komplex, stabil-labil
Verhältnis zur Umwelt	geschlossen, offen
Funktionsteilung	symmetrisch, komplementär

ler Systeme. Sie hat in der Regel an verschiedenen Systemen teil und ist damit Träger verschiedener sozialer Rollen (vgl. Kap. 3.3.2): In der Familie z. B. als Vater, im Arbeitsteam z. B. als Oberarzt, in einem Berufsverband z. B. als außerordentliches Mitglied und in einem Parlament als gewählter Abgeordneter einer Partei. Die verschiedenen Systeme, an denen eine Person teilhat, können entweder weitgehend unabhängig nebeneinander bestehen oder sich wechselseitig beeinflussen.

Hierarchie. Die *hierarchische Gliederung sozialer Systeme* meint den Umstand, daß einzelne Personen auf Grund bestimmter Merkmale (Alter, Geschlecht, Ausbildung), Aufgaben (Diagnostik, Therapie, Pflege) oder Interessen innerhalb des Systems sogenannte *Subsysteme* bilden können. Das System seinerseits kann als Bestandteil eines *Suprasystems* betrachtet werden. Es gibt also mehrere Stufen von Ganzheiten und Teilen, wobei die Ganzheit ein Teil der nächst höheren Stufe, der Teil indessen eine Ganzheit der nächst niederen Stufe ist, so daß eine Systembetrachtung auf verschiedenen hierarchischen Stufen möglich ist. *Die hierarchische Struktur eines Systems*, d. h. die

Aufteilung und Zuordnung der einzelnen Subsysteme, *gibt Auskunft über Organisation, Ordnung, Kontrolle und Entscheidungskompetenzen innerhalb eines Systems* (vgl. Kap. 4.5 und 4.7). In der hierarchischen Struktur einer Klinik z. B. unterscheiden sich die Subsysteme Patienten, Pflegende, Ärzte, Verwaltungsangestellte in ihrer Macht und Kompetenz. Gleichzeitig sind sie entsprechend einer Ordnung miteinander verbunden und bilden als Ganzheit einen Bestandteil des Gesundheitswesens einer Region. Je höher in einem System die Anforderungen an die einzelnen Subsysteme zur Kooperation sind und je mehr und komplexere Leistungen sie erbringen müssen, desto größer ist die Notwendigkeit zu einer klaren Organisation und Ordnung ihrer wechselseitigen Beziehungen. In Analogie zu dem bekannten Satz von *Watzlawick et al.* [8]: *„Man kann nicht nicht kommunizieren"* kann man für soziale Systeme sagen: *Man kann sich nicht nicht organisieren!* Bei Gruppierungen, deren hierarchische Ordnung nicht definiert ist, bilden sich mit der Zeit heimliche Hierarchien und Subsysteme, welche innerhalb des Systems Macht ausüben und sich Entscheidungsbefugnisse zugestehen. Ein typisches Beispiel in dieser Hinsicht ist die versteckte Bildung von „Cliquen" oder „Zirkeln" (Subsystemen) innerhalb religiöser Gruppierungen, welche unter dem Motto der allgemeinen Gleichheit das System dominieren und mit der Zeit nicht selten terrorisieren.

Relationen. Die *Relationen zwischen den einzelnen Elementen oder Subsystemen eines Systems* können in Bezug auf ihre Komplexität und Stabilität beurteilt werden. So sind z. B. die Beziehungen zwischen dem Pflegeteam und den Patienten auf einer Abteilung für pflegebedürftige Alterskranke einfacher und konstanter als die Beziehungen zwischen Ärzten,

Pflegenden und Patienten auf einer Intensivstation mit Schichtdienst, kurzer Verweildauer der Patienten und modernen apparativen Einrichtungen.

 Das Beispiel des *Organigrammes einer großen Universitätsklinik* (Abb. 4.1) soll veranschaulichen, wie die einzelnen Subsysteme hierarchisch gegliedert sind und die Beziehungen zwischen den einzelnen Abteilungen klar definiert werden müssen, damit die Klinik als Ganzes möglichst effizient und qualitativ hochstehend arbeiten kann.

Die Abbildung läßt erkennen, daß die vier Kliniken des Departements für Frauenheilkunde unterschiedlich groß sind. Auch in den einzelnen Subsystemen bestehen gewisse Unterschiede. Die Endokrinologie hat z. B. keine eigene Bettenstation und die Neonatologie keine Poliklinik. Die Bettenstationen der Gynäkologie und Geburtshilfe sind klar getrennt, während im Bereich der Poliklinik eine größere Integration der Subsysteme mit vermutlich komplexeren Wechselbeziehungen besteht. Auf der

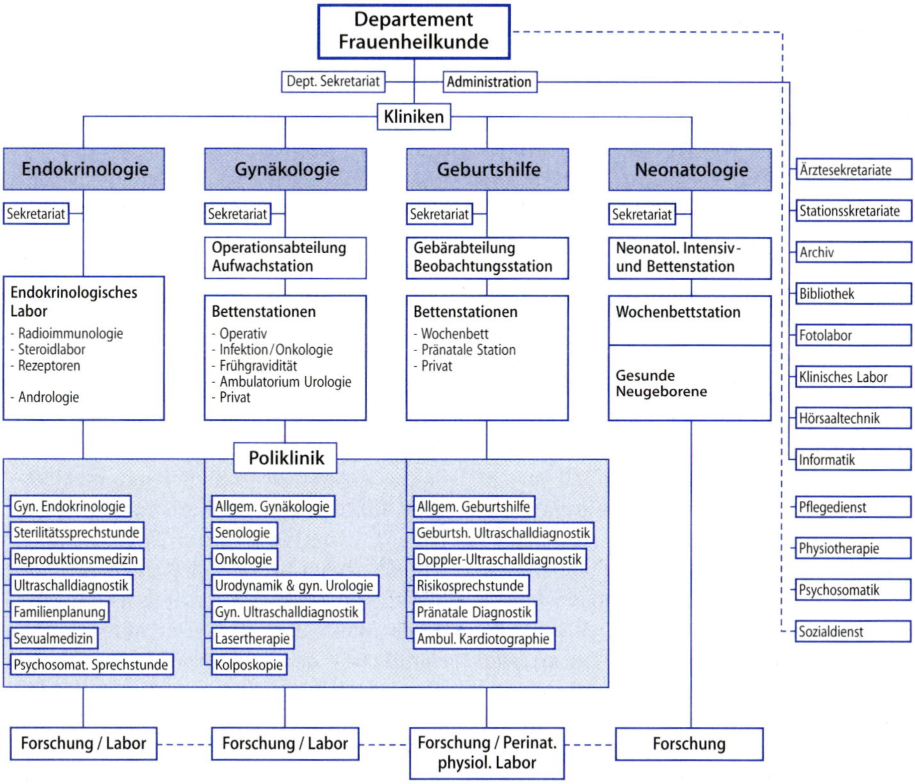

Abb. 4.1. Organigramm des Departements für Frauenheilkunde eines Universitätsklinikums

rechten Seite der Abbildung sind Einrichtungen und Spezialdienste aufgelistet, welche klinikübergreifend für das gesamte Departement Funktionen wahrnehmen. Insgesamt zeigt das Organigramm eine hierarchische Ordnung mit dem Departementvorsteher in der obersten Führungsposition.

In letzter Zeit werden an großen Klinkzentren als Alternative zu den traditionellen, fächerorientierten Kliniken neue, interdisziplinäre Organisationsstrukturen z. B. für Transplantationsmedizin oder Reproduktionsmedizin geschaffen, in denen Ärzte verschiedener Fachrichtungen zusammenarbeiten. In diesen neuen Behandlungszentren wird eine möglichst *„flache Hierarchie"* und optimale Vernetzung zwischen den einzelnen Fachdisziplinen angestrebt. Den Inhabern der hierarchischen Spitzenpositionen kommt in diesen Zentren vor allem die Funktion der Delegation und Koordination zu.

Verhältnis zur Umwelt. Das Verhältnis eines Systems zu seiner Umgebung wird durch den Grad der Durchlässigkeit seiner Grenzen bestimmt. Im Extremfall können die Systemgrenzen starr und undurchlässig sein, so daß zwischen System und Umgebung kein Informationsaustausch möglich ist. In diesem Fall spricht man von sogenannten **geschlossenen Systemen.** Ein Beispiel für ein weitgehend geschlossenes System ist ein Gefängnis, in welchem der Informationsaustausch zwischen Innen- und Außenwelt limitiert ist und weit kontrolliert wird. Im **sozialen Bereich** gibt es streng genommen keine absolut geschlossenen Systeme, d. h. Systeme ohne Relation zur Umgebung. Im **technischen Bereich** wird jedoch mit relativ isolierten Systemen gearbeitet. So

kann man z. B. eine Zentralheizung eines Hauses als relativ isoliertes System betrachten. Die einzige Information für das System aus der Umgebung ist die über einen Thermometer im Freien oder in den Zimmern registrierte Temperatur. Darüber hinaus laufen die Regelungsvorgänge im Heizungssystem unabhängig von der Umgebung ab.

> **!** *Lebende Systeme wie Organismen und soziale Gruppen sind immer offene Systeme*, d. h. sie stehen in Verbindung zu ihrer Umgebung. Wird der Energie- bzw. Informationsaustausch mit der Umgebung unterbrochen, so hat dies früher oder später den Tod des Organismus bzw. des sozialen Systems zur Folge. Soziale Gruppen mit einer übermäßigen Durchlässigkeit ihrer Grenzen haben die Tendenz zur **Fusion** mit anderen Gruppen. Bei minimaler Durchlässigkeit spricht man im Gegensatz dazu von **Isolation** eines sozialen Systems.

Funktionsteilung. Ein weiteres strukturelles Merkmal von sozialen Systemen ist die **Art der Funktions-/Arbeitsteilung** zwischen den einzelnen Personen oder Subsystemen. Veranschaulichen läßt sich dieser Aspekt am Beispiel unterschiedlicher Modelle von Ehebeziehungen. In einer sog. **„komplementären Ehebeziehung",** wie sie früher weitgehend die Regel war, besteht eine klare Funktionsteilung zwischen Mann und Frau. Der Mann ist zuständig für den außerhäuslichen Bereich (Geldverdienen, Kontakt zu Behörden, politische Aktivitäten), die Frau für den innerhäuslichen Bereich (Kindererziehung, Haushaltführung). Bei diesem Modell besteht zwischen den Geschlechtern eine *asymmetrische Konstellation*. Im Beziehungsmodell der *„egalitären Ehe"* ist hingegen die Funktionsteilung weitgehend *symmetrisch*, d. h. daß die Bereiche Kindererziehung, Erledigung von häuslichen Arbeiten und Berufstätigkeit auf Mann und Frau weitgehend gleichmäßig verteilt sind. Symmetrie und Asymmetrie in der Funktionsteilung ändern sich in der Entwicklung eines sozialen Systems über einen längeren Zeitraum hinweg je nach den Aufgaben, mit denen ein System konfrontiert ist. So führt z. B. die Geburt des ersten Kindes sehr oft zu einer Änderung in der Funktionsteilung zwischen Mann und Frau (vgl. Kap. 5.8). Starre oder mangelnde Funktionsteilung über längere Zeit begünstigen in sozialen Systemen die Entstehung von Konflikten.

4.5   Funktionsprinzipien

Mechanische und technische Systeme. Daß zwischen mechanischen, organischen und sozialen Systemen grundlegende Unterschiede bestehen, wird deutlich, wenn man die in ihnen ablaufenden Vorgänge wie Entstehung und Auflösung, Regelung und zeitliche Entwicklung betrachtet. Mechanische Systeme wie z. B. die Heizungsanlage eines Gebäudes sind künstliche Systeme. Sie entstehen durch gestaltende Eingriffe des Menschen in der Außenwelt. Die in ihnen ablaufenden Reaktionen sind gleichförmig und ändern sich nicht, es sei denn durch gezielte Veränderung oder Neueinstellung durch den Menschen. *Mechanischen Systemen fehlt die Eigenschaft der Selbstentwicklung.* Sie können sich nicht oder nur in vordefinierter Weise selbst regulieren und an Veränderungen anpassen. In ihrer Funktionsweise sind sie stabil. Sie verschwinden durch willentliche Eingriffe des

Menschen oder verlieren ihre Funktionsfähigkeit durch den Ausfall einzelner Elemente infolge von Schädigung oder Abnutzung.

Elektronische Systeme. In neuerer Zeit wurden allerdings erste sog. „neuronale Computer" konstruiert, d. h. technische Systeme, welche in gewissem Umfang die Fähigkeit haben, sich selbst zu regulieren und an Veränderungen anzupassen. Vor allem in der sog. „Embryonik", einer neuen Fachrichtung innerhalb der Elektronik, wird dabei versucht, technische Systeme mit der Fähigkeit auszustatten, sich selbst zu reparieren und zu reproduzieren. Ziel dieser Forschung ist es, elektronische Systeme zu entwickeln, welche wie organische Systeme die Möglichkeit haben, auf Veränderungen ihrer Umgebung zu reagieren.

Organische Systeme.   Pflanzliche und tierische Organismen können natürlich, d. h. ohne Eingriff des Menschen entstehen. Sie können sich ebenso wie der Mensch auch an Umweltveränderungen anpassen und sich im Laufe der Zeit verändern. In ihnen finden im Rahmen der Evolution *Wandlungsprozesse* statt, welche vor allem dem Ziel der Arterhaltung dienen. Sie können schließlich verschwinden im Sinne von Sterben oder Aussterben, ohne daß willentliche Eingriffe des Menschen diese Vorgänge beeinflussen.

> !
> Merkmale sozialer Systeme
> Humansysteme unterscheiden sich von allen anderen Systemen durch die Fähigkeit ihrer Mitglieder, Entscheidungen zu fällen, Ziele zu formulieren und zwischen verschiedenen Zielen zu wählen. Soziale Systeme be-

stehen nicht an sich, sondern werden von Personen definiert, welche das System für gewisse, sie verbindende Ziele, Aufgaben und Zwecke benutzen. Die Besonderheiten sozialer Systeme erklären sich aus verschiedenen *Funktionsprinzipien*, die für Humansysteme typisch und spezifisch sind und die im folgenden beschrieben werden sollen.

4.5.1 Entstehung und Auflösung sozialer Systeme

Ideen und Ideenprozesse. Wie entstehen soziale Systeme und Institutionen? *Willi* [10] beschreibt den wesentlichen Vorgang bei der Neubildung von Humansystemen wie Familien, Arbeitsteams oder Gesundheitsinstitutionen in folgender Weise:

„Ein Humansystem bildet sich aus jenen Anteilen einer Person, welche sich mit entsprechenden Anteilen anderer Individuen zielgerichtet zur Realisierung eines gemeinsamen Ideenprozesses organisieren." Damit ist gemeint, daß das Vorhandensein einer gemeinsamen Idee, der sich mehrere Personen verpflichtet fühlen, eine Grundvoraussetzung für die Bildung eines sozialen Systems ist.

 Der Errichtung einer Krankenhausabteilung für Infektionskranke z. B. liegt die Idee zugrunde, daß Gesunde vor der Ansteckung mit schweren Infektionen am sichersten dadurch geschützt werden können, daß Patienten mit solchen Krankheiten solange isoliert behandelt werden, wie eine Ansteckungsgefahr

besteht. Damit eine solche Idee verwirklicht wird, bedarf es außer der Idee noch der Notwendigkeit und Möglichkeit zu ihrer Realisierung. Spezialabteilungen für Infektionskranke sind nur dann sinnvoll, wenn es diese Kranken in genügender Zahl gibt und die finanziellen, räumlichen und personellen Möglichkeiten vorhanden sind. In vielen Entwicklungsländern wäre es z. B. sinnvoll, spezielle Behandlungseinrichtungen für Infektionskranke zu errichten. Da jedoch kein Geld, keine Gebäude und keine Ärzte und Pflegenden vorhanden sind, können die an sich notwendigen Institutionen nicht geschaffen werden. Umgekehrt kann z. B. die Notwendigkeit zur Weiterführung bestehender Spezialeinrichtungen auf Grund von Fortschritten in der Behandlung einzelner Krankheiten abnehmen. Sanatorien zur Behandlung von Tuberkulosekranken waren bis vor 30 Jahren notwendig und sinnvoll, da es viele Tuberkulosekranke gab. Die modernen Tuberkulostatika mit ihrer raschen Wirkung auf die Infektiosität und den Krankheitsverlauf und die Verfügbarkeit von Impfstoffen haben solche Sanatorien längere Zeit überflüssig gemacht. In den letzten Jahren sind jedoch vermehrt sog. therapieresistente Erreger aufgetreten, welche wieder zu einer Zunahme von Tuberkulosekranken geführt haben. Zu deren Behandlung werden in den früheren Höhenkliniken wieder neue, spezielle Infektionsabteilungen eingerichtet.

Die Entstehung und Auflösung von sozialen Systemen sind Prozesse, welche durch *Ideen von Personen* sowie *Notwendigkeiten und Möglichkeiten ihrer Realisierbarkeit* reguliert werden. Die Bedeutung jeder dieser drei Komponenten kann sich im Verlauf der Entwicklung eines bestimmten Systems ändern.

Gesundheitssysteme im Wandel. Wie in Kapitel 1.2 schon ausgeführt wurde, durchlaufen verschiedene Systeme des Gesundheitswesens gegenwärtig einen tiefgreifenden Wandlungsprozeß. Es entstehen neue Systeme der ärztlichen Grundversorgung wie Gruppenpraxen oder HMO-Gesundheitszentren (HMO = **H**ealth **M**aintenance **O**rganization), neue Systeme der stationären, teilstationären und spitalexternen Krankenversorgung und neue Modelle der Krankenversicherung mit abgestufter Selbstbeteiligung der Versicherten oder Bonussystem bei Nichtinanspruchnahme von Versicherungsleistungen. Bestrebungen zur Begrenzung der Kostenexplosion im Gesundheitswesen haben die Entstehung dieser neuen Systeme maßgeblich gefördert. Parallel dazu ist eine Abnahme bisheriger Versorgungssysteme zu beobachten. So ist es z. B. fraglich, ob das Modell der traditionellen Hausarztpraxis als eines fakultativ 24 Stunden einsatzbereiten Mikrosystems des Gesundheitswesens noch eine Zukunft hat. Vor allem Gesundheitsökonomen sind der Auffassung, daß es sich dabei um ein „Auslaufmodell" der ärztlichen Versorgung handelt, welches in absehbarer Zeit kaum mehr existenzfähig sein wird.

4.5.2 Regelung sozialer Systeme

Erhaltung und Änderung von Strukturen. Das Überleben von sozialen Systemen hängt von zwei wichtigen Vorgängen ab. Das System muß angesichts der Unbeständigkeit der Umwelt die *Fähigkeit zur Aufrechterhaltung seiner Grundstruktur* haben. Andererseits braucht ein System auch die *Fähigkeit zur Änderung seiner Struktur.* Soziale Systeme müssen somit sowohl die Fähigkeit zur Strukturerhaltung (Morphostase) als auch zum Strukturwandel (Morphogenese) haben. Die Mechanismen, welche der Bewahrung bzw. Erneuerung der Struktur eines Systems dienen, können am besten am Modell des Regelkreises erläutert werden.

Aufbau eines Regelkreises. Für die Elemente eines Regelkreises werden in der Technik gewisse Bezeichnungen und Buchstabensymbole verwendet, die sich sinngemäß auch auf organische und soziale Systeme übertragen lassen. Abbildung 4.2 zeigt das Grundmodell eines Regelkreise mit seinen Elementen. Regelkreise sind in der Technik so programmiert, daß sie das System in einem *Gleichgewicht* halten und ihm damit eine gewisse *Konstanz* sichern. Diesen Gleichgewichtszustand bezeichnet man im Systemdenken als *Homöostase.*

Die einzelnen Elemente eines Regelkreises und deren Bedeutung sind am

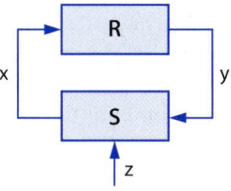

Abb. 4.2. Elemente eines Regelkreises. (Aus Bischof 1995)

Tabelle 4.2. Bedeutung der Elemente eines Regelkreises am Beispiel der Zimmertemperaturregelung. (Aus Bischof 1995)

Symbol	Bezeichnung	Bedeutung	Beispiel
S	(Regel–)Strecke	Das vorgegebene System, für das Homöostase gefordert wird	Ein Zimmer, dessen Temperatur geregelt werden soll
R	Regler	Die technische Einrichtung, die für die Gewährleistung der Homöostase verantwortlich ist	Thermostat und Brenner
x	Regelgröße	Die homöostatische Variable	Die Zimmertemperatur
y	Stellgröße	Die Größe, welche die Homöostase aufrechterhält	Die vom Heizkörper erzeugte Wärme
z	Störgröße	Der freie Eingang, von dem die homöostatische Variable unabhängig gemacht werden soll	Die Außentemperatur und sonstige Variablen, welche die Zimmertemperatur beeinflussen

Beispiel der Temperaturregelung in einem Zimmer in Tabelle 4.2 zusammengefaßt.

Regelvorgänge. Zum Verständnis des Wirkungsgefüges eines Regelkreises, wie es in Abbildung 4.2 und Tabelle 4.2 schematisch dargestellt ist, sind noch folgende weitere Bezeichnungen wichtig. Das Meßinstrument für x heißt *Meßfühler* oder kurz *Fühler*. In unserem Beispiel der Zimmertemperaturregelung ist der Fühler das (elektrische) Thermometer, welches dem Thermostaten die Zimmertemperatur signalisiert. Die unmittelbare(n) Quellen(n) für y, in unserem Fall also die von der Heizungsanlage erzeugte Wärme heißt/en in der gesteuerten Technik *Stellmotor* oder *Stellglieder*. In unserem Beispiel wären die Stellglieder die an den Heizkörpern installierten Ventile, welche den Zustrom des erhitzten Wassers regulieren. Fühler und Stellglieder sind funktionell Bestandteile des Reglers. Der Fühler hat die Funktion, Änderungen zu registrieren, die Stellglieder sollen Änderungen ausgleichen. Damit halten sie den Regelkreis in einem Gleichgewichtszustand oder in Homöostase.

Organismische Regelvorgänge. Bei Organismen fungieren im allgemeinen die *Sinnesorgane* als Fühler, die *Erfolgsorgane* (Muskeln, Drüsen) als Stellglieder und das *Zentralnervensystem* (ZNS) als Regler im engeren Sinn. Man kann sich dies am Beispiel der Körpertemperaturregelung verdeutlichen. Temperaturrezeptoren registrieren die Körperwärme und geben ihre Information an das ZNS weiter. Ist der gemessene Wert z. B. im Fall von Fieber zu hoch, wird über die Produktion von Schweiß in den entsprechenden Drüsen Wärme abgeführt mit dem Ziel, wieder eine normale Körpertemperatur zu erreichen.

Negative Rückkoppelung. Der Mechanismus, welcher der Bewahrung eines bestimmten Zustandes und einer gleichbleibenden Struktur eines Systems dient, wird in der Systemtheorie als *negative Rückkoppelung* oder *negatives Feedback* bezeichnet. Negativ ist in diesem Zusammenhang nicht als wertender Begriff zu verstehen, sondern umschreibt lediglich eine Möglichkeit der Regelung eines Systems.

Negative bzw. kompensierende Rückkoppelung hat die Funktion, auf das System einwirkende Einflüsse aufzufangen, zurückzuweisen und zu absorbieren. Sie dient der Aufrechterhalten der ***Stabilität eines Systems***.

Im Folgenden soll der Mechanismus der negativen Rückkoppelung am Beispiel einer Arztpraxis veranschaulicht werden.

 Die Eröffnung einer neuen Allgemeinpraxis in einem Dorf, in welchem die medizinische Versorgung bisher durch zwei alteingesessene Hausärzte geleistet wird, stellt ein gewisses Risiko dar. Um die Voraussetzungen für die Praxiseröffnung beurteilen zu können, erkundigt sich der neue Arzt zunächst bei der Kantonalen Ärztegesellschaft, der Gemeindebehörde und den beiden bereits praktizierenden Ärzten über ihre Meinung zu seinem Praxisprojekt. Ärztegesellschaft und Gemeindebehörde äußern sich positiv zu dem Vorhaben des Arztes und stellen ihm Unterstützung bei der Suche nach geeigneten Praxisräumen in Aussicht. Die beiden Kollegen raten ihm von seinem Vorhaben ab, da sie der Auffassung sind, die ärztliche Versorgung der Bevölkerung wie bisher alleine bewältigen zu können. Nach reiflichem Abwägen von Chancen und Risiken seines Vorhabens entschließt sich der Arzt zur Eröffnung einer Praxis. Damit installiert er im Gesundheitsversorgungssystem des Dorfes einen neuen „Regler". Er richtet die Praxis mit einigen Geräten (Ultraschall, Ergometer, Biofeedback) ein, welche die beiden anderen Kollegen nicht haben und stellt zwei Arzthelferinnen ein. Die apparative Einrichtung und das Praxisteam wären systemisch definiert die „Stellglieder". Im ersten Jahr seiner Tätigkeit sieht er sich einigen unerwarteten Schwierigkeiten gegenüber. In den ersten Wochen hat er nur wenig zu tun und gerät unter finanziellen Druck. Er muß einen zusätzlichen Kredit aufnehmen. Wegen seiner aufwendigen Praxiseinrichtung äußern sich seine beiden Kollegen kritisch und teilweise mit abfälligen Bemerkungen in der Bevölkerung. Sie werfen ihm vor, unnötige Untersuchungen zu machen, um seine Schulden abzahlen zu können. Der junge Kollege reagiert auf diese Vorwürfe nicht, sondern bemüht sich um eine fachlich kompetente und freundliche Behandlung seiner Patienten. Während der Ferienabwesenheit der beiden ansässigen Kollegen steigt bei ihm die Patientenzahl. Nach neun Monaten hat er schließlich die Anzahl von Behandlungen pro Woche erreicht, welche notwendig ist, um seine Praxis finanziell rentabel führen zu können. In diesem Augenblick wird eine seiner Arzthelferinnen krank. Um die schwierige Situation zu überbrücken, entschließt sich seine Frau (im Sinne eines ergänzenden „Reglers"), kurzfristig in die Praxisarbeit mit einzusteigen. Am Ende des ersten Jahres hat sich die Lage stabilisiert. Der Arzt hat ein ausreichendes Einkommen, die Beziehung zu den beiden älteren Kollegen hat sich verbessert, und er hat in der Bevölkerung ein gewisses Vertrauen gewonnen.

Das soziale System in diesem Beispiel ist die Arztpraxis mit dem jungen Arzt und seinen beiden Helferinnen. Verändernde Einflüsse, welche zeitweise auf das System einwirken, sind anfänglich eine Unterforderung des Systems (geringe Patientenzahlen) bei zunehmendem finanziellem Druck, später eine drohende Überforderung des Systems (hohe Patientenzahlen bei gleichzeitigem Ausfall einer Helferin). Zusätzlich wird das System durch die Kritik der alteingesessenen Ärzte belastet. *Maßnahmen im Sinne einer negativen Rückkoppelung* sind in diesem Beispiel die kurzfristige Kreditaufnahme, das Nichtreagieren auf die Kritik der Kollegen und die vorübergehende Mithilfe der Ehefrau. Diese Reaktionen bewirken, daß das System Praxis nicht dekompensiert und am Ende des Jahres in einem einigermassen stabilen Gleichgewicht ist.

Negative Rückkoppelung kann jedoch auch soweit gehen, daß ein System starr, schwerfällig und schließlich funktionsuntauglich wird und sich in seinem Weiterbestehen gefährdet. Ein ängstlicher Klinikchef z. B., der auf jede Änderung, die von seinen Mitarbeitern vorgeschlagen wird, mit Ablehnung reagiert, verunmöglicht durch negative Rückkoppelung Entwicklungen, die für seine Klinik vorteilhaft und sinnvoll wären. Zuviel Einschränkung und Organisation schränkt die Entwicklungsmöglichkeiten eines Systems ein und kann im Extremfall zu seiner Auflösung führen.

Positive Rückkoppelung. Wie schon erwähnt, benötigen soziale Systeme nicht nur die Fähigkeit zur Erhaltung von Funktionen und Strukturen, sondern auch die Möglichkeit zu deren Änderung. Oder anders formuliert: Um im Gleichgewicht nicht zu erstarren, benötigen Organismen und soziale Systeme neben dem Mechanismus der negativen auch den der *positiven Rückkoppelung.*

 Positive oder kumulative Rückkoppelung hat die Funktion, auf das System einwirkende Einflüsse zu verstärken. Sie hebt die Stabilität eines Systems auf und führt zu einer Veränderung seiner Funktionsweise und Struktur.

Ebenso wie die negative Rückkoppelung kann sich auch die positive Rückkoppelung für ein soziales System günstig oder ungünstig auswirken. Nehmen wir noch einmal das erwähnte Beispiel der Praxiseröffnung. Ein Vorgang im Sinn einer positiven Rückkoppelung wäre z. B. eine Entwicklung in folgender Weise:

 Der junge Arzt gewinnt auf Grund seiner fachlichen Kompetenz und seiner freundlichen Art in der Bevölkerung rasch Sympathien und Vertrauen. Zwei Jahre nach der Eröffnung seiner Praxis hat er so viele Patienten, daß er kaum mehr in der Lage ist, die Arbeit allein zu bewältigen. In dieser Situation entschließt sich seine Frau, die ebenfalls Ärztin ist, in der Praxis teilzeitlich mitzuarbeiten. Beide überlegen sich, welche strukturellen und organisatorischen Veränderungen notwendig sind, um die Praxis als Gemeinschaftspraxis weiterzuführen. Sie vereinbaren, daß die Ärztin vor allem die Behandlung von Kindern übernehmen soll, da sie sich auf Grund ihrer pädiatrischen Weiterbildung für diesen Bereich besonders interessiert. Am Ende des dritten Jahres hat sich die Praxis gegenüber dem Anfangszustand in doppelter Weise verändert: Aus einer Einzelpraxis ist eine Gemeinschaftspraxis geworden und Mann und Frau haben hinsichtlich der Verteilung der Patienten eine gemeinsame Vereinbarung getroffen.

Die positive Rückkoppelung besteht hier in einer personellen Vergrößerung des Systems Praxis und einer Absprache über die Aufgabenverteilung zwischen Mann und Frau. Diese Veränderung stellt eine sinnvolle Anpassung des Systems „Praxis" an die rasch angestiegene Nachfrage der Bevölkerung nach ärztlichen Leistungen des jungen Arztehepaares dar. Die Beibehaltung des Systems „Praxis" in seinem Ausgangszustand hätte wahrscheinlich innerhalb kurzer Zeit zu einer Überforderung des Arztes und damit möglicherweise mittelfristig zu einer Gefährdung des Systems geführt, z. B. durch eine streßbedingte Erkrankung und Arbeitsunfähigkeit des Arztes.

Gefahren und Chancen von Veränderung. Positive Rückkoppelungsmechanismen wurden lange Zeit einseitig unter dem Gesichtspunkt ihrer zerstörerischen Wirkung auf ein vorgegebenes System untersucht. Die Destabilisierung eines Systems infolge positiver Rückkoppelung birgt jedoch nicht nur eine Gefährdung der Existenz des Systems in sich, sondern

auch die Möglichkeit einer Erneuerung. Der Tod oder Selbstmord eines Familienmitgliedes z. B. kann sich auf die weitere Entwicklung eines familiären Systems unterschiedlich auswirken. Er kann die betroffene Familie in eine schwere Krise führen, indem sich die noch lebenden Familienmitglieder offen oder versteckt wechselseitig die Schuld am Tod des Verstorbenen zuschieben und ihre Weiterentwicklung als Familie gefährden. Durch den Tod kann innerhalb der Familie jedoch auch ein Potential zur Entfaltung kommen, welches bisher unerkannt und ungenützt war. Eine Frau, die bis zum Tod ihres Mannes mehr oder weniger unzufrieden ihre Pflichten als Hausfrau und Mutter versehen hat, kann durch die notwendige Aufnahme einer Berufstätigkeit zufriedener und selbstbewußter werden. Diese Veränderung kann günstige Auswirkungen auf ihre Beziehung zu ihren Kindern haben.

Ordnung und Chaos. Ein Zuviel an positiver Rückkoppelung führt in einem sozialen System zu Unordnung und schlußendlich zum Chaos oder zur Auflösung des Systems. Eine therapeutische Wohngemeinschaft z. B., in welcher ständig mit neuen Konzepten experimentiert wird, läuft Gefahr, ihre Struktur zu verlieren und sich als Folge einer zunehmenden Unordnung selbst aufzulösen. Spannungen und Konflikte führen in sozialen Systemen immer wieder zu Ungleichgewichten und zur Destabilisierung. Die Lockerung bestehender Strukturen gibt dem System jedoch die Möglichkeit, sich neu zu organisieren und zu strukturieren. Ordnung ergibt sich in der Entwicklung eines sozialen Systems nicht durch ständiges Gleichgewicht, sondern sie wird provoziert durch abweichende Fluktuationen, durch drohendes Chaos, durch die Notwendigkeit, sich im Entwicklungsprozeß immer wieder neu zu ordnen. Lebende Organismen und soziale Systeme befinden sich nicht im Zustand eines konstanten Gleichgewichts, sondern ständig in einem gewissen Ungleichgewicht.

4.5.3 Zeitliche Entwicklung sozialer Systeme

Phasenhafte Entwicklung. Neben der Stärke und Art, wie negative und positive Regelkreise in einem sozialen System miteinander verbunden sind, spielt auch die zeitliche Abfolge der einzelnen Regelungsvorgänge für die Ausgewogenheit bzw. Unausgewogenheit eines sich selbst regulierenden Systems eine Rolle. *In der Entwicklung eines sozialen Systems können Veränderungen entweder als phasenhafter oder als allmählicher Prozeß ablaufen.* Einschneidende Veränderungen, wie z. B. das Auftreten einer lebensbedrohlichen Krankheit bei einem Mitglied eines Familiensystems, fordern eine rasche Anpassung und damit Veränderung innerhalb des Systems. Die Behandlung und Betreuung des Kranken muß organisiert werden. Die bislang von ihm bewältigten Aufgaben müssen von den gesunden Familienmitgliedern übernommen und zwischen ihnen verteilt werden. Falls die familiären Ressourcen nicht ausreichen, um die eingetretenen Veränderungen zu bewältigen, müssen allenfalls Drittpersonen in das familiäre System miteinbezogen werden. Ist die Familie nicht in der Lage, auf das einschneidende Ereignis zu reagieren, so droht eine Dekompensation des ganzen Systems.

Kontinuierliche Entwicklung. Im Unterschied zu Entwicklungsphasen mit raschen, tiefgreifenden Veränderungen laufen in sozialen Systemen auch allmähliche Wandlungsprozesse ab. Das Heranwachsen eines Kindes z. B. setzt

innerhalb eines Familiensystems kontinuierliche Veränderungen in Gang, abwechselnd mit einzelnen vorhersehbaren aber doch einschneidenden Stufen wie etwa Schuleintritt, Schulentlassung oder Wegzug von zu Hause. Solche Veränderungen können von sozialen Systemen in der Regel leichter bewältigt werden als plötzlich auftretende unerwartete Belastungen. *Die Entwicklung sozialer Systeme ist dadurch gekennzeichnet, daß allmähliche Wandlungsprozesse von Zeit zu Zeit durch rasche, phasenhafte Veränderungen überlagert werden.* Dabei kann die Adaptationsfähigkeit eines Systems überschritten werden. Die Überforderung des Systems kann sich dann z. B. in Gesundheitsstörungen einzelner Personen oder in einer zunehmenden Funktionsunfähigkeit des ganzen Systems äußern. Diese Aspekte werden in Kapitel 5 (Entwicklung der Persönlichkeit) in ihrer praktischen Bedeutung ausführlich behandelt.

4.6 Steuerung sozialer Systeme

Definition von Steuerung. Bei der Besprechung der Elemente und Funktionsweise eines Regelkreises im vorangegangenen Abschnitt haben wir gesehen, daß der *Regler* das zentrale Element eines Regelkreises ist. Er mißt mittels eines oder mehrerer *Fühler* die Abweichungen des *„Istwertes"* der zu steuernden Größe von ihrem *„Sollwert".* Unter Berücksichtigung der Meßergebnisse richtet er dann fortlaufend die *Stellglieder* so ein, daß die Abweichungen in möglichst engen Grenzen bleiben. Von daher kann man sagen, daß Regelung eine Steuerung ist, die sich fortlaufend an der Messung ihres Erfolges orientiert.

„Regelung" und „Steuerung" sind verwandte Begriffe. Das englische Wort *„control"* deckt den Anwendungsbereich

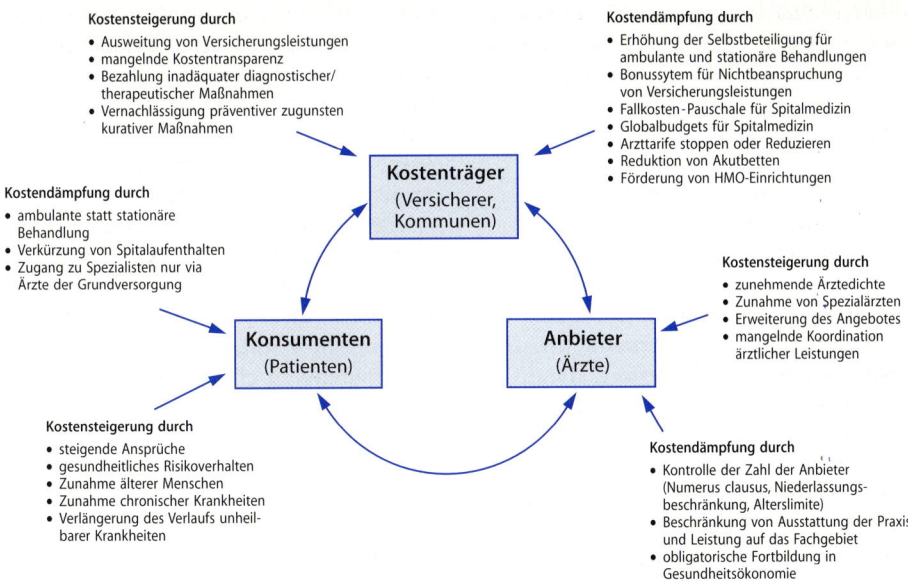

Kostensteigerung durch
- Ausweitung von Versicherungsleistungen
- mangelnde Kostentransparenz
- Bezahlung inadäquater diagnostischer/
  therapeutischer Maßnahmen
- Vernachlässigung präventiver zugunsten
  kurativer Maßnahmen

Kostendämpfung durch
- Erhöhung der Selbstbeteiligung für
  ambulante und stationäre Behandlungen
- Bonussytem für Nichtbeanspruchung
  von Versicherungsleistungen
- Fallkosten-Pauschale für Spitalmedizin
- Globalbudgets für Spitalmedizin
- Arzttarife stoppen oder Reduzieren
- Reduktion von Akutbetten
- Förderung von HMO-Einrichtungen

Kostendämpfung durch
- ambulante statt stationäre
  Behandlung
- Verkürzung von Spitalaufenthalten
- Zugang zu Spezialisten nur via
  Ärzte der Grundversorgung

Kostenträger
(Versicherer,
Kommunen)

Kostensteigerung durch
- zunehmende Ärztedichte
- Zunahme von Spezialärzten
- Erweiterung des Angebotes
- mangelnde Koordination
  ärztlicher Leistungen

Konsumenten
(Patienten)

Anbieter
(Ärzte)

Kostensteigerung durch
- steigende Ansprüche
- gesundheitliches Risikoverhalten
- Zunahme älterer Menschen
- Zunahme chronischer Krankheiten
- Verlängerung des Verlaufs unheil-
  barer Krankheiten

Kostendämpfung durch
- Kontrolle der Zahl der Anbieter
  (Numerus clausus, Niederlassungs-
  beschränkung, Alterslimite)
- Beschränkung von Ausstattung der Praxis
  und Leistung auf das Fachgebiet
- obligatorische Fortbildung in
  Gesundheitsökonomie

Abb. 4.3. Kostensteigerung und -dämpfung im Gesundheitswesen

beider Begriffe ab [1]. Das hängt damit zusammen, daß „kontrollieren" – auch im Deutschen – einen Doppelsinn hat: nämlich einmal „unter Kontrolle halten", was soviel heißt wie „Befehle und Verbote erteilen"; zum anderen kann „kontrollieren" aber auch bedeuten „eine Kontrolle durchführen", also nachprüfen, ob dem Befehl Folge geleistet wurde. Die erste Bedeutung (Befehle und Verbote erteilen) ist synonym mit Steuerung, die zweite umschreibt das Charakteristikum der Regelung. Damit läßt sich der *Begriff Steuerung als Weitergabe von Information im Hinblick auf das Erreichen eines Ziels definieren.*

Steuerung im Gesundheitswesen. In den letzten Jahren hat sich zunehmend gezeigt, daß das Gesundheitswesen als soziales Makrosystem nicht mehr in der Lage ist, sich selbst zu regeln. Die Kostenexplosion ist ein Alarmsignal für ein in vielen Ländern zu einem *dysfunktionalen System* gewordenes Gesundheitswesen, bei dem das Wechselspiel von ne-

gativer und positiver Rückkoppelung mit dem Ziel einer funktionalen Weiterentwicklung nicht mehr wirksam ist. Abbildung 4.3 zeigt schematisch einige wesentliche Faktoren, welche als Ursachen für die *Kostensteigerung* angesehen werden, und Steuerungsmaßnahmen, welche zur *Kostendämpfung* gegenwärtig erprobt und diskutiert werden.

Koordinierung von Steuerung. Die Abbildung läßt erkennen, daß die Kostenentwicklung das Resultat eines komplexen Prozesses ist, in welchem Faktoren verschiedener Elemente (Anbieter, Konsumenten, Kostenträger) regulierend oder deregulierend zusammenwirken. Kennzeichnend für die gegenwärtige Situation ist, daß alle Beteiligten sich gegenseitig als „Hauptverursacher" der Kostenexplosion beschuldigen und Maßnahmen zur Kostendämpfung vor allem bei den anderen und weniger bei sich selbst erwarten. Es steht außer Zweifel, daß nur eine *Koordination von Maßnahmen* bei allen Beteiligten eine Wirkung in Richtung einer Kostenbegrenzung oder -dämpfung zeitigen wird.

4.7 Führungsfragen und Entscheidungsprozesse in sozialen Systemen

Für die Regelung sozialer Systeme ist es wichtig, daß ein *Kompromiß zwischen richtungsgebender Steuerung* durch die Führungsperson („Regler") *und kreativer Eigeninitiative* der Mitarbeiter („Elemente") gefunden wird. Zu viel Kontrolle führt zu Lähmung individueller Initiative, Gleichgültigkeit und Passivität. Zu wenig Kontrolle führt zu Korruption, Chaos und Kampf aller gegen alle. Soziale Systeme sind dann am entwicklungsfähigsten, wenn sie nach folgendem Prinzip geführt werden: *So wenig Kontrolle wie möglich, aber so viel Kontrolle wie notwendig!* Für Ärzte und anderes medizinisches Personal sind deshalb Kenntnisse über das Zusammenspiel verschiedener Rollenträger, über Fragen der Führung eines Teams sowie der konstruktiven Gestaltung von Entscheidungsprozessen von großer Bedeutung [6].

4.7.1 Das Individuum als Mitglied von Bezugsgruppen

Sowohl im Berufs- als auch im Privatleben ist jeder Mensch gleichzeitig Einzelperson und Mitglied verschiedener Bezugsgruppen. *Rollentheoretisch gesehen* (vgl. Kap. 3.3.2) ist er damit Träger verschiedener sozialer Rollen. Ein Abteilungsarzt in einer Klinik z. B. ist im beruflichen Bereich Mitglied eines Stationsteams, der Gruppe aller an der Klinik arbeitenden Assistenzärzte, der Berufs-

gruppe der Ärzte dieser Klinik und vielleicht noch Mitglied einer Standesorganisation (Ärztegesellschaft). Im privaten Bereich ist er Mitglied einer Familie und eventuell Mitglied in einzelnen Vereinen, Interessengruppen, einer militärischen Einheit oder einer politischen Partei. Die Mitgliedschaft in verschiedenen sozialen Gruppen ermöglicht dem Einzelnen die Befriedigung von Bedürfnissen, Wünschen und Interessen und bietet ihm die Möglichkeit, Bestätigung und Anerkennung zu erhalten.

Beziehungsdynamik zwischen Individuum und Bezugsgruppe. Jede Bezugsgruppe achtet darauf, daß sich das Verhalten ihrer Mitglieder innerhalb bestimmter Regeln hält. Das folgende Beispiel soll dies verdeutlichen.

 Ein Abteilungsarzt, der häufig zu spät in die Klinik kommt, wichtige Untersuchungen bei der diagnostischen Abklärung eines Patienten vergißt, in seinen therapeutischen Verordnungen Fehler begeht und die für die Pflege der Patienten zuständigen Pflegenden über notwendige Behandlungsmaßnahmen schlecht informiert, erfüllt die an seine Position geknüpften Erwartungen nicht. Sein Verhalten wird innerhalb kurzer Zeit Kritik von Seiten seiner Vorgesetzten, seiner Kollegen und des Pflegeteams auslösen. Reagiert er auf die Kritik nicht mit einer Änderung seines Verhaltens, so hat er früher oder später von seinem Arbeitgeber mit Sanktionen in Form einer Kündigung zu rechnen.

Das Verhältnis des Einzelnen zu den Gruppen und Institutionen, deren Mitglied er ist, hat zwei Seiten. Einerseits wird das Individuum als Gruppenmitglied in seinen Entfaltungsmöglichkeiten eingeengt, es muß sogar gewisse Seiten seiner Persönlichkeit verleugnen, andererseits findet es in einer Gruppe den Rahmen und die Möglichkeiten, sich zu verwirklichen und sich mit Aufgaben und Zielen zu identifizieren. *Gruppen und Institutionen setzen einer Einzelperson somit Schranken und Grenzen, sie bieten ihr jedoch gleichzeitig die Möglichkeit, sich in ihnen zu entfalten und eine eigene Identität zu finden.*

4.7.2 Organisation und Handlungsspielraum

Die Organisation eines für eine bestimmte Region zuständigen Krankenhauses wird zu einem wesentlichen Teil auf der politischen Ebene entschieden und geregelt. Der Standort und die Größe eines Krankenhauses, die Art und Bettenzahl der einzelnen Fachabteilungen, die Zahl der im medizinischen, technischen und Verwaltungsbereich Beschäftigten, die apparative Ausstattung, die erwartete Leistungskapazität und die Finanzierung des Unterhaltes eines Krankenhauses sind wichtige Elemente der Organisation. Sie ist teilweise unabhängig von den Personen, die darin arbeiten und behandelt werden. Die Organisation einer sozialen Institution basiert auf fixierten, länger dauernden Regelungen, welche durch politische Entscheide festgelegt und von Zeit zu Zeit geändert werden können. Die Organisation steckt den Rahmen für den Handlungsspielraum ab, welchen die einzelnen sozialen Gruppen innerhalb der Institution Krankenhaus haben.

Beeinflußung der Organisation. Die Möglichkeiten, auf die Organisation einer Institution Einfluß zu nehmen, hängen von der Position ab, welche der Einzelne innehat. Ranghohe Angestellte wie Chefarzt oder Verwaltungsdirektor haben mehr Einfluß auf die Organisation als rangtiefere Angestellte wie Pflegende oder technisches Personal. Andererseits können auch rangtiefere Mitarbeiter kollektiv als Gruppe durchaus Veränderungen fordern und in die Wege leiten. So haben z. B. in den letzten Jahren Berufsgruppen von Pflegenden sowie Patientengruppen ihren Einfluß auf die Organisation von Krankenhäusern verstärkt.

Funktionen und Verantwortungsbereiche. Die Handlungsabläufe zwischen den einzelnen Berufsgruppen und Mitarbeitern einer Klinik werden dadurch geregelt, daß für die einzelnen *beruflichen Positionen* – Chefarzt, Oberarzt, Assistenzarzt, Oberschwester, Abteilungsschwester, Physiotherapeutin, Verwaltungsangestellter usw. – bestimmte Funktionen und Verantwortungsbereiche (*Rollenzuschreibungen*, vgl. Kap. 3.3.1) festgelegt sind. Die Ärzte sind für die Behandlung der Patienten, die Pflegenden für deren Pflege und Betreuung und die Verwaltungsangestellten für die Erledigung der administrativen Aufgaben zuständig. Die Verantwortung des einzelnen Mitarbeiters innerhalb eines bestimmten Funktionsbereiches ist dabei unterschiedlich groß. Mitarbeiter in leitender Stellung und solche mit langjähriger Berufserfahrung haben in der Regel mehr Verantwortung als Angestellte in untergeordneten Positionen oder mit kurzer Berufserfahrung. Die Festlegung von Funktions- und Verantwortungsbereichen ist eine grundlegende Voraussetzung für die Handlungs- und Arbeitsfähigkeit einer sozialen Gruppe oder Institution.

Handlungsspielraum. Ein gewisses Maß an Organisation und Struktur ist für die Funktionsfähigkeit einer Gruppe oder Institution unbedingt notwendig. Es besteht jedoch die Gefahr, daß organisatorische Regelungen den Handlungsspielraum des Einzelnen so einengen, daß schlußendlich die Funktions- und Leistungsfähigkeit der Institution darunter leiden. Andererseits kann ein zuwenig an Organisation die Arbeitsfähigkeit einer Gruppe ebenfalls beeinträchtigen und schlußendlich zu ihrer Auflösung führen. Dies zeigte sich z. B. in den letzten Jahren bei der Einrichtung von sog. Gemeinschafts- oder Gruppenpraxen. In der Absicht, die Unkosten möglichst niedrig zu halten und die Möglichkeit zum fachlichen Austausch mit Kollegen zu haben, eröffneten einzelne Ärzte nach Abschluß ihrer Weiterbildung gemeinsam eine Praxis. Dabei verzichteten sie teilweise auf eine Definition und vertragliche Regelung ihrer wechselseitigen Verpflichtungen. Solche Praxen erwiesen sich nicht selten längerfristig als funktionsunfähig. Im organisatorischen und strukturellen Vakuum konnten Ärzte und Praxisangestellte die auftretenden Schwierigkeiten und Konflikte nicht mehr bewältigen. *Man kann somit sagen, daß sowohl ein Zuviel als auch ein Zuwenig an Organisation für eine Gruppe oder Institution von Nachteil sind.*

4.7.3 Führungsstile und Entscheidungsprozesse

Direktiver und demokratischer Führungsstil. Ist eine hierarchische Struktur für ein soziales System in jedem Fall notwendig? Wäre es nicht möglich oder sogar günstiger, die Struktur einer sozialen Einrichtung ohne abgestufte Positionen zu organisieren? Diesen Fragen sind vor allem sozialpsychologische Studien nachgegangen. Dabei wurde untersucht, welche Unterschiede zwischen einem direktiven, auf einer klaren Hierarchie beruhenden, und einem demokratischen Führungsstil hinsichtlich Leistungseffizienz und Zufriedenheit der Mitarbeiter eines Betriebes bestehen. Ein *direktiver Führungsstil* ist gekennzeichnet durch ein hohes Maß an autoritären Entscheiden und kontrollierenden Verhaltensweisen von Seiten der Vorgesetzten und eine geringe Mitsprache der Untergebenen, deren Tätigkeit vorwiegend in der Ausführung von Aufträgen und Weisungen besteht. Bei einem *partizipativen Führungsstil* wird bei Entscheidungsprozessen eine möglichst weitgehende Übereinstimmung zwischen allen Mitarbeitern gesucht und dem Einzelnen bei der Ausführung von Aufträgen möglichst viel Freiheit und Eigenverantwortung gewährt.

Leistung und Zufriedenheit. Die Ergebnisse der Untersuchungen waren in mehrfacher Hinsicht uneinheitlich. Die Annahme, daß ein direktiver Führungsstil zu hoher Leistung bei geringer Zufriedenheit und ein partizipativer Führungsstil zu niedriger Leistung, aber größerer Zufriedenheit führe, bestätigte sich nicht. Hingegen zeigten sich einige überraschende Ergebnisse. So waren die Einschätzungen von Untergebenen über den Führungsstil ihrer Vorgesetzten entgegen den Erwartungen eher verschieden als einheitlich. Und für die Leistung von direktiv bzw. kooperativ geführten Betrieben ergaben sich keine klaren Unterschiede. Die Studien, die überwiegend in industriellen Betrieben durchgeführt wurden, zeigten insgesamt, daß keine eindeutigen Aussagen zur Überlegenheit eines bestimmten Führungsstils hinsichtlich der Erfolgswirksamkeit und der Zufriedenheit der Mitarbeiter gemacht werden können. *Für die Wirksamkeit beider*

Führungsstile ist entscheidend, daß Information nicht nur in einer Richtung, d. h. von oben nach unten, sondern auch von unten nach oben ausgetauscht wird [6]. Wie im Abschnitt 4.5 dargestellt wurde, können soziale Systeme nur dann über längere Zeit existieren, wenn Informationen kreisförmig, d. h. nach den Mechanismen der negativen und positiven Rückkoppelung vermittelt werden. Es ließ sich nachweisen, daß die Art einer Aufgabe, die Qualifikation der Mitarbeiter, die Größe der Arbeitsgruppe, die affektiven Beziehungen zwischen Untergebenen und Vorgesetzten und eventuelle Abhängigkeiten der Untergebenen von ihren Vorgesetzten für die produktive Leistung eines Betriebes und die Zufriedenheit der Mitarbeiter ebenso von Bedeutung sind wie der Führungsstil der Vorgesetzten. Zwei Beispiele aus dem klinischen Bereich sollen diese Aussagen veranschaulichen.

 Eine *chirurgische Notfallstation* kann ihre Aufgabe, Schwerverletzte möglichst schnell zu versorgen, nur dann erfüllen, wenn wichtige Entscheidungen schnell gefällt und schwierige Behandlungsmaßnahmen kompetent ausgeführt werden. Für die Führung einer solchen Station eignet sich deshalb ein direktiver Führungsstil wesentlich besser als ein partizipativer. Das Bestreben, für den Zeitpunkt und die Art eines operativen Eingriffs eine möglichst breite Übereinstimmung zwischen allen Mitarbeitern auszuhandeln, wäre für die Arbeit des Stationsteams ebenso ungeeignet wie die Einstellung des Stationsleiters, jeden Mitarbeiter selbst entscheiden zu lassen, bei

welchem Patienten er welche Behandlung oder Pflegeaufgabe übernehmen möchte.

Wesentlich anders ist die Situation auf einer *Psychotherapiestation*, deren Patienten meist mehrere Wochen zur Behandlung in der Klinik sind. Hier ist es überaus wichtig, hinsichtlich des therapeutischen Umgangs mit einem bestimmten Patienten zwischen Ärzten und Pflegenden eine möglichst breite Übereinstimmung zu erzielen. Ein partizipativer Führungsstil eignet sich für diesen Behandlungsbereich wesentlich mehr als ein direktiver, da die Motivation und Überzeugung jedes einzelnen Mitarbeiters für die längerfristige Einhaltung gewisser Verhaltensweisen dem Patienten gegenüber von großer Bedeutung sind.

Zusammenfassend läßt sich hinsichtlich des geeigneten Führungsstils für die Entscheidungsfindung im medizinischen Bereich Folgendes feststellen:

 Je *raschere und schwerwiegendere Entscheide* für die Behandlung von Patienten gefällt werden müssen, desto eher eignet sich ein *direktiver Führungsstil*. Je wichtiger die *Motivation* und eine gemeinsame Überzeugung der einzelnen Mitarbeiter für die Behandlung eines Patienten sind, desto mehr eignet sich ein *partizipativer Führungsstil*.

4.7.4 Entscheidungskonflikte

Konfliktursachen. Es gibt zahlreiche Ursachen für die Entstehung von Konflikten in Gruppen oder Institutionen. Besonders unter hoher physischer oder psychischer Belastung können Konflikte zwischen Ärzten und Pflegenden oder innerhalb der Gruppe der Ärzte bzw. der Pflegenden leicht entstehen und offenkundig werden. Unter den möglichen Ursachen für Konflikte innerhalb von Abteilungsteams spielen unterschiedliche Meinungen über die Notwendigkeit und den Sinn diagnostischer und therapeutischer Maßnahmen bei schwerkranken und sterbenden Patienten eine große Rolle. Soll z. B. bei einem seit mehreren Wochen bewußtlosen, hirngeschädigten und auf künstliche Beatmung angewiesenen Patienten eine zusätzlich aufgetretene Lungenentzündung mit Antibiotika behandelt werden oder nicht? Ist es sinnvoll, einer Krebspatientin, die sich im Terminalstadium ihrer Krankheit befindet, eine erneute zytostatische Behandlung zu verordnen? Soll ein schwer mißgebildetes Neugeborenes, dessen Mutter bei der Geburt gestorben ist, mit allen medizinisch möglichen Maßnahmen am Leben erhalten werden oder sollen sich Ärzte und Pflegende in ihren Bemühungen auf ein Maß beschränken, das unter ihren Möglichkeiten liegt und in Kauf nehmen, daß das Kind stirbt?

Konsenssuche. Besonders in Situationen, bei denen *ethische Gesichtspunkte* eine Rolle spielen (vgl. Kap. 11.1), sollten Entscheide über den Einsatz oder die Fortsetzung von therapeutischen Maßnahmen nicht vom Arzt oder der Ärztegruppe allein, sondern partizipativ gefällt werden. Da bei solchen Grenzsituationen für die Entscheidungsfindung meistens mehrere Stunden bis Tage zur Verfügung stehen, sollten die Pflegepersonen und wenn möglich auch die Angehörigen in den Entscheidungsprozeß miteinbezogen werden. Das Abwägen von Pro und Contra verschiedener Vorgehensweisen führt häufig zu einem Konsens innerhalb des Abteilungsteams über die weitere Behandlung und Betreuung von Schwerkranken und Sterbenden.

Vermeidung von Entscheiden. Da Entscheide in solchen Grenzsituationen des Lebens häufig äußerst schwierig sind, versuchen Ärzte nicht selten, diesen auszuweichen oder sie zu vermeiden. Dabei lassen sich folgende Reaktionsmuster von Vermeidungsverhalten beobachten:

- *Abweichen vom Thema:* Dabei wird eine Entscheidung dadurch verhindert, daß bei einer Besprechung innerhalb des Abteilungsteams immer dann das Thema gewechselt wird, wenn ein Mitglied die ungelöste Problemsituation zur Sprache bringt.
- *Bagatellisieren oder Übergehen des Problems:* Da Ärzte und Pflegende häufig gleichzeitig mit mehreren Problemsituationen konfrontiert sind, können sie sich in ihrem Vermeidungsverhalten dahingehend solidarisieren, daß sie schwierige Entscheidungen bagatellisieren oder über längere Zeit nicht fällen.
- *Ablehnung der Zuständigkeit:* Schwierigen Entscheidungen wird dadurch ausgewichen, daß sich einzelne Mitarbeiter oder Abteilungsteams für die Behandlung des Patienten als nicht zuständig erklären. In solchen Situationen wird versucht, den Patienten auf eine andere Abteilung oder in eine andere Klinik zu verlegen.

Auf Grund seiner Ausbildung und seiner Position werden vom Arzt besondere Fähigkeiten erwartet, auch in schwierigen

Fragen Entscheidungsprozesse in Gang zu bringen und bei der Entscheidungsfindung aktiv mitzuwirken.

4.7.5 Führungsfunktionen des Arztes

Die Position eines Abteilungsarztes, eines Oberarztes oder leitenden Arztes ist u. a. mit Erwartungen zur Führung von Patienten und Pflegepersonen verbunden. Die Erfüllung dieser Aufgaben wird dem Arzt umso leichter fallen, je größer seine Kenntnisse und Fähigkeiten zur Führung sind und je flexibler er diese einsetzen kann. Folgende Merkmale und Verhaltensweisen sind charakteristisch und wichtig für Personen in Führungspositionen [6]:

- Vorgesetzte bevorzugen *mündliche Kommunikation*. Der mündliche Informationsaustausch läßt Vorgesetzte unmittelbar am Geschehen teilnehmen und gibt Vorgesetzten die Möglichkeit, von ihren Mitarbeitern nicht nur inhaltliche, sondern auch Beziehungsinformation (vgl. Kap. 3.2.2) zu erhalten.
- Vorgesetzte sind auf *soziale Kontakte* angewiesen. Das Kontakthalten nach unten und oben ist deshalb von Bedeutung, da es die Möglichkeit bietet, frühzeitig die Entwicklung von Konflikten wahrzunehmen und deren Lösung in Angriff zu nehmen.
- *Der Arbeitstag* eines Vorgesetzten *ist äußerst zerstückelt*. Dieser Aspekt trifft für Ärzte, die in leitender Position arbeiten, in hohem Masse zu. Unvorhergesehene Notfälle, Anfragen von Kollegen oder plötzlich auftretende Behandlungsprobleme machen es notwendig, den täglichen Arbeitsplan immer wieder umzugestalten und Prioritäten zu setzen.

- Vorgesetzte sind mit *vielen kurzen Arbeitsakten* ausgelastet. Häufig stehen sie unter Zeitdruck und laufen deshalb Gefahr, wichtige Details zu übersehen.
- Der Vorgesetzte muß *flexibel* sein. Sein Arbeitsplatz ist nicht nur sein Büro, sondern Zimmer von Kollegen, Mitarbeitern und – im Fall des Arztes – von Patienten. Da er einen wesentlichen Teil seiner Arbeit mit Gesprächen verbringt, empfindet er administrative Aufgaben – Erledigung von Post, Berichten und Statistiken – häufig als lästig. Oft muß er zu deren Bewältigung einen Teil seiner Freizeit opfern.

Führungseigenschaften. Die Tätigkeit eines Arztes in einem Krankenhaus entspricht weitgehend diesen Merkmalen. Bereitschaft zur Kommunikation, Kontaktfähigkeit und Flexibilität in der Arbeitsgestaltung sind wichtige Voraussetzungen für die Führung einer Station, Abteilung oder Klinik. Ärzte, welche sich um diese Aspekte nicht bemühen, tun sich mit Führungsaufgaben schwer. Fragen der Organisation, der Führung und Entscheidungsfindung haben auf Grund der Differenzierung und Spezialisierung in der Medizin im Vergleich zu früher an Bedeutung gewonnen. Besonders für Ärzte, die in Kliniken oder Institutionen arbeiten, sind diese Fragen ebenso wichtig wie unmittelbare Behandlungsprobleme von Patienten. Da sich die Aufgaben des Arztes heute nur noch zum Teil auf die Zweierbeziehung Arzt-Patient beschränken, sind für ihn Kenntnisse und Fähigkeiten im Lösen von Gruppenproblemen, Bewältigen von schwierigen Entscheidungen und in der Führung von Mitarbeitern nützlich und hilfreich.

4.8 Qualitätsförderung im Gesundheitswesen

Im Zusammenhang mit der raschen Entwicklung des medizinischen Fortschritts und der Kostensteigerung im Gesundheitswesen hat in den letzten Jahren die Frage nach der Qualität medizinischer Institutionen und ärztlicher Leistungen ein zunehmendes Interesse gefunden. Begriffe wie *Qualitätsmanagement, -sicherung, -kontrolle* und *-standard* werden heute in Fachkreisen ebenso wie in der breiten Öffentlichkeit diskutiert. Der Denkansatz, welcher der Qualitätsförderung zu Grunde liegt, ist ebenfalls systemisch (kreisförmig) und nicht linear-kausal. Deshalb sollen einige wenige Aspekte an dieser Stelle kurz erwähnt werden.

Dimensionen der Qualität. Neben den drei klassischen Qualitätsdimensionen *Struktur-, Prozeß- und Ergebnisqualität* [5] wurden in letzter Zeit noch drei weitere Qualitäten definiert, welche für die Beurteilung von Prozessen in Systemen des Gesundheitswesens von Bedeutung sind. Abbildung 4.4 zeigt die wechselseitige Beziehung zwischen den sechs Qualitätsdimensionen, nach denen sich der Standard einer Arztpraxis wie der Gesundheitsversorgung in einer größeren Region beurteilen läßt.

Zugangsqualität. Der Zugang oder die Erreichbarkeit medizinischer Angebote wird in einer Zeit, in der die Rationierung medizinischer Leistungen offen diskutiert wird, zu einem wichtigen Qualitätsmerkmal der medizinischen Versorgung. Es nützt Patienten wenig, wenn das Medizinalsystem Angebote offeriert, zu welchen sie nicht oder nur schwer Zugang haben. Ein Dialysezentrum zur Behandlung chronischer Nierenkranker trägt nur dann zur Qualität der Versorgung bei, wenn es über genügend Behandlungsplätze und Personal verfügt, um die in dieser Region wohnenden Patienten behandeln zu können. In den hochentwickelten Ländern sind die Zugangsschranken auch für komplexe und teure medizinische Leistungen bisher vergleichsweise niedrig. Besonders augenfällig sind Unterschiede des Zugangs aber zwischen hochentwickelten Ländern Europas und Nordamerikas und unterentwickelten Ländern Afrikas und Asiens, wo Angebote der medizinischen Grundversorgung nicht selten Mangelware sind.

Indikationsqualität. In welcher Krankheitssituation ist welche diagnostische und therapeutische Maßnahme indiziert? In den Zeiten der Hochkonjunktur war sowohl bei Ärzten wie Patienten ein Maximaldenken weit verbreitet. Besonders bei sog. Check-up-Untersuchungen wurde die ganze Palette technisch-apparativer Möglichkeiten eingesetzt, um dem Patienten einen „optimalen Service" zu bieten. Diese Zeiten sind vorbei. Heute ist eine differenzierte Indikationsstellung gefragt, um die vorhandenen Ressourcen dort einzusetzen, wo sie am dringendsten gebraucht werden.

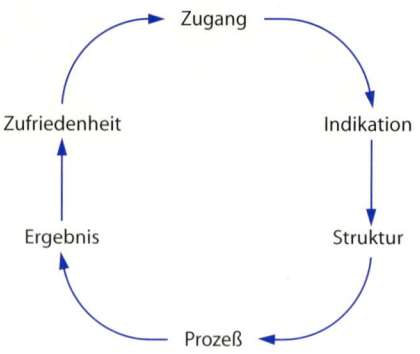

Abb. 4.4. Qualitätsdimensionen in der Medizin

Strukturqualität. Die Struktur von Systemen der Gesundheitsversorgung ist in diesem Kapitel aus verschiedenen Perspektiven behandelt worden. Eine Struktur hat dann eine hohe Qualität, wenn sie „benutzerfreundlich" ist. D.h., daß Arztpraxen, Ambulatorien und Krankenhäuser so gestaltet und organisiert sind, daß sie die Interaktion zwischen Anbietern (Ärzten) und Konsumenten (Patienten) erleichtern. Da sich sowohl die Angebote wie die Erwartungen kontinuierlich wandeln, sollte auch die Struktur eines sozialen Systems flexibel sein, um sich anpassen zu können.

Prozeßqualität. Die Beurteilung von Interaktionsabläufen in einem System ist für die unmittelbar Beteiligten oft schwierig. Deshalb werden zur Einschätzung der Prozeßqualität nicht selten Beobachter oder Beobachtungshilfen eingesetzt. So läßt sich z.B. die Qualität eines ärztlichen Gesprächs im Hinblick auf seinen Ablauf mittels einer Videoaufnahme und anschließender Evaluation recht gut beurteilen. Für die Beurteilung der Prozeßqualität von komplexeren Systemen wie Krankenhäusern ist in der Regel die Einbeziehung von Experten erforderlich.

Ergebnisqualität. Das Ergebnis einer ärztlichen Behandlung läßt sich einerseits durch objektive Befunde und andererseits durch die Besserung des subjektiven Befindens eines Patienten beurteilen. In der medizinischen Forschung wurde in der Vergangenheit der Ergebnisqualität von diagnostischen und therapeutischen Maßnahmen die Hauptaufmerksamkeit geschenkt. Die Besserung objektivierbarer Befunde muß dabei nicht unmittelbar mit einer Verbesserung der subjektiven Beschwerden einhergehen, weshalb es wichtig ist, beide Kriterien für die Bewertung der Ergebnisqualität zu berücksichtigen.

Die Zufriedenheitsqualität. Die subjektive Zufriedenheit eines Patienten mit Angeboten der medizinischen Versorgung hängt von mehreren Faktoren ab: Einerseits von der Zufriedenheit mit den Versorgungsstrukturen, dann mit den diagnostischen und therapeutischen Prozessen und schließlich mit dem resultierenden Ergebnis. Auf Einzelheiten dieser Qualität wird im Kapitel Arzt-Patient-Beziehung (Kap. 11) näher eingegangen.

Die Bedeutung des Systemdenkens für die Medizin

Welche Bedeutung haben systemtheoretische Ansätze und Modelle für Ärzte und andere, im Bereich der Medizin tätige Personen? Im Gegensatz zu fachspezifischen Denk- und Handlungsmodellen stellt die Systemtheorie Begriffe, Konzepte und Prinzipien zur Verfügung, die in verschiedenen Wissenschaftsbereichen auf unterschiedliche Phänomene und Gegenstände anwendbar sind. Sie ermöglicht eine Verständigung zwischen der Medizin und anderen Wissenschaften und liefert Grundlagen für die interprofessionelle und interdisziplinäre Zusammenarbeit. Auch die Zusammenarbeit zwischen Medizinern verschiedener Fachrichtungen wird einfacher und fruchtbarer, wenn Gesundheitsprobleme systemisch betrachtet und angegangen werden. Schließlich erleichtert das Systemdenken auch die Zusammenarbeit zwischen den Patienten, ihren Familienangehörigen und den behandelnden Ärzten. Betrachtet man *Krankheit als fehlgelaufenen systemischen Prozeß*, dann ist es möglich, die Verantwortung und Aufgaben bei der Behandlung auf alle Beteiligten entsprechend ihrer Kompetenz und Belastbarkeit zu übertragen.

Die systemische Betrachtung von Gesundheitsproblemen relativiert die heute noch weit verbreitete Polarisierung zwischen einem aktiv-handelnden Arzt, seinem passiv-abwartenden Patienten und dessen ratlos-beobachtenden Angehörigen. Es fordert somit auf verschiedenen Ebenen das Denken und Handeln in ganzheitlichen Zusammenhängen, ohne daß die Bedeutung einzelner Elemente außer acht gelassen wird. An die Stelle monokausaler und eindimensionaler Modelle treten multikausale und mehrdimensionale Netzwerke. Anstelle punktueller Phänomene und linearer Kausalketten rücken Geflechte interdependenter Elemente in den Mittelpunkt der Betrachtung. Für die Diagnose und Behandlung von Krankheiten interessieren nicht nur Ursachen bzw. Störungen in der Vergangenheit, sondern ebenso aktuelle Wechselbeziehungen und ungenutzte Möglichkeiten in der Gegenwart und für die Zukunft. Die Anwendbarkeit und Nützlichkeit des systemischen Denkens in der Medizin wurde in diesem Kapitel an Beispielen von sozialen Gruppen und Institutionen, an Führungs- und Entscheidungsfragen sowie an der Qualitätsförderung im Gesundheitswesen dargestellt.

Literatur

Weiterführende Lehr- und Handbücher

1. Bischof N.: Struktur und Bedeutung – Eine Einführung in die Systemtheorie. Bern Göttingen: Huber 1995
2. Schlippe A.v., Schweitzer J.: Lehrbuch der systemischen Therapie und Beratung. 3., durchgesehene Auflage. Göttingen: Vandenhoeck & Ruprecht 1997
3. Simon F.B.: Die andere Seite der Gesundheit. Ansätze einer systemischen Krankheits- und Therapietheorie. Heidelberg: Carl Auer 1995

Einzel- und Übersichtsarbeiten

4. Bertalanffy L.V.: General System Theory. New York: George Braziller 1968
5. Donabedian A.: Methods for findings of quality assessment and monitoring. Ann Arbor: Health Administration Press 1985
6. Neuberger O.: Führen und geführt werden. Basistexte Personalwesen Nr. 3. 5. Auflage. Stuttgart: Enke 1995
7. Parsons T.: The social system. London: Routledge & Kegan 1951
8. Watzlawick P., Beavin J.H., Jackson D.D.: Menschliche Kommunikation. 9. unveränderte Auflage. Bern: Huber 1996
9. Wiener N.: Cybernetics. Communication and Control in the animal and the machine. New York: Wiley 1948
10. Willi J.: Koevolution – die Kunst gemeinsamen Wachsens. Reinbek: Rowohlt 1985

•••• Die Entwicklungspsychologie befaßt sich mit der Entwicklung der Persönlichkeit von der Geburt bis ins Alter und zum Tod. Früher nahm man an, daß sich die Persönlichkeit bis zum Ende des biologischen Wachstums (Pubertät) bzw. der Adoleszenz ausgebildet habe. Heute geht man von einem lebenslangen Entwicklungsprozeß aus. Die Entwicklung verläuft nicht linear, sondern in Stufen, wobei die Stufenübergänge psychosoziale Krisenzeiten sind, die Anpassungsleistungen verlangen. Fehlentwicklungen und blockierte Entwicklungen können erst im Vergleich mit der Vielfalt normaler Entwicklungsprozesse erkannt und verstanden werden. In diesem Kapitel werden die Grundlagen der Persönlichkeitsentwicklung in den einzelnen Lebensphasen sowie Aspekte von Phasenübergängen (Reifungskrisen) behandelt.

5.1 Entwicklungspsychologische Grundlagen und Theorien

Die Entwicklung eines Menschen verläuft nach bestimmten Gesetzmäßigkeiten. Wie schon in Kap. 1.3 erwähnt wurde, spielen dabei alltägliche wechselseitige Einflüsse zwischen Individuum und Umwelt eine wichtige Rolle. Im folgenden werden einige zentrale Determinanten und theoretische Konzepte der Entwicklung des Menschen kurz dargestellt.

5.1.1 Determinanten der Entwicklung

Die Entwicklung wird durch mehrere Faktoren beeinflußt. Von Bedeutung sind dabei die Vererbung, die Reifung sowie Lernprozesse.

Vererbung. Vererbt ist jener Teil am Entwicklungsgeschehen, der in der Genstruktur vorprogrammiert ist. Man unterscheidet die **strukturell-genetischen Merkmale**, welche die Art eines Lebewesens bestimmen, und **die individuell-genetischen Merkmale**, welche die individuelle Ausprägung von Körpergestalt, Vitalität und Sensibilität steuern (vgl. Kap. 7.1.2). Vererbt ist wahrscheinlich auch die individuelle Obergrenze der Entfaltbarkeit von Intelligenz und besonderen Spezialbegabungen.

Reifung. Reifung meint jenen Anteil, den das **organische Wachstum** zur Entwicklung beiträgt. Sie vollzieht sich als ein Teil unseres biologischen Erbes in festgelegten, nicht umkehrbaren Aufeinanderfolgen. Reifung manifestiert sich am deutlichsten im körperlichen Wachstum und in der motorischen Entwicklung. Aber auch die Entwicklung der Sprache, der Wahrnehmung, des Denkens und des Gedächtnisses hat die reifemäßigen Veränderungen des Gehirns und der Nervenbahnen als Grundlage. Von Reifung spricht man, wenn spezifische organische Veränderungen spezifische Fähigkeiten möglich machen, ohne daß zuvor Lernvorgänge stattgefunden haben. Reifen und Lernen sind jedoch aufs engste miteinander verknüpft.

Lernen. Lernen ist ein Vorgang, der *eine eigene Aktivität als Reaktion auf eine Umweltsituation* umschreibt. Das Erlernen der Sprache z. B. verläuft als Lernprozeß. Das Kind nimmt die Sprache aus der Umwelt wahr und bildet dann selbst seine Sprache als Antwort auf die gehörte Sprache.

Die Fähigkeit des Lernens basiert auf biologischen Voraussetzungen: Die Zahl der Neuronen (Nervenzellen) ist bei der Geburt festgelegt und ändert sich nicht mehr. Die Struktur der Hirnrinde entwickelt sich jedoch während der Kindheit und Jugend durch die Zunahme von Nervenfaserverbindungen und anderen Reizleitungsmedien zwischen den Nervenzellen sowie durch die Veränderungen der biochemischen Prozesse. Daß diese Veränderungen im Gehirn zum großen Teil als Folge von Lernprozessen stattfinden,

gilt heute als gesichert. Die Ausbildung dendritischer Verzweigungen und die Synapsenendungen nehmen demzufolge als Reaktion auf die Zufuhr verschiedener „Reize" zu. Dies bedeutet, daß sich eine *stimulierende Umwelt positiv auf die Ausdifferenzierung vorhandener Anlagen* auswirkt.

5.1.2 Entwicklungspsychologische Theorien (s. Kap. 6.1)

In den letzten Jahrzehnten wurden verschiedene Theorien entwickelt, welche Faktoren die Entwicklung des Menschen mehrheitlich beeinflussen und wie Entwicklungsprozesse ablaufen. Nach Montada [54] *können vier theoretische Grundmodelle der Entwicklung* unterschieden werden. Die Bedeutung der einzelnen Entwicklungsdeterminanten und die Interaktion zwischen Person und Umwelt sind dabei unterschiedlich konzeptualisiert (Tabelle 5.1):

- *Endogenistische Theorien* erachten weder die Aktivität des Kindes noch aktive Umwelteinflüsse für die Entwicklung als bedeutsam. Entwicklung

Tabelle 5.1. Entwicklungstheorien

	Entwicklungsdeterminante	Rolle des Individuums	der Umwelt
Endogenistische Theorien	*Reifung* des Organismus entsprechend der Genstruktur in festgelegten, nicht umkehrbaren Aufeinanderfolgen	passiv	passiv
Exogenistische Theorien	*Prägung* durch Umwelteinflüsse	passiv	aktiv
Frühkonstruktivistische Theorien	*„Selbstkonstruktion"* des Menschen von sich selbst in der Umwelt	aktiv	passiv
Interaktionistische Theorien	*Wechselwirkung* von Mensch und Umwelt in einem ganzheitlichen System	aktiv	aktiv

wird vorwiegend als ein Reifungsgeschehen betrachtet, das nach einem in der Genstruktur festgelegten Programm abläuft. Die Umwelt dient dabei nur zur Unterstützung.

- **Exogenistische Theorien** vertreten die Auffassung, daß sich das Kind nur reaktiv auf die es beeinflussende Umwelt entwickelt. In diesen Modellen ist das Kind nur Spielball und Rezeptionsorgan einer aktiven Umwelt. Obwohl dieses Umweltmodell heute als <u>obsolet</u> gilt, erscheint es versteckt in kinderpsychologischen oder pädagogischen Fragestellungen, wenn gewisse psychische Auffälligkeiten einseitig schlechten Sozialisationsbedingungen angelastet werden.

- **Frühkonstruktivistische Theorien** sehen die Entwicklung als „Selbstkonstruktion", d. h. der Mensch braucht die Umwelt zwar als Anregung und Matrix, die wesentlichen Impulse gehen jedoch vom Menschen selbst aus. **Piaget** [57] gilt als Hauptvertreter dieses Modells.

- **Interaktionistische Theorien** gehen davon aus, daß die Entwicklung sowohl durch ein aktives, selbstmotiviertes Individuum als auch von einer aktiven, fordernden und erfüllenden Umwelt bestimmt wird. Der Mensch übernimmt also eine aktive Rolle bei der Gestaltung seiner Umwelt und wird seinerseits von der Umwelt geformt.

Entwicklungspsychologische Betrachtungsebenen. Entwicklungspsychologische Theorien haben einen großen Einfluß darauf, was in einer bestimmten Zeitepoche und in einem Kulturkreis als **normale Entwicklung des Menschen** definiert wird. Daneben gilt es zu berücksichtigen, daß die Entwicklung des Kindes auch auf dem Hintergrund unterschiedlicher Entwicklungs- und Lebensphasen betrachtet werden muß, d. h. daß die interaktionistische Sichtweise durch eine **prozessuale Sichtweise** ergänzt werden muß. Um den komplexen Entwicklungsprozeß erfassen zu können, ist es außerdem notwendig, die jeweilige Ebene, die in die Betrachtung einbezogen wird, zu definieren. Beim Menschen lassen sich vereinfacht **vier Betrachtungsebenen** unterscheiden (Tabelle 5.2):

- **Physikalisch-chemische Ebene** ist Gegenstand der molekularbiologischen Entwicklungsforschung.

- **Betrachtungsebene der Körperfunktionen** konzentriert sich auf die Entwicklung von Organsystemen und Strukturformationen.

- **Verhaltensebene** richtet ihren Fokus auf die Entwicklung des Sozialverhaltens und der Eltern-Kind-Interaktion.

- **Intrapsychische Ebene** der psychischen Strukturbildung betrifft die Organisation von Triebimpulsen, von kognitivem Verhalten und Gewissensbildung sowie die Entwicklung von Selbst- und Objektrepräsentanzen.

Tabelle 5.2. Betrachtungsebenen des Entwicklungsprozesses

Betrachtungsebene	Fokus
Physikalisch-chemische Ebene	Molekularbiologische Prozesse
Ebene der Körperfunktionen	Organsysteme und Strukturformationen
Verhaltensebene	Sozialverhalten und interpersonelle Interaktion
Intrapsychische Ebene	Psychische Struktur (Es, Ich und Über-Ich), Selbst- und Objektrepräsentanzen

! Folgende Faktoren greifen zirkulär in den Entwicklungsprozeß ein:

- **Genetische Faktoren:**
  a) strukturelle Reifung zum Menschen
  b) individuell-genetische Anlagen (Körpergestalt, Temperament, Sensibilität, intellektuelle Potenz)

- **Soziokulturelle Faktoren:**
  a) Kulturkreis
  b) weitere Umwelt (Volk, Stadt oder Land, Sozialschicht, Berufsgruppe der Eltern etc.)
  c) engere Umwelt (Familie, Schule, engerer Freundeskreis)

- **Innerseelische dynamische Faktoren:**
  a) bewußte Selbststeuerung (Arbeitshaltung, Motivation, Lebensziele und -pläne, Streben nach Selbstverwirklichung)
  b) unbewußte dynamische Prozesse (Entstehung von Leitbildern, Entwicklung der Ich-Struktur mit Gewissensbildung, Triebkontrolle und Ausbildung von Abwehrmechanismen).

5.1.3 Psychobiologische Phänomene

Neben den genetischen Einflüssen kommt den psychobiologischen Phänomenen als Bindegliedern zwischen der Seele und dem Körper eine übergreifende Rolle zu. Die Psychobiologie erforscht Rückkoppelungsprozesse zwischen biologischen Funktionskreisen, auch unter Berücksichtigung molekularer Prozesse, und Reizen aus der Außenwelt. Sie untersucht organspezifische Regulationsmechanismen und deren zentralnervöse Steuerung (neuronale und humorale Aktivität und Blockierung). Außerdem wird die Aufnahme und Verarbeitung von Körpersignalen bestimmten kortikalen und subkortikalen Gehirnabschnitten zugeordnet. Kurz zusammengefaßt läßt sich sagen, daß es keine einfachen linearen Zusammenhänge zwischen endokrinen und psychischen Funktionen gibt. Eine spezifische psychische Gegebenheit wird durch eine Vielzahl von rückgekoppelten Signalstoffen determiniert. Umgekehrt kann auch der gleiche Signalstoff unterschiedliche psychophysische Funktionen beeinflussen. Nähere Einzelheiten zu psychobiologischen Phänomenen werden in Kap. 8 dargestellt.

5.2 Schwangerschaft und Geburt

5.2.1 Schwangerschaft als Reifungskrise

Kinderwunsch. Zahlreiche und unterschiedliche Motive begründen die Sehnsucht einer Frau und eines Mannes nach einem Kind. Dabei spielen biologische Kräfte, aber auch psychologische Aspekte eine wichtige Rolle. Dazu gehören der Wunsch einer Frau, sich mit der eigenen Mutter zu identifizieren, und von Seiten des Paares die Vorstellung, verschiedene narzißtische Bedürfnisse durch ein Kind befriedigt zu bekommen. Es können Vorstellungen wirksam sein, daß ein Kind eigene, nicht gelebte oder verlorene Idealvorstellungen verwirklichen soll. Der Kinderwunsch aktiviert aber auch die Beziehung zu den eigenen Eltern. Nach der vorübergehenden Distanzierung während der Paarbildungsphase kommt es durch die Phantasien nach einem eigenen Kind oft zu einer Wiederannäherung an die Eltern.

Entwicklung der Bindung. In der Beziehung der Eltern zum ungeborenen Kind können während der Schwangerschaft drei *Erlebnisperioden* unterschieden werden, die jeweils mit einem körperlichen Entwicklungsstadium des Fötus zusammenhängen.

Im *1. Stadium* stellen sich die Eltern auf die „Nachricht" von der Schwangerschaft ein. Es finden bereits Veränderungen im Körper der Mutter statt, aber es bestehen noch keinerlei Anhaltspunkte für die tatsächliche Existenz des Fötus. Ungeachtet der Tatsache, ob die Empfängnis geplant oder ungeplant erfolgt ist, löst die Gewißheit einer Schwangerschaft bei einem Paar sowohl euphorische als auch angstvolle Gefühle aus. Die Phantasien kreisen um die Erinnerungen an eigene Kindheitserlebnisse und die Wunschvorstellungen, für ihr Kind ideale Eltern sein zu wollen. Zweifel regen sich, ob man dieser Aufgabe gerecht werden kann. Während dieser Phase der Schwangerschaft neigen viele Frauen dazu, sich auf sich selbst zurückzuziehen. Die vordringlichste Aufgabe der Frau besteht darin, den „Fremdkörper", der sich nun in ihrem Innern eingenistet hat, zu akzeptieren. Die werdende Mutter muß lernen, das zukünftige Kind als einen guten Teil ihrer selbst anzunehmen. Nicht selten fühlen sich die Väter in dieser Phase etwas ausgeschlossen.

Erste Kindsbewegungen. Im *2. Stadium* beginnen die Eltern, den Fötus als ein Wesen wahrzunehmen, das letztlich von der Mutter getrennt existieren wird. Dies fällt meist zusammen mit den ersten, für die Mutter spürbaren Kindsbewegungen in der 16.–20. Schwangerschaftswoche. Die Bewegungen helfen der Mutter, in den folgenden Wochen und Monaten eine Vorstellung vom Kind zu entwickeln: Kräftige und ausfahrende Kindsbewegungen gehen oft mit der Vorstellung eines temperamentvollen, aktiven und sportlichen Kindes einher. Sanfte und streichelnde Bewegungen rufen Assoziationen von einem ruhigen, ausgeglichenen und sensiblen Kind hervor. Mit den Bewegungen wird das Kind auch für den Vater zu einer Realität. Er wird durch das Miterleben der Kindsbewegungen aktiver in die Beziehungsentwicklung sowohl zu seinem zukünftigen Kind wie auch zu seiner Frau einbezogen.

Ultraschall- und Fruchtwasseruntersuchung. Die Ultraschalltechniken oder Fruchtwasseruntersuchungen, die heutzutage in der Schwangerschaftsverlaufskontrolle und zum Screening von pathologischen Fetalentwicklungen oder -mißbildungen gezielt eingesetzt werden, beeinflussen die psychische Anpassung an das Kind in verschiedener Hinsicht. Einerseits verringern sich die Ängste der Eltern, daß ihr Kind allenfalls nicht normal entwickelt wäre. Andererseits durchleben die Eltern, die sich zu weitergehenden Screeninguntersuchungen entscheiden, bange Wochen, bis sie das Testergebnis erfahren. Fällt dieses ungünstig aus, müssen sie unter Zeitdruck die weittragende Entscheidung fällen, ob die Mutter das Kind austragen oder ob sie die Schwangerschaft unterbrechen lassen soll. Durch die vorgeburtlichen Untersuchungen läßt sich häufig auch *das Geschlecht des Kindes* bestimmen. Obwohl Eltern neugierig darauf sind, möchten über 40 % der Eltern nicht, daß ihnen der Arzt oder die Ärztin das Geschlecht ihres Kindes mitteilt.

Ängste in der Schwangerschaft. Trotz aller Untersuchungen haben die schwangeren Mütter Angst, daß sich ihr Kind nicht normal entwickeln könnte. Sie brauchen immer wieder die Versicherung des Hausarztes oder des Gynäkologen, daß alles in Ordnung ist. Bis die Mutter die Bewegungen des Fötus selbst wahrnimmt, wird das auf dem Ultraschallbild kaum erkennbare, schattenhafte Wesen für sie etwas Irreales sein. Sie braucht noch Zeit, um sich auf das Kind vorzubereiten. Der Prozeß, das Kind als Persönlichkeit wahrzunehmen und seine individuellen Eigenschaften zu erkennen, kann nicht ohne weiteres forciert werden. Von daher ist auch zu verstehen, daß die Anpassung an einen frühgeborenen Säugling oft schwierig ist, weil die Dauer der pränatalen Anpassungszeit verkürzt wurde.

 Eine 35jährige Frau ist nach vierjähriger Behandlung wegen unerfülltem Kinderwunsch schwanger geworden. Nach Feststellung der Schwangerschaft durch ihren Frauenarzt ist sie und ihr 5 Jahre älterer Mann zunächst überglücklich. Auch der inzwischen 8jährige Sohn des Paares freut sich darauf, bald eine Schwester oder einen Bruder zu bekommen. Nach der ersten Ultraschalluntersuchung, die keinen auffälligen Befund zeigte, wird die Frau zunehmend ängstlich. Sie äußert Zweifel, ob sie den Belastungen der weiteren Schwangerschaft und der Betreuung eines Neugeborenen gewachsen sei. Sie äußert sogar den Wunsch nach einem Schwangerschaftsabbruch. An die Stelle ihres jahrelangen Wunsches nach einem weiteren Kind sind jetzt Befürchtungen vor Überforderung und vor Verlust ihrer Unabhängigkeit getreten. Der Hausarzt führt mit dem Paar einige Beratungsgespräche durch, in welchen der Mann seiner Frau nachdrücklich versichert, sie während der Schwangerschaft und nach der Geburt des Kindes tatkräftig zu unterstützen. Die Ängste der Frau klingen ab. Der Hausarzt vereinbart mit ihr weitere regelmäßige Konsultationen, in welchen er mit ihr über die Entwicklung des Kindes und die Veränderungen in der Paarbeziehung durch die Erweiterung der Familie spricht.

Letzte Schwangerschaftsmonate. Im *3. Stadium* erleben die Eltern das werdende Kind in zunehmendem Masse als getrenntes Wesen, das für sie nun immer realer wird. Häufig suchen sie in dieser Zeit Namen aus, gestalten das Haus oder die Wohnung babygerecht, überlegen sich, wie lange sie mit der Berufstätigkeit aussetzen und wie sie die Betreuung des Kindes organisieren wollen. All diese Vorbereitungen unterstützen den Prozeß, daß sich Eltern ihr Kind als eigenständige Persönlichkeit vorstellen können. Der Fötus selbst trägt durch seine charakteristischen Bewegungen, Rhythmen und Aktivitätsgrade zu seiner eigenen Individuation bei. Es bilden sich *Zyklen und Muster der fötalen Bewegungen und Aktivitätsgrade* heraus, die für die Mutter erkennbar sind und auf die sie sich allmählich verlassen kann. Ihre Reaktionen darauf können als frühe Form der Interaktion betrachtet werden. Sie wird die Verhaltensmuster deuten und dem zukünftigen Kind ein bestimmtes Temperament, eine Persönlichkeit, evtl. sogar ein Geschlecht zuschreiben. Die Mutter muß sich den Fötus als Persönlichkeit vorstellen, damit er bei der Geburt für sie kein Fremder mehr ist. Umgekehrt reagiert aber auch der Fötus auf die Schlaf-Wach-Rhythmen und die Reaktionsweisen seiner Mutter. Im letzten Schwangerschaftsdrittel kommt es oft zu einer gewissen Anpassung und zeitlichen Abstimmung zwischen den Rhythmen und Aktivitätsgraden von Mutter und Fötus.

Pränatale Sinneswahrnehmungen. Von allen Spezies, die im Zustand der Hilflosigkeit geboren werden (Nesthocker), verfügt nur der Mensch vor der Geburt über ein funktionstüchtiges Sinnessystem. *Brazelton* und seine Arbeitsgruppe [22] konnten nachweisen, daß der Fötus im letzten Schwangerschaftsdrittel verläßlich auf visuelle, akustische und kinästhetische Reize reagiert. Daraus ist auch verständlich, daß ein Neugeborenes schon bei der Geburt eine weibliche Stimme der eines Mannes vorzieht, da ihm die Stimme der Mutter während der Schwangerschaft „vertraut"geworden ist.

> **!** Die Beziehung zwischen Eltern und Kind beginnt nicht erst bei der Geburt. Sie entsteht aus den Erwartungen, Wünschen und Ängsten, welche die Eltern mit ihrem zukünftigen Kind verbinden, aus ihren partnerschaftlichen und familiären Vorstellungen sowie aus den Erfahrungen, welche die Eltern während der Schwangerschaft mit dem Kind und mit dem Ehepartner machen.

5.2.2 Der Vater während der Schwangerschaft

Schwangerschaftsneid. Erste Reaktionen des werdenden Vaters sind *häufig das Gefühl des Ausgeschlossenseins* und *Neidgefühle*. Einerseits wendet die Frau ihre Aufmerksamkeit zunehmend auf sich selbst und auf das ungeborene Kind, andererseits steht sie im Familien- und Freundeskreis viel mehr im Mittelpunkt. Niemand fragt danach, wie es dem Vater geht. In der heutigen Zeit, in der sich Väter intensiver an allen Vorbereitungen auf das zu erwartende Kind beteiligen, entwickeln junge Mütter und Väter schon früh ein natürliches Konkurrenzverhalten. Beide rivalisieren miteinander um das Kind, jeder möchte für das Baby die Hauptrolle spielen. Diese *Rivalitätsgefühle* sind ein normaler und notwendiger Bestandteil der sich entwickelnden Bindung an ihr zukünftiges Kind. Gleichzeitig stärken sie auch die eheliche Beziehung.

> Ein 28jähriger Arzt, der als Assistent an einer geburtshilflichen Poliklinik arbeitet und dessen Frau im dritten Monat schwanger ist, bemerkt, daß er häufig die rechte Hand in der Tasche seines Arztkittels zu einer Faust ballt, wenn ihm auf dem Gang eine Schwangere entgegenkommt. Er berichtet diese Beobachtung seiner Frau. Im gemeinsamen Gespräch mit ihr erinnert er sich an gelegentliche Träume, selbst schwanger zu sein. Ihm wird klar, daß er auf seine Frau neidisch und auch etwas ärgerlich ist, weil sich ihr sexuelles Interesse ihm gegenüber merklich vermindert hat. Seine Frau rät ihm, doch einmal nach Literatur über Schwangerschaftsveränderungen bei werdenden Vätern zu suchen. Er findet bei einer Literaturrecherche zahlreiche Arbeiten und verfaßt bis zum Geburtstermin einen Übersichtsartikel, den er bei einer wissenschaftlichen Zeitschrift mit Er-

folg einreicht. Nach der Geburt sind beide Partner über ihre „Schwangerschaftsprodukte" glücklich.

Identifikation mit der Partnerin. Im 2. Schwangerschaftsdrittel entwickeln viele Väter ein größeres Interesse für ihren eigenen Körper. Unbewußt identifizieren sie sich mit ihren schwangeren Frauen. Außerdem findet ähnlich wie bei den Müttern eine Annäherung an den gleichgeschlechtlichen Elternteil, d. h. also den eigenen Vater statt. Die Anwesenheit des werdenden Vaters und seine liebevolle Unterstützung erleichtern es der Frau, in die Mutterrolle hineinzuwachsen.

5.2.3 Sexualität während der Schwangerschaft und im ersten Jahr nach der Geburt

Veränderungen im Sexualverhalten. Das Sexualverhalten eines Paares verändert sich im Verlauf der Schwangerschaft und ruft bei nicht wenigen Paaren Ängste und Unsicherheiten hervor. Elliott und Watson [34] haben in einer Londoner Klinik eine aufschlußreiche Untersuchung bei 128 erst- oder mehrfachgebärenden Frauen und deren Partner durchgeführt. Die Mütter wurden 8mal während der Schwangerschaft und 6mal im ersten Jahr nach der Geburt ihres Kindes, die Väter einmal in der Frühschwangerschaft und einmal 3 Monate nach der Geburt zu ihrem Sexualverhalten und zu ihrer sexuellen Zufriedenheit befragt. Die Ergebnisse zeigten, daß die *Koitusfrequenz* während der Schwangerschaft kontinuierlich abnimmt. Gründe dafür sind einerseits, daß sich vor allem die angehenden Mütter viel mehr auf sich selbst und ihr Kind als auf den Partner konzentrieren.

Andererseits geben die zukünftigen Väter *Ängste* an, sie könnten durch den Sexualakt den Fötus verletzen. Nach der Geburt, wenn die Episiotomienaht gut verheilt ist, nimmt die Koitusfrequenz in den ersten 3 Monaten wieder deutlich zu und steigt bis zum 12. postpartalen Monat weiter an. Ein Jahr post partum berichten aber 50 % der Frauen und 20 % ihrer männlichen Partner über eine *Verminderung der sexuellen Reaktionsfähigkeit.* Körperliche Ermüdung, der Streß und die allzu starke Ausrichtung auf das Kind sind naheliegende Ursachen für dieses Phänomen. Gleichzeitig geben auch 30 % der Mütter eine geringere sexuelle Zufriedenheit an.

Abnahme der sexuellen Zufriedenheit. Die beschriebenen Veränderungen im Sexualverhalten, in der sexuellen Reaktionsfähigkeit und in der sexuellen Zufriedenheit sind individuell sehr verschieden. Sie sind unabhängig vom sozialen Status des Paares, ob die Schwangerschaft geplant oder ungeplant war, ob es Geburtskomplikationen gab oder ob die Mutter das Kind stillt. Allerdings hängen sie von der Qualität der Paarbeziehung vor Eintreten der Schwangerschaft ab. Deshalb ist es wichtig, daß der Arzt oder die Ärztin das Paar sowohl während der Schwangerschaft als auch im ersten Jahr nach der Geburt gelegentlich nach seiner sexuellen Zufriedenheit oder eventuellen Schwierigkeiten fragt. Nicht selten nehmen spätere Paarkonflikte ihren Anfang in den ersten Jahren nach der Geburt eines Kindes, wenn sich ein Paar auch in seinem Intimleben an die neue Situation anpassen und aufeinander einspielen muß (s. Kap. 8.5).

5.2.4 Aufgaben der Frauenärztin / des Frauenarztes und der Hebamme in der Beratung schwangerer Paare

Pränatale Diagnostik. Der Schwerpunkt in der Beratung und Behandlung eines schwangeren Paares liegt heute zunächst einmal in der pränatalen Diagnostik und Früherkennung von Fehlbildungen, Risikoschwangerschaften und drohenden Frühgeburten.

Einzel- und Paarberatung. Eine weitere Aufgabe ist es, der werdenden Mutter die Angst vor der Geburt, vor allem die Angst vor Schmerzen bei der Geburt zu nehmen. Dazu ist es wichtig, die Frau über verschiedene Möglichkeiten der Schmerzlinderung zu informieren. Vielfach schämt sich eine Frau sich einzugestehen, daß sie Angst hat, bei der Geburt etwas falsch zu machen oder zu versagen. Schon während der Schwangerschaftsverlaufskontrollen begleiten die angehenden Väter ihre Frauen gelegentlich zur Untersuchung. Ungefähr einen Monat vor dem errechneten Geburtstermin werden dann die Paare vom Hebammenteam der Klinik, in der die Geburt stattfinden soll, eingeladen. Die zukünftigen Eltern sollen die Gebärabteilung und das Geburtshelferteam kennenlernen. Die sterilen Gebärsäle von früher sind verschwunden und haben Gebärzimmern Platz gemacht, die trotz vorhandener technischer Infrastruktur mehr Intimität und familiäre Atmosphäre ausstrahlen. Im günstigen Fall lernt die schwangere Frau in der Geburtsvorbereitungsphase bereits diejenige Hebamme kennen, die sie auch später während der ganzen Geburt begleitet wird.

Aufgaben der Hebamme. Aufgabe der Hebamme ist es, die Frau im persönlichen Gespräch auf verschiedene Entspan-nungsübungen hinzuweisen und sie zu sog. *Elternvorbereitungskursen*, teilweise gemeinsam mit ihrem Mann, einzuladen. Diese dienen dazu, die Angst vor der Geburt zu lindern und der Frau Möglichkeiten zu vermitteln, die Geburtsschmerzen zu vermindern. Dabei können auch gewisse Essenzen, Gebärstühle, Geburtssteine u. a. mithelfen, daß die Frau das Gefühl hat, über persönliche Rituale aktiv auf den Geburtsverlauf Einfluß nehmen zu können. Dadurch *verändert sich das Geburtserlebnis vom passiven Erdulden zum eigenverantwortlichen Gestalten*.

Beziehungsorientierte Geburt. Neben der Vorbereitung der Frau gilt es auch, dem Mann seine Rolle und emotionale Unterstützungsfunktion während der Geburtsphase aufzuzeigen. Sonst fühlt er sich vor allem in Situationen, in denen seine Frau Schmerzen ertragen muß und er nicht helfen kann, hilflos und ausgeschlossen. Die Integration des ganzen Gebärteams, d. h. die Zusammenarbeit von werdenden Eltern, Hebammen und Ärzten, bezeichnet man als *beziehungsorientierte Geburt*.

Klinik- oder Hausgeburt. Trotz der Bemühungen vieler Frauenkliniken, eine Geburt entsprechend den individuellen Wünschen der Gebärenden zu gestalten, wird immer wieder der Vorwurf geäußert, im Krankenhaus werde der natürliche Vorgang einer Geburt zu einem medizinischen Ereignis umfunktioniert. Das Neugeborene erleide bei einer „hochtechnisierten Geburt" in sterilem Rahmen einen *Geburtsschock*. Auf diesem Hintergrund wurden in den letzten Jahren vor allem von feministischer Seite Hausgeburten wieder sehr propagiert. Es zeigte sich bald, daß für die Mehrzahl der Gebärenden die heutige Lebensform mit kleinen Wohnungen, mit wenig familiärer und sozialer Unterstützung und räumli-

cher Trennung von Arbeits- und Lebens-
ort für eine Hausgeburt wenig geeignet
ist. Oft geniessen Frauen, die sonst sehr
belastet sind oder sich als Erstgebärende
noch unsicher fühlen, auch die Fürsorge
und Anleitung im Krankenhaus.

Geburtshaus und ambulante Geburt.
Zwei Kompromißlösungen zwischen Kli-
nik- oder Hausgeburt haben sich in den
letzten Jahren entwickelt und werden zunehmend praktiziert. Einerseits sind von
Hebammen geführte Gebärhäuser (Ent-
bindungsheime) eröffnet worden. Andererseits bieten Kliniken die Möglichkeit
zur ambulanten Krankenhausgeburt an.
Dies bedeutet, daß eine Frau ihr Kind
im Gebärzimmer eines Krankenhauses
zur Welt bringen kann und entweder
schon nach einigen Stunden oder nach
einem Tag mit ihrem Kind nach Hause
zurückkehrt. Gemeinsam ist allen neueren Bemühungen, daß die *Intimität des
Gebärens* so weit wie möglich berücksichtigt und nur so viel medizinische
Technik eingesetzt wird, wie es für das
Wohlergehen von Mutter und Kind notwendig erscheint.

> **!**
> Die Einstellung zu Schwanger-
> schaft und Geburt hat sich in
> den letzten Jahren wesentlich ge-
> wandelt. Die Einbeziehung des
> werdenden Vaters, die Verbesse-
> rung der pränatalen Untersu-
> chungsmethoden und die Gestal-
> tung der Geburt nach den indivi-
> duellen Wünschen einer Frau ha-
> ben zum Ziel, in der Phase der
> Familiengründung oder -erweite-
> rung einem Paar bestmögliche
> Unterstützung anzubieten. Dabei
> besteht jedoch die Gefahr, daß
> gelegentlich unrealistische Er-
> wartungen und Phantasien ent-

stehen. Die Vorstellung von der
Geburt als eines großartigen Ereignisses, als eines grandiosen
Höhepunktes der ersten Ehejahre
geht an der Tatsache vorbei, daß
eine Geburt nach wie vor mit
Ängsten, Schmerzen und Ungewißheit verbunden ist. Der Arzt
hat in der Schwangerenbetreu-
ung sowohl eine supportive als
auch präventive Aufgabe, damit
das freudige Ereignis nicht zum
Beginn eines ehelichen Unglücks
wird.

unterstützende

5.3 Neugeborenen- und Säuglingszeit

Sensorische Entwicklung. Wie pränatale
Untersuchungen gezeigt haben, sind die
Sinnesorgane des Föten bereits im letzten
Schwangerschaftsdrittel funktionsbereit.
Außerdem haben sich gewisse *Interak-
tionsrhythmen zwischen Mutter und
Kind eingespielt*. Diese Fähigkeiten sind
Ausgangspunkt für die Reaktionsweisen
des Neugeborenen, die *ihrerseits das in-
stinktive elterliche Pflegeverhalten* beeinflussen. Lange Zeit betrachtete man das
Neugeborene als unreif, passiv und nur
von Primitivreflexen gesteuert. Man
nahm an, daß es mehrere Wochen lang
weder sehen noch hören und deshalb
auch noch nicht Beziehung aufnehmen
könne. Die Forschergruppe um *Brazelton*
[21] konnte in den 80er Jahren nachweisen, daß das Neugeborene bereits *sehr
differenzierte sensorische Fähigkeiten*
hat, welche die Grundlage für die Eltern-Kind-Interaktion bilden. Es ist deshalb heute ein wichtiges Anliegen von Elternvorbereitungskursen, die Eltern nicht
nur auf den eigentlichen Geburtsvorgang
vorzubereiten, sondern sie auf das weit-

gespannte Verhaltensrepertoire und die Reaktionsfähigkeit ihres neugeborenen Kindes aufmerksam zu machen. Dann sind die Eltern schon unmittelbar nach der Geburt zu einem reicheren Dialog mit ihrem Kind bereit, was wiederum die Bindung zwischen Eltern und Kind vertieft.

5.3.1 Die fünf Sinne des Neugeborenen

1. Sehen. Wenn die Eltern ihr Kind unmittelbar nach der Geburt hochhalten, damit es sie anschauen kann, wird das Neugeborene – sofern es nicht medikamentös beeinträchtigt ist – die Augen öffnen und ihr Gesicht suchen. In halbaufrechter Position (das Kind wird instinktiv von seinen Eltern in einem Winkel von ca. 30 Grad gehalten), eventuell noch leicht hin und her gewiegt, scheint das Neugeborene längere Zeit aufmerksam bleiben zu können. Es hält die Augen offen und erforscht das menschliche Gesicht. Die visuellen Reize, auf die das Neugeborene am stärksten anspricht, sind offenbar die glänzenden Augen, der Mund sowie die Umrisse des Gesichts. Untersuchungen von *Fantz* [37] mit Attrappen haben darauf hingewiesen, daß das Neugeborene eine Vorliebe für bestimmte Arten komplexer visueller Reize hat. Es reagiert stärker auf kontrastierende Farben, größere Flächen sowie mäßig beleuchtete Objekte. Außerdem bevorzugt es ovale Objekte sowie Objekte mit Augen und Mund. All diese Faktoren sind *Attribute des menschlichen Gesichts*. Das Neugeborene fixiert jedoch nicht nur das menschliche Gesicht, sondern verfolgt dieses auch mit den Augen. Die Seh- und Hörfähigkeit eines Neugeborenen ist nachgewiesenermaßen für den Bindungsprozeß im Kreissaal ebenso wichtig wie das erste Anlegen an die Brust. Genauere ophthalmologische Untersuchungen haben ergeben, daß das Neugeborene relativ kurzsichtig ist und Objekte in 25–30 cm Entfernung am besten sieht. Diese Entfernung entspricht auch der Distanz, die Eltern aller Kulturen instinktiv zu ihrem neugeborenen Kind einnehmen. Im Alter von 3 Monaten kann ein Kind über $2\frac{1}{2}$ m weit sehen. Mit 6 Monaten entspricht sein Sehvermögen dem des erwachsenen Menschen.

2. Hören. Das Gehör ist mit 20 Schwangerschaftswochen teilweise und mit 36 bis 40 Schwangerschaftswochen voll funktionstüchtig. Die Hörfähigkeit des Neugeborenen zeigt sich gleich nach der Geburt. Es hat eine deutliche *Vorliebe für die weibliche Stimme*, sein Gesicht hellt sich auf und es wendet sich ihr eher zu als einer männlichen Stimme. Die weibliche Stimme ist ihm von der Schwangerschaft her als die Stimme seiner Mutter vertraut. Die Frequenz, die ein Neugeborenes bevorzugt, liegt bei 500–900 Hertz; sie entspricht der Frequenz der menschlichen Stimme. Die vom Säugling wahrgenommenen Geräusche wirken sich auch auf seine Motorik und vegetative Reagibilität aus. Bei einem sanften, zarten und gleichbleibenden auditiven Stimulus verlangsamen sich die Bewegungen des Neugeborenen; zugleich sinkt die Herzfrequenz, sobald es sich dem attraktiven Geräusch zuwendet. Untersuchungen von *Condon und Sander* [30] haben gezeigt, daß Neugeborene unmittelbar nach der Geburt ihre Bewegungen dem Rhythmus der Stimme der Mutter angleichen. Dies ist ein Beispiel für die große, wechselseitige Anpassungsfähigkeit in der frühen Kindheit. Die Bewegungen des Säuglings stimmen mit denen der Mutter überein, die ihrerseits ihren Sprachrhythmus den Bewegungen des Kindes anpaßt.

3. Geruchssinn. Neugeborene haben auch einen hochentwickelten Geruchssinn. Sie differenzieren zwischen ansprechenden und nichtansprechenden Gerüchen. Sieben Tage alte Babys können zuverlässig zwischen dem Geruch der Stilleinlagen ihrer eigenen Mutter und dem von anderen stillenden Frauen unterscheiden. *Brazelton und Cramer* [21] haben in ihrer klinischen Arbeit beobachtet, daß sich Brustbabys im Alter von 3 Wochen unter Umständen weigern, Fertignahrung von ihrer Mutter anzunehmen. Diese Weigerung scheint auf der Fähigkeit des Säuglings zu beruhen, die Nähe der Brust zu riechen. Von ihren Vätern oder anderen Pflegepersonen lassen sich diese Kinder durchaus mit der Flasche füttern. Im Alter von 2–3 Wochen beginnen Babys in der Regel, sobald sie im Arm der Mutter liegen, eifrig nach der Brust zu suchen, als erwarteten sie, gestillt zu werden. Im Arm des Vaters verhalten sie sich eher aufmerksam und munter.

4. Geschmackssinn. Neugeborene sind in der Lage, sehr feine geschmackliche Unterschiede wahrzunehmen. Gibt man dem Säugling Nahrung auf der Basis von Kuhmilch, trinkt er recht kontinuierlich, wobei er in unregelmäßigen Intervallen Pausen einlegt. Verabreicht man ihm nachher einen Schoppen mit Brustmilch, registriert er die Geschmacksveränderung binnen Kürze. Er trinkt zwar konzentriert, legt aber sehr häufige und regelmäßige Pausen ein. Dieser Trinkphasen-Pausen-Rhythmus scheint darauf hinzuweisen, daß Brustmilch im Kind andere Erwartungen bezüglich Interaktion mit der Pflegeperson weckt.

5. Berührungssinn. Das erste Kommunikationsmittel zwischen Mutter und Neugeborenem ist die körperliche Berührung. Die taktile Kontaktnahme erfolgt meist in der gleichen Reihenfolge: Die Mutter streichelt die Finger und Hände, die Fußrücken, macht dann kreisende Streichelbewegungen über den Kopf und massiert zum Schluß zart den Rücken. Langsames Streicheln oder Tätscheln wirkt beruhigend auf das Kind, schnelle Bewegungen werden als anregender Reiz wahrgenommen. Wie auch bei den anderen Sinnesempfindungen kann es bei einer Überstimulierung zu einer *Irritation des Kindes* mit verstärkter Unruhe und Schreien kommen. Die Reaktionen des Kindes hängen auch davon ab, welche Körperregionen berührt werden. Eine Stimulation in der Mundgegend löst den Such- und Saugreflex sowie Bewegungen des oberen Verdauungstraktes aus. Streichelt man einen Mundwinkel, wird die Hand auf derselben Körperseite zum Fäustchen geballt und zum Mund geführt. Diese durch Berührung ausgelösten Hand-zu-Mund-Reaktionen sind bereits vor der Geburt vorhanden und haben verschiedene Funktionen: Sie dienen der Selbstberuhigung, der Kontrolle der motorischen Aktivität und der Selbststimulierung.

> **!** Das Neugeborene verfügt bereits über sehr differenzierte sensorische Fähigkeiten. Die Kenntnis der Reaktionen eines gesunden Neugeborenen ermöglicht es dem Arzt, Störungen der Sinneswahrnehmung zu erkennen. Die frühzeitige Feststellung solcher Störungen durch den Haus- oder Kinderarzt ist von großer Bedeutung für die Entwicklung des Kindes in den ersten Lebensmonaten. Durch Verhaltensempfehlungen an die Eltern können rechtzeitig Weichen für die bestmögliche Kompensation solcher Störungen gestellt werden.

5.3.2 Verhaltenszustände

Von Geburt an reagieren Neugeborene auf ihre Umgebung und interagieren mit ihr. Damit ein Erwachsener jedoch auf diese Reaktionen eingehen kann, muß er wissen, welche Verhaltenszustände für das Neugeborene charakteristisch sind. Die Reaktionen eines Neugeborenen werden nämlich vor dem Hintergrund dieser Verhaltenszustände verständlich. Je nach der augenblicklichen Verfassung des Neugeborenen ist eine Stimulation angemessen oder aber unangemessen. Verhaltenszustände reichen von tiefem und leichtem Schlaf über ein zunächst halbbewußtes, später aufmerksam und sehr gut ansprechbares Verhalten bis hin zu Unruhe und Schreien. Die Forschungsergebnisse der Arbeitsgruppe um **Brazelton und Cramer** [21] zeigen, daß die Bandbreite der Verhaltenszustände und die Zustandskontrolle des Neugeborenen die verläßlichsten Voraussagen auf sein kognitives und soziales Verhalten im Alter von 18 Monaten erlauben.

> **!** Die Definition der Verhaltenszustände bezieht sich auf den Ansprechbarkeits- oder Wachheitsgrad des Neugeborenen. Der Verhaltenszustand stellt ein grundlegendes Regulationssystem dar. Wenn Neugeborene ihre Verhaltenszustände kontrollieren können, können sie auch regulieren, wann und ob sie Information aufnehmen und auf ihre Umwelt reagieren.

In einer geräuschvollen, überstimulierenden Umgebung z. B. werden Neugeborene entweder in Tiefschlaf fallen oder so sehr schreien, daß sie nicht mehr ansprechbar

sind (vgl. Kap. 8.7). Eine der ersten Aufgaben der Eltern besteht deshalb darin, die Verhaltenszustände ihres Babys als Grundlage für adäquates Interagieren kennenzulernen. Es werden fünf Verhaltenszustände unterschieden:

Tonus = Spannungszustand eines Muskels

1. Tiefschlaf
- fehlende Bulbusbewegungen
- regelmäßige Atmung
- spärliche Bewegungen
- hoher Muskeltonus

2. REM-Schlaf (Rapid Eye Movement, oberflächlicher Schlaf)
- Rapid Eye Movements und Gesichtsbewegungen
- unregelmäßige Atmung
- häufigere Bewegungen
- tiefer Muskeltonus

3. Wachzustand A
- geöffnete Augen
- regelmäßige Atmung
- fehlende Bewegungen
- hohe Aufmerksamkeit

4. Wachzustand B
- geöffnete Augen
- regelmäßige Atmung
- häufigere Bewegungen der Extremitäten
- deutlicher Muskeltonus

5. Weinen und Schreien
- Augen offen oder geschlossen
- unregelmäßige Atmung
- unregelmäßige Bewegungen
- hoher Muskeltonus
- Aufmerksamkeit herabgesetzt bis fehlend

Wechsel der Verhaltenszustände. In den ersten Lebenswochen ist beim Neugeborenen der Wechsel zwischen den einzelnen Verhaltenszuständen unregelmäßig. Die Zeitspanne, während der die 5 Verhaltenszustände einmal ablaufen, beträgt beim jungen Säugling ca. 3–4 Stunden. In den ersten Wochen ist er pro Tag etwa 8 Stunden wach, 8 Stunden im Non-REM-

Schlaf und 8 Stunden im REM-Schlaf. Mit 3 Monaten ist der Säugling bereits 10 Stunden wach, 8 Stunden im Non-REM-Schlaf und 6 Stunden im REM-Schlaf. In der Regel bildet sich dann zunehmend ein *Rhythmus im Wechsel der Verhaltens-zustände* aus. Der Erwachsene ist etwa 16 Stunden wach, 6 Stunden im Non-REM-Schlaf und 1–2 Stunden im REM-Schlaf. Der ältere Mensch ist eher noch länger wach, wobei das Verhältnis von Non-REM-Schlaf zu REM-Schlaf konstant bleibt, ca. 3 : 1 bzw. 4 : 1.

5.3.3 Motorische Entwicklung

Die motorische Entwicklung ist für die Eltern die am meisten in die Augen springende Veränderung ihres Kindes vom hilflosen, zu keiner willentlichen Be-

wegung fähigen Säugling zu einem aufrecht gehenden Wesen mit zielgerichteter motorischer Aktivität. Sie beginnt in der achten Schwangerschaftswoche und dauert bis zur Pubertät. Tabelle 5.3 zeigt die zeitliche Abfolge der motorischen Entwicklung von der Fetalzeit bis ins frühe Kleinkindalter.

Entwicklung von Bewegungsmustern. In der achten Schwangerschaftswoche beginnt das Kind sich zu bewegen. Bis zur 14. Woche sind alle Bewegungsmuster ausgebildet, die man bei einem reifen Neugeborenen beobachten kann. Zwischen der 16.–20. Schwangerschaftswoche werden die Kindsbewegungen für die Mutter spürbar. In den ersten Lebensmonaten nach der Geburt entwickelt der Säugling die Kopfkontrolle. Mit etwa 3 Monaten vermag er den Kopf im Sitzen und in Bauchlage aufrecht zu halten. In

Tabelle 5.3. Phasen der motorischen Entwicklung des Kindes während der Fetalperiode und dem Säuglings- und frühen Kleinkindalter

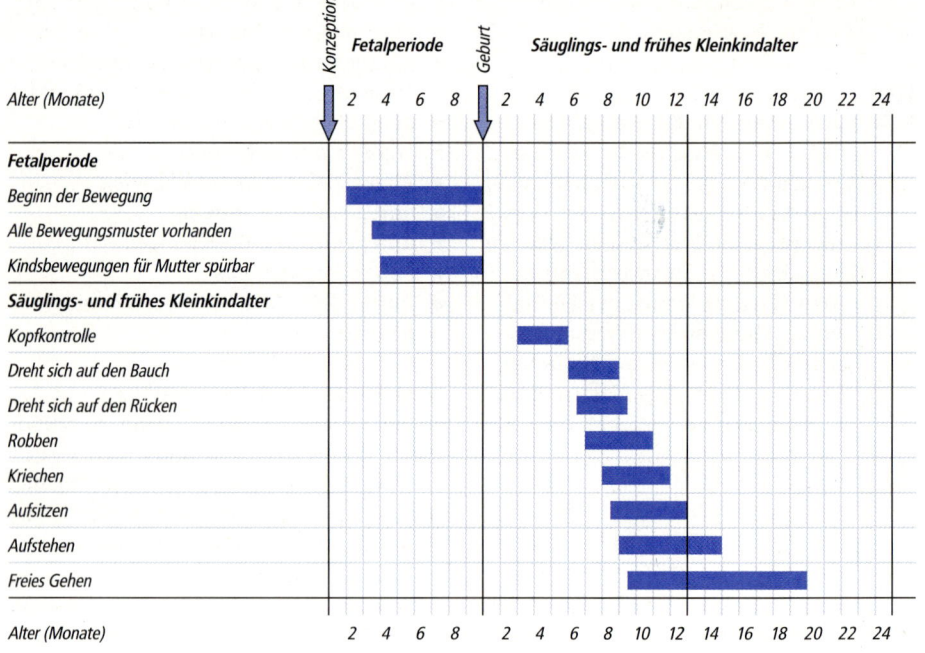

Bauchlage wechselt er in den ersten 6 Monaten von der Beuge- zur Streckhaltung, in Rückenlage verhält er sich umgekehrt. Das Bewegungsmuster besteht zu dieser Zeit aus ungerichteten Arm- und Beinbewegungen. Sie sind, wie auch die automatischen Schreitbewegungen, Ausläufer vorgeburtlicher Bewegungsformen. Komplexes Reflexverhalten wie Saug- und Schluckreflex stellen lebenswichtige Funktionen sicher. Der wache Säugling soll abwechslungsweise in Bauch-, Rückenlage oder halbaufrechter Stellung gelagert werden. Zum Schlafen soll er auf dem Rücken liegen.

Fortbewegung. Zwischen dem 4. bis 9. Monat beginnt das Kind sich fortzubewegen. Zeitpunkt und Fortbewegungsart sind von Kind zu Kind verschieden. Als erstes dreht sich das Kind um die eigene Körperachse und im Kreis herum. Mit 9–10 Monaten sind die meisten Kinder motorisch so weit entwickelt, daß sie robben oder kriechen, sich aufsetzen und frei sitzen können. Kinder bewegen sich auf ganz unterschiedliche Weise fort. Es gibt keine einheitliche Abfolge der motorischen Entwicklungsstadien. Wie neuere Studien zur lokomotorischen Entwicklung gezeigt haben, sind *Art und zeitliche Abfolge der Bewegungsmuster* wahrscheinlich großenteils genetisch determiniert. Im allgemeinen machen aber die meisten Kinder die ersten Schritte mit 12 bis 14 Monaten, einige bereits mit 8 bis 10 und andere erst mit 18 bis 20 Monaten. Das *freie Gehen* kann ein Kind während einiger Wochen derart in Beschlag nehmen, daß es in seiner übrigen Entwicklung, insbesondere der Sprachentwicklung, vorübergehend kaum Fortschritte macht.

Erproben von Bewegungsabläufen. Das Kleinkind hat einen natürlichen Drang, seine motorischen Fähigkeiten in vielerlei Weise zu erproben; es springt herum, klettert überall hinauf, versucht Dreirad zu fahren u. a. Daneben will es auch die verschiedensten Umgebungen wie Spielplätze, Wälder, Wiesen usw. auskundschaften. Der Bewegungsdrang ist jedoch je nach Temperamentslage bei den einzelnen Kindern unterschiedlich stark ausgeprägt. Es gilt, dem Kind entsprechend seiner Bewegungslust genügend Möglichkeiten zum motorischen Austoben zu geben.

> **!** Die motorische Entwicklung ist im wesentlichen ein Reifungsprozeß, der von Kind zu Kind unterschiedlich rasch abläuft. Das Auftreten einer motorischen Funktion kann durch Üben nicht beschleunigt werden. Ist eine motorische Funktion herangereift, ist ihre weitere Differenzierung jedoch abhängig von den Möglichkeiten, sie anzuwenden. Es besteht kein Zusammenhang zwischen dem Tempo der motorischen Entwicklung und demjenigen anderer Entwicklungsbereiche. Ein Kind, das sich motorisch langsam entwickelt, kann sprachlich weit fortgeschritten sein und umgekehrt.

5.3.4 Risikofaktoren für die Entwicklung

Bedeutung von Risikofaktoren. Als Risikofaktoren werden Faktoren definiert, welche die Entwicklung des Kindes und seine Anpassungsfähigkeit an die Umwelt beeinträchtigen können. Es werden verschiedene *biologische und psychosoziale Risikofaktoren* unterschieden (Tabelle 5.4).

Tabelle 5.4. Risikofaktoren der Entwicklung

Biologische Risikofaktoren	
Genetische Disposition	z. B. für Diabetes mellitus, degenerative oder Autoimmun-erkrankungen, psychische Erkrankungen (Depression, Schizophrenie)
Pränatale Schädigung	z. B. Infektionen der Mutter während der Schwangerschaft, Plazentainsuffizienz, Rhesusunverträglichkeit
Perinatale Schädigung	Geburtskomplikationen, die zu einer zerebralen Schädigung führen
Postnatale Schädigung	Hirnblutungen, Infektionen, Tumore etc.
Psychosoziale Risikofaktoren	
Dysfunktionale familiäre Beziehungen	Disharmonie, Ablehnung, körperliche oder sexuelle Misshandlung
Psychische Krankheit	Störungen, abweichendes Verhalten oder Behinderung bei Eltern oder Geschwistern
Inadäquate Erziehungs-bedingungen	Elterliche Überfürsorge, unzureichende elterliche Fürsorge, unzureichende Erziehungserfahrung z. B. bei zu junger Mutter
Belastung durch unmittelbare Umgebung	Erziehung in einer Institution, Ein-Eltern-Familie, isolierte Familie
Gesellschaftliche Belastungs-faktoren	Diskriminierung, Verfolgung, Wohnortwechsel, Migration

Wie empirische Untersuchungen zeigen [53], ist die Entwicklung eines Kindes stärker gefährdet, wenn biologische und psychosoziale Risikofaktoren zusammenkommen. Vergleicht man z. B. Frühgeborene aus einem normalen psychosozialen Milieu mit solchen aus einem Mangelmilieu, sieht man, daß sich Frühgeborene aus einem Mangelmilieu viel schlechter entwickeln. Der Rückstand ist am ausgeprägtesten in den Bereichen Sprache und Denken. Psychosoziale Belastungsfaktoren wirken sich bei einem Kind mit zusätzlichen biologischen Risikofaktoren schwerwiegender aus als bei einem gesunden Kind. Bei der Nachuntersuchung dieser Kinder im Alter von 2 und 6 Jahren zeigte sich, daß Kinder mit wenig biologischen und wenig psychosozialen Risiken den besten *Entwicklungsquotienten* (EQ) aufwiesen, daß aber Kinder mit vielen biologischen und wenig psychosozialen Risiken einen besseren EQ hatten als Kinder mit wenig biologischen und vielen psychosozialen Belastungsfaktoren.

Heimplazierung. Rückstände in der Entwicklung zeigen sich vor allem in der Sprachentwicklung und in den kognitiven Funktionen. Die Bedeutung einer dem Kind liebevoll zugewandten Bezugsperson für dessen Entwicklung wurde vor allem durch Untersuchungen von *René Spitz* [67] an Heimkindern bekannt. Kinder, die zwar hygienisch einwandfrei, aber ohne die Möglichkeit einer emotionalen Bindung an eine Pflegeperson, ohne genügende Anregung durch Spielsachen oder das soziale Umfeld aufwuchsen, zeigten bald *schwere psychische Störungen*. Deshalb versucht man heute, wenn eine Heim- oder Fremdplazierung unumgänglich ist, die Kinder möglichst bald nach der Geburt in Pflege- oder Adoptionsfamilien zu vermitteln. In der

Heimerziehung geht das Bestreben dahin, in Kleingruppen ein weitgehend familienähnliches Leben zu gewährleisten. Trotzdem zeigt sich, daß Kinder in ihrer Entwicklung zurückbleiben, wenn sie in den ersten drei Lebensjahren ohne die Möglichkeit zur Bildung einer tragfähigen Beziehung zu einem Menschen bleiben, der nicht nur freundlich mit ihnen spricht, sondern sich ihnen auch innerlich zuwendet.

Entwurzelung und häufiger Pflegeplatzwechsel. Psychische Störungen können auch durch einen plötzlichen und unvorbereiteten Wechsel in ein fremdes Milieu entstehen. Nach Entwurzelung entwickeln Kinder häufig Trennungsängste. Dadurch wird ihre Bindungsfähigkeit beeinträchtigt. Die auftretenden Verhaltensstörungen sind dann gar nicht so selten wieder der Auslöser für einen erneuten Milieuwechsel, welcher den Circulus vitiosus aufrecht erhält.

Frühe Lebensbedingungen und spätere psychische Störungen. Wie eine Analyse von mehreren epidemiologischen Untersuchungen zur Frage des Zusammenhangs von Lebensbedingungen in der frühen Kindheit und späteren psychischen Störungen zeigt, haben belastende Bedingungen der ersten 3–4 Jahre jedoch nur dann für die Entstehung späterer psychischer Symptome ein größeres Gewicht, wenn sie Indikatoren für weiter bestehende ungünstige Lebensbedingungen sind [36]. Dies bedeutet, daß auch traumatische Erlebnisse der frühen Kindheit, d.h. bis zum Alter von 2 Jahren, durch günstige spätere Umweltbedingungen kompensiert werden können.

Rahmenbedingungen für die Entwicklung. Wenn die Bedeutung der emotionalen Bindung an eine nicht auswechselbare Bezugsperson bis jetzt stark in den Vordergrund gestellt wurde, könnte der Eindruck entstehen, das Kind sollte idealerweise nur eine Bezugsperson haben. Dies ist nicht sinnvoll, denn damit hat ein Kind zu wenig Möglichkeit, seine sozialen Kommunikationsfähigkeiten zu erweitern. Kinder, die daran gewöhnt sind, vom Vater, von älteren Geschwistern, von Großeltern oder Kinderfrauen angesprochen, herumgetragen, zum Spielen animiert und gelegentlich oder zu bestimmten Zeiten regelmäßig versorgt zu werden, beziehen diese Personen in ihren *„sozialen Raum"* mit ein. Wichtig ist, daß die Mutter/der Vater oder die Hauptbezugspersonen immer wieder auftauchen. Zu vermeiden ist vor allem ein abrupter Wechsel von bekannten zu unbekannten Personen nach dem 6. Lebensmonat. Im einzelnen haben *folgende Rahmenbedingungen* bei Trennungen oder Mehrfachbetreuungen *Einfluß auf die Entwicklung des Kindes*:

- Vorbestehende familiäre Beziehungen
- Temperament des Kindes
- Soziale Fähigkeiten des Kindes
- Konstanz der Betreuer
- Zahlenmäßiges Verhältnis zwischen Kindern und Betreuern
- Größe und Konstanz der Kindergruppe
- Wechselseitige Adaptationsfähigkeit des Kindes und der Umgebung
- Auswirkungen der Arbeit auf das Wohlbefinden der Mutter.

! Hinsichtlich der Bedeutung sozialer Rahmenbedingungen für die spätere Entwicklung eines Kindes läßt sich sagen, daß nicht die Struktur der Familie, sondern der emotionale Kontext dieser Struktur für den Verlauf der Entwicklung entscheidend ist.

fördernde

5.3.5 Protektive Faktoren im Entwicklungsprozeß

An protektiven Faktoren werden drei Typen unterschieden: individuelle, familiäre und soziale Faktoren (Tabelle 5.5). Die Summe der protektiven Faktoren bildet die Grundlage der **Ressourcen**, d.h. Unterstützungsmöglichkeiten, die ein Individuum in Belastungssituationen aktivieren kann. Protektive Faktoren spielen auch im Erwachsenenalter eine wichtige Rolle, indem sie einen Menschen dazu befähigen, Strategien zur Bewältigung belastender Lebensereignisse zu entwickeln (s. Kap. 8.4 und 13).

! Protektive Faktoren schützen ein Individuum vor einer negativen Entwicklung, auch wenn es Risikobedingungen ausgesetzt ist.

5.3.6 Resilienz

Definition. *Die individuelle Anpassungsfähigkeit eines Kindes an die Anforderungen der eigenen Entwicklung und an die seiner Umwelt wird mit dem Begriff Resilienz (Spannkraft, Widerstandsfähigkeit, psychische Elastizität) umschrieben.* Das Maß an Resilienz ergibt sich aus dem Zusammenwirken von protektiven und Risikofaktoren. Die protektiven Faktoren sind die Basis von Ressourcen, auf die

ein Kind bei der Bewältigung von Entwicklungs- und Belastungsaufgaben zurückgreifen kann. Biologische und psychosoziale Risikofaktoren beeinflussen die **Vulnerabilität**, d.h. die Verletzlichkeit eines Kindes, unter Risikobedingungen einen negativen Entwicklungsverlauf zu nehmen.

5.3.7 Interaktionelles Modell der Entwicklung

Abbildung 5.1 zeigt im Überblick die wesentlichen Faktoren, welche die Entwicklung eines Kindes beeinflussen können. Neben den **individuumzentrierten Faktoren** wirken auch verschiedene **Umweltfaktoren** auf die Entwicklung des Kindes ein. Das hier skizzierte Entwicklungsmodell auf der Basis einer **multifaktoriellen Genese von Vulnerabilität, Ressourcen und Resilienz** einerseits und **schicksalhaften Ereignissen, sozialen Anforderungen und Stressoren** andererseits entspricht einem **interaktionellen Prozeßmodell**. Diese Faktoren sind nicht nur für das Verständnis der normalen kindlichen Entwicklung hilfreich, sondern es können mit ihrer Hilfe auch eventuelle Entwicklungsstörungen erfaßt und verstanden werden.

Tabelle 5.5. Protektive Faktoren im Entwicklungsprozeß

!

Individuelle Faktoren	Aktivierungsgrad, Grad des sozialen Interesses, Intelligenz, soziale Kompetenz, Kommunikationsfähigkeit, Entwicklung des Selbst zu Selbstvertrauen und Handlungskontrolle
Familiäre Faktoren	Emotionale Bindungen innerhalb und außerhalb der Familie
Soziale Faktoren	Soziales Netz, Integration und Unterstützung in Gruppen, Kindergarten und Schule

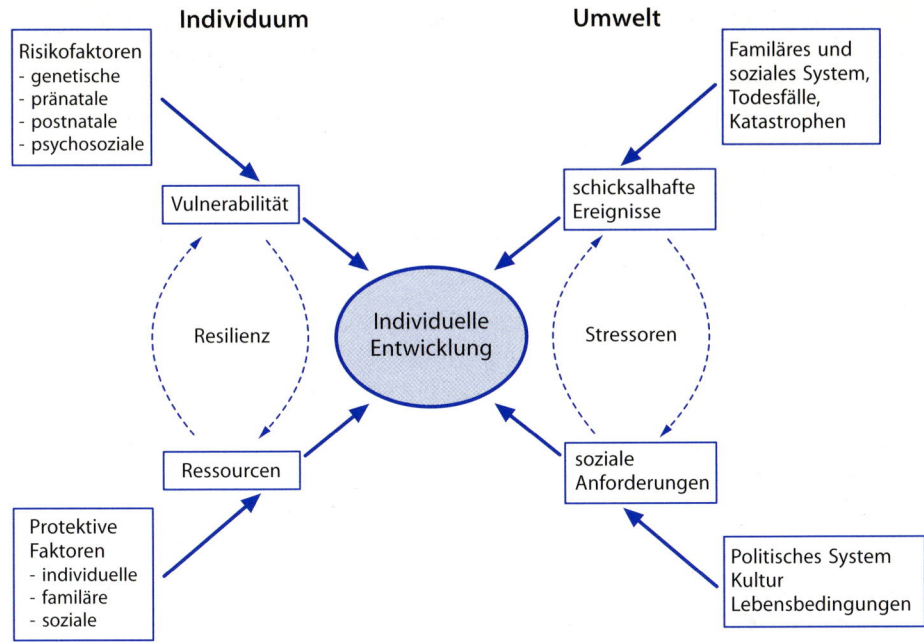

Individuum

Risikofaktoren
- genetische
- pränatale
- postnatale
- psychosoziale

Vulnerabilität

Resilienz

Individuelle Entwicklung

Ressourcen

Protektive Faktoren
- individuelle
- familäre
- soziale

Umwelt

Familäres und soziales System, Todesfälle, Katastrophen

schicksalhafte Ereignisse

Stressoren

soziale Anforderungen

Politisches System Kultur Lebensbedingungen

Abb. 5.1. Einflußfaktoren auf die individuelle Entwicklung des Kindes

5.4 Kleinkindalter

5.4.1 Sprachentwicklung

Die Sprache bildet im Vorschulalter einen Schwerpunkt im Spektrum der kindlichen Lernfähigkeit. Sie hat eine ihrer wichtigsten Wurzeln im Beziehungsverhalten des Menschen, d. h. sie entwickelt sich aus den frühen sozialen Erfahrungen. Eine weitere, biologische Voraussetzung der Sprache liegt im Gehirn. Wir verfügen über *zwei angeborene Sprachzentren*: das eine vermag Sprache zu analysieren, das andere Sprache zu erzeugen. Die dritte Wurzel der Sprache umfaßt die geistigen Fähigkeiten des Menschen.

Sprache und Beziehungsverhalten. Ein wichtiges Merkmal der Sprache ist der Austausch von Information. Dabei werden die *Informationseinheiten wie Wörter und Sätze* losgelöst von inneren und äußeren Gegebenheiten verwendet. Indem sprachliche Begriffe in immer neuen Zusammenhängen benützt werden, erhält die Sprache ihre unerschöpfliche Kreativität und Produktivität. Wäre die menschliche Sprache nur Signalübermittlung wie bei den Tieren oder würde sie nur durch Nachahmung erworben, hätte unsere Kultur in der Vielfalt nicht entstehen können. Sprache im engeren Sinn, wie es der Entwicklungspsychologe *Piaget* [57] beschrieben hat, tritt bei Kindern erst im 2. Lebensjahr auf. Zuvor besteht jedoch kein Kommunikationsnotstand. Säuglinge kommunizieren mit ihrer Umgebung in vielfältigster Weise vom ersten Lebenstag an. Die *frühen Verständigungsformen* umfassen vorwiegend averbale Ausdrucksmittel wie Körperhaltung, Mimik, Gestik, Blickverhalten,

Stimme und Körperausdünstung. Als *Wahrnehmungsorgane* dienen vor allem die Augen, der Berührungssinn, das Gehör und der Geruchssinn. Beim gesprochenen Wort ist deshalb häufig der Inhalt weniger wichtig als die Art und Weise, wie etwas gesagt wird (vgl. Kap. 3.2). In den ersten zwei Lebensjahren kommunizieren Kind und Eltern vorwiegend in der Körpersprache. Diese hängt eng mit dem Beziehungsverhalten zusammen und ist eine unabdingbare Voraussetzung für die Sprachentwicklung.

Biologische Strukturen der Sprache. Die Sprachentwicklung wird wesentlich durch die *Hirnreifung* bestimmt, die während der Fetalentwicklung beginnt und mit der Pubertät abgeschlossen ist. Kinder im Vorschul- und Schulalter erwerben Sprache anders als die meisten Erwachsenen. Sie eignen sich eine Sprache an, indem sie zuhören und das Gehörte mit Personen, Gegenständen und Vorgängen in ihrer Umwelt sowie ihren eigenen Handlungen in Beziehung bringen. Eltern müssen ihren Kindern die Sprache nicht beibringen. Es genügt, wenn die Kinder sinnbezogene Erfahrungen mit der Sprache machen.

Im Gegensatz zu Erwachsenen lernen Kinder eine Zweit- und Drittsprache mit Leichtigkeit. Sie beherrschen eine Fremdsprache innerhalb von sechs bis zwölf Monaten. Wächst ein Kind in einem mehrsprachigen Milieu auf, muß dieser Vorteil vorübergehend mit einer langsameren Sprachentwicklung in den ersten Lebensjahren erkauft werden. Die Verzögerung kann sich in einem kleineren Wortschatz und einem einfacheren Satzbau bis ins frühe Schulalter bemerkbar machen. In den späteren Jahren wird dieser Rückstand problemlos aufgeholt. Eine Einschränkung gilt es allerdings zu berücksichtigen: *Jede Bezugsperson sollte mit dem Kind in den ersten Jahren nur eine Sprache sprechen.* Wenn die Mutter nur italienisch und der Vater nur deutsch spricht, kann sich das Kind sprachlich darauf einstellen. Schwierig wird es, wenn die Mutter oder der Vater abwechselnd italienisch und deutsch sprechen. Die Überforderung des Kindes liegt dann darin, daß es eine Sprache nicht mit einer Person in Einklang bringen kann. Die Pubertät stellt einen eigentlichen *Wendepunkt in der Sprachentwicklung* dar: Die meisten Erwachsenen können eine Sprache nicht mehr ganzheitlich lernen wie die Kinder, sondern nur noch über einen analytischen Umweg.

Zerebrale Sprachzentren. Die menschliche Sprache wird durch *zwei Sprachzentren* gesteuert. Diese sind in umschriebenen Bereichen des Schläfenlappens des Gehirns lokalisiert. Ein Zentrum dient dem *Sprachverständnis* und wird nach seinem Entdecker das *Wernicke-Sprachzentrum* genannt. In diesem Hirnareal werden die akustischen Informationen analysiert, die über das Innenohr, den Hörnerv sowie zentrale Hirnkerne und -bahnen dem Sprachzentrum zugeführt werden. Das zweite Zentrum dient der *Produktion der Sprache* und wird, ebenfalls nach seinem Entdecker, *Broca-Sprachzentrum* genannt. Die beiden Zentren stehen in enger Beziehung zueinander sowie zu vielen anderen Arealen des Gehirns. Bei rechtshändigen Menschen liegen die Sprachzentren in der linken, bei Linkshändern in der rechten Hirnhälfte. Nichtsprachliche akustische Signale, beispielsweise Musik, werden überwiegend jeweils in der anderen Hirnhälfte verarbeitet.

> **!** Das Kind eignet sich die Sprache durch Regelbildung an und nicht durch Nachahmung. Wäre letzte-

res der Fall, müßte das Kind alle Sätze, die es bilden will, zuvor einmal gehört haben. Das Kind lernt also nicht Wörter und Sätze auswendig, sondern leitet aus seinen sprachlichen Erfahrungen Regeln über den hierarchischen Aufbau der Sprache ab.

Erleidet ein Kind eine Verletzung eines Sprachzentrums, z. B. bei einem Verkehrsunfall, gelingt es seinem Gehirn relativ gut, die ausgefallenen Sprachfunktionen in Areale der anderen Hirnhälfte zu verlagern. Verliert ein Erwachsener durch einen Schlaganfall die Sprache, ist die Erholung unvollständig oder bleibt überhaupt aus. *Das Gehirn ist in der Kindheit nicht nur aufnahme-, sondern auch anpassungsfähiger als im Erwachsenenalter.*

Sprache und Denken (s. Kap. 6.2.4). Was kommt zuerst: Das Denken oder die Sprache? Für die meisten Erwachsenen ist Denken ohne Sprache nicht vorstellbar. So wurde lange Zeit angenommen, daß auch in der kindlichen Entwicklung die Sprache dem Denken vorausgeht. Jean Piaget [57] konnte nachweisen, daß sich in den ersten Lebensjahren zuerst das Denken und dann erst die Sprache entwickelt.

! Geistige Einsichten sind unabdingbare Voraussetzungen für die Entwicklung der Sprache. Die Beziehung zwischen geistiger Entwicklung und Sprache läßt sich folgendermaßen beschreiben: *Geistige Entwicklung → Sprachverständnis → sprachlicher Ausdruck.*

Verständnis und Sprache. Diese zeitliche Beziehung soll am Beispiel des Begriffs „essen" erläutert werden. Gegen Ende des 1. Lebensjahres entwickelt das Kind ein Verständnis für die Tätigkeit „essen". Es versucht zuerst mit den Händen, dann mit dem Löffel zu essen. Kurze Zeit später versteht das Kind auch, daß diese Tätigkeit mit dem Wort „essen" bezeichnet wird. Bei den meisten Kindern dauert es dann noch mehrere Wochen bis Monate, bis sie das Wort „essen" auch aussprechen und anwenden können. Das bedeutet, daß das Kind zuerst eine innere Vorstellung von der Handlung „essen" entwickeln muß, bevor es das dazugehörige Wort versteht und es schließlich auch benützt. Ein Kind versteht in jedem Alter mehr, als es sprachlich auszudrücken vermag.

! *Allgemein gilt: Zuerst kommt das Denken, dann das Verstehen und schließlich das Sprechen.*

Sprachförderung. Wie sollen nun Eltern mit ihren kleinen Kindern sprechen? Form und Inhalt ihrer Sprache sollten die Eltern nicht dem sprachlichen Ausdruck des Kindes, sondern seinem Entwicklungsstand und seinem Sprachverständnis anpassen. Ihre Sprache sollte konkret, d. h. handlungsorientiert und sachbezogen sein und der Vorstellungswelt des Kindes entsprechen. Auch hier gilt, daß die Art und Weise, wie wir mit dem Kind sprechen, der emotionale Aspekt des Beziehungsverhaltens und die averbale Kommunikation ebenso wichtige Faktoren im gegenseitigen Verstehen sind wie der Inhalt des Gesprochenen. Die beste Sprachförderung ist eine gute Beziehung zum Kind.

5.4.2 Zeitliche Abfolge der Sprachentwicklung (Tabelle 5.6)

Erste Lebensmonate. Neben den Sprachzentren ist ein funktionsfähiges Hörorgan Voraussetzung für die weitere Sprachentwicklung. Das Gehör ist bereits mit 20 Schwangerschaftswochen teilweise und mit 36 bis 40 Schwangerschaftswochen voll funktionstüchtig. Der Inhalt der Wörter ist für den ganz jungen Säugling noch ohne Bedeutung. Im Verlauf der ersten 3 Lebensmonate drückt er sich zunehmend weniger durch Schreien als durch Plaudern aus. Später bildet er mit einzelnen Vokalen und Konsonanten *Lautfolgen* und *Lautketten*. Nach dem 6. Lebensmonat verwendet das Kind zuneh-mend mehr Konsonanten. Es hängt zwei und mehr Silben aneinander.

Gehörlosigkeit und Sprache. Gehörlose Kinder plaudern in den ersten fünf Monaten genauso wie hörende Kinder. Dies ist ein Hinweis darauf, daß die Lautproduktion anfänglich aus dem Kind selbst kommt und noch keine Nachahmung von Sprachlauten anderer darstellt. Während das hörende Kind nach dem 6. Monat sein Repertoire an Lauten ständig ausweitet, macht das gehörlose Kind immer weniger Laute. Es verstummt schließlich gegen Ende des ersten Lebensjahres.

Nachahmung. Mit 7 bis 8 Monaten setzt die Fähigkeit zur unmittelbaren Nachah-

Tabelle 5.6. Zeitliche Abfolge der Sprachentwicklung

Alter (M = Monat, LJ = Lebensjahr)	Stufe der Sprachentwicklung	Merkmale
0–3. M	Plaudern	Lautfolgen: ah-ah, oh-oh, p-b
3.–6. M	Differenziertes Plaudern	Lautketten, Blas- und Reiblaute
ab 6. M	Sprachverständnis	Zusammenspiel von averbaler und verbaler Kommunikation
7.–9. M	Nachahmung	Silbenketten: ba-ba, ma-ma, ta-ta → Symbole für Namen
ab 9. M	Differenzierteres Sprachverständnis	Verständnis für die Bedeutung gewisser Gesten kombiniert mit Lauten: z.B. Auf-Wiedersehen-Winken, Kopfschütteln
15.–18. M	Zweiwortsätze	Zwei aneinandergereihte Begriffe stehen in ihrer Bedeutung für einen ganzen Satz: z.B. „Oma heim"
18.–24. M	Beginnende Ich-Entwicklung	Benützt eigenen Vornamen
Ende 2. LJ	Vorstellung von eigener Person	Spricht von sich in der „ich"-Form
3.–4. LJ	Fragealter	„Was ist das?" → Wortschatzerweiterung und Begriffsbildung „Warum denn?" → Interesse am Zweck und den Hintergründen von Dingen und Handlungen
Ende 4. LJ	Syntaktisch richtiger Satzbau Verfeinerung der Sprache	Erweiterung des Wortschatzes, Erlernen des grammatikalisch richtigen Satzbaues. Nachahmung, Analogiebildung, Konditionierung

mung ein. Die Kinder ahmen zunächst Laute nach, die sich bereits in ihrem Repertoire befinden, dann auch Laute, die ihnen noch nicht vertraut sind. Aus den Lautverbindungen entstehen mit 8 bis 10 Monaten Silbenketten wie ta-ta, mama oder ba-ba. Aus solchen Lautfolgen leitet das Kind die **ersten Namen** für seine Eltern ab. Auf der ganzen Welt geben die Kinder ihren Eltern ähnliche Namen, was darauf hinweist, daß die Lautbildung in diesem Alter aufgrund innerer Gesetzmäßigkeiten immer noch ziemlich einheitlich verläuft.

Mit etwa 9 Monaten versteht und verwendet das Kind eine Reihe von Gesten wie In-die-Hände-Klatschen, Auf-Wiedersehen-Winken oder Kopfschütteln. Die Worte, die wir an das Kind richten, sollten in einem unmittelbaren Bezug zum Kind und seinem Erleben stehen. Alles, was wir ansprechen, sollte das Kind gleichzeitig sehen, hören oder fühlen können.

Zweiwortsätze. Die Sprachentwicklung verläuft in der Regel bei Mädchen schneller als bei Jungen. Wenn der Wortschatz auf 20 bis 50 Wörter angewachsen ist, beginnen die Kinder Zweiwortsätze zu bilden. Sie entstehen aus der Verbindung zweier Wörter, die nicht als ein Begriff auftreten. Die beiden Wörter stehen in ihrer Bedeutung für einen ganzen Satz: z. B. „Papa, da" oder „Oma, weg". Diese Fähigkeit ist frühestens mit 15 bis 18 Monaten, spätestens im Alter von 3 bis 3 1/2 Jahren ausgebildet. Im Alter von 15 bis 18 Monaten beginnen einige Kinder ihren Vornamen zu gebrauchen. Dies steht in einem engen Zusammenhang mit der **Ich-Entwicklung.** Die Kinder bilden gegen Ende des 2. Lebensjahres eine erste Vorstellung von ihrer Person aus.

Grammatisierung der Sprache. Erst im 4. Lebensjahr kommt es mit der fortschreitenden Grammatisierung der Sprache zu längeren und vollständigen syntaktischen Satzgebilden. Der Wortschatz sowie die grammatischen Formen bauen sich im wesentlichen durch Nachahmung und Analogiebildungen auf. Die **Analogiebildungen und das Erfassen von Bedeutungen** sind dann bereits echte Intelligenzleistungen. Die endgültige Anpassung an die Sprache des Erwachsenen vollzieht sich auf dem Weg über die sprachliche Konditionierung. Falsch Gesprochenes wird nicht richtig verstanden, ignoriert oder korrigiert. Auf richtig Gesprochenes erfolgt die erwartete gesprächsadäquate Reaktion des „Verstandenwerdens".

Fragealter. Im 3. und 4. Lebensjahr verlagert sich das Neugierdeverhalten des Kindes von der sensomotorischen Bewältigung – „begreifen durch Begreifen" – auf die geistige Bewältigung mit Hilfe der Sprache. Es werden zwei Perioden unterschieden: „Was ist das?" Dabei fragt das Kind nach dem Namen von Dingen. Dies dient vorwiegend der **Wortschatzerweiterung und Begriffsbildung.** Etwas später wird die Frage nach dem „Warum denn?" immer wichtiger. Das Kind will über den Zweck von Dingen und Handlungen und deren Hintergründe Auskunft erhalten. Nicht selten gelangen wir Erwachsenen dabei an Grenzen unseres Erklärungsvermögens. In diesem Alter fragen Kinder nach dem Woher und Wohin des Lebens oder nach Funktionsweisen der belebten und unbelebten Natur. Das Kind will mit all diesen Fragen nicht nur viel wissen und verstehen, sondern auch Kontakt zu den Eltern und Betreuungspersonen herstellen.

Soziales Milieu und Sprachentwicklung. Die Art, wie sich Erwachsene mit den Fragen der Kinder auseinandersetzen, ist schichtspezifisch sehr verschieden. Eltern aus der **Unterschicht** kommunizieren mit ihren Kindern häufig nonverbal. Ihre sprachlichen Kontakte beschränken sich oft auf kurze Befehle und Hinweise. Sie bleiben im Konkreten. Eltern der **Mittel- und Oberschicht** verwenden einen reicheren Wortschatz und eine kompliziertere Syntax. Sie erläutern dem Kind eher ihre Absichten, begründen ihre Wünsche und Handlungen und formulieren Gefühle und Gedanken. Ihre Sprache ist reich an Adjektiven, Präpositionen und abstrakten Begriffen. Im Hinblick auf die große Milieuabhängigkeit der Sprachentwicklung und auf die Tatsache, daß die Entwicklung des begrifflichen und formalen Denkens aufs engste mit der Sprache zusammenhängt, wird der Sprachförderung im Vorschulalter heutzutage ein besonderes Augenmerk geschenkt.

5.4.3 Weiterentwicklung der Sprache im Schulalter (Tabelle 5.7)

Erleben und Sprache. Der Wortschatz des Schulanfängers umfaßt im Durchschnitt ca. 2500 Wörter und ist sehr konkret. Die Sätze sind einfach strukturiert, arm an Zeit- und Eigenschaftswörtern. Die zeitliche Verknüpfung („und dann")

spielt in diesem Alter die größte Rolle. Für das jüngere Kind sind **Erlebnis und Sprache eine untrennbare Einheit.** Mit dem Abklingen des Egozentrismus (siehe Übergang Kindergarten – Schulalter) wird das Kind fähig, die Sprache aus der engen Verbundenheit mit Erlebnissen, Vorstellungen und Emotionen zu lösen und zum Gegenstand der Betrachtung zu machen, zum „Ding an sich", das man in Teile (Wörter, Buchstaben) zerlegen und aus solchen zusammensetzen kann.

Objektivierungsstufen. Diese Fähigkeit bezeichnet man als **1. Objektivierungsstufe der Sprache.** Sie ist für das Erlernen von Lesen und Schreiben von großer Bedeutung. Zur **2. Objektivierungsstufe der Sprache** gelangt das Kind im Zusammenhang mit der Entwicklung des abstrakten Denkens ab dem 10. Lebensjahr. Es lernt die Regelhaftigkeit der Sprache zu verstehen und die grammatischen Gesetzmäßigkeiten zu erfassen. Auf der **3. Objektivierungsstufe** wird die Sprache in neuer Weise zum „Gegenstand". Sie wird bewußt gestaltet, indem man nach jener Formulierung sucht, die einen bestimmten Gedanken, eine Situation oder ein Gefühl am treffendsten wiedergibt. Diese Stufe wird in der Regel erst in der Puber-

Tabelle 5.7. Weiterentwicklung der Sprache im Schulalter

Alter	Stufe der Sprachentwicklung	Merkmale
5.–7. LJ (Schulanfänger)	Einheit von Erleben und Sprache	Wortschatz ca. 2500 Wörter, einfache Sätze mit wenig Zeit- und Eigenschaftswörtern. Zeitliche Verknüpfung: „und dann"
7.–10. LJ (Unterstufe)	1. Objektivierungsstufe der Sprache	Die Sprache wird zum Gegenstand der Betrachtung: sie wird in Teile (Wörter / Buchstaben) zerlegt und zusammengesetzt
10.–12. LJ (Mittelstufe)	2. Objektivierungsstufe der Sprache	Abstraktes Denken; Verständnis der Regelhaftigkeit der Sprache und grammatikalischer Gesetzmäßigkeiten
ab 12. LJ / Pubertät (Oberstufe)	3. Objektivierungsstufe der Sprache	Bewußte Gestaltung der Sprache (abhängig von der individuellen Sprachbegabung und der allgemeinen Intelligenz)

tät erreicht. Viele Menschen gelangen nie zu einer bewußten Formung der Sprache. Wann und ob die 3. Objektivierungsstufe erreicht wird, hängt wahrscheinlich mehr von der individuellen Sprachbegabung als von der allgemeinen Intelligenz ab.

5.4.4 Spielentwicklung und Spielverhalten im Säuglingsalter

Sinn des kindlichen Spiels. Der Erwachsene arbeitet, das Kind spielt. Worin unterscheidet sich das Spiel von der Arbeit? Der Sinn des kindlichen Spiels liegt in der Handlung selbst und nicht im Produkt. Die Erfahrungen, die das Kind beim Spielen sammelt, machen den Sinn seines Spiels aus. Diese sind für seine soziale, geistige und sprachliche Entwicklung von Bedeutung. Das Spiel wird durch das Kind bestimmt und ist lustbetont. Seine Ausformung steht in engem Zusammenhang mit dem jeweiligen Entwicklungsstand des Kindes, wobei die zeitliche Abfolge der spielerischen Verhaltensweisen bei allen Kindern gleich ist. Mädchen und Jungen unterscheiden sich in ihrem Spielverhalten kaum in den ersten Lebensjahren. Erst im Kindergartenalter bilden sich zunehmend, wahrscheinlich sozialisationsbedingt, Unterschiede heraus.

Das Spiel des Kindes ist trotz allem nicht zweckfrei. Es dient dem Kind, angeborene Verhaltensweisen einzuüben, Erfahrungen über physikalische Eigenschaften der dinglichen Umwelt zu sammeln und Handlungsabläufe sowie den funktionellen Gebrauch von Gegenständen zu erlernen. Es entdeckt räumliche, kausale und kategoriale Gesetzmäßigkeiten. Durch Nachahmung erwirbt es sich auch soziale und sprachliche Fähigkeiten. Die Rolle des Erwachsenen besteht nun darin, Vorbild zum Nachahmen und Spielpartner zu sein, sowie dem Entwicklungsalter des Kindes entsprechende Spielsachen anzubieten.

Spielerische Erkundung. Die Art des Spielens hängt eng mit der allgemeinen Entwicklung des Kindes zusammen. In Tabelle 5.8 sind das Spielverhalten im ersten Lebensjahr, dessen Funktion und die Spielart dargestellt.

Nachahmung. Am Ende des 1. Lebensjahres hat das Kind die Gegenstände des Alltags kennengelernt. Im 2. Lebensjahr wendet sich sein Interesse den *Funktio-*

Tabelle 5.8. Spielentwicklung und Spielverhalten im Säuglingsalter

Spielverhalten	Funktion	Spielsachen/Spielart
Erkundung oral (ab 4 Monate), manuell (ab 6 Monate), visuell (ab 8 Monate)	Kennenlernen der physikalischen Eigenschaften von Gegenständen	Gegenstände unterschiedlichster Beschaffenheit erkunden
Merkfähigkeit (ab 8 Monate)	Üben und Überprüfen der Merkfähigkeit	Gugu-Dada-Spiel; Verstecken von Spielsachen und Wiederfinden
Interesse an den Funktionen der Dinge (ab 8 Monate)	Einsetzen von Gegenständen für einen bestimmten Zweck	z. B. Tiere auf Rollen an einer Schnur heranziehen
Interesse an den kausalen Zusammenhängen der Dinge (ab 9 Monate)	Erkennen von Ursache und Wirkung	z. B. Gegenstände, die Geräusche machen wie Rasseln und Glocken

nen der Dinge zu. Die Nachahmung spielt bei der Entfaltung der Spielformen mit funktionellem Charakter eine wichtige Rolle.

Handlungsabläufe und Symbolspiel. Anfang des 3. Lebensjahres ist die Vorstellungskraft so weit entwickelt, daß das Kind nicht nur einzelne Handlungen, sondern ganze Handlungsabläufe mit einer gemeinsamen Thematik zur Darstellung bringen kann. Dies wird als *„sequentielles Spiel"* bezeichnet. Das Kind spielt z. B. „essen am Familientisch" mit seinen Stofftieren. Die inneren Vorstellungen oder Symbolfunktionen sind von großer Bedeutung für das Denken, das Beziehungsverhalten und die Sprachentwicklung. Die Weiterentwicklung des sequentiellen Spiels ist das *„Symbolspiel"*. Dabei verleiht das Kind einem Gegenstand die Bedeutung eines anderen, nicht vorhandenen Gegenstandes, oder es stellt sich den Gegenstand einfach vor. Z. B. wird ein Ast zu einem Flugzeug oder eine Wurzel zu einer Waffe.

5.4.5 Spielentwicklung vom Kleinkinder- bis ins Schulalter

Bis weit ins Schulalter nimmt das Spielen einen großen Stellenwert im Tagesablauf eines Kindes ein. Es braucht genügend unstrukturierte Zeit und räumliche Entfaltungsmöglichkeiten, um seinem großen Bedürfnis zu spielen nachkommen zu können. Tabelle 5.9 gibt einen Überblick über Spielarten, -funktionen und -inhalte vom Kleinkinder- bis ins Schulalter.

! Das Kind hat von Geburt bis ins Schulalter ein elementares Bedürfnis zu spielen. Das Spiel dient seiner emotionalen, geistigen und sozialen Entwicklung. Es ist primär zweckfrei, stellt aber trotzdem einen unbewußten Lernvorgang dar. Dem kindlichen Spiel ist ein Aktivierungszirkel zwischen Spannung und Entspannung eigen. Es stellt eine handelnde Auseinandersetzung mit einem Stück realer Umwelt dar. Das Spiel ist nicht zielorientiert und sehr gegenwartsbezogen. Für das Kind ist das Spiel genauso real und ernst wie für den Erwachsenen der Beruf.

Tabelle 5.9. Spielentwicklung vom Kleinkinder- bis ins Schulalter

Alter	Art des Spieles	Funktion	Spielinhalte
3./4. LJ	Rollenspiel	Erlebnisverarbeitung, Imitation der Erwachsenenwelt → Grundlage der Sozialisation	Haus-, Familien- und Schulspiele Später Theaterspiele
2.-8. LJ	Funktionsspiel	Einüben motorischer Abläufe, Erfahrung materialspezifischer Funktionen	Bewegungs- und Handlungsspiele
ab 4. LJ	Werkschaffendes Spiel	Entwicklung von Arbeits- und Leistungsmotivation	Freude an der Herstellung eines Produkts
ab 6. LJ	Regelspiel	Erlernen von Interaktion	Brettspiele, Spiele mit Spielregeln

5.4.6 Schlafverhalten

Schlaf-Wach-Zyklus. Der Schlaf setzt sich aus verschiedenen Schlafstadien des oberflächlichen (Rapid Eye Movement, REM-) und tiefen (Non-REM-) Schlafes zusammen (s. Kap. 8.7). In einer Nacht werden die Stadien des oberflächlichen und tiefen Schlafes sowie des Wachseins mehrmals zyklisch durchlaufen. Schlaf-Wach-Zyklen, zirkadiane Rhythmen und Schlafdauer verändern sich ständig von der Geburt bis ins hohe Alter. Es handelt sich um vererbte Eigenschaften, die von Mensch zu Mensch sehr unterschiedlich ausgeprägt sind. In den ersten Lebensmonaten entwickeln die Kinder ihre zirkadianen Rhythmen und passen ihren Schlaf-Wach-Zyklus dem Tag-Nacht-Wechsel an. Diese Anpassung hängt von einem Reifeprozeß ab, der von Kind zu Kind verschieden ist. Durchschlafen bedeutet, sechs bis acht Stunden hintereinander zu schlafen. Der Schlafbedarf ist für jedes Kind gegeben und kann bei gleichaltrigen Kindern sehr unterschiedlich sein. Einschlaf- und Aufwachzeiten stehen in einer positiven Korrelation zueinander. Der zirkadiane Schlaf-Wach-Rhythmus erlaubt keine rasche Änderung des Schlafverhaltens. In der Regel braucht es eine Woche, bis das Kind sich auf andere Schlafzeiten umstellen kann. Nächtliches Durchschlafen ist am ehesten gewährleistet, wenn das Kind sich tagsüber geborgen fühlt und in seiner Selbständigkeit gefördert wird, wenn es am Abend ohne elterliche Hilfe einschlafen kann und wenn es nur so lange im Bett ist, wie es auch schläft.

Pavor nocturnus. Zwischen dem 2. und 5. Lebensjahr können bei bis zu einem Drittel der Kinder *Episoden von nächtlichem Angsterschrecken* auftreten, die als *Pavor nocturnus* bezeichnet werden. Typischerweise tritt er *ein bis drei Stunden nach dem Einschlafen* auf. Dabei hat das Kind die Augen weit offen, reagiert aber nicht oder inadäquat auf das Erscheinen der Eltern. Sein Gesicht und seine Haltung drücken Angst, Wut oder Verwirrung aus. Es schwitzt, atmet verstärkt, hat einen jagenden Puls und nimmt die Eltern nur begrenzt wahr. Wenn es angesprochen wird, gibt es keine oder wirre Antworten. Es gelingt den Eltern nicht, das Kind zu wecken. Wenn sie versuchen, das Kind zu beruhigen, indem sie es streicheln oder auf den Arm nehmen, regt sich das Kind zusätzlich auf. Es stößt die Eltern eher weg. Das Aufwachen geschieht dann abrupt. Die vegetativen Reaktionen normalisieren sich, und die Angst weicht aus seinem Gesicht. Es schläft bald wieder ein und hat keine Erinnerung an eine solche Episode, die 5 bis 15 Minuten dauern kann.

> **!** Der Pavor nocturnus gehört zum normalen Schlafverhalten, er ist keine Verhaltensauffälligkeit, kein Zeichen von psychischer Störung oder Folge einer Fehlerziehung.

Angstträume. Vom Angsterschrecken zu unterscheiden sind die sog. *Angstträume.* Sie können schon in den ersten Lebensjahren auftreten, sind insgesamt jedoch seltener. Sie kommen vorwiegend *in der zweiten Hälfte der Nacht* vor. Wenn die Eltern zum Kind kommen, ist es bereits wach. Es zeigt seine Angst, ist aber nicht orientierungslos wie beim Pavor. Es reagiert positiv auf Zuwendung und Trost der Eltern. Die Eltern können mit dem Kind sprechen, evtl. auch über den Inhalt des Geträumten. Das Kind erinnert sich an den Vorfall und kann auch noch nach einigen Tagen über einen Angsttraum erzählen. Inhalt der Angstträume sind häufig das Kind belastende Tageserlebnisse.

Das Kind braucht die Zuwendung und das Verständnis der Eltern, um seine Traumerlebnisse zu verarbeiten. Auch Angstträume sind Teil des normalen Schlafverhaltens und nicht zwangsläufig Ausdruck für psychische Probleme. Kommen Angstträume jedoch ein- oder mehrmals pro Woche vor, und wirkt das Kind auch tagsüber verängstigt, sollten die Eltern den Haus- oder Kinderarzt aufsuchen.

5.4.7 Die Bedeutung des Temperaments für die Entwicklung des Kindes

! Der Ausdruck Temperament beschreibt die individuelle, lebenslänglich vorhandene Disposition, *wie* eine Person auf bestimmte Situationen reagiert. Temperament kennzeichnet die *Art und den Stil des Verhaltens* eines Individuums. Das Temperament ist von der frühen Säuglingszeit an beobachtbar, zeigt sich am ausgeprägtesten im Kleinkindalter und erfährt später durch Erziehung und Erfahrung im sozialen Umfeld Modifikationen. Im Säuglings- und Kleinkindalter zeigen sich keine Geschlechtsunterschiede. Diese stellen sich mit dem Schulalter ein und sind wahrscheinlich mehrheitlich sozialisationsbedingt. Das Temperament ist unabhängig von der Intelligenzanlage, hat jedoch einen Einfluß auf den Schulerfolg.

Temperamentforschung (s. Kap. 7.1.2.). Ausgehend von der amerikanischen Entwicklungspsychologie ist eine zunehmende Tendenz zu beobachten, kindliche Verhaltensweisen dem Temperament zuschreiben, die früher vorwiegend als Resultat von Lernprozessen, kognitiver Entwicklung oder von unbewußten Konflikten betrachtet wurden. Die Temperamentforschung wurde im wesentlichen von dem amerikanischen Psychiaterehepaar Stella Chess und Alexander Thomas begründet und später weiterentwickelt. Das Forschungsteam um Chess und Thomas begann 1956 die **New Yorker Langzeitstudie**, die als Ausgangs- und Referenzpunkt der modernen Temperamentforschung gilt [29]. Sie untersuchten 133 Kinder aus 84 Familien von der Geburt bis ins Erwachsenenalter. Noch heute werden die heute erwachsenen Probanden systematisch weiter untersucht. Ziel des Forschungsprojektes war es, Erkenntnisse über die Entwicklung von Kindern nicht wie bisher durch retrospektive, sondern durch kontinuierliche **prospektive Untersuchungen** zu gewinnen. Zunächst ging es darum, Informationen über das Verhalten von Säuglingen und Kleinkindern in vielen alltäglichen Situationen und über den Ablauf von Verhaltensweisen über Stunden und Tage hinweg zu sammeln. Als Datenquelle wurden Interviews mit den Eltern herangezogen. Bei den Interviews wurde zur Erfassung der Temperament-Umwelt-Interaktion darauf geachtet, daß Verhaltensbeschreibungen des Kindes im Kontext der jeweiligen Umweltsituation geschildert wurden. Wenn also eine Mutter berichtete, daß ihr Kind geweint hatte, als sie es abends ins Bett bringen wollte, fragte man sie: „Was taten Sie, als es weinte?" Und weiter: „Wie reagierte es auf das, was Sie taten?" Als nächstes fragte man: „Was machten Sie dann?" und so weiter bis zum Ende der jeweiligen Interaktionssequenz. Später wurden Interviews sowohl mit den Kindern/Jugendlichen/Erwachsenen als auch deren Eltern geführt.

Temperamentsdimensionen. Aus den Interviewberichten der Eltern über den Zeitraum des Kleinkindalters wurden inhaltsanalytisch *9 Temperamentsdimensionen* erstellt, die sich dazu eignen, Unterschiede im Verhaltensstil der Kinder zu beschreiben:

- *1. Aktivität:* Niveau, Tempo und Häufigkeit, mit der die motorische Komponente im Verhalten hervortritt, sowie die Anteile passiven versus aktiven Verhaltens im Tagesablauf
- *2. Regelmäßigkeit:* Regelmäßigkeit des Auftretens grundlegender biologischer Funktionen wie des Schlaf-Wach-Rhythmus, Stuhlgangs und Hungergefühls
- *3. Annäherung-Rückzug:* Erste Reaktion des Kindes auf neue, unvertraute Reize und Situationen, seien es Menschen, Maßnahmen, Nahrung, Spielzeug u. a.
- *4. Anpassungsvermögen:* Leichtigkeit, mit welcher das Kind eine anfängliche Reaktion in die von der Umwelt gewünschte Richtung verändern kann
- *5. Sensorische Reizschwelle:* Die Stärke eines Reizes, die nötig ist, um eine wahrnehmbare Reaktion hervorzurufen, unabhängig von der Form, die diese Reaktion annimmt
- *6. Stimmungslage:* Anzahl der positiven Reaktionen (Lachen, Freude, Zufriedenheit) im Verhältnis zur Anzahl der negativen Reaktionen (Weinen, Schreien, Unzufriedenheit)
- *7. Intensität:* Die Energie oder Heftigkeit, mit welcher eine Reaktion zum Ausdruck kommt, ungeachtet der Qualität und Richtung dieser Reaktion
- *8. Ablenkbarkeit:* Der Grad, in welchem äußere Reize auf die Richtung des Verhaltens Einfluß nehmen oder sie verändern kann
- *9. Ausdauer:* Die Zeit, in der ein Kind sich mit einer Tätigkeit trotz vorhandener Hindernisse beschäftigen kann

Temperamentskonstellationen. Auf Grund der Elterninterviews wurde das Temperament eines Kindes in allen 9 Dimensionen auf einer 3-Punkte-Skala erfaßt. Entsprechend bestimmter Kombinationen der 9 Dimensionen in ihrem Ausprägungsgrad ließen sich *drei Temperamentskonstellationen* ermitteln. Diese 3 Konstellationen wurden von den Autoren folgendermaßen benannt und umschrieben:

> **!**
>
> - *Flexible, einfache, ausgeglichene Kinder („easy going", ca. 40 %)*
>
> Sie zeigen eine große Regelmäßigkeit in ihren biologischen Rhythmen, nähern sich eher an, zeigen ein hohes Maß an Anpassungsfähigkeit, eine ausgeglichene Stimmungslage, geringe Ablenkbarkeit und große Ausdauer. In Gruppen besteht die Gefahr, daß diese Kinder untergehen. Als Erzieher sollte man sich immer wieder bewußt Zeit für sie nehmen und auf sie zugehen.
>
> - *Ängstliche, vorsichtige, scheue Kinder („slow to warm up", ca. 15 %)*
>
> Sie ziehen sich eher zurück, zeigen eine langsame Adaptationsfähigkeit und brauchen viel Zeit. Sie sollten nicht gedrängt werden. Sie brauchen eine vertraute Umgebung, um sich sicher zu fühlen. Sie benötigen Ermutigung und Unterstützung von der Erzieherperson, bis die Stimmung von Vorsicht und Ängstlichkeit in Freude und Engagement umschlägt.

on Beziehung ...stehen

- *Komplizierte Kinder („difficult", ca. 10 %)*

Sie sind eher aktiv, unregelmäßig bezüglich ihrer biologischen Rhythmen, sensorisch empfindlich. Sie sind in ihrer Reaktionsweise sehr intensiv, stimmungslabil, ablenkbar und haben Mühe sich anzupassen. In der Erziehung dieser Kinder ist es wichtig, daß sie die Möglichkeit haben, ihre heftigen Emotionen auszuleben, dann aber auch wieder ruhige Momente erfahren können. Ein flexibler Erziehungsstil ist hier besonders hilfreich. Auf bevorstehende Aufgaben oder Veränderungen sollten sie frühzeitig aufmerksam gemacht werden, damit sie genügend Zeit haben, sich darauf einzustellen. Die Gefühlsreaktionen sind dann weit weniger ausgeprägt.

Die restlichen 35 % der Kinder lassen sich nicht eindeutig einer dieser drei Temperamentskonstellationen zuordnen. Man bezeichnet sie deshalb als sog. Mischtypen.

In der *Erziehung* sollte versucht werden, die Kinder möglichst entsprechend ihrer Temperamentskonstellation sich entwikkeln und entfalten zu lassen. Das bedeutet:

- Aktive Kinder brauchen Gelegenheit, aktiv zu sein
- Ängstliche Kinder brauchen mehr Zeit und Unterstützung
- Komplizierte Kinder müssen möglichst flexibel erzogen werden

Neurophysiologische Befunde. Kagan und Mitarbeiter [45] haben Ende der 80er Jahre die Temperamentsforschung von Chess und Thomas durch neurophysiologische Laboruntersuchungen weitergeführt. Sie wiesen nach, daß gewisse Verhaltensweisen eines Kindes, die einer der drei Temperamentskonstellationen zugeordnet werden konnten, mit bestimmten physiologischen Reaktionsweisen korrelieren. „Gehemmte" Kinder zeigen eine höhere und regelmäßigere Herzschlagfrequenz, ihre Pupillen sind weiter gestellt, sie haben einen höheren Muskeltonus sowie eine leisere Stimme. Da diese physiologischen Parameter eine erhöhte (Re-)Aktivität der Erfolgsorgane widerspiegeln, wurde basierend auf Tierversuchen die Hypothese aufgestellt, daß es sich beim Temperamentsmerkmal „Gehemmtheit" um einen Ausdruck einer niedrigen Reizschwelle des limbischen Systems, besonders des Hypothalamus und der Amygdala, handeln könnte. Das damit zusammenhängende höhere Niveau limbisch-hypothalamischer Erregung könnte dieser Hypothese zufolge mit einer Aktivierung des Sympathoadreno-medullären Systems einhergehen.

Entwicklungschancen. Die Zuordnung zu einer der Temperamentskonstellationen sagt für sich alleine noch nichts über die Entwicklungschancen eines Kindes aus. Die Temperamentskonstellationen umschreiben nur Variationen innerhalb normaler Grenzen. Auch Kinder mit „einfachem" Temperament können, wenn auch deutlich seltener, Verhaltensstörungen entwickeln. Das Risiko für psychische Störungen ist besonders dann gegeben, wenn das Temperament mit den Erwartungen und Anforderungen der Umwelt nicht „zusammenpaßt". Aus dem Verständnis dieser Temperament-Umwelt-Interaktion wurde der Begriff *„Passung"* [29] geprägt. Das Modell der Passung geht davon aus, daß die psychische Entwicklung eines Individuums weder von Umwelteinflüssen, wie Einstellungen und Erziehungspraktiken der Eltern, noch von der Anlage, wie dem Temperament des Kindes, alleine bestimmt wird, sondern von der Übereinstimmung oder Kompatibilität zwischen beiden. Man nennt dieses Modell auch *„goodness of fit"*, bei Nicht-Übereinstimmung *„poorness of fit"* [29]. Verhaltensstörungen oder psychische Störungen sind demnach als Folge einer Unvereinbarkeit der normalen Variationen zwischen Kind und Umwelt zu verstehen. Dieses „goodness of fit" bzw. „poorness of fit" Modell weist auch Ähnlichkeiten mit dem modernen Streß-Begriff auf. Streß wird dabei als Zustand verstanden, der in einem Ungleichgewicht zwischen Erwartungen aus der Umwelt und der Fähigkeit eines Individuums, mit diesen Erwartungen zu Rande zu kommen, begründet ist (vgl. Kap. 8.4).

5.4.8 Ich-Entwicklung

Phasen der intrapsychischen Entwicklung. Konzepte zur intrapsychischen Entwicklung des Menschen wurden seit Beginn des 20. Jahrhunderts von verschiedenen tiefenpsychologischen Schulen, insbesondere der *Psychoanalyse* entwickelt. Grundlegende Arbeiten hierzu stammen von Anna Freud [38], Margret Mahler [50], René Spitz [67] und Donald Winnicott [72]. Sie haben einzelne *Phasen der Ich-Entwicklung* des Kindes beschrieben. Diese verlaufen teilweise nacheinander, teilweise parallel. Im folgenden werden diese Phasen mit ihren wichtigsten Merkmalen kurz beschrieben.

Die autistische Phase (0–2 Monate). In der ersten Zeit nach der Geburt kann das Kind noch nicht zwischen sich selbst und der Umwelt unterscheiden. Es nimmt zwar Reize von innen wie Hunger oder Schmerz und Sinnesempfindungen von außen wie Berührung, die Stimme oder das Gesicht der Mutter oder des Vaters wahr, jedoch sind all diese Wahrnehmungen Teil seiner selbst.

Die symbiotische Phase (ab dem 2. Monat). Das Kind beginnt die Mutter oder eine andere konstante Pflegeperson wahrzunehmen, jedoch immer noch nicht als abgegrenzte eigenständige Person. Die Unterscheidung zwischen innen und außen ist noch wenig ausgebildet. Winnicott (1896–1971), ein englischer Kinderarzt, der sich schon früh mit der Mutter-Kind-Beziehung beschäftigte, bezeichnete diese enge Verbindung zwischen Kind und Pflegeperson als „nursing couple" [72]. Kann ein Kind keine solche symbiotische Phase mit einer konstanten Betreuungsperson durchleben, kommt es zum Phänomen der „anaklitischen Depression" [67], als deren Folge der Tod durch „Marasmus" (Verlöschen des Lebens ohne organische Ursache) eintreten kann.

Die Phase der Differenzierung (ab dem 6. Monat). Das Kind beginnt, den eigenen Körper als getrennt von dem seiner Mutter zu erleben. Gleichzeitig unterscheidet es auch zwischen vertrauten und unvertrauten Personen. Besonders die Mutter oder der Vater sind nicht mehr austauschbar, sie sind zum eigentlichen Liebesobjekt geworden. Die emotionale Bindungsfähigkeit ist nun voll entwickelt. Die Beziehung zur Hauptbezugsperson weist gegen Ende des 1. Lebensjahres schon die Merkmale jeder libidinösen Beziehung auf: Eifersucht, Wunsch nach Alleinbesitz, nach Zärtlichkeit und körperlicher Nähe, nach Beachtung und Anerkennung sowie Trennungsschmerz und Trennungsangst.

Übergangsphänomene. Noch bevor das Kind eine gesicherte Beziehung zur vertrauten Pflegeperson aufbauen kann, d. h. vor dem Erwerb der Objektbeziehungsfähigkeit, benützt das Kind gewisse Teilobjekte wie z. B. eine weiche Windel oder einen Deckenzipfel und steckt diese zusammen mit seinen Fingern in den Mund oder streichelt sich die Wangen. Das Kind verschafft sich so mit Hilfe dieser Teilobjekte eine orale Befriedigung, die es sonst von der Mutter erhalten würde. Winnicott bezeichnete diese Phänomene als *„Übergangsphänomene"* [73]. Auch später greift ein Kind in Situationen, in denen die Betreuungsperson nicht anwesend ist, wie z. B. bei Trennungen oder beim Schlafengehen auf Ersatzobjekte, nach Winnicott *„Übergangsobjekte"*, zurück. So kann ein Stofftier als Symbol für die Mutter fungieren. Dabei spielt die meist weiche Beschaffenheit und ganz besonders der Geruch eine wichtige Rolle. Deshalb sollte ein Übergangsobjekt nach Möglichkeit auch nicht gewaschen werden.

Trotzreaktionen. Im 2. Lebensjahr, vor allem im Zusammenhang mit der fortschreitenden motorischen Entwicklung und der Fähigkeit des Kindes, sich von der Mutter zu entfernen, wird die Beziehung zur Bezugsperson ambivalent. Wenn das Kind sich in seinem Explorations- und Bewegungsdrang zu weit entfernt oder sich in Gefahrensituationen bringt, wird die Mutter das Kind zurückrufen oder durch ein „nein" seinem Tun Einhalt gebieten. Das Kind kann in diesem Stadium seiner Entwicklung den protektiven Sinn der mütterlichen Haltung nicht verstehen. Deshalb wird es auf ein Eingrenzen oder auf Verbote seiner Aktionen mit einer unterschiedlich

starken Gegenreaktion antworten. Das *Trotzen* ist in der Ich-Entwicklung ein wichtiger Meilenstein. Das Kind erfährt seine Ich-Grenzen vorwiegend in der Auseinandersetzung mit den von den Eltern aufgestellten Grenzen. Sowohl ein zu nachgiebiges wie auch ein zu kontrollierend einengendes Erzieherverhalten kann sich nachteilig auf die Entwicklung des Kindes auswirken. Trotzreaktionen können Eltern sehr beeindrucken. Sind diese heftig und spielen sich in der Öffentlichkeit ab, geraten Eltern nicht selten in Verlegenheit. Ein typisches Beispiel ist ein Trotzanfall an der Kasse eines Lebensmittelgeschäfts, wo häufig Süßigkeiten oder andere für Kinder attraktive Sachen ausgestellt sind. Wie soll die Mutter reagieren? Wenn sie nachgiebig ist und die Süßigkeiten kauft, muß sie damit rechnen, daß das Kind Trotzreaktionen als eine erfolgreiche Strategie erlebt, um seinen Willen durchzusetzen. Die Trotzreaktionen werden sich häufen und allenfalls noch stärker werden, wenn sie nicht rasch zum Erfolg führen (vgl. Kap. 7.1.4.). Erfahrungsgemäß ist es am sinnvollsten, wenn die Mutter das Kind in Ruhe läßt und das Ende des Anfalls abwartet. Sie sollte bei ihm bleiben, um ihm zu verstehen zu geben, daß es für seine Trotzreaktion nicht mit Alleingelassenwerden bestraft wird. In der Regel klingt der Ausbruch dann genauso rasch wieder ab, wie er gekommen ist.

Omnipotenz und Wiederannäherung. Zu Beginn des 2. Lebensjahres kommt es parallel zum Erlernen des Laufens zu einem Autonomieschub. Das Kind kann seinen Erfahrungshorizont plötzlich ausweiten. Eine *neue Art von Omnipotenzgefühl* wächst in ihm heran. Mahler hat dieses Glücksgefühl in der Mitte des 2. Lebensjahres als „eine Liebeserklärung an die Welt" beschrieben. Das Kind hat die Vorstellung, es könne mit seiner neu erworbenen Fähigkeit des Gehens die ganze Welt erkunden. Häufig beobachten wir dann aber abrupte Stimmungswechsel. Das Kind rennt fröhlich von den Eltern weg, hält dann plötzlich inne, bekommt einen ängstlichen Gesichtsausdruck und sucht wieder den elterlichen Kontakt. Autonomiestrebungen und aufkommende Trennungs- und Verlassenheitsängste gehören zum kindlichen Alltag. Mahler sprach von der Zeit der *„Wiederannäherung"*. Das Kind muß sich immer wieder der Anwesenheit der Mutter vergewissern. Die Welt erobern und am Rockzipfel hängen gehören also durchaus zusammen. Aus diesem Grund ist es in dieser Entwicklungsphase nicht sinnvoll, das Kind erstmals in eine Kinderkrippe zu bringen. Entweder sollte es schon im Verlauf des 1. Lebensjahres in eine Krippe integriert werden oder dann erst mit $2\frac{1}{2}$–3 Jahren.

Bindungsverhalten. Die Art des Explorationsverhaltens ab dem 2. Lebensjahr steht in engem Zusammenhang mit den frühen Erfahrungen des Bindungsverhaltens. Bowlby [19,20] und seine Schülerin Ainsworth [11] begründeten in England mit ihren Studien zum Bindungsverhalten eine eigentliche Forschungsrichtung. In Deutschland entwickelte vor allem die Arbeitsgruppe um das Ehepaar Grossmann [41] die Bindungsforschung weiter. Wesentliche Ergebnisse der Beobachtungsstudien waren, daß Kinder, die ihre Umwelt als Geborgenheit und Sicherheit gebend erfahren, ein aktives Explorationsverhalten zeigen. Kinder, die ihre Umwelt als unsicher und wenig Halt gebend erlebten, verhielten sich eher ängstlich, abwartend und passiv. Daraus wird verständlich, daß die frühen Bindungserfahrungen sich nachhaltig auf das Selbstwertgefühl, das Gefühl der Sicherheit in sozialen Gruppen und die Lernfähigkeit auswirken.

Die Phase der ersten Verselbständigung (mit ca. 3 Jahren). Bei einem positiven Ablauf der vorhergegangenen Phasen kann das Kind die Abwesenheit von Mutter und Vater besser ertragen. Es vertraut darauf, daß die Eltern nicht verloren gehen und daß sie auf jeden Fall wiederkommen werden. Die Verläßlichkeit des Kommens und Gehens von Bezugspersonen ist eine wichtige Voraussetzung für die weitere Stabilisierung des Urvertrauens. Das Kind anerkennt, daß auch die Eltern eigenständige Persönlichkeiten mit eigenen Bedürfnissen und Verpflichtungen sind, die nicht immer mit denen des Kindes übereinstimmen müssen. Hat ein Kind die Sicherheit und Geborgenheit von seinen Eltern erfahren, kann es jetzt auch fremde Erziehungspersonen akzeptieren und sich in Gruppen mit anderen Kindern einleben. Das bedeutet, daß gegen Ende des 3. Lebensjahres ein günstiger Zeitpunkt ist, ein Kind in eine Spielgruppe zu schicken.

5.4.9 Sexualentwicklung

Der Begriff der Sexualität wird von der Psychoanalyse als über die Genitalzone hinausreichend verstanden und auf zwei weitere sog. erogene Zonen, die Oralzone (Mundregion) und die Analzone (Afterbereich) ausgedehnt. Die frühkindliche sexuelle Entwicklung verläuft demnach „entlang" dieser drei Zonen. Man unterscheidet folgende Phasen (Tabelle 5.10):

- Die *orale Phase*, in der die Mundzone Quelle primär lustvoller Befriedigung ist. Sie wird vorwiegend dem 1. Lebensjahr zugeordnet.
- Die *anale Phase*, in der sich das Kind für die Ausscheidungsorgane und seine Exkremente interessiert. Dies findet im wesentlichen im 2.–3. Le-

Tabelle 5.10. Phasen der frühkindlichen Sexualentwicklung

Phase	Alter	Zone lustvoller Erfahrungen	Art und Funktion der Befriedigung	Ich-Entwicklung
Orale Phase	1. LJ	Mundregion	Lutschen, Saugen	„Urvertrauen"
Anale Phase	2.–3. LJ	Analregion	Interesse an den eigenen Exkrementen; Spiel mit Schmutz; Triebkontrolle und Reinlichkeitserziehung	Autonomie versus Abhängigkeit „Trotzphase"
Phallische Phase	4.–6. LJ	Genitalregion	Exploration der eigenen Geschlechtsorgane; Masturbieren zur Erfahrung lustvoller Körpersensationen; „Doktorspiele"	Erfahrung der eigenen körperlichen Integrität; Grundlagen der eigenen Geschlechtsidentität
„Latenzphase"	6.–9. LJ	Integration aller drei Regionen	Neugierde und „Wissensdurst"	Persönlichkeitsreifung; Festigung der Geschlechtsidentität

bensjahr statt. Gleichzeitig muß sich das Kind mit der Forderung der Umwelt auseinandersetzen, auf die sofortige lustbetonte Entleerung zu verzichten. D. h. es muß lernen, diese zeitlich zu kontrollieren und nur an dafür bestimmten Orten zu vollziehen.

● Die *phallische Phase*, in der das Kind sein Geschlecht zur Kenntnis nimmt und erste Fragen zur Sexualsphäre stellt. Sie umfaßt ungefähr das 3.-6. Lebensjahr.

Orale Phase. In dieser Phase befriedigen die Mutter oder andere konstante Pflegepersonen die oralen Bedürfnisse des Kindes. Gleichzeitig wenden sie sich ihm aber auch liebevoll zu. Die Verknüpfung von oraler Befriedigung mit der Sicherung des Bedürfnisses nach Liebe und Geborgenheit bilden den Grundstein für die Entwicklung des sog. *„Urvertrauens"* [35]. Erfährt das Kind in dieser Phase Frustrationen, bildet sich statt dessen ein Urmißtrauen aus, das die Basis für spätere Ängste und Kontaktschwierigkeiten darstellen kann.

Anale Phase. Die Analphase bringt eine Verlagerung der Aufmerksamkeit auf die Analzone. Auch die Erwachsenen schenken im 2.–3. Lebensjahr des Kindes der Analregion mehr Beachtung. Mit der beginnenden *Reinlichkeitserziehung* erwarten nämlich die Eltern vom Kind, daß es seine kindliche Triebhaftigkeit zu kontrollieren lernt. Diesen Triebverzicht erlernt das Kind in der Regel den Eltern zuliebe. Die Exkremente, die das Kind als Teil seiner selbst erlebt, werden der Mutter oder dem Vater „geschenkt". Dafür erhält es Lob und Anerkennung. Diese Entwicklungsphase ist leicht störanfällig. Die Eltern sollten sensibel genug sein, um die Verzichtleistungen des Kindes weder zu früh noch zu rigide zu fordern.

Phallische Phase. In der phallischen Phase wird sich das Kind im allgemeinen seiner eigenen Person zunehmend bewußt. Parallel dazu werden die *Geschlechtsorgane* als ein wichtiger Teil des eigenen Körpers entdeckt. Daneben spielt aber auch die Erfahrung der lustvollen Körpersensationen beim Erkunden und Manipulieren mit Klitoris oder Penis eine wichtige Rolle. Das Masturbieren und Zur-Schau-Stellen sind von daher als natürliche Vorgänge im Explorationsprozeß des eigenen Körpers zu verstehen. Gleichzeitig werden auch die körperlichen Geschlechtsunterschiede von Mädchen und Knaben bzw. von Frauen und Männern bewußter wahrgenommen. Die „Doktorspiele" dieser Phase haben deshalb den Zweck, sich Gewißheit über die eigene Ganzheit und die Merkmale des anderen Geschlechts zu verschaffen. Neben der Frage, warum Knaben anders aussehen als Mädchen, beschäftigt Kinder in dieser Zeit auch die Frage, woher die Kinder kommen. Kinder, die auf diese zentrale Frage eine altersentsprechende, aber sachlich richtige Antwort erhalten, werden sich auch später getrauen, den Erwachsenen Fragen zu Beziehung und Sexualität zu stellen. Sie werden in der anschließenden Latenzphase weniger mit Geheimnistuerei und Witzeleien reagieren.

Ödipuskonflikt. In die phallische Phase fällt auch der nach Sigmund Freud benannte *„Ödipuskonflikt"* (erotisch gefärbte Bindung an den gegengeschlechtlichen und Rivalität mit dem gleichgeschlechtlichen Elternteil). Allgemeiner ausgedrückt bedeutet dies, daß sich das Kind mit seiner Stellung zwischen den Eltern auseinandersetzen muß. Entgegen früherer Auffassung geht man heute davon aus, daß das Kind schon in der Phase der Differenzierung zwischen Selbst und Objekt ab dem 6. Lebensmonat nicht nur mit einer Person eine enge Beziehung (Dyade) eingeht, sondern gleichzeitig mit mehreren. Rotmann nannte diesen Entwicklungsschritt im Beziehungsaufbau *„Triangulierung"* [60]. In der phallischen Phase wird das Kind also vorwiegend die Unterschiede in der Beziehungsqualität zwischen den Eltern einerseits und zwischen je einem Elternteil und ihm andererseits wahrnehmen. Aus dieser Position heraus sind die Eifersuchts- und Rivalitätsgefühle Vater oder Mutter gegenüber zu verstehen. Während dieser Entwicklungsperiode finden auch die ersten Identifikationsprozesse statt, vor allem von Seiten des Knaben mit dem Vater. Für das Mädchen ist es wichtig, die Bewunderung des Vaters zu erfahren, ohne Gefahr zu laufen, von seiner Seite her mit Erwartungen nach Befriedigung erotischer und sexueller Bedürfnisse konfrontiert zu werden.

Latenzphase. Nach Abklingen der phallischen Phase, etwa ab dem 6. Lebensjahr, beginnt für das Kind ein Stadium der Beruhigung, die sog. „Latenzphase". Dies bedeutet nicht, daß in dieser Zeit kein Interesse an sexuellen Fragen oder der eigenen Sexualität vorhanden wäre. Diese treten jedoch etwas in den Hintergrund, jedoch nur dann, wenn die vorausgegangenen Entwicklungsphasen gut durchlaufen werden konnten und das Kind auf seine Fragen altersadäquate Antworten erhalten hat. Die Latenzphase ist eine günstige Zeit für eine Fortsetzung der im Vorschulalter begonnenen *Sexualaufklärung*. In dieser Altersstufe nehmen die Kinder Informationen über die Funktion der Geschlechtsorgane und über Zeugung und Geburt mehr auf einer intellektuellen als auf einer emotionalen Ebene auf. In Gesprächen über sexuelle Fragen sollten auch die in der Reifezeit zu erwartenden körperlichen Veränderungen und deren zeitliches Auftreten angesprochen werden. Als weiteres wichtiges Thema der Sexualerziehung in der Vorpubertät sollten Aspekte der Liebesbeziehung zwischen zwei Menschen angesprochen werden.

5.5 Kindergarten- und Schulalter

5.5.1 Übergang vom Kindergartenkind zum Schulkind

Im Alter zwischen 5–7 Jahren vollziehen sich in den verschiedenen Bereichen Reifungs- und Entwicklungsschritte.

Körperlicher Bereich – erster Gestaltwandel. Das Kind erfährt einen Wachstumsschub. Die Gliedmaßen strecken sich. Durch den Abbau der Fettpolster verliert es die weichen Gesichtszüge und runden Körperformen des Kleinkindes. Der Zahnwechsel setzt ein.

Kognitiver Bereich – vom naiven zum kritischen Realismus. Ein besonderes Merkmal des Vorschulalters ist der *Egozentrismus*, die Ichbezogenheit des Kindes. Das Kind hat in der Beziehung zur Umwelt nur eine einzige Vergleichsbasis und einen einzigen Bezugspunkt, nämlich sich selbst mit seinem Willen, seinen Wünschen, Gefühlen und Fähigkeiten. Mit dem Schulalter wird dieses egozentrische Wirklichkeitsverständnis langsam abgelöst. Das Kind erfährt die Welt nicht mehr ausschließlich unter dem Aspekt des eigenen Erlebens, sondern interessiert sich auch für Dinge, Menschen, Orte und Phänomene, die außerhalb seiner Erlebniswelt liegen. Es entwickelt ein Interesse an der Vergangenheit und die Fähigkeit zum Erfassen von Zeitabläufen. Erst jetzt ist eine Wochenübersicht möglich. Weiter lernt das Kind, sein Verhalten zu planen und zu strukturieren. Die *Abstraktionsfähigkeit* und damit das logische Denken nehmen im Schulalter ebenfalls kontinuierlich zu. Die Sprache gewinnt beim Lösen von Problemen eine zunehmende Bedeutung. Während das Vorschulkind Probleme vorwiegend auf der Handlungsebene zu lösen versucht (Versuch-Irrtum), lernt das Schulkind Probleme auf der Basis eines begrifflichen Planes anzugehen. Verbale Gesichtspunkte spielen bei der Begriffsbildung und der Entwicklung von Lösungsstrategien eine große Rolle. Das Tempo der kognitiven Entwicklung wird durch das häusliche Milieu und die Schule, insbesondere den Erziehungsstil der Eltern bzw. den Unterrichtsstil der Lehrerin/des Lehrers wesentlich mitbeeinflußt.

Emotionaler Bereich – Wahrnehmung differenzierterer Gefühle und Fähigkeit zu deren Abwehr. Die emotionale Entwicklung im Schulalter steht in engem Zusammenhang mit der weiteren Ich-Entwicklung, der differenzierten Wahrnehmung von Lust und Unlust und den Sozialisationserfahrungen. Das Kleinkind ist zunächst vorwiegend von seinen Trieben gesteuert und möchte nach dem Lustprinzip leben. Im weiteren Verlauf der Kindheit muß das Kind lernen, seine Triebhaftigkeit zeitlich und in der Heftigkeit der Ausprägung zurückzustellen. Diese Anpassungsleistung erfolgt auf dem Weg der *Gewissensbildung*, in der psychoanalytischen Theorie *„Über-Ich-Entwicklung"* genannt, und mit Hilfe von *Abwehrmechanismen*. Anna Freud [38] definierte Abwehrmechansimen als die *Fähigkeit des Ichs, peinliche oder unerträgliche Vorstellungen und Affekte zu verdrängen, um damit das Ich vor den Triebansprüchen des Unbewußten, im psychoanalytischen Terminus „Es" bezeichnet, zu schützen* (s. Kap. 7.2.2).

Sozialer Bereich. Mit dem Eintritt in die Schule verändert sich der Charakter der Gruppenbildungen. Im Kindergartenalter bilden sich Spontangruppen mit dem Zweck des gemeinsamen Spiels, die sich nach Beendigung der Spielsequenz wieder auflösen. Im Lauf der Primarschulzeit entstehen stabilere Gruppen, die über Tage und Wochen gleich bleiben. Zur weiteren Stabilität trägt die Identifikation mit der Schulklasse oder formellen Gruppen wie Pfadfinder und Sportmannschaften bei. Mädchen bevorzugen Zweierbeziehungen, Knaben eher größere Gruppen. Außerdem findet eine Homogenisierung der Gruppen statt. Gruppenbildungen entstehen in annähernd gleichen Altersstufen und innerhalb der gleichen Geschlechtsgruppe. Letzteres trägt auch zur Festigung des eigenen Geschlechtsbewußtseins und zur Internalisierung sozialisationsbedingter Geschlechtsrollen bei. Diese Reifungs- und Entwicklungsprozesse des Kindes leiten die Phase der Verselbständigung und die erste Loslösung von den Eltern ein.

5.5.2 Schulreife

In den deutschsprachigen Ländern werden die Kinder von Gesetzes wegen in dem Jahr, in dem sie 6 bzw. 7 Jahre alt werden, als schulreif betrachtet und sind damit schulpflichtig. Wegen der genannten individuellen Unterschiede in der Entwicklung besteht jedoch eine große Variationsbreite hinsichtlich des Alters, in dem ein Kind als schulreif angesehen werden kann. Es ist eine gemeinsame Aufgabe der Kindergärtnerin und des Haus- oder Kinderarztes, die Schulreife eines Kindes zu beurteilen.

- *Körperlicher Bereich*: Gestaltwandel vollzogen; motorische Reife, insbesondere der Feinmotorik
- *Kognitiver Bereich*: Klare und deutliche Ausdrucksfähigkeit in der Muttersprache, verständliches und folgerichtiges Nacherzählen eines Erlebnisses; Konzentrationsfähigkeit und Ausdauer; Gedächtnis: drei Aufträge aus-

führen; Zahlen- und Mengenbegriff; Zeitverständnis; Geldverständnis; altersentsprechende Gestalterfassung und -wiedergabe
- *Emotionaler Bereich*: Wandel vom Spieltrieb zur Arbeitshaltung; Triebaufschub und Triebverzicht; realitätsgerechtes Verarbeiten von Erfolg, Mißerfolg, Enttäuschung und Strafe, d. h. Erwerb einer gewissen Frustrationstoleranz; Motivation zum Handeln nicht nur auf Erfolg ausgerichtet; Verlieren- und Gewinnen können
- *Sozialer Bereich*: Verständnis für den Wechsel von Einzel- und Gruppenunterricht, sich in der Gruppe angesprochen fühlen; eigene Ideen und Wünsche durchsetzen können (gesunder Egoismus) bei gleichzeitiger Bereitschaft, sich auf Absichten und Handlungen der anderen einzulassen (wechselseitige Anpassung); Bereitschaft zur Übernahme von gestellten Aufgaben, selbst wenn diese nicht der eigenen Bedürfnisbefriedigung dienen (Gefühl der Verantwortung für sich selbst und für die Gemeinschaft)

5.5.3 Die Kinderzeichnung

Das Zeichnen ist vor allem ein Ausdrucksmittel des Kindergarten- und frühen Schulalters. Bei belastenden Lebensereignissen wie z. B. eigener schwerer Krankheit oder Tod eines Elternteils kann das Zeichnen zu einem wichtigen Mittel werden, mit dem ein Kind seine Ängste und Phantasien ausdrücken kann. In der Entwicklung unterscheidet man wie beim Spiel verschiedene Stadien:

- *Das spezifisch funktionale Stadium*: Hier steht die Freude an der Bewegung des Stiftes und der Spuren, die dieser hinterläßt, ganz im Vordergrund. Im

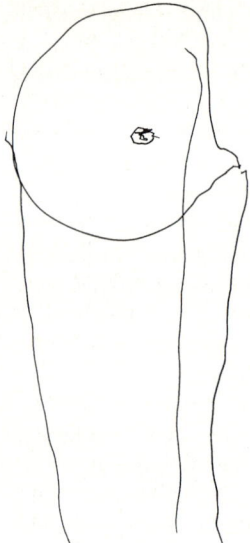

Abb. 5.2. Zeichnung im Kritzelstadium

Kritzelstadium erlernt das Kind die 2 Grundelemente jeder graphischen Darstellung: Kreis und Strich (Abb. 5.2).

- *Das Symbolstadium:* Die beiden Grundelemente Strich und Kreis werden frei kombiniert. Es enstehen Gebilde, die manchmal auf Grund ihrer zufälligen Ähnlichkeit mit einem Objekt z.B. als Auto, Baum oder Mensch bezeichnet werden. Der sog. „Kopffüßler", eine Menschendarstellung, die lediglich aus Kopf und zwei Beinen besteht, die dem Kopf entwachsen, ist ein Symbol für die menschliche Figur (Abb. 5.3).
- *Das werkschaffende Zeichnen*: Es ist gekennzeichnet durch den vorgefaßten Plan, der dann auch durchgeführt wird. Das, was das Kind darstellen wollte, ist auf der Zeichnung an charakteristischen Merkmalen für den Betrachter erkennbar.

Merkmale der Kinderzeichnung. Zeichnungen von Kindern unterscheiden sich von denen Erwachsener in charakteristischer Weise. Die Kenntnis dieser Unterschiede ist für das Verstehen und die Beurteilung von Kinderzeichnungen wichtig:

- Das Kind zeichnet, was es weiß, und nicht, was es sieht. Im 6. und 7. Lebensjahr hat das Kind ein großes Bestreben, alles, was es weiß, zu Papier zu bringen und auch möglichst sichtbar zu machen: z.B. Menschen mit durchsichtigen Kleidern, das Kind im Mutterleib, das Innere des Hauses etc. In diesem Alter bewegt sich das Kind zwar in den drei Dimensionen des Raumes, es hat aber noch keine Vorstellung vom Raum und den Beziehungen der drei Dimensionen zueinander. Piaget nennt das den topologischen Raum des Vorschulalters. Das Kind denkt in erlebten Raumkategorien von Nachbarschaft, Geschlossenheit und Eingeschlossensein. Deshalb kann es auf dieser Entwicklungsstufe auch noch nicht dreidimensional zeichnen (Abb. 5.4).
- Die Grössenverhältnisse sind verschoben. Was wichtig ist, wird groß gezeichnet, d.h. das Kind zeichnet entsprechend seiner individuellen Bewertung.
- Wichtige Teile werden weggelassen: Auf dieser Entwicklungsstufe werden Objekte oft nur in ihren Teilaspekten wahrgenommen. So fehlt in den Ge-

Abb. 5.3. „Kopffüßler"

Abb. 5.4. Zweidimensionale Darstellung des erlebten Raumes

sichtern der frühen Kinderzeichnung häufig die Nase, während die erlebnismäßig wichtigeren Augen und der Mund vorhanden sind. Teilweise werden Dinge auch unbewußt nicht gezeichnet, weil sie mit unangenehmen Gefühlen verbunden sind.

- Nacheinander verlaufende Ereignisse können nebeneinander dargestellt werden. Ein solches „Geschichtenerzählen" finden wir z. B. häufig beim Thema „Ausflug".

- Die frühen Zeichnungen enthalten Einzeldarstellungen, meist von nebengeordneten, nicht zusammengehörenden Objekten. Später kommt es zur Zentralisation, d. h. ein Objekt tritt in den Mittelpunkt, andere werden als Ausschmückung dazugezeichnet (Abb. 5.5). Im Schulalter gelingt dann auch die szenische Darstellung. Parallel zur fortschreitenden Persönlichkeitsentwicklung zeichnen Kinder Personen zunehmend differenzierter und mit vollständigen menschlichen Attributen (Abb. 5.6).

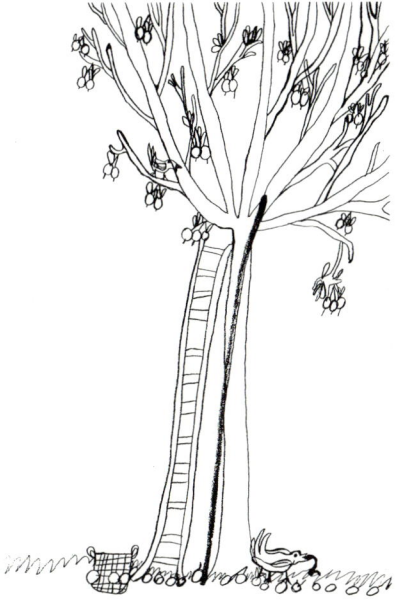

Abb. 5.5. Zentralisierte Objektdarstellung

Abb. 5.6. Zunehmende Ausdifferenzierung der menschlichen Gestalt

- Die Farbgebung ist in keiner Weise an der Wirklichkeit orientiert. Die Freude an der Farbe ist primär für deren Gebrauch entscheidend.
- Das Hauptmotiv der Kinderzeichnung ist das Haus. Es ist das Symbol der Geborgenheit und der eigentliche Lebensraum des 5–8jährigen Kindes.
- Die Zeichnung dient dem Kind auch zur Darstellung seiner Phantasiewelt und seiner persönlichen Interessen, z. B. Indianer, Zoo, Dinosaurier, Raumfahrt.
- In der Zeichnung verwendet das Kind auch symbolische Elemente, um Bedürfnisse bzw. Wünsche, Ängste oder Konflikte zum Ausdruck zu bringen. In der Kinderpsychotherapie dienen Zeichnungen oder Symbolspiele als wichtige Zugangsmöglichkeiten zu inneren Konflikten des Kindes.

5.6 Jugendalter – Pubertät und Adoleszenz

Das Jugendalter umfaßt sowohl die *körperliche Entwicklung*, die unter dem Begriff *Pubertät* zusammengefaßt wird, als auch die *psychosoziale Entwicklung*, welche mit dem Begriff *Adoleszenz* umschrieben wird.

5.6.1 Biologische Faktoren der Pubertät

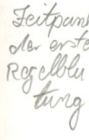

Die Zeitspanne zwischen dem ersten Auftreten der sekundären Geschlechtsmerkmale und dem ersten Funktionieren der Geschlechtsorgane bezeichnet man als Vorpubertät. Bei den Mädchen wird diese Entwicklungsphase mit der Menarche, bei den Knaben mit dem ersten Samenguß abgeschlossen. Die biologischen Veränderungen werden durch eine gesteigerte Se-

kretion von Geschlechtshormonen, besonders der Gonadotropine und Androgene eingeleitet.

Geschlechtshormone. Unter dem Einfluß der Geschlechtshormone kommt es nicht nur zur Ausreifung der sekundären Geschlechtsmerkmale, sondern auch zu einem Wachstumsschub, der sich vor allem auf die Zunahme der Gehirnmasse und das Extremitätenwachstum auswirkt. Dieser *puberale Wachstumsschub* setzt bei den Mädchen frühestens im Alter von $7\frac{1}{2}$, spätestens mit 12 Jahren ein, bei den Knaben frühestens mit 10, spätestens mit $13\frac{1}{2}$ Jahren. Die Mädchen treten also früher in die Pubertät ein und sind bis zum Alter von 13 Jahren den Knaben in der Entwicklung voraus. D.h., daß sie während dieser Zeit größer und schwerer sind als die männlichen Jugendlichen. Im Alter von 13–18 Jahren überflügeln die jungen Männer dann aber die Frauen in Bezug auf Körperlänge und Körpergewicht.

Reifung des Gehirns. Während das Gehirngewicht vom 3.-10. Altersjahr nur um ca. 120g zunimmt, ist in der Altersphase von 10–14 Jahren eine Gewichtszunahme um ca. 220g zu verzeichnen. Am Ende der Pubertät erreicht das Hirn seine größte Ausreifung. Jugendliche verfügen zwar über das bestausgebildete Instrument für intellektuelle Leistungen, müssen aber die Fähigkeit des intellektuellen Umgangs noch erlernen. Immerhin sind sie in manchen Bereichen, so vor allem in der Reaktionsfähigkeit oder bei Aufgaben, die mittels „reiner Intelligenz" zu bewältigen sind (gewisse mathematische Aufgaben, Schach- oder Computerspiele), Erwachsenen überlegen.

Gestaltwandel. In der Pubertät kommt es zum zweiten Gestaltwandel. Die Extremitäten sind vor allem zu Beginn des

Wachstumsschubs relativ länger im Verhältnis zum Rumpf. Dies kann Jugendliche vorübergehend in ihrem Körperempfinden verunsichern. Erst gegen Ende der Pubertät harmonisieren sich die Proportionen wieder. Nicht nur das Längenwachstum, sondern auch die Gewichtszunahme erfordern von Jugendlichen eine Anpassung an ihren sich verändernden Körper. Zwischen dem 10.–18. Lebensjahr nimmt die Körpergröße um 15–25 %, das Körpergewicht jedoch um 75–100 % zu. Die sich verändernde *Beziehung zwischen Gewicht und Größe* verlangt auch eine Neueinstellung der zentralen Regulation von Hungergefühl und Grundumsatz. Wegen der durch die Umbruchphase bedingten Labilität sind diese Parameter leicht störanfällig. Dies kann bei zusätzlichen psychischen Konflikten zur Entwicklung von Übergewicht (Adipositas), Magersucht (Anorexie) oder Eß-Brecht-Sucht (Bulimie) führen.

Geschlechtsspezifische Veränderungen junger Frauen. Unter dem Einfluß der Geschlechtshormone finden auch noch weitere geschlechtsspezifische körperliche Veränderungen statt. Bei den jungen Frauen verbreitern sich die Hüften, und es wird mehr Fettgewebe, vor allem im Bereich der Hüften und Oberschenkel, abgelagert. Dieses Phänomen hat einen tieferen biologischen Sinn. Die Heranwachsende wird für eine eventuell später eintretende Schwangerschaft, Geburt und nachfolgende Brusternährung des Kindes vorbereitet. Die Fettdepots dienen als „Speicherkammer" für diese Funktion. Da das Intervall zwischen Geschlechtsreife und späterer Schwangerschaft in den westlichen Ländern in der Regel 10 und mehr Jahre beträgt, ist es für die Jugendlichen schwer, den körperlichen Veränderungen, die *gegenläufig zum heute gängigen Schönheitsideal der Frau* sind, eine positive Seite abzugewinnen. Die Kör-

performen der Models, der sog. „Idealfrauen" entsprechen denjenigen eines vorpubertären Mädchens, d. h. durch die Werbung wird ein entwicklungsinadäquates Frauenbild propagiert. Dies dürfte eine der Ursachen dafür sein, daß sich heute fast die Hälfte der weiblichen Jugendlichen als zu dick erlebt, obwohl nach objektiven Kriterien nur ein Viertel übergewichtig ist.

Geschlechtsspezifische Veränderungen junger Männer. Bei den männlichen Jugendlichen verläuft die körperliche Entwicklung viel mehr im Einklang mit den derzeitigen Vorstellungen über einen attraktiven Körper. Muskelmasse und Muskelkraft nehmen zu, auch der Herzmuskel vergrößert sich, und die Schultern werden breiter. Der pubertäre männliche Körper strahlt also Stärke und Sportlichkeit aus. In der Werbung spielen gerade diese Faktoren bei der Darstellung männlicher Idole eine große Rolle: der Mann als Symbol für Kraft und Stärke. In diesem Zusammenhang ist auch zu verstehen, daß sich Männer im Durchschnitt körperlich attraktiver finden als junge Frauen und daß sie über ein besseres Selbstwertgefühl verfügen.

Stimmung und Antrieb. Weitere Veränderungen zeichnen sich in der Stimmungslage und im Antriebsverhalten ab. Jugendliche und teilweise auch ihre Umwelt leiden unter den Stimmungsschwankungen (Affektlabilität), der erhöhten Reizbarkeit und Verletzlichkeit. In ihrem Verhalten schwanken sie zwischen Apathie und Hyperaktivität. Diese psychischen Veränderungen sind teilweise durch die hormonellen Umstellungen bedingt und haben Ähnlichkeit mit einem endokrinen Psychosyndrom (psychische Veränderungen durch Fehlregulation der Hormonausschüttung).

Akzeleration. Im Vergleich zu früher setzen die biologischen Reifungsprozesse bei Mädchen und Jungen heute früher ein. Dieses Phänomen der Vorverlegung biologischer Reifungsprozesse betrifft jedoch nicht nur den Eintritt der Pubertät. Schon Säuglinge sind heute bei der Geburt größer und schwerer, und der erste Gestaltwandel findet in der Regel bereits im 5. Lebensjahr statt. 6–7Jährige sind heute im Durchschnitt 8–10cm größer als zu Beginn des Jahrhunderts.

> **!** Die Vorverlegung der biologischen Reifungsprozesse bezeichnet man als Akzeleration. Als Ursache der Reifungsbeschleunigung wird die Anregung des innersekretorischen Systems, insbesondere des Wachstumshormons diskutiert. Die Aktivierung des innersekretorischen Systems ist multifaktoriell bedingt, wobei vor allem bessere Ernährung, bessere hygienische Verhältnisse und eine Reizüberflutung eine Rolle spielen.

Divergenz von Reifungsschritten. Die Akzeleration geht oft nicht mit einer entsprechend raschen kognitiven Entwicklung einher. Sie bewirkt jedoch eine Veränderung des Weltbildes der Jugendlichen. Dadurch entstehen für die psychisch noch unreifen Heranwachsenden besondere Probleme. Sie wissen oft nicht, wie sie mit dem Ansturm von neuen Wünschen, Bedürfnissen, körperlichen Empfindungen und Phantasien, die ihr reifender Körper ihnen aufdrängt, fertig werden sollen. Probleme aus der *Divergenz zwischen körperlicher und seelisch-geistiger Entwicklung* können zusätzlich durch eine falsche Erziehungshaltung der Erwachsenen entstehen. Akzelerierte

Jugendliche werden von der Umwelt über-, retardierte Jugendliche unterschätzt. Die Reaktion der Jugendlichen äußert sich dann nicht selten in aktivem oder passivem Widerstand. Insgesamt bedeutet die Akzeleration eine Verkürzung der Kindheit.

5.6.2 Psychosoziale Aspekte der Adoleszenz

Als Folge der biologischen Reifungsprozesse werden Jugendliche sowohl in ihrem innerpsychischen Erleben als auch in ihren interpersonellen Beziehungen vor vielfältige neue Aufgaben und Anforderungen gestellt. Die psychosoziale Entwicklung von Mädchen und Knaben verläuft in dieser Phase recht unterschiedlich, da sie mit vielen geschlechtstypischen Anforderungen konfrontiert werden.

Stimmungslabilität und Identitätssuche bei Mädchen. In der Vorpubertät sind zwei Phasen zu beobachten. Zu Beginn befinden sich die Mädchen in einer positiv gefärbten Erregungsphase mit körperlicher Unruhe, starkem Rededrang und der Bereitschaft, über alles und jedes zu lachen. Einige Monate vor der Menarche kommt es dann häufig zu einem Umschwung, dem Eintritt einer „negativen" Phase. Die Stimmung wird labil und ist nicht selten leicht depressiv. Es wechselt das Bedürfnis nach Geselligkeit mit dem Wunsch, allein zu sein, Anpassungsbereitschaft mit Auflehnung, Unternehmungslust mit Trägheit. Der Stimmungsumschwung und das veränderte Antriebsverhalten ist wahrscheinlich biologisch bedingt, nämlich durch die abnehmende Wirkung des Nebennierenhormons ACTH. Die Stimmungslabilität bleibt je nach Persönlichkeitsstruktur unterschiedlich lange bestehen, klingt aber meist mit der allgemeinen Konsolidierung in der mittleren Adoleszenz ab. Während dieser Umbruchphase sucht die Jugendliche, sich mit ihrer Geschlechtsrolle auseinanderzusetzen. Anders als der Knabe hat das Mädchen eine zwiespältige Aufgabe. Es muß sich einerseits von der Mutter als ihrem primären Liebesobjekt ablösen, damit es selbst reifen und eigenständig werden kann. Andererseits ist das Mädchen aufgefordert, sich mit seiner Mutter zu identifizieren, um seine Rolle als Frau zu finden. Die aufkommenden ambivalenten Gefühle wehrt die Heranwachsende nicht selten mit einer Reaktionsbildung in Form von trotziger Auflehnung und Aggressivität gegen ihre Mutter ab. Häufig suchen die Mädchen dann Frauen außerhalb der Familie als Identifikationsfiguren und emotionalen Mutterersatz. Nur wenn einer jungen Frau die Ablösung von ihrer Mutter gelingt, wird sie später auch reife befriedigende heterosexuelle Beziehungen aufnehmen können.

Triebschub und Identitätssuche bei Knaben. Mit der beginnenden Pubertätsentwicklung kommt es bei den Knaben zu einer generellen, nicht auf den sexuellen Bereich beschränkten Steigerung aller Triebregungen. Von daher ist die Zunahme an Aggressivität, an Eßlust, die sich bis zur Gefräßigkeit steigern kann, und an Bewegungslust zu verstehen. Die Lust an Schmutz und Unordnung wird im Zusammenhang mit wiederauftauchenden analen Interessen gesehen. Die Ödipusproblematik lebt neu auf und muß durch besondere Reaktionsbildungen bewältigt werden. Die Liebe zur Mutter kann verdrängt und ins Gegenteil verkehrt werden und die Beziehung zu ihr aggressiv gefärbte Züge annehmen. Dadurch ist eine emotionale Distanzierung von ihr und eine Identifikation mit dem Vater möglich.

5.6.3 Entwicklungsaufgaben von Jugendlichen

Die Prozesse der körperlichen Reifung und psychosozialen Entwicklung beeinflussen sich wechselseitig. Mehr als jemals zuvor und nachher im Leben wird im Jugendalter deutlich, daß Entwicklung nicht etwas ist, was sich von selbst vollzieht. Die Jugendlichen sehen sich expliziten Aufgaben gegenüber gestellt, und die Erwachsenen sorgen dafür, daß diese Aufgaben bewältigt werden. Havighurst [43] hat folgende *Entwicklungsaufgaben für das Jugendalter* beschrieben:

- Akzeptieren der eigenen körperlichen Erscheinung und Ausloten der körperlichen Leistungsfähigkeit
- Aneignen der männlichen bzw. weiblichen Rolle: Die Jugendlichen müssen individuelle Lösungen für das geschlechtsgebundene Verhalten und für die Ausgestaltung der Geschlechtsrolle finden
- Aufbau neuer und reiferer Beziehungen zu Altersgenossen beiderlei Geschlechts: Integration in Peergruppen
- Emotionale Ablösung von den Eltern
- Aufnahme intimer Beziehungen zu einem Partner oder einer Partnerin (Sexualität, Intimität). Dies dient als Vorbereitung auf eine längerdauernde Beziehung und auf ein eigenes Familienleben
- Vorbereitung auf die berufliche Laufbahn
- Übernahme der sozialen Rolle des Erwachsenen. Dabei geht es darum, sich für das Gemeinwohl zu engagieren und sich mit der politischen und gesellschaftlichen Verantwortung eines Bürgers auseinanderzusetzen
- Aufbau eines eigenen Wertsystems und eines ethischen Bewußtseins als Leitlinie für das eigene Verhalten

- Entwicklung einer eigenen Identität. Finden von Antworten auf folgende Fragen: Wer bin ich? Woher komme ich? Wohin gehe ich?
- Entwicklung einer Zukunftsperspektive: Lebensplan und angestrebte Ziele

Von den genannten Entwicklungsaufgaben sollen zwei Bereiche ausführlicher dargestellt werden: einerseits die Entwicklung der eigenen Identität und andererseits der Bereich der Sexualität und Intimität.

Identität. Der Begriff *Identität* wurde von Erikson [35] geprägt und meint folgendes: Der Jugendliche nimmt sich selbst wahr als jemand, der einmalig und unverwechselbar ist und auch über einen Zeitraum hinweg der gleiche bleibt. Um ein eigenes Identitätsgefühl zu entwickeln, ist es aber auch erforderlich, daß andere Personen diese personale Gleichheit und Kontinuität wahrnehmen. *Identität entsteht also aus zwei Komponenten:* Die Person, für die man sich selbst hält, und die Person, für die andere einen halten.

Sexualität und Intimität. Der Jugendliche muß seinen gereiften Körper, insbesondere die voll entfalteten primären und sekundären Geschlechtsmerkmale als sich zugehörig aneignen und in sein Selbstbild integrieren. Dabei spielen die Masturbationserfahrungen eine wichtige Rolle. Bei der frühkindlichen Selbstbefriedigung geht es nur teilweise um lustvolles Erleben, sondern mehr um das Kennenlernen des eigenen Körpers. In der ödipalen Phase (3.–6. Lebensjahr) führt die körperliche Reifung zu einer Zunahme und Differenzierung der Empfindungen an den Genitalien. Diese genitalen Sensationen, die vom Kind als lustvoll erlebt werden, können durch Selbstbefriedigung herbeigeführt werden. Die

Masturbation wird jetzt zu einer zielgerichteten Handlung, mit der in spielerischer Weise genitale Regungen hervorgerufen werden. In der Pubertät nimmt im Zusammenhang mit der Ausreifung der Geschlechtsorgane der Wunsch zum Koitus zu. Adoleszente geraten in einen Triebsturm. Sie müssen jedoch die Fähigkeit zur Intimität mit einem gegengeschlechtlichen Partner erst lernen. Die Aufnahme von Geschlechtsverkehr ist auch durch die fehlende soziale Reife erschwert. In dieser schwierigen Situation ist eine erneute Intensivierung der Selbstbefriedigung häufig. Die Masturbation zielt jetzt auf Orgasmus ab. Die sexuellen Phantasien sind in der frühen Phase eher narzißtisch gefärbt (auf sich selbst als Liebesobjekt ausgerichtet). Später verändern sich diese zu heterosexuellen oder gelegentlich auch homosexuellen Phantasien. Diese Form der „homosexuellen Erfahrung" setzt sich nicht unbedingt ins Erwachsenenalter fort. In dieser Altersstufe dienen homophile Phantasien viel mehr dazu, sich seiner eigenen Geschlechtsidentität bewußt zu werden.

Forschungsergebnisse zur Jugendsexualität. Wie verschiedene Untersuchungen der letzten Jahre, vor allem diejenigen der Hamburger Arbeitsgruppe um Schmidt [62], zeigen, haben sich sowohl die *Einstellung zur Sexualität* wie auch das *Sexualverhalten* der Adoleszenten deutlich verändert. Nach der Vorverlegung heterosexueller Erfahrungen in den 60er Jahren ist es seit 1970 nur zu geringfügigen Veränderungen in der Häufigkeit von Petting und Koitus im Jugendalter gekommen. Von den Jugendlichen haben etwa zwei Drittel genitale Petting- und Koituserfahrung, wobei sich männliche und weibliche Heranwachsende nicht unterscheiden. *Junge Männer* erleben ihre Sexualität heute als weniger dranghaft und tendieren stärker dazu, Sexualität mit Liebe und Treue zu verbinden als in den 70er Jahren. *Junge Frauen* erleben Sexualität heutzutage als weniger lustvoll und befriedigend als vor 20 Jahren. Sie übernehmen in heterosexuellen Situationen stärker die Initiative als früher. Insgesamt hat sich aber das Muster der Jugendsexualität in den letzten 20 Jahren nur unwesentlich verändert.

> **!** Die Sexualität von Jugendlichen ist freizügig, sexualfreundlich, partner- und liebesorientiert sowie gleichheitlich im Hinblick auf die moralischen Vorstellungen für junge Frauen und Männer. Sexualität ist in der Einstellung der Jugendlichen nicht mehr an Ehe und Fortpflanzung gebunden. Sie wird als ein Bedürfnis aufgefaßt, das zwei Partner einander näherbringt und ihnen Freude schenkt. Sexuelle Beziehungen werden mehrheitlich nur innerhalb fester, längerdauernder Partnerschaften aufgenommen.

Sexualverhalten und AIDS. Von besonderem Interesse ist die Frage, wie sich die Bedrohung durch HIV und AIDS auf die Jugendsexualität ausgewirkt hat. Auch hier zeigen die genannten Untersuchungen, daß sich nur wenige Jugendliche persönlich von der AIDS-Gefahr betroffen fühlen. Die meisten jungen Leute sind wachsam und über Ansteckungswege und Schutzmöglichkeiten gut informiert. Eine Verkrampfung oder Hemmung des Sexuallebens wegen der Überschattung des Liebeslebens durch die AIDS-Gefahr ist nicht zu beobachten.

Koituserfahrung und Empfängnisverhütung. In einer 1993 in der Schweiz durchgeführten Untersuchung von annähernd 10'000 Jugendlichen im Alter von 15–20 Jahren [56] berichteten 20 % der 15jährigen weiblichen und männlichen Adoleszenten über erste Koituserfahrungen. Ab 18 Jahren sind über die Hälfte der Jugendlichen koituserfahren. Lehrlinge nehmen früher sexuelle Beziehungen auf als Schüler und Schülerinnen. Zwischen der ländlichen und städtischen Jugend fanden sich diesbezüglich keine wesentlichen Unterschiede. Von denjenigen, die bereits Koituserfahrung hatten, haben die Hälfte der Frauen und gut ein Drittel der Männer bisher nur einen Sexualpartner oder -partnerin gehabt. 80 % der Jugendlichen haben ein Verhütungsmittel benutzt. Präservative werden dabei am häufigsten verwendet. Da die konsequente Schwangerschaftsverhütung bei den unter 20jährigen noch nicht selbstverständlich ist, berichteten immerhin 5 % der jungen Frauen von einer (unerwünschten) Schwangerschaft, die bei ca. 80 % abgebrochen wurde.

Einstellung zur Sexualität. In keiner anderen Altersphase finden sich so gegensätzliche Einstellungen und Meinungen zur Sexualität wie in der Adoleszenz. Ohne Zweifel hat sich das sexuelle Verhalten der Jugendlichen in den letzten Jahren rascher geändert als die Sexualmoral der Erwachsenen. In dieses Spannungsfeld zwischen den Normen der Eltern und dem Verhalten der Jugendlichen werden die Ärzte mit einbezogen. Die Sexualberatung von Heranwachsenden und die Verordnung von empfängnisverhütenden Mitteln ist nach wie vor Aufgabe der Ärzte. Dies ist nicht immer einfach, da sie sich sowohl von Seiten der Jugendlichen wie auch von Seiten der Eltern mit oft gegensätzlichen Erwartungen konfrontiert sehen. In der Sexualberatung von Jugendlichen ist es wichtig, die jeweilige psychosoziale Situation einer jungen Frau oder eines jungen Mannes zu berücksichtigen und Hinweise oder Empfehlungen entsprechend der individuellen Konstellation zu geben (vgl. Kap. 8.5).

5.6.4 Bewältigungsprozesse und -strategien

Die Bewältigung der verschiedenen Entwicklungsaufgaben erfolgt nicht gleichzeitig, sondern verläuft schrittweise. Zu bestimmten Zeitpunkten tritt je ein Problembereich ins Zentrum. So können zu unterschiedlichen Zeiten entweder körperliche, emotionale, kognitive oder soziale Aspekte im Vordergrund stehen. Zunächst werden Jugendliche eine Situation subjektiv beurteilen (kognitive und emotionale Ebene), um dann ihre Bewältigungsmöglichkeiten, die ihnen zur Verfügung stehen, zu prüfen (Verhaltensebene).

> **!** 20–30 % der Jugendlichen gelangen in der Adoleszenz an Grenzen ihrer Bewältigungsmöglichkeiten und reagieren mit Symptombildungen im körperlichen, emotionalen, kognitiven oder sozialen Bereich.

Geschlechtsunterschiede. Bei den Bewältigungsstrategien sind Geschlechtsunterschiede zu beobachten. *Weibliche Jugendliche* beschäftigen sich mehr mit ihren Problemen, suchen offene Aussprachen, Hilfe, Rat und Information. Sie schließen eher Kompromisse. Sie neigen dazu, sich emotional abzureagieren und ihrer Verzweiflung Ausdruck zu verleihen. Andererseits resignieren sie schnel-

ler, ziehen sich dann aus dem Problemfeld zurück und weichen einer aktiven Problembewältigung aus. *Männliche Jugendliche* geben sich eher sorglos, überspielen die Probleme oder weichen teils durch Flucht in Alkohol- oder Drogenkonsum aus. Dieser Geschlechtsunterschied bleibt bis ins Erwachsenenalter bestehen. Frauen haben meist eine breitere Palette von Bewältigungsstrategien und sind sich ihrer Probleme bewußter als Männer.

5.6.5 Symptombildungen bei nicht gelungener Anpassung

Bei den vielfältigen Anforderungen, die Jugendliche innerhalb weniger Jahre bewältigen müssen, kann es als Zeichen für einen nicht oder nur teilweise gelungenen Anpassungsprozeß zu Symptombildungen kommen. Diese können den körperlichen, emotionalen, kognitiven oder sozialen Bereich betreffen (Tabelle 5.11).

Tabelle 5.11. Symptombildungen bei nicht gelungener Anpassung in der Adoleszenz

Körperlich:
- Unfälle
- Asthma oder Neurodermitis
- Anorexie
- Bulimie
- Drogenabusus
- vorzeitige Schwangerschaft

Emotional:
- Depression
- Suizidalität
- Psychotische Dekompensation

Kognitiv:
- Leistungsabfall
- Schulverleider
- Schulabgang
- Lehrabbruch

Sozial:
- Verwahrlosung
- Anschluß an Randgruppen
- Sucht
- sexuelles Ausagieren
- Kriminalität bzw. Delinquenz

Körperlicher Bereich. Haben Jugendliche Mühe bei der Integration ihres sich verändernden Körpers in ihr Selbstbild, so können z. B. einzelne Körperteile als mißgestaltet erlebt und abgelehnt werden. Dies kann z. B. die Form oder Größe der Brüste, der Schultern oder eines Gesichtsteils betreffen. Dieses Phänomen wird als Dysmorphophobie bezeichnet. Häufig projiziert dann ein junger Mensch seine Schwierigkeiten auf dieses abgelehnte Organ. Auch der Ausbruch oder das Wiederauftreten von psychosomatischen Erkrankungen wie Asthma, Neurodermitis, Anorexie, Bulimie u. a. können Ausdruck für unbewußte Konflikte in dieser Altersphase sein. Der Konsum von Drogen dient teilweise ebenfalls dem Experimentieren mit eigenen Körpererfahrungen, vor allem dem Versuch, gewisse Grenzen zu überschreiten. Oft wird übersehen, daß manche Unfälle von Jugendlichen ein Zeichen für zu großes Risikoverhalten sind. Sie beruhen auf Fehleinschätzungen ihrer Fähigkeiten und sind möglicherweise Ausdruck für Anpassungsschwierigkeiten. Dieses Verhalten ist häufiger bei männlichen als bei weiblichen Jugendlichen zu beobachten.

Emotionaler Bereich. Psychoendokrinologisch wie auch psychosozial bedingt kommt es in der Adoleszenz zu einer Labilisierung der Stimmungslage und des Antriebsverhaltens. Bei epidemiologischen Untersuchungen von Jugendlichen erstaunt immer wieder, daß sich ca. ein Drittel der Frauen und ein Sechstel der Männer psychisch über einen längeren Zeitraum belastet fühlen. Wie aus verschiedenen Studien hervorgeht, leiden ca. 4 % der jungen Frauen und 2 % der Männer aktuell unter einem *depressiven Syndrom* mit Krankheitswert. Bei den Frauen nimmt die Häufigkeit von der Pubertät an zu, bei den Männern bleibt sie annähernd konstant. Neben depressiven und Angststörungen spielen in der Adoleszentenmedizin auch länger persistierende *Suizidgedanken*, Suizidversuche bis hin zu vollzogenen Suiziden eine wichtige Rolle. Drei Viertel aller Todesfälle in der Altersgruppe der 15–19jährigen sind durch äußere Einwirkungen bedingt, nämlich durch Unfälle im ersten und Suizid im zweiten Rang. Dabei liegt die Sterblichkeit der jungen Männer 4 mal höher als die der Frauen. Die Schweiz weist unter den Industrieländern eine der höchsten Suizidraten von Jugendlichen auf. 1995 starben 34/100 000 männliche und 14/100 000 weibliche Jugendliche an Suizid [25].

> **!** In allen Studien zur psychischen Gesundheit bei Jugendlichen geben Mädchen und junge Frauen deutlich mehr psychische und psychosomatische Beschwerden an als ihre männlichen Kollegen. Die Gründe dafür sind vielfältig. Einerseits sind sich Frauen eher ihrer Probleme bewußt und auch ehrlicher, diese zu berichten. Andererseits reagieren Frauen auch mehr mit psychischen und psychosomatischen Symptomen, während Männer eher aggressives und sozial abweichendes Verhalten zeigen oder sich in Alkohol und Drogen flüchten.

Kognitiver Bereich. Im Zusammenhang mit der bis in die mittlere und späte Adoleszenz reichenden Schul- und Ausbildungszeit bietet sich dieser Bereich für Anpassungsprobleme an. Diese zeigen sich dann vor allem auf der kognitiven Ebene. Leistungsabfall und Schulverleider bei eigentlich guter Intelligenz, Lehrabbruch oder Schulabgang können äußere Zeichen für diese Schwierigkeiten sein.

Sozialer Bereich. Bei der individuellen Suche nach der eigenen sozialen Rolle und der Ausbildung eines sozialen Bewußtseins kann es vorübergehend zum Überschreiten sozialer Normen kommen. Verwahrlosungstendenzen, Anschluß an Randgruppen (z. B. Drogenmilieu oder politische Extremgruppierungen) oder Delinquieren sind teilweise Ausdruck dieses Suchprozesses. Schwierig wird es, wenn sich Jugendliche längere Zeit außerhalb der Bandbreite gesellschaftlich akzeptierter Verhaltensweisen aufhalten und die Brücken zu unterstützenden sozialen Gruppierungen abbrechen.

5.6.6 Schutzfaktoren für die Entwicklung

Reslilienz. In den letzten Jahren hat sich im Zusammenhang mit der Beobachtung, daß sich einige Kinder und Jugendliche trotz vielfältiger Belastungen und ungünstigen psychosozialen Verhältnissen positiv und andere mit vergleichsweise wenig Störfaktoren schlecht entwickeln, eine neue Forschungsrichtung herausgebildet. Wie schon im Abschnitt Säuglingsalter kurz skizziert, richtete sich das Interesse auf persönliche und soziale Schutz- und Risikofaktoren für die Entwicklung. Im angelsächsischen Raum wurde der Begriff der *„resilience"* für die Wechselwirkung von Ressourcen und Vulnerabilität eines Individuums geprägt [68]. Wie erwähnt bedeutet Resilienz psychische Elastizität und sensible Anpassungsfähigkeit des Individuums. Sie beinhaltet eine gute Entwicklung trotz psychosozialer Belastungen, Anpassung an schwierige äußere Stressoren und eine gute Verarbeitung von psychischen Traumata.

Schutzfaktoren. Im einzelnen können folgende *Schutzfaktoren für die persönliche Entwicklung* definiert werden [32]:

- Stabile familiäre oder außerfamiliäre Bezugspersonen
- Vorbilder von anderen Personen hinsichtlich Konfliktbewältigung
- Strukturierende Intelligenz
- Erleben von Selbstwirksamkeit, d. h. daß ich mit meiner Person, meinem Denken und Handeln etwas bewirken oder Einfluß nehmen kann
- Fähigkeit, mit dosierter Verantwortung und Selbständigkeit umzugehen
- Fähigkeit, Belastungen als Herausforderung und Entwicklungschance zu erleben
- Selten Gefühl von Hilflosigkeit und Hoffnungslosigkeit
- Aktives, flexibles, anpassungsfähiges Verhalten

! Hinsichtlich der wechselseitigen Bedingtheit zwischen Erfahrungen in der frühen Kindheit und der Persönlichkeitsentwicklung in der Adoleszenz läßt sich zusammenfassend feststellen: Es besteht eine positive Korrelation zwischen der frühen Bindungserfahrung und der Lernfähigkeit sowie Schulbildung einerseits (kognitive Entwicklung), und dem Gefühl von Sicherheit in sozialen Gruppen sowie dem Selbstwertgefühl andererseits (emotionale und soziale Entwicklung). Diese Faktoren zusammen fließen schließlich in die Identitätsbildung einer Person ein.

5.7 Entwicklung des Erwachsenen

5.7.1 Vielfalt individueller Lebensläufe

Individuum und Umwelt im Wandel der Lebensphasen. Die Wechselbeziehung zwischen Umwelt und Individuum wurden auf dem Hintergrund eines *interaktionellen Entwicklungsmodells* im Kapitel 5.3.7 dargestellt. Mit dem Eintritt ins Erwachsenenalter, d. h. etwa ab dem 20. Lebensjahr, ändert sich die Beziehungsdynamik zwischen Umwelt und Individuum. Während in der Kindheit und Jugendzeit familiäre, soziale und kulturelle Umwelteinflüsse prägend und gestaltend auf das Individuum einwirken, kann der Erwachsene entsprechend seinen persönlichen Eigenschaften, Fähigkeiten und seinen sozialen Rollen in der Regel wirkungsvoller und nachhaltiger auf seine Umwelt Einfluß nehmen als ein Kind. Im Alter gerät der Einzelne mit dem Ausscheiden aus dem Berufsleben, der Abnahme familiärer und sozialer Verpflichtungen sowie der Einbuße an biologischer Vitalität wieder mehr in eine Abhängigkeit von seiner Umwelt. Somit kann das Individuum in der mittleren Lebensphase potentiell am wirkungsvollsten gestaltend auf seine Umwelt Einfluß nehmen.

Gestaltungsmöglichkeiten im Privatbereich. In der Entwicklung des Erwachsenenlebens besteht heute eine weit größere Vielfalt als früher. Dies gilt vor allem für den Privatbereich, d. h. für persönliche Biographien von Frauen und Männern als Einzelpersonen sowie von Paaren und Familien als Mikrosystemen der Gesellschaft. Die *klassische Erwachsenenbiographie* mit der Abfolge von Partnerwahl, Heirat, Familiengründung, mittlerer Lebensphase, Ablösung der Kinder und

Übergang zur Großelternschaft findet zunehmend seltener statt. *Individualität* und *Selbstverwirklichung* haben in den westlichen Gesellschaften einen hohen Stellenwert. Der Einzelne ist deshalb heute eher bereit, sich aus einer Partnerschaft oder Familie zu lösen (z. B. durch Trennung oder Scheidung) und neue Lebensgemeinschaften einzugehen. Angesichts der Variabilität individueller Lebensläufe soll deshalb in den folgenden Kapiteln die Entwicklungspsychologie des Erwachsenen [3] weniger im Sinn von Lebensphasen, als vielmehr im Sinn von *Lebensbereichen* abgehandelt werden.

Grenzen der Arbeitswelt. Im Berufsleben haben sich hingegen in den vergangenen Jahren die Wahlmöglichkeiten für den Einzelnen verschlechtert. Dies zeigt sich schon bei der *Berufswahl*. Der Mangel an Ausbildungsplätzen läßt jungen Erwachsenen weit weniger Freiheiten, einen Beruf entsprechend ihren Neigungen zu wählen und zu erlernen. Die *Veränderungen der Arbeitswelt* (Technisierung, Globalisierung) fordern vom Einzelnen während der Phase der Berufstätigkeit ein hohes Maß an Flexibilität und Anpassungsfähigkeit. Vor allem für Personen in der zweiten Lebenshälfte ist die Arbeitssituation schwieriger und unsicherer geworden. Heute entscheiden zunehmend anonyme Konzernleitungen darüber, wie lange und zu welchen Bedingungen ein Arbeitnehmer an einer Stelle tätig sein kann. Während also *im Privatleben für den Einzelnen ein vergleichsweise großer Gestaltungsspielraum* besteht, zeigen sich *in der Berufswelt zunehmend Begrenzungen und Bedrohungen*. Einschneidende Beschränkungen im Berufsleben, wie z. B. Stellenverlust und Arbeitslosigkeit, wirken sich allerdings auch nachhaltig auf das Privatleben aus (vgl. Kap. 3.4.5).

5.7.2 Determinanten der Entwicklung des Erwachsenen

Lebensläufe von Erwachsenen folgen in ihrer Variabilität nicht einer persönlichkeitsimmanenten Gesetzmäßigkeit. Sie können vom Einzelnen her aber auch nicht völlig frei gestaltet werden. Nachfolgend werden die wesentlichen Determinanten für die Entwicklung des Erwachsenen kurz erwähnt, auf die in den folgenden Kapiteln näher eingegangen wird.

Geschlecht. Die Gleichheit der Geschlechter und die Gleichstellung der Frau in Beruf und Gesellschaft sind zwar heute in den westlichen Ländern gesetzlich verankert. Die Realität entspricht jedoch nicht dem proklamierten Ideal. *Nach wie vor sind Frauen gegenüber Männern in vielen Bereichen der Arbeitswelt, der beruflichen und politischen Karriere sowie dem Lohnniveau benachteiligt.* Während Männerbiographien häufiger dem „klassischen Muster" folgen, welches durch die Anforderungen und Forderungen der Berufswelt bestimmt wird, sind Frauenbiographien oft komplexer. In diesem Zusammenhang kommt den *Geschlechterstereotypen* und *Geschlechterrollen* eine wichtige Bedeutung zu (siehe Kap. 5.8.6).

Physiologische Determinanten. Mit etwa 20 Jahren ist der Organismus in seiner äußeren Erscheinung voll entfaltet. Es beginnt, von Organ zu Organ in unterschiedlicher Geschwindigkeit, der Alterungsprozeß. Dieser wird zunächst kaum wahrgenommen und hat üblicherweise auf die Gestaltung des Lebenslaufes bis ins sechste Lebensjahrzehnt keine wesentliche Bedeutung. Am Beispiel der *Reproduktionsfähigkeit* wird jedoch deutlich, wie physiologische Determinanten schon ab dem 30. Lebensjahr die Biogra-phie einer Frau und eines Mannes beeinflussen können. Ab diesem Alter verringert sich die Empfängnisfähigkeit der Frau, und gleichzeitig nimmt die Wahrscheinlichkeit für Schwangerschaftskomplikationen und fetale Fehlbildungen zu. *Viele physiologische Funktionen ändern sich im Lauf des Lebens ganz allmählich* so z. B. die Reaktionsfähigkeit, das Sehvermögen oder auch hormonelle und immunologische Regelmechanismen. Sie werden üblicherweise subjektiv erst wahrgenommen, wenn sie zu einer Minderung der Leistungsfähigkeit oder Lebensqualität führen.

Soziale Normen. Jede Gesellschaft gestaltet den Ablauf des Lebens überschaubar und gliedert die Lebenszeit in sozial relevante Einheiten. Rechte, Pflichten und Sanktionen sind unterschiedlich über die Altersgruppen verteilt. Es gibt Lebensphasen, in welchen die Gesellschaft vom Individuum die Übernahme bestimmter Rollen und damit die Erfüllung sozial normierter Erwartungen fordert (vgl. Kap. 3.3). So sind z. B. die Übernahme der Schülerrolle während der Kindheit und Jugendzeit oder der Berufsrolle während des Erwachsenenalters *obligatorische Rollenverpflichtungen*, denen sich der Einzelne nur in begründeten Ausnahmefällen entziehen kann. Andere Rollen wie die des Ehepartners, Vaters oder der Mutter sind fakultativ, d. h. von Seiten der Gesellschaft besteht zwar ein gewisser Erwartungsdruck zur Übernahme dieser Rollen. Bei den *fakultativen Rollenerwartungen* hat der Einzelne jedoch bei Nichtübernahme einer Rolle keine Sanktionen zu gewärtigen, sondern allenfalls gewisse Nachteile oder auch Vorteile.

Familiäre und soziale Bezugssysteme. An vielen Stellen dieses Buches wird darauf hingewiesen, daß sich die Persönlichkeit nicht in einem Vakuum, sondern als Teil verschiedener sozialer Systeme entwickelt (s. Kap. 4.7.1 und 7.1.5). Der Eintritt ins Erwachsenenalter ist u. a. dadurch gekennzeichnet, daß die bisherigen Bezugssysteme (Familie, Schule, Nachbarschaft) an Bedeutung verlieren und der Einzelne in *neue Bezugssysteme* (Partnerschaft, Hochschule, Arbeitsgruppe) eintritt. Dabei haben die *Berufs- und Partnerwahl* für den jungen Erwachsenen die nachhaltigsten Konsequenzen für seinen weiteren Lebenslauf.

Determinanten der historischen Zeit. Die Gestaltung des Lebenslaufes wird auch durch geschichtliche Ereignisse und Epochen bestimmt. Im 20. Jahrhundert waren dies ohne Zweifel die beiden Weltkriege, der Wirtschaftsboom in den 60er sowie die Rezession in den 80er Jahren. Gegenwärtig sind vor allem die politische Neuordnung Europas und die Globalisierung der Wirtschaft historische Veränderungen, welche auch auf den Einzelnen Einfluß haben. Der enorme Wissenszuwachs und der rasche Informationsaustausch rund um die Welt sind weitere Veränderungen, welche die Entwicklung und die Lebensläufe der Menschen in den westlichen Ländern an der Schwelle zum dritten Jahrtausend beeinflussen und prägen werden.

5.8 Frau und Mann

Das Verhältnis der Geschlechter zueinander ist ein Thema von großer Aktualität, dem sich verschiedene Wissenschaftsdisziplinen widmen. Besondere Beachtung hat die Geschlechterfrage in den vergangenen Jahrzehnten in der Biologie, Psychologie, Anthropologie und Ethnologie gefunden. Für die Medizin sind folgende Aspekte von Bedeutung:

- Biologische Aspekte des Geschlechts
- Bedeutung der Geschlechtsorgane
- Geschlechtsidentität
- Geschlechterstereotype und -rollen

5.8.1 Biologische Aspekte des Geschlechts

Biologische Geschlechtsdeterminanten. Die *chromosomalen, gonadalen* und *genitalen Geschlechtsmerkmale* eines Individuums sind in der Regel einheitlich männlich oder weiblich (Tabelle 5.12). Die *Geschlechtschromosomen* und die in den Gonaden gebildeten *Geschlechtshormone* spielen dabei für die *phänotypische Ausprägung des Geschlechtes* eine entscheidende Rolle. Von den vielfältigen, gelegentlich auftretenden Störungsmöglichkeiten (Chromosomenaberrationen, Anomalien der Gonaden und Genitalien) seien nachfolgend als Beispiele zwei Störungen kurz erwähnt. Nähere Einzelheiten finden sich in Lehrbüchern der Genetik und Pädiatrie.

Tabelle 5.12. Bilogische Determinanten des Geschlechts

	Chromosales Geschlecht	Gonadales Geschlecht	Genitales Geschlecht
Weiblich	xx	Ovarien	Vulva, Vagina, Uterus, Tuben
Männlich	xy	Testes	Penis, Ductus deferens

Klinefelter-Syndrom. Menschen mit dieser Anomalie der Chromosomenzahl haben *drei Geschlechtschromosomen (XXY)*. Phänotypisch sind sie *männlich*, in ihrer äußeren Erscheinung haben sie einen eunuchoiden Hochwuchs. Aufgrund der Chromosomenaberration besteht bei ihnen eine Hodeninsuffizienz, welche dazu führt, daß sich die Genitalien (Penis, Hoden) in der Pubertät und im Erwachsenenalter nicht geschlechtstypisch entwickeln, sondern infantil bleiben. Außerdem haben diese Menschen eine Intelligenzschwäche unterschiedlicher Ausprägung.

Turner-Syndrom. Das Fehlen eines Chromosoms ist mit dem Leben nicht vereinbar. Einzige Ausnahme bilden die *Geschlechtschromosomen*, bei denen es eine *X0-Konstellation* gibt, welche von Turner erstmals beschrieben wurde. Phänotypisch sind diese Menschen *weiblich*. Sie zeigen in ihrem körperlichen Erscheinungsbild einige typische Merkmale: Ein langsames Wachstum, das Ausbleiben des puberalen Wachstumsschubes und fakultativ aplastische Ohren, einen kurzen Hals, Hufeisenniere und eine Aortenisthmusstenose. Gebärmutter und Eileiter sind vorhanden, die Eierstöcke fehlen jedoch und sind als bindegewebige Stränge nur rudimentär ausgebildet. Auch bei dieser Störung des chromosomalen Geschlechts bleibt die sekundäre Geschlechsreife in der Pubertät aus.

Psychosoziale Aspekte bei Störungen der biologischen Geschlechtsdeterminanten. Ärzte sind häufig die ersten, welche im Rahmen von genetischen oder körperlichen Untersuchungen die Diagnose einer Störung der biologischen Geschlechtsdeterminanten feststellen. Die Information der Betroffenen erfordert Einfühlungsvermögen und sollte neben der Mitteilung der biologischen Fakten immer auch ein Angebot zur psychoso-zialen Unterstützung und Beratung beinhalten. Für die *Erziehung* von Kindern mit Chromosomenaberrationen gilt, daß sie entsprechend der gegebenen Ausprägung des äußeren Genitale erzogen werden sollten. Konflikte treten in der Regel in der Pubertät und Adoleszenz auf, wenn die körperlichen Zeichen und Fehlbildungen der Geschlechtsorgane offenkundig und damit auch wahrgenommen werden. Es empfiehlt sich dann oft eine *interdisziplinäre Behandlung* der Betroffenen je nach Bedarf durch Endokrinologen, Chirurgen und Psychotherapeuten. Glücklicherweise sind die geschilderten Störungen selten. Um so wichtiger ist es aber, die Betroffenen bei der Vermittlung von kompetenter Behandlung zu beraten.

5.8.2 Geschlecht, Morbiditätsrisiko und Lebenserwartung

Weshalb sind die Häufigkeit für einzelne Krankheiten sowie die mittlere Lebenserwartung bei Frauen und Männern verschieden? Auf diese Frage wird in Kap. 9.4: Gesundheits- und Krankheitsverhalten aus sozial- und präventivmedizinischer Sicht näher eingegangen. An dieser Stelle sei nur kurz erwähnt, daß die Unterschiede zwischen Frau und Mann im wesentlichen mit dem *geschlechtstypischen gesundheitlichen Risikoverhalten*, den *Unterschieden in der Körperwahrnehmung* und im *Hilfesuchverhalten* zusammenhängen. Daneben gibt es aber auch für einzelne Krankheiten geschlechtsspezifische biologische Faktoren, welche die Erkrankungshäufigkeit in bestimmten Lebensabschnitten erklären. Am bekanntesten ist bei Frauen die protektive Wirkung von Östrogenen für kardiovaskuläre Erkrankungen, Knochendichte und Nervenscheiden. Nach der Menopause (und damit mit dem Ausfall der protektiven Wirkung der Östrogene) nehmen die Erkrankungshäufigkeit an Herz-Kreislauf-Leiden, Osteoporose und im höheren Alter für Demenz zu, sofern sich Frauen nicht für eine Hormonsubstitutionsbehandlung entscheiden oder durch gezieltes Gesundheitsverhalten (Ernährung, körperliche Bewegung, mentales Training) das erhöhte Risiko für die genannten Krankheiten zu mindern versuchen.

5.8.3 Bedeutung der Geschlechtsorgane

Symbolische Bedeutung. Schon in der antiken Kunst finden sich *Phallus-Darstellungen als Symbol für Macht und Männlichkeit* und Darstellungen der *weiblichen Brust als Symbol für Mütterlichkeit, Geborgenheit und erotische Attraktivität*. Bis heute haben diese Symbole ihre Bedeutung bewahrt und spielen in erotischen Phantasien von Männern und Frauen eine wichtige Rolle. Als Folge der sexuellen Liberalisierung wird mit diesen Symbolen heute auch in einer humorvollen Weise umgegangen, wie die Abbildung 5.7 zeigt. Vor allem der Penis spielt in Cliché-Vorstellungen von dominierendem männlichen Sexualverhalten

nach wie vor eine zentrale Rolle. Auch in der sog. harten Pornographie und besonders brutal in sexualisierten Gewalttaten (Vergewaltigung, sexuelle Ausbeutung) sind bei Männern genitale Macht- und Aggressionsphantasien von zentraler Bedeutung (Näheres siehe Kap. 8.5).

Emotionale Besetzung der Geschlechtsorgane. Glied, Scheide und Brust sind emotional hoch besetzte Körperregionen. Entspricht deren anatomische Gestalt (Größe, Konsistenz, Farbe) nicht den Wünschen und Vorstellungen eines Mannes oder einer Frau, so kann dies zu schwerwiegenden Beeinträchtigungen des Selbstwertgefühls führen. Der *zu kleine Penis* oder die *zu große* bzw. *zu kleine Brust* können als Makel wahrgenommen werden und zu ausgeprägtem Leidensdruck führen, wie das folgende Fallbeispiel zeigt.

 Ein 66jähriger pensionierter Bankangestellter meldet sich in der Sexualmedizinischen Sprechstunde wegen einer „mißglückten Penisoperation". Was war geschehen? Der Mann, der seit mehr als 40 Jahren glücklich verheiratet war und mit seiner Frau ein befriedigendes Sexualleben

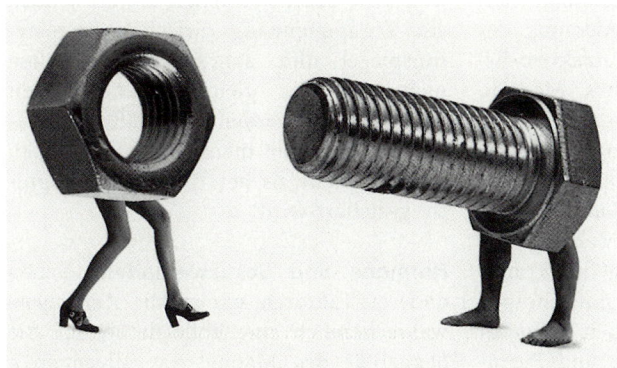

Abb. 5.7. Mrs. Nut and Mr. Bolt (A. Gescheidt 1989)

führte, hatte wegen seines „zu kleinen Penis" von der Jugendzeit an Minderwertigkeitsgefühle. Nach seiner Pensionierung sah er zufällig in einer Fernsehsendung einen Bericht über eine „Penisvergrößerungs-Operation" in einer ausländischen Klinik und ließ sich von dort Informationsmaterial und eine Offerte kommen. Obwohl ihm seine Frau von einer Operation abriet, entschloß er sich, 20.000 Franken von seinen Ersparnissen in den „Traum seines Lebens, einen normalen Penis" zu investieren. Das Operationsresultat entsprach in keiner Weise seinen Erwartungen. Statt der erhofften Korrektur seines „Makels" fühlte er sich nach dem Eingriff „wie verstümmelt", wurde depressiv und suizidal und suchte deshalb ärztliche Hilfe.

Dieses Beispiel zeigt, daß eine Diskrepanz zwischen Körperideal und Körperrealität besonders bei den Geschlechtsorganen das Erleben subjektiver Männlichkeit bzw. Weiblichkeit stark beeinträchtigen kann.

Psychosoziale Folgen bei Erkrankungen der Geschlechtsorgane. Besonders augenfällig wird die große Bedeutung der Geschlechtsorgane für das subjektive Erleben einer Frau und eines Mannes, wenn diese von einer schwereren Erkrankung betroffen sind. Die *Amputation einer Brust* wegen einer Krebserkrankung oder die *Entfernung eines Hodens* wegen eines Tumors stellen für die Mehrzahl der Betroffenen nicht nur wegen der Krankheit, sondern wegen der oft notwendigen verstümmelnden chirurgischen Behandlung eine schwere Belastung und Beein-

trächtigung dar. Deren Verarbeitung und Bewältigung erfordert spezielle Anstrengungen und nicht selten auch therapeutische Unterstützung (s. Kap. 13).

5.8.4 Geschlechtshormone und Verhalten

Androgene beeinflussen bei Mann und Frau die sexuelle Appetenz und Triebintensität. Androgene (männliche Sexualhormone), Östrogene und Gestagene (weibliche Geschlechtshormone) werden in den Hoden, Ovarien und in den Nebennierenrinden synthetisiert. Die tägliche Produktion von Sexualhormonen ist bei beiden Geschlechtern mengenmäßig etwa im Verhältnis 10:1 verschieden (tägliche Androgenproduktion des Mannes bzw. Östrogenproduktion der Frau zur Zeit des Höhepunkts der Östrogenphase). Nach Kastration des Mannes (Entfernung der Hoden) nimmt die sexuelle Triebstärke ab. Mit medikamentöser Testosterongabe kann sie wieder gesteigert werden.

Androgene und Aggressionsverhalten. Bei Tieren besteht eine deutliche Korrelation zwischen Androgenen und Droh- und Kampfverhalten. Deshalb werden Stiere und Hengste für die Nutzhaltung kastriert. Beim Menschen konnte jedoch ein Zusammenhang zwischen Testosteronspiegel und aggressivem Verhalten nicht mit der gleichen Eindeutigkeit nachgewiesen werden. Dies läßt sich damit erklären, daß menschliches Verhalten deutlich mehr als bei Tieren auch kognitiv gesteuert wird.

Hormone und Sexualverhalten. Neben anderen Faktoren spielen die *Androgene* wahrscheinlich eine Rolle dafür, daß die Sexualität des Mannes im allgemeinen triebbestimmter, zielgerichteter und oft auch aggressiver ist als bei der Frau. Deren sexuelles Erleben ist im Durchschnitt mehr mit atmosphärischen Bedingungen, mit Zärtlichkeit und der Qualität einer partnerschaftlichen Beziehung verbunden. Die Wirkung der weiblichen Geschlechtshormone auf das Sexualverhalten ist weniger unmittelbar als die der Androgene. *Gestagene*, deren Ausschüttung in der zweiten Zyklushälfte zunimmt, begünstigen eine emotionale Labilisierung, die dann auf die sexuelle Appetenz Auswirkungen haben kann. Das *Prolaktin*, welches während des Stillens deutlich und unter anhaltender Streßbelastung leicht erhöht ist, hemmt die Libido. Dies ist u. a. einer der Gründe für die Veränderungen des sexuellen Erlebens nach der Geburt eines Kindes (vgl. Kap. 5.2.3). *Östrogene* können indirekt über ihre Wirkung auf die Scheidenschleimhaut das Sexualverhalten beeinflussen. So kann z. B. bei Frauen in der Menopause als Folge einer östrogenmangelbedingten Atrophie der Scheidenschleimhaut eine sog. Dyspareunie (schmerzhafter Geschlechtsverkehr) auftreten.

Schwund; Mangel

5.8.5 Geschlechtsidentität

Die positive Identifikation mit dem biologischen Geschlecht ist ein wichtiger Bestandteil für die persönliche Identitätsfindung und für das Gelingen von heterosexuellen Beziehungen (s. Kap. 5.6.3). Für die meisten Menschen ist es kein Problem, daß sie ein Mann oder eine Frau sind. Sie sind mit ihrem Geschlecht identifiziert und fühlen sich in ihrem Körper wohl. Dies ist jedoch nicht selbstverständlich, wie Störungen der Geschlechtsidentität zeigen. Beim sog. *Transsexualismus* steht diese Problematik im Zentrum: *Biologisches Geschlecht und psychologi-*

sche Geschlechtsidentität stimmen nicht überein. Beim Frau-zu-Mann-Transsexualismus erlebt sich eine biologische Frau psychisch als Mann, lehnt ihr weibliches Geschlecht und ihre soziale Rolle als Frau ab und wünscht deshalb einen Geschlechtswandel. Beim Mann-zu-Frau-Transsexualismus erlebt sich ein biologischer Mann als Frau und wünscht deshalb eine Änderung seines biologischen Geschlechts. Näheres zu diesem Krankheitsbild, insbesondere der Abklärung und Behandlung siehe Lehrbücher der Psychiatrie.

Männlichkeitskult. In vielen Kulturen wird ein verschleierter oder offensichtlicher Phalluskult betrieben. Daran hat auch die Emanzipationsbewegung der Frauen nur wenig geändert. Der verschleierte Phallus- und damit Männlichkeitskult drückt sich in unserer Kultur z. B. im Besitz von schnellen Motorrädern oder Sportwagen, in der Kleidung (z. B. Rockermontur) und im Trend zu Risikosportarten aus. Die Tatsache, daß heute eine zunehmende Zahl von Frauen an diesen „Männlichkeitssymbolen" Interesse findet und Verhaltensweisen und Einstellungen annimmt, die früher eine „Domäne" der Männer waren, kann als Zeichen einer *Geschlechterrivalität*, gelegentlich auch eines *Geschlechterkampfes um die männliche Rolle* gewertet werden. Männer, die sich ein Dasein mit Kochen und Putzen, auf dem Kinderspielplatz oder in ehrenamtlichen karitativen Einrichtungen erträumen, sind eine Rarität. Wer in unserer Gesellschaft soziales Prestige erreichen will, muß sich zumindest teil- oder zeitweise an solchen „Männlichkeitssymbolen" orientieren.

5.8.6 Geschlechterstereotype und Geschlechterrollen

Was ist typisch männlich bzw. weiblich?
Diese Frage hat in den letzten Jahrzehnten nicht nur die Sozialwissenschaften, sondern auch die breite Öffentlichkeit interessiert. In diesem Zusammenhang sind *zwei Begriffe* von Bedeutung, die das Geschlechterverständnis und dessen Konstanz sowie Wandel in den vergangenen Jahrzehnten verständlich machen.

> **!**
> - *Geschlechterstereotype* beschreiben typische Eigenschaften von Männern und Frauen. Sie werden schon in der frühen Kindheit erworben und sind über die Zeit hinweg relativ stabil.
> - *Geschlechterrollen* beinhalten neben Beschreibungen von Eigenschaften normative Erwartungen und Handlungsweisen an die Frauen- bzw. Männerrolle. Im Unterschied zu den Stereotypen befinden sich die Geschlechterrollen, vor allem die Frauenrolle, in den westlichen Gesellschaften gegenwärtig in einem Wandel.

Alfermann [12] hat in einer umfassenden Übersicht den aktuellen Forschungsstand zum Thema Geschlechterstereotype und -rollen dargestellt. Einige für die Medizin relevante Ausführungen werden im folgenden in Kürze wiedergegeben.

Geschlechterstereotype. „Ein Junge weint nicht" oder „als Mädchen solltest Du Dich graziler bewegen". Solche Sätze, die in der Alltagssprache häufig Verwendung finden, sind geeignet, die *Zugehö-*rigkeit zur Geschlechterkategorie* Mann bzw. Frau wie auch *das Trennende der Geschlechter* besonders hervorzuheben. Auch in der Medizin finden sich stereotype Vorstellungen über „typische Eigenschaften" von Ärzten und Ärztinnen, wie z. B.: „Ärzte sind gute Operateure" oder „Ärztinnen sind gute Beraterinnen". Wie sind Geschlechterstereotype entstanden und wie läßt sich ihre interkulturelle Ähnlichkeit erklären?

Ursprünge der Geschlechterstereotype.
Die Ähnlichkeit der Stereotype femininer bzw. maskuliner Eigenschaften über Landes- und Kulturgrenzen hinweg läßt sich erklären:

- Aus der traditionellen Übernahme der *Kinderpflege und -betreuung* durch die Frau;
- durch die geschlechtstypische *Arbeitsteilung* (Frauen „sanfte" Hausarbeit, Männer „harte" körperliche Arbeit);
- durch *Machtunterschiede* zwischen Frau und Mann im privaten Leben (Geld, Besitz, Sexualität) und
- die unterschiedliche *Macht der Geschlechter* im öffentlichen und religiösen Leben.

In den westlichen Kulturen sind gleichberechtigte Partnerschaften zwar zunehmend akzeptiert, jedoch innerhalb fundamentalistisch-religiöser Gemeinschaften und Kulturen nach wie vor verpönt. Die Unterordnung des Mannes unter die Frau als „Regelfall" ist mit Ausnahme von einigen wenigen matriarchalischen Gesellschaften in Kulturen mit geringem Entwicklungsstand nicht bekannt. *Geschlechterstereotype* sind *Bestandteile des Alltagswissens in jeder Kultur. Sie dienen dazu*

- die Komplexität der Welt in überschaubare Einheiten zu reduzieren (*kognitive Funktion*) und

- die bestehende gesellschaftliche Rang- und Wertordnung zu rechtfertigen und zu erhalten (*motivationale Funktion*).

Stereotype feminine bzw. maskuline Eigenschaften

Schon fünfjährige Kinder verfügen über relativ ausgeprägte Geschlechterstereotype, die denen der Erwachsenen inhaltlich bereits entsprechen [49].

> **!**
> - Als *typisch männliche Eigenschaften* gelten: Stark, aggressiv, grausam, unordentlich, laut, angeberisch, rauh und unternehmungslustig.
> - Als *typisch weibliche Eigenschaften* gelten: Schwach, anerkennend, weichherzig, affektiert, sanft, emotional und herzlich.

Höhere Wertigkeit des männlichen Stereotyps. Diese läßt sich daraus erklären, daß in den meisten Ländern Stärke und Aktivität wertvoller eingeschätzt werden als Schwäche und Passivität. Williams und Best (Zit. nach [12]) konnten in einer breit angelegten transkulturellen Studie in 25 Ländern aus verschiedenen Erdteilen nachweisen, daß die Übereinstimmung in der Nennung typisch femininer bzw. maskuliner Eigenschaften sehr hoch war. Die Tabelle 5.13 zeigt, daß sich die Stereotype von Erwachsenen nicht von denen 5jähriger Kinder unterscheiden.

Das schwache und das starke Geschlecht. Obwohl Frauen eine durchschnittlich um mehrere Jahre höhere Lebenserwartung haben als Männer, gelten sie als schwaches Geschlecht, als die kränklichen.

Tabelle 5.13. Stereotype Eigenschaften, die übereinstimmend in mindestens 20 der 25 untersuchten Staaten genannt wurden (Williams & Best, 1990, modifiziert nach Alfermann 1996 [12])

Stereotype feminine Eigenschaften	
abergläubisch	geschwätzig
abhängig	liebevoll[1]
affektiert	milde
attraktiv	neugierig
charmant	schwach
einfühlsam[1]	sanft
emotional	sexy
feminin[1]	träumerisch[1]
furchtsam	unterwürfig[1]
gefühlvoll[1]	weichherzig

Stereotype maskuline Eigenschaften	
anmaßend	logisch denkend
abenteuerlustig[1]	maskulin[1]
aggressiv[1]	mutig
aktiv	opportunistisch
dominant[1]	rational
egoistisch	realistisch
ehrgeizig	robust[1]
einfallsreich	selbstbewußt
emotionslos	selbstherrlich[1]
entschlossen	stark[1]
erfinderisch	streng
ergreift die Initiative	stur
ernsthaft	tatkräftig
faul	unabhängig[1]
fortschrittlich	überheblich
grausam	unbekümmert
grob	unerschütterlich
hartherzig	unnachgiebig[1]
klar denkend	unordentlich
kräftig[1]	unternehmungslustig[1]
kühn[1]	weise
laut	

[1] Diese Eigenschaften wurden übereinstimmend in allen (25) oder fast allen (24) Staaten als typisch männlich bzw. weiblich bezeichnet.

„Der Mythos vom schwachen Geschlecht macht auch vor den *Arztpraxen* nicht halt. Schon im Jugendalter bekommen Mädchen – statt mehr Bewegung – viel häufiger kreislaufstärkende Mittel verschrieben ..... Frauen erhalten häufiger als Männer Psychopharmaka. Darüber hinaus wird berichtet, daß Frauen und Männer unterschiedliche Behandlungsempfehlungen, aber auch Diagnosen erhalten, deren Ursachen nicht nur im objektiven Krankheitsbild, sondern zum Teil in stereotypen Vorannahmen zu suchen sind" [12].

 Zwei Strophen aus einem Lied von Rainhard Fendrich mit dem Titel *Macho, Macho* sollen verdeutlichen, wie Geschlechterstereotype heute einerseits humorvoll in Frage gestellt, andererseits schwungvoll repetiert werden:

„Er hat en Hintern wie Apollo,
in seinen Hüften schwingt Elan,
hat einen Charme wie René Kollo
(deutscher Sänger)
und einen Blick wie Tschingis Kahn.
Macho, Macho bleib'n in Mode
Macho, Macho sterb'n net aus
Macho, Macho nimmt man gerne mit nach Haus..."

Wandel der Geschlechterrollen

Während sich die Geschlechterstereotype trotz Emanzipationsbewegung und Feminismus praktisch nicht verändert haben, vollzieht sich bei den Geschlechterrollen – weibliche bzw. männliche Rolle (vgl. Kap. 3.3) gegenwärtig ein Wandel. Etwas pointiert formuliert, stellt sich der Wandel der Geschlechterrollen vor allem als ein *Wandel der weiblichen Rolle* dar. Er zeigt sich in den modernen Industrienationen vor allem:

- In einer *besseren Bildungsbeteiligung* und *Berufsausbildung* von Mädchen und Frauen
- In einem *Anstieg der Zahl erwerbstätiger Frauen*

Entwicklung der Geschlechtsrolleneinstellungen. Bei Männern finden sich traditionellere Einstellungen als bei Frauen. Männer befürworten und leben egalitäre, gleichberechtigte Partnerschaften in der Regel so lange, wie das Paar noch keine Kinder hat. Mit der Geburt eines Kindes und mit der Ankunft jedes weiteren Kindes werden die Einstellungen der Männer zur Aufgabenverteilung immer traditioneller. Frauen hingegen behalten ihre Einstellungen auch nach der Familiengründung bei, dies vor allem dann, wenn sie eine höhere Bildung haben, erwerbstätig sind und der oberen Mittelschicht angehören. In der Unterschicht und der Oberschicht finden sich hingegen noch mehr Frauen mit einem traditionellen Verständnis ihrer Frauenrolle. *Wichtige Determinanten* für die Entwicklung der Geschlechtsrolleneinstellungen sind das Verhalten, Kognition und Einstellungen der Eltern, außerfamiliäre Sozialisationserfahrungen und gesamtgesellschaftliche Einstellungen.

Ablehnung der weiblichen Geschlechterrolle. Bei der *Magersucht* (Anorexia nervosa) kommt der Ablehnung der weiblichen Geschlechtsrolle eine wichtige Bedeutung zu. Betroffen davon sind vor allem junge Frauen. Neben dem Abmagern als Folge einer Störung des Eßverhaltens ist dabei eine meist unbewußte Ablehnung der Rolle (und den daran geknüpften Erwartungen) der erwachsenen, geschlechtsreifen Frau eines der Leitsymptome. Die Tatsache, daß Eßstörungen vor allem in den westlichen Ländern in den letzten Jahren deutlich zugenommen haben, wird u. a. als ein Zeichen dafür gesehen, daß heranwachsende Frauen sowohl in Bezug auf ihr Körperbild als auch hinsichtlich der traditionellen Rolle der Frau in der Reifungskrise der Adoleszenz in einen Konflikt geraten können.

Als *Fazit* läßt sich festhalten [12], daß die Geschlechtsrolleneinstellungen über die Jahrzehnte liberaler geworden sind. Es zeigen sich vor allem noch Kohortenunterschiede (Ältere versus Jüngere) und Unterschiede zwischen Einkommens- und Bildungsgruppen. Unterschiede gibt es weiter in Abhängigkeit von der Religionszugehörigkeit und vom Erwerbsstatus (Hausfrauen zeigen traditionellere Einstellungen als erwerbstätige Frauen). Die entscheidende Rolle spielt die Erziehung und die Geschlechterrollen, welche Mütter und Väter ihren Töchtern und Söhnen vorleben.

Geschlechterunterschiede in Erlebens- und Verhaltensbereichen

Geschlechterunterschiede in verschiedenen psychischen Grundfunktionen wurden lange Zeit auf biologische Ursachen zurückgeführt. Ein Meilenstein in der Geschlechterforschung war eine 1974 von Maccoby und Jacklin [49] publizierte Monographie, in welcher sie einen Überblick und eine kritische Bewertung der bis dahin im angloamerikanischen Raum durchgeführten Untersuchungen zu Ähnlichkeiten bzw. Unterschieden zwischen den Geschlechtern vorlegten. Sie kamen zum Schluß, daß *zwischen den Geschlechtern psychologisch sehr viel stärkere Ähnlichkeiten als Unterschiede bestehen und daß die Ähnlichkeiten lediglich durch traditionelle, nach wie vor gültige Geschlechterstereotype in Zweifel gezogen werden.*

Mehr Ähnlichkeiten als Unterschiede zwischen den Geschlechtern. Alfermann

[12] resümiert ihre Übersicht über neuere Untersuchungen der Geschlechterforschung mit der Feststellung: „Der auffallendste Befund zu Geschlechterunterschieden besteht darin, daß sie sich in den vergangenen zwei Jahrzehnten weiter verringert haben. In Tabelle 5.14 sind einige wichtige Erlebnis- und Verhaltensbereiche zusammengefaßt, in denen nach dem gegenwärtigen Forschungsstand keine bis geringe bzw. mittlere bis hohe Geschlechterunterschiede bestehen. Besonders bei den kognitiven Fähigkeiten zeigt die neuere Forschung einen deutlichen Wandel in der Weise, daß Frauen und Männer in Tests zur Erfassung des verbalen, mathematischen und räumlichen Denkens lediglich mit einer kleinen Ausnahme ähnliche Resultate erzielen. Die früher in diesen Bereichen beschriebenen Unterschiede müssen rückblickend als Konsequenzen aus Bildungs- und Sozialisationsunterschieden zuungunsten von Frauen interpretiert werden.

Motorische Fähigkeiten und Aggressionen. Der deutlichste Unterschied zwischen den Geschlechtern besteht in Tests, die Schnelligkeit, Kraft und Ausdauer erfordern. Die Ursachen sind biologischer Art (größere, durch Androgenwirkung bedingte Muskelmasse der Männer), werden aber durch Sozialisationserfahrungen noch verstärkt. Ein weiterer Unterschied besteht im aggressiven Handeln dahingehend, daß Männer häufiger physisch aggressiv werden als Frauen. Dieser Unterschied schlägt sich in der Kriminalstatistik nieder, indem Gewalttaten (Vergewaltigung, Körperverletzung, Mord) wesentlich häufiger von Männern als von Frauen begangen werden.

Persönlichkeitsmerkmale. Die Unterschiede in einzelnen Persönlichkeitsmerkmalen, insbesondere Durchsetzungsfähigkeit und Fürsorglichkeit, lassen sich

Tabelle 5.14. Übersicht über Erlebens- und Verhaltensvariablen, in denen sich keine bis geringe bzw. mittlere bis hohe Geschlechterunterschiede zeigen (Nach Alfermann 1996 [12])

Keine bis geringe Unterschiede	*Mittlere bis hohe Unterschiede*
Denken	Denken
• Verbales und räumliches Denken • Mathematische Fähigkeiten	• Lediglich ein Aspekt des räumlichen Denkens, das sog. mentale Rotieren (Drehen dreidimensionaler Gebilde in der Vorstellung) M > F
Motorische Fähigkeiten	Motorische Fähigkeiten
• Geschicklichkeit, Beweglichkeit, Reaktionszeit • Flexibilität	• Kraft, Schnelligkeit, Ausdauer, Werfen M > F • Aktivitätsniveau Jungen > Mädchen
Aggressives Handeln	Aggressives Handeln
• Globale Aggressivität (Erwachsene)	• Kinder und Jugendliche Jungen > Mädchen • Physische Aggression M > F
Persönlichkeitsmerkmale (Selbstbeschreibung)	Persönlichkeitsmerkmale (Selbstbeschreibung)
• Ängstlichkeit • Geselligkeitsstreben • Vertrauen	• Durchsetzungsfähigkeit M > F • Fürsorglichkeit F > M
Sexualität	Sexualität
• Häufigkeit Sex • Zahl der Sexualpartner • Häufigkeit gleichgeschlechtlicher Sex	• Häufigkeit Masturbation M > F • Einstellung zu Gelegenheitssex M > F • Einstellung zu vorehelichem Sex mit festem Partner M > F

auf geschlechtstypische Rollenerwartungen zurückführen. Nach wie vor ist die männliche Rolle stärker mit instrumentellen und die weibliche Rolle mehr mit expressiven Erwartungen definiert. Besonders bei der Kinderpflege und -erziehung hat sich gezeigt, daß sich bei gleichen Anreizen (Erziehungsurlaub) – wie dies z. B. in Schweden der Fall ist – Väter gerne an diesen traditionell als mütterlich definierten Aufgaben beteiligen.

 Geschlechterunterschiede im Erlebens- und Verhaltensbereich sind in hohem Maße durch Geschlechterstereotype und Geschlechtsrollenerwartungen bestimmt. Lediglich in motorischen Fähigkeiten, die mit der Muskelfunktion zusammenhängen, bestehen eindeutig biologisch begründete Unterschiede zwischen Mann und Frau. Die höhere physische Aggressionsbereitschaft des Mannes läßt sich einerseits mit seiner motorischen Überlegenheit, andererseits aber auch mit geschlechtstypischen Sozialisationserfahrungen erklären. Während sich im privaten Raum (Partnerschaft, Familie) ein Wandel der Geschlechterrollen in Richtung egalitärer Partnerschaftlichkeit vollzogen hat, ist die Arbeitswelt in weiten Bereichen ein Reservat, in dem sich traditionelle Geschlechterstereotype und traditionelle Geschlechtsrollenerwartungen zu Ungunsten der Frau bis heute erhalten haben.

5.9 Paarbeziehungen

5.9.1 Zweierbeziehungen im sozialen Wandel

Vielfalt von Lebensformen. In Kap. 5.7 wurde die *Vielfalt individueller Lebensläufe* als ein wesentliches Merkmal der gegenwärtigen Lebenssituation von Erwachsenen beschrieben. Auch in Zweierbeziehungen gibt es heute vielfältige Konstellationen, mit wem und in welcher Art von Beziehung zwei Individuen zusammenleben. Neben der *traditionellen Ehe* als einer gemischtgeschlechtlichen Paarbeziehung mit klaren rechtlichen Rahmenbedingungen hat in den letzten Jahren die Zahl der Zweierbeziehungen von gemischt- und gleichgeschlechtlichen, unverheiratet zusammenlebenden Partnern zugenommen. Neben den Merkmalen *Geschlecht* und *rechtlicher Status* bestehen auch im Kriterium *Nähe/Distanz* unterschiedliche Konstellationen, in denen zwei Partner zusammenleben können. Außer Paaren mit gemeinsamer Wohnung gibt es sog. *bilokale Zweierbeziehungen*, in denen (un)verheiratete Partner entweder am selben oder an verschiedenen Orten zwei Wohnungen haben und nur zeitweise – meist am Wochenende – gemeinsam in einer Wohnung leben. Variationen in der Wohnform finden sich vor allem in Zweierbeziehungen zwischen jungen Erwachsenen bis zum 30. und bei älteren Personen etwa ab dem 60. Lebensjahr. Die Art der Verbindlichkeit (unverheiratet – verheiratet) und die räumliche Nähe und zeitliche Konstanz des gemeinsamen Lebens sind wichtige Rahmenbedingungen für die Gestaltung, Entwicklung und Störanfälligkeit von Paarbeziehungen. Die folgenden Ausführungen betreffen schwerpunktmäßig Zweierbeziehungen zwischen einer Frau und einem Mann. Auf einige Aspekte gleichgeschlechtlicher Paarbeziehungen wird im Abschnitt 5.9.4 kurz eingegangen. Altersbedingte Einflüsse auf und Veränderungen von Paarbeziehungen werden in den Kapiteln 5.10 und 5.11 behandelt.

Bedeutungswandel der Ehe. In früheren Jahrhunderten unterstanden Partnerwahl und Ehe in hohem Maße der *Kontrolle der* (familiären) *Umgebung* und strengen *gesellschaftlichen Normen*. Ehen wurden – wie in manchen Kulturen heute noch üblich – meist innerhalb der gleichen sozialen Schicht von den Eltern gestiftet. Die Ehe galt als *gesellschaftliche Institution* mit dem Ziel, durch gemeinsame Arbeit und gegenseitige Hilfeleistungen das Überleben der beiden Partner und ihrer Kinder so gut als möglich sicherzustellen. Heute ist der institutionelle Aspekt in den Hintergrund getreten zugunsten der Ehe als *Gefährtenschaft*. Diese soll jedem der beiden Partner möglichst beste Voraussetzungen für seine Selbstverwirklichung bieten. Folgende gesellschaftliche Faktoren haben zum Bedeutungswandel der Ehe beigetragen:

- Die Industrialisierung Ende des 19., Anfang des 20. Jahrhunderts: Sie markiert den Übergang von der *Großfamilie*, in welcher üblicherweise drei Generationen zusammenlebten, zur *Kleinfamilie* (Elternpaar mit Kindern).
- Die *Entwicklung der Sozialpolitik* mit dem Aufbau eines Netzes sozialer Sicherheit zum Schutz gegen Schicksalsschläge (Krankheit, Invalidität, Arbeitslosigkeit). Dieses mit der *Anhebung des Lebensstandards* einhergehende Auffang- und Sicherungssystem hat die Ehe von früheren maßgeblichen Funktionen entlastet.
- Die *Emanzipationsbewegung*: Diese hat vor allem zu einer *Verbesserung der Stellung der Frau*, nicht nur in der Gesellschaft, sondern auch in der Ehe beigetragen in Richtung einer Gleichstellung und -berechtigung der Geschlechter.
- Die außerhäusliche *Erwerbstätigkeit der Frau*: Sie hat zu größerer Unabhängigkeit gegenüber dem Mann geführt (Geld, Anerkennung).

Soziologische und psychologische Perspektive von Paarbeziehungen. Die Soziologie befaßt sich vor allem mit der *Außenperspektive* von Paarbeziehungen. Sie interessiert sich für Wechselbeziehungen zwischen dem sozialen Mikrosystem Ehe und anderen sozialen Systemen der Gesellschaft. Die Psychologie fokussiert mehr auf die sich *innerhalb einer Dyade* abspielenden Vorgänge und beleuchtet somit eine Paarbeziehung von innen her. Beide Perspektiven sind für die Medizin und die ärztliche Tätigkeit wichtig. Im Folgenden wird deshalb versucht, verschiedene Aspekte einer Paarbeziehung sowohl von außen als auch von innen her zu beleuchten.

Soziodemographische Merkmale. Anhand der Kriterien *Wohnform* und *Zivilstand* läßt sich die Entwicklung von der Großfamilie hin zur Kleinfamilie, zur Zweierbeziehung und zum Einpersonenhaushalt im Verlauf des 20. Jahrhunderts veranschaulichen (Abb. 5.8). Wie die Volkszählungsdaten der Schweizer Bevölkerung im Verlauf des 20. Jahrhunderts zeigen, lebten 1900 lediglich ein Viertel aller Personen in Ein- oder Zweipersonenhaushalten und drei Viertel in Drei- und Mehrpersonenhaushalten. 1990 sind Ein- und Zweipersonenhaushalte mit je knapp einem Drittel (32,4 % bzw. 31,7 %) die dominierenden Wohnmodelle. Nur noch jeder Dritte (Kinder und alte

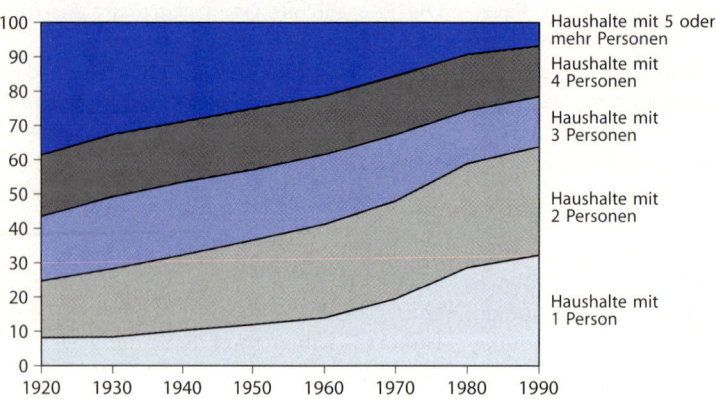

Abb. 5.8. Haushaltgrößen in der Schweiz von 1920–1990 (Angabe in Prozenten)

Tabelle 5.15. Zivilstand der Schweizer Wohnbevölkerung 1990

Ledige (einschließlich unverheiratet Zusammenlebender)	41,9 %
Verheiratete (erst- und wiederverheiratet)	47,3 %
Geschiedene (nicht wiederverheiratet)	4,9 %
Verwitwete	5,9 %

Menschen eingeschlossen) lebt in einem Drei- oder Mehrpersonenhaushalt. Für den Zivilstand ergab die Erhebung von 1990, die in Tabelle 5.15 zusammengestellten Daten. Danach sind knapp die *Hälfte aller Frauen und Männer* verheiratet (erst- oder wiederverheiratet). Zusammenfassend läßt sich sagen, daß die Ehe als Form einer Zweierbeziehung und das Zusammenleben von Frau und Mann (ohne oder mit Kindern) in einer Wohnung nach wie vor die häufigsten Konstellationen von Paarbeziehungen sind. Ähnliche Entwicklungen in der Wohnform werden auch aus anderen europäischen Ländern berichtet. Hinsichtlich der Verteilung der Wohnform ist der Anteil an Unverheirateten mit oder ohne Kind vor allem in skandinavischen Ländern deutlich höher.

! **Eheliche Zweierbeziehungen zeigen gegenwärtig in psychosozialer Hinsicht folgende Merkmale:**

- Das durchschnittliche Alter bei der Erstheirat liegt heute mit 28,0 Jahren bei Frauen und 30,3 Jahren bei Männern höher als in früheren Zeiten (Schweizer Bevölkerung 1995).
- Der Heirat geht meist eine Phase unverheirateten Zusammenlebens voraus.
- Etwa jede dritte Ehe wird geschieden.
- Ungeschiedene Ehebeziehungen dauern heute aufgrund der hohen Lebenserwartungen von Frauen und Männern im Durchschnitt länger als 40 Jahre.
- Die eheliche Partnerschaft ist weniger „fremdbestimmt" als früher.
- Ehebeziehungen sind heute mehr Partner- als Elternbeziehungen (Gründe: Niedrige Kinderzahl, höheres Alter bei der Familiengründung, frühere Ablösung der Kinder in der Adoleszenz).
- Für die Aufgaben- und Rollenverteilung in der Ehe besteht ein größerer Entscheidungsspielraum für beide Partner.
- Das heutige Eheideal betrifft vorwiegend den Bereich einer intensiven emotionalen Bindung und Zufriedenheit.

Positive Bewertung der Ehe. Die hohen Eheschließungsraten deuten darauf hin, daß die Ehe trotz allen Vorbehalten nach wie vor ein hohes Ansehen genießt und an Attraktivität wenig verloren hat. Wie läßt sich dies erklären?

Von *soziologischer Seite* wurde versucht, die positive Grundhaltung der Ehe gegenüber auf dem Hintergrund gesellschaftlicher Entwicklungen zu erklären [13, 48]. Danach führt der *Prozeß der gesellschaftlichen Modernisierung* (Technisierung und Globalisierung der Arbeitswelt, Pluralisierung von Normen und Werten) zu einer *Auflösung stabiler sozialer Strukturen* und für den Einzelnen zu einer *Steigerung gesellschaftlicher Risiken* (Arbeitsplatzverlust, Verarmung, Vakuum moralischer Wertvorstellungen).

In dieser Situation gewinnen längerdauernde Zweierbeziehungen für das Individuum wieder an Bedeutung und Wert. „Je mehr andere Bezüge der Stabilität entfallen, desto mehr richten wir unser Bedürfnis, unserem Leben Sinn und Verankerung zu geben, auf die Zweierbeziehung" [13]. Die Paarbeziehung wird damit zu einem Lebensraum, der dem Einzelnen im Unterschied zur Arbeitswelt Bestätigung, Verläßlichkeit und Sicherheit geben kann.

5.9.2 Merkmale und Funktionen intimer Systeme

Der Wunsch und die Suche nach einer intensiven emotionalen Bindung, nach Intimität und Zufriedenheit in der Sexualität sind wichtige Motive, weshalb Frauen und Männer Paarbeziehungen eingehen. Daub [31] hat aus soziologischer Sicht wesentliche Merkmale und Funktionen sog. „intimer Systeme" und insbesondere von intimen Paarbeziehungen untersucht. Einige Ergebnisse dieser Analyse sollen hier in Kürze referiert werden.

Was ist ein intimes System? In den Kapiteln 4.4 und 4.5 wurden allgemeine *strukturelle* und *funktionale Merkmale sozialer Systeme* beschrieben. Ehe und Familie sind sog. Mikrosysteme, die sich von anderen sozialen Systemen durch einige spezifische Besonderheiten unterschieden. Paarbeziehungen beinhalten üblicherweise auch den Bereich der sexuellen Intimität. Diese Vertrautheit und Ausschließlichkeit ist familiären Beziehungen zwischen den Generationen durch Tabus und Gesetze verwehrt. Daub [31] beschreibt folgende charakteristische Merkmale intimer Paarbeziehungen:

- Ehepartner orientieren sich in hohem Masse an *einer einzigen Person*;
- Paarbeziehungen bieten die Möglichkeit zur *Identitätsreflexion und -stabilisierung*;
- innerhalb von Paarbeziehungen bestehen spezifische *Kommunikationsschwierigkeiten*, die darauf zurückzuführen sind, daß beide Partner ihre wechselseitige Kommunikation so gut kennen, daß sie voreinander nichts verbergen können;
- Paarbeziehungen haben je ihre *eigene Geschichte*.

Risiken intimer Paarbeziehungen. Die intensive Orientierung auf eine Person bringt es mit sich, daß zwei Ehepartner ein gewisses Maß an *Phantasie und Kreativität* entfalten müssen, um sich gegenseitig als Personen immer wieder interessant zu sein. Das reiche und vielfältige Angebot von Außenreizen (Fernsehen, globale Informationssysteme, Sensationsjournalismus) bietet heute so viel Abwechslung, daß der Einzelne Gefahr läuft, als Informations- und Unterhaltungskonsument seine eigene Kreativität zu vernachlässigen. Dadurch können in einer Paarbeziehung *Langeweile* und ein *Gefühl der Leere* entstehen. Hinsichtlich der Aufrechterhaltung und Weiterentwicklung eines *eigenen Identitätsgefühls* (vgl. Kap. 5.6.3) hat der Ehepartner eine ebenso wichtige Funktion wie in der Kindheit die Eltern. Mangel an wechselseitiger Bestätigung und gegenseitige Entwertung (s. Kap. 3.2.2) beeinträchtigen das Selbstwertgefühl und können zu schweren Beziehungskrisen führen. Ehepartner lernen im Lauf ihrer Beziehung wechselseitig das *ganze Vokabular ihrer verbalen und nonverbalen Kommunikation*. Dies bedeutet, daß der Einzelne seine Kommunikation weniger steuern, filtern und verbergen kann als gegenüber einer anderen Person. Dadurch entsteht eine *Offenheit* und *Ungeschütztheit*, die im positiven Fall das Erleben intensiver *Harmonie* ermöglicht, in Beziehungskrisen aber zu einer Art von erhöhter *Verletzlichkeit* führen kann. Die Einmaligkeit jeder Paarbeziehung bietet die Chance zu einzigartig schönen, aber auch schmerzlichen Erfahrungen. Spricht man mit älteren Ehepaaren über ihre langjährige Beziehung, so zeigt sich, daß sich im Laufe eines Ehelebens Phasen von mehrheitlich glücklichen und schwierigen Erfahrungen abwechseln.

Stabilisierende und potentielle Störfaktoren für Paarbeziehungen. Unabhängig von der Ehedauer haben folgende Faktoren eine *stabilisierende Wirkung* für eine Ehebeziehung:

- Regelmäßiger Austausch im gemeinsamen Gespräch
- Identifikation mit der Partnerschaft
- Raum und Zeit für die persönliche Entwicklung beider Partner
- Zärtlichkeit (vor allem in den ersten Ehejahren und im Alter)
- In längerdauernden Beziehungen zusätzlich befriedigende finanzielle und Wohnsituation.

Störfaktoren für das Gleichgewicht in einer Paarbeziehung können sein:

- Veränderungen durch Geburt oder Tod eines Kindes
- Unvorhergesehene Belastungen durch Krankheit, Arbeitslosigkeit oder Wohnortwechsel
- Lebensgeschichtlich bedingte Veränderungen (Auszug der Kinder, Pensionierung)
- Beziehungskrisen aufgrund der Wiederkehr abgewehrter Wünsche und Bedürfnisse (s. Kap. 5.9.5)

Man kann somit sagen, daß eine Paarbeziehung auf den Einzelnen sowohl *streßmildernde* als auch *streßfördernde* Wirkung haben kann (vgl. Kap. 8.4). Betrachtet man die genannten Faktoren, so wird deutlich, daß eine Paarbeziehung für ihr längerfristiges Bestehen und Gelingen auf ein *kontinuierliches Engagement beider Partner* angewiesen ist.

Treue. Gegenseitige Treue hat in intimen Paarbeziehungen einen hohen Stellenwert. Sie kann aus soziologischer Sicht in folgender Weise definiert werden [28]: Treue impliziert *Folge- und Hilfsbereitschaft* aus Liebe, erwartet *Exklusivität der Person* besonders in den beiden Dimensionen der sexuellen Treue und der Vorrechte, die der Partner, dem man treu ist, beanspruchen kann. Weiter beinhaltet sie den Anspruch auf *Dauerhaftigkeit* und *Zeitlosigkeit der Beziehung*, welchen ein Partner einem anderen gegenüber erheben darf. Das *Treueideal* hat seit dem Auftreten der Immunschwächekrankheit AIDS für die Bewertung einer Paarbeziehung neue Aktualität erhalten. Dabei erscheint es jedoch wichtig, Treue als Basiselement einer Paarbeziehung nicht nur auf den Bereich der Sexualität zu beschränken.

Sexuelle Zufriedenheit. Unzufriedenheit in der partnerschaftlichen Sexualität ist einer der Hauptgründe, welche für die Beendigung von Paarbeziehungen genannt werden (s. Kap. 5.10). Dabei spielen weniger sexuelle Störungen im engeren Sinn (vgl. Kap. 8.5) als meist eine zunächst als *Frustration* oder *Langeweile* wahrgenommene Veränderung der Sexualität eine Rolle. Besonders Paare mittleren und höheren Alters haben nach wie vor Schwierigkeiten, sich verbal über sexuelle Fragen zu verständigen. Die Unfähigkeit, sowohl sexuelle Zufriedenheit als auch Unzufriedenheit zum Ausdruck zu bringen, prädestiniert die Sexualität zu einem Beziehungsbereich, in dem sich latente Krisen manifestieren und ausgetragen werden können. Deshalb sollten Klagen über sexuelle Unzufriedenheit immer im Zusammenhang mit der gesamten Beziehungssituation gesehen werden.

5.9.3 Entwicklung längerdauernder Paarbeziehungen

Im Kap. 7.1.5: Die Person als Beziehungswesen – Elemente eines systemisch-ökologischen Persönlichkeitsmodells wird ausführlich dargestellt, daß sich eine Person nicht als isoliertes Individuum entwickelt, sondern immer in Beziehungen steht. Dabei spielt der Ehepartner als nächste Bezugsperson eine entscheidende Rolle. Willi [70] beschreibt den Entwicklungsprozeß in einer Partnerschaft als *Koevolution* im Sinne einer wechselseitigen Beeinflussung der persönlichen Entwicklung beider Partner. Diese können sich gegenseitig Entwicklungen ermöglichen, sich aber auch gegenseitig lähmen und behindern.

Einflüsse
auf die Qualität von Ehebeziehungen

Die Qualität von Ehebeziehungen wird durch demographische Faktoren, die Herkunftsfamilien sowie Eigenschaften und Verhalten der beiden Partner beeinflußt [42,55].

Gesellschaftliche Determinanten. Es gibt einige gesellschaftliche Faktoren, die sich als *nachteilig* für die Qualität von Ehebeziehungen erwiesen haben. An erster Stelle sind hier *familienfeindliche Wertvorstellungen* in Gesellschaft und Politik zu nennen. Selbstverwirklichung als

höchste Priorität ist mit einer guten Ehebeziehung auf Dauer nicht zu vereinen. Die Erfahrung von Widersprüchen zwischen Wunschvorstellungen für eine und Realerfahrungen in einer Paarbeziehung ist eine regelmäßige Erscheinung in längerdauernden Beziehungen. Dieser Widerspruch hängt u. a. mit dem *geringen Stellenwert familienpolitischer Anliegen* im politischen Alltag zusammen. In Deutschland werden z. B. in regelmäßigen Intervallen von der Bundesregierung sog. *Familienberichte* in Auftrag gegeben. Diese lesen sich interessant und könnten Paare hoffnungsvoll stimmen. Die Umsetzung der darin vorgeschlagenen Maßnahmen gelingt jedoch nur ansatzweise, da Paare und Familien im Unterschied zu Wirtschaftsverbänden in den Parlamenten keine Lobby haben. In der Schweiz zeigt die jahrelange Diskussion um die Einführung einer Mutterschaftsversicherung dieselbe Problematik. *Leben in der Großstadt* und *soziale Mobilität* sind ebenfalls gesellschaftliche Faktoren, die auf eine Paarbeziehung nachteilige Wirkung haben können.

Herkunftsfamilie und Gesundheit. Eine hohe Qualität der elterlichen Ehe, hohe Schulbildung und Wohlwollen der Eltern gegenüber Partnerwahl und Ehe ihrer Kinder sind Determinanten des weiteren familiären Beziehungssystems, welche die Qualität einer Ehe ebenfalls günstig beeinflussen. Das Fehlen dieser Faktoren oder deren negative Ausprägung belasten eine Ehe. Von nicht geringer Bedeutung ist auch der *Gesundheitszustand* beider Partner. Hier wie in vielen anderen psychosozialen Faktoren gilt jedoch, daß Ausnahmen die Regel bestätigen. So kann eine chronische Krankheit, je nachdem ob und wie sie bewältigt wird (vgl. Kap. 13), die Qualität einer Ehe belasten oder auch verbessern.

Eigenschaften und Verhalten beider Partner. Abbildung 5.9 zeigt, in welcher Weise Eigenschaften und Verhaltensweisen beider Partner die Qualität einer Ehe beeinflussen. Alters- und Schichtunterschiede sowie Religion haben keinen wesentlichen Einfluß. Hingegen sind lange voreheliche Bekanntschaft, ähnlicher Lebensstil und eine positive Einstellung beider Partner zur Berufstätigkeit der Frau für die Beziehungsqualität förderlich.

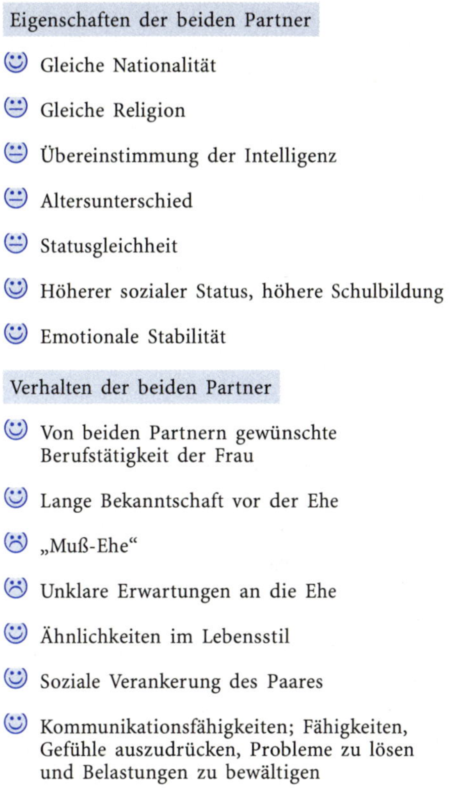

Was hält Paare zusammen?

Dieser Frage ist Willi [71] im Rahmen seiner ehepsychologischen Studien ebenfalls nachgegangen. Die Beschreibung dessen, was der Begriff *Liebe* meint, in einem Lehrbuch zu beschreiben, stößt auf gewisse Schwierigkeiten. Liebe und deren typische Merkmale lassen sich eher metaphorisch in der Literatur oder Kunst ausdrücken. Dennoch gibt es einige konkrete Erfahrungen, welche Paare im Rückblick auf eine langjährige glückliche Ehebeziehung als wesentlich schildern.

Verstandenwerden und Verbundensein. Sich gegenseitig zu verstehen setzt voraus, daß man sich darum bemüht und Egoismus, Eigensinn und Eigennutz zugunsten des Partners und der Paarbeziehung zurückstellt. Verbundensein meint die Erfahrung, daß man gemeinsam Freud und Leid erlebt hat, wobei vor allem das gemeinsame Durchleben von Schwierigkeiten und Krisen Verbundenheit schafft.

Schaffung gemeinsamer Regeln und Wertvorstellungen. Wenn in ethischen Normen und Werten ein breiter Spielraum besteht, wie dies in säkularisierten Gesellschaften der Fall ist, stehen zwei

von Kirchen gelösten

Abb. 5.9. Was beeinflußt die Qualität der Ehe? (Aus Riehl-Emde 1992 [59])

Eigenschaften der beiden Partner

☺ Gleiche Nationalität

☹ Gleiche Religion

😐 Übereinstimmung der Intelligenz

☹ Altersunterschied

☹ Statusgleichheit

☺ Höherer sozialer Status, höhere Schulbildung

☺ Emotionale Stabilität

Verhalten der beiden Partner

☺ Von beiden Partnern gewünschte Berufstätigkeit der Frau

☺ Lange Bekanntschaft vor der Ehe

☹ „Muß-Ehe"

☹ Unklare Erwartungen an die Ehe

☺ Ähnlichkeiten im Lebensstil

☺ Soziale Verankerung des Paares

☺ Kommunikationsfähigkeiten; Fähigkeiten, Gefühle auszudrücken, Probleme zu lösen und Belastungen zu bewältigen

Partner vor der Aufgabe, für ihre gegenseitige Beziehung konkrete Regeln und Wertvorstellungen zu entwickeln. Dies gilt besonders für die Sexualität, für den Umgang mit Geld und Besitz sowie für den Bereich der Religion. Wertvorstellungen in diesen Bereichen ändern sich durch äußere Einflüsse und durch das Älterwerden der Partner und müssen deshalb immer wieder aufs Neue diskutiert und ausgehandelt werden.

Schaffung einer eigenen familiären Welt. Dazu gehört zunächst das Gestalten einer eigenen Welt durch die Einrichtung einer Wohnung, die Gestaltung von Beziehungen zu Freunden, Nachbarn und Verwandten und die Ausrichtung auf gemeinsame Lebensziele. Besondere Bedeutung hat hier auch die Familiengründung und die Erziehung von Kindern. Bei der Schaffung einer eigenen Welt sind schließlich die Fähigkeit, zeitweise auch verzichten zu können, Spannungen auszuhalten und das gemeinsame Bemühen, diese zu überwinden, von Bedeutung.

5.9.4 Gleichgeschlechtliche Paarbeziehungen

Seit die soziale Diskriminierung homosexueller und lesbischer Paarbeziehungen abgenommen hat, zeigt sich, daß gleichgeschlechtliche Paarbeziehungen in vielen Aspekten Ähnlichkeiten mit heterosexuellen Beziehungen haben. Es kann an dieser Stelle nur in Kürze auf einige Ähnlichkeiten bzw. Unterschiede dieser Beziehungen im Vergleich zu heterosexuellen Paaren hingewiesen werden. Dies soll an einem Fallbeispiel veranschaulicht werden.

 Ein 27jähriger Ingenieur meldet sich bei seinem Hausarzt wegen fehlender Ejakulation beim Geschlechtsverkehr mit seinem vier Jahre älteren Partner. Die beiden kennen sich seit zwei Jahren, bewohnen je eine eigene Wohnung und treffen sich vor allem am Wochenende. Er berichtet, daß seine Eltern geschieden seien, er seine Mutter und Schwester über seine Homosexualität informiert habe, nicht jedoch seinen Vater. Die Beziehung zu seinem Freund schildert er als harmonisch, sie hätten gemeinsame Freizeitinteressen und hinsicht-

lich Treue in der Beziehung ähnliche Vorstellungen. Auf die Zukunft der Paarbeziehung angesprochen meint er, darüber hätte er sich noch wenig Gedanken gemacht. Er und sein Partner würden im Hier und Jetzt leben und wenig über eine ferne Zukunft sprechen.

Ähnlichkeiten mit heterosexuellen Paarbeziehungen. Ebenso wie in heterosexuellen gibt es auch in homosexuellen und lesbischen Beziehungen eine Vielfalt von Alterskonstellationen und Wohnformen. Aufgaben- und Rollenverteilung können ebenfalls entweder eher polarisiert und asymmetrisch oder egalitär sein. Der Stellenwert von Treue und von Sexualität zeigt ebenfalls eine Vielfalt. Es ist notwendig, daß sich zwei Partner auf gemeinsame Werte verständigen. Die erwähnten stabilisierenden und potentiellen Störfaktoren haben gleiche Bedeutung für gegen- und gleichgeschlechtliche Paare. Auch das Auftreten einer sexuellen Funktionsstörung als Symptom einer nur teilweise bewußten Beziehungsproblematik – im geschilderten Fallbeispiel zum Vater und im Sinne einer Vaterübertragung auf den Freund – ist nicht spezifisch für gleichgeschlechtliche Paarbeziehungen.

Besonderheiten gleichgeschlechtlicher Beziehungen. Menschen mit einer heterosexuellen Orientierung stellen sich nicht die Frage, warum sie heterosexuell sind. Ganz anders Männer und Frauen mit homosexueller bzw. lesbischer Orientierung. Da sie Mitglieder einer „Minorität" sind, ist die Frage nach der eigenen Andersartigkeit jedoch verständlich und für das Finden einer *homosexuellen/lesbischen Identität* wichtig. Die *Beziehungen zu den Herkunftsfamilien* sind im Durchschnitt problematischer und von Seiten der Eltern nicht selten „doppelbödig". Rational wird die homosexuelle/lesbische Paarbeziehung eines Sohnes/einer Tochter akzeptiert, emotional aber oft abgelehnt. Dadurch gestalten sich die Beziehungen zu den Herkunftsfamilien oft komplexer als bei heterosexuellen Paaren. Deutlich verschieden ist auch der *rechtliche Status* gleichgeschlechtlicher Paare. Die gegenseitigen Pflichten und Rechte der Partner sind gesetzlich vorderhand weit weniger definiert als bei gegengeschlechtlichen Paaren. Schließlich zeigt das Beispiel, daß gleichgeschlechtliche Paare oft *mehr gegenwarts- als zukunftsorientiert* leben, da ihnen die Möglichkeiten fehlen, sich fortzupflanzen und die Elternrolle zu übernehmen. Betrachtet man schließlich die *gesellschaftliche Stellung* gleichgeschlechtlicher Paare im nationalen und internationalen Vergleich, so ergeben sich deutliche Unterschiede. Die tolerantere Haltung in Großstädten darf nicht darüber hinwegtäuschen, daß in ländlichen und konfessionell gebundenen Regionen die Diskriminierung nach wie vor sehr ausgeprägt ist.

5.9.5 Paarkonflikte

Paarkonflikte können ihre Ursache in äußeren Belastungen haben, sie können aber auch mit *unbewußten Wünschen und Ängsten der Partner* zusammenhängen. Willi [69] hat in seinem *Kollusionskonzept* die Zusammenhänge zwischen einer neurotischen Partnerwahl, der Entwicklung von Polarisierungen in der Paardynamik und deren destruktive Eskalation in Partnerkonflikten beschrieben. In Tabelle 5.16 sind die Grundhypothesen dieses Konzeptes der Entwicklung von Beziehungskrisen und -konflikten zusammengefaßt.

Neurotische Partnerwahl. Bei der neurotischen Partnerwahl liegen die Motive für die gegenseitige Anziehung in der Abwehr von Ängsten (vgl. Kap. 7.2.2) bzw. in der Hoffnung auf Erfüllung von unrealistischen Wünschen in einer Zweierbeziehung. Es wird z.B. ein Partner gewählt, weil er einem viele Wünsche zu erfüllen verspricht, man also z.B. hofft, von ihm verwöhnt zu werden, bei ihm absoluten Schutz, Geborgenheit und Sicherheit zu finden und vor Enttäuschungen bewahrt zu sein.

Tabelle 5.16. Grundhypothesen des Kollusionskonzeptes (Aus Willi 1991 [69])

1. Bei der Partnerwahl spielen unbewußte Motive eine entscheidende Rolle
2. Die Dynamik von Partnerbeziehungen wird wesentlich durch unbewußte gemeinsame Phantasien und Ängste bestimmt
3. Die Verhaltensweisen der Partner sind interdependent *von einander abhängig*
4. Das Verhalten in einer Partnerbeziehung kann Abwehrcharakter haben
5. Belastungen (intradyadisch, extradyadisch) begünstigen eine zunehmende Polarisierung der beiden Partner in ihren Verhaltensweisen auf dem Hintergrund eines gemeinsamen Grundkonfliktes
6. Starres, polarisierendes Rollenverhalten dient häufig der Abwehr eines gemeinsamen Konfliktes
7. Paarkonflikte entwickeln sich durch die Wiederkehr von abgewehrten und auf den Partner delegierten Wünschen und Bedürfnissen

Kollusion meint das Zusammen-spiel von zwei Partnern auf der Basis gemeinsamer, unbewußter Ängste und Wünsche, deren Rea-lisierung unrealistisch ist. Die Partner beeinflussen und ergän-zen sich in ihren wechselseitigen neurotischen Befürchtungen und Erwartungen und laufen dabei Gefahr, sich gegenseitig in gegen-sätzliche Verhaltensmuster zu polarisieren.

Ein anfänglicher Unterschied von zwei Partnern z. B. in eine hilfsbedürftige bzw. hilfsbereite Grundhaltung kann zu-nächst als angenehm und verbindend er-lebt werden. Die beiden haben den Ein-druck, sich wechselseitig zu ergänzen und gut zusammenzupassen.

Übersteigerte Polarisierung. Mit der Zeit kann die anfängliche Ergänzung der Part-ner jedoch zu einer zunehmenden und schließlich *übersteigerten Polarisierung* führen. Der eine Partner verhält sich zu-nehmend hilflos, der andere kompensiert und verstärkt die Hilflosigkeit durch zu-nehmende Fürsorglichkeit. Die Hilflosig-keit kann sich schließlich zu einer aus-beuterischen Haltung weiterentwickeln, auf welche der andere Partner mit Über-fürsorglichkeit reagiert. *Die dyadische Beziehung wird damit dysfunktional*, in-dem die Partner in ihrem gegenseitigen Verhalten starr und unnachgiebig wer-den. Äußere Belastungen können noch zu einer Verstärkung der Polarisierung beitragen.

Destruktive Eskalation im Paarkon-flikt. Paarkonflikte sind dadurch ge-kennzeichnet, daß die Beziehung nicht mehr flexibel und adaptationsfähig ist. Die beiden Partner verharren z. B. hilf-los/überfürsorglich oder rechthaberisch/

kämpferisch in ihren Positionen und sind zu einer Lösung ihres Beziehungs-konfliktes aus eigenem Antrieb nicht mehr in der Lage. In dieser Situation stellt sich nicht selten ein sog. *dysfunk-tionales Gleichgewicht* ein, indem die Partner:

- sich durch agierende Verhaltensweisen wechselseitig in Atem halten und zer-mürben;
- eine Drittperson (Eltern, Kind, außer-ehelicher Freund/Freundin) in die Dy-ade mit einbeziehen;
- Krankheitssymptome entwickeln, die vom Beziehungskonflikt ablenken oder ihren Konflikt dadurch zeitweise neu-tralisieren, daß sie sich auf eine ge-meinsame Aufgabe hin orientieren (z. B. Engagement für soziale Rand-gruppen).

Eine *konstruktive Konfliktlösung* durch Ausdiskutieren der Probleme, Aushan-deln neuer Beziehungsregeln und deren Ausprobieren im täglichen Zusammenle-ben gelingt oft erst, wenn ein Arzt, Ehe-berater oder Psychotherapeut aufgesucht wird und dem Paar bei der Klärung und Überwindung des Konfliktes hilft.

Konfliktanfälligkeit von Arztehen. Die Belastungen des Arztberufes (u. a. hohe zeitliche und emotionale Beanspruchung) können die Konflikte und Entwicklungs-fähigkeit von Arztehen beeinträchtigen. Infolge einer Diskrepanz zwischen empa-thischer Emotionalität im Beruf und emotionaler Indifferenz im Privatleben kann es wechselseitig zu Enttäuschung und Vorwürfen kommen. Auf Kritik von Seiten ihrer Partner reagieren Ärzte oft mit *einer Idealisierung der Zukunft* („wenn ich dies und jenes erreicht habe, wird alles besser") oder mit einer *Baga-tellisierung bzw. Relativierung der eige-nen Paarprobleme* durch den Hinweis auf andere Ehen, die noch schlechter sind. Die Scheidungsrate von Arztehen ist zwar eher niedriger als in anderen Ehen, da die Unzufriedenheit vor allem von Arztfrauen in einer Haltung stiller Duldung über lange Jahre hingenommen wird.

5.9.6 Paarberatung durch den Hausarzt

Der Hausarzt wird nicht selten, z. B. im Zusammenhang mit streßbedingten Krankheitssymptomen, in eheliche Konfliktsituationen eingeweiht und um Rat gefragt. Gelegentlich versucht auch der als Patient erscheinende Partner den Arzt von seiner Sichtweise der Paarsituation zu überzeugen und als „Verbündeten" gegen den „bösen" Ehemann/die „böse" Ehefrau zu gewinnen. *Als Orientierungshilfen in einer solchen Situation lassen sich folgende Empfehlungen formulieren:*

- Der Arzt soll sich einseitig wertender Äußerungen enthalten und sich nicht in die Rolle eines Richters drängen lassen.
- Wenn möglich, soll er versuchen, den anklagenden Partner für ein gemeinsames Paargespräch zu dritt zu motivieren.
- Für dieses Paargespräch sollte die Zielsetzung weniger in der Ursachensuche und Schuldzuweisung als vielmehr in der Suche nach ungenutzten Ressourcen (intra- und extradyadisch) bestehen.
- Vorschnelle Empfehlungen im Hinblick auf eine Trennung oder Scheidung sind in der Regel nicht hilfreich, sondern können den Konflikt verstärken.
- Bei fehlender Zeit oder nicht ausreichender eigener paartherapeutischer Kompetenz sollte das Paar an eine ge-

eignete Beratungsstelle überwiesen werden.

Möglichkeiten der Prävention von Paarkonflikten. Der Arzt kommt häufig in der Rolle als Geburtshelfer, beim Impfen von Kindern, bei Vorsorgeuntersuchungen oder auch bei sog. „Check-up"-Untersuchungen mit Patienten in Kontakt, die sich in einem Übergang zwischen zwei Lebensphasen und damit in einer *Reifungskrise* befinden. Er hat dabei gute Möglichkeiten, Fehlentwicklungen und Beziehungskrisen vorzubeugen, indem er die Patienten in angemessener Weise auf neue Herausforderungen anspricht und ihnen Bewältigungsmöglichkeiten aufzeigt.

5.10 Familienbeziehungen

5.10.1 Stellenwert und Funktion der Familie

Was ist „Familie"?. Juristisch gesehen ist *Familie* die Einheit Vater – Mutter – unmündige/s Kind/er. Verlassen die (erwachsenen) Kinder das Haus, spricht man von *Gattenfamilie*, fehlt ein Elternteil, *Eineltern-Familie*. Schließen sich, z. B. nach einer Scheidung, weitere Personen der Familie an, spricht man von *Stieffamilie* oder *Fortsetzungsfamilie*. Gebräuchlich sind auch noch die Begriffe *Groß- oder Sippenfamilie* für Familien mit Mitgliedern aus drei Generationen und *Klein- oder Kernfamilie* für vollständige Zweigenerationen-Familien. Schließlich wird auch noch der Begriff *Konsensualfamilie* als Sammelbegriff für alle neuen Familienformen (z.B. zwischen unverheirateten Partner mit Kindern aus der aktuellen oder früheren Paarbeziehungen) verwendet. Bei der *Vielfalt familiärer Konstellationen* stellt sich die

Frage, ob die verschiedenen Familienformen innerhalb der Gesellschaft gleiche oder zumindest ähnliche Funktionen haben können.

Funktionen der Familie. Am klarsten werden die Funktionen der Familie von Seiten der Politik formuliert [26] Familien in ihren vielfältigen Formen haben *zentrale Aufgaben der privaten und gesellschaftlichen Daseinsvorsorge.* Entscheidend für den Fortbestand einer Gesellschaft ist die *Bereitschaft zur Elternschaft* und zur Übernahme von Verantwortung für die *Sicherung der Versorgung, Pflege, Erziehung* und *Ausbildung von Menschen.* Die Familie sichert die *emotionalen und moralischen Grundlagen* einer Gesellschaft. Die in der Familie erworbenen und gelebten Fähigkeiten sind mitentscheidend für Erfolg oder Mißerfolg ihrer Mitglieder im Leben. Nur wenn in der Familie das *humane und soziale Vermögen erhalten werden kann*, ist in einer Gesellschaft deren Kultur und Überlebensfähigkeit gesichert.

Politisches Ideal und gesellschaftliche Wirklichkeit. Im fünften Familienbericht des Deutschen Bundesministeriums für Familie, Senioren, Frauen und Jugend (so die vollständige Bezeichnung) aus dem Jahre 1995, dem die oben zitierten Sätze entstammen, wird nach dem einleitenden „hohen Lied auf die Familie" selbstkritisch vermerkt: „Die Gründung einer Familie und das Aufziehen von Kindern können in unserer Gesellschaft kaum noch als selbstverständlich angesehen werden....Die Familien werden weitgehend allein gelassen, wenn es darum geht, das für die Kindererziehung, die Betreuung von Kranken und Pflegebedürftigen und die Führung eines Haushalts notwendige Wissen zu erwerben" [26]. Die von Politikern verbal gelobten, real aber nur unzureichend unterstützten Familien suchen nicht selten Rat und Hilfe bei einem Hausarzt. Dessen Verantwortung für das Wohlergehen von Familien kommt in den im angelsächsischen Raum gebräuchlichen Begriffen *„family doctor"* und *„family medicine"* zum Ausdruck.

Familie als geschätzte Lebensform. Umfrageergebnisse aus verschiedenen Ländern bestätigen, daß die Familie als Wohn- und Lebensform nach wie vor hohes Ansehen hat und kein *Auslaufmodell* ist, wie dies gelegentlich von sozialwissenschaftlicher Seite vorhergesagt wurde. Mehr als die Hälfte der Menschen in der Schweiz lebt gemäß Volkszählung von 1990 nach wie vor in Familienhaushalten mit Kindern. Und der erwähnte fünfte Familienbericht aus Deutschland [26] berichtet für die Altersgruppe der 30–65jährigen, daß drei Viertel der Bevölkerung verheiratet sind und mit einem Ehepartner mit und ohne Kinder zusammenleben.

5.10.2 Familie im Wandel

Familienform und -leitbild. In den letzten Jahrzehnten hat die Familie einen weitgehenden Wandel erfahren. Nicht nur die formale Organisation der Familie hat sich gewandelt, sondern auch die Leitbilder der Eltern-Kind-Beziehung. Aus Tabelle 5.17 geht dieser Wandel anhand der Modelle Großfamilie, Kleinfamilie und Konsensualfamilie hervor.

 Soziale Merkmale heutiger Familiensysteme. Die wesentlichen Merkmale in der sozialen Situation, Struktur und Funktion heutiger Familiensysteme lassen sich

Tabelle 5.17. Leitbilder und soziale Sicherung verschiedener Familienformen

	Großfamilie	Kleinfamilie	Konsensualfamilie
Leitbild der Ehe bzw. Paarbeziehung	Sicherheit durch Pflichterfüllung in gegenseitigem Respekt	Intensive emotionale Bindung	Selbstverwirklichung in der Liebe
Außerfamiliäre Sozialleistungen	Keine	Krankenkassen, Lebensversicherung, Invalidenversicherung, Alterssicherung	Zusätzlich zu jenen der Kleinfamilie: Kinderhort, Tagesschule, Kantine, Stipendien, Alterssiedlungen, Pflegeheime
Organisation der Familie	Patriarchal-hierarchisch	Polarisierung zwischen Berufsmann und Hausfrau	Strukturierung gemäß Vereinbarung
Leitbild der Kindererziehung	Sich in die Familie einordnen	Ausrichtung auf späteres berufliches Prestige des Mannes und Fürsorglichkeit der Frau	Individuelle Selbstverwirklichung

in folgenden Feststellungen zusammenfassen:

- Diskrepanz zwischen proklamiertem Familienideal und realer Familienpolitik
- Vielfalt von Familienformen
- Konsensuales Gleichheitsprinzip zwischen Ehepartnern und zwischen Generationen
- Flexible Funktionsteilung zwischen Vater und Mutter
- Partielle Einbeziehung des Vaters in die Kindererziehung und Haushaltarbeit.

Gemeinsamkeiten zwischen traditioneller Familie und heutigen Familiensystemen. Der französische Soziologe Louis Roussel [61] ist der Frage nachgegangen, ob es zwischen den früheren und heutigen Familienformen einen *gemeinsamen Nenner* gibt. Das Ergebnis der Analyse faßt er in einer Formulierung von Lévy-Strauss zusammen (zit. nach [61]): „*Die Familie ist das dramatische Zusammentreffen von Natur und Kultur.* Heute wie gestern verbinden sich beide in der Familie, selbst wenn die Kultur früher zwingender war und die Natur heute freiere Gefolgschaft findet. Doch nie wurde bis jetzt eines der beiden Elemente des Gleichgewichts ganz aufgegeben." Diese Aussage unterstreicht die zentrale Bedeutung, welche nach wie vor Familien und den in ihnen gelebten Beziehungen zukommt.

Familienform und sozioökonomischer Status. Neue Formen familiären Zusammenlebens finden sich vor allem in der Mittelschicht, insbesondere in Familien, in denen beide Elternteile eine hohe Bildung haben. Gemäß den Zahlen der Schweizer Volkszählungen von 1980 und 1990 haben in diesem Zeitraum vor allem zwei Familienformen zugenommen: Konsensualpaare (=unverheiratete Paare) ohne Kinder (+153 %) und mit Kindern (+144 %). Personen, welche diese Familienform wählen, sind ganz überwiegend Frauen und Männer aus der Mittelschicht. In der Oberschicht und in der

Unterschicht überwiegt nach wie vor die traditionelle Familie mit patriarchal-hierarchischer Struktur.

Konfliktrolle Mutter. Vor allem für Frauen sind in den heutigen Familienformen die Lebensperspektiven und Optionen vielgestaltiger geworden. Eine eindeutige Festlegung des Lebensentwurfes von Frauen auf die Rolle als Ehefrau und Mutter wird immer seltener. *Frauen entwickeln zunehmend eine von einem Ehemann unabhängige Lebensplanung*, zu der die Erwerbstätigkeit selbstverständlich dazugehört.

Konfliktrolle Hausfrau. Mit der Entwicklung der modernen Industriegesellschaft wurde zunehmend nur die bezahlte, außerhäuslich ausgeübte und zeitlich geregelte Tätigkeit als Arbeit anerkannt. Im Gegensatz dazu wurde die unentgeltlich in Haushalt und Familie verrichtete Arbeit in wirtschaftlichen Betrachtungen vernachlässigt. Mit zunehmender Schul- und Berufsbildung sind Frauen immer weniger bereit, Aufgaben in Haushalt und Familie allein und unentgeltlich zu übernehmen.

Wo sind die neuen Väter? Die flexible Rollenteilung zwischen Frau und Mann, speziell in der Elternrolle, ist nach wie vor mehr Theorie als Praxis. Wenn es darauf ankommt, Erziehungsfunktion und Hausarbeit zu übernehmen, haben Väter oft „dringende berufliche Verpflichtungen" oder „zwei linke Hände". Viele Väter leben nach wie vor nach der Devise, daß *Erfolg im Beruf auch eine gute Vaterschaft bedeute*. Damit sind *Doppelbelastungen in Familie und Beruf immer noch weitgehend Frauensache*.

5.10.3 Berufstätigkeit und Kinderwunsch

Der Wunsch nach Kindern ist bei jungen Paaren nach wie vor groß. Die *Realisierung* dieses Wunsches wird jedoch immer länger hinausgezögert. Einer vom Deutschen Familienministerium 1991 veranlaßten Umfrage zufolge, wollten von den 30 bis 34jährigen Männern und Frauen nur 7 Prozent kein Kind. Die „realisierte Kinderzahl" bleibt jedoch immer öfter hinter dem Wunsch zurück.

Rollenkonflikt Berufsfrau – Mutter. Die Mehrzahl der Frauen möchte sowohl Kinder haben als auch berufstätig sein. Ein immer kleiner werdender Teil von Frauen ist heute allerdings dazu bereit, um des Kinderhabens willen auf Dauer auf eine Erwerbstätigkeit zu verzichten; eher verzichten sie auf die Verwirklichung des Kinderwunsches. Die Geburt eines Kindes fordert unter den gegebenen Arbeitsbedingungen von den meisten Frauen zumindest eine teilweise Aufgabe ihrer Berufstätigkeit. In dieser Situation gibt es verschiedene Varianten, den Konflikt Beruf versus Kind zu „lösen".

Lösungsmöglichkeiten der Kinderwunsch-Frage

Verzögerung der Familiengründung. Das Durchschnittsalter für die Geburt des ersten Kindes ist in den letzten Jahren kontinuierlich angestiegen und liegt gegenwärtig in der Schweiz für Frauen nahe bei 30 Jahren. Die Verzögerung der Familiengründung hat jedoch, vor allem für Frauen, nicht zu unterschätzende Konsequenzen:

Fähigkeit ○

- Die Fertilität im Sinne des Eintretens einer Spontanschwangerschaft nimmt jenseits des 30. Altersjahres ab.
- Die Gefahr für fetale Fehlentwicklungen nimmt dagegen jenseits des 30. Altersjahres zu.
- Damit nimmt die Wahrscheinlichkeit für ein geplantes Wunschkind ab und das Risiko ungewollter Kinderlosigkeit zu.

Diese Problematik hat zur Folge, daß Ehepaare, welche lange bewußt ihren Kinderwunsch hinausgezögert haben, zwischen dem 30. und 35. Altersjahr eine Schwangerschaft „schnell nach Wunsch realisieren wollen". Das Nichteintreten dieses Ereignisses veranlaßt sie dann oft, reproduktionsmedizinische Behandlungsangebote vorschnell in Anspruch zu nehmen.

Bewußte Kinderlosigkeit. In Deutschland wurde in einer Untersuchung [63] für die Anfang des 20. Jahrhunderts geschlossenen Ehen ein Anteil von 9 % kinderloser Ehen ermittelt, für Ehegründungen zu Beginn der 70-er Jahre jedoch eine Kinderlosigkeit von 19 %. Unter diesen Paaren ist ein nicht unerheblicher Anteil bewußt kinderloser Paare. Schneewind [63] beschreibt für diese Paare eine Haltung _verantworteter Nichtelternschaft_ mit starker Außenorientierung (Freunde, Reisen), hoher Priorität von Individualität und bei beiden Partnern Persönlichkeitszüge in Richtung Sachlichkeit, Selbstbewußtsein und Durchsetzungskraft.

Ledige Mutterschaft. Seit 1980 ist in ganz Europa die Zahl außerehelicher Geburten kontinuierlich angestiegen. Für die einzelnen Länder ergeben sich dabei deutliche Unterschiede (Abb. 5.10). In

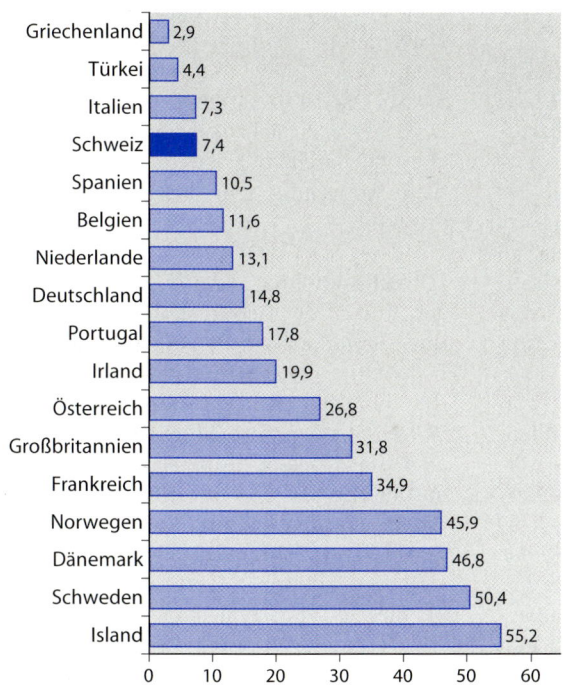

Land	Prozent
Griechenland	2,9
Türkei	4,4
Italien	7,3
Schweiz	7,4
Spanien	10,5
Belgien	11,6
Niederlande	13,1
Deutschland	14,8
Portugal	17,8
Irland	19,9
Österreich	26,8
Großbritannien	31,8
Frankreich	34,9
Norwegen	45,9
Dänemark	46,8
Schweden	50,4
Island	55,2

Abb. 5.10. Kinder unverheirateter Mütter im internationalen Vergleich (in Prozent aller Lebendgeborenen)

Schweden und Island wird jedes zweite Kind außerehelich geboren. Die Gründe für die Zunahme dieser Form von Familiengründung sind:

- Der ökonomische Druck zur Eheschließung hat abgenommen.
- Ein Kind allein zu erziehen ist, heute kaum mehr ein Makel.
- Je großzügiger die staatlichen finanziellen Unterstützungen für ledige Mütter, desto geringer wird die „Ehelust".

Familiengründung und Lebensstandard. Mit dem teilweisen Rückzug junger Mütter aus dem Erwerbsleben und dem gleichzeitigen Anstieg der Kosten für den Familienunterhalt verschlechtert sich die finanzielle Situation junger Paare nach der Geburt eines Kindes. Die Familiengründung hat deshalb in den unteren Einkommensschichten in der Regel eine *Abnahme des Lebensstandards* zur Folge.

! Die *Gründung einer Familie bedeutet heute das Inkaufnehmen von Benachteiligungen im beruflichen, finanziellen und Freizeitbereich.* Die Nachteile sind für die Frauen einschneidender als für die Männer. Als notwendige familienpolitische und gesellschaftliche Maßnahmen zur Verbesserung der Lebenssituation junger Paare mit Kindern wäre eine höhere Wertschätzung von Kindern und jungen Familien, die Bereitstellung von Infrastrukturen zur teilzeitlichen außerhäuslichen Betreuung von Kindern und eine Verbesserung der finanziellen Situation junger Familien erforderlich. Die Realisierung dieser familienfreundlichen Maßnahmen wird in einer Zeit steigender Arbeitslosigkeit und Verschuldung der Kommunen immer schwieriger.

Weibliche Erwerbs- und Familienbiographien

Betrachtet man die Lösungen, welche Frauen im Konflikt zwischen Kind und Beruf wählen, so lassen sich *vier Typen weiblicher Erwerbsbiographien* unterscheiden [18], die etwa gleich häufig gewählt werden:

„Familienfrau". Diese Frauen leben meist in einer Kleinfamilie der Mittelschicht mit traditioneller Struktur. Von ihrer Schul- und Berufsbildung her haben sie nicht selten einen niedrigeren Status als ihr Mann, der in der Regel gut verdient und es schätzt, wenn sich seine Frau um Kinder und Haushalt kümmert. Nach der gelegentlich verzögerten Ablösung der Kinder unternehmen diese Frauen keine Anstrengungen, ins Erwerbsleben zurückzukehren. Ein beruflicher Wiedereinstieg ist für sie finanziell nicht notwendig und häufig auch nicht attraktiv.

„Dreiphasen-Frau". Auch diese Frauen geben nach der Geburt des ersten Kindes ihre Erwerbstätigkeit auf, planen aber rechtzeitig, meist schon vor dem Auszug des jüngsten Kindes, den beruflichen Wiedereinstieg. Ihre Möglichkeiten dazu sind umso besser, je besser ihre Berufsausbildung ist und je selbständiger sie diesen ausüben können. Frauen in Medizinalberufen (Krankenschwestern, Physiotherapeutinnen, Ärztinnen) wählen oft diesen Typus (vgl. Kap. 2.2).

„Wechslerin". Diese Frauen wechseln zwischen 100 % Arbeit zu Hause und zeitlich begrenzter, in der Regel teilzeitlicher außerhäuslicher Arbeit. Durch die phasenweise Berufstätigkeit wollen sie den Anschluß an die Entwicklungen in ihrem Beruf behalten und sich dadurch ihre Chancen für einen späteren beruflichen Wiedereinstieg sichern (z. B. Lehrerinnen, Kindergärtnerinnen). In diese Gruppe gehören auch Frauen mit vergleichsweise schlechter Berufsausbildung, die aus finanziellen Gründen zeitweise eine Temporärstelle (z. B. im Gastgewerbe) antreten, um mit dem Einkommen die finanzielle Lage der Familie zu verbessern.

„Doppelarbeiterin". Dieser Typus ist für ungelernte Arbeiterinnen (in schwierigen finanziellen Verhältnissen), für alleinerziehende Frauen und für Akademikerinnen (mit hoher Berufsmotivation) typisch. Diese Frauen müssen aus finanziellen Gründen berufstätig bleiben oder wählen aus Überzeugung für mehrere Jahre die Doppelbelastung von Erwerbs- und Hausarbeit.

Vor- und Nachteile verschiedener Erwerbsbiographien. Jede der genannten vier Varianten hat Vor- und Nachteile. Familienfrauen sind mit dem Älterwerden der Kinder nicht selten unterfordert und unzufrieden, genießen aber ihre individuellen Möglichkeiten zur Lebensgestaltung. Dreiphasen-Frauen sind in ihrer beruflichen Lebensphase von Konjunktur- und der Situation auf dem Arbeitsmarkt abhängig. Bei den Wechslerinnen und Doppelarbeiterinnen besteht nicht selten eine längerdauernde Überlastungssituation, die sie jedoch gezwungenermassen oder aus Überzeugung in Kauf nehmen.

5.10.4 Familiäre Lebensphasen

Bei aller Verschiedenheit der familiären Lebensformen lassen sich im familiären Lebenszyklus gewisse Lebensphasen mit typischen Anforderungen/Belastungen und möglichen Problemen/Störungen unterscheiden. Wesentliche Rahmenbedingungen für die einzelnen Phasen sind *altersabhängige Veränderungen in den Beziehungen zwischen Eltern und Kindern, Änderungen im Berufsleben und im sozialen Umfeld.* Tabelle 5.18 gibt einen Überblick über die einzelnen Phasen, ihre Anforderungen und möglichen Probleme.

Phase der Paarbildung. Das unverheiratete Zusammenleben (früher Konkubinat oder Probeehe genannt) vor der Heirat ist heute die Regel. Da die gemeinsame Zeit ohne Elternfunktion mit dem Anstieg der Lebenserwartung zugenommen hat, ist diese Zeit für das gegenseitige Kennenlernen, die gemeinsame Gestaltung von Freizeit und das Ausdiskutieren einer gemeinsamen Lebensplanung sehr wichtig. Die Erfahrung, daß sich nach einer Phase der Verliebtheit mit hochgesteckten Beziehungswünschen und -idealen die Realität des ehelichen Alltagslebens durch Mittelmäßigkeit und nur gelegentliche Höhepunkte auszeichnet, ist für viele Paare eine Enttäuschung. Das Festhalten an einer Lebensphase und die Tendenz zum Nichtübergang in die nächste familiäre Lebensphase ist ein Phänomen, welches in den ersten Jahren einer Beziehung häufig zu beobachten ist. „Chronifiziertes Konkubinat" bezeichnet dabei eine Beziehungssituation, in der zwei Partner die Ungebundenheit, Individualität und den Entscheidungsspielraum erhalten möchten. Wird an diesen Idealen starr festgehalten, kann dadurch die Entwicklung einer Paarbeziehung blockiert werden.

Tabelle 5.18. Familiäre Entwicklungsphasen

Phase der Paarbildung

Anforderungen und mögliche Belastungen	– Rollenfindung als Frau und Mann – Gestaltung eines eigenen Lebensraumes – Aushandeln verbindlicher Norm- und Wertvorstellungen
Mögliche Probleme und Störungen	– Konflikt zwischen Beziehungsideal und Realität der Paarbeziehung – „Chronifiziertes Konkubinat" *außereheliche Gemeinschaft* – mangelnde Abgrenzung von den Herkunftsfamilien

Anfangs- und Aufbauphase

Anforderungen und mögliche Belastungen	– Familiengründung – Rollenfindung als Vater und Mutter – Einigung hinsichtlich Struktur, Organisation und Funktionsteilung innerhalb des Familiensystems
Mögliche Probleme und Störungen	– Emotionale und sexuelle Distanzierung – Verzicht auf Realisierung beruflicher Karrierewünsche – Hinwendung zu „Tröstern" (Kindern, Konsumgütern, außerfamiliären Bezugspersonen)

Plateauphase

Anforderungen und mögliche Belastungen	– Häufig gering – Im Einzelfall mögliche Belastungen: Krankheit, berufliche und finanzielle Situation, Wohnsituation, Schulschwierigkeiten der Kinder
Mögliche Probleme und Störungen	– Übersteigerte Harmonisierungstendenzen und Konfliktvermeidung – Vernachlässigung gemeinsamer Kommunikation und wechselseitiger Anerkennung

Krise der Lebensmitte

Anforderungen und mögliche Belastungen	– Ablösung der Kinder – Wechseljahre – Neudefinition von Lebenszielen
Mögliche Probleme und Störungen	– Bindung an die Kinder – Unsicherheit am Arbeitsplatz – Entfremdung in der Paarbeziehung

Die Altersehe

Anforderungen und mögliche Belastungen	– Ausscheiden aus dem Berufsleben – Verarbeitung von Verlusterlebnissen – Vereinsamung
Mögliche Probleme und Störungen	– Festhalten an Positionen und Ämtern – Sinnkrise – Resignation, Verbitterung

Anfangs- und Aufbauphase. Die Veränderungen einer Paarbeziehung durch Schwangerschaft und Geburt wurden im Kap. 5.2 ausführlich beschrieben, ebenso der Entscheidungskonflikt zwischen beruflicher Karriere und Elternschaft. Ein *Fallbeispiel* soll die Besonderheiten dieser Entwicklungsphase an einem Paar mit deutlichem Altersunterschied der Partner unter einer speziellen Perspektive noch einmal veranschaulichen.

 Ein 52-jähriger Unternehmer, der vor drei Jahren nach Scheidung von seiner ersten Ehefrau eine 39jährige Biologin in zweiter Ehe geheiratet hat, meldet sich wegen unklarer Herzbeschwerden bei seinem Hausarzt. Er ist vor einem Jahr erneut Vater geworden. Zu seinen zwei erwachsenen Kindern aus erster Ehe hat er gelegentlich Kontakt. Seine geschiedene erste Ehefrau ist in eine andere Stadt gezogen und dort ebenfalls eine neue Beziehung eingegangen. Die Herzbeschwerden treten vor allem am Wochenende auf, wenn er zu Hause ist und sein „junges Familienglück" genießen möchte. Die somatischen Abklärungsuntersuchungen ergaben keine krankhaften Befunde am Herzen. Im Gespräch mit dem Hausarzt zeigt sich jedoch recht schnell, daß sich „das freudige Ereignis recht schnell in eheliches Unglück" gewandelt hat. Seine 13 Jahre jüngere Frau ist mit ihrer neuen Rolle als Mutter und Hausfrau unzufrieden und wünscht eine baldige zweite Schwangerschaft, um „ausgefüllt zu sein". Diesem Wunsch seiner Frau steht der Pa-

tient eher ablehnend gegenüber, hat aber Angst, dies offen seiner Frau mitzuteilen.

Plateauphase. Für Paare mit einer symmetrischen partnerschaftlichen Beziehungsstruktur (Aufteilung der Hausarbeiten, beiderseitige Berufstätigkeit) stellt sich nach dem Kindergarten- und Schuleintritt der Kinder eine erste Entlastung ein. Kontakte zu Freunden und Besuche kultureller Veranstaltungen sind wieder einfacher zu organisieren. Besondere Ereignisse oder Belastungen (Beruf, Gesundheit, Erziehungsprobleme) können die nach der Kleinkinderzeit erhoffte „Erholungspause" allerdings erschweren oder verunmöglichen und die emotionale und sexuelle Beziehung der Partner belasten.

Die Krise der Lebensmitte. Vergleichbar der Adoleszenz sind die mittleren Jahre eine dynamische Lebensphase, in welcher biologische, soziale und psychische Veränderungen stattfinden. Vor allem Paare mit einer komplementären, traditionellen Beziehungsstruktur geraten in dieser Phase nicht selten in eine Krise. Diese kann allzu schnell und unkritisch den Wechseljahren der Frau zugeschoben werden. In dieser Phase werden die in Kap. 5.8.6 beschriebenen traditionellen Geschlechterstereotype reaktiviert.

! Die *Frau in den Wechseljahren* wird in der Sprache der Organmedizin überwiegend mit Defektbezeichnungen charakterisiert. Der Hormonausfall wird als Krankheit betrachtet, die einer Behandlung bedarf (Zitat von Robert A. Wilson, dem Begründer der Hormonsubstitutionstherapie: „Die Wechseljahre sind eine

Krankheit, die ohne Medikamente unheilbar ist." (zit. nach [23]). Der Trend zur *Medikalisierung der Wechseljahre* steht in deutlichem Widerspruch zu neueren Forschungsergebnissen. Diese zeigen, daß prä- und postmenopausal auftretende Beschwerden weit weniger gravierend sind, als sie häufig beschrieben werden. Das *Klimakterium ist eine Lebensphase mit erhöhter psychosozialer Vulnerabilität* (Abb. 5.11). Die erhöhte Anfälligkeit und Verletzbarkeit der Frau sollte sowohl in der Ehebeziehung als auch in der Arzt-Patient-Beziehung Berücksichtigung finden (Zusammenhang Hormone – vasomotorische Symptome s. Kap. 8.2).

Die Altersehe. Auf die Besonderheiten des Alters als der letzten Entwicklungs- und Lebensphase des Menschen wird im Kapitel 5.11 näher eingegangen. An die-

ser Stelle soll nur auf einige häufige Fehlvorstellungen über Paarbeziehungen älterer Menschen hingewiesen werden. Der Begriff des „Ruhestandes" paßt häufig nicht zu der Dynamik, die sich jenseits des 60. Altersjahres zwischen langjährig verheirateten Partnern einstellen kann. Lange Zeit unterschwellige Konflikte können aufbrechen und zu heftigen Ehekrisen führen. Die Enttäuschung über Erwartungen, die in der Ehe nicht in Erfüllung gegangen sind, kann gelegentlich groß sein und die Partner umso mehr belasten, als die ihnen nach der Pensionierung zur Verfügung stehende gemeinsame Zeit deutlich größer ist als in den vorangegangenen Jahrzehnten.

5.10.5 Kriterien zur Beurteilung von Familiensystemen

Will man beurteilen, ob ein familiäres System *funktional* oder *dysfunktional* ist, die innerfamiliären Beziehungen also an-

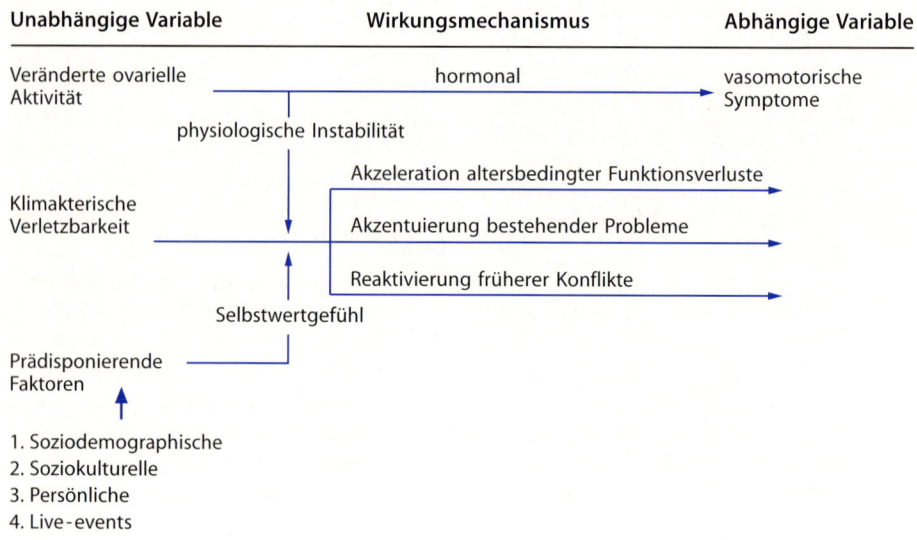

Unabhängige Variable	Wirkungsmechanismus	Abhängige Variable
Veränderte ovarielle Aktivität	hormonal	vasomotorische Symptome
	physiologische Instabilität	
Klimakterische Verletzbarkeit	Akzeleration altersbedingter Funktionsverluste	
	Akzentuierung bestehender Probleme	
	Reaktivierung früherer Konflikte	
	Selbstwertgefühl	
Prädisponierende Faktoren		

1. Soziodemographische
2. Soziokulturelle
3. Persönliche
4. Live-events

Abb. 5.11. Vulnerabilitätskonzept des Klimakteriums (Aus Greene 1984 [40])

gemessen oder gestört sind, benötigt man eine Art *diagnostischen Rasters*. In den vorangegangenen Kapiteln dieses Buches wurden schon mehrere Perspektiven besprochen, die miteinander kombiniert ein solches Raster ergeben. Wird man als Hausarzt z. B. im Zusammenhang mit Schulängsten eines Kindes konsultiert, ist dieses Raster hilfreich, um sich ein Bild von der innerfamiliären Beziehungswelt zu machen In Tabelle 5.19 ist ein Raster dargestellt, welcher in der Familientherapie entwickelt wurde, sich aber auch zur Anwendung in der ärztlichen Praxis eignet.

Soziale Situation und Entwicklungsphase. Diese Dimensionen wurden zu Beginn dieses Kapitels besprochen. Die soziale Situation spielt vor allem bei Familien aus der Unterschicht, bei Immigrantenfamilien und bei sog. transkulturellen Ehen eine wichtige Rolle. Nicht selten stoßen in solchen Familien Gegensätze zwischen zwei Kulturen in einem Generationenkonflikt aufeinander. Als Paar älter zu werden und von seinen Kindern als „altmodisch und verknöchert" kritisiert zu werden, ist unangenehm. Deshalb findet man gelegentlich familiäre Situationen, in welchen Eltern und Kinder in Kleidung, Sport und Einstellungen rivalisieren, wer

Tabelle 5.19. Kriterien zur Beurteilung von Kommunikation, System und Dynamik von Familienbeziehungen

A. Soziale Situation und Entwicklungsphase der Familie
- Sozialer Kontext
  - Sozialer Status, Arbeit, wirtschaftliche Lage, Wohnsituation
  - Belastungs- und Unterstützungsfaktoren (Ressourcen) im sozialen Umfeld
- Familiäre Lebensphasen
  - Phase der Paarbildung
  - Anfangs- und Aufbauphase
  - Plateauphase
  - Krise der mittleren Lebensjahre
  - Altersehe

B. Kommunikation
- Inhalt der Kommunikation
- Kommunikationsfertigkeiten
- Ich–Du–Definitionen im Rahmen der Kommunikation
- Averbale Kommunikation
- Kongruenz bzw. Inkongruenz von Inhalts- und Beziehungsaspekt

C. System
- Subsysteme: klare Gliederung nach Generation, Alter, Geschlecht, Interesse und Funktion
- Grenzen: klare und durchlässige Grenzen nach außen und innen
- Hierarchie: der familiären Lebensphase angemessene Hierarchie mit Verteilung von Machtprivilegien und Funktionen
- Allianzen: offen deklarierte Verbindung einzelner Familienmitglieder
- Koalitionen: geheime Verbindung einzelner Familienmitglieder
- Regelung: positive bzw. negative Rückkoppelungsmechanismen

D. Psychodynamik
- Psychodynamische Funktionskriterien eines familiären Systems
  - Abwehrverhalten zur Umgehung direkter Problemlösungen
  - Anpassung zur direkten Bewältigung sozialer Anforderungen
  - Interdependenzen im Sinne wechselseitiger Abhängigkeiten

E. Mehrgenerationenperspektive
- Delegationen
- Vermächtnis und Verdienst
- Interaktionsmodus Bindung oder Ausstoßung

am „jugendlichsten" ist. Eltern, welche sich mit pubertär anmutenden Verhaltensweisen hilfesuchend an ihre noch nicht erwachsenen Kinder wenden, sind keine Seltenheit.

Kommunikation. Merkmale, Fertigkeiten und Störungen der Kommunikation wurden in Kap. 3.2 besprochen. In Familien findet man als Hinweis auf einen Konflikt z. B. trotziges Schweigen, Bagatellisierungen oder Ignorieren von verbalen oder averbalen Mitteilungen. Jede Familie entwickelt im Verlauf der Zeit einen Kommunikationsstil. Die Ein- oder Nichteinhaltung familiärer Kommunikationsregeln kann zum Ausdruck bringen, in welchem Maß sich z. B. Jugendliche ihrer Familie zugehörig fühlen.

System. Strukturelle Merkmale und Funktionsprinzipien von sozialen Systemen wurden im Kapitel 4 eingehend erörtert. In familiären Systemen spielen vor allem die Hierarchie und geheime Koalitionen in kritischen Entwicklungsphasen eine Rolle. So kann z. B. ein Mädchen oder Junge durch Krankheitssymptome seine Eltern dominieren und damit die familiäre Hierarchie auf den Kopf stellen.

Psychodynamik. Abwehrverhalten und Anpassung werden im Kapitel Persönlichkeitspsychologie (Kap. 7.2) abgehandelt. In Familien kann das Verhalten einzelner oder aller Familienmitglieder Abwehrcharakter haben. So kann z. B. eine Familie als Ganzes die Tatsache einer intellektuellen Schwäche eines Kindes verleugnen und alle möglichen Schritte unternehmen, um der Umgebung und sich selbst zu beweisen, wie begabt ein Kind ist.

Mehrgenerationenperspektive.
Bestimmte Geheimnisse oder Verhaltensweisen können in Familien über mehrere Generationen hinweg „vererbt" werden.

So weiß man z. B., daß Suizidhandlungen in manchen Familien über Generationen hinweg immer wieder auftreten als eine Art Reaktionsmuster auf Konfliktsituationen. Gemeinsame unbewußte Ängste und Grundhaltungen können von Generation zu Generation weitergegeben werden, ohne daß offen über sie gesprochen wird.

5.10.6 Familienkonflikte

In bestimmten Entwicklungsphasen, z. B. den mittleren Jahren, treten Konflikte zwischen Generationen oder über Generationengrenzen hinweg gehäuft auf. Dabei spielen geheime Koalitionen zwischen einem Elternteil und einem Kind gegen den anderen Elternteil eine wichtige Rolle.

 Eine 45jährige Frau wird mit einem akuten Hyperventilationsanfall auf eine Notfallstation gebracht. Als Auslöser dieser Krise ergibt sich, daß ihr Mann während ihrer Abwesenheit entgegen einer gemeinsamen Abmachung dem Sohn erlaubt hatte, seine Freundin bei sich übernachten zu lassen. Im Ehegespräch mit der Patientin und ihrem Mann zeigt sich, daß beide seit längerer Zeit mit ihrem Sexualleben unzufrieden sind. Der Mann wollte mit seiner permissiven Haltung dem Sohn gegenüber seiner Frau signalisieren, daß sie sich seinen sexuellen Wünschen gegenüber auch entgegenkommender zeigen sollte.

Grundthemen von Familienkonflikten. Eingangs dieses Kapitels wurde auf die Funktionen der Familie hingewiesen

(Pflege, Versorgung, Unterstützung, Identitätsbildung). Wie die Erfahrungen von Familientherapeuten zeigen, gibt es einige Grundthemen, die in Familien immer wieder behandelt und ausgehandelt werden müssen. In Frageform formuliert kann man *vier zentrale Grundthemen* stichwortartig so charakterisieren:

- Wer ist wer in der Familie? (Identitätsfrage)
- Wer umsorgt wen, wenn es gewünscht wird oder erforderlich ist? (Sorge und Pflege)
- Wer dominiert wen mit welchen Mitteln? (Hierarchie und Macht)
- Wer liebt bzw. umschwärmt wen? (Zuneigung, erotische Anziehung, Liebe)

In konkreten Konfliktsituationen zeigt sich, daß Familien der Klärung dieser Fragen ausweichen oder sich bei deren Beantwortung nicht auf eine Kompromiß einigen können.

5.10.7 Trennung und Scheidung

Anstieg der Ehescheidungen

Wie schon erwähnt, wird in den mitteleuropäischen Ländern etwa jede dritte Ehe geschieden. Als Gründe für den Anstieg der Scheidungsraten spielen mehrere Faktoren eine Rolle [15]:

- Änderungen des Ehe- und Familienrechts im Sinne einer Erleichterung von Scheidungen.
- Relativierung des traditionellen Ehemodells, welches auf lebenslange Dauer angelegt war („Bis daß der Tod Euch scheidet") bis hin zu einem Modell, das die Möglichkeit der Scheidung impliziert, nicht im Sinne eines angestrebten Ziels, sondern als Option.

- Enttabuisierung und „Normalisierung" der Scheidung aus moralischer Sicht.
- „Schneeballeffekte" in Richtung einer höheren Scheidungsbereitschaft: „Haben Ehepartner Zweifel an der Dauerhaftigkeit ihrer Verbindung, dann wird sich die Skepsis in einer Verringerung ihres Beziehungsengagements niederschlagen, wodurch das faktische Scheidungsrisiko ansteigt" (zit. nach [15]).
- „Generationen-Effekt": Frauen und Männer, die in ihrer Herkunftsfamilie eine Scheidung erlebt haben, lassen sich in ihrem späteren Leben deutlich häufiger scheiden als solche, deren Eltern in ihrer Ehe blieben.

Eigendynamik der Scheidungsentwicklung. Mit Blick auf die Entwicklung der Scheidungszahlen wird aus sozialwissenschaftlicher Sicht die kritische Frage gestellt, ob bei weiter steigenden Scheidungsziffern Ehepartner, welche an einer Ehe festhalten, mit der Zeit nicht unter einen Rechtfertigungsdruck geraten könnten. Offenbar gibt es eine Art *Eigendynamik der Scheidungsentwicklung* [15]: In Gesellschaften, in denen Scheidungen eine seltene Ausnahme darstellen, müssen Geschiedene mit erheblichen Diskriminierungen rechnen. Je mehr die Zahl der Scheidungen steigt, desto mehr geht die Stigmatisierung zurück und desto geringer sind die im Fall einer Scheidung zu erwartenden Nachteile. Steigende Scheidungszahlen erhöhen schließlich die Chance, nach der Scheidung wieder einen neuen Partner zu finden.

Lebensentwürfe von Töchtern alleinerziehender Mütter. Eine großangelegte empirische Studie, welche die Lebensentwürfe junger Mädchen und Frauen untersuchte, verglich die Zukunftsvorstellungen von Töchtern alleinerziehender Mütter mit denen von Mädchen aus Zwei-

Eltern-Familien (zit. nach [15]). Dabei zeigte sich, daß Töchter alleinerziehender Mütter mehr Wert auf Selbständigkeit legen und gegenüber Heirat und Mutterschaft reservierter sind. Den Lebensweg der eigenen Mutter vor Augen, wollen sie auch zu einem höheren Anteil bewußt nicht heiraten und keine eigenen Kinder haben. Hier findet offenbar ein Lerneffekt statt, der auf Betonung des eigenen Lebens abzielt und Bindungen demgegenüber sekundär werden läßt.

Scheidungsursachen

Scheidung ist in der Regel die Folge einer längerdauernden Fehlentwicklung. Zahlreiche Studien sind den Gründen für eine Scheidung nachgegangen. Zusammengefaßt ergaben sich dabei folgende Befunde:

Subjektive Korrelate zu Ehescheidungen. Bei den meisten Studien handelt es sich um sog. Querschnitterhebungen, mit denen nur *korrelative und keine ursächlichen Zusammenhänge* ermittelt werden. In Tabelle 5.20 sind diejenigen Faktoren zusammengefaßt, die mit Scheidung positiv korrelieren. *sei gegenseitig bedingen*

Objektive Korrelate zu Ehescheidungen. Neben den subjektiven Einschätzungen Betroffener gibt es auch objektive soziodemographische Merkmale, welche mit Scheidung korrelieren. Die wichtigsten Merkmale sind dabei:

- Alter bei Eheschließung; Ehen, die unter 20 Jahren geschlossen werden, werden doppelt so häufig geschieden wie Ehen, die im Alter zwischen 25 und 30 geschlossen werden
- Voreheliche Schwangerschaft;
- Niedriges Bildungsniveau und Einkommen

Tabelle 5.20. Subjektive Korrelate zu Ehescheidung

- Unzufriedenheit mit dem Partner
- Kommunikationsschwierigkeiten
- Sexuelle Probleme
- Außereheliche Beziehungen
- Geringe emotionale Bindung zum Partner
- Gewalt in der Ehe
- Alkohol– oder Substanzabusus
- Rollendivergenzen
- Finanzielle Probleme

- Höheres Einkommen der Frauen und Frauenerwerbstätigkeit
- Religionszugehörigkeit (Protestanten lassen sich häufiger scheiden als Katholiken)
- Kinderlosigkeit (Kinder wirken bis ins Alter von 5 Jahren ehestabilisierend)
- Geschlecht der Kinder (Paare mit Knaben lassen sich seltener scheiden).

Scheidung als psychosoziales Gesundheitsrisiko

Es gibt zahlreiche Untersuchungen über die Auswirkungen von Scheidung auf die geschiedenen Partner und auf Kinder aus Scheidungsehen. Riehl-Emde [58] kommt in einer Übersicht über neuere Forschungen zu diesem Thema zu folgendem Schluß:

Negative Folgen. Die Mehrzahl der Studien, vor allem aus früheren Jahren zeichnen ein negatives Bild der Folgen einer Scheidung:

- Höhere Morbidität und Mortalität bei geschiedenen Erwachsenen, sogar noch 10 Jahre nach einer Scheidung;
- Schul- und Verhaltensprobleme sowie emotionale Schwierigkeiten von Scheidungskindern.

Interessant ist der Befund, daß Untersuchungen der letzten 15 Jahre geringere

Effekte zeigen, als solche aus früheren Dekaden. Dies legt die Vermutung nahe, daß der gesellschaftliche Kontext und zeitbedingte Norm- und Wertvorstellungen das Erleben und Verhalten der von der Scheidung Betroffenen beeinflussen.

Leiden vor und nach der Scheidung. Die Initiative zu einer Scheidung geht häufiger von der Frau als vom Mann aus. In der Beratung von Paaren, die an eine Scheidung denken, macht man dabei die Erfahrung, daß Frauen stärker in den Monaten evtl. Jahren vor, und Männer stärker nach einer Scheidung leiden. Frauen nehmen ihre Unzufriedenheit in einer Ehe in der Regel früher wahr und erwarten von ihrem Ehemann, daß er darauf reagiert. Männer tendieren dazu, die Klagen ihrer Frauen zu bagatellisieren und reagieren erst, wenn die Frau konkrete Schritte in Richtung einer Scheidung einleitet. Der Vollzug der Scheidung bedeutet für die Männer häufig auch die Trennung von ihren Kindern, die – vor allem wenn sie jünger sind – mehrheitlich bei der Mutter bleiben.

Auswirkungen auf die Kinder. Die Erfahrung einer Scheidung der Eltern aus der Sicht der Kinder kann man unterschiedlich sehen [15]. Nach einer *positiven Interpretation* lernen Kinder aus Scheidungsfamilien, daß ein befriedigendes Leben auch allein möglich ist. Sie lernen, sich auf ein selbständiges Leben vorzubereiten, statt ihre Identität nur in der Familie zu sehen. Nach einer *negativen Interpretation* mangelt es Kindern aus geschiedenen Ehen an Bindungssicherheit, an Sozial- und Konfliktfähigkeit. Sie haben deshalb ein erhöhtes Risiko, die Fehler ihrer Eltern zu wiederholen.

Scheidungsberatung

Der Arzt wird nicht selten schon in der Phase eines längerdauernden Ehekonfliktes mit Scheidungsabsichten eines oder beider Partner konfrontiert. Für die Beratung von Paaren, die an eine Scheidung denken, hat sich folgendes Vorgehen bewährt.

Klärung der Ernsthaftigkeit von Scheidungsabsichten. In einem Gespräch sollte genau geklärt werden, ob die Scheidung außer Diskussion steht oder „nur" erwogen wird. Wichtig ist auch die Frage, ob „symmetrische" Scheidungsgedanken bestehen oder es einen „aktiven Aussteiger" und einen „hilflosen Verlassenen" gibt. Vor allem bei Hinweisen für eine sog. „Kampfscheidung" sollte dem Paar eine Beratung bei einem speziell ausgebildeten Therapeuten empfohlen werden.

Zu klärende Fragen. Neben den juristischen Fragen einer Scheidung gibt es eine ganze Reihe emotionaler Probleme, welche in Paar- oder Einzelgesprächen angesprochen werden sollten, insbesondere unbewältigte Gefühle von Wut, Trauer und Enttäuschung. Ferner sind Abmachungen hinsichtlich Besuchen und Sorgerecht der Kinder auszuhandeln. Wenn Kinder da sind, beendet eine Scheidung die Existenz einer Familie nicht, sondern führt sie in eine neue Form über.

Anforderungen an Stief- bzw. Fortsetzungsfamilien. Die Mehrzahl geschiedener Frauen und Männer geht nach einer Scheidung wieder eine neue Beziehung ein. Vor allem wenn Kinder aus verschiedenen Herkunftsfamilien in einer neuen Konsensualfamilie zusammenleben, sind die Beziehungsregeln zu und zwischen den einzelnen (Stief-)Eltern immer wieder neu und klar zu definieren. Insbesondere sollten für die Kinder die Funktion von leiblichem und sozialem Elternteil klar sein. Zu rigide Lösungen (Besuchsverbot) und unklare Regelungen wirken sich für Scheidungskinder nachteilig aus.

Scheidungsratgeber. In den letzten Jahren sind eine ganze Reihe sog. Scheidungsratgeber für betroffene Erwachsene und Kinder publiziert worden. Die Lektüre eines solchen Ratgebers kann persönliche Beratungsgespräche in sinnvoller Weise ergänzen.

möglichkeiten haben. Kinder plädieren häufig für das Zusammenbleiben von sich trennenden Eltern. Es mehren sich eindrückliche literarische Zeugnisse, in denen herangewachsene Kinder ihren geschiedenen Eltern bittere Vorwürfe machen. *Von der Normalbiographie zur „Bastelbiographie"* [14] – das ist das Kennzeichen der Moderne. Vielleicht liegt hier auch ihr identitätsstiftender Kern, jenseits aller Episoden, Etappen und Brüche."

5.10.8 Ausblick: von der Normal- zur „Bastelbiographie"

Die Brüchigkeit des traditionellen Familienmodells, die sich heute schon zeigt, wird sich vermutlich in den kommenden Jahren verstärken. Damit werden alternative Familienmodelle zunehmen: Fortsetzungsehen, „Patchwork-Familien", gleichgeschlechtliche Eltern-Kind-Familien, etc. Die Phänomene, die in diesem und im vorangegangenen Kapitel für den Bereich von Partnerschaft, Ehe und Familie dargestellt wurden, haben ihre Ergänzung auch in anderen gesellschaftlichen Bereichen, nicht zuletzt in der Arzt-Patient-Beziehung (vgl. Kap. 11): *Mehr Instabilität*, *mehr Wechsel*, *mehr Übergänge* und *Lebensformen in Biographien von Frauen und Männern*. Ein *Fazit der neueren Familienforschung lautet* (zit. nach [15]): „Die traditionelle Familie wird zwar nicht verschwinden, aber sie wird seltener werden und neben anderen Lebens- und Beziehungsformen stehen. Familie wird damit zu einer „transitorischen Lebensphase" oder einer „Teilzeitgemeinschaft"..." statt den festgefügten Formen wird es mehr Wahlmöglichkeiten, mehr Anfänge und Abschiede, mehr Höhenflüge und Abstürze geben. Dabei ist zu bedenken, daß die Kinder oft keine Wahl-

5.11 Das Alter

5.11.1 Psychosoziale Aspekte des Älterwerdens

Subjektives und objektives Altern

Alter als vielschichtiges Phänomen. Das Alter ereignet sich auf vielfache Weise, so daß es aus verschiedenen Perspektiven betrachtet werden kann. Die Tatsache, daß der Anteil älterer Menschen in allen Gesellschaften zunimmt, hat in zahlreichen Disziplinen zu einer vermehrten Auseinandersetzung mit Altersfragen geführt. Psychosoziale und biologische Gesichtspunkte des Älterwerdens sollen in diesem Kapitel durch einige Gedanken eines betagten italienischen Philosophen ergänzt werden.

Wann beginnt das Alter? Der Philosoph Noberto Bobbio [17, S. 24] meint zu dieser Frage: „Es ist allen wohlbekannt, daß es neben dem *kalendarischen* oder *chronologischen* Alter und außer dem *biologischen* und *bürokratischen Alter* auch das *psychologische* oder *subjektive Alter* gibt." Wenn man vom Alter spricht, sollte deshalb die Sichtweise beachtet werden, aus der Altersvorgänge und das Erleben des Älterwerdens betrachtet werden.

Betagte und hochbetagte Menschen.
Nach WHO-Definition gilt als betagt, wer
65 und mehr Jahre alt ist und als hochbe-
tagt, wer 85 und mehr Jahre zählt [66]. In
der Umgangssprache sind auch die Bezeichnungen *„junge Alte"* (60–74jährige)
und *„alte Alte"* (75jährig und älter) gebräuchlich. Diese Unterscheidung ist
sinnvoll, da sich die Lebenssituation von
Betagten und Hochbetagten in wichtigen
Merkmalen (Unabhängigkeit, soziales Beziehungsnetz, Gesundheit, Hilfebedürftig-
keit) unterscheidet.

Das biologische Alter. Wie im Abschnitt
5.11.3 noch näher ausgeführt wird, ändern sich die biologischen und physiologischen Vorgänge des Organismus ca.
ab dem 40. Lebensjahr, d. h. dem Alter,
in welchem die Reproduktion weitgehend
abgeschlossen ist. Nimmt man als Kriterium für das biologische Alter den Gesundheitszustand des Organismus, so zeigen sich hier in *Abhängigkeit vom Lebensstandard*, der *Schichtzugehörigkeit*
und der *Bildung* deutliche Unterschiede.
Auch darauf wird im Abschnitt 5.11.3
noch näher eingegangen.

Das bürokratische Alter. Diese Perspektive meint vor allem die Altersgrenze,
bei deren Erreichen die *Pensionierung*
stattfindet und ab der die Berechtigung
zum Bezug einer Rente und allenfalls anderer altersgebundener Sozialleistungen
beginnt. An die Stelle sog. fixer Altersgrenzen – in der Schweiz gegenwärtig
für Männer bei 65 und für Frauen bei
62 Jahren, in Deutschland bei 65, für
Frauen fakultativ bei 63 Jahren – sollen
in Zukunft sog. flexible Altersgrenzen
treten. Damit soll dem Einzelnen ein gewisser Entscheidungsspielraum für den
Rückzug aus dem Erwerbsleben gegeben
werden. Die *Pensionierung* ist vor allem
im Hinblick auf den sozialen Rollenwechsel (Berufsfrau bzw. -mann → Renter/in)

eine markante Schwelle, welche mit vielen Veränderungen einhergeht.

Das psychologische Alter. Diese Perspek-
tive meint das subjektive Erleben, ob man
sich als alt betrachtet und alt fühlt.
Bobbio [17, S. 24] meint hierzu: „Als jun-
ger Mensch bin ich ein Alter gewesen, und
als alter Mann habe ich mich bis vor we-
nigen Jahren noch als jung betrachtet...
Von den Krisen des psychologischen
Alters kann man sich wieder erholen.
Schwieriger ist das beim biologischen
Altern, auch wenn die Medizin und die
Chirurgie heute Wunder vollbringen."

Gesellschaftliche Stellung der Alten

Alter, Weisheit und Macht. Von der Antike bis zum Beginn der Neuzeit war der
alte Mensch Träger des kulturellen Erbes
der ganzen Gemeinschaft, welches er, verglichen mit den Jüngeren, in besonderer
Weise in sich vereinte. In der Politik
und in der Gesellschaft spielten die „weisen Alten" eine zentrale Rolle. Auch in
bäuerlichen und handwerklichen Kulturen hatten die Alten eine wichtige Stellung. Bis zum Tod waren sie Eigentümer
des Bauernhofes oder des Gewerbebetrie-
bes, verteilten das Erbe und waren im
Besitz der Macht. Sie verlangten von
den Jüngeren Respekt und Unterordnung.

**Die Alten in der technisierten Gesell-
schaft.** In den industrialisierten und
technisierten Gesellschaften hat sich die
Stellung des alten Menschen grundlegend
verändert. „In den entwickelten Gesellschaften hat der immer stärker beschleu-
nigte Wandel sowohl der Sitten als auch
der Künste das Verhältnis zwischen denen, die wissen, und denen, die nicht
wissen, umgekehrt. Der alte Mensch
wird immer mehr zu dem, der kein Wissen hat, vergleicht man ihn mit den Jun-

gen, die bereits mehr Wissen haben als er, und nicht zuletzt deshalb mehr wissen können, weil sie über eine größere Lernfähigkeit verfügen" [17, S. 27].

Diskriminierung alter Menschen. In einer Zeit, in welcher Jugendlichkeit und Flexibilität als Ideale gelten, laufen ältere Menschen Gefahr, mehr verdeckt als offen kritisiert zu werden. Aus der Sicht der Jungen gelten Alte als wenig effizient, unzufrieden, langsam und wirklichkeitsfremd und sind sozial wenig geachtet und beliebt. Die Diskriminierung findet z.T. sogar zwischen den „jungen Alten" und den „alten Alten" statt. In den USA, wo die Altersvorsorge schlechter ist als in den westeuropäischen Ländern, werden alte, pflegebedürftige Menschen gelegentlich von ihren Verwandten vor Krankenhäusern ausgesetzt oder nach einer Krankenhausbehandlung nicht mehr abgeholt. Sie gelten als Bedrohung für den eigenen Wohlstand. Die Verantwortung für ihre Pflege wird deshalb an staatliche Einrichtungen delegiert.

Geringes Interesse von Medizinstudierenden an Altersfragen. Lehrveranstaltungen über psychosoziale Aspekte des Alters und Gesundheitsprobleme von älteren Menschen finden nach unserer Erfahrung bei Studierenden der Medizin ein geringeres Interesse als Veranstaltungen zu anderen Themen. In Diskussionen mit Studierenden werden als Argumente für dieses Phänomen genannt:

- Die Andersartigkeit der Lebenswelt der Alten im Vergleich zur eigenen Lebenswelt
- Die Diskrepanz zwischen den Idealvorstellungen von einer Medizin als Heilkunst und den Grenzen der Medizin in der Behandlung polymorbider und chronisch kranker alter Menschen

- Die Konfrontation mit Sinnfragen des Lebens
- Das Erleben von Gefühlen der Rat- und Hilflosigkeit im Umgang mit chronisch kranken Alterspatienten
- Das Sichtbarwerden von Grenzen der Medizin und der Möglichkeiten ärztlichen Handelns.

In der Auseinandersetzung mit Fragen des Älterwerdens und der Behandlung von Alterspatienten werden ethische Herausforderungen der Medizin (s. Kap. 11.2) in unmittelbarer Weise offenkundig. Dies scheint ein Aspekt zu sein, vor dem nicht nur Studierende, sondern auch manche Ärzte eine gewisse Scheu haben.

Das Selbstbild der Alten

Eine von Infratest 1991 durchgeführte Befragung älterer Menschen in Deutschland (zit. nach [5]) über ihre Einstellungen, ihre Erwartungen und ihre Handlungsorientierung ergab *vier Typen älterer Menschen mit unterschiedlichem Lebensstil*:

Die pflichtbewußt-häuslichen Älteren. Sie sind typischerweise familienorientierte Witwen aus dem mittleren bis kleinbürgerlichen Milieu, die in kleineren Gemeinden auf dem Lande leben. In ihrer Lebensführung zeigen sie Selbstbeschränkung, Harmoniestreben und Konfliktabwehr, sowie als Wertvorstellung die Anpassung an überkommene Normen, insbesondere der Pflichterfüllung. Die Bewahrung des erreichten gewissen Wohlstandes im Rahmen der privaten Welt ist ihr oberstes Ziel.

Die sicherheits- und gemeinschaftsorientierten Älteren. Sie sind Angehörige des traditionellen Arbeiter- oder Kleinbürgermilieus. Ruhe und Rückzug auf die persönlichen Bedürfnisse, die Pflege der Familie (Großelternschaft) und traditioneller Formen der Geselligkeit (Schrebergarten, Stammtisch, Damenkränzchen) sowie das Genießen eines bescheidenen Wohlstandes sind für diese Gruppe typisch.

Die aktiven „neuen Alten". Sie sind häufig akademisch gebildete Stadtbewohner in gesicherten finanziellen Verhältnissen. Ihre Gedanken kreisen um Selbstverwirklichung, Kreativität und Persönlichkeitswachstum. Sie werden als konsum- und kommunikationsfreudig, politisch interessiert sowie kulturellen Weiterbildungsangeboten gegenüber aufgeschlossen charakterisiert.

Die resignierten Älteren. Sie gehörten schon in jüngeren Jahren zu den gesellschaftlich Benachteiligten. In der Mehrzahl sind es verwitwete Frauen mit niedrigem Bildungsstand und bescheidener Kleinrente. Gefühle der Einsamkeit, Ohnmacht und der Furcht, abgeschoben zu werden, prägen ihre Lebenseinstellung. Fernsehen ist oft ihr einziger „Außenkontakt".

5.11.2 Demographische Befunde

Anstieg der Lebenserwartung. Noch zu keiner Zeit haben so viele Menschen ein so hohes Lebensalter erreicht. Noch vor 30 Jahren erreichte nur jeder Zweite das 45. Lebensjahr, nur jeder Vierte das 65. Lebensjahr und 85 Jahre wurde nur einer von hundert. Heute hingegen werden in Mitteleuropa etwa 95% eines Geburtsjahrganges 45 Jahre alt, 82% 65 Jahre und 27% 85 Jahre und älter [5]. Die *Japaner* haben die durchschnittlich höchste Lebenserwartung von 82,8 Jahren bei Frauen und 76,4 Jahren bei Männern, ge-

folgt von den Schweizern (Frauen 81,2, Männer 74,2 Jahre) und Schweden (Frauen 80,5, Männer 74,8 Jahre). Diese Zahlen gelten für 1994. Im internationalen Vergleich zeigen sich z. T. beträchtliche Unterschiede zwischen Industrienationen und Entwicklungsländern (Abb. 5.12), wobei die Lebenserwartung der Frauen in den hochentwickelten Ländern 5–6 Jahre höher liegt als die der Männer (Gründe dafür s. Kap. 9.4). In den kommenden Jahrzehnten wird in allen Ländern noch mit einem weiteren Anstieg der Lebenserwartung gerechnet (Abb. 5.13, Schätzungen für die Schweiz).

Anteil der Älteren an der Gesamtbevölkerung. Nicht nur der einzelne Mensch, sondern die Gesellschaften der hochentwickelten Länder altern. Dieser Trend gründet einmal auf der zunehmenden Langlebigkeit, zum andern auf dem Rückgang der Geburtenraten. Abbildung 5.14 zeigt die sog. Alterspyramiden für sechs Länder mit unterschiedlichen Trends des Bevölkerungswachstums: Schmale Basis in Ländern wie Deutschland, Schweiz und USA, breite Basis in Ländern mit Geburtenüberschuß wie Brasilien und Algerien. Für die kommenden Jahrzehnte wird in den Industrienationen mit Zuwachsraten vor allem in den Altersgruppen der über 65jährigen gerechnet.

Veränderung der sog. Überlebenskurven. Die Veränderungen der Altersstruktur sind *nicht auf eine Verlängerung der absoluten Lebensdauer* zurückzuführen, sondern auf einen Anstieg der Bevölkerung, die bei relativ guter Gesundheit ein hohes Alter erreicht. Dies zeigen die sog. *Überlebenskurven* (Abb. 5.15), aus welchen sowohl der Rückgang der Kindersterblichkeit als auch die Zunahme der Hochbetagten zu ersehen ist, beides Folgen des medizinischen Fortschritts

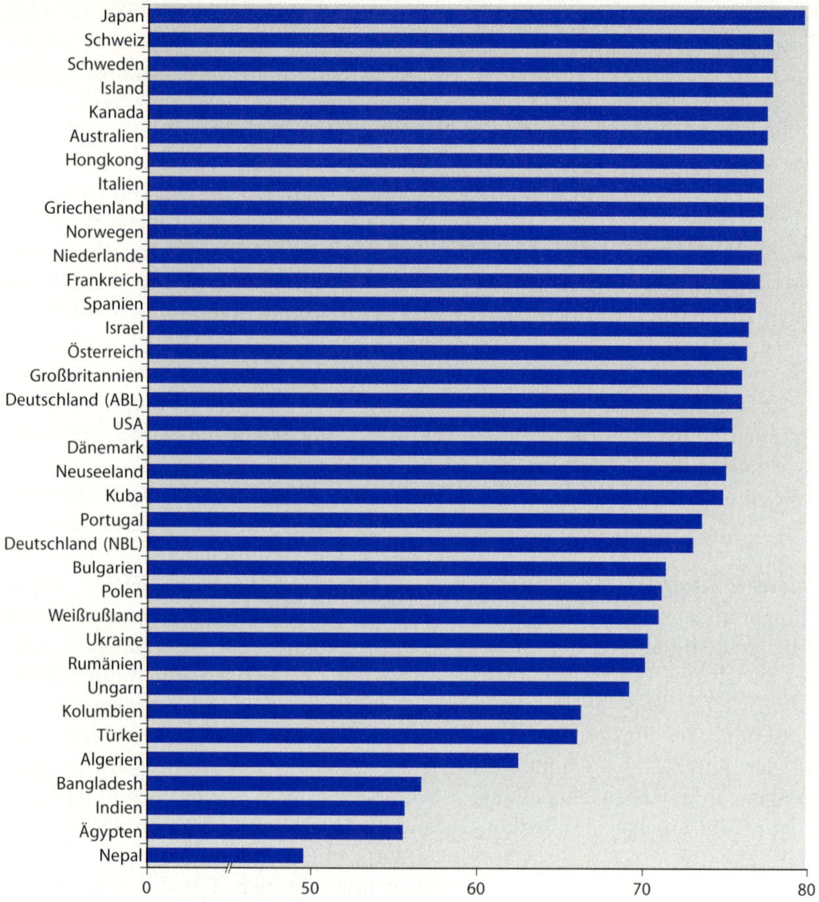

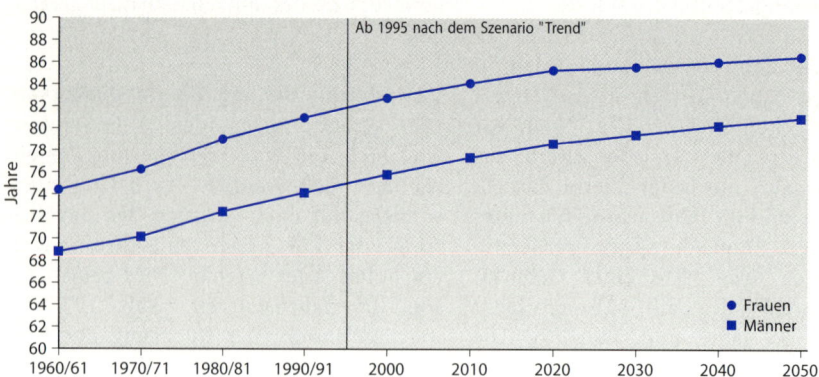

Abb. 5.12. Lebenserwartung zum Zeitpunkt der Geburt in Jahren
(Quelle: Statistisches Jahrbuch 1994 für das Ausland, zit. nach[5])

Abb. 5.13. Mittlere Lebenserwartung bei Geburt für die Schweizer Bevölkerung, 1960–2050
(Quelle: Bundesamt für Statistik, Bern 1996)

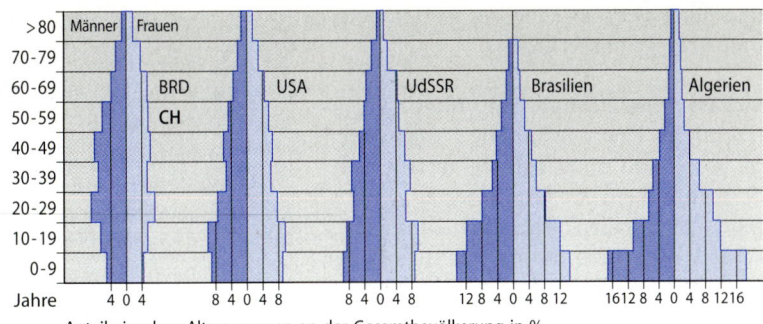

Alterspyramiden

Der Vergleich der Alterspyramiden zeigt die Unterschiede im generativen Verhalten: verjüngte Basis in den Ländern, wo die Geburtenrate seit kurzem zurückgeht (Frankreich, UdSSR, USA und Bundesrepublik Deutschland), konstantes (Brasilien) oder explosionsartiges (Algerien) Bevölkerungswachstum

Abb. 5.14. Vergleich der Alterspyramiden in Ländern mit unterschiedlicher Geburtsrate und Lebenserwartung (Quelle: Meyers Lexikon [16])

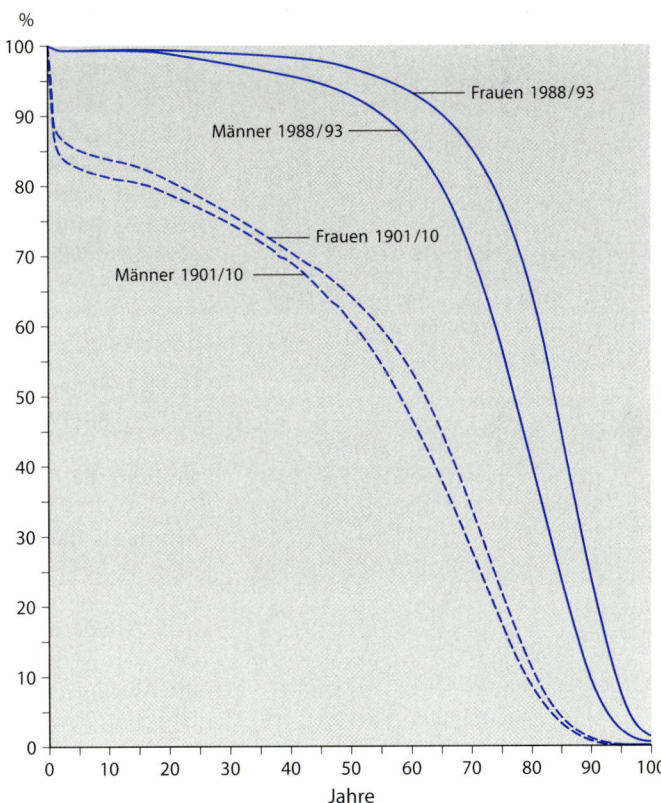

Abb. 5.15. Anteil der überlebenden Frauen und Männer nach Alter 1901/10 und 1988/93 (Quelle: Bundesamt für Statistik, Bern 1996)

und einer Verbesserung des Gesundheits- und Präventionsverhaltens.

Soziale Ungleichheit im Alter. Beeinträchtigte bzw. gefährdete Lebenslagen im Alter sind nicht zufällig verteilt, sondern in hohem Maße mit sozial-strukturellen Merkmalen verknüpft. Dies haben zahlreiche neuere sozialwissenschaftliche Untersuchungen aus dem Bereich der Gerontologie ergeben. Einige wichtige Ergebnisse dieser Forschung sind (zit. nach [5]):

- Armut und Isolation im Alter sind vor allem typisch für Frauen aus den unteren Sozialschichten.
- Gesundheitsbedingte vorzeitige Arbeitsunfähigkeit findet sich überdurchschnittlich häufig bei gering bzw. unqualifizierten Beschäftigten mit der Folge ungünstigerer Lebenslagen im vorgezogenen Alter.
- Ergänzende und stützende Pflegedienste werden dort, wo sie am dringlichsten sind, nämlich in einkommensschwächeren Pflegehaushalten, nicht angenommen, u. a. weil nicht tragbare Folgekosten und/oder Regreßforderungen befürchtet werden.

! **Demographischer Strukturwandel und seine sozialen Folgewirkungen.** Die demographischen Probleme, vor welche sich die westeuropäischen Staaten gestellt sehen, sind [44]:

- Sinkende Geburtenzahlen bei steigender Lebenserwartung
- Beschleunigter Alterungsprozeß der Bevölkerung: Zunahme der Hochbetagten, Abnahme der Bevölkerung im erwerbsfähigen Alter, Alterung

der Personen im erwerbsfähigen Alter
- Abnahme der Haushaltgröße und Wandel der Lebens- und Familienformen
- Steigende Bedeutung der Zuwanderung
- Regionale Unterschiede der Bevölkerungszunahme und -struktur

Soziale Folgewirkungen dieses Strukturwandels sind:

- Anstieg der Ausgaben für die soziale Sicherheit, insbesondere der Alterssicherung;
- Anstieg von Pflegekosten für Betagte;
- Konzentration einkommensschwächerer Bevölkerungsgruppen in großstädtischen Gebieten;
- Anstieg des Bedarfs an Versorgungsstrukturen der Altersmedizin

5.11.3 Biologische und psychologische Alterungsvorgänge

Biologische Faktoren des Alterns

Altern als natürlicher Vorgang. Biologische Veränderungen, die dem Altern zugeschrieben werden, sind nicht krankhaft, sondern natürlich: Das Ergrauen oder der Verlust von Haaren, Hautfalten, die Abnahme der motorischen Leistungsfähigkeit, Menopause, Weitsichtigkeit und als Folge von Veränderungen des Gehirns, die Abnahme des Kurzzeitgedächtnisses sind nicht krankhaft. *Diese Veränderungen erhöhen nicht die Mortalität.*

Erhöhung der Krankheitsanfälligkeit.
Andere, „normale" altersbedingte Funktionsänderungen in lebenswichtigen Organen erhöhen jedoch das Morbiditäts- und damit auch das Mortalitätsrisiko. So steigern z. B. die normalen *alterskorrelierten Funktionsänderungen des Immunsystems* die Anfälligkeit für Krankheiten, die im jungen Alter leicht abgewehrt werden. Antigene, die im jungen Immunsystem als „körpereigen" identifiziert werden, werden im gealterten Immunsystem als „körperfremd" wahrgenommen und lösen so viele der sog. Autoimmunkrankheiten des Alters aus. *Mit dem Alter nimmt ganz allgemein die Krankheitsanfälligkeit (Vulnerabilität) zu.*

Ist Altern genetisch programmiert?.
Beim Altern stellt sich, vergleichbar der Situation in der Kindheit, erneut die Frage der Bedeutung von Anlage und Umwelt. Die Ansichten über die Rolle des Genoms im Alterungsprozeß sind nicht einheitlich [44]:

> ! Die Befürworter des „entwicklungsprogrammierten" Alterns postulieren eine Sequenz von Ereignissen, die im Genom programmiert sind und die Alterungsvorgänge in jeder Zelle steuern (*deterministische Theorien des Alterns*). Der programmierte Zelltod, *Apoptose* genannt, kann bei der Embryonalentwicklung gut beobachtet werden. Das Funktionieren vieler Teile unseres Körpers, besonders des Gehirns, hängt damit zusammen, daß bestimmte Zellen während der Entwicklung gezielt nach einem Programm absterben. Es ist deshalb naheliegend, daß Apoptose auch beim Altern

eine Rolle spielt. Daß Altern genetisch bestimmt ist, unterstützen auch verschiedene genetisch bedingte Krankheiten, welche die Betroffenen frühzeitig vergreisen lassen.

Im Gegensatz zu dieser Ansicht sind die Befürworter von sog. *stochastischen Theorien des Alterns* davon überzeugt, daß Altern die Folge biologischer Fehlerkatastrophen und Mutationen sei. Dabei komme den sog. *freien Radikalen* eine große Bedeutung zu. Freie Radikale sind äußerst reaktive Substanzen, welche bei der Verdauung der Nahrung mit Hilfe von Sauerstoff auf molekularer Ebene entstehen. Radikale sind äußerst reaktiv und reagieren mit fast allem, was sich in ihrer Nähe befindet. Wie beispielsweise Fett, das wir zu lange dem Sauerstoff der Luft aussetzen, wird auch das Fett in unseren Körperzellen „ranzig". Die Zellmembranen, die zu einem guten Teil aus Fettsäuren bestehen, werden mit der Zeit durchlässig. Proteine werden genauso angegriffen wie die Erbsubstanz DNA. Kontinuierliche Veränderungen führen schließlich zu nicht mehr funktionsfähigen Systemen.

Verschiedene Befunde deuten darauf hin, daß zwar *die maximale Lebenslänge* beim Menschen und bei Tieren genetisch programmiert ist, nicht jedoch die natürlichen Alternsvorgänge. Für diese spielen sog. *Umgebungsrisiken* (environmental hazards) und der *Anstieg der Krankheitsanfälligkeit* (Vulnerabilität) die entscheidende Rolle.

Die Rolle der Gene in verschiedenen Lebensabschnitten. Es gibt keine allumfassende Theorie des Alterns, jedoch zahlreiche Konzepte und Modellvorstellungen, die sich auf einzelne Aspekte des Alterns beziehen. Nimmt man die gesamte Lebenslänge (*longevity*) als Bezugsrahmen, so kann man das menschliche Leben in zwei Entwicklungsabschnitte unterteilen, die sog. *„Entwicklungslebenslänge"* (*developmental longevity*) und die *„Postentwicklungslebenslänge"* (*postdevelopmental longevity*). Während für den ersten Abschnitt genetische Programme eine wichtige Rolle spielen, ist dies für den zweiten Abschnitt kaum der Fall (Tabelle 5.21). Oder anders formuliert: Bis zur erfolgreichen Reproduktion im Alter von etwa 40 Jahren wird der Organismus wesentlich mehr durch genetische Steuerung beeinflußt als in der zweiten Lebenshälfte [44]).

Veränderung psychischer Funktionen

Altersabbau des Gehirns. Zur Zeit der Geburt finden sich im menschlichen Gehirn ca. 15 Milliarden Nervenzellen. Im Gegensatz zu anderen Geweben können sich die Nervenzellen nach Abschluß ihrer Entwicklung nicht mehr teilen. Von Geburt an findet täglich ein Verlust von Tausenden von Gehirnzellen statt, so daß sich bis in hohe Alter der Nervenzellbestand um etwa 20% reduziert [52]. Trotzdem bleiben die Hirnfunktionen bis ins hohe Alter normal gewährleistet, da das Gehirn über einen großen Nervenzellüberschuß verfügt, der dazu dient, eventuelle Störungen nach Schädigungen oder durch den physiologischen Altersabbau zu kompensieren. Im Alter kommt es jedoch durch neurochemische Veränderungen zu einer Abnahme der Anpassungsfähigkeit des Hirnstoffwechsels an gesteigerte Leistungen (Schlüsselenzyme

Tabelle 5.21. Biologische Merkmale der Entwicklungslebenslänge und der Postentwicklungslebenslänge (aus Hayflick 1987 [44])

Entwicklungslebenslänge (developmental longevity)
- Dauer von der Geburt bis etwa zum 40. Altersjahr, d.h. bis zur erfolgreichen Reproduktion
- Steht unter einem positiven Selektionsdruck
- Entropie nimmt ab: biologische Ordnung entsteht
- Ist in hohem Maße genetisch programmiert

Postentwicklungslebenslänge (postdevelopmental longevity)
- Dauer etwa vom 40. Altersjahr bis zum Lebensende
- Geringer Selektionsdruck
- Entropie nimmt zu: biologische Ordnung zerfällt
- Ist kaum genetisch programmiert

des Glukoseabbaus ändern ihre Aktivität im Gehirn altersabhängig). Es kommt zu einer *Abnahme des Vigilanzniveaus der sensorischen Wahrnehmungsfähigkeit* und einer *erhöhten psychischen Erschöpfbarkeit*. Bei durchschnittlicher Belastung ist die Funktionsfähigkeit des Gehirns bis ins hohe Alter gewährleistet. In besonderen Belastungssituationen ist der Reaktionsspielraum des Gehirns jedoch eingeschränkt. In Tabelle 5.22 sind die wesentlichen, altersbedingten Veränderungen der psychischen Grundfunktionen (s. Kap. 6.2) im Überblick dargestellt.

Wahrnehmung. Schon ab dem 40. Altersjahr nimmt das Leistungsvermögen der Sinnesorgane (Auge, Hörorgan) ab. Es kommt zur sog. Altersweitsicht und zu einer Hörminderung vor allem für Hochfrequenztöne. Die Wahrnehmungseinbußen können in weiten Bereichen durch die Erfahrung und bessere Ausnützung erhaltener Funktionsleistungen kompensiert werden.

Tabelle 5.22. Altersbedingte Veränderungen der psychischen Grundfunktionen

- Wahrnehmung ↓ ab mittlerem Alter
- Reaktionszeit ↓ ab mittlerem Alter
- Gedächtnis ↓ Frisch- > Alt-
      gedächtnis
- Lernen benötigt größeren Zeitbedarf
- Intelligenz
    - Fluide Intelligenz (Wahrnehmungsgeschwindigkeit, Denkfähigkeit, Abstraktionsvermögen, Gedächtnis)
      → bis zum 70. Lebensjahr gleichbleibend/abnehmend, danach abnehmend
    - Kristalline Intelligenz (Wissen, gelernte Erfahrung, Wortflüssigkeit)
      → bis zum 70. Lebensjahr gleichbleibend/zunehmend, danach abnehmend

Reaktionszeit. Die Abnahme des Reaktionsvermögens ebenfalls ab dem mittleren Lebensalter zeigt sich vor allem bei Experimenten, bei welchen der Proband in einer bestimmten Zeit eine Aufgabe zu lösen hat. In Alltagssituationen können Einschränkungen des Reaktionsvermögens weitgehend durch Erfahrung, Routine und höhere Motivation kompensiert werden.

Gedächtnis. Hinsichtlich der Merkfähigkeit und des Frischgedächtnisses schneiden Ältere in Testsituationen deutlich schlechter ab als Jüngere. Auch der Zeitaufwand bei der Suche nach Informationen im Kurzzeitgedächtnis nimmt zu.

Lernen. Zur Aneignung von Wissen oder z. B. zum Erlernen einer Fremdsprache braucht der Erwachsene mehr Zeit als jüngere Personen. Auch bei Laborexperimenten benötigen Erwachsene eine größere Darbietungsdauer der zu lernenden Aufgabe als jüngere Versuchspersonen.

Intelligenz. Intelligenz besteht aus mehreren kognitiven Fähigkeiten (s. Kap. 6.2.6), die mit sog. Intelligenztests gemessen werden können. Hinsichtlich der Intelligenz älterer Menschen werden zwei Fähigkeitsgruppen unterschieden, die sog. *fluide* und *kristalline Intelligenz*.

> **!**
>
> Die *fluide oder flüssige Intelligenz* umfaßt Fähigkeiten, die sich weitgehend unabhängig von kulturellen Einflüssen entwickelt haben wie Wahrnehmungsgeschwindigkeit, Denkfähigkeit, Abstraktionsvermögen und Gedächtnis. Diese Form von Intelligenz nimmt mit dem Alter, vor allem jenseits des 70. Lebensjahres, ab. Im *Hamburg-Wechsler-Intelligenztest* (HAWIE, s. Kap. 6.2.6) wird die fluide Intelligenz vor allem im sog. Handlungsteil gefordert, z. B. im Mosaiktest, Figuren legen, Zahlensymboltest und Bilder ordnen (Abb. 5.16, rechter Teil).
>
> Die *kristalline Intelligenz* umfaßt vor allem gelernte Fähigkeiten und Erfahrungen, Wissen und die Fähigkeit, sich verbal auszudrücken. *Diese Form von Intelligenz bleibt bis zum 70. Altersjahr erhalten oder nimmt bei gebildeten älteren Menschen sogar zu.* Im HAWIE wird die kristalline Intelligenz vor allem im sog. *Verbalteil* gefordert, z. B. im Allgemeinwissen, allgemeinen Verständnis und Wortschatztext (Abb. 5.16, linker Teil).

Wohlbefinden im hohen Alter

In den letzten Jahren wurden in verschiedenen Ländern an repräsentativen Stichproben älterer Menschen Studien durchgeführt, die sich u. a. mit dem *subjektiven Wohlbefinden* älterer Menschen be-

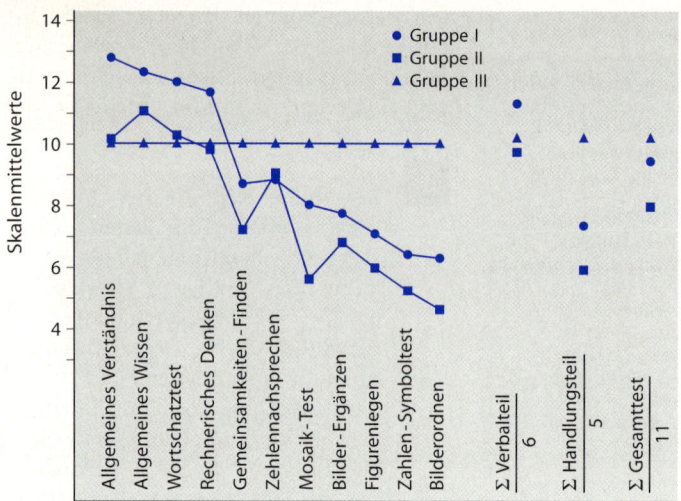

Abb. 5.16. Vergleich der Skalenmittelwerte der Untertests beim Hamburg-Wechsler-Intelligenztest. (Gruppe I: ältere völlig gesunde männliche Personen; Durchschnittsalter 71 Jahre; Gruppe II: ältere Männer mit leichten Krankheitszeichen; Durchschnittsalter 73 Jahre; Gruppe III: Standardisierungsgruppe von Wechsler, Alter 25 bis 35 Jahre) (Aus Lehr 1977 [7])

faßten. Dabei interessierten sowohl die Einflußfaktoren für das Wohlbefinden als auch dessen Veränderung mit zunehmendem Alter. Im deutschen Sprachraum lieferte vor allem die *Berliner Altersstudie* [51] wichtige Erkenntnisse über die Lebenssituation älterer Menschen. In dieser wurde eine repräsentative Stichprobe von 1264 über 70jähriger Frauen und Männer eingehend zu verschiedenen Gesundheits- und Lebensfragen interviewt und mit psychologischen Testverfahren untersucht.

Einflüsse auf das subjektive Wohlbefinden. In der Berliner Studie wurde die Bedeutung von drei Bereichen – soziodemographische Variablen, objektive Lebensbedingungen und subjektive Bereichsbewertungen – auf das subjektive Wohlbefinden untersucht (Abb. 5.17). Von den *soziodemographischen Variablen* korreliert nur gerade das Geschlecht direkt mit dem subjektiven Wohlbefinden

in dem Sinne, daß sich Frauen subjektiv weniger wohl fühlten als Männer. Die sieben Bereiche der *objektiven Lebensbedingungen* korrelieren alle hoch signifikant mit der subjektiven Wahrnehmung durch die Betroffenen. Für das subjektive Wohlbefinden ist jedoch die *subjektive Bereichsbewertung* viel wichtiger als die entsprechenden objektiven Befunde. *Objektive Lebensumstände tragen nur insoweit zum subjektiven Wohlbefinden bei, wie sie subjektiv wahrgenommen werden.* Kurz zusammengefaßt zeigen die Ergebnisse der Analyse, daß lediglich sechs Variablen (davon fünf aus der Dimension subjektive Bereichsbewertung) bei Korrektur für die anderen Faktoren einen *signifikanten Einfluß auf das subjektive Wohlbefinden* haben. Es sind dies, in der Rangfolge ihrer Bedeutung:

- Die subjektiv bewertete Gesundheit
- Die Zufriedenheit mit der finanziellen Situation

Ergebnisse der prädiktiven Regressionsanalysen nach einem Modell von Campbell und anderen, in dem die direkten und indirekten Einflüsse von Lebensbedingungen auf das allgemeine Wohlbefinden überprüft wurden. Nur sechs Variablen hatten einen direkten Effekt, wobei die subjektive Bewertung der eigenen Gesundheit der stärkste Prädiktor war.
Signifikanzniveau: * p < 0,05; ** p < 0,01; *** p < 0,001

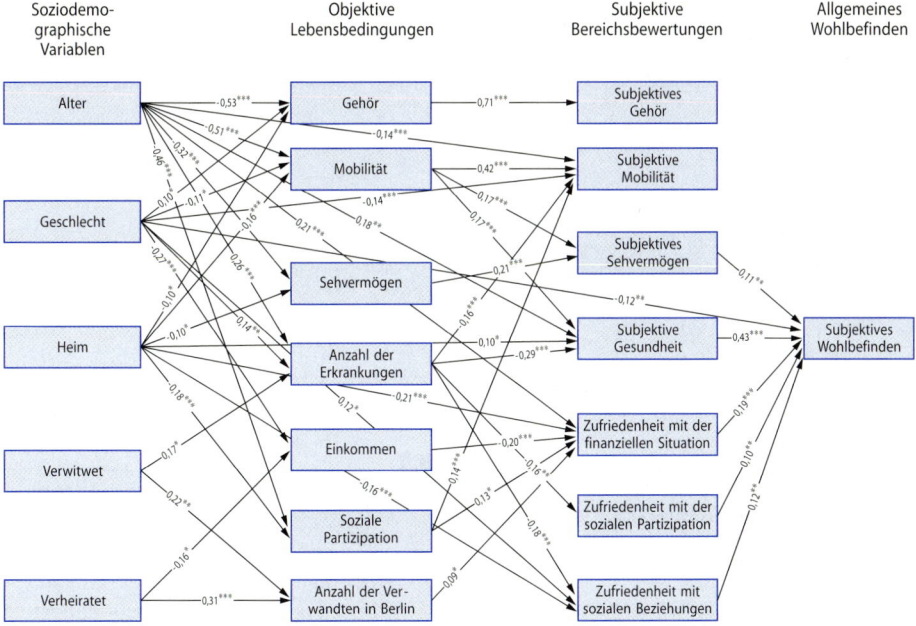

Abb. 5.17. Einflüsse auf das subjektive Wohlbefinden älterer Menschen (Aus Mayer K.K. & Baltes 1996 [51])

- Die Zufriedenheit mit sozialen Beziehungen
- Männliches Geschlecht
- Das subjektive Sehvermögen
- Die Zufriedenheit mit der sozialen Partizipation

Subjektive Einschätzung des Gesundheitszustandes. Auch aus der Schweiz liegen Ergebnisse einer repräsentativen Untersuchung älterer Menschen zur Einschätzung des eigenen Gesundheitszustandes vor [33]. Wie die Tabelle 5.23 zeigt, beurteilen ältere Frauen und Männer ihren Gesundheitszustand überwiegend als gut bis sehr gut: Noch von den Hochbetagten geben rund zwei Drittel beiderlei Geschlechts an, ihr Gesundheitszustand sei gut bis sehr gut. Zu den

häufigsten Krankheiten älterer Menschen s. Kap. 14.4: Multimorbidität im Alter.

5.11.4 Anforderungen und Bewältigung des Älterwerdens

Psychosoziale Anforderungen an ältere Menschen. Der älterwerdende Mensch wird mit Ereignissen und Erfahrungen konfrontiert, deren gemeinsame Thematik man mit den Begriffen *Abschiednehmen* und *Verlust* charakterisieren könnte. Der Verlust kann dabei langsam und etappenweise oder aber plötzlich und markant erfolgen. Die wichtigsten Anforderungen, vor welche sich Älterwerdende gestellt sehen, sind:

Tabelle 5.23. Subjektive Einschätzung des Gesundheitszustandes älterer Männer und Frauen in der Schweiz

| | Gesundheitszustand | | |
	gut – sehr gut %	mittel %	schlecht – sehr schlecht %
Männer			
64–74 Jahre	76.4	17.6	6.0
75–84 Jahre	73.8	19.8	6.4
85 und mehr Jahre	62.1	31.1	6.0
Frauen			
64–74 Jahre	69.7	24.7	5.5
75–84 Jahre	63.2	27.2	9.6
85 und mehr Jahre	62.0	27.4	10.6

(Quelle: Eidgenössisches Büro für die Gleichstellung von Frau und Mann [33])

- Das Ausscheiden aus dem Berufsleben
- Das langsame oder rasche Abnehmen von physischer und psychischer Vitalität
- Der Verlust naher Bezugspersonen z. B. durch deren vorzeitigen Persönlichkeitsabbau oder Tod
- Der Verlust von Selbständigkeit und das Akzeptieren von Abhängigkeit
- Die Vereinsamung und Isolation in Heimen.

Erleben des Älterwerdens. Die Art und Weise, wie ältere Menschen diese Verlusterlebnisse erleben und mit ihnen umgehen, kann verschieden sein. Nicht selten zeigen sich in ihren Einstellungen, ihrem emotionalen Erleben und ihrem Handeln zwei Seiten: eine eher traurig-melancholische und eine dankbar-zufriedene. Zwei Zitate aus dem schon erwähnten Buch des italienischen Philosophen Bobbio [17] sollen diese verdeutlichen:

„Die Wahrheit (über das Altwerden) ist – aber es ist schwierig, das einem Jüngeren begreiflich zu machen –, daß der Abstieg ins Nirgendwo sehr lange dauert, länger als ich jemals gedacht hätte, und daß er langsam ist, so langsam, daß er kaum wahrnehmbar scheint. Der Abstieg ist unaufhaltsam und, was schlimmer ist, unumkehrbar: du steigst jedes Mal nur eine kleine Stufe herab, aber sobald du den Fuß auf eine tiefere Stufe gesetzt hast, weißt du, daß du nicht mehr auf die höhere zurückkehren wirst." [17, S. 42]

Und ein zweites Zitat, nur eine Seite später im Text:
„Ich kann mir nicht erklären, welches günstige Schicksal mir beschieden war, wer mich beschützt, getragen, an die Hand genommen hat, all den Widrigkeiten und Risiken bis hin zu tödlichen Gefahren, all den

Krankheiten ....kurz, den unzähligen Schicksalsschlägen, durch die das menschliche Leben vom Moment der Geburt an bedroht wird, zu entgehen. Oft kommt mir ein vor vielen Jahren einmal gelesener Passus von Achille Campanile in den Sinn, ein Humorist, den meine Generation besonders liebte: „Über die alten Leute muß ich immer wieder staunen. Wie haben sie es bloß geschafft, inmitten so vieler Gefahren ihren Weg zu gehen und heil und gesund im hohen Alter anzukommen?" „....." [17, S. 43]

Aktive Bewältigung des Alters. Für die aktive Bewältigung des Alters, die vor allem den sog. „jungen Alten" möglich ist und die dem Älterwerden Sinn und Zufriedenheit geben kann, sind person- und umweltbezogene Merkmale bzw. Faktoren von Bedeutung:

 Faktoren, die eine gute Bewältigung des Alters begünstigen, sind:
- Höhere Bildung
- Interessen, Hobbies
- Intakte psychische Grundfunktionen
- Körperliche Mobilität
- Materielle Sicherheit
- Familiäres und soziales Beziehungsnetz
- Aktiver Lebensstil im früheren Leben
- Fähigkeit, sich Sinnfragen zu stellen.

Möglichkeiten zur aktiven Lebensgestaltung im Alter. Diese werden vor allem von Betagten mit guter Bildung und in gesicherten familiären Verhältnissen (den sog. aktiven „neuen Alten", vgl. Kap. 5.11.1) ergriffen bzw. wahrgenommen. So gibt es heute spezielle Agenturen, die Senioren mit guter beruflicher Qualifikation für einen zeitlich befristeten Auftrag ins Ausland vermitteln. Oder es gibt Teams pensionierter Handwerker, die ihre Dienste zu günstigen Preisen anderen Betagten anbieten. Politisch interessierte Senioren organisieren sich in Gruppierungen wie z.B. den „grauen Panthern", um ihre Interessen zu vertreten. Senioren-Universitäten und Volkshochschulen bieten spezielle Veranstaltungen an, und in größeren Städten gibt es sog. Seniorenzentren mit einem breit gefächerten Angebot für Betagte.

Potentiale im Alter. Allzu oft wird das Alter nur als eine „Defizit-Phase" des Lebens gesehen. Dabei wird vergessen, daß das Alter auch Möglichkeiten bietet, die in früheren Lebensphasen nicht bestanden. Hier sind zu nennen *die Möglichkeit:*

- Zurückliegende Ereignisse, Erlebnisse und Erfahrungen in eine umfassende Ordnung zu stellen und neu zu bewerten
- Zukunftsgerichtete Erwartungen nicht mehr auf weit entfernte Zeitpunkte, sondern auf die nahe Zukunft zu richten
- Sich an den kleinen Dingen des Lebens zu freuen
- Eigene Grenzen und die Lebensgrenze zu akzeptieren und das Verbleibende zu nutzen
- Zu einer differenzierten Bewertung aktueller Zeitfragen zu kommen
- Kompromisse zwischen dem Erwarteten und dem Erreichten zu schließen.

Spezielle Problem-
und Konfliktsituationen im Alter

Pensionierung. Während in den 60er und zu Beginn der 70er Jahre der sog. „Ruhestand" eher gefürchtet war, hat sich die Einstellung zum Berufsende in den letzten Jahren erheblich gewandelt [5]. Die früher gefürchtete Zeit wird heute eher herbeigesehnt. Der Pensionär hat eine klar definierte soziale Rolle mit wesentlich mehr Freiheiten als der ältere Arbeitnehmer, der ab 50 in der Unsicherheit vor dem Verlust seines Arbeitsplatzes steht. Die oft gute Gesundheit und die noch verbleibende Lebenszeit (im Durchschnitt noch ein Viertel des Lebens) lassen den Ruhestand als eine Lebensphase erscheinen, in der man Einiges verwirklichen kann, was früher nicht möglich war. Nicht selten wird der *Ruhestand aber auch als problematisch* erlebt. Von der Arbeitswelt getrennt, von Pflichten entbunden, nur noch damit beschäftigt, freie Zeit hinter sich zu bringen, kann sich ein Gefühl einstellen, nutzlos und überflüssig geworden zu sein. Der Begriff „Ruhestand" impliziert diese eher problematischen Seiten der Pensionierung. Er erinnert so etwas an einen Wartesaal vor dem näherrückenden Lebensende.

Ehe- und Generationenkonflikt. Die Vorstellung vom ruhigen, friedlichen Lebensabend erweist sich nicht selten als unrealistisch. Sowohl zwischen Ehepartnern als auch zwischen den Generationen können Spannungen und Konflikte aufbrechen, die viele Jahre latent waren. In *Ehebeziehungen* sind es oft Vorwürfe wegen angeblich jahrzehntelang erduldeter Ungerechtigkeiten, Rücksichtslosigkeit oder eigener Verdienste, die zu wenig Anerkennung fanden. In *Beziehungen zwischen den Generationen* sind es Klagen über offene oder verdeckte Machtkämpfe, die nicht beigelegt werden konnten oder Enttäuschungen, für erbrachte Opfer an Zeit, Geld und Energie nicht entsprechend anerkannt und (materiell) entschädigt worden zu sein. In der Beratung bei solchen Konflikten kann der Hausarzt eine wichtige Aufgabe übernehmen, indem er auf die *wechselseitigen Verdienste* und den oft nicht zugestandenen *Wunsch nach Versöhnung* zwischen Partnern bzw. Generationen hinweist.

Sexualität im Alter. Sechzigjährige haben durchschnittlich noch ein Mal die Woche einen Geschlechtsverkehr. Erst nach dem 75. Altersjahr nimmt die Häufigkeit sexueller Kontakte deutlich ab. Wie Befragungen älterer Menschen gezeigt haben [24], wird die sexuelle Aktivität im höheren Alter vor allem durch den Gesundheitszustand, die Art der früheren sexuellen Betätigung und den Familienstand (Vorhandensein eines Partners) bestimmt. Ganz allgemein läßt sich sagen, daß die sexuelle Appetenz mit zunehmendem Alter abnimmt und die sexuelle Reaktionsfähigkeit – insbesondere die Erektionsfähigkeit des Mannes – störanfälliger werden. Auf Veränderungen der sexuellen Funktionsfähigkeit reagieren älter werdende Männer ängstlicher als Frauen. Sie orientieren sich an ihrer „Potenz oder Manneskraft" aus jüngeren Jahren und erleben sich dann als insuffizient und minderwertig. Ärztliche Informationen über natürliche, altersbedingte Veränderungen der Sexualität und Möglichkeiten, wie Paare damit umgehen können, werden von älteren Menschen oft dankbar angenommen.

Tod des Ehepartners. Der Tod des Partners, mit dem man jahrzehntelang zusammengelebt hat, ist häufig der einschneidenste und schmerzlichste Verlust, den alte Menschen zu bewältigen haben. Auch wenn dem Tod des Partners eine längere Phase von Krankheit, allenfalls sogar Pflegebedürftigkeit vorangegangen ist, bedeutet es für den Zurückbleibenden doch ein Ereignis, welches mit Formulierungen wie „Amputation", „ein Stück eigenes Sterben", „in ein Loch stürzen" beschrieben wird. Auf die Bedeutung des Trauerns wird im nächsten Kapitel noch näher eingegangen. Für frisch Verwitwete ist der langjährige Hausarzt eine Person, die den Verlust am unmittelbarsten nachempfinden kann, wenn er den Verstorbenen zuvor gekannt und oft längere Zeit behandelt hat. Auch hier hat der Hausarzt in der Betreuung und Begleitung des trauernden alten Menschen eine wichtige Aufgabe zu erfüllen.

5.11.5 Alltagskompetenz im Alter

Für die Beurteilung der Selbständigkeit und Unabhängigkeit älterer Menschen wird in der sozialwissenschaftlichen Forschung und auch in der Geriatrie der Begriff der Alltagskompetenz verwendet. Es handelt sich dabei um *Grundfertigkeiten in den obligatorischen Tätigkeiten der Alltagsgestaltung* [5,51], die im angelsächsischen Bereich unter dem Begriff „Activities of Daily Living" (ADL) zusammengefaßt sind. Dabei kann zwischen *basaler Kompetenz* (Bako) und *erweiterter Kompetenz* (Erko) unterschieden werden. In Tabelle 5.24 sind die einzelnen Aktivitäten aufgeführt, welche der basalen und erweiterten Alltagskompetenz zugerechnet werden. Zur Messung dieser beiden Dimensionen liegen standardisierte Beurteilungsskalen vor, welche sowohl in der Forschung als auch in der geriatrischen Praxis Anwendung finden.

Tabelle 5.24. Alltagskompetenz im Alter

Basale Kompetenz (Bako)	Erweiterte Kompetenz (Erko)
Einkaufen	Sport treiben
Transportmittel benutzen	Restaurantbesuche
Baden/Duschen	Tanzen
Treppen steigen	Ausflüge machen
Spazierengehen	Kulturelle Ereignisse
Anziehen	Hobbies
Toiletten benützen	ehrenamtliche Tätigkeit
Aufstehen	Reisen
Haare kämmen	Künstlerische Aktivität
Essen	Spiele
Blasenkontrolle	Bildung
Darmkontrolle	Politische Aktivitäten

5.11.6 Hilfe und Pflegebedarf im Alter

In der öffentlichen Diskussion wird vor allem das hohe Alter oft mit Hilfs- und Pflegebedürftigkeit gleichgesetzt. Die Zahlen der Berliner Altersstudie zeigen [51], daß von den über 70jährigen 78 % völlig selbständig sind, 14 % gelegentlich eine Hilfe brauchen und lediglich 5 % mehrfach wöchentlich bis täglich, sowie 2 % ständig pflegebedürftig sind.

Inanspruchnahme ärztlicher Hilfe. Der Bedarf an ärztlicher Behandlung ist bei den Betagten allerdings hoch. 93 % der 70jährigen und Älteren stehen in regelmäßiger hausärztlicher und zusätzlich 60 % in fachärztlicher Behandlung. 96 % nehmen regelmäßig Medikamente ein (im Mittel 6 pro Tag) und 21 % waren im Jahr vor der Befragung mindestens einmal im Krankenhaus.

5.11.7 Gesundheitsökonomische Aspekte

Weitverbreitet ist die Meinung, die Alterung der Bevölkerung sei die Hauptursache für die Kostensteigerung im Gesundheitswesen. *Diese Auffassung ist nicht richtig!* Nur ein kleiner Teil des Anstiegs der Gesundheitskosten in den Industriestaaten ist auf die zunehmende Überalterung zurückzuführen, wie zahlreiche Untersuchungen aus verschiedenen Ländern belegen [39].

5.11.8 Mißhandlung von Betagten

Der Begriff der Betagtenmißhandlung umfaßt vier Mißhandlungsarten, nämlich durch:

- Körperliche Gewalt, z. B. Zufügen von Verletzungen und von Schmerzen
- Verursachen von emotionalem Schmerz, z. B. verbale Aggressionen oder Drohungen
- Wirtschaftliche Ausbeutung, z. B. Aneignung von Geld bzw. Besitz oder Nötigung, das Testament zugunsten der Mißhandelnden zu ändern
- Vernachlässigung in der Pflege

Etwa 2 % aller Betagten werden jährlich Opfer körperlicher Mißhandlungen [27]. Die Mißhandelnden sind bei zu Hause lebenden Betagten zu drei Viertel die Ehepartner und zu einem Viertel Kinder. Auch in Alters- und Pflegeheimen finden Mißhandlungen an pflegebedürftigen Alten statt.

Risikofaktoren für Betagtenmißhandlung. Folgende *Umstände der Betagten* erhöhen das Risiko, Opfer von Mißhandlungen zu werden:

- Täglicher Pflegebedarf in den Verrichtungen des täglichen Lebens
- Kognitive Defizite
- Gemeinsame, zu enge Wohnung mit der Betreuungsperson
- Soziale Isolation
- Vorgeschichte von Gewalttätigkeit in der Ehe

Folgende *Merkmale der Betreuungspersonen* erhöhen das Risiko, einen Betagten zu mißhandeln:

- Psychische Krankheit
- Alkohol- und Drogensucht
- Abhängigkeit (wirtschaftlich, emotional) von der zu betreuenden Person
- Unbewältigte Konflikte aus der Vergangenheit

Anzeichen für Betagtenmißhandlung. Versäumte Arztkonsultationen ohne stichhaltige Begründung, Widersprüche zwischen Angaben von Betagten und Betreuenden, vage Erklärungen für Verletzungen, häufige Notfallkonsultationen wegen unerwarteter Verschlechterung einer chronischen Krankheit (z. B. durch unregelmäßige Medikamentenabgabe) und Laborbefunde, die mit Angaben von Betreuenden im Widerspruch stehen (z. B. niedrige Medikamentenspiegel oder Nachweis nicht verordneter Sedativa) können Hinweise auf eine Mißhandlungssituation sein.

Ärztliches Vorgehen bei Verdacht auf Betagtenmißhandlung. Zunächst kann die Beobachtung der verbalen und averbalen Kommunikation zwischen den pflegebedürftigen Betagten und der Betreuungsperson den Verdacht bekräftigen. Dann kann auch die einfühlsame Befragung der Betreuenden hinsichtlich Überlastungen durch die Pflege hilfreich sein („Es ist schwierig, ihre ... zu pflegen; wie oft verlieren Sie die Kontrolle über sich selbst?") Bei deutlichem Verdacht sollte auch der Pflegebedürftige direkt und detailliert über körperliche Züchtigung, Beschimpfung, Vernachlässigung und Ausbeutung befragt werden. Und schließlich kann die sorgfältige körperliche Untersuchung Hinweise auf körperliche Gewaltanwendung liefern. Das weitere praktische Vorgehen richtet sich nach der jeweiligen Situation.

5.11.9 Das Alter – Welt der Erinnerungen

Das Kapitel über das Alter soll abgeschlossen werden mit einem Zitat des schon einige Male erwähnten Philosophen Bobbio [17], der im Alter von 84 Jahren schrieb:

> „Die Welt des alten Menschen ist in mehr oder weniger ausgeprägter Form die Welt der Erinnerung." Als alter Mensch „bist du das, was du erinnerst. Außer den Gefühlen, die du geweckt hast, den Taten, die du vollbracht hast, sind die Erinnerungen, die du bewahrt und nicht in dir ausgelöscht hast, deine Reichtümer... Möge es dir gestattet sein, so lange zu leben, wie die Erinnerungen dich noch nicht fliehen und du dich in sie flüchten kannst." [17, S. 38]

5.12 Sterben und Tod

> „Das Leben kann nicht ohne den Tod gedacht werden. Die Menschen werden nicht zufällig die Sterblichen genannt: Auch die größten Zyniker, die skrupellosesten und sorglosesten Menschen, die Hochmütigsten und Gleichgültigsten nehmen wenigstens einmal in ihrem Leben den Tod ernst, und wenn nicht den des Anderen, so doch den eigenen... Das Leben achtet, wer den Tod achtet. Wer den Tod ernst nimmt, nimmt auch das Leben ernst, dieses Leben, mein Leben, das einzige Leben, das mir gewährt wurde, auch wenn ich nicht weiß, von wem, und den Grund nicht kenne." N. Bobbio [17, S. 49]

Beeinflußbarkeit des Lebensbeginns und Lebensendes. Ebenso wie das Gebären findet auch das Sterben heute häufig nicht im familiären Rahmen, sondern in einer Klinik statt. Beides, der Eintritt in das, wie auch der Austritt aus dem Leben sind uns damit fremder geworden. Gleichzeitig hat es der medizinische Fortschritt möglich gemacht, daß Ärzte den Geburtsablauf wie auch die Sterbephase moderieren, d. h. verkürzen und verzögern können. Leben zu retten und zu erhalten, es aber auch würdig zu Ende gehen zu lassen, gehört zu den höchsten ethischen Werten. Deshalb sind bei der Behandlung und Begleitung Sterbender ethische Richtlinien zu beachten, wie sie heute in allen hochentwickelten Ländern bestehen.

5.12.1 Biologie von Sterben und Tod

Lebensdauer. Im vorangegangenen Kapitel wurde ausgeführt, daß die Lebenserwartung angestiegen ist, ein immer größerer Anteil von Menschen bei vergleichsweise guter Gesundheit ein hohes Alter erreicht, *die absolute Lebensdauer sich aber nicht verändert hat.* Diese liegt bei ca. 110 Jahren, in einigen wenigen Fällen darüber. Entsprechend den erwähnten *deterministischen Theorien* des Alterns ist die Lebensdauer genetisch programmiert. Es gibt zahlreiche zellbiologische Abläufe, welche verständlich machen, weshalb das menschliche Leben auf etwa 100–110 Jahre begrenzt ist. Zwei dieser Mechanismen seien kurz erwähnt.

Begrenzte Teilungsrate menschlicher Zellen. Mit Ausnahme der Nervenzellen, die keine Teilungsfähigkeit haben, können sich die Zellen anderer Gewebe teilen. Auf dieser Fähigkeit beruht die Erneuerung des Organgewebes. Die Zahl möglicher Zellteilungen im Verlauf des Lebens ist aber nicht unbegrenzt, sondern begrenzt. So können sich z. B. die Fibroblasten des Bindegewebes ca. 50-mal teilen, d. h. ihre Fähigkeit zur Erneuerung ist begrenzt.

Atrophie der kollagenen Fibrillen. Die mechanische Belastbarkeit der kollagenen Fibrillen im Bindegewebe hängt mit deren Durchmesser zusammen. Ca. ab dem 50. Altersjahr nimmt die Dicke der kollagenen Fibrillen kontinuierlich ab. Extrapoliert man diesen Atrophieprozeß, kommt man auf einen Wert von etwa 120 Jahren als maximale Grenze für die Funktionsfähigkeit der Fibrillen des Bindegewebes. Dies bedeutet, daß jenseits dieser Grenze das Bindegewebe die zentrale Funktion, dem menschlichen Körper statische Eigenschaften zu verleihen, nicht mehr erfüllen kann.

Lebensfähigkeit als Gleichgewicht von Regulationsprozessen. Die Lebensfähigkeit des Menschen hängt von einer Vielzahl komplexer Regulationsprozesse ab, die miteinander gekoppelt sind. Wesentliche Elemente der Regulationssysteme sind das *zentrale und vegetative Nervensystem* (ZNS, VNS), das *neuroendokrine* (NES) und das *neuroimmunologische* (NIS) *System.* Die Regulationsfähigkeit der verschiedenen Systeme, d. h. ihre Fähigkeit, Fehlinformation zu korrigieren, ist in der Jugend am höchsten. Sie nimmt etwa ab dem 30. Lebensjahr ab. Dies bedeutet, daß im höheren Alter vergleichsweise geringe Störungen ausreichen, um das innere Gleichgewicht des Organismus auf irreparable Weise zu stören.

5.12.2 Kriterien des klinischen Todes

Früher stellte der Arzt den Tod am Stillstand der Herzfunktion, am Atemstillstand und der Pupillenstarre fest. Dank notfall- und intensivmedizinischer Maßnahmen ist es heute möglich, den Ausfall einzelner lebenswichtiger Funktionen (Kreislauf, Atmung) zu kompensieren. Irreversibel sind jedoch Funktionsausfälle des Gehirns einschließlich des Hirnstamms. Die Möglichkeit, menschliche Organe zu transplantieren, hat es notwendig gemacht, daß *Richtlinien zur Definition und Feststellung des Todes* formuliert wurden, welche für den Arzt verbindlich sind. Diese Richtlinien, die es in allen Ländern mit einer hochentwickelten Medizin gibt, werden in der Schweiz von der *Schweizerischen Akademie der Medizinischen Wissenschaften* (SAMW) formuliert. Die letzte Neufassung dieser Richtlinien datiert aus dem Jahre 1996

[64]. Die folgenden Ausführungen orientieren sich an diesen Richtlinien.

> **!** **Kriterien des klinischen Todes.** Der Mensch gilt als tot, sobald einer der folgenden Zustände eingetreten ist:
>
> - a) Irreversibler Herzstillstand, der die Blutzufuhr zum Hirn beendigt (*Herztod*);
> - b) vollständiger und irreversibler Funktionsausfall des Hirns einschließlich des Hirnstamms (*Hirntod*).

Feststellung des Herztodes. Der Herztod wird durch Kreislaufversagen verursacht. Zur Feststellung des Herztodes müssen folgende acht klinische Kriterien erfüllt sein:

- a) Pulslosigkeit
- b) Atemstillstand
- c) Tiefes Koma (Bewußtlosigkeit)
- d) Beidseits auf Licht nicht reagierende Pupillen
- e) Fehlen der okulozephalen Reflexe
- f) Fehlen der Kornealreflexe
- g) Fehlen zerebraler Reaktionen auf schmerzhafte Reize
- h) Fehlen des Husten- und Schluckreflexes

Im Hinblick auf eine Organentnahme darf die Feststellung des Herztodes frühestens nach dreißigminütiger erfolgloser kardiopulmonaler Reanimation unter stationären klinischen Bedingungen erfolgen. Nähere Einzelheiten zu den rechtlichen Voraussetzungen für eine Organentnahme siehe Lehrbücher der Rechts- und Transplantationsmedizin.

Feststellen des Hirntodes. Besteht eine primäre, klar ersichtliche Hirnschädigung, ohne daß die Herztätigkeit aufgehört hat, so müssen die oben aufgeführten Kriterien c bis h sowie als siebtes Kriterium das Fehlen der Spontanatmung erfüllt sein. Die Feststellung des Hirntodes im Hinblick auf eine mögliche Organentnahme erfordert zwei klinische Beurteilungen mit folgendem minimalen Intervall:

- Bei Erwachsenen und Kindern über 5 Jahren eine Beobachtungszeit von 6 Stunden;
- bei Kindern unter 5 Jahren eine Beobachtungszeit von 24 Stunden.

Die klinischen Befunde sowohl zur Feststellung des Herz- als auch des Hirntodes sind schriftlich, am besten auf einem entsprechenden Formblatt [64] festzuhalten.

Absoluter oder biologischer Tod. Diese beiden Begriffe bezeichnen den Zustand, daß sämtliche Zellen des menschlichen Organismus definitiv ihr Funktionsfähigkeit verloren haben. Dieser Zustand tritt erst einige Zeit nach dem klinischen Tod ein.

5.12.3 Sterben als psychologischer Vorgang

In den letzten Jahren hat das Interesse an Fragen des Sterbens nicht nur in Fachkreisen, sondern auch in der breiten Öffentlichkeit stark zugenommen. In der Psychologie befaßt sich die sog. *Thanatopsychologie* mit den verschiedenen Aspekten des Erlebens und Bewältigens des Sterbens. Entscheidende Impulse erhielt die Thanatopsychologie durch die Beobachtungen und Schriften von Elisabeth Kübler-Ross [47], die sich für die

Tabelle 5.25. Phasen des Sterbens (Modifiziert nach E. Kübler-Ross 1996 [47])

- Nicht-Wahrhaben-Wollen
- Zorn
- Verhandeln
- Depression
- Zustimmung

Erforschung des Sterbens und die Betreuung Sterbender bleibende Verdienste erworben hat. Sie beschrieb verschiedene Phasen des Sterbens (Tabelle 5.25), welche Sterbende durchlaufen können. Dabei ist zu berücksichtigen, daß der Sterbeprozeß nicht linear verläuft, d. h. die erwähnten Sterbephasen nicht in jedem Fall nacheinander durchlebt werden. Es ist möglich, daß einzelne Phasen nicht erlebt werden, manche Sterbende in einer Phase (z. B. der des Nicht-Wahrhaben-Wollens) verharren oder auch Teilaspekte einzelner Phasen gleichzeitig erlebt werden. Die Kenntnis der fünf Phasen ist unter praktisch-klinischen Gesichtspunkten für das Verstehen des Verhaltens und Erlebens von Sterbenden wichtig.

Nicht-Wahrhaben-Wollen. Erfährt ein Mensch, daß er an einer schweren, unheilbaren Krankheit leidet, die voraussichtlich zum Tod führen wird, wird dies häufig als schwerer Schock erlebt. Da er die Mitteilung mit all ihren Konsequenzen zunächst nicht fassen und verarbeiten kann, reagiert er mit psychischen Abwehrmaßnahmen, wie sie in Kap. 7.2.2 näher beschrieben werden, insbesondere mit dem Mechanismus der *Verleugnung*: Er will die Mitteilung nicht wahrhaben, möchte z. B. keine weitere Information über die Krankheit oder vermeidet es, sich und seinen Körper im Spiegel anzusehen. Manchmal kann die Verleugnung so ausgeprägt sein, daß der Betreffende unrealistische Zukunftspläne schmiedet und die ihm vorgeschlagenen Behandlungsmaßnahmen zunächst ab-

lehnt. Ärzte und Pflegepersonen können durch eine forcierte, zu direkte Art der Vermittlung unheilvoller Nachrichten (z. B. Informationen über voraussichtliche Lebensdauer, Aussichtslosigkeit von Therapiemaßnahmen) eine solche Reaktion des Patienten provozieren (s. Kap. 12.7).

Zorn. Nach dem Abklingen des ersten Schocks können Patienten von Wut und Zorn ergriffen werden. Sie sind nicht bereit, das Schicksal einer unheilbaren Krankheit zu akzeptieren und stellen sich und ihrer Umwelt die Frage: „Warum gerade ich?" In dieser Phase gestaltet sich die Behandlung oft schwierig, da die Patienten ihren Zorn auf Ärzte und Pflegepersonen richten können. Sie äußern z. B. Kritik wegen angeblich versäumter diagnostischer oder therapeutischer Maßnahmen oder schlechter Pflege. Wird vom Behandlungsteam diese Reaktion eines schwerkranken Patienten nicht erkannt und verstanden, kann es in der Arzt-Patient-Beziehung zu Mißtrauen und anderen Schwierigkeiten kommen.

Verhandeln. Wenn der baldige Tod als unausweichliche Tatsache wahrgenommen wird, können manche Sterbende eine Phase durchlaufen, in der sie Erwartungen und Forderungen nach dieser oder jener therapeutischen Maßnahme stellen. Manche Patienten wollen in eine andere Klinik verlegt werden oder nach Hause. Gelegentlich besteht die Hoffnung, ein Wunder könne ihnen noch helfen. Nicht selten suchen sie in dieser Phase parallel zur schulmedizinischen Behandlung auch noch Hilfe bei Alternativmedizinern. Die Aufrechterhaltung von möglichst viel Unabhängigkeit und Entscheidungsfreiheit spielt in dieser Phase eine wichtige Rolle. Kommt das Behandlungsteam diesem Wunsch entgegen, z. B. in der Gestaltung des Krankenzimmers oder der Zustimmung zu stunden- oder tageweisen „Urlauben" von der stationären Behandlung, kann dies für die Patienten hilfreich wirken.

Depression. Wenn der zum Tode Kranke den Verlust an eigener Vitalität spürt und den Schmerz des Abschiednehmen-Müssens zulassen kann, treten oft Gefühle von Traurigkeit, Hoffnungslosigkeit und Verzweiflung in den Vordergrund. In dieser Phase ist er besonders auf Beistand und auch Trost von Mitgliedern des Behandlungsteams und von Angehörigen angewiesen. Die Unterstützung kann dabei manchmal eher nonverbal als mit Worten zum Ausdruck gebracht werden, wie das folgende Fallbeispiel zeigt.

 Eine 60jährige, an einem terminalen Genitalkarzinom leidende Frau wird täglich von ihrem Mann in der Klinik besucht. Während seiner Anwesenheit liegt sie meist mit geschlossenen Augen in ihrem Bett und reagiert nicht auf seine Worte. Für den Mann wird die Situation am Sterbebett seiner Frau zunehmend unerträglich. Auch die Schwestern haben Mühe, mit der Patientin in Kontakt zu kommen. In dieser Situation wird der psychosomatische Konsiliararzt gerufen. Schon kurz nach dem Betreten des Zimmers nimmt er die „bleierne" Atmosphäre wahr. Nach der Kontaktaufnahme setzt er sich wortlos an das Bett der Patientin. Nach einigen Schweigeminuten beginnt er in einer Art Selbstgespräch halblaut sein Erleben der augenblicklichen Situation zu äußern: „Es muß schwierig sein, wenn einen der eigene Körper so im Stich läßt ..., wenn die Gedanken immer nur im Kreise herumgehen ... und einem selbst der Besuch eines nahen Menschen zur Last wird. Man kann sich dabei wie in einem dunklen Tunnel oder einem Schacht erleben ..., selbst einen kleinen Hoffnungsschimmer nicht mehr wahrnehmen ...". Nach einigen weiteren Minuten ergreift die Patientin wortlos die Hand des Arztes und öffnet ihre Augen, wie wenn sie sagen wollte: Sie haben mich und mein Erleben verstanden. Der bis dahin am Fenster sitzende Ehemann steht auf, setzt sich an der anderen Bettseite zu seiner Frau und bietet ihr ebenfalls seine Hand an. Sie ergreift diese und wendet sich ihrem Mann zu. Nach einiger Zeit verläßt der Konsiliararzt das Zimmer, nachdem er sich mit einem wortlosen Kopfnicken von beiden verabschiedet hat. Nach dieser Begebenheit kann die schwerkranke Frau die Zuwendung ihres Mannes wieder zulassen. Wenige Tage später stirbt sie.

Zustimmung. Diese Phase der Annahme des baldigen Todes erreichen nicht alle Sterbende. Nur wenn das Sterben als eine Art letzte Reifungsphase erlebt wird, ist es möglich, dem eigenen Tod gegenüber Ja sagen zu können und das eigene Leben als abgeschlossen und vollendet zu betrachten. Begegnungen mit Sterbenden in dieser Phase sind eindrücklich und bleiben einem als Arzt in Erinnerung. Unvergessen ist für mich die Begegnung mit einer sterbenden jungen Frau, die ich während mehreren Monaten ihres Krankenhausaufenthaltes mitbehandelt hatte. Sie übergab mir bei diesem letzten Gespräch vor ihrem Tod einen kleinen, rosaroten Porzellanelefanten und meinte: „Ich mußte noch mehr ertragen. Behalten sie diesen kleinen Elefanten als Erinnerung, daß ich nicht zusammengebrochen bin, sondern dank der Unterstützung durch das Behandlungsteam meinen Lebensweg bis ans Ende gehen konnte."

Vorstellungen vom „idealen Sterben". Menschen sterben, wie sie gelebt haben. Und da das Leben vielfältig ist, gibt es auch viele Wege in den Tod. Besonders schwierig kann es für einen Arzt werden, wenn sich ein Sterbender anders verhält, als es der Arzt und das Pflegeteam erwarten, z.B. den Wunsch hat, täglich im Rollstuhl in die Cafeteria der Klinik gefahren zu werden, um dort eine halbe Stunde zu sitzen und die Besucher zu beobachten. In Teambesprechungen über ein solch „unverständliches" Verhalten eines Patienten wird dann oft deutlich, daß jeder Mensch eine Art Idealvorstellung hat, wie er gerne sterben möchte. Diese Vorstellung wird dann zum Maßstab für das „unverständliche" Verhalten eines Sterbenden. Wenn man sehen kann, daß Wünsche von Sterbenden, wie sie ihre letzten Stunden erleben möchten, von eigenen Sterbephantasien verschieden sein können, kann man ihr Verhalten besser verstehen und akzeptieren.

5.12.4 Sterbebegleitung

Wovor haben Sterbende Angst? Bei aller Verschiedenheit des individuellen Sterbens zeigen sich einige Ängste, die von vielen Sterbenden mehr oder weniger offen geäußert werden. Es sind dies Ängste:

- Vor Schmerzen und Leiden
- Vor dem im Stich gelassen werden
- Vor dem Alleinsein

- Vor negativen Erinnerungsbildern bei ihren nächsten Angehörigen

Das Ansprechen dieser Ängste, die Bestätigung, daß sie natürlich und verständlich sind, und die Versicherung, daß man als Arzt seine Verpflichtung auch darin sieht, einfach da zu sein, auch wenn „nur noch" Linderung von Leiden möglich ist, können sehr hilfreich wirken.

Zeiterleben. In meiner langjährigen Erfahrung in der Behandlung sterbender Krebspatientinnen konnte ich die Erfahrung machen, daß gelegentlich ein Hinweis auf eine Einstellungsänderung zur Zeit für Sterbende eine Hilfe sein kann. Vor allem wenn Menschen in jüngeren Jahren sterben, ist ihr Zeithorizont und ihre Sicht der Zeit in die weitere Zukunft gerichtet, also in eine Zeit, die sie nicht mehr erleben werden. Der Hinweis, zu versuchen, sich auf den heutigen Tag zu konzentrieren und von Tag zu Tag zu entscheiden, wie man den Tag gestalten möchte, kann eine wichtige Orientierungshilfe darstellen.

„Unerledigte Geschäfte". Viele Sterbende halten im Sterben an den Prioritäten aus der Zeit ihres Lebens als Gesunde fest. Ein Gespräch darüber, ob allenfalls die Krankheitssituation nicht zu einer Veränderung der eigenen Prioritäten Anlaß geben könnte, wird dankbar aufgenommen. Es werden dann gelegentlich Dinge zur Sprache gebracht, die man noch erledigen möchte, um ruhig sterben zu können. In einer solchen Situation kann das Vermitteln eines versöhnenden Gespräches mit dem Ehepartner oder den Kindern wichtig sein.

Weiterleben nach dem Tode. Viele Sterbende haben Vorstellungen über das, was nach dem Tode kommen wird: Das Eintreten in ein „neues Leben" oder auch

„nichts". Die Frage, wie sie *in der Erinnerung ihrer Angehörigen weiterleben möchten*, kann für Sterbende eine Hilfe sein, gemeinsam mit den Angehörigen Erinnerungen zu beleben, zu ordnen und neu zu bewerten. Dieses Mitgestalten am eigenen Erinnerungsbild, das man hinterlassen möchte und in dem man in Gedanken der Angehörigen weiterleben möchte, kann ebenfalls eine wichtige Aufgabe in der Sterbephase sein.

5.12.5 Sterbehilfe

Seit vielen Jahren wird die Diskussion um die *aktive* bzw. *passive Sterbehilfe* geführt. Die Meinungen dazu sind geteilt und von eigenen ethisch-religiösen Wertvorstellungen geprägt. Für den Arzt ist es hilfreich, daß auch zu dieser wichtigen Frage *medizinisch-ethische Richtlinien* bestehen, die in der Schweiz wiederum von der Schweizerischen Akademie der Medizinischen Wissenschaften formuliert und erlassen wurden [65]. Es kann an dieser Stelle nicht umfassend auf die verschiedenen Argumente eingegangen werden, die in der Diskussion vor allem um die aktive Sterbehilfe (Beihilfe zum Suizid) vorgebracht werden. Einige wichtige Gesichtspunkte und Empfehlungen der genannten Richtlinien können in folgenden Feststellungen zusammengefaßt werden:

! Grundsätzlich hat ein Arzt die Pflicht, einem Patienten in jeder Weise beizustehen und sein Leiden zu heilen oder zu lindern. Hat ein Leiden einen unabwendbaren Verlauf zum Tod genommen, kann der Verzicht auf lebensverlängernde Maßnahmen gerechtfertigt sein. In einer solchen Situation soll der Arzt sein Vorgehen wenn möglich mit dem Sterbenden besprechen und in jedem Fall dessen Wunsch und Wille respektieren. Auch hat er sein Vorgehen mit den Angehörigen des Sterbenden und dem Pflegepersonal abzusprechen. *Aktive ärztliche Maßnahmen zu einem allenfalls vom Sterbenden gewünschten Suizid sind zu unterlassen.* Kurz zusammengefaßt empfehlen die Richtlinien:

- In berechtigten Leidenssituationen den Verzicht auf außerordentliche Maßnahmen zur Lebenserhaltung (Möglichkeit der passiven Sterbehilfe)
- Keine Maßnahmen zum Zwecke der Lebensbeendigung (Ablehnung der aktiven Sterbehilfe)

5.12.6 Kultureller Wandel in der Einstellung zum Tod

Vielfalt von Einstellungen. In diesem Kapitel wurde an mehreren Stellen auf die Vielfalt von Biographien, Paar- und Familienbeziehungen sowie die Vielfalt von Norm- und Wertvorstellungen hingewiesen. Diese Vielfalt findet sich auch in Einstellungen zum Tod und zur Trauer. In den hochentwickelten Gesellschaften haben allgemein verbindliche Sterbe-, Todes- und Trauerrituale an Bedeutung verloren. Auch im Umgang mit dem Tod zeigt sich der Werte- und Handlungspluralismus unserer Gesellschaft. Dieser kommt z. B. in *Texten von Todesanzeigen* zum Ausdruck. Drei Beispiele sollen dies veranschaulichen.

Beispiel A: „Am heutigen Weihnachtstag, nach dem Abschied von allen Kindern und Großkindern, durfte meine liebe Gattin, unsere liebe Mami und Großmami, Schwiegermutter, Schwester, Schwägerin und Tante .... nach langer Krankheit zum Schöpfer zurückkehren. Ihr ganzes Leben war geprägt durch Liebe und Güte für ihre Familie und für viele Mitmenschen. Dafür sind wir zutiefst dankbar. In christlicher Trauer..."

Beispiel B: „Meine Freunde am Zürichsee und draußen, in der weiten Welt, wie gerne habe ich mit Euch Feste gefeiert, und doch, Ihr erinnert Euch, war ich immer die erste, die verschwand, lange bevor die Kerzen herunterbrannten und die Musik verstummte. Auch das große Fest des Lebens verlasse ich mitten in dem Walzer, zu dem ich eigentlich durch Frühlingswiesen ... bis ins Jahr 2000 tanzen wollte... Der Name der Krankheit tut wenig zur Sache, habe ich es doch mit der Krankheit gemacht wie mit dem Leben, ich umarmte sie, und siehe da, sie wurde mein letzter Geliebter... Ich hatte ein leichtes und schönes Leben. Wie eine Mozart-Symphonie führte es geradewegs in ein ... funkelndes Finale. Lebt wohl, lebt von Herzen wohl ..."

Beispiel C: „Tschau ... Du hast gewechselt in ein schöneres Haus. Dein Platz an unserer Seite wird bleiben. In Liebe ..."

Der Tod als „Freund". Das erste Beispiel zeigt eine traditionelle Einstellung zum Tod, wie sie über Jahrhunderte Gültigkeit hatte: Wer sein Ende nach einem erfüllten Leben nahen fühlte, nahm von allen Angehörigen Abschied. Der Tod war eine Art bewußter, vom Sterbenden eingeleiteter, feierlicher Schritt. Einen „guten Tod" starb, wer vom Priester mit den Sterbesakramenten versehen und von seiner Familie umringt war.

Der Tod als „rauschendes Fest". Der Text des zweiten Beispiels stammt von einer bekannten Schriftstellerin, die sich am Ende einer längeren Krebserkrankung selbst das Leben nahm. In der Boulevardpresse wurde über ihren Suizid mit folgenden Schlagzeilen berichtet: „Portwein, Mozart, Gift und elegantes Plaudern – Das Todesfest der ...". Hier wird der eigene Tod als „rauschendes Finale" idealisiert. Die Sterbende erscheint als Darstellerin ihres eigenen heroischen Suizids.

Der Tod als „flüchtiger Abschied". Das dritte Beispiel ist die Todesanzeige einer jungen Frau, die an den Folgen ihrer Drogenkrankheit starb. Mit zwei kurzen knappen Sätzen findet die Verabschiedung statt. Die Verstorbene wechselt wie über die Straße in ein anderes Haus. Ihr Abschied wird wie beiläufig, ohne große Worte mitgeteilt.

Tabuisierung des Sterbens – Vermarktung des Todes. Man könnte die beiden Pole möglicher Haltungen zum Sterben und Tod, wie sie heute zu beobachten sind, in folgender Weise charakterisieren. Auf der einen Seite werden *Leiden, Sterben und Tod weitgehend verleugnet*, besonders dann, wenn dem Tod eine längere, schwierige Leidensphase vorausging. „Möglichst schnell alles vergessen und zur Tagesordnung übergehen", ist hier das Grundmotiv. Auf der anderen Seite eine *Heroisierung und Idealisierung des Todes*, zumal wenn er als mutige Tat selbst gesucht wurde und eine *Vermark-*

tung von persönlicher Intimität. Hier hat der Tod allen Schrecken verloren, das Abenteuer ist vorüber, Trauern erübrigt sich.

 Ein letztes Mal sei Noberto Bobbio zitiert [17, S. 51], dessen Gedanken über das Alter, Sterben und Tod die Ausführungen der beiden letzten Kapitel ergänzten:
„Wir wissen so wenig vom Jenseits, daß jeder sich seine eigene Vorstellung davon machen kann, je nach seinen Hoffnungen und seinen Ängsten, je nach den Träumen, die ihn genarrt, und den Alpträumen, die ihn gequält haben ... Die Science-Fiction-Romane lassen ihrer Phantasie freien Lauf, wenn sie andere Welten beschreiben, aber es sind Welten, die nach dem Vorbild unserer Welt errichtet wurden, die trotz all ihrer bizarren, ungewöhnlichen, sonderbaren und doch niemals ganz unwahrscheinlichen Eigenschaften der diesseitigen Welt immer noch ähnlich sehen."

5.12.7 Psychologie des Trauerns

Mit dem körperlichen Tod ist phänomenologisch betrachtet das Leben eines Menschen nicht abgeschlossen. Er lebt zumindest in den Erinnerungen seiner Angehörigen weiter. Die Zeit nach dem Tod eines nahen Angehörigen ist *für die Hinterbliebenen eine Zeit mit erhöhter Bereitschaft, selbst krank zu werden.* Bekannt ist auch, daß Witwen und Witwer im ersten halben Jahr nach dem Tod ihres Ehepartners überdurchschnittlich häufig selbst sterben. Vor allem der Hausarzt hat in der Beratung gelegentlich auch Behandlung von Hinterbliebenen eine weitere wichtige Aufgabe. Verena Kast [46] hat für den Trauerprozeß einen ähnlichen Ablauf beschrieben wie Kübler-Ross [47] für die Sterbephasen. Sie unterscheidet vier Trauerphasen:

Phase des Nicht-Wahrhaben-Wollens. Besonders nach einem plötzlichen und unerwarteten Tod fühlen sich die Hinterbliebenen oft seelisch wie gelähmt. Sie können den Verlust zwar rational wahrnehmen, dadurch ausgelöste Gefühle aber noch nicht spüren. Manchmal haben sie den Eindruck, der Verstorbene sei nur vorübergehend abwesend und komme bald zurück. Die innere Lähmung kann gelegentlich umschlagen in einen Zustand intensiv erlebter Gefühle.

Phase der aufbrechenden Emotionen. In dieser Phase können unterschiedliche Gefühle durchbrechen: Schmerz, Verzweiflung, Angst, gelegentlich auch Zorn und im Falle eines Suizids Gefühle von Schuld und Ohnmacht. Der Zorn kann sich dabei gegen die Ärzte und das Pflegepersonal richten, denen man vorwirft, sie hätten nicht alles zur Rettung des Verstorbenen unternommen. Er richtet sich nicht selten auch gegen den Verstorbenen selbst, von dem man sich im Stich gelassen fühlt. Belastend ist vor allem, wenn es in der Beziehung zum Verstorbenen noch „unerledigte Angelegenheiten" gegeben hat und keine Möglichkeit zur Aussprache und Versöhnung mehr besteht.

Phase des Suchens und Sich-Trennens. Nicht wenige Hinterbliebene berichten von „Erscheinungen" des Verstorbenen in Träumen. Diese Begegnungen haben oft einen höheren Realitätscharakter als übliche Träume. Teilweise finden in den Träumen oder Halbträumen auch Gespräche mit dem Verstorbenen statt. Die Gestaltung der Wohnung ist ein gutes Kriterium, ob die Lösung und Trennung vom Verstorbenen gelingt. Manche Hinterbliebene, z. B. Eltern eines plötzlich verstorbenen Kindes, ändern über Monate oder Jahre nichts an den Kleidern des Verstorbenen. Dessen Zimmer kann zu einem besonderen Ort werden, an den man immer wieder zurückkehrt, um des Verstorbenen zu gedenken. Die Trauerarbeit, die in dieser Phase geleistet wird, dient dazu, die Endgültigkeit des Todes allmählich zu akzeptieren.

Phase des neuen Selbst- und Weltbezugs. Wenn es den Hinterbliebenen gelingt, Erinnerungsbilder an den Verstorbenen sich verdichten zu lassen, die sie in sich weitertragen, dann ist ein wichtiger Schritt in der Trauerarbeit gelungen. Der Verstorbene oder Lebensziele, die er verfolgt hat, werden den Hinterbliebenen zu einem inneren Begleiter. Manchmal werden auch gewiße Lebensziele und Ansichten des Verstorbenen weiterverfolgt und zu Ende geführt. Damit wird der Trauernde allmählich fähig zu neuen Erfahrungen und neuen Beziehungen.

Unverarbeitete Trauer. Das Durchleben einer intensiven Phase des Trauerns ermöglicht es den Hinterbliebenen, sich mit dem Verlust des Toten abzufinden und ihr Leben aktiv weiterzuführen. Gelegentlich wird der Hausarzt in der Praxis mit Patienten konfrontiert, die noch Jahre nach dem Tod eines geliebten Menschen von diesem reden, wie wenn er gestern erst gestorben sei. Man spricht in diesem Fall von *protahierter* oder gar *pathologischer* Trauer. In solchen Fällen sollte der Hausarzt versuchen, die Betroffenen für eine psychotherapeutische Behandlung zu motivieren und sie an einen geeigneten Therapeuten weiterweisen.

Trauer über den Verlust langjähriger Patienten. Zum Abschluß dieses Kapitels über die Entwicklungspsychologie des Menschen sei noch darauf hingewiesen, daß der Tod eines Patienten, den man als Arzt langjährig behandelt und begleitet hat, auch beim Arzt Gefühle der Trauer auslösen kann. Eine Arzt-Patient-Beziehung kann im langjährigen Verlauf auch für den Arzt bedeutungs- und wertvoll werden. Deshalb ist das Zulassen trauriger Gefühle nach dem Tod eines geschätzten Patienten eine wichtige Erfahrung in der ärztlichen Tätigkeit. Wenn man sich dieser Trauer stellt, sie allenfalls auch in einem Behandlungsteam oder im Gespräch mit Hinterbliebenen zum Ausdruck bringen kann, ist man für neue Herausforderungen des Arztberufes offen und bereit.

Kenntnisse über die Entwicklung des Menschen von der Geburt bis ins hohe Alter sind ein wichtiges Element der ärztlichen Ausbildung. *Ungünstige Entwicklungsbedingungen* erhöhen das Risiko, krank zu werden. Andererseits haben *schwere Krankheiten einen Einfluß auf den Lebenslauf eines Menschen*. Schließlich beeinflußt die individuelle Biographie einer Ärztin/eines Arztes seine Einstellungen, Werthaltungen und sein ärztliches Handeln. Die Lebenssituation eines Menschen und die soziale Umwelt, in der er lebt, prägen sein Gesundheits- und Krankheitsverhalten. Sie sind wichtige Rahmenbedingungen für die Möglichkeiten, aber auch Grenzen ärztlicher Behandlungsmaßnahmen.

Individuen und Umwelt stehen während der ganzen Entwicklung in einem wechselseitigen Austausch. Der Mensch übernimmt also eine aktive Rolle bei der Gestaltung seiner Umwelt und wird seinerseits von der Umwelt geformt. Für den individuellen Lebenslauf von großer Bedeutung ist das Verhältnis zwischen individuellen und psychosozialen *Schutzfaktoren* einerseits und *Risikofaktoren* andererseits. Entwicklung ist ein lebenslanger Prozeß, der nicht nur in der Kindheit und Jugendzeit, sondern sich im erwachsenen und höheren Alter fortsetzt. Die gegenwärtige Situation ist gekennzeichnet durch eine *Vielfalt von Lebensläufen* und *Lebensformen*. Ehe und Familie als soziale Systeme der Gesellschaft haben sich stark gewandelt. Der individuelle Entscheidungsspielraum wird maßgeblich durch sozioökonomische Bedingungen, Bildung und Geschlecht bestimmt.

Nach wie vor *besteht zwischen den Geschlechtern* eine *Ungleichheit* hinsichtlich ihrer Möglichkeiten, sich in Beruf und Familie zu verwirklichen. Traditionelle Geschlechterstereotype einerseits und schlechtere soziale Bedingungen andererseits benachteiligen Frauen in ihren Entwicklungsmöglichkeiten. Ihre Lebenssituation ist in den hochentwickelten Ländern jedoch wesentlich besser als in unterentwickelten Ländern.

Der Anstieg der Lebenserwartung und die niedrigen Geburtenraten haben zu einem demographischen Wandel in der Bevölkerungsstruktur geführt. Die Zahl der Menschen, die bei vergleichsweise guter Gesundheit ein hohes Alter erreichen, nimmt weiter zu. Da jedoch mit dem Alter die Regelungsvorgänge des Organismus störanfälliger werden, *haben ältere Menschen ein erhöhtes Risiko, krank zu werden*. Sterben steht häufig am Ende von Krankheiten, die aufgrund ihrer Schwere oder ihrer Komplexität nicht mehr geheilt werden können. Gerade in der letzten Lebensphase eines Menschen kommt dem Arzt bei der Linderung von Leiden und der Sterbebegleitung noch einmal eine wichtige Aufgabe zu.

Literatur

Weiterführende Lehr- und Handbücher

1. Blos P.: Adoleszenz. 6. Auflage. Stuttgart: Klett-Cotta 1995
2. Brazelton T.B.: Ein Kind wächst auf. Das Handbuch für die ersten sechs Lebensjahre. Stuttgart: Klett-Cotta 1995
3. Faltermaier T., Mayring P., Saup W., Strehmel P.: Entwicklungspsychologie des Erwachsenenalters. Stuttgart Berlin Köln: Kohlhammer 1992
4. Flaake K.: Weibliche Adoleszenz. Frankfurt a.M.: Campus 1995
5. Kruse A. [Hrsg.] Psychosoziale Gerontologie, Band 1: Grundlagen. Jahrbuch der Medizinischen Psychologie 15. Göttingen Bern: Hogrefe 1998
6. Largo R.H.: Babyjahre. Die frühkindliche Entwicklung aus biologischer Sicht. Das andere Erziehungsbuch. München, Zürich: Piper 1995
7. Lehr U.: Psychologie des Alterns. 3. Aufl. Heidelberg: Quelle & Meyer 1977
8. Schenk-Danzinger L.: Entwicklungspsychologie. 23. Auflage. Wien: Österreichischer Bundesverlag 1995
9. Schmidt G. [Hrsg.]: Jugendsexualität. Sozialer Wandel, Gruppenunterschiede, Konfliktfelder. Stuttgart: Enke 1993
10. Zentner M.R.: Die Wiederentdeckung des Temperaments. Paderborn: Junfermann 1993

Einzel- und Übersichtsarbeiten

11. Ainsworth M.D.S.: Feinfühligkeit versus Unempfindlichkeit gegenüber den Signalen des Babys. In: Grossmann K.E. [Hrsg.]: Entwicklung der Lernfähigkeit in der sozialen Umwelt. Taschenbücher „Geist und Psyche" Nr. 2177. München: Kindler
12. Alfermann D.: Geschlechterrollen und geschlechtstypisches Verhalten. Stuttgart Berlin Köln: Kohlhammer 1996
13. Beck U., Beck-Gernsheim E.: Das ganz normale Chaos der Liebe. Frankfurt a.M.: Suhrkamp 1990
14. Beck U., Beck-Gernsheim E.: Nicht Autonomie, sondern Bastelbiographie. Zeitschrift für Soziologie 3:178–187, 1993
15. Beck-Gernsheim E.: Nur der Wandel ist stabil – Zur Dynamik der Familienentwicklung. Familiendynamik 21:284–304, 1996
16. Bibliographisches Institut [Hrsg.]: Meyers Memo. Mannheim Wien Zürich: Meyers Lexikon 1991
17. Bobbio N.: Vom Alter – De senectute. Berlin: Klaus Wagenbach 1997
18. Borkowsky A., Ley K., Streckeisen U.: Zwei Welten – ein Leben. Zürich: Union 1985
19. Bowlby J.: Attachment and Loss, Vol. 1.: Attachment. London: Hogarth Press; New York: Basic Books 1969 (Deutsch: Bindung: eine Analyse der Mutter-Kind-Beziehung. München: Kindler 1975)
20. Bowlby J.: Attachment and Loss. Vol. 2. Separation: Anxiety and Anger. London: Hogarth; New York: Basic Books 1973 (Deutsch: Trennung: psychische Schäden als Folgen der Trennung von Mutter und Kind. München: Kindler 1976)
21. Brazelton T.B., Cramer B.G.: Die frühe Bindung. Die erste Beziehung zwischen dem Baby und seinen Eltern. 2. Auflage. Stuttgart: Klett-Cotta 1994
22. Brazelton T.B.: Precursors for the development of emotions in early infancy. In: Plutchik R. & Kellerman H. [eds.]: Emotion, Theory, Research and Experience, Vol. 2. New York: Academic Press 1981
23. Buddeberg C., Buddeberg-Fischer B.: Psychosoziale Aspekte des Klimakteriums. Schweiz Rundsch Med (PRAXIS) 84:718–721, 1995
24. Buddeberg C.: Sexualberatung. 3. Aufl.. Stuttgart: Enke 1996
25. Bundesamt für Statistik, Sektion Gesundheit, Bern. Suizidraten von Jugendlichen 1995
26. Bundesministerium für Familie, Senioren, Frauen und Jugend [Hrsg.]: Familien und Familienpolitik im geeinten Deutschland – Fünfter Familienbericht. Bonn: Universitäts-Buchdruckerei 1995
27. Bundesministerium für Familie, Senioren, Frauen und Jugend [Hrsg.]: Kriminalität im Leben alter Menschen. Bonn: Schriftenreihe Bd 105 1996
28. Burkart G.: Treue in Paarbeziehungen: Theoretische Aspekte, Bedeutungswandel und Milieu-Differenzierung. Soziale Welt 42:489–509, 1991
29. Chess S., Thomas A.: Temperament in clinical practice. London, New York: Guilford 1986
30. Condon W., Sander L.: Synchrony demonstrated between movements of the neonate and adult speech. Child Development 45: 456–462, 1975
31. Daub C.H.: Intime Systeme – Eine soziologische Analyse der Paarbeziehung. Basel Frankfurt a.M.: Helbing & Lichtenhahn 1996
32. Egle U.T., Hoffmann S.O., Steffens M.: Psychosoziale Risiko- und Schutzfaktoren in Kindheit und Jugend als Prädisposition für psychische Störungen im Erwachsenenalter. Nervenarzt 68: 683–695, 1997

33. Eidgenössisches Büro für die Gleichstellung von Frau und Mann/Bundesamt für Gesundheit [Hrsg.]: Geschlecht und Gesundheit nach 40. Die Gesundheit von Frauen und Männern in der zweiten Lebenshälfte. Bern Göttingen Toronto Seattle: Hans Huber 1997

34. Elliot S.A., Watson J.P.: Sex during pregnancy and the first post-natal year. J Psychosom Res 29: 541–548, 1985

35. Erikson E.H.: Kindheit und Gesellschaft. 11. veränderte Auflage. Stuttgart: Klett-Cotta 1992

36. Ernst C.: Frühe Lebensbedingungen und spätere psychische Störungen. Nervenarzt 64: 553–561, 1993

37. Fantz R.: The origins of perception. Sci Am 204: 66–72, 1961

38. Freud A.: Das Ich und die Abwehrmechanismen. 33–35. Tausend. Frankfurt a.M.: Fischer 1993

39. Gesundheitspolitische Informationen: Die Alten sind nicht schuld an der Kostenexplosion. GPI-Datenbank der Schweiz. Gesellschaft für Gesundheitspolitik. GPI-Informationen Nr. 4, 1997

40. Greene J.: The social and psychosocial origins of the climacteric syndrome. Aldershot: Gower 1984

41. Grossmann K.E.: Frühe Entwicklung der Lernfähigkeit in der sozialen Umwelt. In: Grossmann K.E. [Hrsg.]: Entwicklung der Lernfähigkeit in der sozialen Umwelt. Taschenbücher „Geist und Psyche" Nr. 2177. S. 145–183. München: Kindler

42. Hahlweg K.: Partnerschaftliche Interaktion. München: Gerhard Röttger 1986

43. Havighurst R.: Development Tasks and Education. 3. Auflage. New York: McKay 1972

44. Hayflick L.: Origins of longevity – modern biological theories of aging. New York: Roven 1987

45. Kagan J., Snidman N.: Teperamental factors in human development. American Psychologist 46: 856–862, 1991

46. Kast V.: Trauern. Phasen und Chancen des psychischen Prozesses. 19. Aufl.. Stuttgart: Kreuz 1997

47. Kübler-Ross E.: Interviews mit Sterbenden. 20. Aufl.. Stuttgart: Kreuz 1996

48. Luhmann N.: Soziologie des Risikos. Berlin New York: Gruyter 1991

49. Maccoby E.E., Jacklin C.N.: The psychology of sex differences. Stanford: Stanford University 1974

50. Mahler M., Pine F., Bergman A.: Die psychische Geburt des Kindes. 2. Auflage. Frankfurt: Fischer 1994

51. Mayer K.U., Baltes P.B. [Hrsg.]: Die Berliner Altersstudie. Berlin: Akademie 1996

52. Meier-Ruge W.: Altersforschung am Gehirn. Medita 6–7:15–30, 1978

53. Meyer-Probst B., Teichmann H.: Rostocker Längsschnittstudie. Risiken für die Persönlichkeitsentwicklung im Kindesalter. Leipzig: Thieme 1984

54. Montada L.: Themen, Traditionen, Trends. In: Oerter R., Montada L.: Entwicklungspsychologie. Kap. 1, S. 1–17. 3. überarbeitete Auflage. München, Weinheim: Psychologie Verlags Union 1995

55. Müller-Luckmann E.: Lassen sich Trennungsrisiken voraussehen? Sexualmedizin 19:698–703, 1990

56. Narring F., Tschumper A., Michaud P.H., Vanetta F., Meyer R., Wydler H., Vuille J.C., Paccaud F., Gutzwiller F.: Die Gesundheit Jugendlicher in der Schweiz. Cah Rech Doc IUMPS Nr. 113c, 1994

57. Piaget J.: Gesammelte Werke. Studienausgabe. Stuttgart: Klett-Cotta 1975

58. Riehl-Emde A.: Ehescheidung und ihre Folgen. Familiendynamik 17:415–432, 1992

59. Riehl-Emde A.: Was beeinflusst die Qualität der Ehe? Unveröffentlichtes Manuskript, Zürich 1998

60. Rotmann M.: Über die Rolle des Vaters in der Entwicklung des Kleinkindes. In: Nashe R. [Hrsg.]: Aufbau und Störungen frühkindlicher Beziehungen zu Mutter und Vater. Wien 1980, vergriffen

61. Roussel L.: Lässt sich die Familie definieren? Familiendynamik 20:419–437, 1995

62. Schmidt G. [Hrsg.]: Jugendsexualität. Sozialer Wandel, Gruppenunterschiede, Konfliktfelder. Stuttgart: Enke 1993

63. Schneewind K.A.: Ehe ja, Kinder nein – eine Lebensform mit Zukunft? System Familie 10:160–165, 1997

64. Schweizerische Akademie der Medizinischen Wissenschaften (SAMW): Richtlinien zur Definition und Feststellung des Todes im Hinblick auf Organtransplantationen. Schweiz Aerzteztg 77:1773–1780, 1996

65. Schweizerische Akademie für Medizinische Wissenschaften (SAMW): Medizinisch-ethische Richtlinien für die ärztliche Betreuung sterbender und zerebral schwerst geschädigter Patienten. Basel: Schriftenreihe des SAMW 1995

66. Schweizerischer Nationalfonds zur Förderung der wissenschaftlichen Forschung: Zur Gesundheit im Alter, NFP 32. Zürich, Genève 1997

67. Spitz R.A.: Vom Säugling zum Kleinkind. 10. Auflage. Stuttgart: Klett-Cotta 1992

68. Werner E.: High-risk children in young adulthood: a longitudinal study from birth to 32 years. Amer J Orthopsychiat 59: 72–81, 1989

69. Willi J.: Die Zweierbeziehung. Reinbek: Rowohlt 1975

70. Willi J.: Koevolution – Die Kunst gemeinsamen Wachsens. Reinbek: Rowohlt 1985

71. Willi J.: Was hält Paare zusammen? Reinbek: Rowohlt 1991
72. Winnicott D.W.: Reifungsprozesse und fördernde Umwelt. 11./12. Tausend. Frankfurt: Fischer 1993
73. Winnicott D.W.: Vom Spiel zur Kreativität. 8. Auflage. Stuttgart: Klett-Cotta 1995

> Das Gehirn weist eine Komplexität auf, welche das menschliche Vorstellungsvermögen übersteigt. Es wird gesagt, das Gehirn sei das komplizierteste stoffliche Gebilde des Universums. Ursprüngliche Erwartungen, beispielsweise die Vergleichbarkeit der Intelligenz und des Gedächtnisses mit dem Funktionieren eines Computers, wurden ernüchtert. Menschliches Denken ist weit unsystematischer, ungenauer, aber auch flexibler und kreativer. Das macht aber auch die Darstellung psychischer Grundfunktionen schwierig, da es sich dabei nicht um klar definierbare Forschungsgegenstände handelt, sondern um Hilfskonstruktionen. Wir behandeln in diesem Kapitel Wahrnehmen, Denken, Gedächtnis, Intelligenz und Emotionen und beschränken uns auf Aspekte, die für die klinische Praxis von Bedeutung sind.

6.1 Gehirn und Psyche als funktionelle Einheit

6.1.1 Die Dichotomie psychogen oder biologisch – eine verfehlte Fragestellung

Gehirn und Psyche durchdringen sich in ihren Funktionen so intensiv, daß heute auf die Alternativfrage, ob eine bestimmte Störung hirnorganisch oder psychogen bedingt sei, verzichtet wird [7]. Früher wurden etwa neurotische Störungen oder Alkoholismus in der Psychiatrie vorwiegend mit emotionalen Konflikten begründet, deren Wurzeln auf traumatisierende Kindheitserfahrungen zurückgeführt oder als gelerntes Denken und Verhalten verstanden wurden. In den 60-er und 70-er Jahren kamen die gesellschaftlichen und familiendynamischen Aspekte dazu. Heute liegt ein starkes Forschungsinteresse auf den biologischen Grundlagen psychischer Störungen.

Biologische Grundlagen psychischer Störungen. Die Identifikation dieser Grundlagen hat große Konsequenzen: Die psychotherapeutische Beeinflußbarkeit psychischer Störungen wird relativiert, ihre Zielsetzungen müssen bescheidener formuliert werden. Andererseits erweisen sich psychische Störungen, die bislang als hirnorganisch bedingt galten, teilweise als situativ und beeinflußbar. Psychiatrische Störungen sind nicht Hirnkrankheiten, die lediglich auf neuroanatomische und neurochemische Veränderungen zurückzuführen sind. Emotionaler Streß bewirkt starke neurovegetative, neuroendokrine und wahrscheinlich

---

[1] unter Mitarbeit von PD. Dr. phil. Marianne Regard, Leiterin der Abteilung für Neuropsychologie, Neurologische Klinik, Universitätsspital Zürich

auch immunologische Veränderungen (vgl. Kap. 8). Die Produktion von Modulatoren wie Neuroepinephrin, Dopamin und Serotonin wird durch psychosoziale Stimuli verändert. Auch diese Forschungsergebnisse haben Auswirkungen auf die psychiatrische Praxis.

> **!** Es gibt nicht mehr die einfache *Unterscheidung zwischen sog. psychogenen Störungen*, welche eher psychotherapeutisch behandelt werden, und *organischen oder „endogenen" Störungen*, die eher psychopharmakologisch behandelt werden. Vielmehr wird in der klinischen Praxis festgestellt, daß Psychotherapie und Pharmakotherapie in gleicher Weise geeignet sind, biochemische Parameter und psychiatrische Syndrome zu beeinflussen.

Wirkungsweise von Pharmako- und Psychotherapie. So etwa können Panikattacken oder Bulimie sowohl mit Serotonin-Wiederaufnahme-Hemmern (z. B. Fluoxetin), wie durch Psychotherapie (etwa mit kognitiver Verhaltenstherapie) beeinflußt werden. Die Wirkungsweise ist aber sehr verschieden: Die kognitive Therapie hilft dem Patienten, im Falle von Panikattacken regulierend auf sein vegetatives Nervensystem einzuwirken, indem er lernt, die Ängste zu kontrollieren und auszuhalten, während Serotonin-Wiederaufnahme-Hemmer die Wiederaufnahme des Serotonins in die präsynaptischen Neuronen hemmen, wodurch eine antidepressive, angstreduzierende Wirkung erzielt wird.

6.1.2 Plastizität des Gehirns

Die Plastizität des Gehirns ermöglicht Anpassung an sich verändernde Lebensumstände wie auch an frühere Hirnläsionen. Bei allen organischen Systemen kann beobachtet werden, daß sie in ihrer Entwicklung bestimmte Wege eher als andere einschlagen (Kanalisierung nach C.H. Waddington) [18]. In der embryonalen Entwicklung des Gehirns ist es nicht einfach, das sich entwickelnde System vom Erreichen eines normalen Endzustandes abzuhalten. Selbst wenn man die Bildung der erwarteten Muster zu verhindern sucht, findet der Organismus meistens eine Möglichkeit, seinen normalen Status zu erreichen. Die biologische Entwicklung zeigt eine hohe Flexibilität bzw. Plastizität. So lernt etwa ein Kind im zweiten Lebensjahr auch dann normal laufen, wenn es den größten Teil des ersten Jahres so fest gewickelt war, daß es sich kaum rühren konnte. Ein Kind lernt auch dann sprechen, wenn es die dominante seiner beiden Gehirnhälften verliert, allerdings nur so lange, wie die Dominanz noch nicht fertig entwickelt ist. Diese Plastizität ist auf den frühesten Entwicklungsstufen deutlich größer als später. Immerhin erweisen sich bestimmte Fähigkeiten auch bei schweren Hirnverletzungen im Erwachsenenalter als resistent. Einige Erwachsene gewinnen einen Teil ihrer Fähigkeit zu sprechen trotz einer massiven Verletzung der linken (dominanten) Hemisphäre zurück. Viele lernen, gelähmte Glieder wieder zu bewegen. Diese Plastizität ist in anderen Bereichen dagegen sehr eingeschränkt. So ist beispielsweise ein Kind, das in den ersten Lebensmonaten nur ein Auge benutzen konnte, später zu binokularem Tiefensehen unfähig.

Die maximale Flexibilität des Gehirns besteht zu Beginn des Lebens, ist jedoch je nach Hirnregion unterschiedlich: Regionen, die sich später entwickeln, wie etwa die Frontallappen oder das Corpus callosum, scheinen formbarer zu sein als die Regionen, die sich in den ersten Tagen oder Wochen des Lebens entwickeln wie die primären Sinneszentren. Die besonders hohe Unspezialisiertheit des Corpus callosum scheint darauf hinzudeuten, daß spezifische postnatale Erfahrungen darüber bestimmen, welche Verbindungen letztlich hergestellt werden. Der Umstand, daß strukturell bedingte zerebrale Defizite in den ersten Lebensjahren partiell kompensiert werden können, läßt vermuten, daß vor allem der assoziative Kortex funktionell plastisch ist.

Wiederherstellung

Zur funktionalen Restitution von neuropsychologischen Defiziten nach Hirnschädigungen läßt sich sagen: Zerstörte Neurone regenerieren nicht. Für Funktionskompensationen sind wahrscheinlich neue dendritische Verbindungen einerseits und das Ausweichen auf intakte zerebrale Systeme andererseits verantwortlich.

Die Plastizität des Gehirns kann durch gezieltes therapeutisches Üben von Strategien und Fähigkeiten zusätzlich gefördert werden. Je früher eine Hirnschädigung erworben wurde, desto besser ist in der Regel die Erholung.

Zerebrale Entwicklungsprozesse. Zu Beginn des Lebens produziert das Nervensystem einen großen Überschuß an Nervenfasern. Ein erheblicher Teil des Entwicklungsprozesses besteht darin, die Verbindungen, die nicht nötig oder sogar hinderlich sind, zurechtzustutzen oder gar zurückzubilden. Es kommt zu einem selektiven Zelltod je nach der Ausrichtung der synaptischen Verbindungen auf vorbestimmte Ziele. Dies – so wird angenommen – bietet Anpassungsvorteile. Während der Periode des Zell- und Synapsenüberflusses scheint ein Wettstreit stattzufinden, den jene Zellen bestehen, welche die stärksten und brauchbarsten Verbindungen herstellen konnten. Es scheint – ähnlich dem von Darwin beschriebenen Wettbewerb der Arten –, daß die tüchtigsten und brauchbarsten unter den Nervenfasern des Organismus überleben [16].

Synapsenzahl und Lernfähigkeit. Es ist vorstellbar, daß die enorme Geschwindigkeit, mit der junge Organismen lernen können, auf einen Überfluß an Verbindungen zurückzuführen ist, die zum Teil wieder gekappt werden. So nimmt beim Menschen die Dichte der Synapsen in den ersten Lebensmonaten zu, erreicht im Alter von 2 bis 3 Jahren ein Maximum, verringert sich zwischen dem 2. und 16. Lebensjahr, um dann bis zu einem Alter von rund 70 Jahren mehr oder weniger konstant zu bleiben. Es wird vermutet, daß das außerordentlich rasche Lernen kleiner Kinder auf sprachlichem Gebiet mit der Verfügbarkeit vieler Synapsen zu jener Zeit zusammenhängt. Aus dieser Sicht bekäme die psychoanalytische These, daß die Eindrücke der ersten Lebensjahre für das spätere Leben von besonderer Bedeutung sind, ein neurobiologisches Korrelat.

6.2 Psychische Grundfunktionen im Einzelnen

6.2.1 Begriffe und Klassifikation

! Begriffe wie Intelligenz, Gedächtnis, Bewußtsein usw. sind Konstrukte, die sich nicht auf einen klar definierbaren und isolierbaren psychologischen Gegenstand beziehen, sondern künstlich einen uns interessierenden Aspekt der psychologischen Beobachtung herausgreifen.

Dieser Aspekt kann innerhalb des Konstrukts wohl gemessen und empirisch erforscht werden. Es gibt aber kein Denken ohne Emotionen und kein Gedächtnis ohne Wahrnehmen und Denken, aber auch kein Wahrnehmen ohne Denken und Denken ohne Intelligenz usw. Es ergeben sich somit in der nun folgenden Darstellung der einzelnen Begriffe immer wieder breite Überschneidungen, so wie wenn derselbe Gegenstand von verschiedenen Perspektiven beleuchtet wird. Meßbar sind nur Verhalten und physiologische Parameter. Innerpsychische Vorgänge, insbesondere Emotionen, werden vor allem indirekt durch Beantwortung von Fragebogen erschlossen.

All diese Begriffe haben ein neurobiologisches Korrelat, ohne daß eine klare und enge Korrelation zwischen anatomisch-physiologischem Substrat und psychischen Funktionen besteht.

6.2.2 Bewußtsein

Bewußtsein ist bewußtes Sein, wissend um sich selbst und die Welt [16]. Der wache Mensch hat nicht Bewußtsein, sondern ist Bewußt-Seiender, ist selbst unterschiedlich wachendes, empfindendes, erlebendes, fühlendes, bestimmendes, rational wissendes, tätiges Bewußtsein. Bewußtsein als conscientia ist immer vernehmendes Wissen im weiteren Sinne um etwas, ist immer bezogen auf etwas. Damit ist die soziale Dimension des Bewußtseins (im weiten Sinne des Mit-Seins mit Menschen und Dingen, des Bezogenseins) genannt.

! Der Begriff bewußt betrifft drei unterschiedliche Bereiche:

- Bewußt versus bewußtlos: das Wachsein betreffend;
- Bewußt versus unbewußt (nicht bewußt, vorbewußt): den Reflexionsgrad betreffend;
- Bewußt: das Ich-Bewußtsein betreffend.

Wachsein (Vigilanz). Wachsein ist ein wechselndes Geschehen. Es unterliegt Schwankungen, die vom Schlaf-Wach-Rhythmus und vom gesamten Befinden des Menschen abhängen. Intensive emotionsbesetzte Vorstellungen wie Angst, Schrecken, Freude oder Sorgen wecken oder halten wach. Eintönigkeit (Reizarmut, Langeweile) macht schläfrig. Um wach zu sein, muß das Gehirn ein Aktivierungsniveau aufrecht erhalten, für welches *das aufsteigende, retikuläre, aktivierende System ARAS des Hirnstamms* von Bedeutung ist. Die Substantia reticularis, der Hypothalamus und das Stirnhirn sind die wichtigsten anatomischen

Substrate des „arousal system". Sie allein ergeben aber nicht Bewußtsein, sondern ihre Interaktion mit dem gesamten Gehirn ist eine biologische Vorbedingung des Bewußtseins. Für die Aktivität des Systems sind humoral-endokrine (z. B. Adrenalin), vegetative (Sympathikus-Parasympathikus), vaskuläre (Durchblutung), sensorische (Sinneszustrom) und andere Abhängigkeiten anzunehmen. Es bestehen enge Beziehungen zur zentralen Atemregulation (daher Gähnen bei herabgesetzter Wachheit). Der Wachheitsgrad (Vigilanzstufe) spiegelt sich in der hirnelektrischen Aktivität und kann daher mit dem Elektro-Enzephalogramm (EEG) gemessen werden. Im Schlaf wendet sich die Person von der Umwelt ab, schließt die Augen, es fehlt an Aufmerksamkeit, die Motorik ist reduziert, die Reaktionsbereitschaft herabgesetzt, der Atemrhythmus verändert, der Muskeltonus reduziert. Dennoch bleibt der Schläfer durch Sinnesreize weckbar im Unterschied zu Bewußtseinsstörungen.

!

Bewußtseinsstörungen werden eingeteilt nach Schweregrad:

- Koma = Bewußtlosigkeit
- Sopor = tiefe Benommenheit
- Somnolenz = leichte Benommenheit.

Vigilanz und deren Reduktion im Schlaf bzw. deren Beeinträchtigung bei Bewußtseinsstörungen (Somnolenz, Sopor, Koma) teilt der Mensch mit den Tieren. Vigilanz ist Vorbedingung für Bewußtsein im Sinne von Reflexionsfähigkeit und Ich-Bewußtsein, die sich zumindest in verbalisierbarer Form nur beim Menschen findet.

Reflexionsfähigkeit: bewußt versus nicht bewußt. Reflexionsfähigkeit ist eine spezifisch menschliche Eigenschaft aufgrund der Fähigkeit zu abstraktem Denken. Man spricht von bewußtem Wahrnehmen, bewußter Auseinandersetzung, bewußter Reflexion. Bewußt wird hier abgeleitet von Wissen, von Erkennen und Kennen. In der Regel ist reflexionsfähiges Bewußtsein auch verbalisierungsfähiges Bewußtsein. Viele automatisierte Handlungen vollzieht der Mensch nicht bewußt, so etwa Bewegungsabläufe beim Sport oder beim Autofahren. Dennoch sind nicht-bewußte Handlungen bewußtseinsfähig. Bewußtes Reflexionsvermögen spielt in der Beurteilung der *Schuldfähigkeit* eine große Rolle. Gemäß Art. 10 und 11 StGB (Schweizerisches Strafgesetzbuch) geht es bei Straftaten um die Frage, ob der Täter zur Zeit der Tat in der Lage war, das Unrecht der Tat zu erkennen und gemäß dieser Einsicht zu handeln. Schuldunfähigkeit oder reduzierte Schuldfähigkeit wird attestiert, wenn diese bewußte Reflexionsfähigkeit durch Geisteskrankheit oder Geistesschwäche eingeschränkt war. Der Täter war sich dann des Unrechts seiner Tat nicht bewußt.

Ich-Bewußtsein. Das Ich-Bewußtsein koordiniert Wahrnehmen, Denken, Fühlen und Handeln, welche in den folgenden Abschnitten beschrieben werden. Zum Ich-Bewußtsein gehört die Erfahrung der Subjekt-Objekt-Spaltung, die Erfahrung, daß ich mich unterscheide von den Dingen und Lebewesen, die mich umgeben, daß ich ein eigenes Zentrum von Fühlen, Denken und Handeln bin und für dieses selbst verantwortlich bin. Über ein reflektiertes Ich-Bewußtsein verfügt nur der Mensch. *Ich-Bewußtsein ist kulturabhängig.* In den westlichen Kulturen hatte die Individualität seit den Griechen und vor allem seit der Aufklärung einen besonderen Wert. In anderen

Kulturen, insbesondere in asiatischen Kulturen, ist dieses Ich-Bewußtsein mit der scharfen Unterscheidung zwischen Ich und Nicht-Ich und dem besonderen Wert der Individualität weniger ausgebildet. Das Ich-Bewußtsein kann unter Drogen (insbesondere Haschisch und LSD), aber auch unter Meditation und Ekstase herabgesetzt werden. Unter LSD kann es zu einer Auflösung der Subjekt-Objekt-Spaltung kommen. Der eigene Körper wird dann nicht mehr klar unterschieden zum Stuhl, auf dem man sitzt. *Das Ich-Bewußtein ist auch bei psychischen Störungen*, wie z. B. der Schizophrenie, *gestört.* Die Betroffenen erleben das eigene Ich nicht als eine Identität, die ihr Leben seit der Geburt als Einheit durchzieht. Sie glauben etwa, das eigene Denken werde von anderen gemacht oder andere würden ihnen ihr Denken „abzapfen" und ihr Bewußtsein durch Strahlen stören. Unter Drogen und Meditation kann es auch zur Erfahrung von *Bewußtseinserweiterungen* kommen, in welchen das individuelle Bewußtsein sich einem universellen, transpersonalen Bewußtsein öffnet.

Neben individuellen Bewußtseinsprozessen gibt es *auch soziale Bewußtseinsprozesse*, in denen die Gesellschaft sich ihrer selbst bewußter wird. Gesellschaftliche Bewußtseinsprozesse sind in den letzten Jahrzehnten vor allem als Emanzipationsprozesse faßbar geworden (z. B. antiautoritäre Bewegung, Antipädagogik, Emanzipation der Frauen, der Alten, der Schwarzen).

! Ich-Bewußtsein meint die Fähigkeit, sich seiner selbst bewußt zu sein (Ich-Identität), von sich selbst sagen zu können „Ich denke, ich fühle, ich will – ich handle" und dies klar vom Denken, Fühlen und Handeln anderer zu unterscheiden.

Das Unbewußte. Sigmund Freud, dem Begründer der *Psychoanalyse*, war aufgefallen, daß viele Motive des Erlebens und Handelns einem Menschen nicht bewußt sind, sondern irrational-unverständlich scheinen. Das sind z. B. die alltäglichen Fehlhandlungen oder Versprecher, die vom bewußten Ich nicht intendiert waren und deshalb als ich-fremd, als zufällig erlebt werden (vgl. Kap. 7.1.3). Ebenso sind dem bewußten Ich *neurotische Symptome* wie etwa Zwangshandlungen oder funktionelle Gehlähmungen unerklärlich. Freud postulierte in seiner Theorie die Dimension des Unbewußten, welches er dem Bewußten gegenüberstellte. Die *Inhalte des Unbewußten* sind nach Freud die Triebwünsche, die das bewußte Ich nicht akzeptieren kann und die es deshalb ins Unbewußte verdrängt. C.G. Jung wandte sich jenen unbewußten Inhalten zu, welche alle Menschen gemeinsam haben und prägte den Begriff des *kollektiven Unbewußten*. Darin haben sich nach Jung die wichtigsten Erfahrungen der Menschheit in Form von archetypischen Symbolen niedergeschlagen. Freud erkannte im *Traum* die via regia zum Unbewußten. Durch Analyse und Interpretation von Träumen, Tagträumen und Fantasien können unbewußte, abgewehrte und noch nicht bekannte Inhalte ins Bewußtsein geführt und damit in die Persönlichkeit integriert werden.

6.2.3 Wahrnehmen und Erkennen

Sinnesorgane und Sinneswahrnehmung

Sehen. Wie nimmt der Mensch wahr? Wie funktioniert beispielsweise das Sehen? Naiverweise stellt man sich das Auge als eine Art Kamera vor, welche die Außenwelt über die einfallenden und optisch gebündelten Lichtstrahlen auf dem Augenhintergrund abbildet, von wo dieses Bild über die Sehbahnen zum visuellen Kortex geleitet wird, wo die Nervensignale weiterverarbeitet werden. Diese Vorstellung ist in verschiedener Weise korrektur- und ergänzungsbedürftig. *Sehen bedarf bis zu den Sinnesperzeptionen eines gestaltenden, aktiven Subjekts* [5]. Das beginnt bereits bei der Identifikation von Farben. Es gibt in der Außenwelt keine Farben. Das Auge ist jedoch so ausgestattet, daß es das Spektrum elektromagnetischer Wellen im Bereich von 400 nm bis zu 700 nm Angström-Einheiten als Farben differenziert. Unser Auge ist also geeignet zur selektiven Wahrnehmung bestimmter Wellenbereiche, zur Wahrnehmung und Identifizierung jener Dinge, die für den Menschen von besonderer Bedeutung sind. Andere Wellenbereiche, die ebenfalls Außenwelt abbilden könnten, werden vom Auge nicht wahrgenommen (z. B. Infrarot = Wärmestrahlen, Ultraviolett). Durch Selektivität wird das Auge vor Reizüberflutung bewahrt.

Hören. Dasselbe trifft auch für das auditive System zu. Der Mensch nimmt Schallwellen im Bereich von 20 bis 20′000 Herz wahr. Andere Lebewesen sind mit Sinnesorganen ausgestattet, die andere Bereiche wahrzunehmen vermögen. So etwa Hunde und Fledermäuse, die wesentlich höherfrequente Schallschwingungen perzipieren oder Eulen, deren Augen ausschließlich mit Stäbchenzellen ausgestattet sind, weshalb sie nachts weit besser sehen als Menschen, allerdings ohne Farbensehen. Noch deutlicher wird der Unterschied zu anderen Lebewesen im Bereich des Geruchsorgans, das beim Menschen relativ schwach ausgebildet ist.

!

Die spezifische biologische Ausstattung unserer Sinnesorgane ermöglicht eine spezifisch begrenzte Perzeption von Sinnesreizen. Sinnesorgane sind Voraussetzung für die Aufnahme äußerer Reize. Doch sie bilden die Umwelt nicht objektiv ab. Die menschliche Wahrnehmung wird durch die Struktur und Beschaffenheit der menschlichen Sinnesorgane kanalisiert. Die menschlichen Sinnesorgane ermöglichen Wahrnehmungen von Außenreizen innerhalb einer bestimmten physikalischen Bandbreite. Andere Lebewesen haben andere Bandbreiten, die ihnen andere Wahrnehmungen ermöglichen. Das Wahrnehmungsspektrum eines Lebewesens dient seiner Arterhaltung. *Wahrnehmen ist deuten, nicht erkennen.*

In der Medizin wurden die technischen Möglichkeiten genutzt, die Bandbreite der Sinneswahrnehmungen auszuweiten, so etwa die Ausweitung der Wahrnehmung elektromagnetischer Wellen in den Bereich der Röntgenstrahlen oder von Ultraschall als bildgebendes Untersuchungsverfahren.

Organisationsprinzipien der Wahrnehmung

Die weitere Verarbeitung von Sinneseindrücken erfolgt durch eine aktive Gestaltung mittels Organisationsprinzipien, die dem Menschen strukturell gegeben sind. Zwei von diesen Organisationsprinzipien des visuellen Systems seien als Beispiele aufgeführt:

Gruppierungs- und Gestaltgesetze. Im Unterschied zum Fotoapparat muß ein Lebewesen die perzipierten Außenreize zu einer Gestalt organisieren, die sie erkennen und identifizieren kann. Eine Person muß das Wahrnehmungsfeld gliedern und Zusammenhänge herstellen. Auf niedrigerer Stufe tut sie das nicht bewußt, sondern automatisch. Das sei an zwei Gestaltgesetzen dargestellt [5]:

- *Das Gesetz der Nähe*: An sich gleiche Elemente werden gruppiert nach den kleineren Abständen. Die Geraden werden paarig einander zugeordnet und als Streifen gesehen. Die Punkte werden nach den kleineren Abständen in senkrechte Linien gruppiert (Abb. 6.1).
- *Das Gesetz der Geschlossenheit*: Werden jedoch die parallelen Geraden oben und unten miteinander verbunden, so werden nicht mehr die Streifen gesehen, sondern die geschlossenen Flächen. Die bisherigen Streifen erscheinen jetzt als leere Zwischenräume.

Wahrgenommene Figuren müssen in der Vorlage nicht notwendigerweise vollständig erhalten sein. Sie werden als Ergebnis

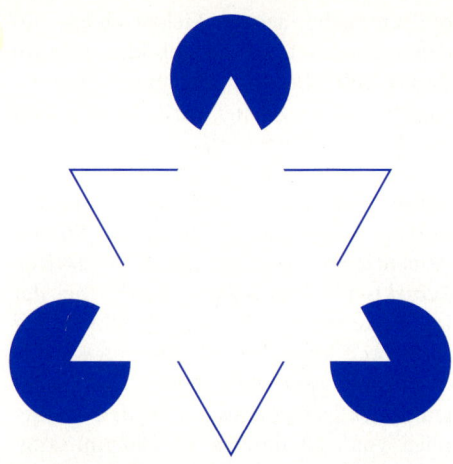

Abb. 6.2. Amodale Figur nach Kanizsa (1955). Die drei Winkel werden zu einem Dreieck ergänzt, das seinerseits teilweise verdeckt gesehen wird durch ein darübergelegtes Dreieck. (Aus Kebeck, 1994)

eines aktiven Verarbeitungsprozesses ergänzt, was als sog. Scheinkonturen wahrgenommen wird [5] (Abb. 6.2).

Größenkonstanz. Gegenstände werden in ihrer Größe gleich gesehen unabhängig von der Entfernung und dem damit resultierenden Sehwinkel. Entfernte Objekte werden auf der Netzhaut kleiner abgebildet als näherliegende Objekte gleicher physikalischer Größe. So wird ein Fußgänger, der sich von uns entfernt, in der Wahrnehmung nicht kontinuierlich schrumpfen, obwohl sein Netzhautbild immer kleiner wird. Für die Größenkonstanz ist die Größenrelation zum Umfeld entscheidend, die sich mit dem entfernenden Fußgänger ebenfalls verkleinert. Dieses Phänomen kann Anlaß geben zur optischen Täuschung in (Abb. 6.3). Unser Sehen ist also bereits auf der Stufe der Sinnesperzeption nicht eine objektive Abbildung der Außenwelt, sondern unterliegt angeborenen Modalitäten des Gestaltens [2].

Abb. 6.1. Gestaltgesetze nach Katz. (Aus Katz, 1961) *Das Gesetz der Nähe:* Unter sonst gleichen Umständen erfolgt die Zusammenfassung der Teile eines Reizganzen im Sinne des kleinsten Abstandes. In diesen zwei Figuren schließen sich die Linien und Punkte spontan zusammen, die durch die kleineren Zwischenräume voneinander getrennt sind

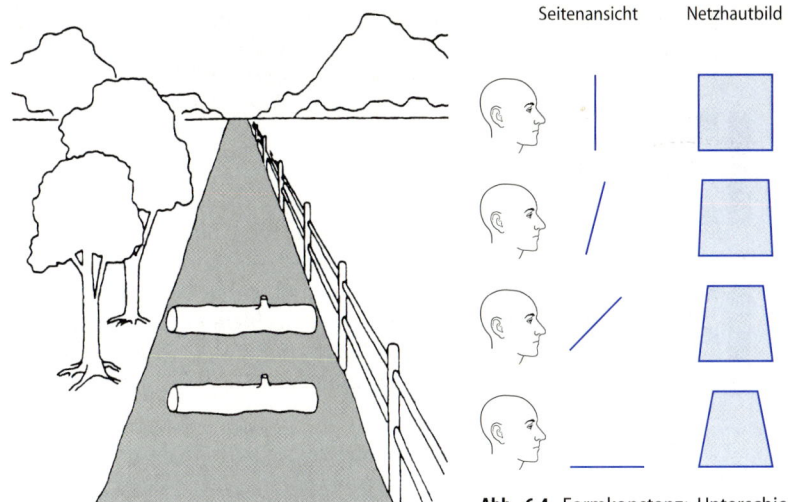

Seitenansicht   Netzhautbild   Wahrgenommene
Form

Abb. 6.4. Formkonstanz: Unterschiedliche Orientierung eines Quadrates im Raum führen zu unterschiedlichen Netzhautbildern. Dennoch wird unabhängig von der Orientierung immer ein Quadrat
wahrgenommen. (Nach Lindsay u. Norman, 1977,
aus Kebeck, 1994)

Abb. 6.3. Ponzo-Täuschung Welcher Baumstamm
ist länger? (Nach Coren et al., 1984, aus Kebeck,
1994)

Formkonstanz. Umrißkonturen und Formen nehmen wir als konstant wahr, auch
wenn die optische Projektion auf der
Netzhaut bei unterschiedlichen Betrach-
tungswinkeln in ihrer Form stark variiert. Die Formwahrnehmung stützt sich
also nicht allein auf die Formmerkmale
des Netzhautbildes. Ähnlich wie bei der
Größenkonstanz wird hier die „wirkliche" Form des Gegenstandes aus der Relation der Form des Netzhautbildes und
der räumlichen Orientierung des Gegenstandes bestimmt. Das Gehirn verfügt
also über die Fähigkeit, einen Gegenstand
unter unzähligen verschiedenen Bedingungen wie Beleuchtung, Entfernung,
Position und Blickwinkel zu erkennen.
Diese Fähigkeit ist bei Robotern extrem
schwer herzustellen, da schon eine geringe Veränderung der Sichtbedingungen
die Erscheinung des Objekts im Vergleich
zu den zuvor gespeicherten Mustern ändert und somit für die Maschine un-
kenntlich macht (Abb. 6.4).

Kontextabhängigkeit
der Wahrnehmung

Auch da wo die Form als solche richtig
erkannt wird, ergibt sich eine Deutung
oftmals erst aus dem Kontext. Wir sehen
erst etwas, wenn wir es in Zusammenhänge stellen können (Abb. 6.5).

In vielen Fällen bestimmen die übrigen Objekte oder Strukturen im visuellen
Feld, wie eine bestimmte Reizinformation
zu interpretieren ist. Wir erwarten andererseits bei einem uns bekannten Objekt
auch einen unserer Erfahrung entsprechenden Kontext. Autos nehmen wir normalerweise auf Straßen und Parkplätzen,
in Garagen oder Parkhäusern wahr, nicht
jedoch auf einem Kirchturm oder in einem Wohnzimmer. Sowohl die surreale
Kunst wie die Werbung machen Gebrauch von der Irritation, die beim Betrachter ausgelöst wird, wenn er einen
abgebildeten Gegenstand nicht in den pa-
ßenden Kontext zu setzen vermag. Be-
rühmt etwa sind von René Magritte die

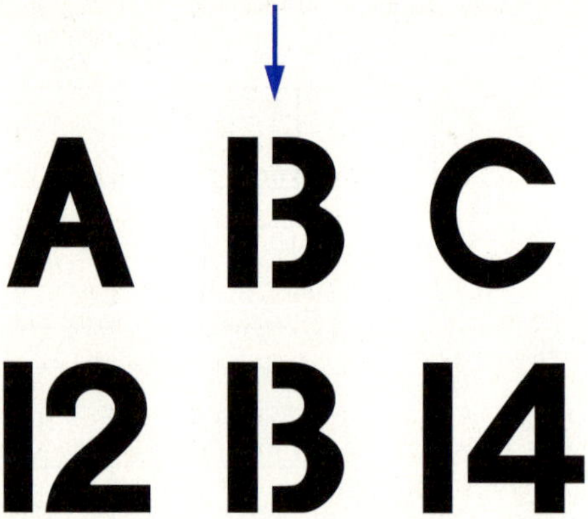

A B C
12 B 14

Abb. 6.5. Kontextabhängigkeit der Wahrnehmung. Dasselbe Zeichen wird je nach Kontext als B oder als 13 wahrgenommen. (Nach Goldstein, 1984, aus Kebeck, 1994)

realistische Darstellung einer Pfeife mit der Begleitschrift „Ceci n'est pas une pipe", oder die aus Pelz gefertigte Tasse von Meret Oppenheim.

> **!** Wahrnehmung ist nicht ein passiver Transfer äußerer Reizinformationen zu subjektiven Wahrnehmungserlebnißen, sondern ein aktiver Prozeß, der nicht erst bei der Verarbeitung der sensorischen Informationen beginnt, sondern bereits in deren Vorfeld, bei der Selektion der zu verarbeitenden Information und der Steuerung der Aufmerksamkeit.

Die selektive Aufmerksamkeit

Aufmerksamkeit ist eine gezielte Selektion der Informationen, die zu Inhalten der bewußten Wahrnehmung werden sollen.

Auf der Ebene der Sinnesorgane besteht ein ständiges Überangebot an sensorischer Information. Diese Reizflut übersteigt die Verarbeitungskapazität. Die Aufmerksamkeit ist ein systematischer Such- und Steuerungsprozeß, der dafür sorgt, daß die erforderliche Reaktion und Auswahl der Informationen sich an den Erfordernißen der Situation orientiert. Es ist also eine selektive Filterung der Sinnesreize notwendig.

Durch selektive Aufmerksamkeit werden Teile der ankommenden Informationen gezielt ausgeblendet, um bestimmte Wahrnehmungsinhalte bewußt wahrnehmen zu können.

In einem Partygespräch müssen wir in der Regel ein Gespräch auswählen, auf welches wir den Fokus unserer Aufmerksamkeit richten, indem wir die übrigen, an sich hörbaren Gespräche als Stimmengeräusch in den Hintergrund treten lassen. Beim Autofahren müssen wir uns auf jene Sinnesreize konzentrieren, die zur Steuerung des Autos durch den Verkehr notwendig sind.

Die selektive Filterkapazität kann bei verschiedenen psychischen Störungen beeinträchtigt sein. Kinder, welche eine frühkindliche Hirnschädigung aufweisen, zeigen in der Schule deutliche Aufmerksamkeitsstörungen. Es fällt ihnen schwer, sich auf die Stimme des Lehrers zu konzentrieren und dabei alle anderen Sinnesreize, die von ihren Mitschülern ausgehen, auszublenden. Eine eingeschränkte Filterkapazität ist gegenwärtig als Vulnerabilität für Schizophrene in besonderem Maße Gegenstand der Forschung.

Wir erkennen, was wir schon kennen

Wahrnehmen kann als Hypothesentesten verstanden werden. Bei einer sensorischen Stimulation bilden wir unter Rückgriff auf Kontextinformationen, unserem Vorwissen und unseren Erwartungen Hypothesen darüber, um welches Wahrnehmungsobjekt es sich handelt. Die nachfolgenden Sinnesinformationen dienen dann als Datengrundlagen der Bestätigung oder Verwerfung unserer Hypothesen. Sehen wir einen Gegenstand unter schlechten Lichtbedingungen nur andeutungsweise, so können wir zusätzliche Informationen gewinnen, indem wir näher an das Objekt herantreten, den Tastsinn zu Hilfe nehmen oder die Lichtverhältnisse verbessern.

Wie werden diese Hypothesen gebildet?

> **!** Zur Verarbeitung der Sinnesperzeption bedarf es eines Rückgriffes auf unser Gedächtnis, auf frühere Erfahrungen mit der Wahrnehmungsumwelt, aufgrund deren die Hypothesen gebildet werden, welche den weiteren Erkundungs- und Suchprozeß steuern und damit die Objektinformationen verdichten. Wahrnehmung ist also ein konzeptgesteuerter Prozeß.

Die Information wird so weit analysiert, daß im Gedächtnis eine Suche nach passenden Konzepten möglich ist. Die aktivierten Konzepte werden auf der Suche nach weiteren Informationen angewendet. *Erkennen ist also ein aktiver Prozeß von Versuch und Irrtum.*

Schemata. Nach Neisser [13] werden die Gedächtnisspuren früherer Wahrnehmungen als Schemata bezeichnet, welche die Funktion haben, Wahrnehmungsinhalte anhand erster sensorischer Informationen zu antizipieren (= *Hypothesenbilden*) und auf diese Weise die Auswahl und Verarbeitung von Information zu steuern (= *Hypothesentesten*). Die Anwendung eines bestimmten Schemas führt dazu, daß wir nach bestimmter Information suchen, während andere, die nicht in das aktivierte Schema passen, ignoriert werden. Was wir sehen bzw. was wir vom Sehen ausschließen, wird also maßgeblich durch das aktivierte Schema mitbestimmt. Die Schemata sind allerdings nicht statisch, sondern werden durch neue Informationen ständig überprüft und verändert. Wir halten eine Wahrnehmung für wahr, solange sie unseren Überprüfungen standhält. Paßt sie nicht mehr in unser Deutungsmodell, so werden zusätzliche Informationen eingeholt, oder es muß das Deutungsmodell erweitert und verändert werden (Paradigmenwechsel nach Thomas Kuhn) [11].

Daß wir nur erkennen, was wir schon kennen, wird auch in der medizinischen Ausbildung deutlich. So wird ein ungeübter Medizinstudent auf einem Röntgenbild, in einem mikroskopischen Präparat oder in einem Bild einer Ultraschalluntersuchung kaum etwas Sinnvolles ausmachen können. Erst durch die Schulung im Sehen werden Schemata gebildet, die zum Sehen genutzt werden können (Abb. 6.6).

Kulturelle und emotionale Einflüsse. Neben den individuellen beeinflussen auch kulturelle Erfahrungen die Art der Wahrnehmung. Wahrnehmungsvorgänge können zudem stark von Emotionen beeinflußt werden, sowohl im Sinne der Ausblendung möglicher Wahrnehmungen wie auch der Wahrnehmung von Dingen ohne entsprechende Sinnesreize. Extreme Formen sind Halluzinationen. Stark emotional begründete Wahrnehmungen wer-

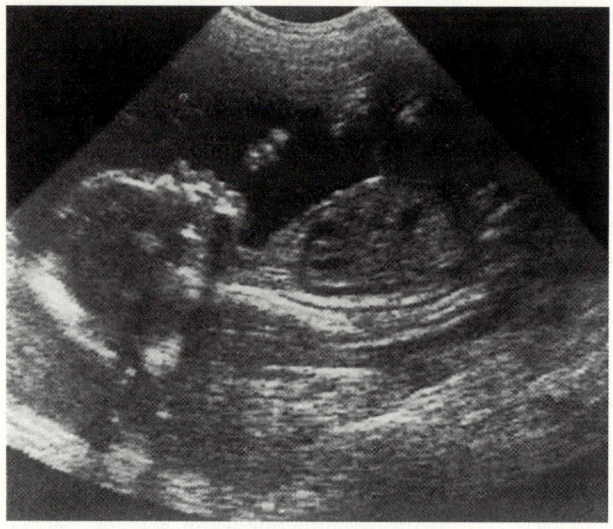

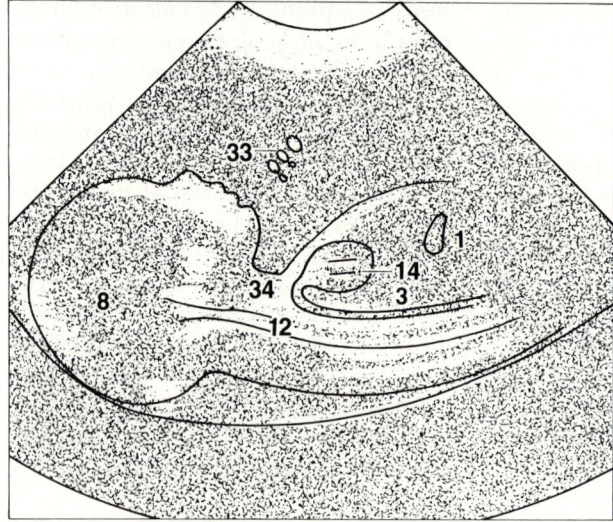

Abb. 6.6. Ultraschalluntersuchung Fötus in der 20. Schwangerschaftswoche. (Aus Swobodnik et al., 1988)

 1 Abdomen;
 3 Aorta;
 8 Caput;
12 Columna vertebralis;
14 Cor;
33 Hand;
34 Hals

den oft nicht überprüft, sondern als nicht zu hinterfragende Gewißheit betrachtet.

Soziale Wahrnehmung

Die Wahrnehmung von sozialen Objekten ist immer mehr oder weniger sozial beeinflußt. Schemata, welche Werthaltungen, Einstellungen und Erwartungen be-

treffen, beeinflussen die soziale Wahrnehmung in besonderer Weise (vgl. Kap. 3.1).

Folgerungen für die ärztliche Tätigkeit. Die Grundlage ärztlicher Diagnosen sind die am Patienten festgestellten Wahrnehmungen. Zur ärztlichen Untersuchung gehört eine möglichst präzise Beschreibung von Phänomenen und Symptomen. Erst in einem zweiten Schritt sollten diese geordnet und interpretiert werden. Die Medizingeschichte zeigt in besonderer Weise, daß die *Beschreibungen der Krankheiten über die Jahrhunderte viel konstanter geblieben sind als deren Interpretation.* Das gilt in besonderer Weise für die Psychiatrie und Psychotherapie. Sigmund Freud etwa stellte zu Recht fest, daß viele Frauen einer direkten Stimulation der Klitoris bedürfen, um einen Orgasmus zu erreichen. Er sah darin aber ein pathologisches Phänomen, nämlich einen weiblichen Penisneid, während heute dasselbe Phänomen als normal betrachtet wird.

Die kognitive Psychotherapie nimmt in besonderer Weise auf Fehlwahrnehmungen und Fehlinterpretationen der Patienten Bezug. Bei Panikattacken etwa neigen die Patienten dazu, Körpersensationen wie leicht erhöhten Puls, Beklemmung über dem Thorax oder leichten Schwindel als Katastrophe zu interpretieren und in Panik und Todesangst zu geraten.

6.2.4 Denken-Lernen-Sprache

Denken kann als die interpretierende und Ordnung stiftende Verarbeitung von Informationen verstanden werden.

Die Kognitionswissenschaft hat sich zu einem sehr umfaßenden, weitgefächerten Wissenschaftsgebiet entwickelt, aus dem sehr summarisch einige für angehende Ärzte und Ärztinnen wichtige Aspekte herausgegriffen werden.

Neuroanatomische und neurophysiologische Grundlagen

Trotz der komplexen Vernetzung der einzelnen Hirnareale und der Möglichkeit des Gehirns, einzelne ausfallende Bereiche durch andere zu kompensieren, können gewisse Schwerpunkte des Denkens umschriebenen Arealen des Kortex zugewiesen werden.

Linke und rechte Hirnhälfte. Von Bedeutung ist etwa die *Lateralität*. Bei der Mehrzahl der Menschen ist die *linke Hirnhälfte* die sprechende und dominiert in allen Prozessen, die sprachliche und sequentielle Verarbeitung verlangen, so auch das rationale Denken, die Logik von Ursache und Wirkung, das Arbeiten mit Zahlen, Begriffen und Quantitäten, die Liebe zum Detail und das systematische Denken. Die *rechte Hälfte* behandelt die nichtverbalen Reize und ist aktiv bei Phantasie und Intuition, ganzheitlichem Denken, bei Paradoxien und Widersprüchlichkeit, bei bildhaftem Vergleichen und räumlichem Denken. Es gibt keine funktionale Hierarchie der Hirnhälften. Beide Hirnhälften arbeiten parallel, analysieren aber unterschiedliche Stimulusaspekte und in anderer Art. Die motorische Dominanz oder Rechts- bzw. Linkshändigkeit ist nur indirekt mit der funktionalen Hemisphärenspezialisierung gekoppelt, denn unabhängig von der Händigkeit ist die Sprachdominanz meist links lokalisiert.

Okzipitallappen. Die visuellen Reize werden in den Okzipitallappen, wo die Sehbahnen enden, zuerst verarbeitet. Gegliedert nach aufsteigender Entfernung zu einem Sinneseingang werden primäre, sekundäre und tertiäre Areale unterschieden mit entsprechend zunehmender Verarbeitungskomplexität. Auf der linken Seite werden Farben unterschieden und die linguistischen Merkmale von Reizen aufgenommen, deren Informationen dann anderen Zentren weitergegeben werden können. Dieses Gebiet ist somit wichtig für das Lesen, Rechnen und Schreiben und wird assoziiert mit der sequentiellen Analyse von Reizen überhaupt. Der rechte posteriore Kortex ist spezialisiert für die räumliche Analyse und verarbeitet vorzugsweise nichtsprachliche Signale. Dieser Teil ist dominant involviert in der Deutung von Formen (z. B. Gesichter) und räumlichen Beziehungen (z. B. Ortssinn, konstruktive Fähigkeiten).

Temporallappen. Im Temporallappen ist der auditive Eingang lokalisiert. Der linke Temporallappen ist assoziiert mit Sprachverständnis. Rechts dagegen werden Sprachmerkmale wie Lautstärke, Stimmlage, Melodie und Geräusche gedeutet und räumliche Signale analysiert. Als Teil des limbischen Systems sind die Temporallappen von besonderer Wichtigkeit für das Gedächtnis und die Modulation von affektiven und viszeralen Impulsen. Die linke Seite ist dominant für die sprachlichen, die rechte für die nichtsprachlichen Gedächtnisleistungen.

Präfrontaler Kortex. Der präfrontale Kortex ist das größte Areal beim Menschen und bedeckt ca. 60 % der gesamten Großhirnoberfläche. Er hat das dichteste Fasernetz, über das er mit dem Rest des Nervensystems verbunden ist. Er hat keinen direkten sensorischen Eingang. Alle sensorischen Informationen werden in den Frontallappen geleitet, wo Aktionen vorbereitet, Handlungsbefehle an das motorische System geleitet und die Ausführung über komplexe Feedback-Systeme kontrolliert werden. Diese besonderen anatomischen Verhältnisse ermöglichen sehr komplexe Funktionen und ein breites und flexibles Verhaltensrepertoire. Die Frontallappen sind für alle kognitiven

und affektiven menschlichen Leistungen von zentraler Bedeutung. Im linken Frontallappen werden für die Sprachproduktion wichtige Aspekte geplant, der rechte Frontallappen wird mit dem nichtverbalen, konzeptuellen Denken assoziiert.

Die Analogie zum Computer

Die Analogiesetzung menschlichen Denkens zur Funktion von Rechenmaschinen und Computern (Denkmaschinen) hat die Kognitionswissenschaft in besonderer Weise angeregt. Der Schwerpunkt lag dabei auf logischem Problemlösen oder auf regelgeleiteten, geordneten und systematischen Analysen. In den 50-er Jahren entstand in den USA die *artificial intelligence* (AI = künstliche Intelligenz) als Forschungsrichtung. Ihr Postulat besteht darin, das menschliche Denken als ein besonders kompliziertes Computerprogramm zu verstehen. Manche Vertreter dieser Richtung glauben, daß der Computer eine Form von Intelligenz darstellt, die dem Menschen überlegen ist. Dies betrifft jedoch bisher vor allem umschriebene Fragestellungen wie Problemlösung, Mustererkennung, Sprachübersetzung und sensorische Informationsverarbeitung. Nach spektakulären Anfangserfolgen folgte eine Phase der Stagnation und Ernüchterung. Der Denkprozeß schafft bestimmte logische und mathematische Operationen, die als Hilfsmittel des Denkens dienen und die von darauf programmierten Maschinen schneller, logischer und genauer durchgeführt werden. In beschränkten Bereichen kann der Computer menschliche Denkprozesse simulieren.

Besonderheiten des menschlichen Denkens. Das Studium der künstlichen Intelligenz am Computer hat jedoch eher dazu geführt, die damit unerreichbaren

Besonderheiten des menschlichen Denkens differenzierter zu erfassen. Menschliches Denken ist weit unsystematischer, intuitiver und subjektiver als das Funktionieren von Computern. Es ist nicht ein reiner, fehlerloser Rechenvorgang. Der Vergleich mit dem Computer als Modell des Denkens führt dazu, den Schwerpunkt auf logisches Problemlösen oder auf regelgeleitete Analysen zu legen. Wichtige Unterschiede zum menschlichen Denken liegen aber darin, daß Computer – zumindest bisher – nicht auf die Fülle parallel laufender Denkvorgänge des Menschen programmierbar sind, auf die Vielschichtigkeit einer Person, die fühlt, leidet, sich freut, ermüdet, träumt und vor sich hin fantasiert, Musik hört, Hunger bekommt, durch Alkohol leicht benebelt wird, einem unerwarteten Einfall nachsinnt und diesen zu Papier bringt, dabei abgelenkt wird durch ein zufällig vorbeifahrendes Auto usw.

Denken als Sprache

Eine Besonderheit des Menschen liegt in der Fähigkeit, Gedanken in Worten symbolisch zu repräsentieren und diese zu kommunizieren. Der Sprecher verwendet die Sprachzeichen, um Gedanken „darzustellen", der Hörer um Gedanken „herzustellen". Die Sprache ist ein Regel- und Bedeutungssystem. Sprache und Denken bilden eine untrennbare Einheit.

Sprachentwicklung beim Kind. Gemäß dem russischen Psychologen L.S. Wygotski [19] gibt es in der Entwicklung des Kindes ein vorsprachliches Stadium des Denkens (vgl. Kap. 5). Die Verbindung des Denkens mit dem Sprechen erfolgt durch Verinnerlichung der äußeren Sprache. Die Beziehung des Kindes zu Erwachsenen wirkt sich auf seine Wahrnehmungsorganisation aus. Durch die das Verbalisieren begleitenden Handlungen eignet sich das Kind die Bedeutung der Wörter an. Die kognitiven Strukturen des Kindes bilden sich in der mitmenschlichen Interaktion. Aus der sozialen Sprache entsteht die innere Sprache, das lautlose Für-sich-Sprechen. Die gedanklichen Operationen vollziehen sich in der inneren Sprache. Sprache ist Bedingungs- und Darstellungsmittel des individuellen Bewußtseins und des Denkens.

> Wissen wird auf zwei Arten erworben:
>
> - durch die direkte Erfahrung aus der Interaktion mit der Umwelt
> - durch die sprachliche Kommunikation von Wissen.

Erwerb von Wissen durch Interaktion. Jede Person nimmt Informationen aus der Umwelt mit Hilfe ihrer Sinnesorgane auf, verhält sich der Umwelt gegenüber und registriert die Wirkung ihres Verhaltens auf die Umwelt. Sinneseindrücke werden zu Klassen zusammengefaßt, um die Vielfalt von Umweltreizen zu reduzieren. Der Mensch bildet im handelnden Kontakt mit der Umwelt ein *kognitives Modell dieser Umwelt*. Es erlaubt ihm, sich in der Umwelt zunehmend besser zurechtzufinden. Aufgrund seines Wissens von der Welt ist der Mensch in der Lage, Umweltreize als bestimmte Situationen zu identifizieren und angemessen auf diese zu reagieren. Die Verbindung von Wahrnehmen und Verhalten ist ein entscheidender Bestandteil beim Aufbau des Wissens. Mit zunehmendem Alter wird ein Kind fähig, Dinge zwar zu sehen, aber nicht unmittelbar darauf zu reagieren. Das ist eine wichtige Voraussetzung für die Entstehung von Sprache.

Wissensvermittlung durch Sprache. Unser Kenntnisstand von der Welt mit ihren technischen und anderen Errungenschaften ist nur dadurch möglich, daß Menschen ihr Wissen einander mitteilen können. Diese Mitteilbarkeit von Wissen wird durch Sprache ermöglicht. Bei der Zuordnung von Wissens- und Sprachstrukturen läßt sich eine Reihe von Regelhaftigkeiten beobachten. Sie machen den Systemcharakter von Sprache aus. Wissen kann sprachlich nur kommuniziert werden, wenn die Sprachkonzepte des Sprechenden vom Hörenden verstanden werden.

> **!** Für die *Kommunizierbarkeit von Sprache* unterscheidet die Linguistik:
>
> - Syntax: Die Regeln, nach denen Wörter zu Sätzen zusammengestellt werden (Grammatik).
> - Semantik: Die Bedeutung und der Sinn von Sprachzeichen.
> - Pragmatik: Die Interaktionsbedingungen beim Gebrauch von Sprachen.
>
> Nicht die Wörter allein haben Bedeutung, sondern derjenige, der sie spricht, möchte dem Hörer bestimmte Bedeutungen mitteilen. Pragmatik meint die Regeln der Sprachverwendung in Alltagssituationen, die Art und Weise, wie Menschen mit der Sprache umgehen.

Jede Sprache ist ein Gefäß, in welchem gewisse Gedanken eine bestimmte Form annehmen und transportierbar werden, die sich von den Möglichkeiten einer anderen Sprache unterscheiden. Für Schweizer ist der schweizerdeutsche Dialekt die Sprache, die spontan zum Herzen geht, das Hochdeutsche jedoch die Sprache für Offizielles und Feierliches.

6.2.5 Gedächtnis

Struktur und Funktion des Gedächtnisses

Ohne Gedächtnis gibt es kein Denken, kein Lernen, keine Intelligenz und kein Ich-Bewußtsein. Voraussetzung für das Denken ist die Bildung von Begriffen und Konstrukten bzw. Schemata. Diese bilden sich durch angereicherte Erfahrung auf der Basis eines intakten Gedächtnisses. Man nennt Konstrukte oder Schemata deshalb auch „geronnene Erfahrung".

Altersbedingte Gedächtnisminderung. Bei altersbedingtem Gedächtnisabbau kommt es zuerst zu einer Einschränkung des Frischgedächtnisses und dann erst des Altgedächtnisses [6]. Oft sind die Erinnerungen an die Kindheit noch lange erhalten, bis auch diese erlöschen. Zuletzt wissen Alterspatienten nicht einmal mehr ihren eigenen Namen bzw. können ihren Namen auch nicht mehr erkennen. Dennoch sind sie wach und ansprechbar. Sie können aber die Umgebung ohne Gedächtnis nicht mehr differenziert wahrnehmen. Wahrnehmen, d. h. die Aufnahme von Informationen, setzt Gedächtnis voraus. Ohne Gedächtnis können wir keine Zukunft planen. Zukunft braucht Herkunft. Über das *biologische Substrat des Gedächtnisses* ist man sich heute noch nicht im klaren. Umschriebene Läsionen des Gehirns bewirken kein umschriebenes Auslöschen gespeicherter Informationen. Jede Nervenzelle trägt zur Informationsspeicherung bei, ist aber nicht unentbehrlich.

Sich-Erinnern und Wiedererkennen. Erinnern kann auf zweierlei Weise geschehen, nämlich durch ein aktives Sich-Erinnern oder durch ein eher passives Wiedererkennen. In einer mündlichen Prüfung, in der man eine bestimmte Frage beantworten muß, ist das aktive Erinnern gefordert. Bei einem Multiple-Choice-Verfahren, bei dem verschiedene Antwortalternativen angeboten werden, wobei nur eine Antwort richtig ist, wird Wiedererkennen eingesetzt. Das Wiedererkennen scheint leichter zu sein als das Sich-Erinnern, d.h. das Gedächtnis ist nicht eine absolute Größe, sondern je nach Abrufmodus verschieden groß.

Zeitbereiche des Gedächtnisses

Es werden drei Zeitbereiche des Gedächtnisses unterschieden: das Ultrakurzzeitgedächtnis, das Kurzzeitgedächtnis und das Langzeitgedächtnis.

Ultrakurzzeitgedächtnis. Jeder Reiz führt in den verschiedenen Sinnessystemen zu einer sensorischen Repräsentation, die über die physikalische Reizdauer hinaus wirksam sein kann. Diese Repräsentation der Information liegt in einer unbearbeiteten Form im visuellen System und im auditiven System vor. Erst wenn die sensorische Information weiter verarbeitet worden ist, kann man im eigentlichen Sinn von Gedächtnis sprechen. Im Test ergibt das bloße Hören bei über 90% der Personen signifikant schlechtere Gedächtnisleistungen als das Lesen oder das am besten haftende, gegenständliche Sehen. Kombination verschiedener Eingangskanäle – etwa visuell plus auditiv – und bewußtes Assoziieren – das Verarbeiten des zu lernenden Stoffes – steigert die Gedächtnishaftung deutlich. Die Kombination von auditiven sowie visuellen Reizen und Handeln werden in der Didaktik und beim Lernen eingesetzt (learning by doing).

> **!** In welcher Form wird Information im Gedächtnis gespeichert? Im Kurzzeitgedächtnis scheint die Repräsentation von Wörtern in Form unvollständig analysierter Laute vorzuliegen, während die Speicherung im Langzeitgedächtnis gemäß der Wortbedeutung erfolgt (semantisch). Informationen werden also im Kurzzeitgedächtnis eher akustisch, im Langzeitgedächtnis eher semantisch gespeichert.

Kurz- und Langzeitgedächtnis. Das Kurzzeitgedächtnis hat einen geringen Umfang im Vergleich mit dem Langzeitgedächtnis. Alles, was jemals in das Langzeitgedächtnis aufgenommen wurde, bleibt prinzipiell verfügbar. Die meiste Information, die im Kurzzeitgedächtnis repräsentiert ist, wird gleich wieder vergessen und geht verloren. Welche Information jeweils in das Langzeitgedächtnis übernommen wird, ist von vielen Faktoren abhängig, u.a. von der emotionalen Bedeutung, welche die Information für den Betreffenden hat.

Für das Erinnerungsvermögen relevante Faktoren. Es ist wesentlich schwieriger, bedeutungslose Informationen zu erinnern. Experimentell wurde bestätigt, daß *sinnvolles Material* aufgrund seiner Bedeutung möglicherweise weit mehr assoziativ verknüpft und damit leichter gespeichert werden kann. Mit sinnvollem Material können semantische Bezüge zu bestehenden Wissensinhalten hergestellt werden. *Je vertrauter eine Information*, desto mehr Assoziationen lassen sich knüpfen und desto leichter kann die Information erinnert werden. Je *reichhaltiger der Kontext*, desto genauer sind die Erinnerungen. Das Erinnerungsvermögen von *Augenzeugen* kann verbessert werden, wenn sie an den Ort des Geschehens zurückgeführt werden. Zu *häufig gebrauchten Informationen* haben wir leichter Zugang als zu den selten gebrauchten. Wenn man einen komplizierten Sachverhalt lernen muß, sollte man ihn in kürzeren Abständen wiederholen, um ihn im Gedächtnis zu behalten. Einmal Gelerntes wird nach gewissen Zeitabständen leichter wiedergelernt, wobei ein exponentieller Abfall der Zeitersparnis beobachtet werden kann.

Explizites und implizites Gedächtnis. Es kann unterschieden werden zwischen explizitem und implizitem Gedächtnis. Das *explizite Gedächtnis* bezieht sich auf die Erinnerung von genauen Informationen, wie sie etwa bei einem Gedächtnistest geprüft werden. Dazu gehören insbesondere auch Namen und genaue Daten oder Details eines früheren Ereignisses. Das *implizite Gedächtnis* steht nicht in direktem Zusammenhang zu einem Lebensereignis. Es ist die Summe von Erfahrungen, die allgemein eingeprägt worden sind, ohne daß sie als Einzelereignisse in Erinnerung geblieben sind. Dazu gehört etwa vieles, was man von einem Stoff gelernt hat. Bei *älteren Menschen* ist das implizite Gedächtnis weitgehend erhalten, im Unterschied zum expliziten Gedächtnis. Das Gedächtnis alter Menschen ist vor allem beeinträchtigt, wenn sie nebensächliche und unvorhergesehene Aspekte eines Ereignisses erinnern sollen.

Replikatives oder dynamisches Modell des Gedächtnisses

Replikatives Gedächtnismodell. Die frühere Auffassung eines replikativen Gedächtnisses, das analog zum Computer Informationen speichert und abrufbar hält, konnte nicht bestätigt werden. Das klassische Gedächtnismodell beruhte auf der Vorstellung, daß Informationen auf Gedächtnismolekülen codiert gespeichert werden, als Abdruck auf der DNA (Desoxiribonukleidazid), indem die Information wie die Buchstaben aus einem Setzkasten angeordnet werden und mit Hilfe eines Enzyms zu einer Kette, einer „Druckzeile", aneinander gereiht werden. Am klassischen replikativen Gedächtnismodell wurde in den letzten Jahren kritisiert, daß es nur zur statischen Speicherung von abrufbaren Informationen geeignet wäre. Ein Computer produziert fehlerfreie Erinnerungen. Demgegenüber aber scheint das Erinnern viel vernetzter, assoziativer und prozesshafter und damit auch ungenauer vor sich zu gehen. Erinnern ist nicht ein Abrufen von statischen Informationen.

Dynamisches Gedächtnismodell. Der amerikanische Nobelpreisträger Gerald M. Edelman [1] stellte deshalb dem replikativen ein dynamisches Gedächtnismodell gegenüber, das große Beachtung findet. Er sieht das Gedächtnis als Teil eines lebenden Systems (vgl. Kap. 4), das in ständiger Modifikation und Interaktion ist. Viele ähnlich kategorisierte Objekte können zu demselben Ergebnis führen. Ein replikatives Gedächtnis könnte den Transfer der gespeicherten Informationen auf neue Problemlösesituationen nicht erklären. Gerade die Ungenauigkeit der Wissensspeicherung führt zu optimalen Adaptationsleistungen. Das dynamische Modell des Gedächtnisses

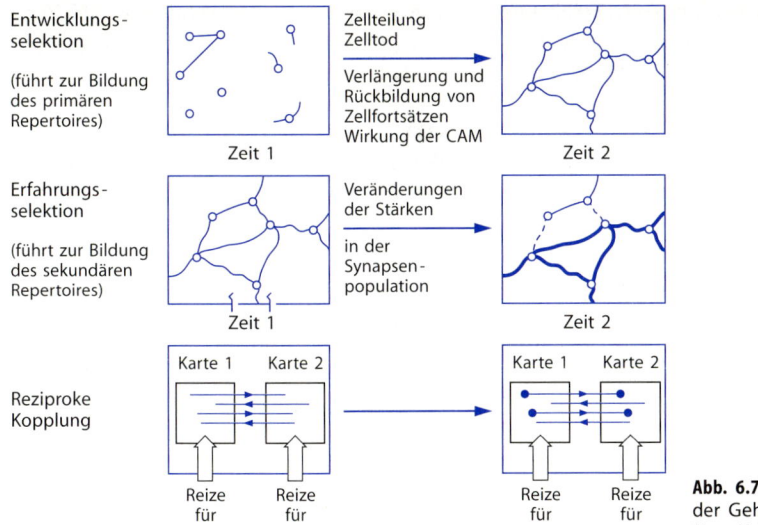

Abb. 6.7. Selektionstheorie der Gehirnfunktionen. (Aus Kebeck, 1994)

betont die Fähigkeit zu neuer Kategorisierung.

Edelman unterscheidet *drei Funktionsprinzipien des Gedächtnisses*: das primäre Repertoire, das sekundäre Repertoire und die reziproke Koppelung (Abb. 6.7).

Primäres Repertoire oder Selektion neuronaler Gruppen. Die erste Verbindung der Nervenzellen untereinander ist das Ergebnis einer entwicklungsgesteuerten Selektion. Es kommt zu einem Selektionsprozeß unter der Vielzahl von Neuronen, die miteinander in einem Wettbewerb stehen. Nervenzellen schicken Axone aus, die angelockt werden durch einen Nervenwachstumsfaktor, den die Nervenzelle zum Überleben braucht. Die Entwicklungsselektion ergibt sich aus molekularen Effekten von CAM- und SAM-Regulierungen, den Signalen für Wachstum und selektiven Zelltod. CAM (cell adhesion molecules) betrifft die Haftung von Zellen mittels spezieller Proteine in ihrer Außenhaut. SAM (substrate adhesion molecules) bilden außerhalb der Zelle ein Gerüst, an dem Zellen entlangwandern und auf dem sie bleiben können. CAM und SAM regulieren, wie sich Zellen zusammenfinden oder trennen bzw. Bewegung zulassen oder verhindern. Je nach dem wie die Zellen erregt werden, werden sie freigesetzt oder festgehalten. Sie geben dann neue Signale für neue Kombinationen. CAM und SAM führen in jedem Individuum zu anatomischen Netzwerken, die insgesamt das primäre Repertoire ausmachen. Die Neuronen wetteifern also um Verbindungen, um diese Quellen zu erhalten. Jene Zellen, die dabei nicht erfolgreich sind, sterben ab. Aus einem anfänglich immensen Überschuß an Nervenzellen bildet sich durch Zellwanderung und Zelltod ein Gewebe, das der obenstehenden Abbildung (Abb. 6.7) entspricht. Es stellt die Matrix des Nervengewebes bzw. des Gehirns dar. Noch sind keine wirklich funktionalen Schaltkreise gebildet, aber es besteht ein Netzwerk, das zu weiterem Ausbau fähig ist.

Sekundäres Repertoire oder Erfahrungs-selektion. Dieser Ausbau wird getragen von der Fähigkeit der Nervenzellen zu elektrischer Aktivität, bei der sich im allgemeinen die Anatomie nicht mehr ändert. Durch die Erfahrung werden synaptische Verbindungen in der vorhandenen Anatomie durch bestimmte biochemische Prozesse selektiv gestärkt oder geschwächt. Dieser Mechanismus liegt dem Gedächtnis zugrunde. Es kommt zur Bildung von *Schaltkreisen*, zum sekundären Repertoire neuronaler Gruppen.

Reziproke Koppelung oder neuronale Karten. Aus den funktionalen Kreisläufen entstehen die sog. Karten. Sie bestehen aus einigen zehntausend Neuronen, die funktionell in einer Richtung arbeiten. So hat jedes Wahrnehmungssystem, zum Beispiel der Sehapparat oder die Sinnesoberfläche der Haut, eine Vielzahl von Karten angelegt, die durch qualitativ unterschiedliche Eindrücke gereizt werden: Farbe, Berührung, Wärme usw. Diese Karten sind untereinander durch parallele und reziproke Fasern verbunden, die für den Austausch von Signalen sorgen. Werden durch Reize Gruppen von Neuronen einer Karte stimuliert, so erfolgt gleichzeitig eine Stimulation der mit ihr verbundenen Karten. Durch den Wiedereintritt der Impulse *kommt es zu einer Verstärkung oder Schwächung von Synapsen in den neuronalen Gruppen jeder Karte.* Auch die Verbindungen der Karten selbst erfahren eine Modifizierung. Dadurch entstehen neue selektive Eigenschaften. Die Verbindung der Karten läuft also zeitlich parallel zur Selektion und Korrelation von Karten der neuronalen Gruppen ab, die unabhängig und je für sich Reize empfangen. Dieser Vorgang ist die Grundlage für die Kategorisierung der Wahrnehmung. Auf der Abbildung 6.7 deuten die Punkte an den Enden auf eine wechselseitige Verbindung paralleler, gleichzeitiger Stärkung von Synapsen in reziprok gekoppelten Pfaden.

 Die biologische Gedächtnisforschung ist im Fluß. Vieles beruht auf Modellvorstellungen und Hypothesen. Vom obigen Modell paßt zur klinischen Beobachtung, daß das Erinnern ein aktiver, assoziativer Suchprozeß ist, der oft fehlerhaft ist. Erinnern beruht nicht auf der Abrufung exakt codierter „Engramme". Der Erinnernde kann sich täuschen.

Erinnerung der Lebensgeschichte (Anamnese)

Das Erheben einer Anamnese gehört zur üblichen ärztlichen Untersuchung (vgl. Kap. 12.3). Sie hat im psychiatrisch-psychotherapeutischen Bereich eine spezielle Bedeutung. Insbesondere die psychoanalytische Therapie ging lange Zeit von der Annahme aus, es gehe vor allem darum, frühkindliche Erlebnisse, welche die Symptomatik verursacht haben könnten, aufzudecken und bewußt zu machen.

Aktuelle Bedeutung von Erinnerungen. Heute wird allgemein anerkannt, daß es keine objektive Erinnerung der Lebensgeschichte gibt, sondern daß die erinnerte Lebensgeschichte immer eine erzählte Lebensgeschichte, eine Rekonstruktion aus heutiger Sicht ist. Entscheidend ist, welchen Sinn und welche Bedeutung erinnerte Ereignisse für die heutige Lebenssituation und Fragestellung haben. Erinnerungen können sich im Laufe des Lebens verändern. So hat etwa ein Jugendlicher eine Erinnerung an seinen Vater als Berufstätigen, der sich für die Familie keine

Zeit genommen hatte. Wenn er später selbst berufstätig und Familienvater ist, wird er für die damalige Lebenssituation seines Vaters wesentlich mehr Verständnis haben und sich an die Sorgen erinnern, die sich der Vater um die Existenzsicherung der Familie machte. Mit dem Älterwerden wird er sich zunehmend an den alternden Vater zurückerinnern, den er sich vielleicht zum Vorbild nimmt, sich vom Beruf zu lösen und ein kreatives Alter zu gestalten.

> **!** Erinnern ist immer auch Deuten für die Gegenwart. Jedes Lebensalter gibt der erinnernden Vergegenwärtigung neue Züge. Wir können nie objektive Lebensgeschichte eruieren. Die gestellten Fragen und deren Kontext wählen die Erinnerungen aus und kreieren sie neu für den aktuellen Kontext.

Emotionales Gedächtnis und „false memory"

Erinnerungen können richtig sein innerhalb einer Fragestellung, falsch jedoch aus einer anderen. Sie werden immer nur selektiv Ausschnitte aus dem gesamten Erlebnisfeld wiederaufleben lassen. Sigmund Freud, der Begründer der Psychoanalyse, erkannte den komplizierten Umarbeitungsprozeß, dem Kindheitserinnerungen unterzogen werden. Unsere Kindheitserinnerungen zeigen uns die ersten Lebensjahre nicht, wie sie wirklich waren, sondern wie sie in der späteren Erinnerung gestaltet werden. Freud glaubte, die Frage, inwiefern Erinnerungen auf Tatsachen oder auf Fantasien beruhen, vernachlässigen zu können, weil dieser Unterschied für die subjektive Bearbeitung in der Psychoanalyse nicht von Belang sei.

Das trifft zu, so lange nur der intrapsychische Prozeß einer Person beachtet wird. Die Beziehung zu den Eltern wird jedoch schwer belastet, wenn sie von den in Psychoanalyse stehenden erwachsenen Kindern für Vorkommnisse beschuldigt werden, die sich in der frühen Kindheit zugetragen haben sollen, jedoch einer realen Grundlage entbehren.

Verzerrung von Erinnerung. Erinnerungsverzerrungen nehmen unter starken Emotionen und Stimmungen ein besonders großes Ausmaß an. Gegenwärtig leben wir in einer Zeit, in welcher Inzest und in der Kindheit erfahrene *sexuelle Übergriffe* eine besondere Beachtung finden, nachdem über Jahrzehnte die Erinnerung an derartige Erfahrungen vorschnell der kindlichen Fantasie zugeschrieben worden war. Besonders schwierig ist es aber, wenn sexuelle Übergriffe postuliert werden, die in den ersten zwei bis drei Lebensjahren stattgefunden haben sollen, für welche keine konkrete, sondern lediglich diffuse Teil-Erinnerungen bestehen. Der Tatbestand wird aus Deck-Erinnerungen rekonstruiert, etwa aus Träumen, Tagphantasien, der sog. Übertragungsbeziehung zur Therapeutin oder zum Lebenspartner. Zerstörerisch auf Familien wirkt es sich aus, wenn aus derartigen Vermutungen Tatsachen geschaffen werden, mit welchen etwa ein Vater angeklagt wird.

> **!** Traumatisierende Erfahrungen wie Vergewaltigung, Folterungen, Kriegserlebnisse usw. werden auch im Erwachsenenalter häufig verdrängt. Es kann eine psychogene Amnesie, ein Gedächtnisverlust für einzelne Details derartiger Erlebnisse auftreten, in der Regel aber nicht für das Ereignis als solches.

Bruchstückhafte Erinnerung und „false memory". Überall da, wo Tatbestände zu beurteilen sind, entstehen dadurch außerordentlich schwierige Verhältnisse. Auf der einen Seite gibt es beispielsweise Asylbewerber, die von Folterungen berichten, sich dann aber bei der Schilderung der Ereignisse in Widersprüche verwickeln und deswegen der Lügenhaftigkeit bezichtigt werden. Es kann jedoch durchaus der Fall sein, daß die stark verdrängten und belasteten Erinnerungen nur bruchstückhaft zur Verfügung stehen und somit kein in sich schlüssiges Ganzes ergeben. Auf der anderen Seite gibt es das sog. *„false memory"*, wo Betroffene aus einem Kausalitätsbedürfnis die Erinnerung von Tatsachen konstruieren, für die keine objektivierbare Grundlage vorliegt. Bei Berichten von Erinnerungen, die erst Jahrzehnte später auftauchen, muß man skeptisch bleiben, wenn sie sich nicht überprüfen lassen. Je weiter eine Erinnerung zurückliegt, desto unklarer wird es, ob das Ereignis wirklich stattgefunden hat.

Was nicht konkret erinnert wird, sollte als *Vermutung* definiert werden, die durchaus subjektiv für den Betroffenen bedeutsam sein kann, die jedoch nicht zu konkreten Schuldzuweisungen an Bezugspersonen führen sollte. Das mittlere Alter, aus welchem die ersten, im Erwachsenenalter abrufbaren, biographischen Erinnerungen stammen, wird mit $3\frac{1}{2}$ Jahren angegeben.

Hypnose und Erinnerung. Lange Zeit hatte man geglaubt, daß Hypnose das Gedächtnis zu verbessern vermag. Es wurde deshalb versucht, unter Hypnose verdrängte Erinnerungen bewußt zu machen. Heute glaubt man eher, daß die Versuchsperson dem Hypnotiseur zuliebe Dinge erinnert oder vergißt. Hypnose kann fälschlicherweise das Vertrauen in die Güte der eigenen Erinnerungen erhö-

hen. Menschen sind in ihrem Erinnerungsvermögen oft suggestibel. Das muß bei der Beurteilung von Augenzeugenberichten beachtet werden. Andererseits zeigt sich die Kontextabhängigkeit des Erinnerns oft bei Augenzeugenberichten wie im folgenden Beispiel:

Die Leiterin einer kleinen Bankfiliale wurde innerhalb von drei Jahren zweimal Opfer eines Banküberfalls. Das erste Mal war sie derart überrascht und schockiert, daß ihr vom Täter einzig in Erinnerung blieb, daß er „ziemlich schlechte Zähne hatte". Noch heute sieht sie die gegen sie gerichtete Waffe und zwar so genau, „daß ich sie problemlos zeichnen könnte". Beim zweiten Überfall blieb die Filialleiterin schon gelassener. Sie versuchte, den Täter in ein Gespräch zu verwickeln, merkte sich genau seine Größe und sein Gesicht. Doch diesmal kam der Schock, nachdem der Räuber mit der Beute geflüchtet war. Es war ihr unmöglich, das gespeicherte Bild zu beschreiben. „Es war, wie wenn man ein Wort auf der Zunge hat und es nicht aussprechen kann." Da half selbst die Kriminellenkartei nicht weiter, im Gegenteil, die Zeugin wurde dadurch noch mehr verwirrt. Zufällig kam ihr eine Woche nach dem Überfall eine Schallplatte des Sängers Peter Cornelius in die Hände. Und nun fiel es ihr wie Schuppen von den Augen: Fast genau so sah der Bankräuber aus. Das Foto wurde mit der Videokamera aufgenommen und am Computer leicht retuschiert – die Haare etwas kürzer, das Gesicht etwas rundlicher – , bis das Phantombild perfekt war. Kurze Zeit später konnte der Täter von der Polizei gefaßt werden.

Multifaktoriell begründete Gedächtnisstörungen bei alten Menschen

Gedächtnisstörungen bei alten Menschen korrelieren nicht nur mit der neuronalen Degeneration des Gehirns, sondern sind das Ergebnis vieler ineinander wirkender Faktoren. Alte Menschen haben oft keine Lebensaufgabe mehr, die ihre psychischen Funktionen und damit auch das Gedächtnis herausfordern. Oft wird ihnen alles abgenommen, da sie jetzt „im Ruhestand" sind. Häufig verfallen sie zudem in eine Depression, die einhergeht mit Verlust an Interesse, an Gefühl von Lebenssinn und an psychischer Regsamkeit, was hirnorganisch mitbedingte Gedächtnisstörungen verstärkt. Depressionen sind zudem häufige Begleiterscheinungen von Alterskrankheiten. Darüber hinaus können Gedächtnisfunktionen durch das Einnehmen von Tranquilizern und Schlafmitteln (Benzodiazepine) beeinträchtigt werden. Diagnostisch und therapeutisch muß also das Zusammenwirken von biologischen, psychologischen und sozialen Faktoren beachtet werden.

6.2.6 Intelligenz

Begriffsdefinition und Intelligenzformen

> **!** Intelligenz kann definiert werden als Grad der Leistungsfähigkeit der psychischen Funktionen in der Bewältigung von alltäglichen Aufgaben und neuen Situationen. Intelligentes Handeln oder Verhalten bedeutet zweckmäßige, sinnvolle Anpassung an die Umwelt. Man kann nicht von Intelligenz als einem einzigen Faktor sprechen. Was wir mit Intelligenz eines Menschen beschreiben, setzt sich vielmehr aus mehreren Faktoren zusammen. Diesen Annahmen entsprechend wurden verschiedene Strukturmodelle der Intelligenz entworfen, welche der Konstruktion von Intelligenztests zugrunde liegen. Für die Lebensbewährung sind nicht nur intellektuelle Funktionen maßgeblich, sondern auch emotionale und soziale [3, 4].

Formen von Intelligenz. Was mit Intelligenztests gemessen wird, ist eine Integration einzelner intellektueller Funktionen. Daneben gibt es andere Formen von Intelligenzen, wie etwa soziale Intelligenz, emotionale Intelligenz, linguistische Intelligenz, körperlich-kinästhetische Intelligenz (Tanz, Ausdruckskunst), musikalische Intelligenz usw.. Kreativität kann bisher nicht mit Tests gemessen werden. Die Ergebnisse von Intelligenztests korrelieren recht gut mit dem Schulerfolg, umstritten ist, wie gut sie mit der Lebensbewährung übereinstimmen.

Auswirkungen hoher Intelligenz. Es gibt eine amerikanische Studie, in welcher 1'500 hochbegabte Personen des Jahrganges 1910 ab 1921 regelmäßig über ihren Lebensweg hinweg untersucht wurden [9]. Unter anderem ergaben sich folgende Resultate: Die Hochbegabten lebten 2–6 Jahre länger als die gleichaltrige Gesamtbevölkerung der USA. Sie erwarben eine überdurchschnittliche Ausbildung und erreichten einen überdurchschnittlichen Berufsstatus. Der Anteil psychisch Kranker war geringer als in der Gesamtbevölkerung. Ihre Kinder hatten wieder sehr gute Resultate in Intelligenztests und erwarben sich eine überdurchschnittliche Schulbildung. Je besser die Ausbildung, desto höher war die berufliche Position, desto eher verheirateten sich die Männer und desto eher blieben die Frauen ledig.

Entwicklung der Intelligenz beim Kind

Die Intelligenzstruktur verändert sich im Laufe des Lebens. Im Kindesalter werden die einzelnen Fähigkeiten entwickelt, welche intelligentes Verhalten konstituieren. Im Folgenden sei ein kurzer Abriß der Intelligenzentwicklung, wie sie Jean Piaget [14] dargestellt hat, wiedergegeben. Piaget unterscheidet folgende *Stufen der Intelligenzentwicklung*:

- *Sensomotorische Intelligenz* (Geburt bis zu ca. zwei Jahre): In dieser Phase erwirbt das Kind durch die handelnde Auseinandersetzung mit der Umwelt die Konzepte des Raumes, der Zeit und der Kausalität. Sie sind Voraussetzung für das Konzept des Objektes: Das Kind sucht am Ende der Phase den Ball, den man vor seinen Augen unter eine Decke gelegt hat. Gegenstände existieren auch dann, wenn sie nicht mehr sichtbar sind (Objektkon-

stanz). Die egozentrische Auffassung der Welt weicht zunehmend einer objektiveren.

- *Symbolisch-vorbegriffliches Denken* (ca. zwei bis vier Jahre): Hier setzt die Entwicklung der Intelligenz im engeren Sinn mit der Verinnerlichung von Handlungen ein. Im symbolischen Spiel verwendet das Kind Dinge (z.B. ein Stück Holz) als Symbole für andere Gegenstände (z.B. ein Hund). Wenn es auch Handlungen und Vorstellungen als Symbole zu verwenden vermag, übernimmt es im Zuge der Sprachentwicklung die von der sozialen Umgebung dafür gebrauchten verbalen Zeichen. Das Kind verwendet noch keine Begriffe, ist noch ganz an Einzelheiten orientiert.

- *Anschauliches Denken* (vier bis sieben Jahre): Das Kind erkennt nun den Unterschied zwischen einer Klasse von Gegenständen und den Elementen, die zu dieser Klasse gehören. Es ist aber nicht in der Lage, die Beziehungen, die zwischen den Klassen bestehen, voll zu erfassen. Das Denken ist noch von der Wahrnehmung abhängig, wie das folgende Beispiel zeigt: In zwei gleiche Gläser wird jeweils die gleiche Menge Wasser eingefüllt. Hierauf wird die Flüssigkeit aus einem der beiden Gläser in ein breiteres und niedrigeres Glas gefüllt. Das vierjährige Kind meint, daß es mehr geworden sei, weil das Glas breiter ist, oder daß es weniger geworden sei, weil das Wasser im Glas nicht mehr so hoch stehe. Die prälogische Struktur des Denkens erlaubt dem Kind, nur eine Dimension der sichtbar veränderten Wirklichkeit zu beachten.

- *Konkrete Operationen* (ca. 7 bis 12 Jahre): Diese Stufe wird durch das Auftreten von Operationen eingeleitet. Operationen sind verinnerlichte Handlungen, die reversibel geworden sind.

Voraussetzung dazu ist der Begriff der Mengenkonstanz. Auf das oben erwähnte Beispiel angewandt heißt das: Das Wasser wird nicht mehr, wenn man es in einen höheren Behälter gießt. Mit den konkreten Denkoperationen wird das Rechnen möglich, das auf dem Verständnis der Umkehrbarkeit von Mengenbeziehungen beruht: 35 + 65 = 100, 100–65 = 35, 100–35 = 65. Das Denken bezieht sich auf konkrete Objekte, Klassen und einfache Relationen.

- *Formale Operationen* (ab 12 Jahre): Die erlebte, konkrete Wirklichkeit ist nur noch eine von verschiedenen Möglichkeiten. Der Jugendliche kann sich vom Hier und Jetzt entfernen und in die Bereiche der Zukunft, der Denkmöglichkeiten, der Ideen und theoretischen Probleme vorstoßen. Mit dem abstrakt-logischen Denken wird er fähig, Hypothesen zu bilden, systematisch zu experimentieren und aus den Ergebnissen Folgerungen abzuleiten, um eine Hypothese zu beweisen. Hypothetisch-deduktives Denken ist eine symbolische Vorstellungstätigkeit nicht nur in konkreten Gegebenheiten, sondern auch mit Möglichem und Wahrscheinlichem.

Einfluß von Anlage und Umwelt auf die Intelligenzleistung

Biologische Determinanten. Die Tatsache, daß sich Intelligenz und die primären mentalen Fähigkeiten statistisch in einer Bevölkerung wie biologische Größen verteilen, ist ein bemerkenswertes Phänomen. Es weist auf Intelligenz als eine **biologisch fundierte Größe** hin, die mit dem Aufbau und der Funktionsweise unseres Gehirns zusammenhängt. Den genetischen Anteil menschlicher Intelligenz zeigen auch Studien an Zwillingen.

Intelligenzleistungen eineiiger Zwillinge unterscheiden sich im Durchschnitt um nur 6 IQ-Punkte, während die von zweieiigen Zwillingen durchschnittlich um 10 IQ-Punkte unterschiedlich sind. Getrennt oder gemeinsam aufgewachsene eineiige Zwillinge unterschieden sich wenig.

Determinanten der Umwelt. Intelligenz hängt jedoch auch von *Umweltfaktoren* ab. Dies läßt sich am Beispiel der Beziehungen zwischen Intelligenz, *Familiengröße und Geburtenposition* von Geschwistern zeigen. In umfangreichen Studien in verschiedenen Ländern wurde eine immer wieder sich bestätigende und verblüffende Beobachtung gemacht. Je größer eine Familie ist, um so geringer ist die Durchschnittsintelligenz der Gesamtfamilie. Nun könnte es sein, daß Eltern mit geringerer Intelligenz häufiger besonders viele Kinder haben. Für einen Umwelteinfluß spricht, daß ein deutlicher Unterschied nach Geburtenposition besteht. Je später ein Kind in der Geschwisterreihe steht, um so mehr nimmt die Wahrscheinlichkeit zu, daß es eine geringere Intelligenz als die älteren Geschwister zeigt. Dies könnte auf der einen Seite darauf hinweisen, daß die erstgeborenen Kinder eine sorgfältigere Förderung durch die Eltern erfahren, auf der anderen aber auch, daß sie schon früher zur Selbständigkeit herausgefordert werden und ihre jüngeren Geschwister anleiten und damit ihre intellektuellen Fähigkeiten üben.

Kulturelle Faktoren. Zu den die Intelligenz beeinflussenden Umweltfaktoren gehört auch die Kultur. Unterschiedliche Kulturen fordern unterschiedliche Intelligenzentwicklungen heraus. Wenn man die Testprozedur auf die kulturellen Erfahrungen abstimmt, können Mitglieder vermeintlich weniger entwickelter Kulturen sich jenen westlicher Gesellschaften überlegen erweisen. Kulturen fördern unterschiedliche Fähigkeiten zur Informationsverarbeitung und formen sie für ihre eigenen Zwecke. Die mentalen Fähigkeiten von Individuen werden durch das Wissen und Handeln anderer Personen geformt.

Die Messung der Intelligenz

Sie erfolgt durch *Intelligenztests*, die je nach Umfang und Aufgaben aus verschiedenen Bereichen bestehen. Am verbreitetsten ist bei uns der *Ha*mburger *We*chsler-*I*ntelligenz-Test für *E*rwachsen (HAWIE) bzw. für *K*inder (HAWIK). Der HAWIE besteht aus einem *Verbal-* und einem *Handlungsteil* mit je sechs bzw. fünf Untertests. Zum Verbalteil gehören z. B. allgemeines Wissen, Wortschatztest, rechnerisches Denken. Zum Handlungsteil gehören Bilder ergänzen, Figuren legen, Mosaiktest. Mit Hilfe dieser Untertests ist es möglich, Aussagen über die Intelligenzstruktur, über die Ausprägung der verschiedenen Begabungen/Fähigkeiten oder über spezifische Leistungsmängel zu machen.

Intelligenzquotient. Das Intelligenzleistungsmaß ist der Intelligenzquotient, der IQ. Die altersentsprechenden Intelligenzstufen werden entsprechend dem statistisch festgelegten prozentualen Anteil an der Bevölkerung definiert. Dementsprechend zeigen bei einer Normalverteilung 50 % der Bevölkerung eine durchschnittliche Intelligenz, ausgedrückt mit einem IQ von 91 bis 109 Punkten, 2,2 % eine extrem niedrige Intelligenz von weniger als 62 Punkten und 2,2 % eine extrem hohe Intelligenz von über 127 Punkten. Der IQ ist ein Maß für die Gesamtleistung eines Individuums. Er bezeichnet die Höhe des allgemeinen Intelligenzniveaus.

Beeinträchtigungen der Intelligenz. Da die meisten Intelligenztests viele Aufgaben über angelerntes Wissen enthalten, besteht häufig ein deutlicher Zusammenhang der Testleistungen mit den Schulleistungen, vor allem mit denjenigen im Rechnen und in der Muttersprache. Bei Schulversagern mit hohen Leistungen im Intelligenztest ist an Leistungsängste in der Schule oder an Konzentrationsschwierigkeiten im Klassenverband zu denken, wie sie beim frühkindlichen psychoorganischen Syndrom häufig sind. Manche Kinder können in der geschützten Testsituation mit einem freundlichen Testleiter bessere Leistungen erbringen als in der Schule, wo sie stärker abgelenkt werden.

Intellektuelle Kapazität. Im Bestreben, auch Probanden mit geringerer Schulbildung unabhängig von kulturellen Faktoren auf ihre Intelligenz prüfen zu können, wurden sprachfreie Tests entwickelt, so etwa der SPM (Standard Progressive Matrices von Raven) [15] (Abb. 6.8a + b). Der Test wird vor allem zur Erfassung einer allgemeinen intellektuellen Kapazität gebraucht. Die schwierigeren Aufgaben erfordern zusätzlich auch räumliches Vorstellungsvermögen und Erkennen von logischen Beziehungen geometrischer Figuren. Obwohl der Test schulisches Wissen nicht direkt prüft, sind die erzielten Leistungen von der in einer Kultur vermittelten Denkschulung beeinflußt. Es gibt keine abstrakte Intelligenz an sich.

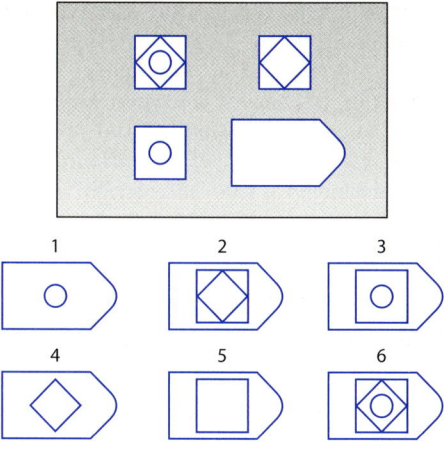

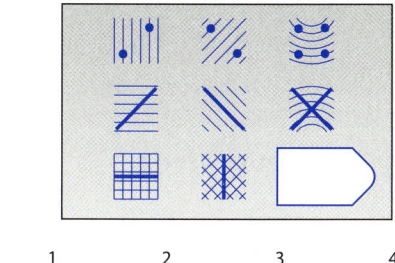

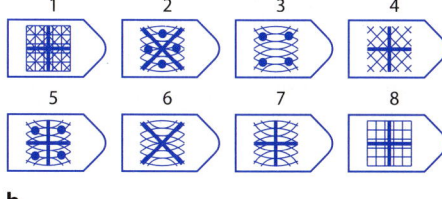

Abb. 6.8a. Standard Progressive Matrices von Raven. (Aus Raven, 1938) Raven-Test: Der Proband hat zu bezeichnen, welches der 6 bzw. 8 unten aufgeführten Zeichen in das jeweils leerstehende Feld im oberen Rechteck einzufügen ist. Bei Abb. 6.8a ist richtg 5, bei Abb. 6.8b ist richtig 7. Abb. 6.8b hat einen höheren Schwierigkeitsgrad als 6.8a

Abb. 6.8b. Standard Progressive Matrices von Raven. (Aus Raven, 1938)

6.2.7 Emotionen

Psychophysiologie der Emotionen

> **!** Wahrnehmungen werden bewertet. Bewertungsprozesse lösen eine emotionale Reaktionstrias aus von
>
> - erlebtem Gefühl
> - physiologischem Reaktionsmuster und
> - Ausdrucksverhalten.
>
> Zwischen diesen drei Emotionskomponenten bestehen Wechselwirkungen.

Nicht alle Wahrnehmungen sind bewußt. Oft reagieren Menschen auf unbewußte Wahrnehmungen mit körperlichen Reaktionen, insbesondere mit Spasmen der willkürlichen und unwillkürlichen Muskulatur. Bewußtes Erleben und Verbalisieren von Gefühlen kann die physiologischen Reaktionen reduzieren. Durch Sich-Aussprechen und Sich-Mitteilen kann eine emotionale Entlastung erreicht werden.

Emotion und physiologische Reaktion. In der Psychosomatik ist es eine heftig umstrittene Frage, ob zwischen Emotionen und physiologischen Reaktionen eine spezifische Korrelation besteht. In den 50-er und 60-er Jahren war in der Psychosomatik die Meinung verbreitet, daß chronische emotionale Belastungen und Fehlverarbeitung bestimmter Emotionen, z. B. eine ständige Verdrängung von Ärger, zu sog. „psychosomatischen Krankheiten" führen; so etwa zu essentieller Hypertonie, Magengeschwür, Asthma bronchiale und bestimmten

Hautkrankheiten. In prospektiven Studien konnten diese Thesen jedoch nicht ausreichend bestätigt werden. Zumindest können diese Krankheiten nicht ausschließlich emotionalen Spannungen zugeschrieben werden. Zurückhaltung besteht vor allem der These gegenüber, daß spezifische neurotische Konflikte zu spezifischen psychosomatischen Krankheiten führen.

Emotionsforschung. Emotionen können in der Forschung in verschiedenen Dimensionen faßbar gemacht werden:

- Physiologisch: z. B. durch Erfassung des Hautwiderstandes, der Pulsrate, des Blutdruckes
- Expressives motorisches Verhalten: z. B. als Gesichtsausdruck, Stimmausdruck, Körperhaltung
- Wahrnehmung und Verbalisierung von Gefühlen bzw. Einschätzung von Gefühlen in Fragebogen (Selbstrating oder Fremdrating)

Emotion und Kognition

Gefühle wirken bei der Informationsverarbeitung als selektive Filter. Der Filter ist leichter für Informationen durchlässig, die mit der Stimmung des Wahrnehmenden übereinstimmen. Bei der Informationsverarbeitung handelt es sich immer um ein Zusammenwirken von kognitiven und emotionalen Prozessen. Kognitive Prozesse sind immer von Gefühlen begleitet, und Gefühle beeinflussen ihrerseits die Informationsverarbeitung und das Denken. Jede Leistung, auch das Lösen einer mathematischen Aufgabe, erfordert emotionale Qualitäten wie Motivation, Zuversicht und Ausdauer. Die emotionale Wahrnehmung ist wesentlich breiter als die bewußt-kognitive. Manche besonders unangenehme und belastende

Informationen führen zu körperlichen Reaktionen, ohne bewußt wahrgenommen zu werden. Die emotionale Wahrnehmung ist auch bei Tieren differenziert ausgebildet. Hunde und Katzen reagieren sehr sensibel auf Stimmungsveränderungen von Menschen. Ihre Wahrnehmung drückt sich in ihrer Körpersprache aus.

Es wird unterschieden zwischen:

- *Gefühlsregungen*: Emotionen, Affekte wie Freude, Ärger, Mitleid, Abscheu.
- *Stimmungen*: längerdauernde Gefühlszustände wie Heiterkeit, Traurigkeit, Mißmut.

Emotionen können nicht direkt willentlich kontrolliert werden. Trotz des Bestrebens zu sachlichem Beobachten und Denken bewahrt dieses in seiner emotionalen Verankerung immer auch einen subjektiven Aspekt.

Der kommunikative Aspekt der Emotionen

Emotionen beeinflussen die Mimik, Gestik, Körperhaltung, die Stimme, die persönliche Ausstrahlung (vgl. Kap. 3.2). Emotionen zeigen sich aber auch an psychophysiologischen Reaktionen wie z. B. Erröten, Zittern, Schwitzen, Körpergeruch, muskuläre Verkrampfung (vgl. Kap. 8). Diese psychophysiologischen Reaktionen sind dem Betroffenen oft peinlich. Es wird versucht, sie zu verbergen oder zu überspielen.

Emotionen beeinflussen den körperlichen Ausdruck. Der körperliche Ausdruck einer Person wird von den Bezugspersonen, aber auch von Haustieren viel unmittelbarer und oft auch unreflektierter wahrgenommen als die verbale Sprache.

Körpersprache. Beobachter können die sich im körperlichen Ausdruck verratenden Gefühle oft besser wahrnehmen als die Betroffenen selbst. Säugetiere drücken mit ihrer Körpersprache ihre Emotionen oft spontaner aus als Menschen. Das macht die Drolligkeit von Affen aus, wie sie im Zoo beobachtet werden kann, aber auch die intensive emotionale Kommunikation von Menschen mit Hunden und Katzen, deren emotionale Stimmung sich unmittelbar im Schwanzwedeln und Schnurren ausdrückt. Auch Kleinkinder drücken ihre Emotionen ungehemmt mit ihrer Körpersprache aus. Erst mit zunehmender kognitiver Entwicklung wird versucht, die Körpersprache zu kontrollieren, was immer nur begrenzt gelingt. Oft verraten Menschen ihre verborgenen und verleugneten Gefühle mit ihren Gebärden. Manche körperlichen Ausdrucksformen verstärken sich durch den Versuch, sie zu unterdrücken, so etwa das Erröten oder Stottern. Es kann in einem Gespräch eine Diskrepanz bestehen zwischen Inhalts- und Beziehungsaspekt (vgl. Kap. 3.2). So wird etwa bei der Verabschiedung von einer Party der Abend verbal hochgelobt, gleichzeitig aber verrät die Mimik, daß man sich gelangweilt hat. Die Körpersprache „geht zum Herzen", sie ist ein emotionaler Ausdruck und wird emotional perzipiert.

Die emotionale Verarbeitung

Intensive Gefühle, insbesondere Gefühle der Freude, der Wut und der Trauer, beeinträchtigen oft das Anpassungsvermögen einer Person, insbesondere wenn diese über eine geringe Impulskontrolle

und ein geringes Frustrationsvermögen verfügt. Um inadäquates Verhalten zu vermeiden, werden intensive Gefühle oft unterdrückt und zurückgehalten. Sigmund Freud hatte die moderne Psychotherapie mit der Beobachtung begründet, daß intensive sexuelle Triebenergie nur unzureichend verdrängt werden kann und daß sie – wird ihre Befriedigung verhindert – indirekte Wege zu ihrer Befriedigung findet, oft allerdings in einer dem Betroffenen nicht bewußten Weise. Relativ bewußtseinsnahe Sublimierungen sexueller Energie sind etwa der Gesellschaftstanz. Eine funktionelle Beinlähmung kann eine stärker verdrängte symbolhafte Gebärde sein, welche die besondere Aufmerksamkeit der geliebten Person auf sich ziehen soll. Die Psychoanalyse hat sich intensiv mit der Verarbeitung unangenehmer Gefühle, insbesondere von Angst, mittels Abwehrmechanismen – insbesondere Verdrängung, Verleugnung, Intellektualisierung usw. – befaßt (vgl. Kap. 7.2).

Neurotische Symptombildungen. Unterdrückte emotionale Reaktionen können ein Eigenleben führen und bilden damit das Kernproblem neurotischer Störungen. Dadurch, daß die Emotionen den persönlichen, bewußten Wünschen und Absichten widersprechen können und verleugnet und verdrängt werden, wirken sie sich oft in irrationaler Weise aus. Sie entziehen sich damit der willkürlichen Kontrolle. Die Betroffenen sagen dann: „Ich will, aber ich kann nicht". Das zeigt sich etwa in neurotischen Symptombildungen z. B. bei Zwangskranken im Waschzwang, wo die Betroffenen genau wissen, daß das dauernde Waschen der Hände unsinnig ist, sie es aber dennoch nicht lassen können. Oder bei einer Klaustrophobie, wo der Betroffene weiß, daß ihm beim Durchfahren eines Tunnels in der Straßenbahn nichts passieren wird.

Dennoch kann er seine Angst nicht kontrollieren. Oder bei einer psychogenen Impotenz wird das gewollte Herbeiführen einer Erektion diese erst recht blockieren. Einfaches Appellieren an den eigenen Willen nach dem Motto „Reiß dich zusammen" nützt nichts.

Die therapeutische Regulation unterdrückter Gefühle

Die Regulation intensiver Gefühle kann begünstigt werden durch Sich-Aussprechen, Sich-Mitteilen, Sich-Ausweinen, Sich-Entlasten. Eine Katharsis kann therapeutisch verstärkt werden durch Schreien, Tanzen oder aggressive Bewegungen. Das bloße körperliche Abreagieren kann zwar zu einer momentanen Entlastung führen, nicht jedoch zur Lösung emotionaler Probleme. In der *Körpertherapie* wird versucht, auf muskuläre Verspannungen und andere psychophysiologische Streßreaktionen Einfluß zu gewinnen. Es wird davon ausgegangen, daß diese mit intensiven verdrängten und dem Betroffenen oft unbewußten Gefühlen in Zusammenhang stehen.

Therapeutische Verfahren. Verschiedene Verfahren nehmen darauf in unterschiedlicher Weise Bezug. In einfachster Weise handelt es sich um Entspannungsübungen wie beispielsweise das *Autogene Training* nach J.H. Schultz oder die *progressive Muskelentspannung* nach Jacobson. Bei anderen Methoden werden die Patienten aufgefordert, in ihren Körper hineinzuspüren, körperliche Verspannungen wahrzunehmen und ihnen eine verbale Sprache zu verleihen. Verspannungen im Nacken können bedeuten, daß jemand seinen Kopf nicht dem äußeren Druck beugen will, Verspannungen im Rücken, daß jemand Mühe hat, die Last zu tragen, die ihm aufgebürdet wird. Insbesondere

in der Sexualtherapie wird versucht, die Bedeutung des körperlichen Symptoms als symbolhafte Gebärde zu erkennen und ihr die geeignete Sprache zu verleihen. So kann etwa ein Mann mit einer Erektionsstörung seinen Trotz gegen die sexuellen Erwartungen seiner Partnerin zum Ausdruck bringen, die zu erfüllen er nicht bereit ist, ohne sich dessen bewußt zu sein. In der Therapie soll dann die Verweigerung des Penis in eine verbale Sprache übersetzt und der Partnerin kommuniziert werden.

Die Behandlung krankhafter Angst

Panikattacken. Sie sind schlagartig eintretende Zustände von extremer Angst, begleitet von einer Vielzahl körperlicher und psychischer Symptome: hoher Puls (Tachykardie), Atembeschleunigung (Hyperventilation), leicht erhöhter Blutdruck, Schwitzen, Zittern, Schwindel, panische Angst vor Herzinfarkt, Hirnschlag oder Tod.

Bei diesen Patienten kann sich ein Teufelskreis bilden (Abb. 6.9), in welchem die Wahrnehmung an sich unbedeutender körperlicher Sensationen als besondere Gefahr interpretiert wird, was zu übertriebener Selbstbeobachtung und zum Auftreten und Sich-Verstärken von Angst führt. Die Angst verstärkt ihrerseits psychophysiologische Veränderungen, die nun als Katastrophe interpretiert werden bis zu einem Sich-Hineinsteigern in panische Angst vor Herzinfarkt oder plötzlichem Tod. Derartige Angstanfälle lassen sich insbesondere auch an der Atmung feststellen: Unter Angst beginnt eine Person rascher zu atmen. Die rasche Atmung führt zu Hyperventilation mit verstärkter Ausatmung von CO_2. Dies führt zu leichten Verkrampfungen, Paraesthesien (Kribbeln) und Atemnot, die als bedrohlich interpretiert werden, was die Hyper-

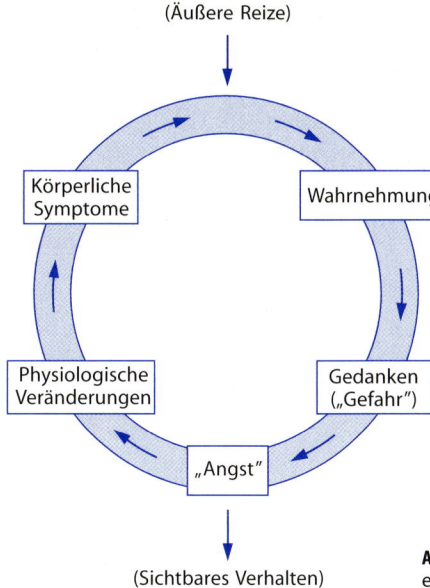

(Äußere Reize)

Körperliche Symptome

Wahrnehmung

Physiologische Veränderungen

Gedanken ("Gefahr")

"Angst"

(Sichtbares Verhalten)

ventilation weiter verstärkt bis zur eigentlichen Hyperventilationstetanie. In der kognitiven Verhaltenstherapie (vgl. Kap. 7.1.4) lernt der Patient, die Fehlinterpretation an sich harmloser Körpersensationen zu korrigieren und die mit den körperlichen Symptomen einhergehenden Ängste auszuhalten. Ein bewährtes Mittel dabei kann beispielsweise die therapeutisch induzierte Hyperventilation in der Therapiesitzung sein, bei welcher der Patient erfährt, daß er selbst die unangenehmen Körpersensationen und die sie begleitende Angst erzeugen, aber ebenso wieder abbauen kann.

Abb. 6.9. Der Teufelskreis bei Angstanfällen. (Aus Margraf et al., 1990)

Zusammenfassung

In diesem Kapitel werden einzelne praxisrelevante Aspekte über Bewußtsein, Wahrnehmung, Denken, Gedächtnis, Intelligenz und Emotionen behandelt. Neurobiologische Strukturen des Gehirns sind nicht einfach gegeben, sondern werden durch die aktive Erfahrung beeinflußt. Das Gehirn zeigt besonders in den ersten Lebensjahren eine hohe Plastizität. Gewisse kortikale Verbindungen sind durch postnatale Erfahrungen modifizierbar. Große Teile des Kortex sind in der frühen Kindheit nicht spezialisiert und bleiben damit für verschiedene Zwecke verfügbar.

Wahrnehmung ist nicht eine objektive Abbildung der Außenwelt. Sehen bedarf eines aktiven gestaltenden Subjekts. Schon auf tiefer Organisationsstufe zeigt sich die Tendenz, Sinnesperzeptionen zu gestalten und zu ordnen. Die wahrgenommene Wirklichkeit ist auf höherer Stufe gesehen immer eine konstruierte Wirklichkeit. Wahrnehmen kann als Hypothesentesten verstanden werden. Die Konstruktionen der Wirklichkeit können überprüft werden. Es wären jedoch immer auch andere Wahrnehmungen derselben Wirklichkeit möglich. Menschliche Wahrnehmung ist kontextabhängig und selektiv.

Dasselbe Prinzip zeigt sich bezüglich des *Gedächtnisses*. Erinnern ist nicht nur Abrufen gespeicherter Engramme. Erinnerungen sind immer auch Neukonstruktionen der Vergangenheit aus der Sicht der Gegenwart. Dieses aktive, gestaltende Arbeiten unterscheidet das denkende Gehirn grundsätzlich von der Funktionsweise eines Computers. Ein Computer arbeitet systematischer und logischer, das Gehirn ist demgegenüber unsystematischer, fehlerbehafteter, es arbeitet emotional und unobjektiv, aber es ist in seiner Arbeitsweise gleichzeitig wesentlich flexibler und kreativer.

Diese hochgradige Flexibilität und Plastizität der psychischen Funktionen macht deren objektivierbare Forschung schwierig. Intelligenztests messen, was wir als Intelligenz bezeichnen. Der Intelligenzquotient korreliert am ehesten mit dem Schulerfolg, jedoch nur bedingt mit der Lebensbewährung, für die Kreativität, Emotionalität und soziale Intelligenz wichtige ergänzende Aspekte bilden.

Literatur

Weiterführende Lehr- und Handbücher

1. Edelman G.M.: Göttliche Luft, vernichtendes Feuer. München: Piper 1995
2. Frisby J.P.: Sehen, optische Täuschungen, Gehirnfunktionen, Bildgedächtnis. München: Moos 1979
3. Gardner H.G.: Abschied vom IQ. Die Rahmen-Theorie der vielfachen Intelligenzen. Stuttgart: Klett-Cotta 1991
4. Gardner H.G.: Dem Denken auf der Spur. Der Weg der Kognitionswissenschaften. Stuttgart: Klett-Cotta 1989
5. Kebeck G.: Wahrnehmung. Weinheim: Juventa 1994
6. Parkin A.J.: Gedächtnis. Weinheim: Psychologie Verlagsunion 1996

Einzel- und Übersichtsarbeiten

7. Biondi M.: Beyond the Brain-Mind Dichotomy and towards a Common Organizing Principle of Pharmacological and Psychological Treatments. Psychother Psychosom 64:1–8, 1995
8. Eisenberg L.: The Social Construction of the Human Brain. Am J Psych 151:1563–1575, 1995
9. Friedman H.S., Tucker J.S., Schwartz J.E. et al.: Psychosocial and Behavioral Predictors of Longevity. American Psychologist 50:69–78, 1955
10. Katz D.: Gestaltpsychologie. 3. Aufl. Basel: Schwabe 1961
11. Kuhn Th.S.: Die Struktur wissenschaftlicher Revolutionen. Frankfurt a.M.: Suhrkamp 1973
12. Margraf J., Schneider S.: Panik. 2. Aufl. Berlin: Springer 1990
13. Neisser U.: Cognition and reality. Principles and implications of cognitive psychology. San Francisco: Freeman 1976
14. Piaget J.: Das Erwachen der Intelligenz beim Kinde. Stuttgart: Klett-Cotta 1992 (Neuchâtel: Delachaux et Niestle 1959)
15. Raven J.C.: Standard Progressive Matrices. London: H.K. Lewis 1938
16. Scharfetter C.: Allgemeine Psychopathologie. Stuttgart: Thieme 1985
17. Swobodnik W., Herrmann M., Alwein J.E., Basting R.F. [Hrsg.]: Atlas der Ultraschallanatomie. Stuttgart: Thieme 1988
18. Waddington C.H.: The Evolution of an Evolutionist. Ithaka: Cornell University Press 1975
19. Wygotski S.: Denken und Sprechen. Frankfurt a.M.: Fischer 1977

Dieses Kapitel strebt nicht einen umfassenden Überblick über Persönlichkeits-psychologie und Persönlichkeitsmodelle an, sondern gliedert sich nach aktuell wichtigen Fragestellungen der ärztlichen und psychotherapeutischen Praxis für das Verständnis der Persönlichkeit. Es geht dabei um die Konstitution und genetische Ausstattung der Persönlichkeit, um die innerseelische Struktur und Dynamik der Person gemäß psychoanalytischem Modell, um Verhalten und Denkstrukturen gemäß behavioristischem und kognitivem Modell und um die Wechselbeziehung zur gestalteten Umwelt gemäß systemisch-ökologischem Modell. Die Studierenden der Medizin sollen vertraut gemacht werden mit den grundlegenden Begriffen dieser Modelle, die heute weitgehend in die Umgangssprache eingegangen sind. Die Kenntnis der Grundprinzipien ist eine wichtige Basis für das Verständnis psychogener Störungen, wie sie in der Psychiatrie vermittelt werden. Zu einer ganzheitlichen Behandlung von Patienten durch den Hausarzt gehört es, daß er diese auch über eine eventuelle Psychotherapie beraten kann. Das psychoanalytische, das kognitiv-verhaltensorientierte und das systemische Modell gelten als drei grundlegende Sichtweisen, an denen sich die psychotherapeutische Ausbildung von Ärzten orientiert.

Im vorangehenden Kap. 6 wurden psychische Grundfunktionen behandelt, die sich aber nicht losgelöst von der Gesamtpersönlichkeit betrachten lassen. Dieses Kapitel handelt von der Persönlichkeit als einem psychischen Organismus, der diese Grundfunktionen ganzheitlich integriert. Wegen der besonderen Bedeutung, die seelische Belastungssituationen in der Medizin haben, werden in Kap. 7.2 Anpassungs- und Bewältigungsmassnahmen dargestellt. Bezogen auf Krankheitsauslösung und Krankheitsverarbeitung werden diese Grundlagen in Kap. 13 weiter ausgeführt. Kap. 7.3 behandelt die Grundlagen der testpsychologischen Erfassung der Persönlichkeit.

7.1 Persönlichkeitsmodelle

7.1.1 Wozu Persönlichkeitsmodelle?

Die Modelle sind Konstrukte, die sich in unterschiedlichem Maße eignen, in der Fülle der Beobachtungen Strukturen und Zusammenhänge zu erkennen. Je nach Fragestellung versucht man, einen Menschen nach seiner hereditär-konstitutio-*erblich* nellen Ausstattung, nach seiner intrapersonellen, insbesondere auch unbewußten Dynamik, nach seinem sichtbaren und damit beobachtbaren Verhalten oder als Beziehungswesen zu erfassen.

Die nachfolgende Darstellung soll nicht als Überblick über bestehende Persönlichkeitsmodelle verstanden werden.

Es werden Aspekte einiger Modelle behandelt, die für die ärztliche, psychiatrische und psychotherapeutische Praxis und Forschung von hoher Erklärungskraft sind.

7.1.2 Das Zusammenpassen von Charakter und Umwelt – Elemente eines konstitutionellen Persönlichkeitsmodells

Geschichte und Bedeutung der Begriffe

Jeder Organismus steht in Wechselwirkung mit seiner Umwelt. Er schafft sich seine Umwelt, gestaltet und verändert sie und wird selbst durch sie geformt und verändert.

In welchem Ausmaß weist nun aber eine Persönlichkeit, unabhängig von spezifischen Umweltumständen, gewisse Eigenheiten auf, die sich über die gesamte Lebensspanne als wenig beeinflußbar erweisen? Inwiefern lassen sich Persönlichkeitsmerkmale als erblich oder konstitutionell begründen?

Temperamentstypen. Die Frage nach biologisch begründeten Persönlichkeitsmerkmalen zieht sich durch die ganze Medizingeschichte hindurch. Schon der griechische Arzt Hippokrates (ca. 460–370 vor Christus) entwarf ein *Modell von vier Temperamentstypen*:

- Der *Choleriker* mit Neigung zu impulsiven Ausbrüchen
- Der *Phlegmatiker*, der eine besondere Schwerfälligkeit aufweist
- Der *Sanguiniker* mit einem lebhaften und eher unbeschwerten Temperament

- Der *Melancholiker* mit Neigung zu Schwermut

Man kann in diesen vier Temperamentstypen bereits die Dimensionen von Impulsivität, Introversion-Extraversion sowie Gestimmtheit sehen, die auch heute in allen Persönlichkeitsmodellen eine zentrale Bedeutung haben. Hippokrates brachte diese Temperamentstypen in einen biologischen Zusammenhang: den cholerischen Typ mit der gelben Galle, den sanguinischenTyp mit leichtem Blut, den phlegmatischen Typ mit Schleim und den melancholischen Typ mit schwarzer Galle. Die Frage der Gesundheit war eine Frage des richtigen Mischungsverhältnisses dieser Körpersäfte. Die Säftelehre wurde dann vom römischen Arzt Claudius Galenus (129–199 nach Christus) wieder aufgegriffen und bildete durch das ganze Mittelalter bis in die Neuzeit die Grundlage der europäischen Medizin.

Konstitutionstypus und Charakter. Zwischen dem 1. und 2. Weltkrieg fand die Typenlehre des deutschen Psychiaters Ernst Kretschmer große Beachtung [22]. Er identifizierte drei (später vier) Konstitutionstypen, bei denen er Körperbau, Charakter und Neigung zu bestimmten Psychosen in einen Zusammenhang brachte. Den *leptosomen Körperbau* – asthenische Konstitution, schmalbrüstig und lange Glieder – setzte er in Zusammenhang mit schizothymem Charakter – schüchtern, empfindsam, umständlich, zu verstiegenen Ideen und Weltfremdheit neigend. Pathologisch übersteigert imponiert dieser Typus als *schizoider Charakter*, der sich bei schizophrener Geisteskrankheit gehäuft finden soll. Den *pyknischen Typ* mit gedrungenem Rumpf und kurzen Gliedern fand er gehäuft im Zusammenhang mit zyklothymem Charakter, der ein weiches Hin-und-Herschwingen seiner Stimmungen von himmelhoch jauchzend bis zu Tode betrübt aufweist und gemütvoll, lebhaft, extravertiert und kontaktfreudig ist. Sein Denken ist wirklichkeitsnah und praktisch. Die pathologisch übersteigerte Form ist der *zykloide Charakter* bzw. der hypomanische oder subdepressive Charakter. Diesen Konstitutionstypus fand er gehäuft bei manisch-depressivem Kranksein. Eine dritte Konstitutionsvariante ist der *athletische Typus*, gekennzeichnet durch breiten Schultergürtel, ausgeprägte Muskulatur und schmales Becken, der einhergeht mit einem *viskösen Charakter*, schwerfällig, eher phlegmatisch, in sozialen Beziehungen treu, im Denken zähflüssig, in seinen Leistungen solide und zuverlässig. Wird er jedoch gereizt, so reagiert er zwar verzögert, dann aber massiv mit Wut bis zur Gewalttätigkeit. Diesen Typus fand er bei Epileptikern gehäuft.

Behaviorismus und Psychoanalyse. Durch den deutschen Nationalsozialismus wurde die Temperaments- und Vererbungslehre zu rassistischen Zwecken mißbraucht und wurde demzufolge in den Nachkriegsjahren mit einem wissenschaftlichen Tabu belegt. Es kam zum dominierenden Einfluß des Behaviorismus und der Psychoanalyse. Die *Behavioristen* waren der Meinung, menschliches Verhalten sei durchwegs erlernt. Das Neugeborene wurde wie eine Tabula rasa dargestellt, als Wesen, das durch Außeneinflüsse beliebig formbar sei. Der amerikanische Behaviorist John Watson [26] behauptete, er sei in der Lage, aus jedem gesund ausgestatteten Kind jede Form menschlicher Persönlichkeit zu entwickeln, einen Arzt, einen Künstler, einen Bettler oder einen Dieb und zwar unabhängig von Begabung, Rasse und familiärem Erbe. Die *Psychoanalyse* Sigmund Freuds und die Bindungstheorie von John Bowlby erhoben vor allem die frühkindlichen Erfah-

rungen zur Quelle interindividueller Verhaltensunterschiede und von Pathologie (vgl. Kap. 5). Konsequenterweise suchte man die Ursache psychischer Störungen in pathogenen familiären Verhältnissen, in der Erziehung durch die Eltern oder in den sozialen Verhältnissen, besonders in den Verhältnissen der sozialen Unterschicht. Gemäß egalitärer Ethik galt die Meinung, alle Kinder seien von Natur aus gleich und Umwelteinflüsse seien als einzige Ursache individueller Unterschiede zu postulieren.

Biologische Grundlagen des Verhaltens. Erst ab etwa 1980 ist es auf breiterer wissenschaftlicher Ebene zu einer Wiederbeachtung der genetisch-konstitutionellen Begründung des Verhaltens gekommen. Familienforscher [20] stellten fest, daß Geschwister untereinander weit verschiedener sind, als auf Grund ihrer gemeinsamen familiären Umwelt erwartet werden müßte. Es wurde beobachtet, daß Neugeborene von Anfang an auf ihre Bezugspersonen einwirken und daß die in den Bezugspersonen ausgelösten Reaktionen wiederum auf das Neugeborene zurückwirken. Neugeborene beeinflussen ihren spezifischen Erfahrungsmikrokosmos und konstellieren ihren späteren Entwicklungsverlauf. Kinder sind an der Gestaltung ihrer eigenen Entwicklung mitbeteiligt und formen ihre Umwelt ebenso, wie sie durch die Umwelt geformt werden. Durch diese Sichtweise entstand ein neues Interesse an der genetisch und biologisch begründeten persönlichen Ausstattung. Es kam zur Wiederentdeckung des Temperaments [10].

Vererbung von Verhaltensmerkmalen. Die Frage vererbter Verhaltensmerkmale löst allerdings vor allem in Deutschland heftige Abwehrreaktionen aus. In den USA dagegen läßt sich ein wachsendes Interesse feststellen, die Neigung zu Asozialität, Gewalttätigkeit und Delinquenz genetisch zu erklären und damit gesellschaftliche Ursachen zu entkräften. Eine genetisch-biologische Begründung asozialen Verhaltens reduziert zwar die persönliche Verantwortung von Tätern, allerdings mit der Konsequenz, daß sie als nicht besserungsfähig betrachtet werden und mit einem Freiheitsentzug in der Form von Verwahrung rechnen müssen.

Begriffsdefinitionen (s. Kap. 5.4.7)

Die Begriffe Temperament, Konstitution und Persönlichkeit werden oft nicht klar voneinander unterschieden.

!

Konstitution meint relativ umweltstabile und konstante somatische und psychische Anteile des Phänotypus, nämlich jene Eigenschaften und Dispositionen, die erbbedingt sind und auf dauerhaften Modifikationen beruhen. Wenn nicht erbbedingt können sie intrauterin, perinatal oder in der frühen Kindheit erworben sein, z. B. durch Schädigungen von Gehirn und Endokrinium oder durch prägende Erlebnisse in der frühen Kindheit. *Konstitutionell meint also nicht nur genetisch bedingt.*

[handschriftliche Randnotiz: 1 in der Gebärmutter erfolgend]
[handschriftliche Randnotiz: 2 während der Zeit kurz vor, während und nach der Entbindung entbindend]

Sexuelle Konstitution.

Der Unterschied zwischen genetisch bedingt und frühkindlich erworben zeigt sich z. B. in der sexuellen Konstitution. Die Entwicklung der körperlichen Geschlechtskonstitution ist genetisch gesteuert. Für die Entwicklung der psychischen Geschlechtskonstitution, d. h. ob sich jemand als Mann oder Frau erlebt (sexuelle Identität), werden dagegen Prägungsvorgänge in den ersten Lebensjahren (zweite Hälfte des zweiten Lebensjahres bis drittes/viertes Lebensjahr) für maßgeblich gehalten [5]. Dies wird durch Erfahrungen mit Intersexen belegt. Deren Geschlechtsidentität entspricht dem Geschlecht, das ihnen nach der Geburt zugewiesen wurde und steht nicht unbedingt im Einklang mit den Komponenten des somatischen Geschlechts wie Geschlechtschromosomen, Keimdrüsen und Relation von männlichen und weiblichen Geschlechtshormonen. Das zweite bis vierte Lebensjahr gilt als *sensible Phase für die Bildung der Geschlechtsidentität.* Für einzelne Formen der männlichen Homosexualität belegen Zwillingsstudien die Bedeutung genetischer Faktoren. Bei verschiedenen devianten Entwicklungen der Geschlechtsidentität (z. B. Transsexualismus) und der sexuellen Trieborientierung (früher sexuelle Perversionen genannt) werden eher prägende Erlebnisse in der frühen Kindheit vermutet. Die sexuelle Trieborientierung ist in wesentlichen Zügen konstitutionell bedingt, d. h. sie verändert sich im Verlauf des späteren Lebens nur wenig. Deviante sexuelle Triebausrichtungen lassen sich als solche psychotherapeutisch kaum verändern. Sofern Psychotherapie beansprucht wird, kann sie helfen, mit der von der Durchschnittsnorm abweichenden Triebausrichtung besser zurechtzukommen.

[handschriftliche Randnotiz: abwei enden]

Händigkeit.

Ein physiologisches Konstitutionsmerkmal ist u. a. die Händigkeit. Die periphere, motorische Lateralisation korreliert mit der Sprachdominanz und anderen Formen funktioneller Hemisphärenasymmetrie, die ihrerseits mit dem morphologischen Konstitutionsmerkmal der Asymmetrie des Planum temporale, der Großhirnhemisphäre, in Beziehung steht. In allen menschlichen Gesellschaften ist die Rechtshändigkeit zur Norm erhoben worden, Linkshändigkeit kann sich meist nur bei ausgeprägter genetischer Disposition oder bei einer linksseitig lokalisierten Hirnschädigung durchsetzen. Bei Linkshändigkeit wurde gehäuft eine hirnorganisch bedingte Verzögerung der sprachlichen Entwicklung nachgewiesen.

Konstitutionelle Grundlagen psychischer Störungen. Die Feststellung eines Konstitutionsmerkmals beinhaltet die Vorhersagbarkeit, auch zu einem späteren Zeitpunkt vorhanden zu sein. Ferner läßt es den typologischen Schluß auf andere, mit ihm korrelierende Merkmale zu. So wurden schon früh Zusammenhänge zwischen körperbaulichen Dysplasien und gewissen Schwachsinnsformen erkannt.

In der Psychiatrie gewinnen Hypothesen über genetisch bedingte, biologisch-konstitutionelle Grundlagen psychischer Störungen zunehmend Beachtung; so insbesondere das *Vulnerabilitäts-Streß-Konzept zur Erklärung der Schizophrenie*. Es liegen gewichtige Hinweise vor, daß Schizophrene basale kognitive Defizite aufweisen, die insbesondere Störungen der selektiven Aufmerksamkeit und ungenügende Reizfilterung betreffen und eine besondere Vulnerabilität auf Umgebungsstreß sowie eingeschränkte Bewältigungsfertigkeiten (Coping Skills) verursachen.

Streß entsteht für Schizophrene vor allem durch feindselige, kritikreiche, aufdringliche Interaktionen im familiären Umfeld und durch belastende Lebensereignisse. Es werden vielfältige psychoedukative Behandlungsprogramme erprobt, welche die Bewältigungskapazität der Patienten und ihre sozialen Fertigkeiten verbessern sollen und die Familie zum wichtigsten Verbündeten in der Behandlung machen. Diesbezügliche Forschungen sind auch für andere psychische Störungen im Gange.

> **!** Als *Temperament* werden vererbte und stabile Merkmale des typischen Verhaltensstils eines Menschen bezeichnet: Es bezeichnet das „Wie", d. h. die Art einer Verhaltensweise im Unterschied zum „Was" und „Wie gut" einer Fähigkeit oder des „Warum" der Motivation zu einem bestimmten Verhalten. Temperament bezieht sich auf die physiologischen und konstitutionellen Grundlagen der Persönlichkeit, auf das „Rohmaterial", aus dem die Persönlichkeit geformt wird. Temperamentsmerkmale gelten als Risikofaktoren für eine fehlende Passung zur Umwelt. Sie können zu Streß und Konflikten mit Bezugspersonen und zu sekundären Problemen der persönlichen Entwicklung und der psychischen Gesundheit prädisponieren.
>
> *Persönlichkeit ist ein Konstrukt*, das sämtliche psychische Facetten eines Menschen umfaßt, sein Denken, Erleben und Verhalten, Angeborenes und Erworbenes, veränderliche und unveränderliche Komponenten. Sie schließt auch Einstellungen, Werthaltungen und Interessen ein. Der Begriff Charakter wird oft synonym mit Persönlichkeit verwendet.

Während konstitutionelle Merkmale und Temperamentsmerkmale sich im Laufe des Lebens kaum ändern, steht die Persönlichkeit gemäß obiger Definition lebenslang in einem Entwicklungsprozeß (s. Kap. 5).

Dimensionen der Persönlichkeit

Die Erfassung der Persönlichkeit und die Kategorisierung in Dimensionen ist abhängig von den Fragestellungen. Demzufolge gibt es keine allgemeine Übereinstimmung zwischen den Forschern. Es gibt die Einteilung in drei Dimensionen nach Eysenck, die Einteilung in die Big Five nach Halverson et al. [19], die neun Dimensionen des Verhaltens bei Kindern nach Chess und Thomas [14] oder die 16 Persönlichkeitsfaktoren nach Cattell [13].

> ! *Die gegenwärtig häufig diskutierten Big Five Faktoren der Persönlichkeit sind:*
>
> - Introversion-Extraversion
> - Emotionale Stabilität vs. emotionale Labilität
> - Offenheit für Erfahrungen
> - Gewissenhaftigkeit (conscientiousness)
> - Verträglichkeit (agreeableness)
>
> Diese Faktoren wurden in umfangreichen empirischen Untersuchungen ermittelt. Sie erweisen sich im Laufe des Lebens als stabil und sind im Alter von 30 Jahren voll ausgebildet.

Temperamentsmerkmale als Risikofaktoren

Grundsätzlich gelten alle Temperamentsmerkmale in extremer Ausprägung als Risikofaktoren. Sie führen leicht zu Interaktionsstörungen mit der Umwelt und begünstigen sekundäre Fehlentwicklungen der Persönlichkeit. Kinder, die in einem oder mehreren Temperamentsmerkmalen Extreme zeigen, sind weniger flexibel als ihre ausgeglicheneren Altersgenossen und daher auch weniger im Stande, sich den individuellen Forderungen ihrer Eltern und ihrer Umwelt anzupassen.

Eltern fühlen sich verpflichtet, ihr Kind so zu erziehen, daß es von seiner Subkultur toleriert wird und die altersgemässen sozialen Anforderungen zu erfüllen vermag. Extreme Verhaltensweisen werden von der Gesellschaft nur selten toleriert.

Das soll an zwei von Chess und Thomas [14] für Kinder herausgearbeiteten Temperamentsmerkmalen ausgeführt werden (vgl. Kap. 5.4.7):

Hohe Aktivität als Normvariante. Kinder mit hoher Aktivität (als Normvariante, nicht als hyperkinetisches Syndrom im Rahmen eines frühkindlichen Psychosyndroms) haben Mühe, still zu sitzen, sie sprechen rasch, laut und viel, sie müssen alles anfassen, was ihnen begegnet, sie widersprechen häufig, geraten häufig in Wutanfälle und beanspruchen mehr Aufmerksamkeit. Sie zeigen sich als weniger anschmiegsam und neigen dazu, sich auf heftige Spiele und Auseinandersetzungen einzulassen. Eltern von hochaktiven Kindern neigen häufiger dazu, sich in heftige Streitigkeiten mit den Kindern zu verwickeln, mit körperlichen Strafen durchzugreifen und ungeduldig oder feindselig zu reagieren.

Niedrige Aktivität als Normvariante. Demgegenüber bietet niedrige Aktivität zunächst kaum Probleme. Die Kinder können aber später einen Entwicklungsrückstand aufweisen oder ihr Verhalten kann als Intelligenzschwäche oder Faulheit interpretiert werden. Kinder mit Neigung zu Rückzugsverhalten ziehen sich angesichts neuer Situationen (unvertraute Menschen, neue Aufgabenstellungen) zurück. Ein Baby mit entsprechendem Temperament schreit und protestiert, wenn es mit einer fremden Person allein gelassen wird. Als ältere Kinder zeigen sie Rückzugsreaktionen gegenüber neuen Klassenkameraden oder neuen Themen im Schulunterricht. Eltern sind versucht, ein derartiges Kind entweder zu schonen und von neuen, unvertrauten Situationen fernzuhalten oder es in Konfrontationen hineinzustoßen, in der Hoffnung, eine radikale Kur könne das Temperament des Kindes verändern.

Reaktionen von Bezugspersonen (vgl. Kap. 5.4.7). All diese Temperamentszüge, die im Rahmen der Norm liegen, können *zum Label „schwieriges Kind"* führen [10]. Eltern, Lehrer, Erzieher oder Kameraden neigen oftmals dazu, Kinder wegen extremen Temperamentverhaltens laufend zu entwerten. Die Kinder verlieren dann an Selbstvertrauen, werden oftmals übertrieben schüchtern und gehemmt oder versuchen, sich durch überkompensierendes Verhalten zu behaupten, wodurch sich eine Eskalationsspirale zu bilden droht: Ständige Entwertungen durch die Erzieher verstärken überkompensatorisches Verhalten und Selbstbehauptung des Kindes, was wiederum die Unterdrückungsversuche durch die Erzieher verstärkt. Persönlichkeitsstörungen erreichen erst von der Adoleszenz an ihre volle Ausprägung. Sie bilden sich oftmals auf der Grundlage von Temperamentsmerkmalen und daraus entstehenden sekundären persönlichen Fehlentwicklungen.

Bedeutung für die Erziehungsberatung. Kinder, deren Temperamentsmerkmale Risikofaktoren für die Passung zwischen Kind und Umwelt bedeuten, bedürfen oft einer besonderen Beachtung und sollten eine Erziehungsberatung durch spezielle Beratungsstellen aber auch durch Hausärzte erfahren. Dabei soll den Eltern aufgezeigt werden, inwiefern die Besonderheiten ihres Kindes im Bereich der Norm liegen, inwiefern sie nicht die Schuld an diesen Merkmalen tragen und diese Merkmale nicht Folge von Erziehungsversagen sind. Eltern und Kinder müssen lernen, mit diesen Merkmalen konstruktiv umzugehen.

7.1.3 Die intrapersonelle Struktur und Dynamik der Person – Elemente eines psychoanalytischen Persönlichkeitsmodells (vgl. Kap. 5.4.8)

Für innerseelische Prozesse, insbesondere für die Dynamik von Konflikten und deren Verarbeitung, hat das psychoanalytische Persönlichkeitsmodell eine besondere Erklärungskraft [4,3]. Es bietet die differenziertesten Grundlagen für das Verständnis von Psychopathologie. Die Stärke und Schwäche des psychoanalytischen Modells liegen in seiner Konzentration auf innerseelische Vorgänge, während Verhalten, Handeln und deren Rückwirkungen wenig bzw. untergeordnete Beachtung finden. Neuere Entwicklungen der Psychoanalyse befassen sich allerdings auch stärker mit Beziehungen (Objektbeziehungen) und Interaktionen. Die folgende Darstellung hat nicht das Anliegen, einen Überblick über das psychoanalytische Modell zu geben. Ich beschränke mich auf einzelne Aspekte, die für den Arzt als praxisrelevant erachtet werden können. Sie sollen ihm helfen, scheinbar irrationale seelische Vorgänge seiner Patienten zu verstehen und sich in der Beziehung zum Patienten zurechtzufinden.

Das psychoanalytische Verständnis eines neurotischen Konflikts

Die Stärke des psychoanalytischen Modells liegt in seiner Erklärungskraft für die Entstehung und Verarbeitung intrapsychischer Konflikte.

! *Konflikt*: Unter einem seelischen Konflikt versteht man den Widerstreit von mindestens zwei Motivationen, die im Individuum miteinander konkurrieren.

Seelische Konflikte gehören zum normalen Leben. So steht etwa der Student im Konflikt, ob er seiner Neigung nachgeben soll, sich beim schönen Sommerwetter im Strandbad zu vergnügen, oder zu Hause zu bleiben, um das Examen vorzubereiten.

Nicht alle Konflikte sind lösbar. Der Mensch muß auch die Fähigkeit entwickeln, mit Konflikten zu leben. So gehört zum Arztberuf die Fähigkeit zum Aushalten eigener Unsicherheit, zum Aushalten des Konfliktes, daß man einerseits verantwortungsvolle Entscheidungen treffen muß, obwohl man andererseits Zweifel an seiner Kompetenz hat. Konflikte können verschärft werden durch den Entscheidungsdruck zu einer Stellungnahme auf einen bestimmten Zeitpunkt. Bekannt sind in diesem Zusammenhang z. B. die Krisen vor einer Hochzeit, die zu eigentlichen Panikreaktionen führen können. Der Konflikt besteht darin, daß man einerseits den Partner liebt, andererseits Angst vor den unübersehbaren Konsequenzen des Jawortes hat. Die normale Entwicklung des Menschen ist mit Konflikten verbunden. Jeder Übergang von einer Entwicklungsstufe zur nächsten geht durch eine Krise mit phasentypischen Konflikten. So steht z. B. der Ju-

gendliche in Konflikt, daß er einerseits frei und selbständig werden, andererseits sich die Geborgenheit und Sicherheit des elterlichen Heimes bewahren möchte.

! Was ist der Unterschied zwischen einem neurotischen und einem gesunden Konfliktlösungsverhalten? Menschen mit neurotischem Verhalten sind in ihrer Fähigkeit, Konflikte zu lösen, aus persönlichen Gründen beeinträchtigt. Sie bleiben in ihrer Ambivalenz (Zwiespalt) befangen, können keine Prioritäten setzen, weichen jeder Anforderung zu einem Entscheid aus oder nehmen getroffene Entscheide gleich wieder zurück. Bei Verunmöglichung einer klaren Konfliktlösung kann der Gesunde demgegenüber Kompromisslösungen finden.

Gesundes Konfliktlösungsverhalten. Der mit seinen Examensvorbereitungen beschäftigte Student kann eine Kompromisslösung finden, indem er sein Studium im Strandbad fortsetzt. Der vom Aushalten eigener Unsicherheit überforderte Arzt kann eine Tätigkeit suchen, die ihm wenig „Entweder-oder"-Entscheidungen mit irreversiblen Folgen für den Patienten abfordert (z. B. als Psychotherapeut) oder eine Tätigkeit in einem relativ überschaubaren Gebiet (z. B. Zahnarzt, Augenarzt usw.). Wer vor einem Eheversprechen zurückscheut, kann Formen des Zusammenlebens suchen, die keinen so eindeutigen Entscheid abfordern wie die Heirat. Der Jugendliche, der vor der Ablösung Angst hat, kann bei seinen Eltern bleiben, sich jedoch sein Erwachsensein damit bestätigen, daß er für diese pflegerische oder andere verantwortungsvolle Aufgaben übernimmt. Ein *Kennzei-*

chen des Gesunden ist seine Kreativität im Schaffen von äußeren Lebenssituationen, in denen schwer lösbare Konflikte eine individuell und sozial akzeptable Kompromisslösung finden.

Neurotische Konfliktlösung. Bei einer neurotischen Konfliktlösung wird der Widerstreit zwischen mindestens zwei Motivationen ins Unbewußte verdrängt. Damit wird einer bewußten Auseinandersetzung mit dem Konflikt ausgewichen. Es ergibt sich dann häufig eine *neurotische Kompromißlösung*, welche den miteinander in Konflikt stehenden Motivationen eine Teilbefriedigung anbietet, die sozial akzeptiert wird, obwohl damit die Anforderungen der Realität schlecht bewältigt werden. So wird z. B. der neurotische Student zwar zu Hause bleiben und damit seinem strengen Über-Ich („Gewissensstimme") entsprechen, er wird jedoch seine Zeit in Tagträumereien über die Vergnügungen im Strandbad vertrödeln und damit seinem Es, dem Lustprinzip, durch „halluzinatorische Wunscherfüllung" (Freud) Genüge tun. Der vom Aushalten der eigenen Unsicherheit überforderte Arzt wird in seiner Übergewissenhaftigkeit in Details hängen bleiben und damit dartun, daß er angesichts der Schwierigkeit des Problems trotz höchstem Arbeitseinsatz keine Entscheidungen treffen kann. Der „Heiratsneurotiker" wird eventuell eine Herzneurose mit Klaustrophobie (Platzangst, Angst in geschlossenen Räumen, besonders in Menschenansammlungen) entwickeln, die es ihm unmöglich macht, an einer Trauung (geschlossener Raum) teilzunehmen. Die Krankheit wird ihm dazu verhelfen, sich einerseits die Zuwendung seines Partners zu sichern, sich andernteils vor Entscheidungen zu schützen. Die in einer Ablösungskrise befangene junge Frau entwickelt eine Anorexia nervosa (Pubertätsmagersucht). Mit der Essensverweigerung erreicht sie ein gewisses Maß an Autarkie (Selbstbestimmung), sichert sich gleichzeitig aber die intensive pflegerische Zuwendung von Seiten der Eltern.

Primärer und sekundärer Krankheitsgewinn. All diese neurotischen Konfliktlösungen beeinträchtigen die Lebensgestaltung des Betroffenen. Solche Konfliktlösungen erscheinen dem Patienten als beste aller schlechten, ja oft als die einzig möglichen Lösungen. Sie werden vom Betroffenen nicht bewußt intendiert, sondern geschehen mit ihm. Und doch haben neurotische Symptombildungen eine durchaus verstehbare „Affektlogik" [15], zu deren Entschlüsselung Freud Wesentliches geleistet hat. Der Patient wird dazu neigen, diese Lösungsmuster aufrecht zu erhalten, solange er keine besseren Lösungen in Aussicht hat. Trotz allem Leid bringt ihm diese neurotische Lösung auch einen Krankheitsgewinn.

> **!**
>
> *Krankheitsgewinn* meint den Vorteil, der mit Krankheit erzielbar ist. Der *primäre Krankheitsgewinn* bezieht sich auf die intrapsychische Spannungsverminderung in einem neurotischen Konflikt mittels Symptombildung. Der *sekundäre Krankheitsgewinn* meint die Vorteile, die der Kranke in seinen konflikthaften Beziehungen zur Umwelt erzielt, also z. B. vermehrtes Beachtetwerden, Befreiung von Verantwortung und Verpflichtungen, Schonung, Rente usw. Man spricht auch von einer Flucht in die Krankheit.

So besteht z. B. der primäre Krankheitsgewinn einer Magersüchtigen darin, daß sie sich von den Anforderungen, eine reife Frau zu werden, mittels Krankheit *befreit* dispensiert. Die Krankheit soll ihr dazu verhelfen, sich frei von Trieben und „fleischlichen" Befriedigungen zu fühlen. Der sekundäre Krankheitsgewinn besteht darin, daß sie ihre Familie zu tyrannisieren vermag und sich mittels Krankheit ins Zentrum der familiären Aufmerksamkeit stellt. Der Preis, den sie für diesen Krankheitsgewinn bezahlt, ist allerdings hoch. Magersüchtige sind in der Regel nicht zu intimen Beziehungen fähig und isolieren sich insbesondere gegenüber Gleichaltrigen.

Innere und äußere Konflikte. Die Psychoanalyse hält die Unterscheidung von innerem und äußerem Konflikt nicht für bedeutsam. Ob der Student, der ambivalent an seiner Arbeit sitzt, von seiner Mutter dazu angehalten wird, zu Hause zu bleiben, oder ob er allein in seinem Zimmer sitzt und lediglich die Gewissensstimme, d.h. die internalisierte Stimme der Mutter zu ihm spricht, macht für den Studenten keinen entscheidenden Unterschied. Will sich der Student eindeutig im Strandbad vergnügen, so wird ihn auch die direkte Intervention der Mutter nicht in einen eigentlichen Konflikt bringen. Andererseits wird es dem in seiner Kompetenz unsicheren Arzt auch relativ wenig nützen, wenn Kollegen ihm ermutigend zusprechen. Sein Überlch duldet keine Fehlerhaftigkeit und wird sich gegen alle Stimmen von Kollegen durchsetzen. Äußere Konflikte werden erst zu neurotischen Konflikten, wenn die innere Konfliktlösungsfähigkeit eines Menschen beeinträchtigt ist.

Umgang mit neurotischen Konflikten. Wohlgemeinte ärztliche Ratschläge, wie „nehmen Sie das doch nicht so tragisch", „denken Sie jetzt nicht mehr daran" und „jetzt müssen Sie sich eben entscheiden" werden in neurotischen Konflikten kaum irgendeinen sinnvollen Effekt erzielen. Auch ist es kaum ratsam, einen Patienten direkt mit seinem primären oder sekundären Krankheitsgewinn konfrontieren zu wollen. Der neurotische Konflikt ist oft zu wesentlichen Teilen verdrängt und wird, wenn man den Patienten direkt darauf anspricht, meist verleugnet. Die Krankheit kann als beste dem Patienten zur Verfügung stehende Konfliktlösung erscheinen. Der Patient wird diese Lösung erst aufgeben, wenn der Arzt oder Therapeut den Patienten veranlassen kann, andere Lösungswege zu finden. Oft ist es dazu gar nicht notwendig, die „Flucht in die Krankheit" zu entlarven.

Hilfen zur Konfliktlösung. Wenn z.B. ein junger Mann einen Suizidversuch begeht, weil er von seiner Freundin verlassen worden ist, so kann man ihm vorhalten, es handle sich dabei um ein demonstratives Erpressungsmanöver. Der Patient wird das bestreiten und sich dem Arzt gegenüber verschliessen. Zeigt der Arzt dem Patienten jedoch Anteilnahme an seiner Verzweiflung, so wird sich der Patient verstanden fühlen und sich ihm eher öffnen. Die Aussprache wird ihn entlasten und in ihm Kräfte zu einer realistischen Lösung seines Problems stärken.

Die Bedeutung frühkindlicher Erfahrungen für die aktuelle Konfliktverarbeitung

Erbliche und konstitutionelle Faktoren. Weshalb sind die einen Menschen zu situationsadäquaten Konfliktlösungen befähigt, während andere zu neurotischen Konfliktlösungen bzw. neurotischen Symptombildungen neigen? Die Bedeutung erblicher und konstitutioneller Faktoren bei der Entstehung von neurotischen Störungen ist erwiesen. Bereits im Schulalter machen sich viele spezifische konstitutionelle Beeinträchtigungen von Ich-Stärke oder Harmonie der Persönlichkeitsentwicklung als besonderes Risiko für neurotische Prozesse bemerkbar, so etwa intellektuelle Minderbegabung oder intellektuelle Teilleistungsschwächen, wie z. B. Legasthenie oder das frühkindliche organische Psychosyndrom (perinatal oder in den ersten Lebensjahren erworbene Hirnschädigung, die zu Verhaltensauffälligkeiten führt; die Betroffenen stören nicht selten den Schulunterricht z. B. durch Konzentrationsschwäche, Ablenkbarkeit, Bewegungsunruhe und affektive Unbeherrschtheit.). Auch konstitutionelle Störungen können die Integrationskraft und Steuerungsfunktion des Ichs schwächen oder überfordern und somit neurotische Persönlichkeitsentwicklungen begünstigen. Sie sind im einzelnen Fall allerdings schwer einzuschätzen. Psychotherapeuten neigen dazu, den konstitutionellen Aspekt zu vernachlässigen.

Frühkindliche Traumatisierungen. Freud nahm frühkindliche Traumatisierungen als hintergründige Ursachen neurotischer Störungen an. Heute besteht allgemein die Ansicht, daß ein einmaliges, frühkindliches Trauma nicht lebenslange, neurotische Entwicklungen bewirken muß. Neuere Forschungsergebnisse weisen jedoch darauf hin, daß längerdauernde, ungünstige Einwirkungen in der frühen Kindheit Schädigungen bewirken können, die später schwer zu korrigieren sind, auch wenn sie nicht irreversibel sein müssen. Massive, langdauernde Frustrationen durch Verwöhnung und Versagung in der frühen Kindheit können Anlaß geben, daß die betreffende frühkindliche Entwicklungsstufe nie wirklich bewältigt und zugunsten der nächstfolgenden Stufe wieder verlassen werden kann. Es bilden sich Schwachstellen in der Persönlichkeitsstruktur, die bei er-

neuten Frustrationen im Erwachsenenleben ein Zurückfallen auf diese frühere Entwicklungsphase erleichtern, was man als Regression bezeichnet.

Regression und Fixierung. Solche Regressionstendenzen erlebt jeder psychisch Gesunde in gewissen Belastungssituationen. Nicht selten regredieren körperlich Kranke, die im Krankenhausbett gepflegt werden, auf ein kindliches Benehmen. Während der Examensvorbereitungen kann es beim Studenten zu einer Regression seiner Befriedigungsformen kommen, etwa durch Verschlingen von übermäßig viel Süßigkeiten mit erheblicher Gewichtszunahme. Oder ein Kind, das bereits den Kindergarten besucht, beginnt bei der Geburt eines Geschwisters wieder einzunässen oder am Daumen zu lutschen.

> **!** *Regression* ist ein Zurückfallen auf eine frühere Entwicklungsphase bezüglich Ich-Funktionen (z. B. kleinkindliches Trotzverhalten), bezüglich Formen der Bedürfnisbefriedigung (z. B. gierige Freßlust) oder bezüglich Erwartungen an Bezugspersonen (in denen z. B. eine allgütige Mutter erwartet wird).
>
> Es kann aber auch sein, daß sich eine Entwicklungshemmung chronifiziert, und jemand auf Triebbefriedigungsformen oder auf Beziehungsformen früherer Entwicklungsstufen fixiert bleibt (= *Fixierung*). Eine solche Fixierung bildet (nach Freud) eine besondere Disposition zu späteren neurotischen Erkrankungen. Sie ist aber auch die Grundlage von bestimmten neurotischen Charakterstrukturen.

Beispiele für Fixierungen. Auf unsere Beispiele übertragen wäre es denkbar, daß der Student aus der Fixierung auf einen ödipalen Konflikt (vgl. Kap. 5.4.9) eine Disposition zu einer neurotischen Lernstörung hat, weil er mit seinem sozialen Aufstieg seinen Vater, der Arbeiter geblieben ist, in der Gunst der Mutter überflügeln würde. Beim kompetenzunsicheren Arzt wäre es denkbar, daß er auf die frühkindliche Erfahrung, bei Leistungsversagen mit Liebesentzug bestraft zu werden, fixiert ist; beim „Heiratsneurotiker" kann eine Angst vor Ausgeliefertsein in engen Beziehungen vorliegen, die sich auf frühe Kindheitserfahrungen bezieht, während das anorektische Mädchen gemäß dem negativen Vorbild seiner Mutter sich nicht mit der Rolle einer erwachsenen Frau identifizieren will.

> **!** Fixierungen und Regressionstendenzen können zu *einem neurotischen Wiederholungszwang* führen. Es werden dann im Erwachsenenleben immer und immer wieder die gleichen, frustrierenden Erfahrungen gemacht, auf die man seit der Kindheit fixiert geblieben ist.

So werden beispielsweise Beziehungen immer wieder so konstelliert, daß man vom Geliebten sitzen gelassen oder hintergangen wird. Oder an jedem Arbeitsplatz fühlt man sich vom Chef einem jüngeren Kollegen gegenüber hintangesetzt (Geschwisterneid).

Neurotischer Charakter oder neurotische Persönlichkeit. Fixierungen umfassenderer Art bezeichnet man als *neurotischen Charakter* oder *neurotische Persönlichkeit*. Neurotische Charakterbildungen können die Arzt-Patient-Beziehung sehr

belasten. Sie lassen Patienten etwa als unangemessen anklammernd, fordernd, entwertend, feindselig und undankbar erscheinen. Im Kap. 11.6 werden solche für den Arzt besonders schwierige Charakterbildungen von Patienten beschrieben und Möglichkeiten des Arztes mit ihnen umzugehen.

Verdrängung und Dynamik des Unbewußten

> *Unbewußte Vorstellungen*: Unerträgliche aktuelle Vorstellungen oder Erinnerungen an frühere seelische Verletzungen können von einem Individuum aus dem Bewußtsein verdrängt werden. Durch Verdrängung werden diese Vorstellungen der bewußten Verfügbarkeit entzogen. Sie sind damit jedoch nicht ausgelöscht, sondern entfalten eine eigene Dynamik, die dem Individuum nicht bewußt ist. Die Verdrängungsleistung bindet laufend wesentliche seelische Energien an sich. Untergründig, sprach- und reflexionslos geworden, schränken verdrängte Impulse und Wünsche die Erlebnis- und Handlungsfähigkeit eines Individuums ein. Zudem wird das Individuum unbewußt dazu neigen, äußere Situationen zu meiden, welche diese Verdrängungsleistung in Frage stellen könnten. Das führt zu einer Schon- und Vermeidungshaltung, aber auch zu einer gewissen Starre und gefühlsmäßigen Panzerung, die viele neurotische Charaktere zeigen.

Hinweise auf unbewußte Vorstellungen.
Es werden vom Erwachsenen nicht nur traumatisierende Erinnerungen aus der frühen Kindheit verdrängt, sondern auch viele neuere Erfahrungen oder aktuelle unangenehme Vorstellungen (s. Kap. 7.2).

Dem Individuum gelingt es nicht, die dynamische Kraft und Wirksamkeit verdrängter Vorstellungen in Schach zu halten. Wie alles Unterdrückte haben sie die Tendenz, sich immer wieder geltend zu machen und Gehör zu verschaffen, vor allem in neurotischen Symptomen, aber auch beim Gesunden in Fehlhandlungen und in Träumen.

Fehlleistungen und Fehlhandlungen. In der psychoanalytischen Terminologie werden damit gewisse Formen des Vergessens, des Versprechens, des Verlierens und Verlegens verstanden, die unter dem Einfluß unbewußter Konflikte als Störfaktoren wirksam sind und in entstellter Weise abgewehrten Wünschen oder Ängsten zum Durchbruch und zu einer symbolischen Darstellung verhelfen. Dieser Durchbruch gelingt besonders häufig in Zuständen der Ermüdung oder Erregung, d. h. überall da, wo die bewußte Kontrolle gelockert wird. Da diese Fehlhandlungen Produktionen abgewehrter Strebungen sind, können sie den Akteur in peinliche Situationen bringen. Wenn von einem Menschen in einer kritischen Situation ein absolut sicheres Funktionieren abgefordert wird, können Fehlhandlungen gravierende Folgen haben, so etwa bei der Arbeit von Piloten, Autofahrern oder Chirurgen.

 Alltägliche Fehlhandlungen, wie sie jedem gelegentlich passieren, sind etwa, wenn ein Zahnarzt einer attraktiven Kundin, für die er einen Stiftzahn herstellen muß, sagt: „Ich hoffe, ich kann Sie befriedigen" (statt: „Ich hoffe, ich kann Sie zufriedenstellen"), oder wenn eine Sekretärin, die eben in einen gemeinsamen Haushalt mit ihrem Freund gezogen ist, statt „Programm für Hausarztkurse" schreibt „Programm für Haushaltkurse", oder wenn eine Frau, die sich in Gesellschaft hinter dem Mann versteckt, um ihm nachträglich Vorwürfe zu machen, sie habe sich mit ihm blamieren müssen, sich gegenüber seinen Vorhaltungen mit der Bemerkung rechtfertigt, sie habe sich ja immer ganz im Hinterhalt (statt Hintergrund) gehalten. Verbale Fehlleistungen ergeben sich häufig aus Klangassoziationen. Von Kabarettisten und in der Werbung werden solche Klangassoziationen bewußt eingesetzt. In der ärztlichen Praxis zeigen sich Fehlhandlungen besonders häufig z. B. darin, daß eine Patientin, die gerne noch länger beim Arzt geblieben wäre, unbewußt ihre Handtasche liegen läßt und so veranlaßt wird, nochmals zurückzukehren, oder daß Patienten, die nur ungern zur Konsultation kommen, den Termin vergessen.

Der Traum. Eine andere Form, wie sich Verdrängtes in symbolisierter Form durchsetzen kann, ist der Traum. Das Phänomen des Traumes hat die Menschen seit alters her tief beschäftigt. Träume galten als Botschaft einer anderen Welt oder als göttliche Offenbarungen. Freud war der erste moderne Wissenschaftler, der sich mit Träumen befaßte und in ihnen einen tieferen Sinn, ja sogar die via regia zum Unbewußten sah. Die Psychoanalyse sieht im Traum u. a. eine verschlüsselte Erfüllung verdrängter Wünsche. Sie spricht dem Traum eine wichtige psychohygienische Funktion zu.

Widerstand gegen Bewußtwerdung. Auch für die Arzt-Patient-Beziehung (vgl. Kap. 11) können die Beobachtungen Freuds, daß gewisse, unerträgliche Vorstellungen verdrängt und damit unbewußt gemacht werden, wichtig sein. Freud nahm eine Barriere, eine Zensur an, die verhindert, daß Verdrängtes bewußt wird. Die tiefenpsychologische Behandlung sieht ihr Ziel u. a. in der Bewußtmachung von verdrängten Vorstellungen. Die zum Bewußtsein drängenden, unerträglichen Vorstellungen versetzen den Patienten in Angst oder bedrohen ihn mit Scham und Schuldgefühlen. Der Patient, der eben noch flüssig und frei über seine persönlichen Erfahrungen gesprochen hat, gerät plötzlich ins Stocken, kann sich an gewisse Vorkommnisse nicht mehr erinnern, errötet, beginnt zu schwitzen und fühlt sich offensichtlich beklommen. Oder er hebt die Stimme an, er ereifert sich und gerät in Erregung, ohne daß vordergründig aus dem Inhalt ein Anlaß zu ersehen wäre. In einer tiefenpsychologisch orientierten Psychotherapie kann die Bearbeitung eines derartigen Widerstandes gegen die Bewußtwerdung in einen *kathartischen Vorgang* einmünden, bei dem der Patient mit hohem Affekt, etwa in einem Tränenausbruch oder in einem Wutanfall, bisher verdrängte Erinnerungen und Vorstellungen äußert, was eine entlastende und oft auch heilsame Wirkung haben kann.

Übertragung und Gegenübertragung

Bei prägenden frühkindlichen Frustrationen durch langdauernde Versagung oder Verwöhnung handelt es sich weitgehend um Erfahrungen in der Beziehung mit Mutter, Vater, Geschwistern oder anderen nahen Bezugspersonen. Freud beobachtete, daß seine Patienten Ängste und regressive Bedürfnisse, die in den frühen Partnerbeziehungen eine maßgebliche Bedeutung hatten, unbewußt auf die aktuelle Beziehung zum Arzt übertragen.

! *Übertragung*: Die von der Psychoanalyse entdeckte Beobachtung, daß Erinnerungen an frühkindliche Beziehungen in aktuellen, ähnlichen Beziehungen reaktiviert werden. Aktuelle Bezugspersonen werden in Erinnerung an frühere Beziehungserfahrungen verzerrt wahrgenommen. Es werden ihnen Gefühle, Wünsche und Erwartungen angetragen, die eigentlich gegenüber früheren Bezugspersonen bestehen.

Übertragung in der Arzt-Patient-Beziehung. Bei unbewältigten Ängsten vor einem autoritären Vater kann jede Person, die Vorgesetztenfunktion einnimmt, als dieser Vater erlebt und z. B. gefürchtet, gehaßt oder bewundert werden. Wurde jemand von seiner Mutter im Stich gelassen, kann er gegenüber Ärzten, aber auch Liebespartnern gerade in dem Moment mißtrauisch-ablehnend werden, wo die Beziehung verbindlich und enger zu werden droht. Die Übertragung von Gefühlen und Einstellungen kann durch alle Beziehungen reaktiviert werden, insbesondere aber durch jene, die von der Hierarchie her Ähnlichkeit mit einer Eltern-Kind-Beziehung haben. Dazu gehört insbesondere auch die Arzt-Patient-Beziehung (vgl. Kap. 11). Die Patienten haben Mühe mit einer realitätsgerechten Wahrnehmung der Beziehungssituation und neigen dazu, Verhaltensweisen des Arztes projektiv verzerrt zu sehen, was die Zusammenarbeit erschweren kann.

Positive und negative Übertragung.

Eine leicht idealisierende Übertragung auf den Arzt ergibt meist eine besonders günstige, konstruktive Arbeitsatmosphäre. Schwieriger ist es, wenn der Arzt wahrgenommen wird als eine unnahbare, strafende Autorität, als eine desinteressierte und kalte oder im Gegenteil als eine überfürsorgliche, infantilisierende Mutter. So können gelegentlich Riesenerwartungen an den Arzt gestellt werden, die er nie erfüllen kann, womit sich der Patient in seinen früheren Frustrationen bestätigt sieht. Oder der Patient neigt zu unangemessenen Trotz- und Rivalitätseinstellungen, weil er den Arzt als eine autoritäre, ihn unterdrückende Person wahrzunehmen geneigt ist. Oder er kann mit Eifersucht auf Mitpatienten reagieren. Er möchte den Arzt ausschließlich für sich beanspruchen und wiederholt damit dieselbe traumatisierende Situation, die er als Kind nach der Geburt seines Geschwisters erlebt hat.

> **!** Der Patient kann dazu neigen, auf den Arzt das Bild zu projizieren, welches er von seinen früheren, wichtigen Bezugspersonen in sich trägt. Dabei handelt es sich allerdings oftmals nicht um reine Projektionen, sondern vielmehr um eine überwertige Wahrnehmung von tatsächlich vorhandenen Eigenschaften des Arztes. Zudem verstehen es manche Patienten, einen Arzt zu einem (Fehl-)Verhalten zu veranlassen, das ihre Erwartungen bestätigt.

Gegenübertragung.

Gegenübertragung nennt man die unbewußte Reaktion des Arztes auf die Übertragung des Patienten. Da die Übertragungsneigung des Patienten zu einer verzerrten Wahrnehmung des Arztes führt, kann es zum einen sein, daß sich z. B. der Arzt von Idealisierungen des Patienten aufgewertet und veranlaßt fühlt, sich als idealer Helfer, omnipotenter Vater oder unendlich spendende Mutter zu verhalten. Es ist ebenso möglich, daß der Arzt auf ein der Situation, seinem Auftrag und der Beziehung nicht entsprechendes Patientenverhalten verärgert reagiert. Durch die Übertragung des Patienten können Fixierungen und Komplexe des Arztes angesprochen werden. Es kann sein, daß Arzt und Patient ähnlich gelagerte Übertragungsneigungen haben, diese aber in komplementären Rollen ausleben. Der Patient kann sich mit der Rolle des hilfsbedürftigen Kindes, der Arzt mit der Rolle der übermächtigen Mutter identifizieren.

Kollusion nach Willi [8].

Aufgrund einer ähnlich gelagerten, neurotischen Disposition können sich Arzt und Patient in eine Kollusion verwickeln (s. Kap. 11.7.4). Eheliche Konflikte, soweit sie neurotischer Art sind, entsprechen häufig ähnlichen Kollusionen (s. Kap. 5.9.5).

> Eine Frau begleitet ihren Mann nur widerwillig zum Arzt, da sie der Meinung ist, seine (psychogene) Impotenz sei einzig und allein sein Problem. Im Gespräch zu dritt fällt auf, daß die Frau passiv zuhört oder durch Desinteresse die Ausführungen des Mannes entwertet, während sie versucht, mit dem Arzt zu kokettieren und sein Interesse mit Komplimenten zu gewinnen. Im-

mer wieder betont sie, er sei der einzige Arzt, zu dem sie volles Vertrauen haben könnte. Wenn eine Besserung erreicht werden könne, so erwarte sie diese ausschließlich von ihm. Der Arzt fühlt sich von ihr immer mehr unter Leistungsdruck gesetzt und dazu veranlaßt, die ganze Verantwortung zu übernehmen. Er will dieser Frau beweisen, daß er wirklich so kompetent und überlegen ist. Auf jeden seiner Ratschläge geht die Frau zwar begeistert ein, nur hilft leider keiner. Der Arzt fühlt sich allmählich von ihr ebenso depotenziert wie ihr Mann und spürt in sich die Neigung, sich immer mehr anzustrengen, obwohl er den nächsten Mißerfolg schon vorausahnt. Er bespricht den Behandlungsfall mit einigen Kollegen in einer Balint-Gruppe. Mit deren Hilfe merkt er, wie er sich von dieser Frau in eine Kollusion, d. h. in ein unbewußtes Zusammenspiel hat hineinziehen lassen. Er hatte sich mit ihr in ein Imponier- und „Kastrationsspiel" verwickelt: Je mehr er ihr imponieren will, desto mehr depotenziert sie ihn. In der folgenden Sitzung sagte er zu der Frau: „Ich bin beeindruckt von Ihrer Stärke. Offensichtlich sind Sie weit stärker als wir beiden Männer zusammen. Das Übel liegt darin, daß wir Männer das nicht ertragen und zu Versagern werden. Die Frage ist, wie Sie uns helfen könnten, Ihre Stärke auszuhalten und Ihnen mehr von unserer Verantwortung abzugeben. „Die Frau reagiert mit Wut, der Arzt bleibt ruhig, der

Ehemann schmunzelt. Zuhause hat das Ehepaar daraufhin erstmals einen heftigen Streit, bei dem der Mann nicht klein beigibt wie früher. In der folgenden Nacht kann er erstmals seit langer Zeit wieder einen Geschlechtsverkehr vollziehen.

Bearbeitung von Übertragung in der analytischen Behandlung. Obwohl Übertragungen von Patienten die Beziehung zum Arzt „stören", ist die Bearbeitung der Übertragung zum Kernpunkt der analytischen Behandlung geworden. Es kann für den Patienten eine entscheidende, korrigierende, emotionale Erfahrung sein, in der Übertragung auf den Analytiker sich früherer Frustrationen und negativer Erfahrungen bewußt zu werden und allmählich zu lernen, die Beziehung zum Analytiker in einer situationsadäquaten Weise zu gestalten. Ähnliche korrigierende Erfahrungen kann auch ein Arzt dem Patienten vermitteln, wenn er sich durch dessen Übertragung nicht zum Mitagieren verführen oder provozieren läßt.

7.1.4 Verhalten und Handeln – Elemente eines verhaltensorientierten Persönlichkeitsmodells

Theorie des Behaviorismus

Die tiefenpsychologischen Konzepte, allen voran die Psychoanalyse, geben sehr differenzierte Erklärungen zum Verständnis „intrapsychischer" Prozesse, insbesondere der Dynamik und Organisation „innerer" Konflikte. *Für das äußere Verhalten, das Handeln und die Wechselwirkungen der Person mit der aktuellen*

Situation haben Modelle, die sich am Behaviorismus orientieren, eine besondere Erklärungskraft [8].

Entwicklung des Behaviorismus. Der Behaviorismus (behaviour = Verhalten) nahm seinen Ausgang von J.B. Watson (1878–1950) in den USA und L.W. McDougall (1871–1938) in England. Teilweise entwickelte er sich als Reaktion auf die Psychoanalyse, der vorgeworfen wurde, sie sei mit ihren Begriffen von Trieben, Bewußtsein, Empfindungen, unbewußten Strebungen usw. zu vage, ihre Begriffsdefinitionen seien unsauber, und insbesondere fehle ihr jede Möglichkeit, ihre Thesen zu überprüfen. Das Leitbild des Behaviorismus war der naturwissenschaftliche Positivismus. Nach Galilei soll man messen, was meßbar ist, und was nicht meßbar ist, soll man meßbar machen. Beim Menschen ist lediglich äußeres Verhalten meßbar und exakt beobachtbar. Auf die Beschreibung von Bewußtseinsinhalten sollte man in streng verhaltensorientierter Sicht somit verzichten.

> **!** Dem ursprünglichen verhaltensorientierten Modell wurde das Reiz-Reaktion-Schema zugrundegelegt:
>
> Reiz → Organismus → Reaktion
> stimulus (S)   response (R)
>
> Kontrollierbar sind Reiz und Reaktion. Was zwischen Reiz und Reaktion im Organismus geschieht, ist nicht direkt beobachtbar. Der Organismus bzw. die „Persönlichkeit" wurde als „black box" gesehen.

Die Persönlichkeit ist in diesem Modell eine intervenierende Variable, über die nichts weiteres ausgesagt werden kann.

Der Behaviorismus hat einige Aspekte zur Persönlichkeitspsychologie beigetragen, die von zeit- und schulübergreifender Bedeutung sind.

Das Lernen und Verlernen normabweichender Körperreaktionen und sozialer Verhaltensweisen

Die verhaltensorientierten Konzepte basierten anfänglich ganz auf der Übertragung tierexperimenteller Befunde auf den Menschen. Die Erkenntnisse der Arbeiten von zwei maßgeblichen Forschern hatten grundlegende Bedeutung: Das *klassische Konditionieren* nach dem russischen Physiologen Iwan Pawlow [23] und das *operante Konditionieren* nach dem amerikanischen Psychologen Burrhus Frederic Skinner [25].

Klassische Konditionierung (Abb. 7.1). In den ersten Jahrzehnten dieses Jahrhunderts entwickelte Pawlow folgende Versuchsanordnung: Er legte Trockenfutter (unkonditionierter Reiz) in das Maul eines Hundes und maß die erzeugte Speichelmenge (unkonditionierte Reaktion). Es fiel ihm auf, daß neben Futter noch andere Reize den Hund zur Speichelabsonderung veranlassen konnten. Ein Glockenton (oder wie in Abb. 7.1 ein aufleuchtendes Licht) ist für die Speichelabsonderung des Hundes zunächst ein neutraler Reiz. Wenn aber bei einer Reihe von Versuchen unmittelbar vor dem Anbieten von Trockenfutter regelmäßig ein Glockenton erschallt bzw. ein Licht aufleuchtet, wird dieser zum potentiellen Auslöser (konditionierter Reiz) der Speichelsekretion. Wichtig bei diesem Vorgang ist, daß der unkonditionierte (Futter) und der konditionierte Reiz (Glockenton oder Licht) während einiger Zeit (Konditionierungsphase) zeitgleich dargeboten werden. Nach einer gewissen

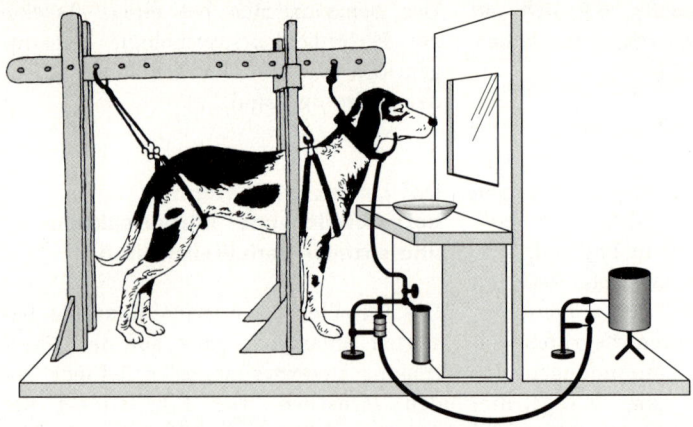

Abb. 7.1. Apparat für klassisches Konditionieren (Aus Atkinson RL 1983). Einrichtung, die von Pawlow für das klassische Konditionieren von Speichelabsonderung verwendet wurde. Während eines tpytischen Experimentes leuchtet ein Licht auf im Fenster (= konditionierter Reiz) und Fleischpulver (= unkonditionierter Reiz) wird automatisch in den Futternapf gefüllt

Zeit setzt die Speichelsekretion auch dann ein, wenn nur der Glockenton erschallt bzw. das Licht aufleuchtet, ohne daß Futter angeboten wird. Der konditionierte Stimulus (Glockenton bzw. Licht) führt zu einer konditionierten Reaktion (vermehrter Speichelfluß). Das Resultat dieses Konditionierungsvorganges wird als *bedingter Reflex* bezeichnet. Wird der Konditionierungsvorgang nochmals wiederholt, kann es zu einer *Generalisierung* kommen, d. h. glockentonähnliche Geräusche können den gleichen Effekt haben wie der Glockenton selbst. Wird aber über längere Zeit nur noch der Glockenton ohne Nahrung angeboten, erlischt die erhöhte Speichelproduktion (*Extinktion*). Der bedingte Reflex wird wieder gelöscht.

Operante Konditionierung. Skinner beobachtete um 1940 bei Tier und Mensch, daß bestimmte Verhaltensmuster nach positiven Reaktionen der Umgebung häufiger und nach negativen seltener auftreten und der Organismus somit aus den Konsequenzen eines Verhaltens lernt.

Diesen Vorgang nennt man *operante Konditionierung* (Abb. 7.2).

Das klassische Experiment von Skinner ist das Versuchstier (Taube oder Ratte) in einer sogenannten Skinner-Box, welches „lernt", daß das Drücken eines Hebels zum Erscheinen von Futter in einem Futtertrog führt. Diese positive Konsequenz steigert die Frequenz der unmittelbar vorhergehenden Verhaltensweisen, also das Hebeldrücken. Das Futter ist also ein *positiver Verstärker*. Im Unterschied zum klassischen Konditionieren hat hier der Organismus eine gewisse Freiheit in seinen Verhaltensweisen. Der Organismus kann zum Erlernen einer gewünschten Verhaltensweise durch Verstärker, d. h. Belohnungen, stimuliert werden. Ein *aversiver Reiz* dagegen ist eine Bestrafung (negative Konsequenz), mit der die Auftretenswahrscheinlichkeit der unerwünschten Verhaltensweise gesenkt werden kann.

Belohnung und Bestrafung in der Erziehung. Wenn man jemanden zu einem bestimmten Verhalten „erziehen" will, spie-

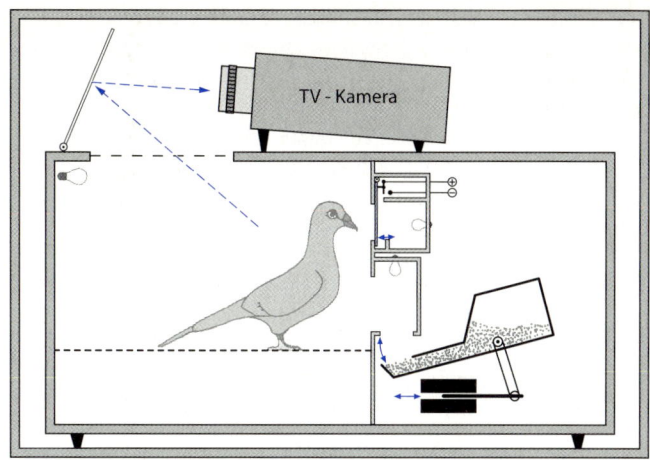

Abb. 7.2. Skinner-Box: Das Versuchstier kann sich durch Schnabelhiebe (Wirkreaktion) auf ein Plastik-scheibchen Futter beschaffen. Die Belohnungsgabe (Hochheben des Futtertrogs) erfolgt nur unter be-stimmten Bedingungen, die das Versuchstier zu erlernen hat. Ein äußerer Kasten schirmt den eigentlichen Versuchskasten gegen Störgeräsche von außen ab. Eine Fernsehkamera nimmt das Innere über einen Spiegel auf, um ds Verhalten des Versuchstieres beobachten oder aufzeichne zu können (Aus Zeier 1976)

len Belohnung und Bestrafung eine große Rolle. Die Verhaltensweisen eines Kindes lassen sich teilweise durch Lob, Unterstüt-zung, vermehrte Zuwendung und Ge-schenke verstärken und durch Tadel, Bestrafung oder Liebesentzug einschrän-ken. Das Prinzip der Konditionierung be-flügelte auch die Phantasie der Menschen zur Horrorvision, daß die Mächtigen ihre Unterdrückten mittels „Gehirnwäsche" zu beliebigem Verhalten manipulieren könn-ten. Heute ist man sich des begrenzten Einflusses der Konditionierung auf den Menschen bewußt. Dennoch spielt die Konditionierung für das Verständnis menschlicher Entwicklung und für die Erziehung eine wichtige Rolle.

Imitationslernen oder Modelllernen.
Eine weitere Form des Lernens ist das sog. Imitationslernen, auch Modelllernen oder soziales Lernen genannt. Es betrifft die Übernahme von Verhaltensweisen durch Beobachtung anderer Personen und Identifikation mit ihnen als Vorbil-der. Dieses Imitationslernen hat überall da eine große Bedeutung, wo komplexe Verhaltensweisen durch Nachahmung übernommen werden, oft bevor der Be-treffende die Möglichkeit hatte, ausrei-chend eigene Erfahrungen zu erwerben. So etwa werden Studierende der Medizin im Praktikum dazu neigen, das ärztliche Verhalten ihrer Vorbilder nachzuahmen.

**Verhaltensstörungen
und Krankheitssymptome
aus verhaltensorientierter Sicht**

Die auf dem verhaltensorientierten Mo-dell basierende *Verhaltenstherapie* ist der Meinung, daß neurotische Symptome, unangepaßtes Verhalten und teilweise auch psychosomatische Symptome „ge-lernt" sind. Das aktuell gestörte Verhalten kann aus der Lerngeschichte, aus der Si-tuation und als Folge von Imitation ver-standen werden. Die *Verhaltensanalyse* nimmt dabei einen zentralen Platz ein. Sie soll zeigen, welche situativen Fak-toren das gestörte Verhalten auslösen und verstärken bzw. erwünschtes Verhalten verhindern oder dämpfen. Die Verhaltensanalyse bezieht auch die Lerngeschichte mit ein, d. h. es wird untersucht, inwiefern sich gestörtes Verhalten einer Person bereits in der Kindheit unter Belohnung bzw. Bestrafung gebildet hat. Insbesondere asoziales Verhalten kann auf sogenannten Lerndefiziten beruhen, einem Mangel im Erlernen angepaßter Reaktionen. Die Situationsanalyse ist für die ärztliche Praxis von besonderer Bedeutung: Wie geht der Patient mit Krankheit um, bzw. wie hat er gelernt mit Krankheit umzugehen (s. Kap. 13).

! Manche Menschen erreichen erst als Kranke die gewünschte Aufmerksamkeit ihrer Bezugsgruppe. Sie lernen, daß sie mittels Verhaltensstörungen und Krankheitssymptomen mit erhöhter Aufmerksamkeit belohnt, bei angepaßtem Verhalten und Gesundheit dagegen durch Nichtbeachtung bestraft werden. Leicht verfallen Ärzte in den Fehler, dramatisierendes Verhalten eines Patienten zu „belohnen", indem sie z. B. als Hausärzte besonderes Engagement zeigen, wenn der Patient nach Notfallkonsultationen verlangt.

Geschickte Hausärzte spielen sich mit ihren Patienten auf ein subtiles Gleichgewicht ein, bei welchem der Patient auf ein gesichertes Wohlwollen des Hausarztes zählen kann, ohne daß er spezielle Situationen zu inszenieren braucht, um die Aufmerksamkeit des Arztes zu erregen, aber auch ohne daß der Arzt sein spürbares Interesse am Patienten verliert, wenn dieser ein weniger dramatisches Verhalten annimmt. Hat die Psychoanalyse überzeugend dargestellt, daß neurotische Symptome im Zusammenhang mit ungelösten und unbewußten Konflikten stehen können, so hat die Verhaltenstherapie diese Sicht ergänzt durch den Hinweis, daß Symptome und Verhaltensstörungen, aber auch psychophysiologische Reaktionen erlernt sein können und sich reflexartig einschleifen.

Beispiel: Auf einer Psychotherapiestation war eine Patientin, welche die tägliche Gruppentherapie, an der alle Patienten teilnahmen, laufend störte, indem sie bald demonstrativ in einem Mickey-Maus-Heftchen las, bald mit einem riesigen Teddybär auf dem Schoß dasaß und Faxen schnitt. Das unangepaßte und läppische Verhalten bildete das Hauptthema der Nachbesprechungen im Therapeutenteam. Aus der Einzeltherapie war bekannt, daß die Familie der Patientin aus der Dorfgemeinschaft ausgestoßen worden war und in ärmlichen und verwahrlosten Verhältnissen lebte. Der Vater überspielte diese soziale Diskriminierung, indem er die Rolle eines Dorfclowns einnahm: Einen Zylinder auf dem Kopf, fuhr er, Harmonika spielend, freihändig auf dem Fahrrad durch das Dorf. Die Patientin versuchte offensichtlich, durch Imitation ihres Vaters die Aufmerksamkeit der Gruppe auf sich zu lenken, bei gleichzeitiger Erwartung, ausgeschlossen zu werden. Das Therapeutenteam beschloß, die Clownerien der Patientin nicht mehr anzusprechen und nach Möglichkeit nicht zu beachten, dafür die Patientin um ihren Rat zu fragen, wenn ein anderes Gruppenmitglied Probleme bereitete. Es zeigte sich, daß die Patientin intensiv am Gespräch teilnahm und sehr sensible und differenzierte Wahrnehmungen hatte. Nach einer vorübergehenden Verstärkung ihres störenden Verhaltens gab sie dieses in dem Maße auf, wie sie sich durch Fragen der Therapeuten nach ihrer Meinung aufgewertet fühlte und in der Gruppe Anerkennung finden konnte.

Dekonditionierung erlernter Störungen. Sind Krankheitssymptome lernbar, so sind sie grundsätzlich auch verlernbar. Die Verhaltenstherapie befaßt sich deshalb mit der Dekonditionierung erlernter Störungen. Das durch Konditionierung oder Nachahmung erlernte Symptom soll durch Übung wieder verlernt werden. Übende Therapieverfahren können pathologisch entgleiste Körperfunktionen wieder ins Gleichgewicht bringen. Dazu gehören *Relaxation* (Entspannungsübungen) wie das autogene Training (J.H. Schultz) und die *progressive Muskelrelaxation* (Jacobson), die *Hypnose* mit Relaxationssuggestionen und das *Biofeedback*. Die Patienten lernen dabei, die vom autonomen Nervensystem gesteuerten Funktionen zu beeinflussen. Durch intensives Training können praktisch alle vegetativen Parameter (Puls, Blutdruck, Hauttemperatur, Schweißproduktion, EEG-Wellen, Sphinktertonus usw.) beeinflußt werden. Besondere therapeutische Bedeutung erlangen diese psychophysiologisch wirksamen Behandlungsverfahren vor allem bei allen Formen von Spasmen, insbesondere bei der Behandlung von Migräne und anderen Kopfschmerzen.

Erwartungsangst und Vermeidungsverhalten. Erfolgreich ist die Verhaltenstherapie auch in Situationen, in welchen neurotische Symptome der Angstvermeidung dienen. Bei vielen neurotischen Syndromen, so z. B. bei Impotenz, Phobien, herzneurotischen Beschwerden usw. spielt die Erwartungsangst eine zentrale Rolle. Sie verhindert, daß die Patienten die angstauslösenden Situationen aufsuchen. Die Erwartung des Patienten, daß in einer bestimmten Situation das Symptom auftritt, führt prompt zum erwarteten Auftreten.

Systematische Desensibilisierung. Eine der verhaltenstherapeutischen Methoden zum Abbau von Vermeidungsverhalten ist die systematische Desensibilisierung: Der Patient wird veranlaßt, sich den ängstigenden Situationen in ganz kleinen Schritten anzunähern, womit sich seine Angsttoleranz verbessert und damit die Erwartungsangst abgebaut wird.

Die kognitive Erweiterung des verhaltensorientierten Modells

Denken als intervenierende Variable. Das Stimulus-Response-Modell der Verhaltenstherapie hatte sich aus dem Tierversuch im Laboratorium entwickelt. Seine direkte Anwendung zur Verhaltensmodifikation stieß beim Menschen jedoch auf Grenzen. Menschliches Verhalten erwies sich als komplexer und ließ sich nicht nur mit reflexhaftem Lernen von Verhalten (Reaktionen) erklären. Es kam zur sog. *kognitiven Wende*: Die Persönlichkeit konnte nicht weiter als „black box" unbeachtet gelassen werden. *Vielmehr wandte sich das Interesse der Verhaltenstherapie dem Denken als intervenierender Variablen zu.* Das Reiz-Reaktions-Modell wurde erweitert durch die Dimension, wie eine Person Umweltreize selektiv wahrnimmt, sie bewertet, ihnen Bedeutung beimißt, sie in Kausalzusammenhänge stellt und wie sie Pläne und Erfolgserwartungen für Verhalten und Handeln daraus ableitet [1]. Entscheidend ist also nicht die personunabhängige „objektive" Situation, sondern deren subjektive Sicht. Epiktet schrieb im Enchiridion: „Die Menschen werden nicht durch die Ereignisse, sondern durch ihre Sicht der Ereignisse beunruhigt." Der Mensch bestimmt selbst über die Bedeutung, die er seinen Erfahrungen gibt. Für die Art und Weise, wie eine Situation gesehen und bewertet wird, sind die Kognitionen verantwortlich.

> **!** *Kognition* ist ein relativ unscharfer Sammelbegriff für die Strukturen des Denkens, Wahrnehmens, Erkennens, Erinnerns und Sich-Vorstellens. Die Art des Denkens wird stark von Schemata (Jean Piaget [24]) oder persönlichen Konstrukten (George Kelly [21]) bestimmt. Kelly bezeichnete *Konstrukte* als geronnene Erfahrungen, als die Schablonen und Leitplanken, die unser Wahrnehmen und Denken leiten. Sie haben eine subjektiv ordnende und interpretative Funktion. Piaget bezeichnete *Schemata* als Ordnungsmuster des Denkens, die dazu dienen, Gegenstände und Situationen in bekannte Erfahrungen einzuordnen. Diese Erfahrungsschablonen sind jedoch nicht starr, sondern müssen laufend überprüft, differenziert, korrigiert und erweitert werden, um an neue Situationen angepaßt zu werden und der Bewältigung neuer Situationen zu genügen.

Individuelle Wahrnehmungsmuster. Obwohl verschiedene Menschen in der gleichen Situation Verschiedenes wahrnehmen, neigt ein bestimmter Mensch dazu, auf ähnliche Ereignistypen konsistent zu reagieren. Die Konstrukte oder Schemata ergeben eine gewisse Gleichförmigkeit des Erkennens und Interpretierens. Ein Individuum kategorisiert und bewertet seine Erfahrungen mit Hilfe einer Matrix von Schemata oder mit Hilfe seines Konstruktsystems. Die Art der Schemata bestimmt, wie ein Individuum verschiedene Erfahrungen strukturiert.

Menschen mit psychischen Störungen verschiedenster Art weisen einseitige, unangepaßte und rigide Schemata auf. Es werden dann Situationen aufgrund der eingeengten selektiven Wahrnehmung vorschnell verallgemeinert:

- indem gewisse Details der Situation als Ganzes zugeschrieben und daraus verallgemeinernde Schlußfolgerungen gezogen werden,
- indem äußere Ereignisse auf die eigene Person bezogen werden, auch wenn es dafür keine Grundlage gibt, oder
- indem die Merkmale einer Situation als invariabel und irreversibel beurteilt werden.

Verzerrte Wahrnehmung. So können etwa Menschen in einer *Depression* an einer Party unbedeutenden Äußerungen von Bezugspersonen den „Beweis" entnehmen, daß sie ohnehin allen Menschen nur zur Last fallen, niemand mit ihnen sprechen möchte und alle sie blöd und langweilig finden. Es kann dann die Gefahr bestehen, daß eine Person unter der Wirkung depressiver Schemata sich demonstrativ von den Mitmenschen zurückzieht, um damit die „wahren" Absichten der Bezugspersonen zu testen oder mit der heimlichen Hoffnung, daß die Bezugspersonen sich ihr dann besonders zuwenden werden. Effektiv erzeugt die depressive Person damit jedoch erst das Problem, das sie befürchtet. Ihr Rückzugsverhalten wird von den Bezugspersonen als Abweisung empfunden, und sie reagieren nun ihrerseits mit Rückzug. Es kommt zu einer „self-fulfilling-prophecy", welche das depressive Schema bestärkt.

Ähnliche Wahrnehmungsverzerrungen zeigen sich im *Angstkreis bei Panikattacken* (s. Kap. 4.2.6.). An sich harmlose und unbedeutende Körpersensationen lassen den Gedanken von großer Gefahr entstehen: Gefahr, einen Herzinfarkt zu erleiden, tot umzufallen, an einer lebensbedrohlichen Krebskrankheit zu leiden, einem Hirnschlag zu erliegen. Die panikartig auftretende Angst führt nun ihrerseits zu körperlichen Veränderungen: Schwitzen, Herzrasen, Zittern, Schwindel, Hyperventilation bis zur Bildung von körperlichen Symptomen, die nun ihrerseits wiederum zum Beweis für die Richtigkeit der Wahrnehmung genommen werden.

Kognitive Therapie. Das Ziel der kognitiven Therapie liegt darin, diese krankhaften Überzeugungen durch stärker an der Realität orientiertes Beobachten, Wahrnehmen und Interpretieren zu ändern. So lernt etwa der Patient in der Behandlung von Panikattacken, daß er diese Angstzustände aushalten kann, daß sie nach einigen Minuten abklingen und daß er – beispielsweise mit Hilfe von Hyperventilieren – selbst die ihn beunruhigenden Körpersensationen erzeugen kann.

Pseudolösungen als Problem. Oft ist nicht das Problem das Problem, sondern die dafür getroffene Lösung [4]. Wenn z.B. ein Patient im Streit mit seiner Frau zu seiner Beruhigung Alkohol trinkt, droht er damit enthemmter zu werden und sich zu Äußerungen hinreißen zu lassen, welche die Frau verletzen, so daß die Lösung Alkohol zum Anlaß für weiteren Streit wird. Oder wenn eine Frau aus Angst vor Gewichtszunahme fastet und dann einer Freßattacke mit anschließendem Erbrechen verfällt, ist sie im Teufelskreis der Bulimie gefangen: Das Problem der Gewichtszunahme wird gelöst mit dem Fasten. Dieses wird zum Problem, welches mit den Freßattacken einer Bulimie „gelöst" wird, diese wird zum Problem, welches wiederum mit Fasten „gelöst" werden soll.

Behaviorismus und Psychoanalyse. Mit der kognitiven Wende ist der scharfe Gegensatz des Behaviorismus zur Psychoanalyse überbrückt worden. Auch die Psychoanalyse beschäftigt sich mit den sich wiederholenden inneren Erfahrungen, die sich strukturell verfestigt haben. Sie bezeichnet diese als innere Objekte oder verinnerlichte Bilder (Repräsentanzen). Sie beschäftigt sich dabei allerdings stärker mit den damit zusammenhängenden unbewußten Phantasien und weniger mit den Konsequenzen auf das Verhalten.

Folgerungen für die hausärztliche Praxis. Um einen Patienten adäquat zu behandeln, muß sich ein Arzt ein Bild machen, welche Vorstellungen den Patienten bewegen (*subjektive Krankheitstheorie des Patienten*). Die Bereitschaft, bei Untersuchungen und Behandlungen mitzumachen, wird entscheidend von seinen Kognitionen beeinflußt. Patienten sind nicht bereit, sich passiv irgendwelchen verordneten Therapien zu unterziehen, wenn diese nicht in Einklang mit ihren Vorstellungen von einer adäquaten Behandlung stehen.

Aufgabe des Arztes ist es, dem Patienten zu helfen, ungünstige, verzerrte und dysfunktionale Ansichten zu korrigieren. *Zu einer eingehenden Situations-*

analyse gehört auch die Exploration der Meinungen des Patienten:

- Über mögliche Ursachen und das Wesen seiner Krankheit,
- Über die Auswirkung der Krankheit auf die familiären Beziehungen und die Arbeit
- Über seine Vorstellungen zur Prognose seiner Krankheit
- Über die Art von Hilfe, die er erwartet und
- Über die Auswirkungen, die eine effiziente Hilfe und Symptombeseitigung für ihn hätte (vgl. Kap. 12)

7.1.5 Die Person als Beziehungswesen – Elemente eines systemisch-ökologischen Persönlichkeitsmodells

Der Mensch als Beziehungswesen. Der Mensch lebt nicht als Individuum (Unteilbares), er lebt vernetzt als Person, die Beziehungen für ihre persönliche Entfaltung und Entwicklung braucht.

Das systemisch-ökologische Modell richtet sich auf die aktuellen Beziehungen aus. Der Beziehungskontext einer Person bildet die Rahmenbedingungen, in welchen eine Person sich entfaltet. Das systemische Modell ist nicht eigentlich ein Persönlichkeitsmodell, es befaßt sich vielmehr mit den Beziehungsbedingungen, welche einer Person Wachstum und Entfaltung ermöglichen. Das ökologische Modell dagegen beachtet, wie eine Person ihre persönliche Struktur im Gestalten ihrer Beziehungsumwelt bildet.

Soziale Systeme als Rahmenbedingung der persönlichen Entfaltung (s. Kap. 4.4.4.)

Regelung und Gliederung sozialer Systeme. In sozialen Systemen wie Familien schließen sich Mitglieder durch das Teilhaben an gemeinsamen Überzeugungen und Vorstellungen über die Welt zusammen. Dabei sind die Einflußmöglichkeiten der einzelnen Mitglieder innerhalb des Systems sehr unterschiedlich. Es bildet sich im System eine *Hierarchie* des Einflusses und der Entscheidungsbefugnisse. Diese kann explizit definiert oder implizit unausgesprochen sein. Es werden im System *Regeln* eingeführt, um klarzustellen, was in der Familie gilt, was erlaubt und erwünscht ist oder was nicht. Auch diese Regeln können implizit gemeint oder explizit ausgesprochen sein. Implizit werden sie oft aufrechterhalten durch das Erzählen von Geschichten, welche das Unglück oder die Gefahr belegen, die ein Nichtbefolgen mit sich bringen könnte. Je rigider die Regeln sind, desto rigider ist meist die Abgrenzung der Familie gegen außen. Durch Hinweis auf die Schlechtigkeit und Gefährlichkeit der sozialen Umwelt wird der exklusive Zusammenhalt der Familie gestärkt und die Grenzen zur Außenwelt dichtgemacht.

Familiäre Subsysteme. Innerhalb des familiären Systems werden Subsysteme gebildet, die innerhalb des Ganzen Teilbereiche der familiären Welt verwirklichen. So gibt es etwa das Subsystem der Eltern und das Subsystem der Kinder. Auch die Abgrenzungen der Subsysteme zueinander können rigide oder diffus sein. Besonders schwierig ist für ein Kind der Umgang mit diffusen Grenzen der Subsysteme, die teilweise durch eine antiautoritäre Erziehungsideologie gefördert wurden, insbesondere durch die Ablehnung, eine Elternrolle einzunehmen. Die Mutter beansprucht dann etwa, die beste Freundin ihrer Tochter zu sein und sie in die Disco zu begleiten. Sie gesteht ihr somit keinen eigenen Beziehungsraum in der Peergruppe zu. Oder wenn die Mutter das Zimmer ihres herangewachsenen Sohnes aufräumt und dabei „zufällig" auf Liebesbriefe oder Tagebuchnotizen stößt, was die Privatsphäre des Sohnes verletzt. Klare Grenzen der Subsysteme geben dem Kind einen geschützten Freiraum für seine individuelle Entwicklung.

> **!** Bei diffusen Grenzen der Subsysteme kommt es oft zu Übergriffen, d. h. die Autonomie und Privatsphäre des Kindes wird nicht respektiert. Die Situation wird für die Kinder besonders erschwert durch die Verschleierung der hintergründigen Absichten der Eltern.

So wird die Mutter das Eindringen in die Privatsphäre des Sohnes mit ihrer Aufgabe legitimieren, im Haushalt Ordnung zu schaffen, oder den gemeinsamen Besuch in der Disco mit ihrer Tochter damit begründen, daß die Tochter angesichts einer so jugendlichen und aufgeschlossenen Mutter keinen Anlaß hätte, sie vom gemeinsamen Besuch auszuschließen.

Pathogene Regeln und Beziehungsmuster. Ein Kennzeichen schwer gestörter sozialer Systeme kann die Verschleierung der hintergründigen Absichten jener Personen sein, die aus einer hierarchisch einflußreichen Position die Regeln des Zusammenlebens maßgeblich bestimmen. Eine Auseinandersetzung über Regeln ist nicht möglich, wenn über die Begründung dieser Regeln keine Diskussion zugelassen wird. So gibt es etwa Eltern, welche die Absicht, das herangewachsene

Kind von ihnen abhängig zu halten, mit der Bemerkung verschleiern, sie wären noch so froh, wenn das Kind endlich selbständig würde, aber so lange es krank sei, sei es dazu nicht fähig. Faktisch aber untergraben sie jeden Versuch des Kindes, selbständiger zu werden. Das Kind wird in der selbständigen Wahrnehmung der Situation entmutigt und wird laufend im Ergreifen eigener Initiative verunsichert.

> **!** In einer familiären Situation voller Widersprüche und hintergründiger Bedrohungen kann ein Kind in seiner persönlichen Entwicklung stark behindert werden und in Krankheit die „Lösung" einer unlösbar scheinenden Beziehungssituation suchen.

Krankheit als Lösung eines Beziehungskonflikts. Krankheit kann sich als scheinbar einzige und zumindest beste Lösung anbieten, um eine Beziehungsproblematik zu lösen [7]. Beispielsweise ermöglicht eine Anorexia nervosa dem Mädchen, sich erstmals den elterlichen Geboten und Überzeugungen zu widersetzen. Es braucht dabei für seinen Widerspruch nicht die Verantwortung zu übernehmen, wenn es sich hinter seiner Störung verbergen kann. Die Anorexie vermittelt dem Kind ein gewisses Maß an Autonomie. Gleichzeitig hält die Anorexie das Kind aber im Einflußbereich der Eltern, da diese mit der Störung die Aufgabe übernehmen, sich um das Wohlergehen des Mädchens zu kümmern. Die Krankheit regelt die Beziehungen in der Familie und löst die divergierenden Tendenzen in einem von allen akzeptierten Kompromiß. Dieser Kompromiß steht einer Heilung im Wege. Die Krankheit aufzugeben hieße, sich dem unlösbar erscheinenden Konflikt zwischen Autonomiewünschen und Loyalitätsverpflichtungen den Eltern gegenüber auszusetzen. *Die Regelung des Beziehungsproblems mit Krankheit wird als funktionaler Aspekt von Krankheit bezeichnet.*

Die therapeutische Veränderung dysfunktionaler familiärer Beziehungsmuster. Ein Ziel der systemischen Therapie liegt in der Veränderung dysfunktionaler Beziehungsmuster mit ihren entwicklungsbehindernden Regeln und Strukturen. Die systemische Therapie [7] benützt dabei jene Formen der Einflußnahme, welche die Familie selbst zur Bildung und Aufrechterhaltung ihrer Regeln benützt, nämlich Geschichtenerzählen, Konversation und Dialog. Der Therapeut widersetzt sich nicht in einer konfrontierenden Weise den familiären "opinion leaders", sondern versucht zunächst den bisherigen Sinn und Zweck der familiären Regeln und die besonderen Verdienste der "opinion leaders" anzuerkennen. Die bisherigen familiären Lebensentwürfe sollen durch zusätzliche Optionen erweitert und ergänzt werden. Es werden neue Sinnkonstruktionen erzeugt, indem etwa aufgewiesen wird, wie Krankheit auch positive Auswirkungen auf die Familie haben kann, wie sie eine Schutzfunktion ausübt und der Familie einen besonderen Zusammenhalt zu vermitteln vermag. Krankheit sollte deshalb erst dann aufgegeben werden, wenn gewährleistet ist, daß das familiäre Gleichgewicht ohne sie nicht aus den Fugen gerät. Es sollen neue Möglichkeiten des familiären Lebens zunächst in der bloßen Vorstellung zugelassen und erprobt werden. Es werden den Familienmitgliedern kleine Veränderungen vorgeschlagen, die sie zu Hause ausprobieren könnten. Die Familie wird zu neuen Lösungsmustern ermutigt, die ihr Anstöße geben, Beziehungsmuster

miteinander zu entwickeln, welche persönliches Wachstum und gesunde Entwicklung ermöglichen können.

Die persönliche Herausforderung durch familiäre Rollen (vgl. Kap. 3.3). In einer Familie mit kleinen Kindern muß die Erfüllung von Funktionen gesichert sein wie z. B. die materiell-finanzielle Sicherung, die Besorgung des Haushaltes, das Einkaufen und Zubereiten von Mahlzeiten, die Beaufsichtigung und Beschäftigung der Kinder, ihre Förderung und Erziehung und die Regelung der Beziehung der Familie nach außen. Diese Funktionen können nach traditionellem Muster verteilt werden: Der Mann als Vater, Ernährer und "Außenminister" der Familie, die Frau als Mutter, Erzieherin der Kinder und "Innenministerin". Die Funktionen können auch symmetrisch verteilt werden oder in Umkehrung der traditionellen Rollen: die Frau als Berufsfrau, der Mann als Hausmann. Wie immer die Zuteilung der Aufgaben und Rollen vereinbart wird, die übernommenen Aufgaben sind Herausforderungen, unter welchen sich ein junger Mann zum Vater und eine junge Frau zur Mutter entwickeln. Beide übernehmen neue Verantwortungen und wachsen persönlich an diesen. Die Aufgaben können ihrem Leben Inhalt und Sinn verleihen. Wachsen die Kinder heran, kann es für die Eltern schwierig sein, diese Aufgaben aus den Händen zu geben und den Bedürfnissen und Kompetenzen der Kinder anzupassen.

Kompensationsmöglichkeiten bei Funktionsausfall. Fällt eines der Familienmitglieder in der Erfüllung seiner Rollenaufträge aus, muß jemand anderer einspringen, um dessen Funktion zu übernehmen. Viele Aufgaben können grundsätzlich auch von anderen Familienmitgliedern übernommen werden. Das Familiensystem verfügt über Kompensationsmöglichkeiten durch Umgestaltung ihrer Organisation. Die Übernahme von Rollenaufgaben kann persönliche Kompetenz stärken und persönliche Entwicklung herausfordern. Durch Umverteilung der Funktionen wird die Organisation des Systems verändert gemäß der Regel, daß in einem System kein Element sich verändern kann, ohne daß sich die Beziehung zu allen anderen Elementen und das System als Ganzes verändert.

Probleme durch familiäre Rollenänderungen. Durch eine Rollenvertretung, die über längere Zeit andauert, können sich Probleme in den Beziehungen zwischen den Familienmitgliedern ergeben.

Ein Vater von drei halbwüchsigen Kindern erleidet einen Herzinfarkt. Die Mutter, die sich bisher mit der Erziehung der Kinder befaßt hatte, vertritt den Vater als Leiter seines Betriebes. Der Vater, der während seiner längerdauernden Genesungszeit zu Hause ist, kümmert sich um die Kinder. Damit haben die Eltern die Rollen vertauscht. Der Mutter gefällt es im Betrieb ausgezeichnet. Der Vater befürchtet, sie wolle den Rollenwechsel nicht mehr rückgängig machen. Die Mutter wird von den Angestellten sehr geschätzt und kommt mit ihnen besser zurecht als der Vater. Dieser gerät unter zusätzlichen Streß durch die Vorstellung, bei seiner Rückkehr in den Betrieb nicht mehr wie früher respektiert zu werden. Das wirkt sich wiederum negativ auf den Krankheitsverlauf aus.

Die andersartige systemische Organisation der familiären Funktionen fordert also bei der Mutter eine persönliche Entfaltung heraus, die zuvor brachlag, während der Vater sich von Funktionen entbunden fühlt, die für sein persönliches Selbstverständnis von großer Bedeutung sind.

Herausforderung oder Überforderung durch Rollenvertretung. Die Vertretung in der Erfüllung bestimmter Funktionen kann eine Herausforderung, aber auch eine Überforderung bedeuten.

Die Mutter einer 18jährigen Tochter stirbt nach relativ kurzem Leiden an Brustkrebs. Der Vater, nicht gewohnt den Haushalt zu besorgen, stellt sich hilflos an und wird schwer depressiv. Die Tochter führt nach dem Tode der Mutter den Haushalt. Diese Aufgabe fordert sie in ihrer persönlichen Entwicklung heraus. Sie wächst an der Verantwortung, die sie an Mutters Stelle übernimmt. Nach 2 Jahren steht sie vor dem Lehrabschluß und hat danach einen Auslandaufenthalt geplant. Sie spürt, daß sie den Vater nicht alleinlassen kann. Sie entwickelt eine Klaustrophobie (Platzangst). Mit dieser Krankheit blockiert sie ihre Pläne, vom Vater wegzuziehen.

Die Krankheit ist in diesem Fall die Lösung eines sonst unlösbar erscheinenden Konfliktes zwischen den Wünschen nach persönlicher Freiheit und Selbständigkeit und den Verpflichtungen gegenüber dem depressiven Vater.

> ! Hausärzte sollten ihre Patienten in ihrem Beziehungskontext kennen, als Teil einer Familie, eines Arbeitsteams und einer Gemeinde. Krankheitssymptome verändern das Bezugssystem gemäß dem Leitsatz, daß sich in einem System kein Teil durch Krankheit verändern kann, ohne daß sich alle Teile und das Ganze verändern (s. Kap. 4.2). Aber auch andere Veränderungen des familiären Systems öffnen den Weg zu neuen persönlichen Entwicklungen. Sie fordern die Person heraus, sie können sie aber auch überfordern.

Hausärzte sollten also nicht nur den Patienten, sondern auch seine Familie und ev. andere Bezugssysteme in ihr Behandlungskonzept einbeziehen. Manchmal leiden Angehörige stärker unter der Krankheit als die Patienten selbst. Manchmal gelingt es eher, eine Krankheit über die Angehörigen zu beeinflussen als direkt über die Patienten.

Elemente eines ökologischen Modells der Persönlichkeit

Die Person entwickelt sich im Gestalten ihrer Umwelt. Die obige Darstellung zeigt, wie groß die Bedeutung der aktuellen familiären Beziehungen für die persönliche Entwicklung und Entfaltung ist. Die systemische Therapie geht von der Annahme aus, daß ein Kind sich gesund und autonom zu entwickeln vermag, wenn die familiären Rahmenbedingungen ihm eine altersentsprechende Entwicklung ermöglichen. Sie formuliert jedoch keine Theorie über Struktur und Dynamik der Person aus. Diesbezüglich wird sie durch das ökologische Modell ergänzt.

Das ökologische Modell [9] geht von der Prämisse aus, daß die Person sich in Beziehungen entfaltet und nicht aus sich selbst, daß also das Herstellen von Beziehungen entscheidend dafür ist, was eine Person im Leben verwirklichen kann (vgl. Kap. 5.1.2). Gemäß ihrer Motivationslage und ihren Zielvorstellungen tastet eine Person laufend ihre Umwelt nach Gelegenheiten ab, sich in Beziehungen zu verwirklichen. Sie sucht und erzeugt Bereitschaften in ihrer Umwelt, auf sie anzusprechen und sich mit ihr in Beziehung zu setzen.

Die äußere Verwirklichung innerer Prozesse. Am realen Gestalten ihrer Beziehungen und an ihren Wirkungen in der Umwelt wird die Person sich selbst und anderen faßbar, sichtbar und wahrnehmbar. Psychische Inhalte haben eine diffusere Qualität, solange sie nicht an äußeren Wirkungen faßbar werden. Können wir das, was uns bewegt, in einem Tagebuch niederschreiben, so steht das Geschriebene uns gegenüber. Das Subjektive wird objektiviert. Wir können uns mit etwas Vergegenständlichtem besser auseinandersetzen. Es entsteht auch eine andere Qualität von Wirklichkeit, wenn wir das, was uns bewegt, jemandem erzählen. Der Inhalt wird durch die Beantwortung wirklicher, als wenn wir ihn für uns behalten. Wir geben diesen Inhalt mit dem Erzählen allerdings teilweise aus der Hand, können über das Erzählte nicht mehr selbst verfügen und es nicht mehr ungeschehen machen. Es ist möglich, daß die Bezugsperson nicht richtig zuhört, das Erzählte mißversteht, es negativ beurteilt oder es gegen uns verwertet. In der Psychotherapie zeigt sich besonders deutlich, wie schwierig, aber auch wie bedeutsam es für Patienten ist, das sie Bewegende mitzuteilen. Die Person ist für ihre Verwirklichung auf die ihr von der Umwelt angebotenen Beziehungs- und

Gestaltungsmöglichkeiten angewiesen. Sie kann Geschick und Kompetenz erwerben, die Umwelt für ihr Wirken zu gewinnen. Dennoch bleibt sie auf die Bereitschaft anderer Menschen angewiesen, sich mit ihr in Beziehung einzulassen und ihr Entfaltung zuzugestehen. Diese Bereitschaft ist oftmals in nur unzureichendem Masse vorhanden und kann einer Person wieder entzogen werden.

Motivationen zur Umweltgestaltung. Menschen möchten von der Umwelt in ihrem Wirken beantwortet werden. Die Motive und die Art des Wirkens sind für jeden Menschen anders und werden von vielen situativen und persönlichen Faktoren beeinflußt. Die einen Menschen möchten wirksam werden durch Ausüben politischer oder wirtschaftlicher Macht, andere streben nach wissenschaftlichem oder künstlerischem Erfolg, wiederum andere möchten für ihr soziales Engagement anerkannt werden, viele Menschen möchten jedoch auch in weniger ambitiöser Weise wirksam sein im Arbeiten, in der Pflege von Geselligkeit, im familiären Zusammenleben oder im Geliebtwerden durch einen Partner. Das eigene Wirken kann die Bestätigung vermitteln, von anderen gebraucht zu werden und ihnen nützlich zu sein.

Die persönliche Nische. Es läßt sich sagen: Zeige mir deine Nische und ich sage dir, wer du bist. Die persönliche Nische einer Person kann sehr unterschiedlich sein. Die einen haben eine reichhaltige und vielfältige Nische, die anderen eine eher kümmerliche und einförmige. Psychische Störungen aller Art führen zu einer Einschränkung und Entdifferenzierung der Nische. Dies ist um so ungünstiger als die Nische für die Selbstregulation der Person eine wichtige Ressource ist. Die zur Nische gestaltete Umwelt gibt dem Wirken einer Person ein

vertrautes Feld, in welchem sie sich auskennt. Die persönliche Nische trägt die Spuren der eigenen Geschichte und macht diese erinnerbar. Die Nische bildet eine äußere Struktur der Persönlichkeit, welche die innere Struktur der Konstrukte bzw. Schemata ergänzt und Leitplanken für die weitere Gestaltung des Lebens bildet (vgl. Kap. 7.1.4).

> **!** Im realen Gestalten ihrer Umwelt bildet eine Person sich ihre persönliche Nische. Die persönliche Nische ist das Wirkungsfeld einer Person. Zu ihr gehört die Behausung, d.h. die eigene Wohnung mit den Gegenständen ihrer Einrichtung, der Arbeitsplatz, die eigenen Werke und das soziale Beziehungsnetz. An dieser selbstgestalteten Umwelt wird die Person sich selbst in ihrem Wirken sichtbar, sie wird aber auch anderen Personen faßbar.

Der wirkungsgeleitete Lebenslauf. Für die Entwicklung des Lebenslaufes ist von maßgeblicher Bedeutung, welche Wirkungen und Tatsachen eine Person herzustellen vermag bzw. was ihr von ihren intendierten Wirkungen versagt bleibt. Ob ein Student ein Examen besteht, ob eine geliebte Partnerin in eine Lebensgemeinschaft einwilligt oder ob einem Arzt ein Kunstfehler passiert, können entscheidende Weichenstellungen für das weitere Leben sein. Die persönliche Geschichte – auch die Krankengeschichte – entwickelt sich als *wirkungsgeleiteter Lebenslauf*. Die Person kann ihren Lebenslauf nicht beliebig gestalten. Das Gestaltungsvermögen kann durch Lebensereignisse unerwartet eingeschränkt werden (vgl. Kap. 13). Aber auch bei äußeren Einschränkungen durch Krankheit, Arbeitslosigkeit oder Scheidung wird sich das Leben als wirkungsgeleiteter Lebenslauf fortsetzen. Wie immer die Umweltbedingungen sind, wird die Person laufend bestrebt sein, sich Umwelt gemäß eigenen Intentionen zu gestalten und in dieser wirksam zu werden. Das, was eine Person von ihren Intentionen nicht zu verwirklichen vermag, bleibt als Sehnsucht <u>virulent</u> und macht sie ansprechbar auf sich bietende Gelegenheiten, aus den gewohnten Bahnen auszubrechen. Das, was sie zu verwirklichen vermag, gibt ihrem Lebenslauf Konsistenz und Kontinuität, engt aber die Freiheitsgrade der Optionen ein.

aktiv

> **!** Die Person entwickelt sich nicht nur aus der inneren Dynamik. Ihre Entwicklung wird vielmehr stark beeinflußt durch die erzielten Wirkungen und deren Rückwirkungen auf ihre Fantasien, Sehnsüchte und Motivationen, welche die Grundlage weiterer Pläne sind. Die erzielten Wirkungen sind gleichzeitig Produkt wie Ausgangspunkt weiteren Wirkens.

Persönlichkeitsentwicklung und Gesundheit durch beantwortetes Wirken. Im dauernden Gestalten von Umwelt zur persönlichen Nische durch beantwortetes Wirken werden jene psychischen Grundfunktionen entwickelt und geübt, die im Kap. 5 über die Entwicklung der Persönlichkeit und Kap. 6 über die psychischen Grundfunktionen beschrieben wurden, nämlich Wahrnehmen, Denken, Verhalten und Handeln. Es wird im beantworteten Wirken auch die Wirklichkeitskonstruktion evaluiert, ist eine Person doch nie sicher, ob ihre Sicht der Welt und der Wirklichkeit passend ist oder korrigiert und erweitert werden muß. Schließlich

werden durch beantwortetes Wirken auch das Selbstwertgefühl und die persönliche Identität bestätigt.

> **!** Positiv beantwortetes Wirken hat eine gesundheitsbildende und gesundheiterhaltende Funktion. Die Person ist nicht einfach psychisch gesund, sie stellt vielmehr psychische Gesundheit laufend im beantworteten Wirken her. Negatives oder mangelhaft beantwortetes Wirken andererseits gefährdet die psychische Gesundheit.

Isolationshaft oder die Monotonie des Lebens in gewissen Alters- und Pflegeheimen sind Risikosituationen für die psychische Gesundheit, weil dabei die Möglichkeit, sich Umwelt zu gestalten, stark eingeschränkt wird.

Partnerschaftliche und familiäre Koevolution. Wie bereits in Kap. 5 dargelegt, sind die familiären und partnerschaftlichen Beziehungen die wichtigsten Herausforderungen für die persönliche Entwicklung. Menschen werden in Partnerschaft und Familie in ihrem persönlichsten und intimsten Wirken beantwortet. Im Unterschied zu den dinglichen Aspekten der persönlichen Nische, wie etwa die Einrichtung der Wohnung, werden Partner jedoch nicht einfach das Objekt des Wirkens einer Person sein, Partner sind vielmehr eigenaktiv und suchen in der Partnerbeziehung selbst in ihrem Wirken beantwortet zu werden. *Es muß also eine Korrespondenz des wechselseitigen Wirkens hergestellt werden.* Bei der Partnerwahl fühlen sich Menschen voneinander angezogen, die einander die Verwirklichung bisher ersehnter persönlicher Möglichkeiten in Aussicht stellen. Im Verliebtsein kann die Vorstellung wirksam sein, dies ist die Person, die es mir möglich machen wird, jene persönlichen Qualitäten zu verwirklichen, die bisher brachlagen, weil niemand danach fragte. Partner treten miteinander in einen koevolutiven Prozeß ein.

> **!** Mit dem Begriff *Koevolution* wird die wechselseitige Beeinflussung der persönlichen Entwicklung von Partnern im Zusammenleben verstanden. *Partner können sich persönliche Entwicklungen ermöglichen* durch wechselseitiges Herausfordern, Strukturieren und Unterstützen. Sie können einander aber auch behindern und lähmen. In einer Partnerbeziehung lassen sich nie alle persönlichen Möglichkeiten realisieren, sondern nur jene, auf welche die Partner ansprechbar sind, für welche eine Korrespondenz vorliegt (co-respondere lat. = wechselseitiges Beantworten).

Koevolutive Prozesse bilden sich auch in Familien zwischen Eltern und Kind, wo das Kind die Entwicklung der Eltern genau so beeinflußt wie umgekehrt, aber auch zwischen Geschwistern. Geschwisterrivalität kann damit bewältigt werden, daß jedes der Kinder sich eine eigene Nische in der Familie schafft, für welches es eine besondere Beachtung der Eltern erlangt, was die Verschiedenheit zwischen den Geschwistern fördert. Koevolutive Prozesse bilden sich auch in langdauernden Beziehungen im Bereich Schule, Arbeit und eventuell in therapeutischen Beziehungen.

Das Risiko, die persönliche Wirksamkeit zu verlieren. Die Person ist im beantworteten Wirken in hohem Masse auf die Ansprechbarkeit und Bereitschaft der Umwelt, insbesondere der Bezugspersonen, angewiesen, sie in ihrem Wirken zu beantworten. Diese Korrespondenz zwischen Person und Umwelt bleibt jedoch gefährdet. Die Korrespondenz kann verlorengehen, wenn das verbindende Thema gegenstandslos wird, die Ziele des Zusammenwirkens erreicht wurden oder neue Themen auftreten. Die Korrespondenz wird gefährdet, wenn die Bezugspersonen ihr Interesse anderen Personen zuwenden oder neue Personen dazutreten. Sie ist aber auch gefährdet, wenn die Person selbst andere Interessen entwickelt, die in den bisherigen Nischenbeziehungen nicht ausreichend verwirklicht werden können. Je geringer die Ressourcen einer Person sind, um sich neue Beziehungen zu schaffen, desto eher wird sie sich an bestehende Beziehungen klammern. So ist es zu verstehen, daß manche Menschen unbefriedigende, ja pathogene Beziehungen zu erhalten suchen, trotz des destruktiven Einflusses, die diese auf sie ausüben.

Das Leben ist ein nicht umkehrbarer Veränderungsprozeß, in welchem alles im Wandel ist und nichts so bleiben kann, wie es war. Sowohl im Arbeitsteam wie in Familie und Partnerschaft *verändern sich die Beziehungskonstellationen* durch den Zuwachs an Kompetenz und Selbständigkeit aller Bezugspersonen, durch veränderte Aufgaben, durch das sich ändernde Umfeld, aber insbesondere auch durch Lebensereignisse wie Schicksalsschläge oder glückverheißende Chancen und Erfolge.

Das zeitliche Vorfeld von Symptombildungen. Die ökologische Psychotherapie beachtet in besonderer Weise das zeitliche Vorfeld einer Symptombildung. Wo es zu zeitlich umschriebenem Auftreten von Krankheitssymptomen oder zu unerwarteten Verhaltensstörungen kommt, lassen sich meist im zeitlichen Vorfeld des Auftretens maßgebliche Veränderungen der Beziehungskonstellationen feststellen, welche die bisherigen Leitbilder, mit denen die Beziehung gestaltet worden war, in Frage stellen. Die veränderte Beziehungskonstellation läßt die bisherigen Formen des beantworteten Wirkens nicht weiterführen, sondern macht einen Entwicklungsschritt in der Beziehung notwendig. Doch dieser wird aus Angst vor seinen Konsequenzen blockiert. Es kann zu unerträglichen Spannungen kommen, die in eine Symptombildung münden, deren Funktion es ist, eine weiterführende, anstehende Entwicklung zu blockieren.

Fokussierung der Therapie auf anstehende Entwicklungen. In einer ökologischen Psychotherapie wird deshalb das zeitliche Vorfeld vor Ausbruch des Symptoms eingehend exploriert. Aus der Exploration dieser Zeitphase ergeben sich Hinweise auf anstehende, aber blockierte Entwicklungen. Diese Entwicklungen werden von den Patienten oft abgewehrt, weil sie mit Angst behaftet sind. Dennoch spüren die Patienten vorbewußt, in welche Richtung die Entwicklung gehen sollte.

Ein befriedigendes beantwortetes Wirken läßt sich nur zurückgewinnen, wenn der Patient den Mut gewinnt, an seinen Beziehungen etwas zu verändern. Dabei geht es u. a. darum, die eigenen Beziehungsmöglichkeiten besser wahrzunehmen und die Beziehungsbereitschaften der Umwelt adäquater einzuschätzen und zu nutzen.

Eine 55jährige Frau wird auf die Notfallstation eingewiesen wegen Panikattacken, d. h. anfallsartigem Auftreten von Herzbeklemmung und Atemnot, verbunden mit Todesangst, welche erstmals nach einer Ovarialzystenoperation aufgetreten waren, zusätzlich verbunden mit einer depressiven Dekompensation. Die eingehende Exploration ergibt, daß sich im zeitlichen Vorfeld umfassende Veränderungen in ihrer Beziehungskonstellation ergeben hatten. Die Patientin war vor 2 Jahren im Rahmen von Rationalisierungsmaßnahmen vorzeitig pensioniert worden; das Befinden ihres Ehemannes, den sie wegen eines Zungengrundkarzinoms aufopfernd gepflegt hatte, hatte sich vor einem halben Jahr gebessert, so daß er auf ihre Hilfe verzichten konnte; die Patientin erlitt zusätzlich eine schwere Kränkung, indem ihre betagte Mutter den Kontakt mit ihr abrupt abgebrochen hatte. Sie brachte sogar ein neues Türschloß an ihrer Wohnung an, wodurch sich die Patientin im eigentlichen Sinn ausgeschlossen fühlte. Die Patientin hatte ihr bisheriges Wirkungsfeld verloren. Sie zog sich gekränkt auf sich zurück in der Haltung: Ich genüge mir selbst. Ich brauche niemanden. Gleichzeitig wurde sie zunehmend depressiv. Die Panikattacke war aufgetreten im zeitlichen Zusammenhang mit einer Operation, nämlich unter der Angst, aus dem Leben scheiden zu müssen, ohne sich mit der Mutter versöhnt zu haben.

Die ökologische Therapie sieht das Therapieziel nicht so sehr darin, die Umweltunabhängigkeit der Patientin fördern zu wollen, sondern sie in einer befriedigenderen Gestaltung von Beziehungen zu unterstützen. Unter Psychotherapie gelang es der Patientin, ein neues Tätigkeitsfeld aufzubauen, dabei aber das Engagement besser auf die Bereitschaften der Umwelt abzustimmen. Nachdem die Patientin unter den therapeutischen Gesprächen aus ihrem depressiven Rückzug hinausgetreten war, schrieb sie an die Mutter einen langen Brief voller Anklagen und Rechtfertigungen. Sie schickte diesen Brief aber nicht ab, da sie selbst spürte, daß keine positive Wirkung davon zu erwarten war. Daraufhin diktierte ihr der Ehemann einen Brief an die Mutter, der wesentlich gemäßigter war. Der Therapeut forderte sie auf, selbst die zu erwartende Antwort der Mutter auf diesen Brief zu formulieren. So konnte die Fähigkeit der Patientin, die Beziehungsbereitschaften der Mutter zu beachten, wesentlich gefördert werden, was die Grundlage einer adäquateren Gestaltung der Beziehung zur Mutter war.

Das laufende Bemühen, die Umwelt für die eigene Wirksamkeit zu gewinnen, ist ein anstrengender Anpassungsprozeß, bei welchem es darum geht, die eigenen Intentionen den Bereitschaften der Umwelt anzupassen, wie auch die Bereitschaften der Umwelt den eigenen Intentionen anzupassen.

Alle Menschen, auch Menschen mit Persönlichkeitsstörungen, können Fähigkeiten entwickeln, sich eine korrespondierende persönliche Nische zu schaffen.

7.1.6 Übersicht über die behandelten Persönlichkeitsmodelle

Wie eingangs ausgeführt, gibt es nicht *das* richtige oder wahre Persönlichkeitsmodell. Persönlichkeitsmodelle sind Konstrukte, die dazu dienen, sich in das, was der Patient im Gespräch anbietet, zu vertiefen, das Vorgebrachte in Zusammenhänge zu stellen, eine Vorstellung zu gewinnen, wie sich die Störung gebildet hat, wie sie aufrechterhalten wird und wie sie behandelt werden kann. Im heutigen Zeitpunkt liegen noch zu wenig Forschungsergebnisse vor, um eindeutig festzustellen, welche Konzepte sich für die Behandlung welcher Störungsbilder und Probleme besonders eignen. Das verhaltensorientierte Modell scheint sich besonders zu eignen, um die Eigendynamik eines Symptoms direkt anzugehen, das systemisch-ökologische Modell eignet sich besonders für die Behandlung aktueller familiärer Verstrickungen, und die Psychoanalyse vertieft sich in die bis in die frühe Kindheit zurückreichende persönliche Geschichte.

In der Tabelle 7.1 sind die verschiedenen Modelle noch einmal in einer Übersicht zusammengestellt. Man kann sich die Unterschiede vielleicht am besten anhand der Frage merken, wie sich *die Modelle die Entwicklung einer Symptombildung erklären*:

- Das *konstitutionelle Modell* befaßt sich mit dem *Wenn-Dann* der Disposition zur Symptombildung

Tabelle 7.1. Übersicht über die in diesem Kapitel behandelten Persönlichkeitsmodelle

	Theoretische Schwerpunkte	Pathogenese	Symptombildung	Therapeutische Schwerpunkte
Konstitutionelles Modell	*Das Zusammenpassen von Charakter und Umwelt* Erbliche und konstitutionelle Disposition des Verhaltens. Temperament, Charaktertypologie, Persönlichkeitsdimensionen	Temperamentsmerkmale als Risikofaktoren disponieren zu Interaktionsproblemen mit der Umwelt und zu persönlichen Fehlentwicklungen	Dieses Modell fragt nach dem *WENN-DANN.* Wenn eine bestimmte Konstitution vorliegt und sich keine dazu passende Umweltbedingungen vorfinden, dann kann es zu Störungen kommen.	*Passung von Verhalten und sozialer Umwelt* Erziehungsberatung
Psychoanalytisches Modell	*Intrapersonelle Dynamik* Die frühkindlichen Phasen der Ich-Entwicklung werden unter ungünstigen Bedingungen nicht bewältigt und hinterlassen bis ins Erwachsenenalter Defizite und Traumatisierungen	Unter der Wiederbelebung frühkindlich traumatisierender Situationen kommt es im Erwachsenenalter immer wieder zur Reinszenierung frustrierender Beziehungserfahrungen	Dieses Modell fragt nach den Hintergründen einer Symptombildung, nach dem *WARUM?* der Störung	*Einsicht in die frühkindlich begründeten unbewußten Konflikte* Therapeutische Bearbeitung von Träumen, Fantasien sowie der Übertragung in der therapeutischen Beziehung
Verhaltensorientiertes Modell	*Konditionierung von Verhalten und Denkstrukturen* Verhalten wird gelernt, besonders unter Belohnung/Bestrafung bzw. Erfolg/Mißerfolg. Gelernte Denkstrukturen bilden als Schemata Grundlage von Wahrnehmen, Bedeutungszumessung und Verhalten	Normabweichende Körperreaktionen und unangepasstes soziales Verhalten wird gelernt und reflexartig fixiert. Unangepaßte Schemata begünstigen Fehlwahrnehmungen und Fehlinterpretationen und verstärken pathogene Reaktionen.	Dieses Modell fragt nach den Bedingungen der Symptombildung, nach dem *WIE?* sich die Störung bildet.	*Die gelernte Störung soll verlernt werden.* Dekonditionierung durch Desensibilisierung oder In-vivo-Exposition. Inadäquate Überzeugungen ändern durch stärker an der Realität orientierte Wahrnehmungen.
Systemisches Modell	*Beziehungskontext setzt Rahmenbedingungen für persönliche Entfaltung* Die Beziehungen organisieren sich in einem System ganzheitlich. Die Organisation des Systems wandelt sich mit den familiären Lebensphasen	Dysfunktionale familiäre Überzeugungen und Beziehungsmuster behindern die gesunde persönliche Entfaltung. Krankheit oder Verhaltensstörungen werden zur Problemlösung eingesetzt (funktioneller Aspekt des Symptoms).	Dieses Modell fragt nach der Bedeutung des Symptoms zur Regelung der Beziehungen. Es fragt nach dem *WOZU?* einer Störung	*Neue Beziehungsmuster* anregen, die Raum für bessere persönliche Entfaltung freigeben.

Tabelle 7.1. Fortsetzung

	Theoretische Schwerpunkte	Pathogenese	Symptombildung	Therapeutische Schwerpunkte
Ökologisches Modell	*Die Person entwickelt sich im Gestalten ihrer Umwelt. Die in der Umwelt erzeugten Wirkungen sind Ausgangspunkt der weiteren persönlichen Entwicklung.* Koevolutive Perspektive der persönlichen Entwicklung	Im zeitlichen Vorfeld einer Symptombildung sind Veränderungen in Beziehungen eingetreten, die weitere Veränderungen notwendig machen, deren Konsequenzen befürchtet werden. Befürchteter oder realer Verlust an Möglichkeit, sich über das Gestalten von Beziehungen zu regulieren	Dieses Modell fragt nach Beziehungsveränderungen im zeitlichen Vorfeld der Störung. Es fragt **WANN?** es zur Symptombildung kommt.	Wahrnehmen der Notwendigkeit und Chance, *jetzt eine anstehende Entwicklung in Beziehungen zu verwirklichen.* Verbessertes Gestalten der persönlichen Nische unter Berücksichtigung der eigenen Beziehungsmöglichkeiten und der Beziehungsbereitschaften der Umwelt.

- Das *psychoanalytische Modell* befaßt sich mit dem *Warum?* der Symptombildung
- Das *verhaltensorientierte Modell* befaßt sich mit dem *Wie?* der Symptombildung
- Das *systemische Modell* befaßt sich mit dem *Wozu?* der Symptombildung und
- Das *ökologische Modell* befaßt sich mit dem *Wann?* der Symptombildung.

In der Tabelle können die verschiedenen Modelle nach ihren theoretischen Schwerpunkten, nach der Pathogenese, nach dem Verständnis für die Symptombildung und nach den therapeutischen Schwerpunkten verglichen werden.

(handschriftliche Randnotiz: Gesamtheit der an Entstehung u. Entwicklung einer Krankheit beteiligte Faktoren)

Man kann diese Modelle in eine Reihenfolge setzen. Die Bewegung geht von innen nach außen, vom biologisch begründeten Erbgut und der Konstitution zu den innerpersönlichen Vorgängen, zum Verhalten, zu den zwischenmenschlichen Beziehungen, zur Gestaltung der eigenen Umwelt. Man kann sich fragen, weshalb nicht versucht werden soll, alle Modelle in eines zu integrieren. Der Vorteil der Unterscheidung liegt darin, daß jedes Modell seinen Schwerpunkt bis in alle Verästelungen differenziert. In der Praxis aber arbeiten Psychotherapeutinnen und Psychotherapeuten meist eklektisch, d.h. sie wenden je nach Fall und Problemstellung Elemente des einen oder des anderen Therapiemodells an.

7.2 Abwehr- und Anpassungsmaßnahmen in Belastungssituationen

7.2.1 Auswirkungen von seelischen Belastungssituationen

Der Umgang mit Menschen, die unter seelischen Belastungssituationen leiden, gehört zum ärztlichen Alltag. Auf der einen Seite gibt es seelische Belastungssituationen, die zu körperlichen und seelischen Krankheiten führen, auf der anderen Seite sind seelische und körperliche Krankheiten selbst wiederum Belastungssituationen. Das Kapitel 13 handelt von der Krankheitsverarbeitung. Krankheit ist eine der vielen Möglichkeiten seelischer Belastung. In diesem Kapitel sollen die allgemeinen Auswirkungen seelischer Belastungssituationen besprochen werden.

Ursachen von Belastungssituationen. Das Leben ist laufend mit Belastungssituationen verbunden, die den Menschen an die Grenzen seiner Bewältigungsmöglichkeiten bringen. Ursachen solcher Belastungssituationen können *innere Bedrohungen* sein durch Bedürfnisse und Strebungen (Sexualtrieb, Aggressionen, Ehrgeiz, Eifersucht, Neid usw.), die Angst, Scham oder Schuldgefühle erzeugen. Es können aber auch *äußere Bedrohungen* und Belastungen sein, wie Prüfungssituationen, Angst vor Stellenverlust oder Arbeitslosigkeit, vor körperlichen Krankheiten, Schmerz oder Beeinträchtigung der körperlichen Integrität; oder es kann um den Verlust einer geliebten Person gehen, aber auch um Verlust einer liebgewordenen Umgebung, des Heims, des Arbeitsplatzes, von Tieren, von Gegenständen, die eine hohe Bedeutung für einen haben, von Tätigkeiten und Erlebnismöglichkeiten, an denen man hängt.

! Belastende Vorstellungen können einhergehen mit:

- Angst bei unerträglicher Bedrohung realer oder irrealer Art
- Schuldgefühl bei unerträglicher Gewissensbelastung
- Scham und Kränkung bei unerträglicher Verletzung des Selbstwertgefühls und der persönlichen Integrität
- Schmerz seelischer oder körperlicher Art

Reaktionen auf Belastungen. Die drohende seelische Gleichgewichtsstörung ruft nach dem Ausschalten der Ursache der Belastung durch Kampf; Konfrontation und aktivem Verändern der Situation oder durch Flucht aus der belastenden Situation [12]. Wenn dies aber nicht möglich ist, muß eine Stabilisierung der Person angestrebt werden, um die fortgesetzte Belastungssituation aushalten zu können. Hier soll dargestellt werden, wie die Person sich zu stabilisieren sucht, wenn es ihr nicht möglich ist, eine Belastung auszuschalten, und wenn diese Belastung ihre Möglichkeiten zur Bewältigung mittels Reflexion, logischer Analyse, Objektivieren, Meisterung der Gefühlsreaktion oder Sublimation im Sinne von Copingvorgängen (s. Kap. 13) überfordert.

Bewältigung und Dekompensation. Um das pathogene Agens zu neutralisieren und einen einigermaßen erträglichen Zustand von Gleichgewicht und Spannung zu erreichen, benützt eine von Dekompensation bedrohte Person gewisse Anpassungs- oder Bewältigungsmaßnahmen. Deren Aufgabe ist Spannungsverminderung, Sicherung der Selbstkontrolle und Erhaltung der persönlichen Integrität. Bei einer **Dekompensation** verliert das Ich seine Steuer- und Kontrollmöglichkeiten und damit seine Fähigkeit zu sozialer Anpassung und Realitätsbewältigung. Die Person wirkt dann gestört. Sie verhält sich impulsiv, zeigt unkontrollierte Panik, Verzweiflung, Aggressivität oder Regression, was sich z. B. in Jähzornsanfällen oder hemmungslosem Weinen bis zur psychotischen Dekompensation äußert. Das unkontrollierte Verhalten löst in der Umgebung Beunruhigung aus. Im positiven Fall werden bei den Bezugspersonen Verhaltensweisen mobilisiert, durch welche die schwachen Abwehr- und Kontrollfunktionen der betroffenen Person gestützt oder vikariierend übernommen werden (Beruhigen, Trösten, medikamentöse Sedation, Hospitalisation in geschlossener Abteilung einer psychiatrischen Klinik). Während solche Dekompensationen des seelischen Steuerungsvermögens bei einem kleinen Kind allgemein toleriert werden – lautes, ungehemmtes Weinen beim Zerbrechen eines Spielzeugs, wütendes mit dem Kopf auf den Boden Schlagen, wenn seinem Willen nicht entsprochen wird –, wird von einem Erwachsenen erwartet, daß er sich trotz Belastung äußerlich angepaßt zu verhalten vermag. Je geschwächter das Selbstwertgefühl einer Person ist, umso weniger kann sie sich unangepaßtes Verhalten leisten und umso krampfhafter wird sie versuchen, um jeden Preis Haltung zu bewahren.

Die Person wird alles daran setzen, eine psychische Streßreaktion emotional und kognitiv adäquat zu bewältigen und durch zielgerichtetes Handeln aufzufangen und zu meistern. Die adäquate, flexible und aktive Bewältigungsform wird als „*coping*" bezeichnet (s. Kap. 13).

Ziele von Abwehrmaßnahmen. Ist die Person aber in ihrem Coping überfordert, so kommt es zu Abwehrmaßnahmen, deren primäres Ziel nicht eine direkte Problemlösung ist, sondern die Aufrechterhaltung einer inneren und äußeren Haltung. Das Erzwingenmüssen einer inneren und äußeren Haltung führt zu einer starren, die Konfrontation mit der Realität vermeidenden oder verzerrenden Haltung.

Die Person sucht eine innere Stabilisierung durch vollständige oder partielle Weigerung, eine unerträgliche Wirklichkeit wahrzunehmen und sich mit deren Bedeutung auseinanderzusetzen. Unerwünschte Affekte und Vorstellungen sollen damit abgewendet oder annehmbar gemacht werden.

> **!** Abwehrmaßnahmen lassen sich von Copingformen folgendermaßen unterscheiden:
>
> - **Abwehrmaßnahmen** meinen eher unbewußte Bemühungen um eine innere Anpassung. Sie sind erlebnisorientiert und befassen sich mit selbstverändernden Strategien, um die emotionale Bedrohung durch intrapsychische Maßnahmen zu eliminieren, zu reduzieren und zu regulieren. Äußerlich geht Abwehr oft mit Rückzugs- und Vermeidungsverhalten einher.
> - *Coping* dagegen bezieht sich vor allem auf die bewußte äußere Bewältigung. Es ist verhaltensorientiert und befaßt sich mit Strategien, mit denen versucht werden soll, Umwelt und Situation zu verändern und zu kontrollieren.

Eine scharfe Trennung von Abwehrmaßnahmen und Coping ist nicht sinnvoll, da sie ineinanderübergehen. Das Konzept der Abwehrmaßnahmen wurde von der Psychoanalyse entwickelt. Da die Abwehr unbewußt oder zumindest in der Regel verleugnet wird, ist sie begrifflich wenig scharf umschrieben und schlechter operationalisierbar als Coping. Eine umfassende Darstellung des Copingprozesses und verschiedener Copingstrategien erfolgt im Kap. 13.

7.2.2 Abwehrmaßnahmen

Die Lehre von der Angstverarbeitung der Psychoanalyse hat zur Formulierung einer Reihe von heute als klassisch zu bezeichnenden Abwehrmechanismen [17] geführt, die z.T. in die Umgangssprache übergegangen sind. Einige davon sollen hier behandelt werden, weil ihre Kenntnis für die ärztliche Praxis bedeutsam ist.

> **!** **Schritte des Abwehrvorganges**
> In einer psychischen Überforderungssituation kann eine Person trotz fortbestehender Einwirkung eines unerträglichen Reizes ihr seelisches Gleichgewicht durch folgende Strategien zu bewahren suchen:
>
> - Sie kann die **Wahrnehmung** des unerträglichen Reizes **verändern**
> - Sie kann die **Bedeutung** des Reizes **verändern**
> - Sie kann den **Reiz** durch aktive Gegenmaßnahmen **neutralisieren.**

Veränderung der Wahrnehmung des unerträglichen Reizes. Die unerträgliche Vorstellung soll unschädlich gemacht werden, indem man sie nicht beachtet. Dies kann erreicht werden durch:

- **Verdrängung.** Die unakzeptable Vorstellung bzw. die unerträgliche Emotion wird aus dem Bewußtsein verbannt und durch eine Gegenvorstellung am Wiedereintritt gehindert. Die Aufrechterhaltung der Verdrängung kann einen Großteil der psychischen Kräfte des Individuums absorbieren. Dadurch kann die Arbeitsfähigkeit, die Kontaktfähigkeit oder die Konzentrationsfähigkeit beeinträchtigt werden.
- **Verleugnung.** Die Wahrnehmung der unerträglichen Vorstellung wird verneint.
- **Verschiebung.** Die unerträgliche Vorstellung und die unerträgliche Emotion werden abgewehrt, indem man sie auf andere Personen ausrichtet und an diesen austrägt. „Man schlägt den Sack und meint den Esel".

Projektion. Die unerwünschte Vorstellung oder die unerwünschte Emotion werden abgewehrt, indem man sie anderen Personen zuschreibt und an diesen wahrnimmt. Die Wahrnehmung dieser Personen kann realitätsfern verzerrt werden. Man kann an ihnen aber auch durchaus Richtiges wahrnehmen, sich dadurch jedoch übermäßig gestört fühlen, dem Wahrgenommenen eine übertriebene Bedeutung zumessen und es in falschen Proportionen sehen. Die Verhaltensweisen, die einen am anderen Menschen stören, sind oft Verhaltensweisen, die einzunehmen einem selbst eine Versuchung ist.

Beispiele:

Der *Skistar*, der für einmal nicht gewonnen hat, sagt: „Ich denk schon gar nicht mehr dran (Verdrängung), sondern freue mich auf das gute Nachtessen (Gegenvorstellung). Im gestrigen Training und heute bis zur ersten Zwischenzeit war ich ja schließlich der Schnellste und hätte den Sieg nicht verpaßt, wenn es mir nicht die Skier auseinandergerissen hätte (Verleugnung des eigenen Versagens). Die Skier waren wieder einmal falsch gewachst (Verschiebung des eigenen Versagens auf das Material). Im Grunde wäre ich ganz ruhig gewesen, wenn sich nur der Trainer nicht dauernd so aufgeregt hätte (Projektion).“

Der *Student* mit Examensangst sagt: „Mich interessiert der Sport viel mehr als das Examen (Gegenvorstellung). Ich habe den Termin meines Examens vergessen (Verdrängung). Das Examen ist auch gar nicht schwierig (Verleugnung). Nur meiner Mutter bereitet es schlaflose Nächte (Projektion), und es macht mich allmählich nervös, wenn sie die ganze Zeit im Hause herumrennt (Verschiebung, nicht die Examensvorbereitung macht ihn nervös, sondern die Mutter).“

Nachdem ein *junger Mann* von seiner Freundin verlassen worden ist: „Ich denke schon gar nicht mehr an sie (Verdrängung). Möglicherweise hat sie mich gar nicht verlassen, sondern ist lediglich mit ihrem Studium stark beschäftigt (Verleugnung). Ein Abbruch der Beziehung würde sie viel härter treffen als mich (Projektion). Als sie an jenem Abend nicht wie abgemacht erschien, lernte ich gerade eine andere Frau kennen. Als ich sie „angemacht“ hatte, war ich dann richtig gemein zu ihr und ließ sie am Ende stehen (Verschiebung der Wut von der Freundin auf eine andere Frau).“

Veränderung der Bedeutung des unerträglichen Reizes. Der unerträgliche Reiz wird zwar wahrgenommen, es wird aber versucht, die damit verbundenen unerträglichen Emotionen auszuschalten und den unerträglichen Reiz positiv umzudeuten, um das Selbstwertgefühl damit zu schützen. Dies kann erreicht werden durch:

- *Rationalisieren und Intellektualisieren.* Die unerträgliche Vorstellung wird zwar rational wahrgenommen, die damit verbundene Emotion wird aber abgespalten und verdrängt.
- *Reaktionsbildung.* Die unerträgliche Vorstellung wird durch ein dieser Vorstellung entgegengesetztes Verhalten abgewehrt. Beispielsweise ist man jemandem gegenüber besonders freundlich, der einen in Wut versetzt oder kränkt. Oder man gibt sich besonders optimistisch, wenn man zu Verzagtheit neigt. *Rationalisieren, Intellektualisieren und Reaktionsbildungen sind bei Ärzten unter Streß besonders häufig zu beobachten.*
- *Identifikation.* Man denkt, fühlt und handelt so wie die Person, durch die man sich schwer belastet fühlt. Man identifiziert sich mit dem Aggressor und übernimmt seine Haltungen und Ansichten. Man belastet dann andere Personen, indem man sie mit dem imitierten Verhalten bedroht. Beispiels-

weise übernehmen Arbeiter unter Streß gegenüber Familienangehörigen jenes demütigende Verhalten, unter dem sie im Betrieb von seiten ihrer Vorgesetzten am meisten leiden. Oder der schmerzliche Verlust einer geliebten Person wird kompensiert, indem man sich mit ihr identifiziert, an ihre Stelle tritt, ihre Arbeit weiterführt oder ihre Haltungen übernimmt.

 Beispiele:

Der *Skistar* sagt, nachdem er nicht gewonnen hat: „Was ist da schon dabei, wenn man einmal nicht gewinnt. So brauche ich nicht an die Siegerehrung zu gehen und kann schon früher nach Hause (Rationalisierung). Ehrlich, als R. siegte, da freute ich mich darüber und fiel ihm begeistert um den Hals (Reaktionsbildung). Nächste Woche werde ich mir auch so ein Maskottchen zulegen, wie R. es hat (Identifikation). Dann wollen wir schauen, wer gewinnt."

Der *Student* in Examensangst: „Wenn ich es genau bedenke, ist die Chance, daß ich durchfalle, höchstens 10 % (Rationalisierung). Wir haben noch selten so viel gelacht wie in den Tagen vor dem Examen (Reaktionsbildung). Da habe ich zum Spaß den Professor B. nachgeahmt und den anderen eine Vorlesung vorgespielt (Identifikation mit dem Aggressor)."

Der *junge Mann*, der von seiner Freundin verlassen wurde: „Auch wenn sie mich verlassen hat, was ist da schon dabei. Sie ist ohnehin nicht mein Typ. Es gibt schließlich noch viele andere Frauen (Rationalisierung). Im

Grunde bin ich froh, daß ich sie los habe. Als ich ihr letzthin unerwarteterweise wieder begegnete, benahm ich mich betont „cool" (Reaktionsbildung). Aber ich habe jetzt gelernt, daß man sich im Leben offenbar wie sie verhalten muß, um zu bestehen (Identifikation)."

Neutralisierung des unerträglichen Reizes durch aktive Gegenmaßnahmen. Der unerträgliche Reiz wird wahrgenommen, es wird aber versucht, durch aktives Handeln die Unerträglichkeit zu mildern. Dies kann erreicht werden durch:

- *Acting out.* Unerträgliche Wahrnehmungen werden durch Betriebsamkeit neutralisiert (z. B. bei Schwestern und Ärzten gelegentlich im Umgang mit Sterbenden beobachtbar).
- *Kontraphobische Handlungen.* Man versucht, die Angst durch aktive, direkte Konfrontation zu bewältigen. Statt auszuweichen, wird „Mut" oder gar Tollkühnheit und Angstfreiheit demonstriert.
- *Ungeschehenmachen.* Die unerträgliche Vorstellung wird damit abgewehrt, daß man so tut, als ob nichts geschehen wäre. Oft handelt es sich um einen magischen Versuch, das Eingetretene zu bannen, indem man so weiterlebt, wie wenn nichts geschehen wäre. So wollen z. B. gewisse Karzinomkranke nicht unter Schwerkranken, sondern nur unter Gesunden leben, weil sie glauben, dann könnten sie selbst auch nicht so schwer krank sein. Oder der Tod eines nahen Angehörigen wird ungeschehen gehalten, indem man für ihn weiterhin den Tisch deckt und an der Einrichtung seines Zimmers alles so beläßt, wie er es hinterließ.

Beispiele:

Der **Skistar** nachdem er nicht gesiegt hat: „Bei meinem Sturz brach es mir fast das Genick. Natürlich ließ ich mich davon nicht beeindrucken, sondern fuhr nun erst recht voll drauf los (kontraphobische Handlung). Heute abend mache ich nun ein Riesenfest. Ich lade einen Haufen Leute ein, es wird getanzt und gefeiert (Acting out). Das Einzige, was ich von allen verlange, ist, daß über das heutige Rennen kein Wort mehr gesprochen wird (Ungeschehenmachen)."

Der **Student** in Examensangst: Im letzten Moment kauft er sich noch neue Bücher, neue Skripten, versucht neue Lernmethoden und steht morgens schon um vier Uhr auf (Acting out). Am Examenstag selbst will er vor sich und seinen Kollegen als besonders lässig erscheinen, indem er eine Freistunde zwischen den Prüfungsabschnitten benützt, um in der Stadt Einkäufe zu tätigen (kontraphobische Handlungen). Nachdem er im Examen durchgefallen ist, besucht er die Vorlesungen des anschließenden Studienjahres und erwähnt seinen Kollegen gegenüber das Nichtbestehen des Examens nicht (Ungeschehenmachen).

Der **junge Mann**, der von seiner Freundin verlassen worden ist, hat in der Folge mit vielen Frauen sexuelle Beziehungen, mehr als je zuvor (Acting out). Unerwartet sucht ihn seine Freundin erneut auf. Im Grunde freut er sich sehr darüber. Um aber nicht den Eindruck zu erwecken, als ob er weiterhin an ihr hängen würde, gibt er vor, für diesen Abend bereits besetzt zu sein (kontraphobische Handlung). Er trägt aber weiterhin den Freundschaftsring, den sie ihm geschenkt hatte (Ungeschehenmachen).

7.2.3 Die adaptive Bedeutung von Abwehrmaßnahmen

Schutzfunktion von Abwehrmaßnahmen. Abwehrmaßnahmen sind als Notfallmaßnahmen in vielen Situationen sinnvoll. Ein Chirurg vor einer schwierigen Operation, ein Pilot in außergewöhnlichen Flugverhältnissen, ein Truppenführer vor den Manövern oder ein Politiker im Wahlkampf müssen eine gute Abwehrorganisation haben, weil sie trotz der starken Bedrohung ihres persönlichen Gleichgewichtes die ihnen gestellte Aufgabe optimal erfüllen müssen. Oft hängt das Schicksal anderer Menschen von ihrer Fähigkeit ab, Angst in besonderen Belastungssituationen unter Kontrolle zu halten. Jeder Mensch gerät vorübergehend in Situationen, wo sein persönliches Gleichgewicht durch Angst oder Kränkungen bedroht wird und er sich mit Hilfe von Abwehrmaßnahmen vor überwältigenden Gefühlen schützen muß.

Angemessenheit von Abwehrmaßnahmen. Ganz anders ist es jedoch, wenn diese Abwehrmaßnahmen zu einer sich chronifizierenden Charakterhaltung werden. Z.B. wenn ein Pilot oder Chirurg auch in privaten Beziehungen laufend Gefühle abspaltet, alle persönlichen Probleme mittels Checklisten einer Lösung zuführen will und allzeit den starken Mann mimen möchte.

Dennoch wäre es ein unrealistisches Ideal zu glauben, Coping im Sinne einer bewußten, aktiven und realitätsangepaßten Bewältigung von Belastungen sei bei gesunden Erwachsenen das Übliche, während Abwehrmaßnahmen im Sinne einer Unfähigkeit, sich offen mit der Belastung zu konfrontieren, das Kennzeichen einer neurotischen Verarbeitungsform sei. So lange Abwehrmaßnahmen eine Problemlösung in ihren entscheidenden Aspekten nicht behindern, brauchen sie nicht pathologisch zu sein. Manche Menschen verhalten sich in dieser Hinsicht widersprüchlich. So gibt es etwa Krebskranke, welche die Krankheitsdiagnose verleugnen und trotzdem an der Behandlung aktiv mitmachen, „....nur so auf alle Fälle, man kann ja nie wissen....". Oder Angehörige verleugnen den Tod und führen den Haushalt so weiter, wie wenn der Verstorbene nur ferienabwesend wäre und regeln trotzdem die Begräbnis- und Erbschaftsangelegenheiten realitätsadäquat.

Das Abwehrverhalten ist auch nicht immer zur Realitätsbewältigung ungeeignet. Es kann tatsächlich neutralisierende Wirkung auf die Reizquelle haben. Ein bellender Hund kann besänftigt werden, wenn man äußerlich ruhig und ohne ihn zu beachten, also scheinbar ohne Angst, weitergeht. Er wird jedoch bissig, wenn man ängstlich ausweicht oder gar davonrennt. Die erfolgreiche Verdrängung der eigenen Angst hat auf den Hund dieselbe Wirkung, wie wenn man keine Angst hätte. Oder wenn der Skistar in der Abwehr seiner persönlichen Kränkung über den Mißerfolg erfolgreich ist, kann er zum moralischen Sieger werden. Das Publikum ist begeistert über seine Reaktionsbildung, wie er glückstrahlend dem Sieger gratuliert. Oder die Wut des Publikums wird tatsächlich auf das Material oder auf den Trainer abgelenkt. Die jüngere Frau, die ihren Freund im Stich gelassen hat, wird durch sein kühles und selbstsicheres Gebaren verunsichert und gewinnt für ihren Freund wieder mehr Respekt.

> **!** Die Fähigkeit zu Abwehrmaßnahmen wirkt in *akuten Situationen* als Festigkeit und Stärke. Die *chronifizierte Abwehr* verleiht jedoch einer Persönlichkeit eine gewisse Starre. Die chronische Abwehrleistung beansprucht einen hohen Teil der psychischen Energie. Kontinuierlich abwehrende Menschen wirken in ihrer Kontaktfähigkeit unecht und eingeschränkt. Sie haben wenig persönliche Ausstrahlung. Oft sind sie in ihrer Arbeitsfähigkeit beeinträchtigt, können sich nicht wirklich einer Sache widmen und weichen all den vielfältigen Situationen aus, in denen ihre Abwehr gefährdet werden könnte.

7.2.4 Interaktionelle Abwehrmaßnahmen

Die Erforschung der Abwehr und des Copings konzentriert sich vorwiegend auf die individuelle Verarbeitung außergewöhnlicher Bedrohungen des persönlichen Gleichgewichtes. Erst in neuer Zeit beginnt sie sich auch mit der interaktionellen Perspektive zu befassen [9]. Deren Beachtung ist insbesondere für die ärztliche Praxis von großer Bedeutung.

Funktion interaktioneller Abwehrmaßnahmen. Eine Person kann andere Personen für das Wiedergewinnen und Aufrechterhalten des eigenen Gleichgewichtes benützen. Rein intuitiv versuchen Bezugspersonen, auch Ärzte, die Abwehrmaßnahmen des Betroffenen zu stützen durch Bemerkungen wie:

- „Denk nicht mehr daran" (Verdrängung)
- „Fahr doch einige Tage in die Ferien, um dich abzulenken" (Gegenbesetzung)
- „Wenn Du es mit kühlem Kopf bedenkst, ist es doch gar nicht so schlimm, ja es ist sogar direkt ein Vorteil" (Rationalisierung)
- „Jetzt reiß dich doch zusammen und gib dich etwas optimistischer" (Reaktionsbildung).

Wie weit solcher Zuspruch eine spezifische Wirkung hat, ist schwer zu beurteilen. Die Erfahrung, daß geteiltes Leid halbes Leid ist, hat sicher ihre Berechtigung. Ohne Zweifel können Partnerbeziehungen das Abwehr- und Copingverhalten entscheidend stärken. Neben *Unterstützung* zu geben ist es gelegentlich auch richtig, einer Person *Widerstand* entgegenzusetzen in ihren Tendenzen zu Schon- und Ausweichverhalten oder durch Herausforderung eine aktive Raktion zu provozieren. Auf der anderen Seite können Abwehrmaßnahmen auch signalisieren, daß ein Patient diese Abwehr zu seinem Schutze braucht und daß das Niederreißen und Entlarven seiner Abwehr zu einer ernsthaften Bedrohung seiner persönlichen Organisation werden könnte. Die empathische Unterstützung der Abwehr kann einem Patienten so weit Kräfte zuführen, daß er eventuell die Abwehr aufgeben kann. Es braucht viel Fingerspitzengefühl, um zu spüren, wann ein Abwehrverhalten stabilisiert und wann es destabilisiert werden sollte.

7.3 Methoden zur systematischen Einschätzung der Persönlichkeit

Astrid Riehl-Emde

7.3.1 Beobachtung, Befragung, Interview

Im folgenden werden allgemeine Prinzipien von Beobachtung, Befragung und psychologischen Tests dargestellt. Für diese Methoden gilt, daß die vom Probanden gezeigte Reaktion möglichst viel über seine spezifische Persönlichkeit bzw. seine spezifischen Fähigkeiten oder Einstellungen zeigen soll und möglichst unabhängig von der Untersuchungssituation und von der Person des Untersuchers ist [7,11,18,28].

Beobachtung. Beobachtung bedeutet, daß aus einem Ablauf von Ereignissen etwas aktiv zum Objekt der eigenen Aufmerksamkeit gemacht wird [7]. Je nachdem, ob der Beobachter erkennbar ist oder z. B. hinter einer Einwegscheibe verdeckt, werden offene und verdeckte bzw. teilnehmende und nicht-teilnehmende Beobachtung unterschieden. Auch verdeckte Beobachtungen werden heute mit Wissen und Zustimmung der Probanden durchgeführt. Eine weitere Dimension bezieht sich darauf, ob die Beobachtung systematisch oder unsystematisch durchgeführt wird. Die systematische Beobachtung erfolgt anhand eines standardisierten Schemas, die unsystematische folgt dem spontanen Interesse des Beobachters.

Systematische Beobachtung. Unter wissenschaftlichen Aspekten ist die systematische Beobachtung die wichtigste Form der Beobachtung. Aus der Wahrnehmungspsychologie ist bekannt, daß eine Beobachtung nie einer realitätsgetreuen

Abbildung des zu Beobachtenden entspricht, weil immer Entscheidungen darüber getroffen werden, was im Zentrum der Aufmerksamkeit stehen soll. Deswegen wird bei der systematischen Beobachtung versucht, die Subjektivität möglichst weit einzuschränken oder zu kontrollieren mit Hilfe von Regeln, die den Beobachtungsprozeß festlegen. Soll zum Beispiel eine Inhaltsanalyse von Krankengeschichten vorgenommen oder ein ärztliches bzw. therapeutisches Gespräch analysiert werden, sei es direkt oder anhand einer Videoaufzeichnung, so ist im voraus festzulegen:

- Was von welchem Beobachter, falls es mehrere gibt, zu beobachten ist und was unwesentlich ist.
- Wann und wo die Beobachtung stattfindet.
- Ob bzw. wie das Beobachtete gedeutet werden darf.

Befragung. Die Befragung ist die am häufigsten angewandte Methode in den empirischen Sozialwissenschaften. Dabei lassen sich die mündliche Befragung in Form eines *Interviews* und die schriftliche Befragung mit Hilfe von *Fragebögen* voneinander unterscheiden. Welche Erhebungsmethode die geeignete ist, muß jeweils in Verbindung mit der konkreten Fragestellung entschieden werden. In der Regel setzt die Entwicklung eines guten Fragebogens mehr Vorkenntnisse und mehr Vorarbeit voraus als die Erstellung eines Interviewleitfadens. Sowohl in der schriftlichen als auch in der mündlichen Befragung können die Fragen und der Ablauf der Befragung auf dem Spektrum von „offen" über „halb standardisiert" zu „vollständig standardisiert" variieren.

Interview. Bei einem *standardisierten Interview* sind die Fragen, die einem Probanden gestellt werden, im voraus festge-

legt. Bei *nicht-standardisierten Interviews* sind Inhalt und Reihenfolge der Fragen abhängig von den Antworten, die ein Proband gibt. Sie erlauben es dem Interviewer, jene inhaltlichen Gebiete zu erschließen, die für den Probanden und den Interviewer wichtig erscheinen. Damit kann eine Fülle von Informationen in einer differenzierten Weise gewonnen werden. Zwischen standardisiertem und nicht-standardisiertem Interview sind die *halb- oder teilstandardisierten Interviews* einzuordnen, die zumeist anhand eines Interviewleitfadens durchgeführt werden, der mehr oder weniger verbindlich Inhalt und Art des Gesprächs vorschreibt.

Sowohl in der diagnostischen Tätigkeit von Ärzten und Psychologen als auch in der empirischen Forschung haben Interviews bzw. explorative Gespräche (meist mit Gesprächsleitfaden) für die Hypothesenbildung einen wichtigen Stellenwert. Die Vorteile des Interviews, nämlich daß der Inhalt individuell an die Besonderheiten des Befragten, des Interviewers und an die Befragungssituation angepaßt werden kann, sind unter methodenkritischem Aspekt gleichzeitig seine Nachteile: Die Befunde sind nur begrenzt vergleichbar bzw. statistisch auswertbar. Und wenn man die testtheoretischen Gütekriterien (s. unten) als Bewertungsmaßstab anlegt, offenbaren sich erhebliche methodische Mängel der Interviewtechnik.

7.3.2 Klassifikation und Gütekriterien psychologischer Tests

! Psychologische Tests lassen sich inhaltlich klassifizieren in *Intelligenz-, Leistungs-* und *Persönlichkeitstests.* Eine weitere Klassifikation bezieht sich auf die zugrundeliegenden Konstruktionsprinzipien: wir unterscheiden *psychometrische* und *projektive Tests*. Die Intelligenz- und Leistungstests gehören zu den psychometrischen Verfahren; Persönlichkeitstests können psychometrische oder projektive Verfahren sein. Die psychometrischen Tests werden nach den Regeln der klassischen Testtheorie konstruiert. Die Qualität dieser Tests wird an sog. *Gütekriterien* gemessen:

Tests oder Fragebögen gelten dann als qualitativ hochwertig, wenn sie objektiv, reliabel und valide sind. *Objektivität, Reliabilität und Validität sind die drei Hauptgütekriterien psychologischer Tests.*

Objektivität. Das Ergebnis der Testuntersuchung soll unabhängig vom Untersucher sein im Hinblick auf die Durchführung, die Auswertung und die Interpretation des Tests. Das heißt: verschiedene Untersucher sollen bei einem Probanden zum gleichen Ergebnis gelangen.

Reliabilität. Damit ist der Grad der Genauigkeit gemeint, mit der ein Test ein bestimmtes Persönlichkeits- oder Verhaltensmerkmal mißt, und zwar unabhängig davon, ob er, dieses Merkmal tatsächlich zu messen, beansprucht. Die Reliabilität bezieht sich lediglich auf die *formale Meßgenauigkeit des Tests*. Sie wird durch einen Korrelationskoeffizienten bestimmt, der angibt, in welchem Maß das Ergebnis reproduzierbar ist, wenn es unter den gleichen Bedingungen erhoben wird.

Zum *Beispiel* wird bei einem eher zeitstabilen Persönlichkeitsmerkmal wie Intelligenz die Reliabilität durch die Testwiederholungsmethode bestimmt. Das bedeutet, daß der Test derselben Untersuchungsstichprobe zweimal vorgelegt wird. Die Korrelation zwischen beiden Ergebnisreihen ergibt die Retest-Reliabilität. Diese Methode ist unbrauchbar, wenn der Test zeitabhängige Merkmale erfaßt, zum Beispiel aktuelle Stimmungen. In einem solchen Fall ist es angemessen, die Reliabilität nach der Paralleltest-Methode zu ermitteln. Hierzu müssen zwei parallele Tests konstruiert werden, die dasselbe Merkmal möglichst äquivalent erfassen. Diese beiden Tests werden der Stichprobe in kurzem zeitlichen Abstand vorgelegt. Die Korrelation zwischen beiden Tests ergibt die Paralleltest-Reliabilität.

Validität. Validität meint den *Grad der Genauigkeit, mit der ein Test das Persönlichkeits- oder Verhaltensmerkmal* tatsächlich mißt, das er zu messen beansprucht.

Zum *Beispiel* gilt eine Schreibprobe im Maschinenschreiben als inhaltlich valide zur Testung der Genauigkeit und Schnelligkeit, mit der eine Person Schreibmaschine schreiben kann. Bei Persönlichkeitstests ist die Bestimmung der Validität schwieriger. Eine Möglichkeit besteht darin, die Testergebnisse einer Stichprobe mit einem sogenannten Außenkriterium zu korrelieren. Das Außenkriterium ist ein anderer von dieser Stichprobe vorliegender Meßwert, der gleichfalls das fragliche Persönlichkeitsmerkmal erfaßt. Die Größe des Zusammenhangs bestimmt die Validität. Zum Beispiel wird bei der Konstruktion eines neuen Angsttests die Validität ermittelt durch Korrelation der Ergebnisse dieses neuen Tests mit den in einem bereits bewährten Angsttest erzielten Ergebnissen.

7.3.3 Psychometrische Persönlichkeitstests

Das Freiburger Persönlichkeitsinventar (FPI; [16]) ist ein psychometrischer Persönlichkeitstest. Sein Ziel ist die mehrdimensionale Erfassung der individuellen Persönlichkeitsstruktur. Es handelt sich um ein Verfahren zur Selbstbeurteilung. Der FPI ist als Einzel- oder Gruppentest bei Personen ab 16 Jahren anwendbar. Die Durchführung beansprucht – je nach Version – 10 bis 30 Minuten. Die aktuelle revidierte Form FPI-R *bildet die Persönlichkeit anhand von 12 Skalen* ab. Die erste Skala *„Lebenszufriedenheit"* besteht aus 12 Items, zum Beispiel:

- Ich habe (hatte) einen Beruf, der mich voll befriedigt.
- Wenn ich noch einmal geboren würde, dann würde ich nicht anders leben wollen.
- Ich bin selten in bedrückter, unglücklicher Stimmung.
- Alles in allem bin ich ausgesprochen zufrieden mit meinem bisherigen Leben.
- Meine Partnerbeziehung (Ehe) ist gut.

Die Probanden entscheiden anhand alternativer Antwortmöglichkeiten („stimmt"/ „stimmt nicht"), ob derartige Aussagen über Verhaltensweisen, Einstellungen oder Gewohnheiten auf sie zutreffen. Die Auswertung erfolgt mit Hilfe von Schablonen und Auswertungsbogen oder per Computer.

Entwicklung des FPI. Die 12 Skalen des FPI-R wurden faktoren- und itemanalytisch gebildet. Das heißt, daß zunächst aufgrund theoretischer Überlegungen und klinischer Erfahrungen eine breite Auswahl von Fragen (Items) zusammengestellt und empirisch überprüft wurde. Dabei wurden mit Hilfe statistischer Analysen diejenigen Items ausgewählt und die

Skalen gebildet, die möglichst optimal die testtheoretischen Konstruktionsprinzipien erfüllen. Gleichzeitig sollte der Fragebogen als deskriptives diagnostisches Instrument für die klinische Forschung und Praxis einsetzbar sein. Das Verfahren gilt als sehr objektiv in Durchführung und Auswertung, weil es vom Untersucher unabhängig ist (Selbstbeschreibung der Probanden anhand des Fragebogens; Auswertung mit Schablonen oder computerisiert). Die Reliabilität und Validität, von denen unterschiedliche Aspekte an verschiedenen Stichproben überprüft wurden, werden als gut bis befriedigend eingeschätzt. Der FPI-R ist an einer repräsentativen Stichprobe von 2035 Personen normiert (sog. Eichstichprobe), d. h. es liegen für Männer und Frauen aus verschiedenen Altersgruppen *Vergleichswerte* vor.

 Im folgenden Beispiel ist das Testergebnis einer Patientin im FPI-R dargestellt (Abb. 7.3; Auswertung Tabelle 7.2). Um das Ergebnis der Patientin mit Frauen ihrer Altersgruppe aus der Eichstichprobe vergleichen zu können, wurden zuvor die sogenannten Rohwerte der Patientin mit Hilfe von Tabellen in Standardwerte umgerechnet (normalisierte, flächentransformierte Stanine-Werte). Die neunstufige Stanine-Skala ist im Kopf des Bogens abgebildet, zusätzlich die prozentualen Häufigkeiten jedes Stanine-Werts. Demnach ist in 54 % der Fälle ein Stanine-Wert von 4 bis 6 zu erwarten; dieser „unauffällige" Normbereich ist im Auswertungsbogen schraffiert dargestellt. Die Stanine-Werte an den äußeren Rändern der Skala (1 und 2, 8 und 9) gelten als auffällig.

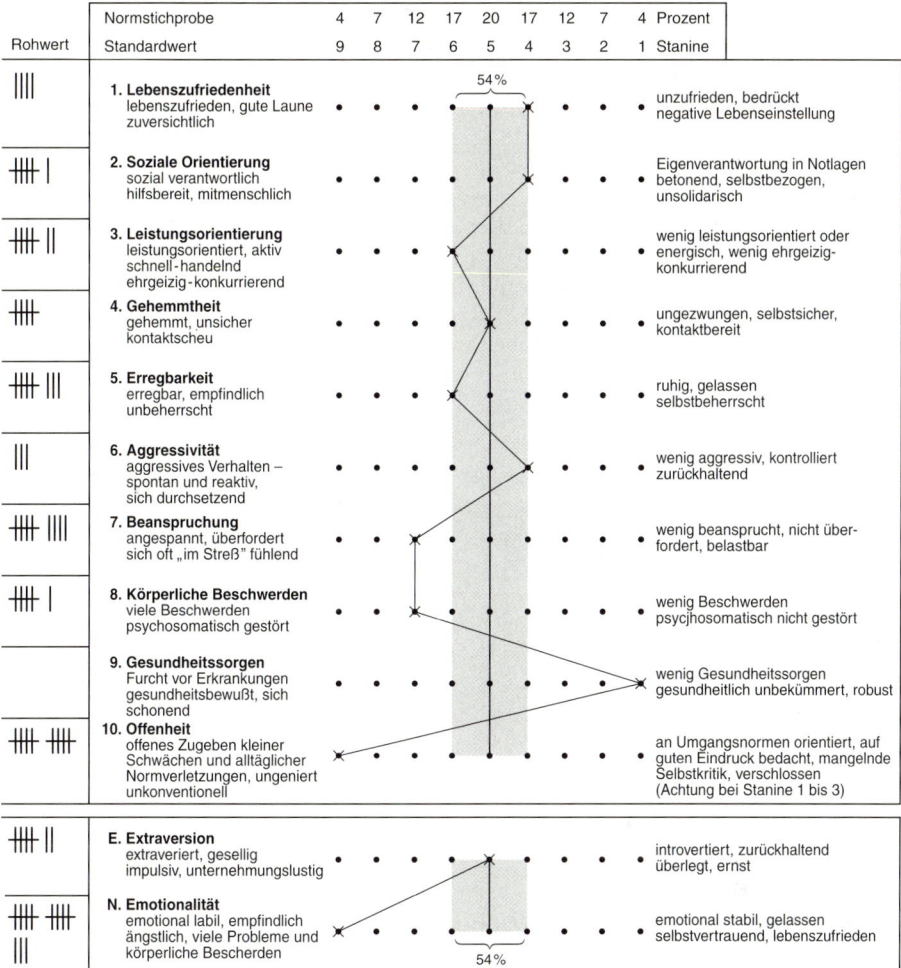

Auswertungsbogen   **FPI-R**   Datum 21.12.95

Rohwert	Normstichprobe	4	7	12	17	20	17	12	7	4	Prozent
	Standardwert	9	8	7	6	5	4	3	2	1	Stanine

IIII — **1. Lebenszufriedenheit** lebenszufrieden, gute Laune zuversichtlich — 54% — unzufrieden, bedrückt negative Lebenseinstellung

卌 I — **2. Soziale Orientierung** sozial verantwortlich hilfsbereit, mitmenschlich — Eigenverantwortung in Notlagen betonend, selbstbezogen, unsolidarisch

卌 II — **3. Leistungsorientierung** leistungsorientiert, aktiv schnell-handelnd ehrgeizig-konkurrierend — wenig leistungsorientiert oder energisch, wenig ehrgeizig-konkurrierend

卌 — **4. Gehemmtheit** gehemmt, unsicher kontaktscheu — ungezwungen, selbstsicher, kontaktbereit

卌 III — **5. Erregbarkeit** erregbar, empfindlich unbeherrscht — ruhig, gelassen selbstbeherrscht

II — **6. Aggressivität** aggressives Verhalten – spontan und reaktiv, sich durchsetzend — wenig aggressiv, kontrolliert zurückhaltend

卌 IIII — **7. Beanspruchung** angespannt, überfordert sich oft „im Streß" fühlend — wenig beansprucht, nicht überfordert, belastbar

卌 I — **8. Körperliche Beschwerden** viele Beschwerden psychosomatisch gestört — wenig Beschwerden psycjhosomatisch nicht gestört

— **9. Gesundheitssorgen** Furcht vor Erkrankungen gesundheitsbewußt, sich schonend — wenig Gesundheitssorgen gesundheitlich unbekümmert, robust

卌 卌 — **10. Offenheit** offenes Zugeben kleiner Schwächen und alltäglicher Normverletzungen, ungeniert unkonventionell — an Umgangsnormen orientiert, auf guten Eindruck bedacht, mangelnde Selbstkritik, verschlossen (Achtung bei Stanine 1 bis 3)

卌 II — **E. Extraversion** extravertiert, gesellig impulsiv, unternehmungslustig — introvertiert, zurückhaltend überlegt, ernst

卌 卌 III — **N. Emotionalität** emotional labil, empfindlich ängstlich, viele Probleme und körperliche Bescherden — 54% — emotional stabil, gelassen selbstvertrauend, lebenszufrieden

Abb. 7.3. Auswertungsbogen des Freiburger Persönlichkeits-Inventars (FPI). Beispiel einer 19jährigen Frau mit der Diagnose: Agitiertes depressives Zustandsbild. Auswertung siehe Tabelle 7.2

erregt, unruhig

Tabelle 7.2. Auswertung des FPI einer 19jährigen Patientin mit der klinischen Diagnose: Agitiertes depressives Zustandsbild

Testauswertung: Die Selbstschilderung der Patientin liegt weitgehend im Normbereich. Statistisch bedeutsame Abweichungen vom Durchschnitt der Altersgruppe finden sich in den Skalen 9, 10 und N. Sie schildert sich sehr offen und selbstkritisch, gibt Schwächen und alltägliche Normverletztungen zu, wirkt unkonventionell. Auffällig beschreibt sie sich in den Skalen Gesundheitssorgen und Emotionalität: Sie mache sich wenig Gesundheitssorgen, sei gesundheitlich sehr unbekümmert und robust. Darüber hinaus schildert sie sich emotional labil, empfindlich, ängstlich, mit vielen Problemen und psychosomatischen Beschwerden.

Zuverlässigkeit von Testbefunden. Anhand eines solchen Persönlichkeitsfragebogens beurteilt sich die Patientin selbst, sie stellt sich folglich so dar, wie sie zu sein glaubt oder wie sie gern wäre. Damit stellt sich auch die Frage, wie zuverlässig sich eine Testperson einzuschätzen vermag bzw. in welchem Ausmaß sie versucht, das Ergebnis in einer für sie möglichst günstigen Weise zu korrigieren. Die meisten Persönlichkeitsfragebogen enthalten deswegen einige Items, mit deren Hilfe spezifische testverfälschende Antworttendenzen erfaßt werden. Im FPI-R ist zum Beispiel die Skala 10 (Offenheit) eine solche Kontrollskala, welche die Interpretierbarkeit des Testbefundes mitbestimmt.

7.3.4 Projektive Persönlichkeitstests

Ziele projektiver Tests. Das Wesen projektiver Verfahren liegt darin, daß sie etwas hervorrufen, was Ausdruck der Persönlichkeit der Testperson ist. Die Testvorlagen sind in der Regel vieldeutig oder unbestimmt, und man geht davon aus, daß die Testperson *innere Erlebnisse (Phantasien, Ängste, Bedürfnisse)* in die Wahrnehmung und Deutung der Testvorlagen hineinverlegt. Wie das Testverhalten tatsächlich zustande kommt, ist nicht ganz klar. Man geht heute davon aus, daß die Wahrnehmung ein dynamischer, aktiver Vorgang ist, und daß ein Teil der Faktoren, welche die Dynamik bestimmen, im Wahrnehmungsmaterial, ein anderer Teil im wahrnehmenden Subjekt liegt. Projektion als Abwehrmechanismus, wie Freud ihn definierte, unterscheidet sich von dem weiter gefaßten Projektionsbegriff, der im Rahmen der projektiven Verfahren verwendet wird.

Entwicklung des Rorschach-Tests. Beispielhaft sei der Rorschach-Test dargestellt, ein weit verbreitetes projektives Verfahren, das insbesondere bei klinischen Fragestellungen eingesetzt wird.

Hermann Rorschach wurde 1884 in Zürich geboren. Er begann um 1911 mit der Entwicklung seines Verfahrens, das er als wahrnehmungsdiagnostisches Experiment bezeichnete. Ursprünglich interessierte ihn der *Zusammenhang zwischen Intelligenz und Phantasie.* Im Verlauf seiner Untersuchungen erkannte er, daß sich aus der Deutung der Kleckse Rückschlüsse ziehen lassen auf die Persönlichkeitsstruktur und -dynamik des Probanden. Es handelt sich demzufolge um eine projektive Technik. Rorschach starb 1922 im Alter von 38 Jahren an einer Blinddarmentzündung. Er konnte den Erfolg seines 1921 veröffentlichten Verfahrens nicht mehr erleben.

Durchführung des Rorschach-Tests. Der Rorschach-Test besteht aus 10 Tafeln mit *grauen* oder *farbigen symmetrischen Klecksgebilden* (Abb. 7.4; Auswertung Tabelle 7.3, siehe nächste Seite) und ist als Einzeltest durchzuführen. Die Testperson erhält in standardisierter Reihenfolge die Tafeln mit der Frage „Was könnte das sein?" Die Anweisung wird nur dann erweitert, wenn die Testperson mit dieser Frage nicht zurechtkommt. Die Versuchsleiterin soll zu Antworten ermuntern, jedoch nicht suggestiv wirken. Wenn die Testperson Fragen zum Test stellt, sollen diese erst nach Beendigung des Tests oder – wenn sie direkt den Deutungsvorgang betreffen – so allgemein beantwortet werden, daß damit keine bestimmte Art des Deutens nahegelegt wird. Zur Testdurchführung gehört auch eine Nachbefragung, damit der Untersucher die Antworten lokalisieren und die Reaktionsweise des Probanden noch besser erfassen kann. Die Durchführung

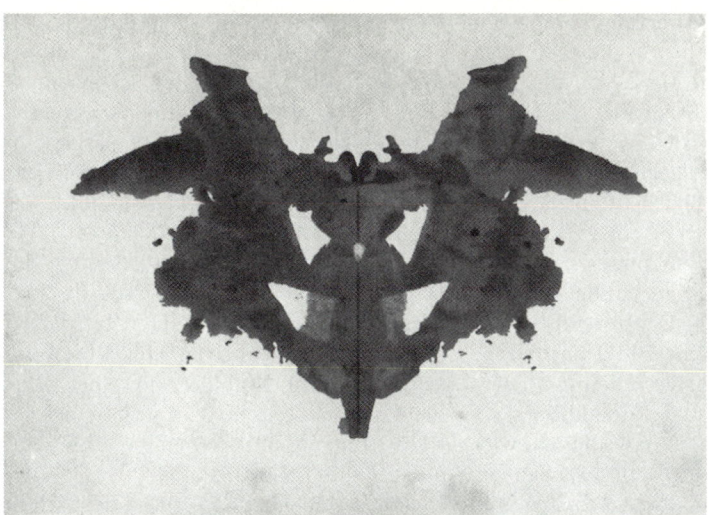

Abb. 7.4. Rorschach-Tafel I: Formal gut gesehene Deutungen sind etwa: als Deutung des ganzen Kleckses: Fledermaus, Luchskopf; als Teildeutungen des Kleckses: Frau mit erhobenen Händen (Mittelteil), 2 Engel (Seite links und rechts). Auswertung siehe Tabelle 7.3

Tabelle 7.3. Auswertung der Rorschach-Tafel 1 einer 19jährigen Patientin mit der klinischen Diagnose: Agitiertes depressives Zustandsbild

> Die Patientin bringt nach einer Initialzeit von 5 Sekunden folgende Antworten: „Schmetterling; das Schweigen der Lämmer; Tinte; unheimlich; Käfer; Schwein; düster; Wasser."
> Sie beginnt strukturiert mit der als formal gut geltenden Antwort „Schmetterling". Im Verlauf scheint diese Struktur immer mehr zu zerfallen aufgrund von Affekten und Stimmungskomponenten, die sich nicht nur durch die Beschreibungen „unheimlich" und „düster" äußern, sondern auch in den formal als schlecht geltenden Antworten „Tinte" und „Wasser" zum Ausdruck kommen. Aus der Art wie gut strukturierte Antworten mit eher archaischen Strukturen abwechseln, läßt sich vermuten, daß die Patientin starken Stimmungsschwankungen ausgesetzt ist. Das gesamte Testprokoll wirkt so, als ob die Strukturierung ihrer Welt sich auflöst und sie affektiv zu entgleisen droht.

des Rorschach-Tests ist zeitaufwendiger und weniger objektiv als die eines psychometrischen Tests. Die Objektivität ist teilweise gegeben für die formale Auswertung, weil es hierfür verbindliche Regeln gibt; Reliabilität und Validität sind gering.

Auswertung des Rorschach-Tests. Die Auswertung besteht aus einer formalen und einer inhaltlichen Analyse der Antworten. Die *formale Auswertung* bezieht sich auf vier wesentliche Aspekte: Wie-

viele Antworten werden pro Tafel gegeben, auf welchen Tafeln kommen Versager vor? Ist die Antwort allein durch die Form bestimmt oder spielen Bewegungs-, Farb- oder Hell-Dunkel-Momente eine Rolle? Wird das Bild ganz oder in Teilen erfaßt, werden Zwischenräume gedeutet? Was wird inhaltlich gesehen? Zum Beispiel sprechen Antworten mit hohem Formniveau bezüglich der Strukturen des Kleckses für einen hohen Standard des psychischen Funktionierens, das auf die Realität ausgerichtet ist.

Zur formalen Auswertung kommt die inhaltliche Analyse des Testbefundes hinzu, die in hohem Maße von der Persönlichkeit und der Erfahrung des Untersuchers abhängig ist. Es geht dabei darum, innerhalb der gegebenen Strukturen die einzelnen Beobachtungen, Antworten und Hinweise in ein zusammenhängendes Ganzes zu integrieren und die dem Testverhalten zugrundeliegenden Strukturen zu finden. Dabei wird besonders auf das psychische Funktionsniveau, auf Angst und Angstverarbeitung, Umgang mit Affekten und Kontaktfähigkeit geachtet. Man muß sich davor hüten, vorgegebene Theorien in den Probanden hineinzudeuten. Der Rorschach-Test gilt als ein *Hilfsmittel zum intuitiven Erfassen des Probanden*; der „wilden" Intuition werden Schranken gesetzt, da die formalen Auswertungsrichtlinien zur „gezielten" Intuition und Einfühlung in den Probanden anleiten [30].

7.3.5 Zusammenfassung und Vergleich der verschiedenen Erhebungsmethoden

! Die dargestellten Methoden (Beobachtung, Befragung, Psychologische Tests) spielen eine wichtige Rolle sowohl in der psychosozialen Forschung als auch in der psychosozialen Praxis. Welche Erhebungsmethode die geeignete ist, muß jeweils in Verbindung mit der konkreten Fragestellung geklärt werden. Jede Methode hat spezifische Vor- und Nachteile, die bei der Auswahl mitzubedenken sind.

Möglichkeiten und Grenzen testpsychologischer Verfahren. Diese Methoden

konfrontieren uns mit bestehenden Dilemmata, innerhalb derer es Kompromisse zu finden gilt. Dies sei exemplarisch im Hinblick auf die Verwendung psychologischer Testverfahren dargestellt: Zum einen gibt es das *Dilemma zwischen der statistischen Genauigkeit und der Breite der Anwendbarkeit eines Tests*: Mit zunehmender Standardisierung der Untersuchungssituation werden die Entfaltungsmöglichkeiten der Testperson kleiner; das Ergebnis ist möglicherweise sehr exakt im Hinblick auf einen sehr kleinen Verhaltensausschnitt, läßt sich jedoch kaum auf Situationen außerhalb der Testsituation generalisieren.

Dieses Dilemma zeigt sich deutlich in den spezifischen Möglichkeiten und Grenzen der psychometrischen und projektiven Testverfahren. Die *psychometrischen Persönlichkeitstests* liefern Meßwerte und erfüllen in der Regel einen hohen methodologischen Standard. Mit Hilfe von Selbstbeurteilungen der Testpersonen werden vor allem bewußte Schichten der Persönlichkeit erfaßt. Zeitökonomie und zuverlässige Methodologie machen die psychometrischen Verfahren zu attraktiven Instrumenten im Rahmen der Forschung. Im Gegensatz zu den psychometrischen Tests erfüllen die *projektiven Verfahren* die testtheoretischen Gütekriterien nicht. Das Testergebnis gilt vor allem als ein zu interpretierender Befund. Die Interpretation wird teilweise sogar als Kunst bezeichnet, die Ausbildung und klinische Erfahrung voraussetzt und dennoch sehr von der Persönlichkeit des Untersuchers beeinflußt wird. Der Vorteil dieser Verfahren liegt jedoch in der Möglichkeit, tiefere Schichten der Persönlichkeit bzw. „Dahinterliegendes" zu erfassen. Deswegen ist z. B. der Rorschach-Test trotz seiner Reliabilitäts- und Validitätsdefizite für die klinisch-psychologische Arbeit attraktiv [30, 29].

Die Persönlichkeitspsychologie muß mit Modellen arbeiten, die immer nur geeignet sind, bestimmte Aspekte des schwer definierbaren Untersuchungsgegenstandes sichtbar zu machen. Eine dieser Modellvorstellungen befaßt sich mit den **genetisch-biologisch-konstitutionellen Grundlagen des Verhaltens**, mit relativ umweltstabilen Eigenschaften und Dispositionen, wie etwa die sexuelle Konstitution, die Händigkeit, Temperamentsmerkmale, Introversion-Extraversion, emotionale Stabilität versus Labilität, usw.

Das **psychoanalytische Modell** gibt ein differenziertes Bild der **innerpersönlichen Dynamik**, insbesondere der unbewußten Konflikte und deren Abwehr und Bewältigung. Wird eine Person in ihren Möglichkeiten überfordert, affektive Belastungen zu bewältigen, kann sie Abwehrmaßnahmen einsetzen, die ihr helfen, eine äußerlich angepaßte Haltung zu bewahren. So wichtig Abwehrmaßnahmen zur Überbrückung von Belastungssituationen sind, so problematisch werden sie als Charakterhaltungen.

Im **verhaltensorientiert-kognitiven Modell** geht es um Aspekte des **Lernens bzw. der Konditionierung** normalen und gestörten Verhaltens und um das Verlernen von Verhalten durch Dekonditionierung. Die kognitive Therapie befaßt sich mit den Kognitionen, den Denkschablonen, welche die Wahrnehmung und deren Interpretation kanalisieren und – im pathologischen Falle – verzerren und fehlbewerten lassen.

Das **systemisch-ökologische Modell** beachtet vor allem den Einfluß, welcher die **selbst geschaffene Umwelt** und die aktuellen Beziehungen auf die Entfaltung der Persönlichkeit haben.

Zum Schluß werden Methoden der Persönlichkeitsforschung behandelt, insbesondere die Grundprinzipien von psychologischen Tests.

Literatur

Weiterführende Lehr- und Handbücher

1. Beck A.T., Freeman et al.: Kognitive Therapie der Persönlichkeitsstörungen. Weinheim: Beltz 1993
2. Bortz J.: Lehrbuch der empirischen Forschung. Berlin: Springer 1984
3. Hoffmann S.O., Hochapfel G.: Neurosenlehre, Psychotherapeutische und Psychosomatische Medizin. Stuttgart: Schattauer 1995
4. Mentzos ST.: Neurotische Konfliktverarbeitung. Frankfurt a.M.: Fischer 1988
5. Money J., Erhardt A.: Männlich-Weiblich. Die Entstehung der Geschlechtsunterschiede. Reinbek: Rowohlt 1975
6. Schorr A.: Die Verhaltenstherapie. Ihre Geschichte von den Anfängen bis zur Gegenwart. Weinheim: Beltz 1984
7. von Schlippe A., Schweitzer J.: Lehrbuch der systemischen Therapie und Beratung. Göttingen: Vandenhoeck & Ruprecht 1996
8. Willi J.: Die Zweierbeziehung. Reinbek: Rowohlt 1975
9. Willi J.: Ökologische Psychotherapie. Göttingen: Hogrefe 1996
10. Zentner M.R.: Die Wiederentdeckung des Temperaments. Paderborn: Junfermann 1993

Einzel- und Übersichtsarbeiten

11. Brickenkamp R.: Handbuch psychologischer und pädagogischer Tests. Göttingen: Hogrefe 1996
12. Cannon, W.B.: Wisdom of the body. New York: Appleton 1932
13. Cattell R.B.: The description and measurement of personality. New York: Yonkers 1946
14. Chess S., Thomas A.: Genesis and evolution of behavioral disorders: from infancy to early adult life. Am J Psychiat 141:1–9, 1984
15. Ciompi L.: Affektlogik. Stuttgart: Klett-Cotta 1982
16. Fahrenberg J., Hampel R., Selg H.: Das Freiburger Persönlichkeitsinventar FPI. Revidierte Fassung FPI-R und teilweise geänderte Fassung FPI-A1. 5. ergänzte Aufl. Göttingen: Hogrefe 1989
17. Freud A.: Das Ich und die Abwehrmechanismen. München: Kindler 1973
18. Friedrichs J.: Methoden empirischer Sozialforschung. Opladen: Westdeutscher Verlag 1990
19. Halverson CH.F., Kohnstamm G.A., Martin R.P.: The Developing Structure of Temperament and Personality from Infancy to Adulthood. New York: Erlbaum 1994
20. Hetherington S.M., Reiss D., Plomin R.: Separate Social Worlds of Siblings. Hillsdale, N.J.: Erlbaum 1994
21. Kelly G.A.: Die Psychologie der persönlichen Konstrukte. Paderborn: Junfermann 1986
22. Kretschmer E.: Körperbau und Charakter. Berlin: Springer 1961
23. Pawlow I.P.: Die höchste Nerventätigkeit (das Verhalten) von Tieren. München: Bermann 1926
24. Piaget J.: Das Erwachen der Intelligenz beim Kind. Stuttgart: Klett-Cotta 1989
25. Skinner B.F.: Die Funktion der Verstärkung in der Verhaltenswissenschaft. München: Kindler 1974
26. Watson J.B.: Der Behaviorismus. Stuttgart: Deutsche Verlagsanstalt 1930
27. Watzlawick P., Weakland J.H., Fisch R: Lösungen. Bern: Huber 1974
28. Westhoff G.: Handbuch psychosozialer Messinstrumente. Göttingen: Hogrefe 1993
29. Wittkowski J.: Zum aktuellen Status von Formdeuteverfahren. Diagnostica 42:191–219, 1996
30. Zulliger H.: Möglichkeiten und Grenzen der Diagnostik mit dem Formdeutetest. Psyche 7:140–149, 1953

•••• Die Psychophysiologie befaßt sich mit den Zusammenhängen zwischen Denken, Fühlen, Verhalten und ihren physiologischen Korrelaten im menschlichen Organismus. Die Fortschritte der Neurowissenschaften, Molekularbiologie, Endokrinologie und Immunologie haben zu einem großen Wissenszuwachs über die wechselseitigen Verbindungen zwischen psychischen Vorgängen und physiologischen Prozessen geführt. In diesem Kapitel können deshalb nur einige wenige Grundlagen behandelt werden, welche für die Psychosoziale Medizin von Bedeutung sind. Die Vermittlung psychischer Funktionszustände wie Kognitionen, Emotionen oder Verhaltensmuster in physiologische Reaktionen und Prozesse erfolgt im wesentlichen mittels dreier **Überträgersysteme**, dem **vegetativen Nervensystem (VNS)**, dem **neuroendokrinen System (NES)** und dem **neuroimmunologischen System (NIS)**. Nach der Darstellung einiger psychophysiologischer Reaktionsmuster werden an den Themen Streß, Sexualität, Schmerz und Schlaf die vielfältigen Interaktionen zwischen Psyche und Soma exemplarisch dargestellt.

8.1 Psychophysiologische Prozesse

8.1.1 Theoretische Konzepte

Für das Verständnis psychophysischer Interaktionsabläufe wurden zahlreiche Konzepte entwickelt, die in empirischen Studien mehr oder weniger gut bestätigt werden konnten. Diese Modellvorstellungen spielen vor allem für das Verständnis sog. *psychosomatischer Störungen* eine Rolle. Dabei handelt es sich um körperliche Beschwerden oder Symptome, denen keine krankhaften Organbefunde zugrunde liegen. Häufig sind es *vegetative Begleiterscheinungen von starken Affekten*, welche weniger psychisch als vielmehr körperlich zum Ausdruck gebracht

werden (Näheres siehe Lehrbücher der Psychosomatischen Medizin).

Konversion. Konversion meint die *Umsetzung eines unbewußten Konfliktes in Körpersprache* (Symbolisierung), um das Bewußtsein von belastenden Gefühlen frei zu halten. Die Person ist dabei der festen Überzeugung, ihre Beschwerden seien körperlichen Ursprungs. Beim *Konversionsmodell*, welches von Siegmund Freud entwickelt wurde, handelt es sich um das erste theoretische Konzept, in dem die Wirkung von Erlebnisvorgängen auf körperliche Symptombildungen systematisch untersucht und beschrieben wurde. Abbildung 8.1 zeigt ein vereinfachtes Schema des Konversionsvorgangs [17].

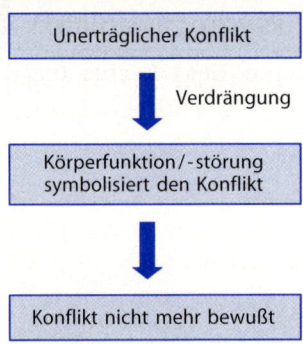

| Unerträglicher Konflikt |

↓ Verdrängung

| Körperfunktion/-störung symbolisiert den Konflikt |

↓

| Konflikt nicht mehr bewußt |

Abb. 8.1. Vereinfachtes Schema des Konversionsvorgangs (Aus Schüssler 1995 [17])

Somatisierung. Dieser Begriff ist rein deskriptiv und beschreibt „eine Tendenz, körperliche Mißempfindungen und Symptome, die nicht durch medizinische Untersuchungsbefunde erklärt werden können, zu erleben und mitzuteilen und weiterhin diese Beschwerden einer körperlichen Erkrankung zuzuschreiben, sowie aufgrund dieses Erlebens ärztliche Hilfe in Anspruch zu nehmen" [6]. Ursprünglich stammt der Begriff der Somatisierung aus der psychoanalytischen Psychosomatik und beschreibt eine *Abwehrmaßnahme* (vgl. Kap. 7.2.2), mit welcher einfache psychosoziale Spannungszustände bis hin zu unbewußten neurotischen Konflikten (vgl. Kap. 7.1.3) abgewehrt werden.

Spezifitätstheorie. Die Spezifitätstheorie Alexanders [1] war ein Versuch, bestimmte Krankheiten mit spezifischen innerseelischen Konflikten in Zusammenhang zu bringen. Er nahm an, daß bestimmte Lebenssituationen einen unbewußten Konflikt reaktivieren und verstärken können. Die aktivierten Konflikte werden von starken Emotionen begleitet, welche zu physiologischen Veränderungen führen, die ihrerseits Veränderungen in spezifischen Organfunktionen

und -strukturen verursachen. Dieses Modell, welches in den 50er Jahren entwickelt wurde, gilt heute als weitgehend widerlegt. Die psychosomatische Forschung hat gezeigt, daß bestimmten Störungen unterschiedliche Konflikte zugrunde liegen können und ähnliche Konflikte von verschiedenen Gefühlen und physiologischen Reaktionen begleitet seine können. Auch wenn sich die Spezifitätsannahmen Alexanders nicht bestätigen ließen, so haben sie doch die psychophysiologische und psychosomatische Forschung der letzten Jahrzehnte nachhaltig beeinflußt.

Streßtheorie. Auf die Entwicklung und aktuelle Konzepte der Streßtheorie wird in Kap. 8.4 ausführlich eingegangen. Neuere Streßkonzepte liefern einen fundierten theoretischen Bezugsrahmen, mit welchem Zusammenhänge zwischen längerbestehenden psychosozialen Belastungen und erhöhter Krankheitsanfälligkeit erklärt werden können.

Lerntheorie. Wichtige Grundlagen der Lerntheorie wurden in Kap. 7.1.4 anhand des verhaltensorientierten Persönlichkeitsmodells beschrieben. Die drei grundlegenden lerntheoretischen Mechanismen, das *klassische Konditionieren*, das *operante Konditionieren* und das *Modell-Lernen* sind für das Verständnis der Entstehung von Symptomen sehr hilfreich. Symptome werden dabei als Resultat fehlgelaufener Lernvorgänge betrachtet. Die Lerntheorie liefert auch Erklärungen für die Erhaltung und Chronifizierung von Symptomen. Ebenso können aus ihr geeignete Strategien zur Behandlung psychovegetativer Symptome abgeleitet werden.

Psychophysiologische Prozesse können nicht mit einer einzigen umfassenden Theorie erklärt werden. Die erwähnten Konzepte machen jeweils nur einzelne Mechanismen psychophysiologischer Prozesse verstehbar. Die Vielfalt psychophysiologischer Reaktionen erfordert unterschiedliche Erklärungsansätze:

- **Psychogenetische Theorien** (Konversion, Somatisierung, Spezifitätstheorie) haben einen **kausalanalytischen Denkansatz** und fokussieren vor allem auf innerseelische Abläufe und Prozesse.
- **Streß- und Lerntheorie** basieren auf einem **systemischen Denkansatz** (s. Kap. 4.3), um intrapsychische, interpersonelle und soziale Rahmenbedingungen zu integrieren.

Für die **interdisziplinäre Zusammenarbeit** zwischen verschiedenen medizinischen Disziplinen haben die Streß- und Lerntheorie den Vorteil. daß sie stärker handlungsorientiert sind. Sie sind damit dem Denken und ärztlichen Handeln von somatisch ausgerichteten Ärzten leichter zugänglich als die erklärungsorientierten psychogenetischen Theorien.

8.1.2 Parameter zur Messung psychophysischer Reaktionen

Tabelle 8.1 gibt einen Überblick über die verschiedenen physiologischen Parameter, mit denen psychophysische Reaktio-

nen gemessen werden können. Mit diesen Parametern lassen sich **Aktivierungszustände und Funktionsabläufe verschiedener Organsysteme** sowie **Konzentrationen physiologisch relevanter körpereigener Stoffe** erfassen. Bei der **Beurteilung von Meßwerten** ist zu berücksichtigen, daß sie durch Alter und Geschlecht beeinflußt werden und sowohl eine intra- als auch interpersonelle Varianz haben. Deshalb existieren für die einzelnen Meßgrößen keine fixen Normwerte, sondern Normbereiche. Wichtig ist auch, daß die einzelnen Meßwerte im Verlauf des 24stündigen zirkadianen Tagesrhythmus Schwankungen aufweisen. Bei der Durchführung psychophysiologischer Untersuchungen sind die Rahmenbedingungen möglichst konstant zu halten, damit die physiologischen Auswirkungen psychologischer Stimuli zuverlässig gemessen werden können.

Tabelle 8.1. Physiologische Parameter zur Messung psychophysischer Reaktionen

Zentralnervöse und neuromuskuläre Parameter
- Elektroenzephalogramm (EKG)
- Elektromyogramm (EMG)
- Schlafstadien

Kardiovaskuläre Parameter
- Elektrokardiogramm (EKG)
- Herzfrequenz, Blutdruck
- Durchblutung

Respiratorische Parameter
- Atemfrequenz
- Blutgase

Intestinale Parameter
- Darmmotilität
- Passagezeiten

Andere vegetative Parameter
- Hautdurchblutung
- Hautwiderstand und -potential

Endokrine Parameter, Neurotransmitter
- Hormone
- Neurotransmittersysteme (adrenerges, dopaminerges, cholinerges etc. System)

Psychophysiologische Reaktionen sind in hohem Maße individuumspezifisch. Sie werden in der frühen Kindheit erlernt/geprägt, wobei genetische und konstitutionelle Faktoren eine wichtige Rolle spielen. Psychophysische Regelkreise verändern sich im Laufe des Lebens durch Alterungsvorgänge und Lernprozesse. Das Ausmaß einer Reaktion wird sowohl durch tageszeitliche Schwankungen als auch durch kognitive Bewertungen externer und interner Stimuli beeinflußt.

Bekannt ist das Phänomen der sog. *„Weißkittelhypertonie“.* Patienten mit einer essentiellen Hypertonie haben in der Arztpraxis häufig höhere Blutdruckwerte als zu Hause. Die ungewohnte Umgebung und die Präsenz einer ärztlichen Autoritätsperson, welche die Meßwerte beurteilt und daraus therapeutische Schritte ableitet, wirken auf viele Patienten in unterschiedlichem Ausmaß belastend. Um diese „Fehlerquelle“ für die Beurteilung der Blutdruckwerte auszuschalten, gibt man deshalb heute Hypertoniepatienten einfach handhabbare Meßgeräte mit nach Hause, mit denen sie ihre Blutdruckwerte selbst messen können.

8.1.3 Wirkungen sympathischer und parasympathischer Aktivierung

Das periphere vegetative Nervensystem (VNS) mit den beiden Teilsystemen *Sympathikus* und *Parasympathikus* spielt in der Vermittlung psychologischer Stimuli auf die Funktion verschiedener Organe eine zentrale Rolle. Das VNS ermöglicht es dem Organismus, sich in der Umwelt zu behaupten, indem es die Prozesse im Körperinnern an die äußeren Bedingungen und Belastungen anpaßt [2]. Die vegetativen Veränderungen werden dabei aktiv vom Gehirn erzeugt und sind integrale Bestandteile des Verhaltens sowie emotionaler und kognitiver Zustände. Abbildung 8.2 zeigt im Überblick die *Zielorgane von Sympathikus und Parasympathikus.*

gegensätlich

Wirkung des vegetativen Nervensystems. Sympathikus und Parasympathikus wirken meist antagonistisch auf die Zielorgane. Im Einzelnen wirkt der *Sympathikus erregend* auf die glatte Muskulatur der Gefäße, der Haare, der Schließmuskeln der Ausscheidungsorgane und der Pupillen und *hemmend* auf die glatte Muskulatur der Eingeweide, der Ausscheidungsorgane, der Luftröhre und auf die Verdauungsdrüsen. Die *Wirkung des Parasympathikus* ist weitgehend antagonistisch zu der des Sympathikus. Einen Überblick gibt Tabelle 8.2.

8.1.4 Konditionierung vegetativer Reaktionen

In Kap. 7.1.4 wurden die Prinzipien des klassischen Konditionierens am Beispiel von Tierexperimenten erklärt. *Klassische Konditiondierungsprozesse* sind bei der Prägung psychovegetativer Reaktionen und Dysfunktionen von Bedeutung. Dies soll an einem Beispiel kurz dargestellt werden.

Antizipatorisches Erbrechen. In der medikamentösen Behandlung von Krebspatienten spielen sog. Zytostatika eine

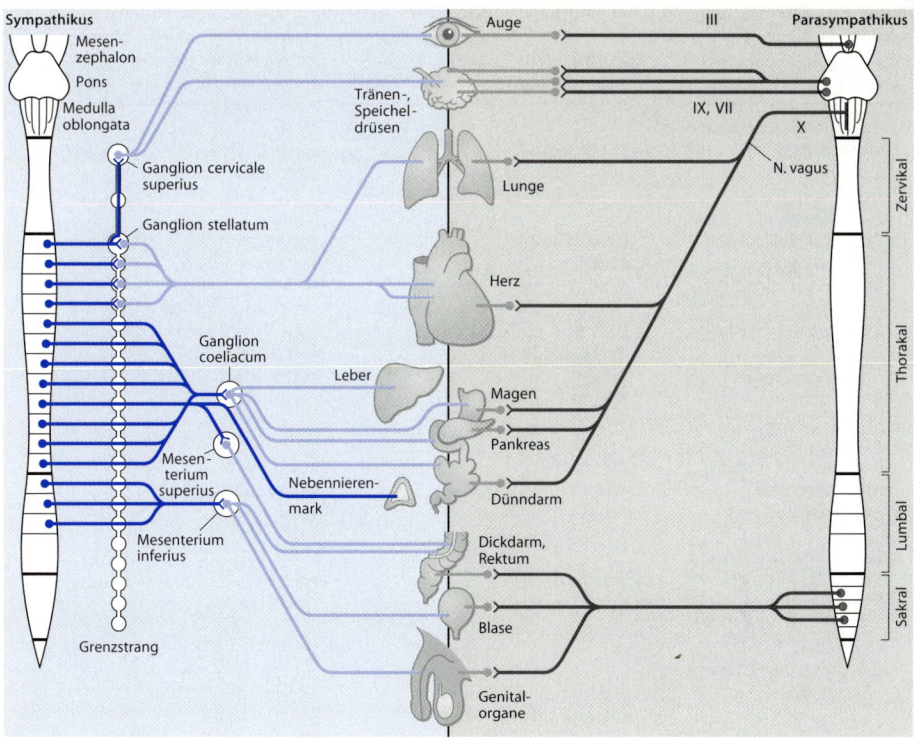

Abb. 8.2. Zielorgane von Sympathikus und Parasympathikus (Aus Birbaumer und Schmidt [2])

wichtige Rolle. Neben der Hemmung von Zellteilungsvorgängen haben diese Medikamente u. a. eine für die Patienten unangenehme Nebenwirkung, indem sie Übelkeit und Erbrechen erzeugen. Zytostatika müssen nicht selten intravenös mittels Infusionen verabreicht werden. Schon kurze Zeit nach Beginn der Infusionsbehandlung wird es den Patienten übel, sofern sie keine entsprechende Begleitmedikation erhalten. Diese stand bis vor einigen Jahren nicht in befriedigender Weise zur Verfügung. Nicht wenige Krebskranke berichteten etwa ab dem dritten oder vierten Behandlungszyklus, daß Übelkeit und Erbrechen bereits schon am Morgen vor dem Eintritt ins Krankenhaus, also vor der Zufuhr des Zytostatikums, einsetzten. Dieses Phänomen kann als Resul-

tat eines Konditionierungsvorganges angesehen werden: Der unkonditionierte Stimulus (UCS) „Zytostatikum" erzeugt eine unkonditionierte Reaktion (UCR: Übelkeit, Erbrechen). Da der UCS „Zytostatikum", mit den konditionierten Stimuli (CS) „Krankenhaus und Arzt" gekoppelt, dem Patienten mehrmals zugleich dargeboten wird, kommt es zu einem bedingten Reflex, indem allein schon der Gedanken an das Krankenhaus und den Arzt beim Patienten im Sinne einer konditionierten Reaktion Übelkeit und Erbrechen auslösen kann.

Tabelle 8.2. Wirkung sympathischer und parasympathischer Aktivierung auf einzelne Organsysteme

	Sympathikus ergotrop (Leistungseinstellung)	Parasympathikus trophotrop (Erholungseinstellung)
Allgemeine Reaktionslage		
Stoffwechsel	katabolisch	anabolisch
Gehirnaktivität	allgemeine Aktivierung	allgemeine Hemmung
Herz-Kreislauf		
Erregungsbildung	beschleunigt	verlangsamt
Überleitungszeit	verkürzt	verlängert
Kontraktionskraft	erhöht (positiv inotrop)	-
Frequenz	erhöht (positiv chronotrop)	vermindert (negativ chronotrop)
Rhythmus	u.U. ventrikulär Extrasystolen, Tachykardie, Flimmern	u.U. Bradykardie, atrio-vetrikulär Herzblock
Blutgefäße Tonus	erhöht	vermindert
Blutdruck	erhöht	vermindert
Atmung		
Bronchialmuskulatur	erschlafft	kontrahiert
Atmungsgröße	erhöht	vermindert
Atemfrequenz	erhöht	vermindert
Gastrointestinaltrakt		
Peristaltik	vermindert	erhöht
Sphinkteren	kontrahiert	erschlafft
Chemische Erregungsübertragung		
physiologisch	adrenerges System (Noradrenalin, Adrenalin)	cholinerges System (Acetylcholin)
pharmakologisch		
Mimetica	Isoproterenol	Muscarin, Pilocarpin
Lytica	Ergotamin, Phentolamin	Atropin, Scopolamin

8.1.5 Operante Trainingsverfahren – Biofeedback

Operante Trainingsverfahren wie das Biofeedback werden in der Medizin dazu eingesetzt, um (teilweise) ausgefallene Funktionen wieder zu erlernen bzw. erhöhte Aktivierungszustände im Sinne einer Aktivierungsminderung zu beeinflussen [2]. So kann z.B. nach einer zentralen Schädigung des motorischen Systems infolge einer Apoplexie („Hirnschlag") eine spastische Lähmung von Muskelgruppen durch Rückmeldung der EMG-Aktivität an den Patienten reduziert werden. Er kann dabei die EMG-Entladungsrate der betroffenen Muskeln hören oder auf einem Bildschirm sehen und wird für die Reduktion der Muskelspannung während einer Entspanungsübung belohnt (auditiv durch Abnahme der EMG-Impuls-Frequenz oder visuell durch Abflachung der Spannungsamplitude). Durch Biofeedback kann wahrscheinlich partiell die Neuinnervation der verbliebenen Nervenbahnen stimuliert werden. Biofeedbackverfahren werden vor allem in der *Rehabilitation* zur muskulären Entspannung oder zum Wiedererlernen von Harnblasen- und Mastdarmkontinenz mit Erfolg eingesetzt [2].

8.2 Körperwahrnehmung und Körperbild

Körperliche Befindlichkeit. Daß wir einen Körper haben, den wir im Verlauf eines Tages in unterschiedlicher Weise gebrauchen und betätigen, ist uns mehr oder weniger bewußt. Wir liegen, sitzen oder gehen, ohne daß wir uns gewöhnlich fragen, wie wir uns dabei erleben. Unsere Wahrnehmung ist meist überwiegend auf unsere Umwelt ausgerichtet und weniger auf unseren eigenen Körper und dessen Funktionen. *Üblicherweise sind es Veränderungen in unserer körperlichen Befindlichkeit*, die wir bewußt wahrnehmen, so z. B. wenn wir müde und erschöpft sind, Fieber haben und uns krank fühlen. Körperwahrnehmung und das Bild, das wir von unserem Körper haben, sind wichtige Faktoren für unser gesundheitliches Wohlbefinden. Während im vorangegangenen Kapitel die Wirkung psychologischer Stimuli auf körperliche Funktionen dargestellt wurden, sollen in diesem Kapitel die Wahrnehmung von Informationen aus dem Körper in den sensorischen Zentren des Gehirns beschrieben werden.

8.2.1 Sensorische Systeme

Somatoviszerale Sensibilität. In der Haut, den Muskeln, Sehnen und Gelenken sowie den Eingeweiden liegen Sinnesrezeptoren, die mechanische, thermische und chemische Signale aus der Umwelt oder aus dem Körper aufnehmen und dem Gehirn zuleiten. *Als somatoviszerale Sensibilität wird die Gesamtheit der Sinnessysteme bezeichnet*, welche die von den Sinnesrezeptoren aufgenommene Information verarbeiten. *Berührungsempfindungen* und *Tiefensensibilität* mit den drei Qualitäten

Stellungssinn, Bewegungs- und Kraftsinn sind für die Wahrnehmung von Informationen aus unserem Körper von großer Bedeutung. Hinzu kommt noch das nozizeptive System („Schmerzorgan"), auf welches im Kap. 8.6 näher eingegangen wird.

Sehen und Hören. Mit dem Auge und dem Ohr werden vor allem Informationen aus der Umwelt aufgenommen. Das Sehen spielt jedoch auch für die Selbstwahrnehmung insofern eine Rolle, als es uns unsere äußere Körperrealität vermittelt, welche mit unserem Körperidealbild nicht immer übereinstimmt. Besonders ausgeprägt ist die Diskrepanz zwischen Körperideal- und -realbild nach verstümmelnden Operation (z. B. Brustamputation) oder Verletzungen (z. B. Verbrennungen).

Schmecken und Riechen. Mit dem Geschmacksorgan der Zunge und dem Riechorgan der Nase nehmen wir Informationen wahr, welche die Ernährung, aber auch den nahen körperlichen Kontakt mit anderen Personen betreffen. Gemeinsam mit dem Tastsinn vermitteln diese beiden Sinnesorgane dem Neugeborenen wichtige Informationen über seine primären Bezugspersonen und deren Zuwendung. Die Entwicklung propriozeptiver sensorischer Eindrücke der Muskel- und Gelenkrezeptoren beginnt schon intrauterin. In den ersten Lebensmonaten kommen optische, olfaktorische, auditive und thermische Wahrnehmung hinzu.

Zerebrale sensorische Zentren. Auf Einzelheiten der zentralen Verschaltung der einzelnen sensorischen Systeme kann an dieser Stelle nicht näher eingegangen werden (s. Lehrbücher der Anatomie und Physiologie). Hier sollen nur die drei wichtigen Umschalt- und Verarbeitungsstationen des Gehirns für sensorische Informationen erwähnt werden. Es sind dies die den Hirnstamm durchziehende *Formatio reticularis*, die *sensorischen Thalamuskerne* und das somatosensorische Projektionsfeld im *Gyrus postcentralis*.

8.2.2 Körperschema

Der Begriff Körperschema umschreibt sowohl die *zentrale Repräsentation des Körpers und seiner motorischen Funktionen* als auch das *Bewußtsein der räumlichen Ausdehnung unseres Körpers in der Umwelt* [2]. Das Körperschema ist fest in uns verankert und teilweise unabhängig vom <u>afferenten</u> Zustrom aus den Propriozeptoren. Dies erklärt, daß z. B. nach der Amputation von Gliedmaßen oder einer Brust eine große Zahl von Patienten für lange Zeit, nicht selten für den Rest ihres Lebens, das fehlende Glied weiterhin empfinden. Häufig ist die Täuschung so eindringlich, daß die Betreffenden ihr *Phantomglied* deutlicher als ihr gesundes Glied erleben.

Phantomgliedschmerzen. Nicht selten gehen vom Phantomglied auch somatosensorische und nozizeptive Empfindungen aus. Diese können sehr unangenehm und schmerzhaft sein. Dem Phantomgliedschmerz liegen *plastische Veränderungen im Gehirn* zugrunde, die erklären, daß die unangenehmen Sensationen therapeutisch oft schwierig zu beeinflussen sind.

8.2.3 Geschlechtstypische Unterschiede

In der Körperwahrnehmung gibt es zwischen Frauen und Männern einige geschlechtstypische Unterschiede, die einerseits auf die unterschiedliche Sozialisation von Mädchen und Jungen, andererseits aber auch auf Unterschiede in der Einstellung zum eigenen Körper zurückzuführen sind.

Mädchen/Frauen :
- Sind stärker auf den eigenen Körper bezogen;
- haben klarere Vorstellungen vom eigenen Körper;
- widmen ihrem äußeren Erscheinungsbild mehr Interesse und Aufmerksamkeit;
- haben in der Sexualität ausgeprägtere Zärtlichkeitsbedürfnisse und
- erleben im Ablauf des Menstruationszyklus kontinuierlich Veränderungen ihrer körperlichen Befindlichkeit.

Jungen/Männer:
- Haben gegenüber dem eigenen Körper eine große Unsicherheit;
- haben mehr Angst vor Körperverletzungen (u. a. auch in Träumen);
- sind gegenüber Veränderungen der körperlichen Befindlichkeit und gegenüber Krankheitssymptomen weniger sensibel und;
- sind in ihrem sexuellen Erleben vor allem auf ihre Genitalien ausgerichtet.

8.2.4 Störungen der Körperwahrnehmung

Neben *vorübergehenden Veränderungen* der Körperwahrnehmung bei Ermüdung, Erschöpfung und Reizentzug gibt es auch eigentliche Störungen der Körperwahrnehmung, welche auf umfassendere Störungen oder Krankheiten hinweisen. Man unterscheidet:

- *Verminderte Körperwahrnehmung* bei psychosomatischen Störungen wie z. B. den sexuellen Funktionsstörungen (s. Kap. 8.5);
- *gesteigerte Körperwahrnehmung* bei Krankheiten, die mit Angst einhergehen (Hypochondrie, Angststörungen), körperlichen Mißbildungen und Verstümmelungen und
- *veränderte Körperwahrnehmung* bei psychischen Krankheiten (z. B. Körperhalluzinationen bei Psychosen) und bei Eßstörungen wie Anorexie und Bulimin.

Ursachen für fehlerhafte Körperwahrnehmung. Körperwahrnehmungen können nicht bzw. fehlerhaft aufgenommen oder nicht berichtet werden. Als Ursachen kommen *Läsionen der somatoviszeralen Rezeptoren* z. B. bei Diabetes mellitus, *Störungen der zerebralen sensorischen Perzeption* z. B. nach Hirnläsionen oder ein *inadäquates Erleben und Verarbeiten* von Körperwahrnehmungen im Rahmen psychischer Störungen in Betracht.

8.2.5 Körpersprache und körperliche Sprachsymbolik

Nonverbale Information. In Kap. 3.2 wurde die Bedeutung von Mimik, Gestik und Körperhaltung für die *zwischenmenschliche Kommunikation* behandelt. Durch die Körpersprache bringen wir oft unbewußt zum Ausdruck, wie wir die Beziehung zu einer anderen Person definieren, ob wir sie z. B. eher ablehnen oder akzeptieren oder ihr gegenüber offen oder mißtrauisch sind. Eindrücklich sind die *Unterschiede in der Mimik der oberen* und *unteren Gesichtshälfte*. Die Muskulatur der unteren Gesichtshälfte *angeregt* kann willkürlich innerviert werden. Damit können wir z. B. ein „breites Lächeln" bewußt initiieren. Die obere Gesichtshälfte und hierbei vor allem der Augenausdruck unterliegen weniger der willkürlichen Kontrolle und vermitteln so nach außen unsere emotionale Gestimmtheit.

Körpersprache und Affekt. Die enge Verknüpfung von Körpersprache und Affekt kommt in vielen Sprichworten zum Ausdruck, wie

- Die Nase rümpfen
- Mit den Ohren schlackern (wackeln)
- In den falschen Hals bekommen
- Aufs Maul sitzen
- Etwas in sich hineinfressen
- Den Buckel runter rutschen

Der Körper in der Medizin. In der Medizin wird der Körper in erster Linie als *Untersuchungsobjekt* betrachtet. Sowohl in der körperlichen Untersuchung von Patienten (vgl. Kap. 12.7) als auch bei körperlichen Behandlungsmaßnahmen sollte jedoch zum Ausdruck kommen, daß wir als Ärzte den Körper eines Patienten nicht nur als Objekt, sondern als

Teil seiner Gesamtpersönlichkeit betrachten. Vor allem im Umgang mit Schwerkranken und Sterbenden können überlegte und symbolhafte körperliche Kontakte – z. B. das Halten der Hand, wenn man am Bett eines Sterbenden sitzt – als wohltuend und hilfreich erlebt werden (vgl. Kap. 5.12 und 14.6).

8.3 Psychophysiologie von Emotionen

In Kap. 6.2.7 wurden schon einige Aspekte der Psychophysiologie von Emotionen behandelt. Im folgenden sollen am Beispiel von Trauer und Depression noch weitere Gesichtspunkte physiologischer Korrelate von Gefühlen dargestellt werden (vgl. Kap. 5.12 und 14.6).

Abgrenzung Emotionen und Stimmungen. Die *primären Emotionen* Glück, Freude, Trauer, Furcht, Wut, Überraschung und Ekel sind angeborene Reaktionsmuster, die bei Menschen verschiedener Kulturen gleich ablaufen [2]. Emotionen treten in der Regel als Reaktionen auf positiv verstärkende Reize (Freude), deren Unterbleibung (Wut) oder als Reaktion auf bestrafende aversive Reize (Angst) oder deren Unterbleiben (Erleichterung) auf. Die Dauer von Emotionen überschreitet selten Sekunden. Die Zeit zwischen dem Auftreten eines emotionalen Reizes bis zur Messung erster gefühlsspezifischer Reaktionen im Gehirn ist sehr kurz und liegt im Bereich von wenigen Millisekunden. *Stimmungen* sind länger anhaltende (Stunden, Tage) emotionale Reaktionstendenzen, welche das Auftreten einer bestimmten Emotion begünstigen (z. B. führt gereizte Stimmung häufig zu Ärger). Während *Emotionen* die Wahrscheinlichkeit für bestimmte *gerichtete motorische Aktivitä-*ten erhöhen, beeinflussen *Stimmungen* eher Vorstellungen und Gedanken, also *kognitive Prozesse.*

8.3.1 Neurophysiologische Modelle der Emotionen

Kortikale Strukturen. Das *Corpus amygdaloideum (Amygdala, Mandelkern)* im vorderen Abschnitt des Temporallappens ist eine Ansammlung mehrerer Kerne, welche für die Verarbeitung emotionaler Reize im Gehirn eine zentrale Stellung einnehmen (Abb. 8.3). Sensorische Afferenzen werden im Thalamus sowohl zu den primären kortikalen sensorischen Rindenfeldern als auch zum lateralen Kern der Amygdala projiziert [49]. Nach Weiterleitung des Reizes in den zentralen Amygdalakern erfolgen *vier efferente Projektionen*: über das zentrale Höhlengrau in das *somatomotorische System*, über den lateralen Hypothalamus in das *autonome Nervensystem* und in das *endokrine System* sowie über den Basalkern in weite Teile des *Kortex*.

Emotionales Gedächtnis. Es wird angenommen, daß die Amygdala nicht nur für die Verarbeitung von Emotionen von Bedeutung sind, sondern auch bei der Bildung eines separaten „emotionalen Gedächtnisses" eine wesentliche Rolle spielen. Prozesse in diesem Gedächtnis sind dem Bewußtsein nicht unmittelbar zugänglich, sondern nur an ihren Effekten in den somatischen und autonomen Reaktionskanälen erkennbar. Eine typische vegetative Reaktion aufgrund einer Aktivierung des emotionalen Gedächtnisses ist z. B. das *unwillkürliche Erröten* (Erythrophobie) in Situationen, die von der betreffenden Person bewußt nicht als emotionsbeladen erlebt werden. Die aktuelle Situation scheint jedoch emotionale

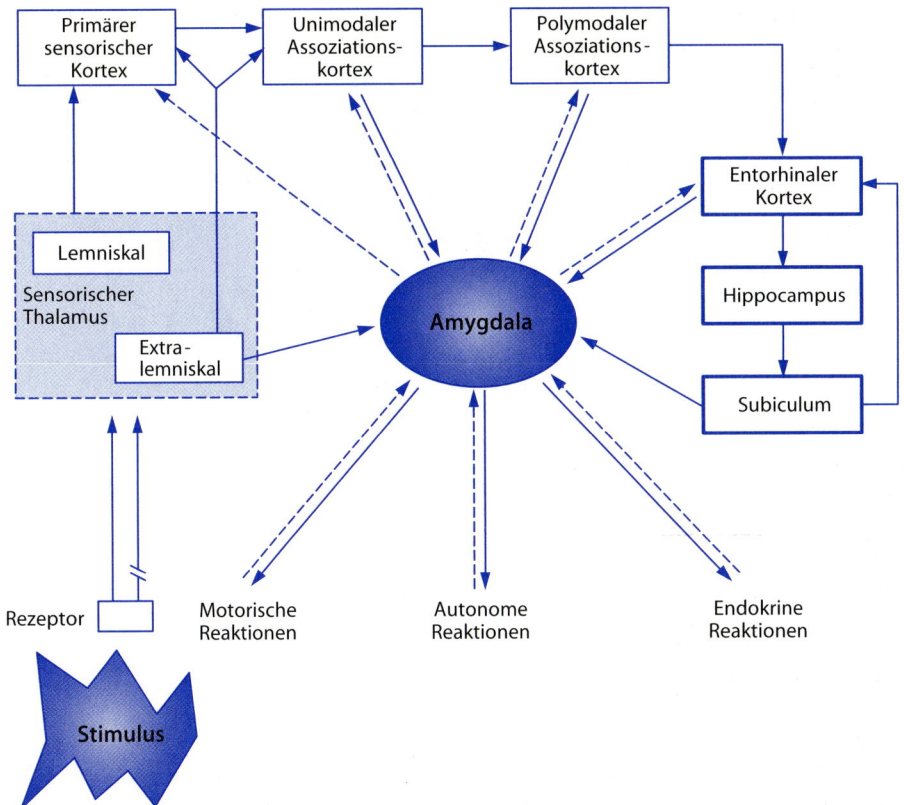

Abb. 8.3. Die Amygdala als Zentrum der subkortikalen Verarbeitung emotionaler Reize (Nach LeDoux, 1993, in Stemmler 1996 [49])

Gedächtnisinhalte zu aktivieren, die dann zu einer vegetativen Reaktion im peripheren Gefäßsystem führen.

Neokortikale Hemisphären und Emotionen. Die rechte Hirnhemisphäre ist bei der Verarbeitung von externen und interozeptiven Reizen, die für die Wahrnehmung von Emotionen wichtig sind, der linken überlegen [2]. Zwischen beiden Hemisphären erfolgt jedoch ein kontinuierlicher Austausch, wobei die *linke Hemisphäre* vor allem die Rolle eines *Ursacheninterpreten* spielt (Kausalattribution) und die *rechte Hemisphäre* für die *Verarbeitung gefühlvoller Inhalte* zuständig ist.

Bei *Läsionen der rechten Hemisphäre* beobachtet man klinisch häufig emotional indifferente oder euphorisch desinhibierte Zustände. Bei *Läsionen der linken Hemisphäre* treten, auch wenn Sprachfunktionen nicht betroffen sind, Katastrophenreaktionen mit tiefer Depression auf.

Vegetatives Nervensystem und Gefühle. Über die Rolle des autonomen Nervensystems für Gefühle bestehen zwei kontroverse theoretische Konzepte (Abb. 8.4) [2]: Die *periphere James-Lange-Theorie und die zentrale Theorie von Cannon.* James und Lange betonen, daß voll aus-

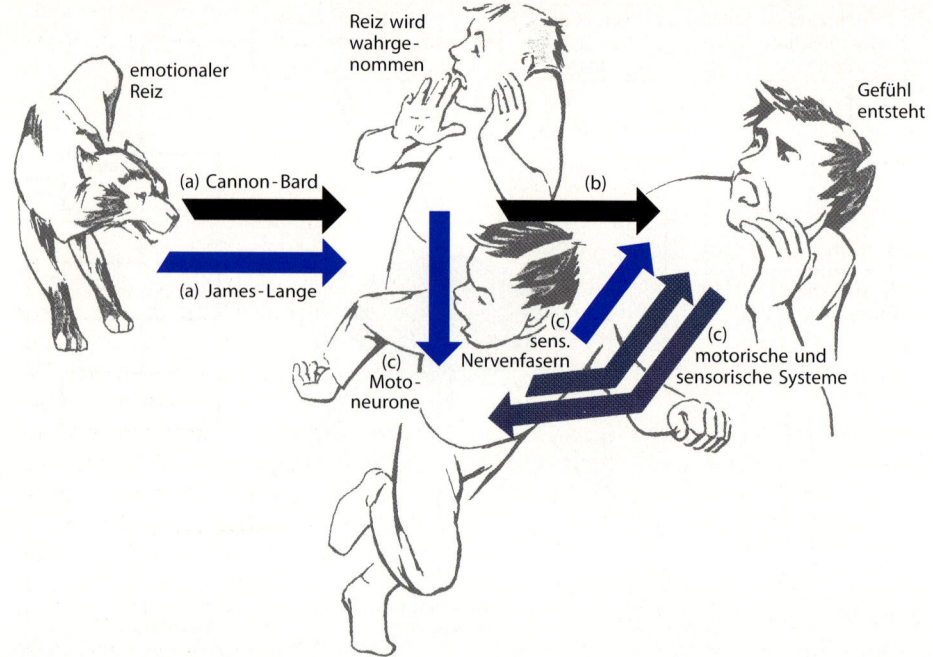

emotionaler
Reiz

Reiz wird
wahrge-
nommen

Gefühl
entsteht

(a) Cannon-Bard

(b)

(a) James-Lange

(c)
Moto-
neurone

(c)
sens.
Nervenfasern

(c)
motorische und
sensorische Systeme

Abb. 8.4. Die periphere James-Lange-Theorie der Gefühle und die zentrale Theorie von Cannon (Aus Birbaumer und Schmidt [2])

gebildete Emotionen einer Rückmeldung der peripheren Gefühlsäußerung ins ZNS bedürfen (wir sind traurig, weil wir weinen), während Cannon und andere Neurophysiologen den ausschließlichen Ursprung von Gefühlen *nach* der Reizwahrnehmung und -bewertung ins ZNS lokalisieren. Der gegenwärtige Stand der Kontroverse läßt sich wie folgt zusammenfassen [2, S. 642]: „Zwar kann durch Hirnstimulation direkt ein Gefühl ohne jede peripherphysiologische Rückmeldung ausgelöst werden, dies aber nur, wenn diese peripher-physiologischen Muster zumindest einmal in der Vergangenheit mit dem zentralnervösen Anteil des Gefühls assoziiert wurden. Dies bedeutet, daß zur Speicherung des emotionalen Reaktionsmusters die peripherphysiologischen Anteile irgendwann notwendig waren und später als Ganzes durch Reizung des zentralnervösen Gedächtnisinhalts abgerufen werden."

8.3.2 Trauer und Depression

Trauer ist ein angeborenes primäres Gefühl, welches nach *Trennung* oder *Verlust von Bindungen* auftritt. *Depression* beinhaltet ein komplexes *Mischgefühl*, welches neben Anteilen von Trauer auch Angst, Ekel, Wut, Ärger, Feindseligkeit, Furcht, Schuld und Scham miteinschließt [2]. Entsprechend der Vielzahl beteiligter Gefühlskomponenten können Depressionen durch unterschiedliche soziale, psychologische und biologische Einflußfaktoren ausgelöst werden.

Zirkadiane Perodik. Chronobiologische Untersuchungen haben gezeigt, daß es in zeitlichem Zusammenhang mit Depressionen häufig zu einer *Desynchronisation der Körpertemperaturperiodik* kommt. Die zirkadiane Temperaturkurve ist irregulär und verändert die Schlafarchitektur (vgl. Kap. 8.7), indem es zu einer Erhöhung der REM-Schlafzeit kommt. *Schlafentzug* während einer Nacht verbessert häufig den Zustand eines depressiven Menschen am folgenden Tag, was vermutlich mit einem Synchronisierungseffekt der zirkadianen Tagesrhythmen durch den Schlafentzug zusammenhängt. Eine ähnliche Wirkung scheint die Therapie mit Licht bei der sog. saisonalen Winterdepression zu haben.

Depression und noradrenerge Rezeptoren. Die Neurochemie der Depression nimmt eine Veränderung der Bindungen an noradrenergen Rezeptoren in Strukturen des limbischen Systems an. Antidepressiva bewirken je nach Stoffklasse entweder sowohl die Noradrenalin- als auch die Serotoninwiederaufnahme (*trizyklische Antidepressiva*), oder isoliert nur die Noradrenalinwiederaufnahme (ebenfalls *einzelne Trizyklika*) bzw. die Serotoninwiederaufnahme (sog. *Serotoninwiederaufnahmehemmer*). Der klinische Effekt der Besserung einer Depression geht mit der Geschwindigkeit der *Reduktion der Rezeptorbindungen* und nicht mit dem Anstieg der Verfügbarkeit von Noradrenalin und Serotonin einher. Der entscheidende biochemische Mechanismus scheint demnach die Reduktion der Rezeptorbindungen zu sein.

8.3.3 Depression und Streßbewältigung

Wie im nächsten Kapitel ausgeführt wird, gehen langdauernde *Distreßerfahrungen* mit Gefühlen von Hilflosigkeit und Hoffnungslosigkeit und nicht selten mit dem klinischen Bild einer Depression einher. Untersuchungen an Tieren weisen darauf hin, daß die neurochemische Stoffwechsellage bei Depression und längerdauerndem Distreß sehr ähnlich ist [2]. Und auch zwischen der medikamentösen Behandlung mittels Antidepressiva und erfolgreicher Streßbewältigung nach verhaltenstherapeutischen Interventionen scheinen neurochemisch Ähnlichkeiten zu bestehen. Sowohl durch die Gabe von Antidepressiva als auch erfolgreiche Streßbewältigung wird die Reagibilität serotonerger und dopaminerger Zellsysteme erhöht [2].

Körperliche Symptome bei starken Gefühlen. Den somatoformen Störungen (funktionellen Störungen) liegen häufig starke Gefühle zugrunde, welche von den betreffenden Patienten nicht oder nur teilweise wahrgenommen werden. Tabelle 8.3 gibt einen Überblick über Beschwerden in verschiedenen Organsystemen, welche bei starken sog. „negativen

Tabelle 8.3. Körperliche Symptome bei starken Affekten (Angst, Wut, Ärger)

Kardial:	Unregelmäßiges, rasches oder verstärktes Herzklopfen, Brustschmerzen
Vaskulär:	Blässe oder Erröten im Gesicht oder an den Extremitäten, kalte Akren
Muskulär:	Muskelverspannung, Zittern, weiche Knie, motorische Unruhe
Respiratorisch:	Beschleunigte Atmung, Gefühl der Enge, Atemnot, Erstickungsgefühl
Gastrointestinal:	Luftschlucken, Aufstoßen, Kloßgefühl, Magenschmerzen, Erbrechen, Blähungen, Durchfall
Vegetatives NS:	Schwitzen, weite Pupillen, Harndrang
Zentrales NS:	Kopfschmerzen, Schwindel, Schlafstörungen

Gefühlen" wie Angst, Ärger und Wut auftreten können. Abschließend sei noch einmal betont, daß *psychophysiologische Reaktionsmuster in hohem Maße individuumsspezifisch, alters- und situationsabhängig sind* und deshalb nur in einem umfassenden Kontext erklärt werden können.

8.4 Streß aus psychosozialer Sicht

8.4.1 Theoretische Grundlagen

Begriffe

Streß in der Umgangssprache. In der Umgangssprache wird der Begriff „Streß" zur Bezeichnung alltäglicher und besonderer Belastungssituationen verwendet. So werden z. B. Hektik, Auseinandersetzung am Arbeitsplatz, Festsitzen im Verkehrsstau sowie Extremsituationen wie Katastrophen, Kriegs- oder Gewalterfahrungen als Streß bezeichnet. Im wissenschaftlichen Bereich ist eine so breite, häufig auch unscharfe Verwendung des Begriffes Streß nicht brauchbar. Deshalb soll zunächst definiert werden, in welchem Sinn der Begriff Streß im Folgenden verstanden wird.

> **!** *Streß ist als Ergebnis einer spezifischen Transaktion zwischen Umwelt und Person* zu verstehen. Dabei ist zwischen Merkmalen der Situation (sog. *Stressoren*), welche in einer Person etwas auslösen, und Merkmalen der Person, die auf diese Situation reagiert (*Streßreaktion*) zu unterscheiden [20]. Ob eine bestimmte Situation als Belastung erlebt wird, hängt in hohem Maße davon ab, wie das Individuum einerseits die Situation und andererseits seine Möglichkeiten bewertet, die Situation zu bewältigen.

Stressor. Aus sozialwissenschaftlicher Sicht empfiehlt es sich, lediglich solche Ereignisse oder Situationen als Stressoren zu bezeichnen, welche vom Individuum als *Herausforderung* oder *Bedrohung* wahrgenommen werden. Herausforderungen und Bedrohungen erfordern von der betroffenen Person eine Antwort, d. h. die Suche nach einer Lösung. Diese Begriffsdifferenzierung ist auch für den Arzt sinnvoll, da üblicherweise Patienten vor allem dann von „Streß" berichten, wenn sie Belastungen ausgesetzt waren bzw. sind, welche bei ihnen zu einer deutlichen Reaktion, häufig im Sinne einer Symptombildung, geführt haben.

Streßreaktion. Die *Antwort auf einen Stressor* kann prinzipiell auf drei Ebenen erfolgen:

- Auf der Ebene der *emotionalen Erfahrung* und der *affektiven Reaktion;*
- auf der Ebene der *neuronalen, neuroendokrinen, endokrinen* und *immunvermittelten Aktivierung* und
- auf der Ebene *sichtbaren Verhaltens* bzw. *geplanten Handelns.*

Die Art einer Streßreaktion hängt einerseits von der *Qualität und Intensität des Stressors* und andererseits vom Erfolg der vom Individuum eingesetzten Bewältigungsstrategien (vgl. Kap. 13.5) und damit dem *Grad der Kontrollierbarkeit der Situation* ab.

Distreßerfahrungen. Für die Medizin sind besonders jene Streßreaktionen von Interesse, die

- Antworten auf einen *negativ bewerteten Stressor* (Herausforderung bzw. Bedrohung mit ungewissem Erfolg) beinhalten,
- das Ergebnis einer fortgesetzten Erfahrung *begrenzter oder nicht gegebener Kontrollierbarkeit* der herausfordernden Situation sind und
- *physiologische Aktivierungszustände* provozieren, deren kurzfristige Neutralisierung durch Handeln oder Einstellungsänderung nicht möglich ist.

Im Hinblick auf mögliche krankheitsauslösende Wirkungen von Distreßerfahrungen gilt: *Je intensiver und längerdauernd Distreßerfahrungen sind, desto höher ist das Risiko, daß sie auf die physiologischen Abläufe im Organismus dysregulierend einwirken und längerfristig Krankheitsprozesse anbahnen.*

Eustreßerfahrungen. Herausforderungen, die erfolgreich bewältigt werden können, da sie die Bewältigungsfähigkeit des Individuums nicht übersteigen, lösen zwar auch physiologische Aktivierungszustände aus. Diese sind jedoch zeitlich begrenzt und haben mittel- und längerfristig keine krankheitsfördernde Wirkung. Solche Erfahrungen werden in der Regel positiv bewertet und im Gegensatz zum Distreß als Eustreß bezeichnet.

 Beispiele für *Eustreßerfahrungen* sind der gelungene Auftritt eines Künstlers im Rahmen einer kulturellen Veranstaltung, der unerwartete Gewinn einer größeren Geldsumme bei einem Wettbewerb oder freudige Ereignisse wie Heirat, Geburt eines gesunden Kindes oder der erfolgreiche Abschluß eines Examens. Beim *Distreß* kann man Situationen

von aktivem und passivem Distreß unterscheiden. Ein Beispiel für eine *aktive Distreßerfahrung* ist die Arbeitssituation eines Managers, der sich intensiv für das Erfüllen einer bestimmten Leistung einsetzt, das erwartete Ergebnis aber nicht erreichen kann. Typisch für diese Konstellation ist eine längerdauernde hohe Verausgabung bei geringer oder begrenzter Kontrollierbarkeit des Stressors. Längerdauernde Arbeitslosigkeit ist ein Beispiel für eine *passive Distreßerfahrung*. Hier werden die Belastungen (erfolglose Bewerbungen, finanzielle Einbuße) vom Betreffenden als nicht kontrollierbar erlebt. Die drei genannten Konstellationen gehen mit typischen Emotionen und neurohormonellen Aktivierungen einher.

Vergleich Eustreß-Distreß. In Tabelle 8.4 sind einige wesentliche Merkmale von Eustreß und Distreß im Überblick dargestellt. Etwas vereinfacht kann man sagen, daß Eustreßerfahrungen das Leben abwechslungsreich gestalten und das Selbstwertgefühl des Individuums stärken, während längerdauernde Distreßerfahrungen Zweifel am Sinn des Lebens auslösen und zu schweren Selbstwertkrisen führen können. Auf die physiologischen Reaktionen bei längerdauerndem Distreß und deren krankheitsauslösender Wirkung wird später noch eingegangen.

Zweidimensionales Streßmodell nach Karasek und Theorell

Das „Job-Strain-Modell". Der amerikanische Soziologe Robert A. Karasek hat ein Streßmodell formuliert, welches von

Tabelle 8.4. Vergleich Eustreß – Distreß

	Eustreß	*Distreß*
Qualität der Stressoren	Angenehm	Bedrohlich
Aktivierungs-Typ	Phasisch	Tonisch
Dauer	Kurz, begrenzt	Lang
Emotionen	Freude, Erleichterung, Hoffnung	Ohnmacht, Hilflosigkeit, Hoffnungslosigkeit
Endokrine Reaktion	Sympathicoadreno-medulläres System	Hypophysenadreno-kortikales System
Herz- Kreislauf-System	Herzrate ↑	Blutdruck ↑

dem schwedischen Arzt Töres Theorell weiterentwickelt wurde [12]. Dieses Konzept wurde aufgrund von arbeitsmedizinischen Untersuchungen an Beschäftigten in verschiedenen Betrieben entwickelt. Die Grundidee des Konzeptes besteht darin, **Belastungserfahrungen** aus der Kombination von zwei zentralen Dimensionen von Arbeitsinhalten abzuleiten: der Dimension der **Quantität von Anforderungen** und der Dimension der **Kontrollierbarkeit der Arbeitsaufgabe** bzw. des Arbeitsprozesses (Abb. 8.5).

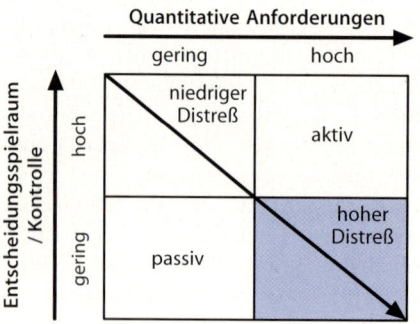

Abb. 8.5. Das Anforderungs-Kontroll-Modell (Nach Karasek, aus Siegrist 1996 [20])

Chronischer Distreß. Chronischer Distreß resultiert aus einer Arbeitssituation, in welcher an die Beschäftigten **kontinuierlich hohe Anforderungen** gestellt werden und sie gleichzeitig im Arbeitsprozeß **wenig Entscheidungsspielraum** haben. Eine typische Arbeitssituation dieser Konstellation wäre z. B. Akkordarbeit am Fließband. Die Untersuchungen von Karasek und Theorell [12] haben gezeigt, daß Beschäftigte in der Automobilindustrie, welche längerdauernd unter diesen Bedingungen zu arbeiten hatten, häufiger krank waren als Beschäftigte, bei denen entweder die Anforderungsdimension geringer und/oder der Entscheidungsspielraum größer waren.

Soziale Unterstützung. Im Kap. 10.1.5 wird noch näher ausgeführt, welche Bedeutung das soziale Beziehungsnetz und die soziale Unterstützung für die Gesundheit haben. Die Untersuchungen von Karasek und Theorell [12] wie auch von Siegrist [20] konnten eindrücklich nachweisen, daß Beschäftigte mit hohem Distreß und geringer sozialer Unterstützung ein deutlich höheres Risiko haben, Herz-Kreislauf-Krankheiten zu erleiden, als Beschäftigte mit guter sozialer Unterstützung.

Das Modell beruflicher Gratifikationskrisen nach Siegrist

Siegrist hat das Konzept von Karasek und Theorell noch um eine weitere, für das Verständnis der krankheitsauslösenden Wirkung von Distreß wichtige Dimension erweitert [20]. Seine theoretischen Überlegungen sind ebenfalls das Ergebnis langjähriger Forschungen über den Zusammenhang von Distreß am Arbeitsplatz und Herz-Kreislauf-Erkrankungen. Nachfolgend sind einige Kernaussagen des Konzeptes kurz zusammengefaßt [20].

Berufliche Gratifikation. Im mittleren Erwachsenenalter spielt die Arbeitsplatzsituation eine besonders wichtige Rolle, da in dieser Lebensphase die Verantwortung für den Unterhalt einer Familie, das Erreichen eines gewissen Lebensstandards und die Regelung der Alterssicherung zentrale Lebensinhalte darstellen. Zufriedenheit am Arbeitsplatz wird wesentlich durch Kompetenz- und Zugehörigkeitsgefühle beeinflußt. Von entscheidender Bedeutung ist jedoch nach Siegrist die *Zuteilung beruflicher Gratifikation* mittels Geld, beruflicher Anerkennung und beruflichem Aufstieg. Ungerechte Bezahlung, ausbleibende Anerkennung und blockierte Aufstiegschancen bei hoher beruflicher Verausgabung stellen *„Formen chronifizierter beruflicher Gratifikationskrisen mit hohem Distreßgehalt dar"*.

Berufliche Gratifikationskrisen. Hohe berufliche Verausgabung kann sowohl auf ein äußerlich vorgegebenes, *arbeitsplatzspezifisches Anforderungsprofil (*„extrinsische Verausgabung„*)* als auch auf eine ausgeprägte *Leistungsbereitschaft der arbeitenden Person (*„intrinsische Verausgabung„*)* zurückgeführt werden. Eine berufliche Gratifikationskrise (Abb. 8.6) liegt dann vor, wenn bei anhaltend hoher Verausgabung keine entsprechende Belohnung erfolgt. Siegrist konnte folgenden Zusammenhang zwischen beruflicher Gratifikation und dem Risiko für eine Herz-Kreislauf-Erkrankung nachweisen:

„Je länger die Erfahrung beruflicher Gratifikationskrisen dauert (Expositionszeit), desto höher ist die Wahrscheinlichkeit, daß Herz-Kreislauf-Risiken auftreten" [20, S. 99].

 Ein 53jähriger Bäcker wird mit einem akuten Myokardinfarkt auf die Notfallstation eingewiesen. Bei der Aufnahmeuntersuchung sagt er zum Notfallarzt „Das Spiel ist verloren...", bevor er infolge eines Herzstillstandes bewußtlos wird. Er überlebt die akute Krankheitsphase und berichtet nach Verlassen der Intensivstation folgende Arbeits- und Lebenssituation. Bis vor 5 Jahren führte er in einer Kleinstadt eine gutgehende Bäckerei mit 4 Ange-

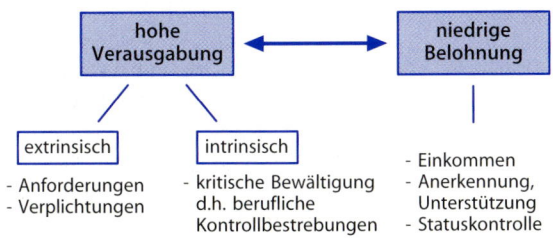

Abb. 8.6. Das Modell beruflicher Gratifikationskrisen (Aus Siegrist 1996 [20])

stellten. Nach der Eröffnung eines Supermarktes in unmittelbarer Nähe seines Betriebes befürchtete er Umsatzeinbußen. Um der Konkurrenz durch den billigeren Supermarkt gewachsen zu sein, erweiterte er sein Angebot auf Konditoreiwaren, die er z.T. selbst herstellte. Mit vermehrtem Arbeitseinsatz konnte er zwei Jahre seinen Umsatz halten. In dieser Zeit nahm jedoch die Unzufriedenheit bei seinen Angestellten zu, da er sie häufiger kontrollierte und kritisierte. Nachdem zwei Angestellte gekündigt und zum Supermarkt gewechselt hatten, versuchte er noch einige Zeit, mit Hilfe seiner Frau den Betrieb in der gleichen Weise fortzuführen. In dieser Zeit traten erstmals pektanginöse Beschwerden auf, die er jedoch bagatellisierte. Er geriet in eine chronische Überlastungssituation, gönnte sich keine Ferien mehr und beteiligte sich auch nicht mehr an den Zusammenkünften des Schachclubs. Kurz nachdem ein langjähriger weiterer Mitarbeiter wegen Pensionierung seinen Betrieb verlassen hatte, trat bei ihm der schwere Herzinfarkt auf.

An diesem Beispiel lassen sich die wesentlichen Merkmale einer langdauernden Distreßerfahrung veranschaulichen: Hohe Verausgabung bei kleiner werdendem Entscheidungsspielraum, niedrige Belohnung für hohen Arbeitseinsatz und zunehmende soziale Isolierung.

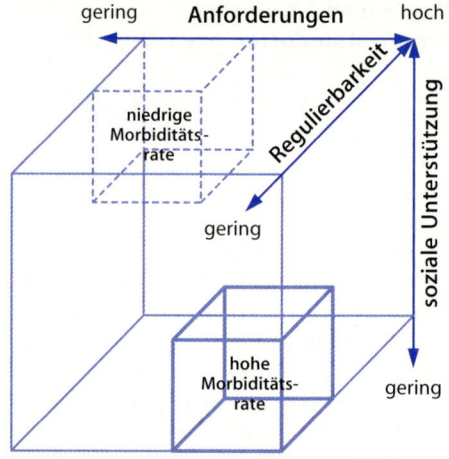

Abb. 8.7. Dreidimensionales kognitives Streßmodell (Modifiziert nach Karasek und Theorell 1990 [12])

Dreidimensionales psychosoziales Streßmodell

Wenn wir die erwähnten Determinanten *Anforderungen*, *Regulierbarkeit*, *soziale Unterstützung* und *soziale Anerkennung* in einem gemeinsamen Modell zusammenfassen, dann lassen sich hinsichtlich Distreß und Erkrankungsrisiko folgende Feststellungen treffen (Abb. 8.7):

! Anhaltend hohe Anforderungen, die sich der Regulierbarkeit und Kontrolle des Individuums entziehen, verbunden mit einer geringen sozialen Unterstützung und Anerkennung konstellieren eine Lebenssituation von anhaltendem Distreß, in welcher die Wahrscheinlichkeit zu erkranken, deutlich erhöht ist. Umgekehrt läßt sich sagen: Eine Lebenssituation mit mäßigen Anforderungen, die vom Individuum gut beeinflußt werden können, geht bei gleichzeitig guter sozialer Unterstützung und Anerkennung mit einem geringeren Krankheitsrisiko einher.

Theoretisches Modell und ärztliche Praxis. Ärzte haben gegenüber sozialwissenschaftlichen Konzepten häufig eine Skepsis und bezweifeln deren Nutzen für den ärztlichen Praxisalltag. Die in aller Kürze dargestellten medizinsoziologischen Elemente eines psychosozialen Streßmodells sind jedoch für die Diagnostik wie auch für die Therapie zahlreicher Erkrankungen eine wichtige Ergänzung zur somatischen Befunderhebung und Therapie. In der *Diagnostik* liefert das Modell einen Bezugsrahmen für die Suche nach Belastungen am Arbeitsplatz und in der Familie wie auch für individuelle Einstellungen und Verhaltensweisen, welche das Krankheitsrisiko erhöhen. In der *Therapie* bietet es dem Arzt die Möglichkeit, sich gemeinsam mit dem Patienten zu überlegen, auf welcher Ebene Belastungen allenfalls reduziert und ungenutzte Ressourcen mobilisiert werden können. Zwischen dem psychosozialen Streßmodell und dem Konzept der *Salutogenese*, wie es in Kap. 9.2 näher ausgeführt wird, lassen sich Verbindungen herstellen, welche für die Beratung von Patienten in akuten und chronischen Belastungssituationen sehr hilfreich sind.

 Ein 55jähriger Pharmavertreter erhält von seinem Arbeitgeber nach 20jähriger Mitarbeit wegen „beruflicher Umstrukturierung" eine 50 %-Kündigung seiner Stelle. Als Folge dieser von ihm als ungerecht und unverständlich erlebten Aktion entwickelt er Magen-Darm-Beschwerden, für die sich keine organischen Ursachen finden lassen. Seine Frau leidet seit Jahren an chronischen Rückenschmerzen, der einzige Sohn ist vor 2 Jahren von zu Hause ausgezogen. Der Patient bittet seinen Hausarzt, den er in den vergangenen Jahren wiederholt konsultiert hatte, um eine Krankschreibung, da er sich dem „Mobbing seines Arbeitgebers" nicht mehr gewachsen fühle. Im Verlauf einiger Gespräche kommen Patient und Arzt auf den Gedanken, der Patient könne seine beruflichen Erfahrungen allenfalls nutzen, um sich als „Service-Fachmann für Hausapotheken" selbständig zu machen. Er inseriert im Quartieranzeiger (Lokalanzeiger) seines Wohnortes. Zu seiner Überraschung stößt sein Angebot vor allem bei älteren Bewohnern des Stadtteils auf Interesse. Im Verlauf von sechs Monaten entwickelt sich die neue Tätigkeit des Mannes so erfolgreich, dass er seine Stelle bei seinem Arbeitgeber kündigt und sich selbständig macht. In den Beratungsgesprächen des Hausarztes mit dem Patienten spielten folgende Überlegungen eine Rolle. Von seiner Frau konnte der Patient in dieser Situation keine Unterstützung erwarten. Seine Chancen, bei einem neuen Arbeitgeber wieder eine Stelle zu finden, waren wegen seines Alters gering. Der Hausarzt fokussierte seine Gespräche auf das Thema, ob sich aufgrund der beruflichen Erfahrungen des Patienten nicht eine neue, sinnvolle Gestaltung seiner Freizeit finden ließ (Verminderung der Ohnmacht, Ermutigung zur Regulierung der freien Zeit). Die Idee mit dem „Service-Fachmann" resultierte aus zunächst vagen, dann immer konkreter werdenden Überlegungen, wie sich der Patient eine neue Herausforderung suchen könnte.

8.4.2 Merkmale von Stressoren

„Life-Event-Forschung"

Quantifizierung psychosozialer Belastungen. In der früheren Streßforschung spielte der sog. „Life-Event-Ansatz" eine wichtige Rolle. Dabei wurde versucht, unterschiedliche Belastungen auf einer einheitlichen Skala (Adaptationsleistung) zu quantifizieren. Die von Holmes und Rahe [33] entwickelte „Social Readjustment Rating Scale" (SRRS) versucht, die folgenden Lebensbereiche abzudecken: wirtschaftliche Verhältnisse, Beschäftigung, Ausbildung, Wohnen, Heirat, Gruppen- und Familienbeziehungen, Religion, Erholung und Gesundheit. Sie ordnet einer Auswahl von 43 definierten Lebensveränderungen („life-changes") je ein bestimmtes Gewicht zu, das die Bedeutung der Veränderung ausdrücken soll. Tabelle 8.5 gibt die „Life-Events" und die vom Patienten jeweils abverlangte durchschnittliche Anpassungsleistung („Life-Change-Units" LCU) wieder.

Mängel der „Life-Event-Forschung". Die Verdienste der Life-Event-Forschung liegen darin, daß anhand großer Studien nachgewiesen werden konnte, daß Krankheiten in Zeiten von Lebenskrisen, insbesondere nach Verlusterlebnissen (Todesfall, Scheidung) gehäuft auftreten. Die neuere Streßforschung zeigte jedoch einige Mängel dieses Forschungsansatzes auf, die sich in folgenden Feststellungen zusammenfassen lassen:

- Forschungsmethodisch gibt es keine Möglichkeit, *qualitativ unterschiedliche Stressoren* (finanzielle Probleme, Gewalteinwirkung, Verluste) auf demselben Maßstab abzubilden, d. h. sie vergleichend zu quantifizieren.
- Über die Bedeutung unterschiedlicher *Stressorenkombinationen*, mit denen im Alltag üblicherweise zu rechnen ist (sog. *Mikrostressoren*), ist wenig bekannt. Die Annahme, daß sich die einzelnen Stressoren addieren, ist nicht belegt.
- Unberücksichtigt bleibt auch die unterschiedliche *kognitive Streßbewertung* ein und desselben Ereignisses durch verschiedene Personen.
- Ebenfalls nicht berücksichtigt ist die interindividuell unterschiedliche Fähigkeit, einzelne Stressoren zu bewältigen.

Der Life-Event-Ansatz hat jedoch der Forschung im Bereich biographischer Risikofaktoren wichtige Impulse gegeben und hat von daher bis heute noch eine gewisse Bedeutung.

Biographische Risikofaktoren und Streßvulnerabilität

Risikofaktoren für die Entstehung psychischer und psychosomatischer Symptombildungen. In Kap. 5.3.4 wurden unter dem Gesichtspunkt der frühkindlichen Entwicklung Risikofaktoren beschrieben, welche die normale Entwicklung eines Kindes in der Neugeborenen- und Säuglingszeit beeinträchtigen. In zahlreichen Untersuchungen von Erwachsenen, welche an psychischen oder psy-

Tabelle 8.5. Life-Event-Fragebogen (Nach Holmes und Rahe 1967 [33])

Biographische Ereignisse	Adaptionsleistung in Punktwerten	Biographische Ereignisse	Adaptionsleistung in Punktwerten
1. Tod des Ehepartners	100	23. Sohn oder Tochter verlassen Heim	29
2. Scheidung	73	24. Schwierigkeiten mit Verwandten	29
3. Eheliche Trennung	65	25. Außergewöhnliche persönliche Erfolge	28
4. Gefängnis	63		
5. Tod eines nahen Angehörigen	63	26. Ehefrau beginnt oder beendet Arbeit	26
6. Persönliche Verletzung/ Krankheit	53	27. Beginn oder Ende von Schule	26
7. Heirat	50	28. Veränderte Lebensbedingungen	25
8. Kündigung	45	29. Revidieren persönlicher Einstellungen	24
9. Eheliche Wiederversöhnung	45		
10. Pension	45	30. Schwierigkeiten mit Chef	23
11. Geänderter Gesundheitszustand eines Familienmitgliedes	44	31. Veränderte Arbeitszeiten oder -bedingungen	20
12. Schwangerschaft	40	32. Veränderungen des Wohnsitzes	20
13. Sexuelle Schwierigkeiten	39	33. Veränderungen in der Schule/Ausbildung	20
14. Hinzukommen eines neuen Familienmitgliedes	39	34. Veränderte Form der Erholung	19
15. Geschäftliche Neuorientierung	39	35. Veränderung in kirchlichen Aktivitäten	19
16. Veränderungen im finanziellen Status	38	36. Veränderung in sozialen Aktivitäten	18
17. Tod eines nahen Freundes	37	37. Darlehen weniger als 25 000,- DM	17
18. Geänderte Arbeitsinhalte	36	38. Veränderte Schlafgewohnheiten	16
19. Veränderte Häufigkeit der Auseinandersetzung mit dem Ehepartner	35	39. Geänderte Häufigkeit familiärer Zusammentreffen	15
20. Darlehen über 25 000,- DM	31	40. Veränderte Eßgewohnheiten	13
21. Vorzeitige Kündigung eines Darlehens	30	41. Ferien	13
22. Veränderte Verantwortung bei der Arbeit	29	42. Weihnachten	12
		43. Kleinere Gesetzesübertretungen	11

chosomatischen Störungen litten, konnte die Bedeutung biographischer Faktoren für die Entwicklung dieser Störungen nachgewiesen werden (Übersicht in [31]). In Tabelle 8.6 sind diese Risikofaktoren zusammengefaßt, für welche ein Zusammenhang mit Symptombildungen im Erwachsenenalter nachgewiesen werden konnte.

Zerebrale Informationsverarbeitung. Die Frage, über welche biologischen Bindeglieder diese Faktoren die Krankheitsanfälligkeit erhöhen, ist noch nicht geklärt.

Tabelle 8.6. Biographische Risikofaktoren für die Entstehung psychischer und psychosomatischer Krankheiten (Nach Hoffmann und Egle 1996 [31])

!

- Niedriger sozioökonomischer Status
- Mütterliche Berufstätigkeit im ersten Lebensjahr
- Schlechte Schulbildung der Eltern
- Große Familien und sehr wenig Wohnraum
- Kontakte mit Einrichtungen der „sozialen Kontrolle"
- Kriminalität oder Dissozialität eines Elternteils
- Chronische Disharmonie/Beziehungspathologie in der Familie
- Psychische Störungen der Mutter oder des Vaters
- Unerwünschtheit
- Alleinerziehende Mutter
- Autoritäres väterliches Verhalten
- Verlust der Mutter
- „Häufig wechselnde frühe Beziehungen"
- Schlechte Kontakte zu Gleichaltrigen
- Altersabstand zum nächsten Geschwister < 18 Monate
- Uneheliche Geburt
- Sexueller und/oder aggressiver Mißbrauch
- Hoher Gesamtrisikoscore
- Genetische Disposition

Neuere Untersuchungen mit der sog. *funktionellen Magnetresonanz-Untersuchung* (FMRI) lassen jedoch vermuten, daß Personen, welche in ihrer Biographie traumatisierende Erfahrungen gemacht haben, in bestimmten affektiven Zuständen wie z. B. Angst, andere Muster der zerebralen Informationsverarbeitung aufweisen als Personen, die solche Erfahrungen nicht gemacht haben. So ließ sich an FMRI-Aufnahmen zeigen, daß bei Personen, die in ihrer Vorgeschichte eine sexuelle Traumatisierung erfahren hatten, unter Angst wesentlich ausgeprägtere neuronale Vernetzungen aktiviert werden als bei nicht traumatisierten Personen [27]. Bei letzteren beschränkte sich die Aktivierung auf die Amygdala-Kerne im Bereich des vorderen Temporallappens. Diese sind ein wichtiges Zentrum für die zerebrale Verarbeitung emotionaler Informationen [2].

Streßvulnerabilität. Das erhöhte Risiko von Personen, die eine mehrfach psychosozial belastete Biographie aufweisen, unter Distreßerfahrungen Beschwerden zu entwickeln, läßt sich in folgender Weise erklären. Zum einen tendieren sie dazu, Anforderungen schneller und niederschwelliger als Bedrohung zu bewerten und zum andern verfügen sie in der Regel nicht über ein so breites Repertoire von Abwehrmechanismen und Bewältigungsstrategien (vgl. Kap. 7.2 und 13.5) wie nicht belastete Personen. In diesem Bereich der Forschung sind jedoch noch zahlreiche Fragen offen, die einer weiteren Klärung bedürfen.

Streß als soziokulturelles Phänomen

Die Bedeutung des Streßkonzeptes wird heute weniger darin gesehen, daß es eine Erklärung für den Zusammenhang zwischen einzelnen belastenden Lebensereignissen und erhöhter Krankheitsanfälligkeit liefert. Bedeutsamer scheint, daß die heutigen *Lebensumstände* (*Wohn-, Ausbildungs- und Arbeitssituation*) *die Anpassungsfähigkeit des Einzelnen überfordern* und den Handlungsspielraum für die Kompensation von Stressoren zunehmend einschränken.

Streß in Schule und Hochschule. Die Unterrichtssituation ist heute u. a. dadurch gekennzeichnet, daß vor allem Gymnasien und Universitäten ständig steigende Zahlen von Schülern bzw. Studierenden aufweisen. Vor allem in den Naturwissenschaften und technischen Disziplinen findet gleichzeitig ein rascher Wissenszuwachs statt. Aufgrund mangelnder finanzieller Mittel von Kommunen und Ländern kann die Zahl von (Hochschul-)Lehrern nicht in dem Maß erhöht werden, wie dies eigentlich erforderlich wäre. Daraus resultiert für den

Tabelle 8.7. Streßauslösende Faktoren in Schule und Hochschule (Nach Nitsch und Hackfort 1981 [41])

- Leistungs- und Prüfungsdruck
- Konkurrenz und soziale Isolation
- Intellektualisierung
- Bewegungsarmut
- Freizeitverarmung
- Fremdsteuerung
- Existentielle Unbestimmtheit

Tabelle 8.8. Streßauslösende Merkmale im Arbeitsprozeß

Arbeitsaufgabe	Zeitdruck, monotone Tätigkeit
Arbeitsqualifikation	Verhältnis Anforderungen – Fähigkeiten
Organisationsstruktur	autoritär, unklar, instabil
Rollenstruktur	Rollenkonflikte
Interaktionsstruktur	Kommunikation und Kontakte am Arbeitsplatz

einzelnen Schüler/Studenten eine anhaltende Belastungssituation, deren wesentliche Merkmale in Tabelle 8.7 zusammengefaßt sind. Für die *Lernenden besteht vor allem ein Mangel an Regulier- und Kontrollierbarkeit*, da sie auf die Ausbildungspläne, die Dozenten und deren Unterrichtsmethoden kaum Einfluß nehmen können. Hinzu kommt die Ungewißheit, ob sie nach erfolgreichem Abschluß einer universitären Ausbildung eine Arbeitsstelle finden, die ihren Interessen und ihrer Kompetenz entspricht (*ungewisse Gratifikation*).

Stressoren des Arztberufes. In Kap. 2.3 wurde dieses wichtige Thema schon behandelt. Die wesentlichen Stressoren seien hier noch einmal kurz wiederholt: Verantwortung für Patienten, Zeitdruck, fachliche Kompetenz, Praxisstruktur, kollegiale Beziehungen und Rollenkonflikte. Typisch für Ärzte sind vor allem zwei *rationale Bewältigungsstrategien*, mit denen sie ihre Belastungen zu kompensieren versuchen. Der Vergleich mit Kollegen oder Patienten, die unter noch größeren Belastungen stehen (*Relativierung durch Vergleich*, s. Kap. 13.5), und ein *Optimismus*, daß alles besser wird, wenn erst die nächste Stufe der beruflichen Karriere erreicht ist.

Stressoren im Arbeitsprozeß. Unabhängig von der beruflichen Tätigkeit lassen sich für den Arbeitsprozeß Merkmale de-

finieren, welche mit erhöhten Anforderungen und Belastungen für den Einzelnen einhergehen [12]. Diese Merkmale sind in Tabelle 8.8 im Überblick zusammengefaßt. Monotone Arbeit unter Zeitdruck, wie sie z. B. für Fließbandarbeit typisch ist, stellt eine hohe Belastung dar. Ebenso wichtig ist die Frage, ob der Einzelne für die Anforderungen seiner Arbeitsstelle die notwendige Qualifikation hat. In der heutigen Zeit ändern sich die Anforderungen in vielen Berufen rasch (z. B. im Bereich der Datenverarbeitung und Kommunikation), so daß sich Arbeitnehmer mit kontinuierlich wechselnden Anforderungen konfrontiert sehen. Auf Rollenkonflikte und Rollenstreß wurde im Kap. 3.3.3 schon hingewiesen. Schließlich kann auch die Organisations- und Interaktionsstruktur eines Betriebes streßfördernd oder -mildernd wirken.

! Bei der Abklärung von Stressoren sollte der Arzt sowohl *strukturelle Merkmale* der Arbeitssituation als auch des Familiensystems eines Patienten im Auge haben. Bei den konkreten *Anforderungen* ist die Qualität und Quantität sowie die Variabilität zu berücksichtigen. Auf der persönlichen Ebene sollten *Wahrnehmungsprozesse* und *kognitive*

Bewertungen von bestimmten Belastungen aus der Sicht des Patienten angesprochen werden. Besonders wichtig ist die Exploration von Zusammenhängen zwischen längerdauernden Distreßerfahrungen und körperlichen bzw. psychischen Beschwerden. Und schließlich ist danach zu fragen, welche *Strategien* der Patient bisher *zur Bewältigung* bzw. Milderung der Stressoren eingesetzt hat.

8.4.3 Psychophysiologie der Streßreaktion

Wie zu Beginn dieses Kapitels schon ausgeführt wurde, kann die *Reaktion auf einen Stressor auf der emotionalen, der neurophysiologischen und der Verhaltensebene erfolgen*. Im folgenden sollen einige Grundmuster psychophysiologischer Streßreaktionen kurz dargestellt werden. Ausführlichere Darstellungen finden sich in Lehrbüchern der Neurophysiologie, Neuroendokrinologie und der biologischen Psychologie [2].

Allgemeines Adaptationssyndrom nach Selye

Zur Verbreitung des Streßbegriffs hat vor allem der ungarisch-kanadische Physiologe Selye beigetragen. Er hat, aufbauend auf dem von dem Physiologen Cannon 1923 beschriebenen Kampf-Flucht-Muster („fight-flight") ein sog. *allgemeines Adaptationssyndrom* mit folgenden Phasen beschrieben:

- *Alarmreaktion* mit erhöhter Noradrenalin- bzw. Adrenalinausscheidung und Erregung des Hypophysen-Nebennierenrinden-Systems (ACTH- und Kortikoidausschüttung).
- *Widerstands- oder Adaptationsphase*, in der die möglichen Abwehrkräfte mobilisiert werden, die zur Überwindung der Noxe oder zur Anpassung an die veränderte Umgebung beitragen.
- *Erschöpfungsphase*, die dann eintritt, wenn der Organismus entweder der Noxe zu lange ausgesetzt bleibt oder ihr keinen Widerstand mehr entgegenzusetzen vermag. Der extreme Ausgang ist der Zusammenbruch des Organismus bzw. der Tod.

Die von Selye vor allem aus Tierversuchen abgeleiteten Überlegungen wurden durch die neuere Streßforschung in wesentlichen Punkten relativiert [20, S. 38]: „Dies gilt insbesondere für die von Selye vertretene Konzeption der Streßreaktion als einer unspezifischen phylogenetisch stereotypen (weil phylogenetisch alten) Antwort des Organismus auf eine Distreßerfahrung." Heute liegen eine Vielfalt von Beobachtungen vor, die zeigen,

- daß der Organismus mit einer *Vielfalt neuroendokriner und hormonaler Reaktionen* auf Stressoren antworten kann;
- daß Streßreaktionen trotz aller Vielfalt nach zwei übergeordneten Kriterien zu klassifizieren sind, nämlich
- a) nach der *wahrgenommenen Kontrollierbarkeit* des Stressors und des damit erwarteten Erfolges der zur Verfügung stehenden Bewältigungsressourcen und
- b) nach dem Kriterium der *Aktivität/ Passivität* des eingesetzten Bewältigungsverhaltens.

Die Streßachsenkonzeption von Henry und Stephens

Die Kombination der beiden Kriterien „wahrgenommene Kontrollierbarkeit" und „Aktivität/Passivität" haben Henry und Stephens [10] zu ihrer bekannten *Streßachsenkonzeption* geführt (Abb. 8.8). In dem auf tierexperimentellen Untersuchungen und Humanbeobachtungen basierenden Modell wird angenommen, daß *Stressoren, welche zu Kontroll- und Steuerungsverlust* führen, einseitig die Hippocampus-Hypothalamus-Hypophysen-Nebennierenrindeachse stimulieren (rechte Seite), während *Stressoren, die durch aktives Eingreifen gemeistert werden*, einseitig die Amygdala-Hypothalamus-Hypo-

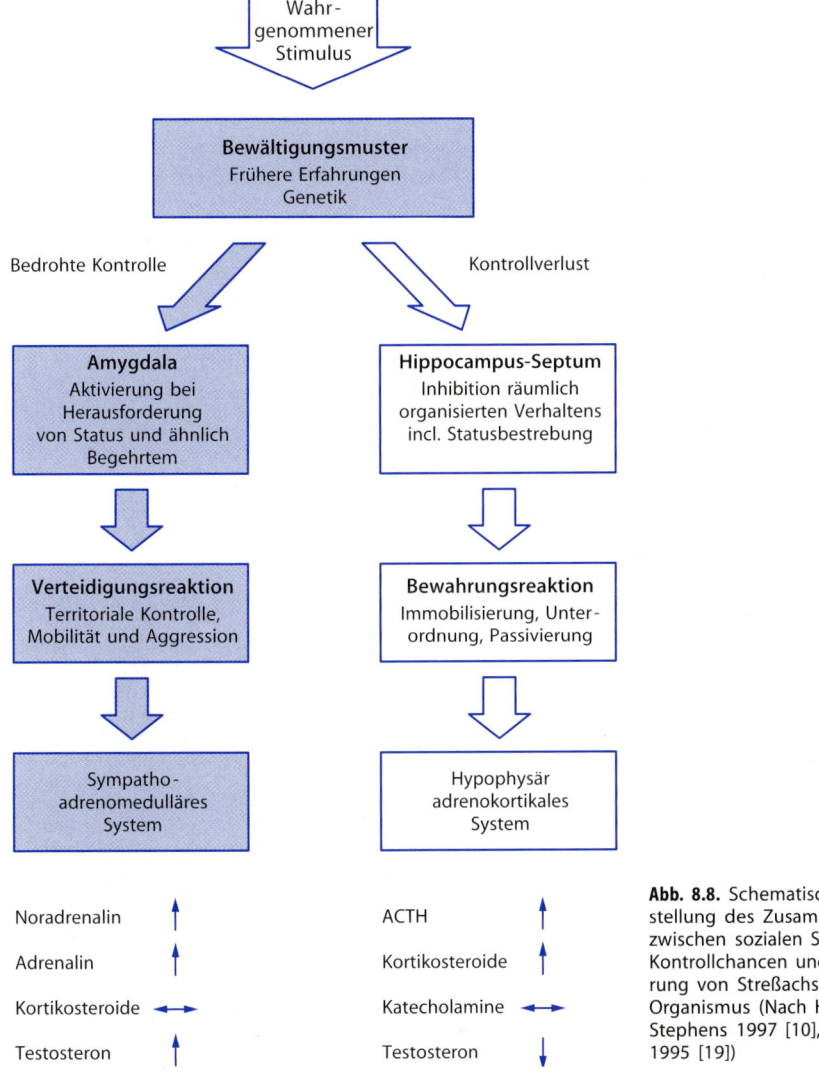

Abb. 8.8. Schematische Darstellung des Zusammenhangs zwischen sozialen Stressoren, Kontrollchancen und Aktivierung von Streßachsen im Organismus (Nach Henry und Stephens 1997 [10], in Siegrist 1995 [19])

physen-Nebennierenmarkachse (linke Seite) aktivieren. Von Situationen, die eine mit Eingreifen zu beantwortende Bedrohung hervorrufen, obwohl sie die Kontrollmöglichkeiten des Betroffenen überschreiten, ist eine gleichzeitige Aktivierung der beiden eingezeichneten Achsen zu erwarten. Auf eine ausführlichere Diskussion dieses Modells kann an dieser Stelle nicht eingegangen werden (s. [2] und [10]).

Organisation neuroendokriner Prozesse

Neuronale Aktivierung. Die sog. neuronale Aktivierung spielt bei der Transformation kognitiver und emotionaler Information in neuroendokrine Reaktionen eine entscheidende Rolle. Aufgrund des heutigen Wissensstandes kann angenommen werden, daß für relevante Informationen eine vertikale Verarbeitungsstruktur besteht, welche Neocortex, limbisches System, Hypothalamus sowie Kerngebiete des Stammhirns umfaßt. Abbildung 8.9 gibt einen Überblick über die einzelnen hierarchisch-systemisch geordneten zentralnervösen Strukturen, welche im Falle von Belastungserfahrungen aktiviert werden.

Ablauf der neuronalen Aktivierung. Besondere psychische und soziale Ereignisse (z. B. drohender Arbeitsplatzverlust

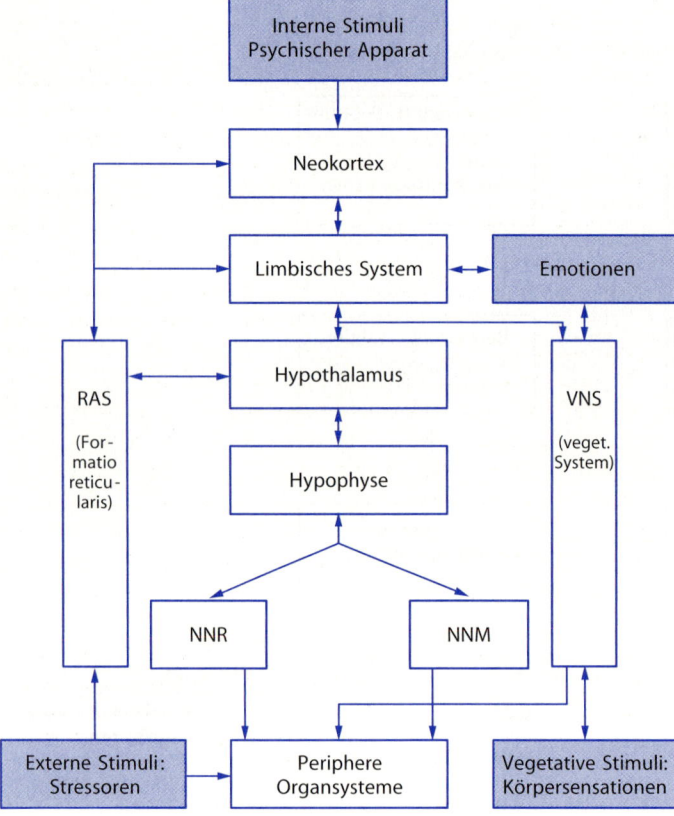

Abb. 8.9. Zentralnervöse Steuerung der Streßreaktion: Die Streßreaktion wird primär durch externe Stimuli (oder Informationen) ausgelöst. Sie läuft über die verschiedenen Ebenen zum Neokortex und von dort über das neurohumorale und vegetative Nervensystem (VNS) zurück in die Peripherie. Dadurch entsteht ein komplexer zirkulärer Vorgang, der verschiedene Systeme des Organismus einschließt

und familiäre Probleme) werden als *externe Stimuli oder Information* wahrgenommen. Diese Information wird nun in systematischen Schritten vom Zentralnervensystem (ZNS) beantwortet. In einem ersten Schritt wird die Bedeutung der Information ermessen und gedanklich weiter verarbeitet, was zu einer ersten Aktivierung des ZNS führt. Dabei wirkt das retikuläre System (Reticular Activating System, RAS) als eine Art Filter, der darüber entscheidet, welche Information direkt an den Kortex weitergeht und welche dem limbischen System und dem Hypothalamus zugeleitet wird. Durch die Aktivierung (Arousal) wird der Kortex auf die (kognitive) Verarbeitung der eingehenden Information (z. B. Arbeitsplatzverlust) vorbereitet. Dies schließt die z.T. bewußte und z.T. unbewußte Bewertung der Stimuli ein, daß nicht nur ihr objektiver Gehalt, sondern auch ihre subjektive Gewichtung über die weitere Reaktion entscheidet. Die letztlich der Information zugeteilte Bedeutung ist auch vom momentanen Befinden der Person (z. B. verunsichert durch familiäre Spannungen), wie von ihrer Grundpersönlichkeit (z. B. Neigung zu depressiver Verarbeitung) abhängig. Wenn sich die Person bedroht fühlt, einen wichtigen Verlust befürchtet oder auch freudig erregt ist, dann löst dies bestimmte Gefühlsreaktionen aus. Welcher Art diese Gefühlsreaktionen sind und wie stark sie sich bemerkbar machen, hängt von den Umständen ab. Ihr Ausdruck wird über das limbische System geregelt.

Interne Stimuli. Neben den externen Stimuli bilden die gespeicherten und nun abgerufenen psychologischen Faktoren wie Erinnerungen, Gedanken und Fantasien als sog. *interne Stimuli die zweite Informationsquelle,* welche in die individuelle Verarbeitung einbezogen wird. Sie widerspiegeln frühere Erfahrungen, Vorstellungen, Motive und Ziele, die alle

von den höheren psychischen Funktionen (dem psychischen Apparat) moderiert werden. Sie erteilen erst den externen Stimuli ihre momentane subjektive Bedeutung (Abb. 8.9).

Periphere Aktivierung. Wie erwähnt wurde, erfolgt die periphere physiologische Aktivierung einerseits über das VNS, andererseits über die hypophysär-hypothalamische Achse. Jene externen Stimuli, die eine starke Reaktion im Organismus auslösen (Distreßerfahrung), sind oben als Stressoren definiert worden. Sie fordern dem Individuum eine besondere Anpassung ab. Die ausgelösten physiologischen und psychologischen Reaktionen sind somit darauf ausgerichtet, die bedrohliche Beanspruchung auszugleichen und im Sinne der Homöostase das vorbestehende oder ein neues Gleichgewicht herzustellen. *In dieser Regulation kommt den Emotionen somit die Funktion einer Art Indikator zu.* Heftige Emotionen mit den entsprechenden physiologischen Begleiterscheinungen (z. B. Pulsjagen, Schwitzen, Erröten) alarmieren die adaptiven Fähigkeiten des Organismus wesentlich mehr als milde Erregung, wie sie nach einer kurzdauernden emotionalen Schwankung auftreten kann. Der durch die emotionale Erregung ausgelösten physiologischen Veränderung kommt dabei eine gesonderte Bedeutung zu. Diese meist *vegetativen Symptome werden als dritte Informationsform* in die zentrale Verarbeitung einbezogen. Sie können ihrerseits durch negatives Feedback (zusätzliche Angst vor körperlicher Erkrankung) die emotionale Erregung verstärken, im Sinne des positiven Feedback (durch Aussprache Angst abbauen) die Erregung aber auch mildern. Die Streßreaktion ist somit nicht ein einfaches Stimulus-Reaktions-Muster. Es handelt sich immer um einen *zirkulären Vorgang, an dem verschiedene Systeme des Organismus beteiligt sind.*

8.4.4 Distreßerfahrung und Krankheitsentstehung

Die medizinisch wichtigsten Konsequenzen der Streßforschung, nämlich ihre Bedeutung für die Krankheitsentstehung und -auslösung sollen an einem umschriebenen Krankheitsbild, der koronaren Herzkrankheit (KHK) noch etwas genauer ausgeführt werden.

Somatische und psychosoziale Risikofaktoren. Nach Siegrist [47] eignet sich die KHK exemplarisch für sozialepidemiologische und psychosomatische Studien:

- Die Krankheitshäufigkeit der koronaren Herzkrankheiten ist je nach soziokulturellen Bedingungen derart verschieden, daß genetische im Vergleich zu Umweltvariablen eine relativ geringe Bedeutung haben.
- Die bekannten somatischen Risikofaktoren vermögen nur einen beschränkten Teil der Varianz zu erklären, so daß psychosoziale Risikofaktoren durchaus naheliegend sind.
- Pathophysiologisch spielen psychosoziale Faktoren als bedeutsame intervenierende Variablen eine Rolle: Exzessive sympathoadrenerge Aktivierung, ausgelöst durch zentrale kognitive und emotionale Stimuli wirkt via limbisches System schädigend auf Herzfrequenz und Blutdruck einerseits, auf

Myokardstoffwechsel und Reizleitung andererseits. Frühstadien der Arteriosklerosebildung werden mitbegünstigt.
- Risikoverhalten wie Rauchen, Überernährung und Bewegungsmangel sind im Wesentlichen psychosoziale Verhaltensstörungen.

Whitehall-Studie. In einer wegweisenden Studie an 17.530 Beschäftigten des öffentlichen Dienstes in London, der sog. Whitehall Studie [38,39] konnte der Zusammenhang zwischen Distreßerfahrung und KHK nachgewiesen werden. Abbildung 8.10 zeigt die alterskorrigierte Zehnjahressterblichkeit sowohl für alle Todesursachen, wie auch für KHK nach der beruflichen Stellung der Beschäftigten. Dabei bezeichnet „Administrative" die kleine Gruppe der Leitenden Angestellten, „Professional/Executive" die Gruppe der Höherqualifizierten in verantwortlicher Stellung, „Clerical" die Gruppe der einfachen Angestellten und „Other" Angelernte in niedriger Stellung. Entsprechend dem in Abschnitt 8.4.1. dargestellten dreidimensionalen Streßmodell zeigte die Arbeitssituation der Angelernten deutliche Merkmale einer sozialen Benachteiligung mit relativ hohen Distreßerfahrungen. Am anderen Pol ist die Arbeitssituation der Leitenden Angestellten durch deutlich geringere Distreßerfahrungen gekennzeichnet. Abbildung 8.10 kann entnommen werden, daß sowohl für die KHK- wie auch die Gesamt-

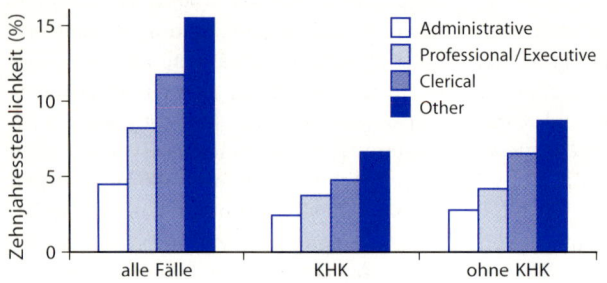

Abb. 8.10. Altersangepasste Sterblichkeitsraten nach beruflicher Stellung bei Angestellten des öffentlichen Dienstes (40–64 Jahre; n = 17'530; sog. Whitehall Study). Quelle: Marmot 1984 [38], in Siegrist 1995 [19]

mortalität eine schrittweise Erhöhung verzeichnet wird: Je niedriger die berufliche Position und damit höher die Distreßerfahrung, umso höher ist die Mortalitätsrate. Auch nach **Kontrolle der Risikofaktoren** Blutdruck, Rauchen, Cholesterin, Blutzucker, Gewicht und Körpergröße bleibt der soziale Gradient der KHK-Sterblichkeit substantiell erhalten: noch immer ist das Sterberisiko der Angelernten mehr als doppelt so hoch wie das der Leitenden. Die in der Whitehall-Studie gewonnenen Ergebnisse konnten in weiteren großangelegten Studien an Patienten mit KHK bestätigt werden [20].

8.4.5 Streßbewältigung und Streßmanagement

Entsprechend dem dargestellten dreidimensionalen Streßmodell von Karasek und Theorell [12] bieten sich verschiedene Möglichkeiten, wie man Streß, insbesondere die gesundheitsrelevanten Distreßerfahrungen mildern kann. Man kann

- auf der Ebene der Stressoren diese quantitativ reduzieren oder qualitativ verändern,
- auf der Ebene der Regulierbarkeit entweder durch Verhaltens- oder Einstellungsänderungen des Individuums die Kontrollierbarkeit der Stressoren verbessern oder
- die soziale Unterstützung bzw. Anerkennung verbessern.

Milderung von Arbeitsstreß. Die Arbeitsgruppe von Lenard Levi und Töres Theorell am Karolinska Institut in Stockholm [12] hat seit vielen Jahren großangelegte Studien zur Verminderung von Streß am Arbeitsplatz (speziell in der Industrie) durchgeführt. In Tabelle 8.9 sind diejenigen Faktoren im Überblick zusammengefaßt, welche sich bei diesen Studien als wirksam zur Verminderung von Distreßerfahrungen bei der Arbeit ergeben haben.

Tabelle 8.9. Faktoren zur Verminderung von Arbeitsstreß

> !
> - Arbeitsplätze sollen den Arbeitern angepaßt werden
> - Arbeiter sollen an der Gestaltung der Arbeit teilnehmen
> - Humanisierung von Schicht- und Akkordarbeit
> - Vermeidung kontrollierter Arbeit
> - Förderung von Abwechslung bei der Arbeit
> - Förderung der beruflichen Entwicklung

Wesentlich dabei ist, daß der Entscheidungsspielraum und die Verantwortung des Einzelnen gestärkt werden und er für seine Leistung immer wieder Anerkennung findet. Die Struktur von Arbeitsplätzen soll dem Menschen angepaßt werden und nicht der Mensch der Arbeitsplatzstruktur. Auch wenn diese Empfehlungen in verschiedenen Arbeitssituationen nur zum Teil verwirklicht werden können, so bieten sie doch eine Orientierungshilfe zur Verminderung von Distreß.

Streßmanagement. In den letzten Jahren wurden zunehmend auch sog. Streßmanagement-Programme entwickelt. Diese werden z. B. als Fortbildungskurse angeboten oder auch als Fortbildungselemente für den Arzt [30]. Wichtige Elemente eines solchen Programmes sind:

- Veränderungen des Lebensstils durch gesunde Ernährung, körperliche Bewegung und Reduktion von Alkohol und Nikotin;
- Entspannungsmethoden wie Selbstsuggestion, progressive Muskelentspannung und Biofeedback;
- Verbesserung von Bewältigungsstrategien durch Schulung der Streßwahrnehmung und der eigenen Bewältigungsressourcen;

- Kognitive Verhaltenstherapie und
- Medikamentöse Therapiemaßnahmen.

In der Beratung und Behandlung von Patienten mit Zeichen von Distreß sollten also zunächst wichtige Stressoren identifiziert und diese – soweit möglich – reduziert werden, die Möglichkeiten des Einzelnen zum Meistern der Stressoren verbessert und schließlich die Ressourcen zur Unterstützung des Betroffenen geklärt und ausgeschöpft werden.

8.5 Sexualität

8.5.1 Die Tabuisierung sexueller Fragen in der Arzt-Patient-Beziehung

Unzureichende sexualmedizinische Kenntnisse. Ärzte und Patienten haben immer noch große Hemmungen, über sexuelle Fragen zu sprechen. Obwohl die grundlegenden Untersuchungen von Masters u. Johnson [40] über die menschliche Sexualität in zahlreichen Veröffentlichungen mitgeteilt und ergänzt wurden, sind das sexualmedizinische Wissen vieler Ärzte und ihre Kenntnisse in der Beratung und Behandlung sexueller Störungen nach wie vor lückenhaft. Wie Befragungen von Ärzten verschiedener Fachrichtungen ergaben, sind die Ärzte von der Wichtigkeit sexualmedizinischer Kenntnisse überzeugt. Sie sprechen aber wegen eigener Hemmungen und ungenügender sexualmedizinischer Kenntnisse ihre Patienten nur selten auf sexuelle Fragen an. Sie vermeiden das Thema Sexualität, indem sie z. B. bei der Anamneseerhebung Fragen nach dem Sexualleben ausklammern, Schwierigkeiten ihrer Patienten bagatellisieren und zu fragwürdigen somatischen Behandlungsmaßnahmen oder Plazeboverordnungen Zuflucht nehmen.

Sprachliches Vermeidungsverhalten. Die Patienten sind in ihrer Einstellung zur Sexualität zwar etwas offener und freizügiger geworden. Sie nehmen rational auch sexuelle Störungen und Probleme als mögliche Ursachen von eigener Unzufriedenheit, von Beziehungsproblemen oder funktionellen Körperbeschwerden wie Kopfschmerzen, Magen-Darm-Beschwerden oder Schlafstörungen wahr. Schamgefühle, sprachliche Schwierigkeiten und Ängste hindern sie jedoch häufig, ihren Arzt bei sexuellen Störungen um Rat zu fragen. *Männer haben im allgemeinen größere Hemmungen als Frauen*, über sexuelle Fragen zu sprechen. Sie erleben sexuelle Störungen in hohem Maße als kränkend und als Bedrohung ihrer Männlichkeit. Frauen haben zwar auch Hemmungen, sie stellen aber ihrem Hausarzt wesentlich häufiger Fragen zum Thema Sexualität als Männer. Ärzte und Patienten ergänzen sich oft in ihrem wechselseitigen Vermeidungsverhalten, sexuelle Fragen aus dem Gespräch auszuklammern.

Sexuelles Gerede. Als Folge der sexuellen Liberalisierung wird heute in der Öffentlichkeit relativ freizügig über sexuelle Fragen berichtet. Vor allem in den Boulevardmedien ist die teils empörte, teils voyeuristische Berichterstattung über sexuelle Affären und Straftaten ein Dauerthema. Die „Vermarktung der Intimität" zur Unterhaltung anonymer Konsumenten steht in deutlichem Gegensatz zu den Schwierigkeiten, welche Partner in einer Zweierbeziehung haben, über sexuelle Unzufriedenheit oder Probleme miteinander in angemessener Weise zu reden.

8.5.2 Was ist Sexualität?

! Sexualität ist eine im Biologischen verankerte, aber nicht notwendig manifest werdende Möglichkeit des Erlebens. Diese von Schorsch [46] stammende Definition der Sexualität macht deutlich, daß *Sexualität weder einseitig als biologische Körperreaktion noch einseitig als psychische Funktion* zu verstehen ist. Für die sexuelle Funktions- und Erlebnisfähigkeit des Menschen spielen anatomische, vaskuläre, endokrine und neurale Faktoren ebenso eine Rolle wie momentane Phantasien, Empfindungen, Gefühle oder frühere Erinnerungen, Wünsche und Sehnsüchte. Das Ineinandergreifen von biologischen und psychischen Vorgängen zeigt sich sowohl im Bereich der störungsfreien Sexualität wie auch bei sexuellen Störungen.

Subjektive Vorstellungen von Sexualität. Die subjektiven Vorstellungen über Sexualität sind bei *Männern* und *Frauen* verschieden, wie folgende spontane Äußerungen von Ärzten/Psychologen bzw. Ärztinnen/Psychologinnen zeigen. Auf die Frage „Was ist Sexualität?" antworteten bei einer Befragung die *Männer, Sexualität ist:*

- Eine hormonell bedingte, biologische Eigenschaft des Menschen;
- Ein ureigener Trieb des Menschen
- Wie eine Triebfeder, die nach Erfüllung drängt;
- Wie ein Seismograph für die allgemeine Verfassung.

Antworten der *Frauen* waren u. a. *Sexualität ist:*

- Wie ein großes Landgut – mit Garten, dunklem Wald, Wasser, Blumen und ...
- Wie ein Wald, in dem ich sowohl Rosengarten als auch Dschungel finden kann.
- Wie Sonne! Sie wärmt, strahlt, geht auf und unter, kann eine Wolke vor sich haben. Sonne ist notwendig zum Wachsen, Gedeihen und Leben.
- Die sensibelste Ausdrucksform zwischen den Geschlechtern.

In diesen geschlechtstypischen Unterschieden kommt zum Ausdruck, daß die *Sexualitätskonzepte von Männern* eher biologistisch, mechanisch und genitalorientiert sind. *Frauen* betonen mehr *psychologische* und *atmosphärische Aspekte* der Sexualität und sehen sie eher im *Zusammenhang mit der Gesamtpersönlichkeit*.

Die folgenden Ausführungen geben einen Überblick über einige wichtige Punkte zur Beurteilung und Behandlung sexueller Funktionsstörungen. Ausführlichere Darstellungen zu den Themen Sexualität, sexualmedizinische Grundlagen und Sexualberatung finden sich bei Hertoft [11], Buddeberg [4] und Sigusch [48].

8.5.3 Psychophysiologie der Sexualität

Auf die morphologischen, neuralen und endokrinen Faktoren der Sexualität kann hier nicht näher eingegangen werden (vgl. Lehrbücher der Anatomie und Physiologie). Die Bedeutung des zentralen und peripheren Nervensystems für die Sexualität läßt sich in folgenden Feststellungen zusammenfassen:

Neurale Sexualzentren. Die *zerebralen Sexualzentren* liegen im Hypothalamus und im limbischen System. Sexuell stimulierende Reize erhalten diese Zentren von den für das Sehen, Hören, Riechen und Schmecken zuständigen Hirnregionen, über taktile sensible Reize, über das Erinnerungsvermögen sowie über den Weg eingebildeter Stimuli. Beim *Mann* wirken vor allem **visuelle Stimuli** sexuell erregend, bei der **Frau** besonders *taktile Stimuli*. Die zerebralen Sexualzentren stehen mit den beiden spinalen Sexualzentren in Höhe von Th12-L$_3$ (lumbales Sexualzentrum) und von S$_2$-S$_4$ (sakrales Sexualzentrum) in Verbindung. Das *lumbale Sexualzentrum* liefert über die sympathischen Fasern des Grenzstranges Impulse für die Emission des Ejakulates (Mann) bzw. die Kontraktionen der orgastischen Manschette (Frau). Das *sakrale Sexualzentrum* reguliert den somatischen Reflexbogen (von geringer Bedeutung) und die Schaltung auf die parasympathischen Fasern, welche Impulse für die Vasokongestion (Erektion beim Mann bzw. orgastische Manschette und Lubrikation bei der Frau) liefern. Die Expulsion des Ejakulates wird ebenfalls durch parasympathische Impulse gesteuert, welche zu rhythmischen Kontraktionen des M. bulbocavernosus und der Mm. ischiocavernosi führen. Da diese Muskeln auch willkürlich innerviert werden können, ist die Ejakulation das Ergebnis eines gemischten unwillkürlichen und willkürlichen Reflexes. Der weibliche Orgasmus entspricht der Emissionsphase des männlichen Orgasmus. Für die Expulsion gibt es bei der Frau kein entsprechendes sexualphysiologisches Äquivalent.

Sexualhormone. Die Sexualhormone wirken in folgender Weise auf die Sexualität:

Sexualphysiologisch die größte Bedeutung haben bei Mann und Frau die *Androgene* (Androstendion und Testosteron). Beim Mann ist ein ausreichender Androgenspiegel Voraussetzung für eine normale Libido und für die Erektionsfähigkeit. Der genaue Wirkungsmechanismus der Androgene ist noch unbekannt. Es wird vermutet, daß sie auf die neurale Steuerung der zerebralen Zentren einwirken. Auch bei der Frau ist ein gewisser Androgenspiegel – gebildet in der Nebennierenrinde und als Derivat ovarieller Gestagene – für eine normale Libido und sexuelle Reaktionsfähigkeit erforderlich. Der Androgenspiegel ist unmittelbar vor der Ovulation bis vier Tage danach am höchsten. *Östrogene* sollen eher libidosteigernd, *Gestagene* eher libidosenkend wirken. Wahrscheinlich haben beide Hormone weniger direkt als vielmehr indirekt über eine Beeinflussung der Stimmung für die sexuelle Appetenz eine Bedeutung. *Zusammenfassend läßt sich sagen*, daß die weiblichen Sexualhormone im Vergleich zu neurogenen und psychosozialen Faktoren sexualphysiologisch eine eher untergeordnete Rolle spielen. Dies läßt darauf schließen, daß Veränderungen des sexuellen Interesses und das Auftreten sexueller Schwierigkeiten unter hormoneller Antikonzeption eher psychisch als biologisch bedingt sind.

Sexualität und Lebensalter. Kinsey et al. [34] kamen aufgrund ihrer Untersuchungen zu der Ansicht, daß es zwischen Mann und Frau eine Dissoziation der sexuellen Appetenz gebe. Danach soll der Mann den Höhepunkt seines sexuellen Interesses um das 21. Lebensjahr haben. Bei der Frau soll hingegen bis zum 35. Lebensjahr die Libido zunehmen und erst danach allmählich abfallen. Die von Kinsey gewonnenen Daten sind nach heutiger Auffassung weniger auf biologische als auf psychosoziale Faktoren zurückzuführen. Als gesichert kann hingegen gelten, daß die sexualphysiologischen Veränderungen beim älterwerdenden Mann in der Regel ausgeprägter sind als bei der älterwerdenden Frau.

Beim Mann tritt mit zunehmendem Alter eine Verzögerung und Verminderung der sexuellen Erregbarkeit ein. Die Erektionsstärke und die Expulsionsstärke des Ejakulates nehmen ab. Nach der Ejakulation erschlafft der Penis schneller und die Refraktärzeit nimmt zu. Bei der älterwerdenden Frau ändert sich die sexuelle Reaktionsfähigkeit kaum. Ältere Frauen sind jedoch von sich aus sexuell weniger aktiv als Männer. Sie passen sich in ihrem Sexualverhalten häufig den sexuellen Bedürfnissen und Möglichkeiten ihrer männlichen Partner an.

Geschlechtstypische Unterschiede. Zwischen der Sexualität des Mannes und der Frau bestehen einige grundlegende Unterschiede, welche für die Beurteilung sexueller Probleme von Bedeutung sind:

> **!** Der Ablauf der sexuellen Erregung ist bei der Frau variabler als beim Mann. Männer gelangen im allgemeinen beim Koitus schneller zum Orgasmus als Frauen. Der Orgasmus dauert bei der Frau in der Regel länger und die subjektiven Orgasmusempfindungen sind bei der Frau vielfältiger als beim Mann.

Berücksichtigt man die altersabhängigen Veränderungen der sexuellen Reaktionsfähigkeit und die geschlechtstypischen Besonderheiten, dann läßt sich sagen, daß die *Unterschiede im sexuellen Erregungsablauf zwischen Mann und Frau in jüngeren Jahren größer sind als im mittleren und höheren Alter.*

8.5.4 Häufigkeit und Symptomatik von Sexualstörungen

Häufigkeit. Über die Häufigkeit *funktioneller Sexualstörungen* in der Durchschnittsbevölkerung liegen keine genauen Zahlen vor. Befragungen von Patienten in der Allgemeinpraxis deuten darauf hin, daß etwa *ein Viertel aller Patienten*, die wegen gesundheitlichen Problemen einen Allgemeinarzt aufsuchen, unter längerdauernden sexuellen Funktionsstörungen leiden. Männer klagen am häufigsten über eine Ejaculatio praecox oder Erektionsprobleme, Frauen über Störungen der sexuellen Appetenz, Vaginismus oder Orgasmusschwierigkeiten. Im Gespräch zwischen Arzt und Patient werden sexuelle Fragen jedoch nur selten angesprochen. Vor allem bei psychosomatischen Störungen, nach der Geburt von Kindern, bei längerdauernden Erkrankungen oder Operationen der Geschlechtsorgane sowie in den mittleren Lebensjahren sollte der Arzt bei unklaren körperlichen Beschwerdeschilderungen eines Patienten an die Möglichkeit einer sexuellen Störung oder eines unbefriedigenden Sexuallebens denken.

Phasen des sexuellen Reaktionszyklus. Sexuelle Funktionsstörungen sind in ihrer Symptomatik, ihrer Ausprägung und in ihren Ursachen sehr heterogen. Die physiologischen und psychologischen Abläufe im sexuellen Reaktionszyklus des Menschen lassen sich in *drei Phasen* unterteilen: *Lust-Appetenz-Phase, Erregungsphase* und *Orgasmusphase*. In jeder dieser Phasen können psychische und/ oder körperliche Ursachen Störungen hervorrufen, welche in sexuellen Symptombildungen offenkundig werden (Tab. 8.10).

Tabelle 8.10. Diagnostische Einteilung der sexuellen Funktionsstörungen

Phase	Störungen beim Mann	Störungen bei der Frau
1. Lust-Appetenz-Phase	Libidomangel Sexuelle Aversion	Libidomangel Sexuelle Aversion
2. Erregungsphase	Erektionsstörungen (Impotenz) Dyspareunie	Erregungsstörungen (Frigidität) Vaginismus Dyspareunie
3. Orgasmusphase	Vorzeitige Ejakulation Verzögerte Ejakulation	Orgasmusschwierigkeiten

Symptomatik. *Hemmungen der Lust-Appetenz-Phase* äußern sich bei beiden Geschlechtern in einem Libidomangel, d. h. einem verminderten oder fehlenden sexuellen Verlangen, oder in einer sog. sexuellen Aversion, von der man spricht, wenn gegenüber einem bestimmten Partner eine sexuelle Abneigung besteht, gegenüber einem anderen Partner aber sexuelle Bedürfnisse vorhanden sind. Eine *Beeinträchtigung der Erregungsphase* führt beim Mann zu Erektionsstörungen, bei der Frau zu einer Hemmung der Schwellreaktion und der Lubrikation. Störungen, die beim Einführen des Gliedes oder beim Koitus selbst in Erscheinung treten, sind der *Vaginismus* der Frau und die *Dyspareunie.* Der Vaginismus wird durch die spastische, reflektorische Verkrampfung der Muskeln des Scheideneingangs verursacht, welche das Einführen des Gliedes unmöglich macht. In geringerer Ausprägung können Verkrampfungen der Scheideneingangsmuskulatur auch eine Dyspareunie verursachen, die subjektiv als Schmerzen beim Koitus wahrgenommen wird. *Störungen der Orgasmusphase* äußern sich beim Mann in einem vorzeitigen, verzögerten oder fehlenden Samenerguß, bei der Frau in Orgasmusschwierigkeiten, wobei der Orgasmus nie oder nur selten eintritt.

Sexuelle Funktionsfähigkeit und Zufriedenheit. Sexuelle Funktionsfähigkeit darf nicht gleichgesetzt werden mit sexueller Zufriedenheit. In der Regel beeinträchtigt jedoch eine sexuelle Funktionsstörung, vor allem wenn sie über längere Zeit besteht, auch die sexuelle Zufriedenheit. Es gibt zahlreiche Menschen, die trotz Störungen ihrer sexuellen Funktionsfähigkeit mit ihrem Sexualleben zufrieden sind. Andererseits gibt es nicht wenige sexuell voll funktionsfähige Personen, die beim Geschlechtsverkehr kein Gefühl der sexuellen Zufriedenheit erreichen können. Das entscheidende *Kriterium für die Behandlungsbedürftigkeit sexueller Schwierigkeiten* ist nicht das mehr oder weniger perfekte Funktionieren der sexuellen Funktionsabläufe, sondern die sexuelle Unzufriedenheit eines Menschen. Nur Männer und Frauen, die mit ihrer Sexualität unzufrieden sind, stehen unter einem Leidensdruck, welcher eine unabdingbare Voraussetzung für eine Beratung und Behandlung ist.

8.5.5 Ätiologie

Somatische Ursachen

Die Mehrzahl der funktionellen Sexualstörungen ist zwar auf psychische Ursachen zurückzuführen. Trotzdem sollten vor Beginn einer Behandlung mögliche organische Ursachen durch die Erhebung einer eingehenden *Sexualanamnese* und eine *körperliche Untersuchung* ausgeschlossen werden.

Die wichtigsten somatischen Ursachen sexueller Funktionsstörungen sind:

- *Allgemeinerkrankungen*: Malignome, chronische Krankheiten, Gefäßerkrankungen, endokrine Erkrankungen, Mißbildungen, Entzündungen, nervale Ursachen
- *Medikamente*: Antihypertensiva, Psychopharmaka, Tranquilizer, Antihistaminika, Drogen, Chemikalien.

Vor allem bei Erektionsstörungen von Männern jenseits des 50. Lebensjahres und bei Diabetikern spielen *Durchblutungsstörungen* der Penisgefäße eine wichtige Rolle. Solche organisch bedingte Störungen können heute gut diagnostiziert und häufig auch behandelt werden. Nicht zu vergessen ist auch, daß zahlreiche häufig verordnete Medikamente eine hemmende Wirkung auf die sexuellen Funktionsabläufe haben. Antihypertensiva und Psychopharmaka spielen dabei in der Praxis die wichtigste Rolle. Nicht selten lassen sich medikamentös bedingte Störungen durch einen Wechsel des Medikaments beheben.

! *Unabhängig von der jeweiligen Ursache* läßt sich für die *somatisch bedingten Sexualstörungen* sagen:

- Das Maß der Beeinträchtigung der sexuellen Funktionsfähigkeit durch bestimmte somatische Faktoren ist individuell sehr verschieden.
- Körperliche Faktoren wirken sich oft nur dann auf die sexuelle Funktion aus, wenn sie auf besondere psychische Bedingungen treffen.

- Körperliche Krankheiten erhöhen die Disposition zu sexuellen Störungen.
- In der Praxis kommen als Ursachen am häufigsten Durchblutungsstörungen, Entzündungen und schwerere Allgemeinerkrankungen vor.

Psychosoziale Ursachen

Die ursächlichen Faktoren bilden ein *Kontinuum, das von oberflächlicher Erwartungs- und Versagensangst bis zu tiefgehender psychopathologischer Dynamik reicht.* Entsprechend können auch die erforderlichen therapeutischen Interventionen als auf einem Kontinuum liegend beschrieben werden, das von Sexualerziehung und -beratung über Sexualtherapie bis zu ausgedehnter psychotherapeutischer Behandlung reicht. Sexuelle Störungen entstehen aus einer Kette unterschiedlicher Erfahrungen in verschiedenen Lebensabschnitten, von denen jede für sich nicht mehr als eine Disposition ist.

Unter praktisch therapeutischen Gesichtspunkten lassen sich bei den *psychosozialen Ursachen sexueller Störungen drei Bereiche* unterscheiden:

Unmittelbare, relativ oberflächliche Gründe. Diese stehen mit einem Defizit an Lernerfahrung, Fertigkeiten und irrationalen Vorstellungen in Zusammenhang. Hierher gehören auch bewußtseinsnahe Leistungs-, Versagens- oder Verletzungsängste. Diese Gründe sind einer *Sexualberatung* meist gut zugänglich.

Intrapsychische Ursachen. Hier liegt der Hauptgrund für die sexuellen Störungen in tieferliegenden unbewußten Ängsten und Konflikten eines Partners. Häufig finden sich dann neben den sexuellen Störungen auch andere neurotische oder psychosomatische Symptome, die am ehesten in einer *Einzelpsychotherapie* angegangen werden können.

Partnerschaftsbezogene Gründe. Die sexuellen Störungen eines Partners sind hier Ausdruck eines gemeinsamen Beziehungskonfliktes eines Paares. Vordergründig erscheint nur einer der beiden Partner sexuell gestört. Das Symptom hat hier jedoch die Funktion, gemeinsame Ängste und Konflikte zu neutralisieren. *Zahlenmäßig spielen die dyadischen Gründe in der Praxis die größte Rolle* und sollten durch *Paarberatung* oder *Paartherapie* angegangen werden.

Motive für Libidoprobleme. Mangelnde oder fehlende sexuelle Appetenz ist das häufigste Problem, über welches heute Frauen und zunehmend auch Männer klagen, wenn sie wegen sexueller Schwierigkeiten einen Arzt aufsuchen. In der Behandlung von Paaren mit Libidoproblemen begegnet man vor allem *vier Motiven*, welche auf einen gesellschaftlichen Bedeutungswandel der Sexualität und von ehelichen Zweierbeziehungen hinweisen:

Lustverlust
- als Reaktion gegen sexuellen Leistungsdruck,
- als Symptom eines Konfliktes zwischen Eheideal und Familienrealität,
- als Symptom eines ehelichen Machtkampfes und
- als Reaktion auf alte bzw. neue Sexualängste.

Sexuelles Leistungsdenken. Sexuelles Leistungsdenken, Macht- und Ohnmachtsphantasien spielen sowohl in der Beziehungsdynamik eines Paares als auch in gesellschaftlichen Vorstellungen über normale und deviante Sexualität eine wichtige Rolle. Libidomangel ist nicht nur ein „Symbol für einen Mangel" an sexueller Reaktionsfähigkeit und an Fähigkeiten, in einer Partnerbeziehung Frustrationen zu ertragen oder gegenüber dem Partner eigene Vorstellungen zu vertreten und durchzusetzen. Sexuelle Appetenzstörungen sind auch ein Symbol für ein „Zuviel des Guten", für ein Zuviel an sexuellem Leistungsstreben, zuviel an partnerschaftlichen Wunschvorstellungen und zuviel an sanfter oder offener Gewalt gegenüber einem Partner.

8.5.6 Sexualanamnese

Bei der Erhebung einer Sexualanamnese bewährt sich folgendes Vorgehen:

Eröffnungsfrage. Als Eröffnungsfrage sollte man eher nach der *sexuellen Zufriedenheit* (z. B. „Wie zufrieden sind Sie mit Ihrem Sexualleben?") als nach der sexuellen Funktionsfähigkeit (z. B. „Welche sexuellen Probleme haben Sie?") fragen. Bei der Frage nach sexuellen Störungen weichen viele Patienten aus oder verheimlichen ihre Schwierigkeiten. Im Rahmen einer eingehenden ärztlichen Untersuchung stellt man Fragen nach der sexuellen Zufriedenheit am besten in der Mitte des Anamnesegesprächs, bei Frauen thematisch am einfachsten bei der gynäkologischen, bei Männern bei der urologischen Anamnese. Auf diese Weise haben Arzt und Patient die Möglichkeit, falls erforderlich, ohne Zeitdruck ausführlicher auf sexuelle Fragen einzugehen.

Anbieten von Verbalisierungshilfen. Inhaltlich sollte die Sexualanamnese die sexuelle Beziehungsstörung aus der Sicht des Patienten zum Thema haben. Häufig muß der Arzt dabei Verbalisierungshilfen anbieten, da viele Patienten schon von der Sprache her Schwierigkeiten haben, ihre sexuellen Probleme zu schildern. Eine Bemerkung zu Beginn des Gesprächs wie z. B.: „Wissen Sie, den meisten Leuten fällt es nicht ganz leicht, über ihr Sexualleben zu sprechen, ich werde Ihnen helfen, die richtigen Worte zu finden..." kann Hemmungen und Widerstände des Patienten vermindern.

Exploration von sexuellem Verhalten und Erleben. Wichtig ist, daß der Arzt genaue und detaillierte Fragen sowohl zum *sexuellen Verhalten* des Patienten wie zu seinem *Erleben* während des Austausches von Zärtlichkeiten und des eigentlichen Geschlechtsverkehrs stellt: „Wo haben Sie angefangen, Ihre Frau zu streicheln? Wie haben Sie sich gegenseitig zu verstehen gegeben, daß Sie miteinander schlafen wollten? Was haben Sie empfunden, als Ihr Mann Sie am Scheideneingang gestreichelt hat? Woran denken Sie, wenn Ihr Partner das Glied einführt? usw." Durch *abwechselnde Fragen nach dem Verhalten* und *dem eigenen Erleben* kann man dem Patienten deutlich machen, daß Sexualität nicht nur auf der *Verhaltensebene*, sondern auch im *Bereich des Erlebens* stattfindet. Der genaue Ablauf der sexuellen Annäherung, des Austausches von Zärtlichkeiten und des Geschlechtsverkehrs läßt sich am einfachsten am Beispiel des letzten Geschlechtsverkehrs erfragen.

Fragen zum Erleben des letzten Geschlechtsverkehrs. Das Gespräch darüber kann man z. B. mit folgendem Satz einleiten: „Für mich ist es wichtig zu sehen, wo Ihre sexuellen Schwierigkeiten liegen, ob gewisse Ängste eine Rolle spielen oder ob Sie mit ihrem Partner Verständigungsschwierigkeiten haben. Vielleicht können wir das anhand des letzten Geschlechtsverkehrs besprechen, den Sie mit Ihrem Partner gehabt haben. Wann haben Sie das letzte Mal miteinander geschlafen?" Im einzelnen sollten dann bei der *Exploration des letzten Geschlechtsverkehrs* u. a. folgende Punkte geklärt werden: Äußere Situation, vorausgegangene gemeinsame Aktivitäten, sexuelle Appetenz. Initiative zu Zärtlichkeiten, Art und Dauer des Vorspiels. Empfindungen, Gedanken und Phantasien dabei, Stellung beim Geschlechtsverkehr, Auftreten der Störung, Reaktion beider Partner auf die Störung und bisherige Versuche, mit der Störung umzugehen. Schließlich sollten die *sexuellen Norm- und Idealvorstellungen* des Patienten und seines Partners geklärt werden. Durch genaues Nachfragen erhält der Arzt wichtige Hinweise, ob sexuelle Fehlvorstellungen, Unerfahrenheit, Ängste oder ein umfassenderer Beziehungskonflikt die Ursache für die sexuelle Funktionsstörung sind.

Eine gute Sexualanamnese hat nicht selten schon eine gewisse therapeutische Wirkung. Das offene Gespräch mit dem Arzt ist für den Patienten eine Art Modell, wie er auch mit seinem Partner über sexuelle Fragen und Probleme sprechen kann.

8.5.7 Sexualberatung

Welche sexuellen Störungen können durch eine Sexualberatung, wie sie jeder Arzt in seiner Praxis durchführen kann, gebessert werden? An erster Stelle sind hier Störungen zu nennen, die in zeitlichem Zusammenhang mit einem *wichtigen Lebensereignis* wie Verlobung, Heirat, Schwangerschaft, Geburt, Krankheit oder Partnerverlust auftreten. Das sexuelle Symptom signalisiert dabei häufig Ängste, welche mit dem bevorstehenden Ereignis in Zusammenhang stehen, oder

Tabelle 8.11. Ziele und Methodik der Sexualberatung

> *Ziele*
> - Informationsvermittlung
> - Abbau von sprachlichen Hemmungen
> - Korrektur von Fehlvorstellungen
> - Einstellungs- und Verhaltensänderung
>
> *Methodik*
> - Einzel- oder Paargespräche
> - Anbieten konkreter Ratschläge und Empfehlungen
> - Hinweis auf Literatur zur Sexualaufklärung und -information

Tabelle 8.12. Ziele und Methodik der Sexualtherapie

> *Ziele*
> - Klärung sexualisierter Konflikte
> - Abbau von Vermeidungsverhalten und Sexualängsten
> - Verbesserung der Wahrnehmung sexueller Körperreaktionen
> - Modifizierung fixierter sexueller Verhaltens- und Einstellungsmuster
>
> *Methode*
> - Psychodynamisch orientierte Paargespräche
> - Desensibilisierung sexueller Ängste
> - Anleitung zu Körperübungen

deutet darauf hin, daß nach einer Veränderung in der Lebenssituation die Anpassung an die neue familiäre Konstellation noch nicht gelungen ist. *Sexuelle Schwierigkeiten bei Jugendlichen* sind ebenfalls einer Sexualberatung häufig gut zugänglich. Hier können Unerfahrenheit, sexueller Leistungsdruck und Straf- oder Gewissensängste zu Schwierigkeiten führen. Die *Ziele und Methodik der Sexualberatung* sind in Tabelle 8.11 zusammengefaßt. Bei der Sexualberatung gibt der Arzt konkrete Empfehlungen zur Verhaltens- und Einstellungsänderung. Dabei kann er seine Empfehlungen durch Hinweise auf geeignete Bücher zur Sexualinformation ergänzen.

8.5.8 Sexualtherapie

Eine Sexualtherapie hat nur dann Aussicht auf Erfolg, wenn der Symptomträger und sein Partner an einer Behandlung wirklich interessiert sind, wenn ihre Beziehung einigermaßen tragfähig ist und wenn zwischen ihnen keine feindseligen Gefühle vorhanden sind. In Tabelle 8.12 sind Ziele und Methodik der Sexualtherapie kurz zusammengefaßt. Wenn neben der sexuellen Symptomatik noch andere neurotische oder psychosomatische Symptombildungen bestehen oder wenn zwi-

schen beiden Partnern ein tiefgreifendes Mißtrauen herrscht, dann sollte eher an eine andere Form der Psychotherapie gedacht werden. Bei der Sexualtherapie handelt es sich um eine zeitlich befristete Form der Kurzpsychotherapie.

8.5.9 Gesprächsführung bei sexuellen Fragen

Für die Gesprächsführung bei der Sexualanamnese und Sexualberatung gelten im wesentlichen die in Kap. 12 dargestellten methodischen Aspekte des *ärztlichen Gesprächs*. Da viele Patienten jedoch sprachliche Schwierigkeiten und Hemmungen bei der Schilderung ihrer sexuellen Probleme haben, sollte der Arzt dem Patienten Verbalisierungshilfen zur Bezeichnung seiner Schwierigkeiten anbieten. Widerstände von Seiten der Patienten lassen sich auch dadurch abbauen oder umgehen, daß man *Hemmungen und sprachliche Schwierigkeiten als etwas Normales und weit Verbreitetes bezeichnet.* Das Eingehen auf Selbst- oder Fremdbeschuldigungen erhöht meist die Widerstände und erschwert bei einem Paargespräch das Einhalten einer ausgewogenen Parteilichkeit gegenüber beiden Partnern (s. Kap. 12.6). Die Verordnung von Medikamenten – sofern dafür keine klare Indikation besteht – schadet eher, als daß sie hilft. Schließlich bewährt es sich, zunächst die Einstellung zu haben, daß beide Partner in gleicher Weise am Zustandekommen und der Aufrechterhaltung des sexuellen Symptoms beteiligt sind und eine Besserung nur über eine Einstellungs- oder Verhaltensänderung beider Partner zu erreichen ist.

8.6 Schmerz

8.6.1 Schmerz als komplexes Phänomen

Das Interesse an der Erforschung und am Verstehen des Phänomens Schmerz sowie am Management von Schmerzproblemen hat in den letzten Jahrzehnten kontinuierlich zugenommen. Dies ist u. a. darauf zurückzuführen, daß Schmerzpatienten sowohl in der ärztlichen Grundversorgung als auch in gewissen Spezialdisziplinen wie der Rheumatologie, Neurologie und Inneren Medizin eine wichtige Patientengruppe darstellen. Obwohl seit den 70er Jahren immer umfassendere Schmerzkonzepte entwickelt wurden, sind nach wie vor viele Fragen der Schmerzentstehung und des Schmerzerlebens ungeklärt. In diesem Kapitel werden einige Phänomene der *Schmerzgenerierung* (Nozizeption), der *Schmerzphysiologie* sowie der *psychosozialen Dimension* von *akuten* und *chronischen Schmerzen* dargestellt.

Was ist Schmerz? Die Internationale Vereinigung zum Studium des Schmerzes (IASP) hat sich auf eine *Arbeitsdefinition* geeinigt, welche die klinisch wichtigsten Punkte des Phänomens Schmerz zusammenfaßt.

> ! „Pain is an unpleasant sensory and emotional experience associated with actual or potential tissue damage, or described in terms of such damage."

Dieser Arbeitsdefinition wird zusätzlich angefügt, daß

- der Schmerz immer subjektiv ist;
- der Schmerz eine Sinnes- *und* Gefühlserfahrung ist;
- eine zu enge Verknüpfung des Schmerzbegriffs mit körperlich-peripheren Schädigungen zu vermeiden ist, um so auch psychogene und andere Schmerzformen zu erfassen.

Aus dieser Definition geht hervor, daß sowohl die Nozizeption als auch deren Auswirkungen auf Interaktion und soziale Umgebung wichtige Aspekte des Phänomens Schmerz sind. Das heißt auch, daß periphere Schmerzafferenzen ab Höhe des Thalamus als Schmerz bezeichnet werden und in der weiteren zerebralen Verarbeitung psychische und physiologische Prozesse gleichgewichtig eine Rolle spielen. Dies zeigt sich in Situationen, in denen trotz ausgiebiger Gewebeschädigung Schmerz nicht wahrgenommen oder wo ohne körperliche Schädigung ein intensiver Schmerz (beispielsweise beim Verlust eines nahen Angehörigen) empfunden wird.

Bedeutung von Schmerzerfahrung. Jede schmerzhafte periphere Empfindung bewirkt einen bedingten Reflex, der beispielsweise im Wegziehen der Hand, die man sich verbrannt hat, bestehen kann. Dazu hat jede Schmerzantwort neben dem *autoprotektiven* auch einen *regressiven* und *interpersonalen Aspekt*. Erleidet jemand Schmerz, wird er natürlicherweise getröstet. Auch entwicklungspsychologisch kommt dem Schmerz eine wichtige Bedeutung zu. Durch Schmerz werden Abgrenzungen erfahren, Bedürfnisse frustriert und – vor allem an der Haut – die eigene Identität erlebt, aufgebaut und abgegrenzt [21]. Zudem erfährt das Kind, daß ihm via Schmerz auch Strafe widerfährt, was der Symbolik des Schmerzempfindens die Türe öffnet. Im späteren Leben kann der heranwachsende Mensch auch differenzieren lernen, wie durch Zufügen von Schmerzen Macht ausgeübt, aber auch Lustempfinden bewirkt werden kann.

Schmerzkomponenten. Beim *akuten Schmerz* stehen meist die somatischen Läsionen im Vordergrund. Beim *chronischen Schmerz* hingegen sind es mehrheitlich psychosoziale Einflüsse, die wichtig werden. Man spricht dann auch oft von der sog. *Schmerzkrankheit.* Der Schmerz ist also ein komplexes Phänomen, das sämtliche somatopsychosozialen Dimensionen umfaßt.

! Zum Schmerz gehören folgende Komponenten:

- Die *sensorisch- diskriminative Komponente* mit Information über Zeit, Ort, Dauer und Stärke der Schmerzen.
- Die *emotionale Komponente*: Schmerz ist (meist) unangenehm und „tut weh".
- Die *kognitiv- bewertende Komponente*: Vergleich mit Erfahrungen bei der Empfindung von Schmerzen.
- Die *motorisch- reflektorische Komponente*: Fluchtreflexe, Mimik (nonverbale Komponente), Vokalisation (verbale und para-verbale Komponente).

- Die *vegetative Komponente:* Sympathikotonus, Schlafstörungen, Inappetenz.

8.6.2 Schmerzmodelle

Historisch die wohl eindrücklichste Abbildung der Vorstellung über die Schmerzempfindung haben wir Descartes zu verdanken (Abb. 8.11). Seine Beschreibung mit Glockenzug und Klingelzeichen ist so faszinierend einfach, daß viele heutzutage dieser überholten Vorstellung immer noch verpflichtet sind. Es hat mehrere Jahrhunderte gedauert, bis gegen Mitte des 19. Jahrhunderts durch die Entdeckungen Brocas, Jacksons und Wernickes erneut Diskussionen und Vorstellungen über die Spezifität der Schmerzempfindung geführt wurden (Spezifitätstheorie) [44]. Im 19. Jahrhundert gibt es deshalb *zwei entgegengesetzte Schmerztheorien*:

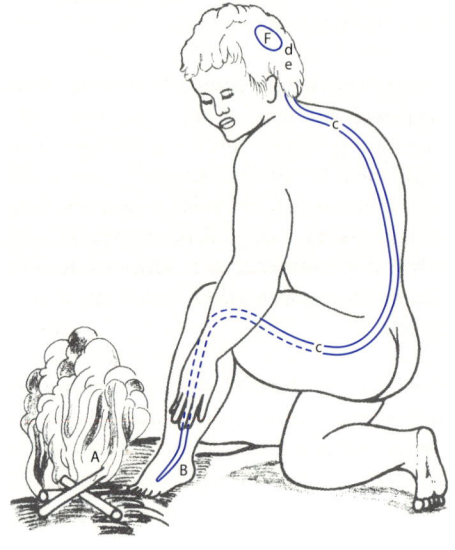

Abb. 8.11. Descartes Darstellung von Schmerzerfassung (Aus Bonica 1990 [25])

Die *Intensitätstheorie*, die besagt, daß jeder Reiz, wenn er stark genug ist, zu Schmerzen führen kann, und die *Spezifitätstheorie*, die annahm, daß der Schmerz durch Erregung spezifischer Rezeptoren (Nozizeptoren) zustande komme. Im 20. Jahrhundert gewann die Erregungsmuster- oder *Pattern-Theorie*, mit ihrer populärsten Form, der *Gate-Control-Theorie* [14] zunehmende Bedeutung. Dabei wird Schmerzempfindung als komplexe Interaktion von hemmenden und exzitatorischen Erregungen aufgefaßt. Dieses Modell hat zu raschen Fortschritten in der Schmerzanatomie und -physiologie geführt.

8.6.3 Schmerzphysiologie

Beim akuten Schmerz steht die *Nozizeption* im Vordergrund, beim chronischen Schmerz können zunehmend andere Komponenten wichtig werden und so eine Schmerzkrankheit verursachen.

Der akute Schmerz

Akuter Schmerz wird beispielsweise dann empfunden, wenn durch *physikalische* (Schnitt, Verbrennung oder Gewebequetschung) oder *chemische* (Säuren, Laugen) *Einwirkungen die Integrität des Körpers verletzt wird*. Bei beiden Einwirkungen führt dies am Ort der Schädigung zur *Freisetzung bestimmter Substanzen* wie Bradykinin, Prostaglandine, Histamin, Substanz P, Kalium, Serotonin und H-Ionen und anderen teilweise am Ort der Verletzung synthetisierten Stoffen. *Alle diese Substanzen verursachen drei verschiedene Reaktionen:*

- Zum ersten eine *direkte Stimulation von freien Nervenendigungen*, welche nozizeptiv agieren können.

- Zum zweiten *lösen sie in anderen Nervenfasern eine Sensitivierung aus*, so daß auch diese Schmerzreize nach zentral leiten können.
- Drittens führen sie zur *Extravasation von Stoffen*, welche die Nozizeption unterhalten können.

[handschriftlich: Blut- oder Lymphräumen in das Fettgewebe]

In der direkten Stimulation von Nervenendigungen spielen vor allem die Kinine, vorab das Bradykinin eine Schlüsselrolle, in der Sensitivierung von Nervenfasern sind vorwiegend Prostaglandine involviert, die zur Zeit des Zellzerfalls mit Stoffen wie Phospholipase A, Arachidon-Säure, Cyclooxygenase und anderen die Entzündungskaskade initiieren. Auf Rückenmarksniveau spielt hierbei die Substanz P eine Schlüsselrolle. Sie sensitiviert Nervenfasern, wird von den Dorsalganglienzellen produziert und in peripheren Nervenendigungen gespeichert. Bei Ausschüttung führt dies zu Extravasation und Vasodilatation und trägt somit ebenfalls zur Initiierung der Entzündungskaskade bei.

Schmerzleitung. Periphere Reize werden als elektrische Signale durch die Aδ- und C-Fasern ins Hinterhorn geführt. Die *wenig myelinisierten Aδ-Fasern* leiten mit einer Geschwindigkeit von ca. 12–30 m/sec und *führen zur gut lokalisierten, scharfen Schmerzempfindung*, wogegen die *nicht myelinisierten C-Fasern*, mit einer Leitgeschwindigkeit von 0.5–3 m/sec *die dumpfe, schlecht lokalisierbare und auch emotional unangenehme Schmerzempfindung bedingen*. Eine Übersicht dazu gibt Tabelle 8.13.

Es gibt noch eine dritte Art Afferenzen, die sog. Aβ-Fasern. Sie sind ebenfalls myelinisiert, leiten niedrig-intense mechanische Information wie Berührung und Druck nach zentral und können auf Niveau Rückenmark die Nozizeption modulieren (inhibieren). Hemmende und fa-

Tabelle 8.13. Einteilung afferenter und efferenter Nervenfasern

Afferenzen		
Gruppe I:	A-α-Fasern Ia Muskelspindeln, Ib Sehnen, beide für Propriozeption	75–120 m/sec.
Gruppe II:	A-β-Fasern Muskelspindeln, Druck- und Berührungsorgane der Haut und der viszeralen Gewebe	30–75 m/sec.
Gruppe III:	A-δ-Fasern freie Nervenendigungen in Muskeln und Gelenken (Schmerz) in Haut (scharfer Schmerz, warm, kalt, Druck, Berührung)	12–30 m/sec.
Gruppe IV:	C-Fasern unmyelinisiert, Muskeln und Haut, sowie Viszera (Schmerz)	0.5–3 m/sec.
Efferenzen		
Alpha-motoneurone	motorische Endplatten der quergestreiften Muskulatur	55–100m/sec.
Gamma-motoneurone	Muskelspindeln der quergestreiften Muskulatur	20- 55 m/sec.
Autonome präganglionäre Fasern der Gruppe B		2–10 m/sec.
Autonome postganglionäre Fasern der Gruppe C		0.2–2 m/sec.

zilitierende Interneurone spielen dabei eine entscheidende Rolle, wie dies in der Gate-Control-Theorie postuliert wurde (Abb. 8.12). Nicht nur elektrisch-neurale, sondern auch chemische Prozesse mit Neurotransmittern werden dabei aktiviert. Einige davon sind opiatabhängig

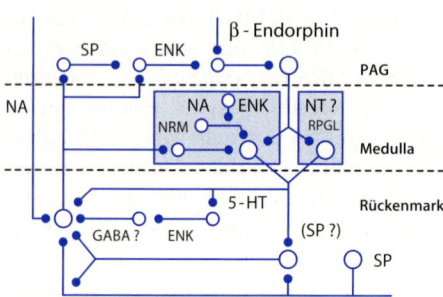

Abb. 8.12. Schematische Darstellung der bei der Schmerzkontrolle involvierten neuronalen Schaltkreise im Mittelhirn, in der Medulla und im Rückenmark (Aus Kocher 1987 [35])
EMK = Enkephalin, *NRM* = N.raphe magnus, *NT* = Neurotensin, *PAG* = Höhlengrau, *RPGL* = N. reticularis paragigantocellularis lateralis, *SP* = Substanz P

(sog. Opiatrezeptoren) und spinal sowie zentral lokalisiert. Neben den oben angeführten Schmerzmediatoren spielen hierbei auch Cholezystokinin (CCK) und Neuropeptid-Y (NP-Y) in der Funktion der Transmission mit. Der oben erwähnte spinale, bedingte Reflex wird so ebenfalls moduliert. Ferner kann beobachtet werden, daß nicht nur Stimulation durch Reiben, wie es bei Schmerzen von den Betroffenen meist automatisch gemacht wird, sondern auch elektrische Rechteckimpulse Schmerzen zum Verschwinden bringen können. Dies wird bei der transkutanen Elektro-Neuro-Stimulation (TENS) zur *Behandlung chronischer Schmerzzustände* genutzt. Bemerkenswert ist fernerhin auch die Tatsache, daß bestimmte Schmerzen, einmal erlebt, bei wiederholtem Auftreten sofort wiedererkannt werden. So nimmt man an, daß es eine Art *Schmerzgedächtnis* gibt, das derzeit auf Niveau Rückenmark in der Substantia gelatinosa und zentral ebenso im Kortex vermutet wird.

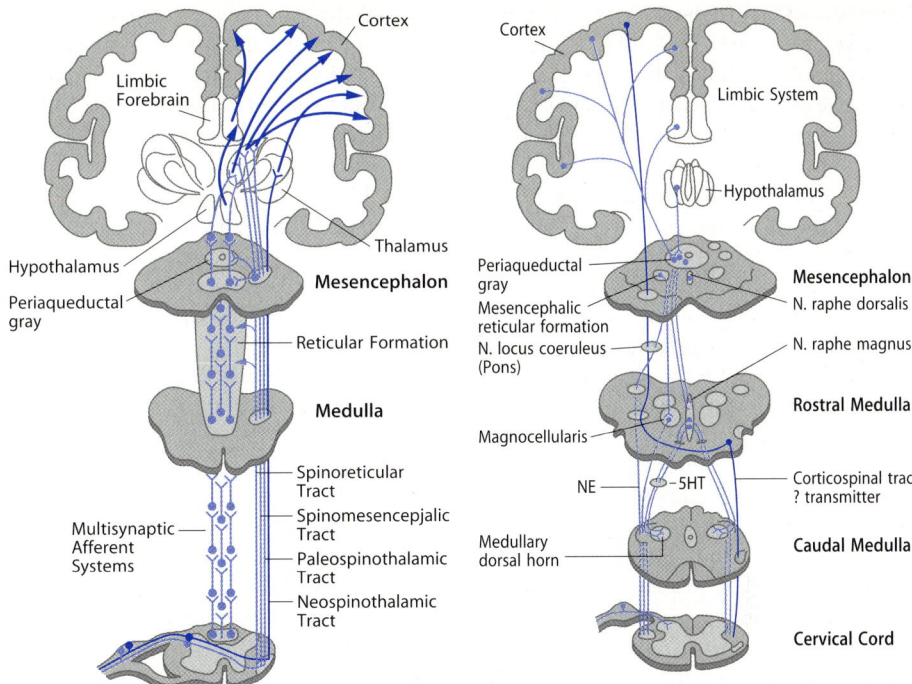

Abb. 8.13. Darstellung der afferenten Schmerzbahnen beim Menschen (Aus Bonica 1990 [25])

Abb. 8.14. Darstellung der Schmerzefferenzen beim Menschen (Aus Bonica 1990 [25])

Spinale und zentrale Schmerzbahnen. Die Anatomie der spinalen und zentralen Schmerzbahnen soll hier nur mittels zweier Abbildungen verdeutlicht werden (Abb. 8.13, 8.14, nähere Einzelheiten siehe Lehrbücher der Anatomie). Anatomisch beinhaltet das folgende Bahnen und Kerne:

Tractus spinothalamicus ventralis und lateralis, Nucleus cervicalis lateralis, Tractus spinoreticularis, Formatio reticularis, Fasciculus und nucleus cuneatus (Burdach), Fasciculus und nucleus gracilis (Goll), Lemniscus medialis, Nucleus posterolateralis ventralis des Thalamus, Limbus posterior der capsula interna, Tractus reticulo-thalamicus und Nucleus medialis des Thalamus.

Schmerzmodulation. Die Schmerzmodulation kann auf zwei verschiedene Arten geschehen. Sie kann *neuronal* bewerkstelligt werden, das heißt mit korticomedullären Efferenzen in das Hinterhorn unter Einbezug von Afferenzen von Hypothalamus, periaquäduktalem Grau und der rostralen Medulla. Tierversuche haben gezeigt, daß die Stimulation der medullären Efferenz zur Analgesie führt. Andererseits kann die Modulation des Schmerzes auch durch die Wirkung sog. *Endorphine* geschehen. Endorphine gehören zu den Polypeptiden mit analgetischer, opiatähnlicher Wirkung. Synthetisiert werden sie aus einem komplexen Peptid, dem sog. β-Lipotrophin. Von diesem werden von verschiedenen Neuronen im ZNS Oligo- und Polypeptide mit opiatähnlicher Wirkung hergestellt. Derzeit kann nicht entschieden werden, ob β-Lipotrophin lediglich die Depotform für diese Polypeptide darstellt und bei Bedarf z. B. aus der Hypophyse inkretiert wird oder ob es vor der Abgabe ins Blut in die verschiedenen Teilstücke mit den bekannten Wirkungen zerlegt wird. Die Sequenz 1–39 des β-Lipotrophins entspricht dem ACTH. Teleologisch erscheint es sinnvoll, daß ACTH gleichzeitig mit analgetisch wirkendem β-Endorphin inkretiert wird, da dies der Adaptation des Organismus im Rahmen der Bereitstellung einer „Fight-flight-Reaktion" [5,7] entspricht. So verändert *Endorphin die Schmerzschwelle*, was im Rahmen der Streßreaktion sinnvoll ist. Pharmakologisch unterscheidet man 3 verschiedene Familien von Endorphinen, α-, β- und γ-Endorphine. Die β- Endorphine werden als Endorphine im engeren Sinn bezeichnet. Man findet Endorphine fast überall, präferentiell sind sie vor allem im Gehirn, Hypophyse, Nebenniere, Gastrointestinaltrakt und sympathischen Nervensystem lokalisiert. Verschiedene Rezeptortypen führen zu unterschiedlichen Wirkungen (μ-, ε-, κ-, σ-, δ-Rezeptoren). Den Beleg für die Existenz spezifischer Rezeptoren lieferten Experimente mit Opiatantagonisten (z. B. Naloxon), die zeigten, daß die endogene Schmerzhemmung mit der Gabe solcher Substanzen aufgehoben werden kann [8]. Auch ein Teil der Plazebowirkung beruht auf der Inkretierung von Endorphinen [24], wobei an dieser Stelle auf die Komplexität der Plazeboeffekte nicht eingegangen werden kann [43] (vgl. Kap. 11.4.1).

Andere Modifikatoren der Schmerzperzeption. Die Schmerzempfindlichkeit verringert sich *mit zunehmendem Alter*.

Es gibt Hinweise darauf, daß *Frauen* durchschnittlich eine höhere Schmerzempfindlichkeit aufweisen als Männer. Personen mit einer hysterischen und narzißtischen Persönlichkeitsstruktur beschreiben Schmerz dramatischer und empfinden Schmerz subjektiv verstärkt. Klinische Eindrücke mögen nahelegen, daß Südländer oder *Angehörige sog. „demonstrativer" Kulturen* eine höhere Schmerzempfindlichkeit aufweisen. Dies hat sich in Begriffen wie „Transalpine Schmerzkrankheit" oder „tutto-fa-male-Syndrom" niedergeschlagen. Neuere Arbeiten weisen jedoch darauf hin, daß diese Annahmen falsch sind, indem gezeigt werden konnte, daß vorwiegend soziale Determinanten zu diesem (falschen) Eindruck führen. So konnte gezeigt werden, daß *Unterschiede in der Schmerzempfindung eher ein schichtspezifisches Phänomen* darstellen. Patienten mit niedrigem sozioökonomischem Status scheinen vermehrt Schmerz zu empfinden und auch eher an chronischen Schmerzen zu leiden. Dies mag erstaunen, könnte jedoch damit zusammenhängen, daß diese Personen psychische Konflikte schlechter verbalisieren können als Personen mit höherem sozioökonomischem Status. Möglicherweise hat auch der Begriff der *„Pain-Proneness"* (Personen, die „anfällig" sind, aufgrund eigener Erfahrungen Schmerz als Mittel der Konfliktlösung zu verwenden) eher mit solchen Inhalten zu tun, als mit vermuteter spezifischer Milieusituation in der Kindheit. Auch *kulturelle Einflüsse*, wie Religionszugehörigkeit oder ethnische Bedeutungsattributionen spielen im Zusammenhang mit akuten wie chronischen Schmerzen eine wichtige Rolle. Weiter sind *Aufmerksamkeit und Wachheit für die Schmerzempfindung* von Bedeutung [22], ebenso der *emotionale Zustand* (z. B. Angst, Furcht, Depression). Alle diese Faktoren können Schmerzen modifizieren (s. Tab. 8.14).

Wie mißt man Schmerz? Bei der Schmerzmessung sieht man sich vor der Schwierigkeit, daß der Schmerz ein subjektives, also letztlich nicht meß- und vergleichbares Phänomen darstellt. Was physiologisch direkt meßbar ist, sind *Ak-*

Tabelle 8.14. Modifikation von Schmerzen

Schmerzen verstärkt bei:	Schmerzen vermindert bei:
Angst	Zuwendung
Trauer	Vigilanzverminderung
Depression	Verständnis
Sorgen	Beschäftigung, Ablenkung
Schlafstörungen	Hoffnung
Introversion	Sozialer Integration
Sozialer Isolation	Antidepressiva
	Anxiolytika

tionspotentiale von Nervenfasern (z. B. mittels Elektroneurographie in vivo), *Intensitäten von Fluchtreflexen* (mittels Elektromyographie), *Änderung der zerebralen Funktionen* mittels Messung von Hirnströmen (Elektroenzephalographie, EEG) oder die *Definition von Stoffwechselaktivitäten innerhalb des Gehirns* (z. B. mittels Positronen-Emissions-Tomographie, PET). Zudem kann mit einigen Vorbehalten indirekt, anhand der Veränderung physiologischer Parameter,

auf Schmerz geschlossen werden. So können Schmerzen semiquantitativ erfaßt werden, z. B. durch somatosensorisch-evozierte Potentiale und deren Veränderungen unter Hypnose.

Kognitive Schmerzmessung. In die psychologisch orientierte, kognitive Schmerzmessung eingeschlossen werden die Erfassung von verbalen und non-verbalen, sowie paraverbalen Kommunikationsparametern (vgl. Kap. 3.2). Differerenzierungen in der verbalen Schmerzbeschreibung können helfen, die eigentlichen Ursachen für die Schmerzempfindung zu finden. Patienten mit vorwiegend *körperlich bedingten Schmerzen* verwenden bei der Schmerzbeschreibung eher Adjektive, welche die Qualität oder Intensität bezeichnen (sensorische und evaluative Adjektive), wogegen Patienten mit *eher psychisch bedingten* (=konfliktdeterminierten) *Schmerzen*, häufig affektive Adjektive verwenden. In Tabelle 8.15 sind einige Merkmale zusammengefaßt, wel-

Tabelle 8.15. Differential-diagnostische Merkmale von Schmerzen (Aus Klußmann 1996, nach Adler 1990 [13])

Merkmal	Organisch	Nicht organisch
Schmerzlokalisation	eindeutig, umschrieben	vage, unklar, wechselnd
Affekte des Patienten	passen zu geschildertem Schmerz	inadäquat
Zeitdimension	Phasen von Präsenz	immer vorhanden, gleich intensiv
Abhängigkeit von Willkürmotorik	vorhanden	fehlt
Reaktion auf Medikamente	pharmakokinetisch plausibel	nicht plausibel
Schmerz und mit-menschliche Beziehung	unabhängig davon	damit verbunden
Schmerzschilderung	Bild paßt	Bild inadäquat, z. B. dramatisch
Betonung der Ursache	psychische betont	organische betont
Sprache	einfach, klar, nüchtern	übertrieben, intelligenzlerisch, Ärztejargon
Affekte des Arztes beim Zuhören	ruhig, aufmerksam, einfühlend	Ärger, Wut, Langeweile, Ungeduld, Lächeln, Hilflosigkeit, Verwirrung

che die Unterscheidung von organisch und nicht organisch bedingten Schmerzen ermöglichen. Auffälligkeiten in der *sprachlichen Darstellung* wie z. B. distanzierte Schilderung oder ein vorwurfsvoller Tonfall können zum Erkennen von allfälligen Ursachen beitragen. Mit diesen Aspekten befaßt sich die paraverbale Kommunikationsanalyse. Auch *Verhaltensmessungen* (z. B. Mimik, Gestik, Unruhe) können für das Verstehen und Differenzieren der eventuellen Schmerzursachen herangezogen werden. Ein eindrückliches Beispiel ist eine Patientin, die ihre extrem starken Schmerzen mit einem unbeteiligten, Mona Lisahaften Lächeln („belle indifférence") schildert und so eine konfliktbedingte Ursache ihrer Schmerzen vermuten läßt.

Als weitere Methoden können die *Messung von subjektivem Empfinden*, beispielsweise mittels Visuell-Analog- Skalen [VAS] oder mittels spezifischen, validierten Fragebogeninstrumenten oder auch mit Hilfe von *Fremdbeurteilungen* vorgenommen werden.

Der chronische Schmerz

Chronischer Schmerz ist ein noch weitaus komplexeres Phänomen als der akute Schmerz. Hier spielen neben den physiologischen Gegebenheiten psychische Mechanismen eine zentrale Rolle. Dazu gehören:

- Permanente *sensomotorische* Rückkoppelungen, die bei längerem Aufenthalt in reizarmer Umgebung erlöschen.
- Das *Erlernen von Schmerzverhalten* beispielsweise in Kopfschmerzfamilien.
- Psychologische Phänomene wie die eigentliche Somatisierung und der Mechanismus der Konversion.

- Andere, teils auch körperdysmorphe Störungen und die Stimmungsalterationen (Depression).

Hinzu kommen meist ebenso Inhalte der *sozialen Interaktion* wie sekundärer Krankheitsgewinn (vgl. Kap. 7.1.3.) und soziale Interdependenz, die beispielhaft bei der Kollusion (vgl. Kap. 5.9.5) in Ehen von chronischen Rückenschmerzpatienten nachvollzogen werden kann.

Chronische Schmerzen können zu Depressionen und letztendlich Schmerzwahrnehmungsstörungen führen, welche ihrerseits die Grundlage für die Chronifizierung legen und so eine *chronische Schmerzkrankheit* mitbedingen. Auch Angst und Distreßerfahrungen (vgl. Kap. 8.4) führen, ebenso wie im akuten Schmerz, zu verstärkter Wahrnehmung.

Das Zusammenspiel verschiedener Faktoren in einem Circulus vitiosus, der zur Chronifizierung von Schmerz führt, ist in Abbildung 8.15 dargestellt.

Kontrollüberzeugungen. Entscheidend für die Erfassung der vorgenannten Dimensionen waren die Arbeiten über sog. Kontrollüberzeugungen. Damit ist gemeint, daß jede Kognition, sei sie nun schmerzbezogen oder nicht, konzeptuell subjektiv auf kontrollierende Instanzen bezogen wird. So kann man Schmerzen haben wegen Wetteränderung, Arbeitsbelastung, Kränkung etc. (sog. *externer „Locus of control"*), oder wegen eigenem Versagen, Schuld, Angst u.ä. (sog. *interner „Locus of control"*) [28].

Subjektive Krankheitsvorstellungen. Ebenso wichtig sind die subjektiven Krankheitsvorstellungen der Patienten (vgl. Kap. 9.6.1 und 10.2), die durch ihre große Variabilität sehr unterschiedliche Auswirkungen auf die Bewältigungsstrategie bei chronischen Schmerzen haben. Zu unterscheiden davon ist ferner

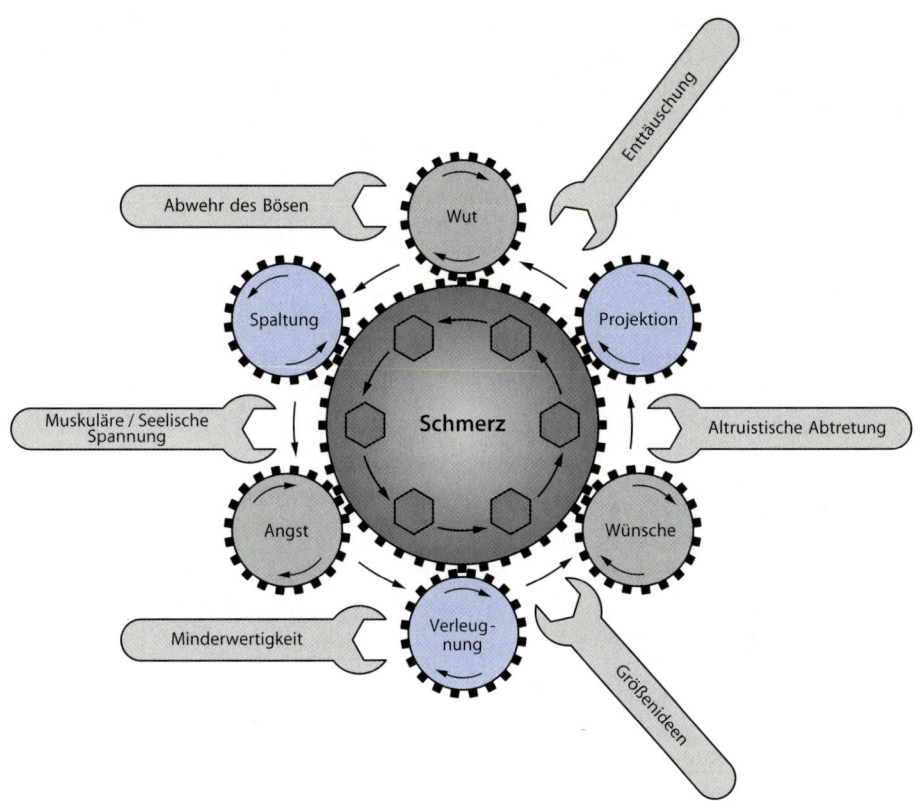

Abb. 8.15. Circulus vitiosus chronischer Schmerzen (Aus Klußmann 1996, nach Schors 1987 [13])

die subjektive Bedeutungszuordnung (Attribution) des Schmerzes, welche zur subjektiven Krankheitstheorie die spezifisch-schmerzgebundenen, teils sogar noch symbolischen Dimensionen hinzufügt. Symbolik, oder auch ethnisch-kulturelle und religiöse Aspekte haben ihrerseits Einwirkung auf das Erleben der Patienten, besonders in der Attribution von Schmerz als Strafe (zum Begriff der Attribution, s. Kap. 13.1.2).

Chronischer Schmerz als Stressor. Daß jeder Schmerz zu einer gefühlmäßigen Mißempfindung führt, liegt nahe. So finden sich bei Schmerzen stets Veränderungen im limbischen System, welche

auch physiologische Auswirkungen haben können, wie Aktivierung der Hypophysen-Nebennieren und -Gonadenachse mit den entsprechenden hormonellen Konsequenzen. Hier wird der Kreis zum Streßmodell geschlossen, welches in Kap. 8.4 dargestellt wurde. Damit soll gesagt werden, daß es sog. *unechte* oder *eingebildete Schmerzen nicht geben* kann.

8.6.4 Behinderung durch Schmerz

Der Aspekt der Beeinträchtigung durch Schmerzen gehört in die Evaluation jedes chronischen Schmerzproblems. Psychosoziale Aspekte der sozialen Beeinträchtigung sowie der beruflichen und familiären Situation müssen evaluiert und ebenso die Ressourcen des sozialen Netzes erfaßt werden. Es ist leicht einsichtig, daß Patienten mit chronischen Schmerzen in optimaler Umgebung beispielsweise nicht nur weniger Schmerzen empfinden und sich besser aufgehoben fühlen, sondern auch länger im Arbeitsprozeß verbleiben können. Andererseits wissen wir von Patienten mit äußerlich als geringgradig eingestufter Behinderung durch Schmerz, daß solche Schmerzprobleme bei fehlender sozialer Unterstützung rasch zur Vollinvalidität führen. Dies ist eine der Hauptschwierigkeiten bei beruflich und sozial Benachteiligten, weil dort die Anpassung eines Arbeitsplatzes an veränderte Umstände oft nicht gelingt (Chronisches Kranksein, Rehabilitation und Invalidität s. Kap. 14.2 und 14.3).

8.6.5 Schmerzbehandlung

Zum Schluß sei noch kurz auf einige Grundsätze der Schmerzbehandlung hingewiesen. In der *Behandlung akuter Schmerzen* verwendet man konsequenterweise Substanzen, welche die Ausschüttung von Mediatoren, also letztlich den Entzündungsprozeß zu mildern vermögen. Es handelt sich um jede Art von Entzündungshemmern, begonnen bei Azetylsalizylsäure bis zu den neueren nicht-steroidalen Antirheumatika, in einigen Fällen sogar Steroide. Natürlich sind auch einige Anästhetika gebräuchlich, ebenso wie Opiate. Auch physikalische Methoden werden angewandt wie Wärme/Kälte und elektrische Stimulation (TENS). Bei temporären Schmerzzuständen (z. B. postoperativen Schmerzen) hat sich deshalb auch die sog. „patient-controlled analge-

sia" mit Morphin (PCA) bewährt. Dies gilt auch für die *Therapie von chronischen Schmerzen*. Bei chronifizierten Schmerzproblemen ist es zunächst sinnvoll, den Patienten ein sog. *Schmerztagebuch* führen zu lassen. In diesem soll er mehrmals täglich die Intensität seiner Schmerzen einstufen und Faktoren/Situationen notieren, welche zur Linderung bzw. Verstärkung der Schmerzen beitragen. Das Schmerztagebuch kann wichtige Hinweise auf psychosoziale Belastungen und für einen besseren Umgang mit dem Schmerzproblem liefern. Medikamentös verwendet man dort vorzugsweise Opiate, Steroide und heute auch die zentral analgetisch wirkenden Antidepressiva. Spezifische Maßnahmen wie Bestrahlung oder Zytostatika drängen sich zusätzlich bei tumorbedingten Schmerzen auf. Oft sind es erst Kombinationen von Medikamenten, die zu einer effizienten Analgesie über längere Zeit führen und auch stets wieder angepaßt werden müssen.

8.7 Schlaf

8.7.1 Phänomenologie des gesunden Schlafes

Schlaf in all seinen Dimensionen zu erfassen, ist sehr schwierig. Wir wissen lediglich mit Sicherheit, daß er kein Zustand völliger Inaktivität und auch nicht unnötig ist. In diesem Kapitel sollen physiologische und psychologische Grundlagen des Schlafes und von Schlafstörungen beschrieben werden. *Physiologisch* läßt sich der Schlaf z. B. an Veränderungen der Hirnstromaktivität, des Muskeltonus oder der Augenmotilität nachweisen. *Psychologisch* stellt der Schlaf einen regressiven Zustand dar, was bedeutet, daß sich Schlafende zurückgezogen und scheinbar ohne Beziehung zur äußeren Realität verhalten. Neben Vorstellungen von der Funktion des Schlafes als Zeitperiode der Aufarbeitung von Konflikten und Erinnerungen [9] oder solchen von der „Reinigung" des Gehirns von überflüßiger „Erinnerungsinformation" [29], gibt es eine große Vielfalt von Laienvorstellungen, die auch Eingang in die Interpretation wissenschaftlicher Ergebnisse gefunden haben.

Wieso schlafen wir? Evident ist, daß der Schlaf zusammen mit Essen, Trinken und Sexualität eines der Grundbedürfnisse des Menschen darstellt. Erwachsene schlafen 1/4 bis 1/3 der Zeit eines 24Stundentages, Säuglinge bis 4/5 der Tageszeit [50]. Kann nicht ausreichend geschlafen werden, äußert sich dies beispielsweise in Funktionsstörungen des autonomen Nervensystems, in Stimmungsstörungen, in Ermüdung oder in Belastungsintoleranz. So stellen die Schlafstörungen in der Psy-

chosozialen Medizin ein wichtiges Thema dar. Untersuchungen des Schlafes berücksichtigen entweder elektrophysiologische Ableitungen mittels *Elektroenzephalogramm* (EEG), *Elektromyogramm* (EMG), *Elektrookulogramm* (EOG), *Elektrokardiogramm* (EKG) und *Atemrhythmus* oder *subjektive Berichte*.

Schlafphysiologie. Die physiologische Bedeutung des Schlafes ist bis heute unbekannt geblieben. Elektroenzephalographisch unterscheidet man 5 verschiedene Schlafstadien, welche auch mit dazugehörigen Änderungen in Augenbewegungen, Muskeltonus oder anderen autonomen Reaktionen einhergehen (Abb. 8.16):

Im *Wachzustand* lassen sich im EEG vorwiegend sogenannte Alphawellen nachweisen. Sie haben eine Frequenz von 8–12 Hz. Daneben zeigt das EOG die typischen, sakkadierten Muster, welche durch die raschen Bewegungen der Augenmuskeln zustande kommen. Gleich-

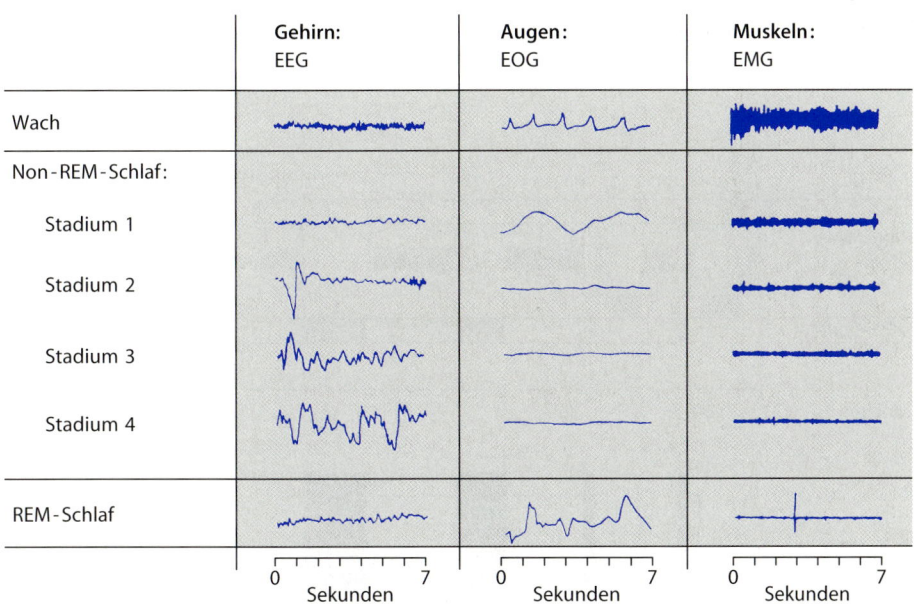

Abb. 8.16. Schlafstadien (Aus Borbély 1984 [3])

zeitig zeigt das EMG eine diffuse, erhöhte Aktivität. Im *Schlafstadium 1*, dem oberflächlichen Schlaf, fehlen die Alphawellen, die Kurve ist gedämpft, die Augen bewegen sich nunmehr langsam, der Muskeltonus ist deutlich herabgesetzt. Im *Stadium 2* finden sich ähnliche Wellenkomplexe wie im Stadium 1, hingegen werden diese intermittierend von spindelförmiger Aktivität (zwischen 12–15 Hz) unterbrochen, bei welcher einzelne langsame Augenbewegungen und kurze, aber geringe Aktivierungsepisoden der Muskulatur festzustellen sind. *Im Stadium 3*, dem ersten Tiefschlafstadium, treten neu Deltawellen mit einer Frequenz von 0.5 bis 2.5 Hz auf, die im *Stadium 4* definitionsgemäß mit über 50 % das Kurvenbild beherrschen. Gleichzeitig nimmt der Muskeltonus ab, die Augenbewegungen sistieren, die Herzfrequenz verlangsamt sich, ebenso die Atmung. Die Stadien 3 und 4 werden oft auch als *Tiefschlaf* bezeichnet.

Im *Stadium des REM-Schlafes*, bei welchem wie in den Stadien 3 und 4 die Weckbarkeit herabgesetzt ist, findet sich im EEG ein dem Wachzustand ähnliches Wellenbild, dazu bewegen sich die Augen rasch und intensiv (davon der Name: *r*apid *e*ye *m*ovement sleep), der Muskeltonus nimmt in einzelnen Muskelgruppen kurzzeitig zu, wobei es zu Zuckungen kommt. Die Atem- und Herzfrequenz steigt ebenfalls markant an. Hinzu kommen Peniserektionen beim Mann und Kontraktionen der Scheidenmuskulatur sowie Bewegungen des Uterus bei der Frau.

Die verschiedenen Schlafstadien werden normalerweise nach einem bestimmten Zeitmuster durchlebt, das man *Schlafarchitektur* nennt (Abb.8.17). Dieses Schlafmuster ändert sich während der gesamten Lebensspanne [3].

Psychologie des Schlafes. Subjektive Berichte sind zwar oft interessant, in ihrer objektivierbaren Wertigkeit jedoch beschränkt, als daß von Schlafenden weder der Eintritt des Schlafes noch Ereignisse während des Schlafes genau erinnert werden. Erst beim Erwachen beginnt das subjektive Erleben, wie es von den Menschen tagsüber in seiner Rationalität

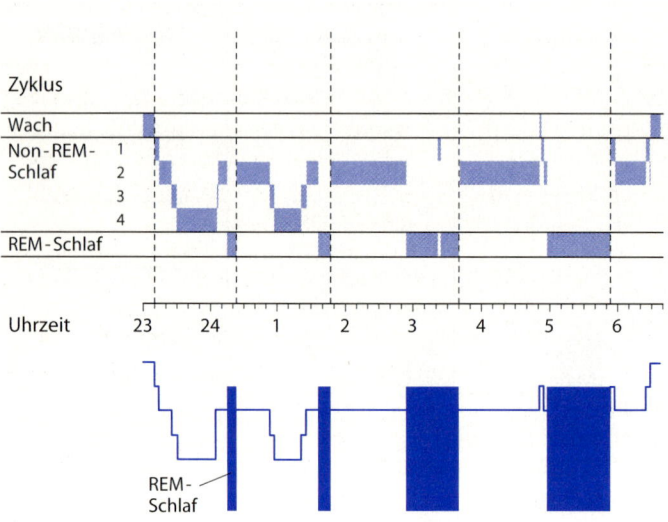

Abb. 8.17. Schlafprofil einer ganzen Nacht (Aus Borbély 1984 [3])

empfunden wird. In einer Übersichtsarbeit stellt Schmitt-Hellerau [45] die verschiedenen psychologischen und psychoanalytischen Erklärungsmodelle dar. Sie sind vielfältig und beziehen sich auf die Bedeutung dieses besonderen Vorganges ebenso wie auf die verschiedenen Erklärungsmöglichkeiten zum Verständnis des Traums.

Symbolische Bedeutung. Die Symbolik des Schlafes ist vielfältig und deutlich von Zeitströmungen bestimmt. So bezeichnete man im Mittelalter den Schlaf als „Bruder des Todes". Andere symbolische Bedeutungen finden sich noch heute in Redensarten wie „zuerst darüber schlafen" bei Problemen oder der „ewige Schlaf" als Symbol des Todes. Allgemein hat der Einfluß wissenschaftlicher Resultate auch die Symbolwelt des Schlafes verändert. So würde man heute zum Beispiel am liebsten im Schlaf lernen, damit auch diese Zeit „nutzbringend" verbracht werden kann.

8.7.2 Schlafstörungen

Über Störungen des Schlafes, vor allem wenn sie sporadisch vorkommen, berichten über 30 % aller Menschen. Diese Auftretenshäufigkeit ist altersabhängig und kann im Senium bis 90 % betragen.

> **!** Nach allgemein akzeptierter Definition [23] leiden Patienten dann an einer *chronischen Schlafstörung*, wenn bei ihnen über einen Zeitraum von mehreren Wochen,
>
> - die Zeit des Nachtschlafes (unabhängig von äußeren Ge-

gebenheiten) 6 $\frac{1}{2}$ Stunden unterschreitet;
- Unregelmäßigkeiten und Verschiebungen der Schlafzyklen zu beobachten sind;
- Störungen bestimmter Schlafstadien vorliegen und
- Störungen von Ein- und Durchschlafen auftreten, indem die Einschlaflatenz regelmäßig mehr als $\frac{1}{2}$ h beträgt und nächtliche Wachzeiten von über $\frac{1}{2}$ h vorliegen.

Einige dieser Kriterien sind hingegen isoliert ohne wesentliche Bedeutung, da beispielsweise die durchschnittliche Schlafdauer von 5–10 Stunden täglich schwanken kann, ohne daß dabei bei Betroffenen eine Schlafstörung vorliegt. Allerdings scheint es einen Zusammenhang zwischen Schlafdauer und Sterblichkeitsrate zu geben, wobei eine 6stündige Schlafzeit das geringste Sterberisiko tragen soll [37].

Phänomenologie von Schlafstörungen. Üblicherweise werden folgende Schlafstörungen unterschieden:

- Einschlafstörung / Durchschlafstörung wegen psychophysiologischer, psychischer oder drogeninduzierter Störungen sowie aufgrund anderer medizinischer Diagnosen;
- Störungen mit exzessiver Schläfrigkeit;
- Störungen des Schlaf-Wach-Rhythmus;
- Parasomnien (Schlafwandeln = Somnambulismus, Nächtliches Aufschrecken = Pavor nocturnus, Bettnässen = Enuresis).

Borbély [3] hat noch weitere Unterteilungen angeführt: Bei somatischen und psychiatrischen Krankheiten finden sich meist *Störungen der Schlafarchitektur.*

Anhand des Schlafmusters im EEG und anderen physiologischen Ableitungen lassen sich sogar bestimmte Krankheitszustände diagnostizieren wie z. B. das *Schlaf-Apnoe-Syndrom* (mit typischem zeitlich vermindertem Auftreten der Schlafstadien 3 und 4) oder das Fibromyalgie-Syndrom (mit typischem Alpha-Delta-Muster im EEG). Diese Störungen des normalen Schlafmusters führen neben erkennbaren physiologischen Mustern natürlich auch zu subjektiv erlebten Veränderungen.

Pathologische Schlafanfälle. Nicht unerwähnt bleiben dürfen auch die pathologischen Schlafanfälle bei Schlaf-Apnoe oder Narkolepsie-Patienten tagsüber. Sie werden oft abwertend als fehlender Anstand bewertet. In schwerwiegenden Fällen können aber auch Unfälle mit Todesfolge resultieren (z. B. Lastwagenunfälle auf Autobahnen). Immerhin gilt, wohl der Häufigkeit und Allgegenwärtigkeit wegen, die Schlafstörung wie das Wetter als beliebtes Konversations- und Salonthema.

Soziale Auswirkungen. Schlafstörungen haben oft eindrückliche soziale Auswirkungen. So führen sie nicht selten zu Störungen in der Partnerschaft, durch „unbeabsichtigte" Beeinträchtigung der Bezugsperson. Wenn man bedenkt, daß im Erwerbsalter ein großer Teil des partnerschaftlichen Lebens schlafend zugebracht wird, kann man sich vorstellen, daß schon bei geringen Änderungen in Schlafgewohnheiten, Schlafrhythmus u. a. sich hier rasch Probleme einstellen können.

8.7.3 Schlafhygiene und zirkadianer Rhythmus

Regeln der Schlafhygiene. Nicht selten läßt sich der Schlaf schon alleine dadurch deutlich verbessern, daß folgende Regeln eingehalten werden [3]:

- *Regelmäßige Bettzeit.* Der Schlaf sollte jeweils in der gleichen Periode des 24Stunden-Zyklus erfolgen. Unregelmäßige Schlafzeiten wirken sich negativ auf den Schlaf aus.
- *Die Abendstunden sollten der Muße und Entspannung gewidmet sein.* Intensive körperliche oder geistige Tätigkeiten können den Schlaf beeinträchtigen. Auch schwere Mahlzeiten abends sind nicht ratsam.
- *Kein Mittagsschlaf.* Beim Vorliegen von Schlafstörungen ist es von Vorteil, auf den Schlaf tagsüber zu verzichten, um dadurch nicht das Schlafbedürfnis abends zu verringern.
- *Kein Koffein, Alkohol und Nikotin.* Koffeinhaltige Getränke (Kaffee, Tee, Coca-Cola) und starkes Rauchen haben eine stimulierende Wirkung auf das Nervensystem und sind daher in den Stunden vor dem Zubettgehen zu meiden. Obwohl ein Glas Wein vor dem Schlafengehen das Einschlafen begünstigen kann, wirken sich größere Mengen von Alkohol schlafstörend aus.
- *Günstige Schlafbedingungen*: Geschlafen werden sollte in einem ruhigen, abgedunkelten, gut gelüfteten und nicht zu stark geheizten Raum. Das Bett sollte genügend groß sein, um entspanntes Liegen und Bewegungen zu erlauben. Viele Leute bevorzugen flache, nicht zu weiche Bettunterlagen.

Oft übersehen werden bei Erwerbstätigen die negativen Einflüsse der *Schichtarbeit.*

Sie stört nicht nur den physiologischen Schlafrhythmus, sondern kann überdies zu erhöhter Morbidität führen. Als bekanntes, aber in den meisten Fällen relativ einmaliges Phänomen einer Schlafstörung gilt der *„jet-lag"*, der sich durch die Änderung des Tag-Nacht-Rhythmus zufolge Zeitzonenüberschreitung ergibt.

Zirkadianer Rhythmus. Wie chronobiologische Untersuchungen zeigen konnten, gibt es einen endogenen zirkadianen Rhythmus, der Schlaf- und Wachperioden reguliert. Man hat diesem Zeitgeber auch schon den Namen einer *„Inneren Uhr"* gegeben. Der endogene Rhythmus wird durch äußere Faktoren wie z.B. das Tageslicht reguliert. Fällt diese Möglichkeit weg, wie z.B. in Dunkelexperimenten, so zeigt es sich, daß die innere Zeitgebung etwas länger als 24 h, nämlich gegen 26 h dauert. Somit ergäbe sich eine Zeitverschiebung von ungefähr einem ganzen Tag pro 12–15 Tage. In Abhängigkeit von diesem Rhythmus finden Änderungen in der Kaliumausscheidung der Nieren, im Hormonhaushalt (Kortisol-Tagesrhythmus) und anderen Systemen (beispielsweise im Tryptophan- und Melatonin-Metabolismus des ZNS) statt, auf die hier nicht eingegangen werden kann [26].

8.7.4 Träume

Der Traum als Störenfried des Schlafes? Seit Alters her hat sich die Menschheit intensiv mit dem Phänomen des Träumens beschäftigt. Traumdeuter gelangten im Altertum zu hohem Ansehen. Aussagen in traumähnlichem Zustand wurden für göttliche Eingebungen gehalten (Orakel von Delphi) und in vielen Träumen glaubten die Menschen zukünftige Ereignisse vorhersagen oder bei richtigem Erkennen der Traumbotschaft verhindern zu können.

Funktion von Träumen. Im Kap. 7.1.3 wurde schon auf die mögliche Funktion von Träumen hingewiesen. Nach den bahnbrechenden Entdeckungen von Sigmund Freud [9], was den Traum und dessen Funktion betrifft, ist auch seitens der medizinischen Wissenschaften einiges geleistet worden, was man durchaus als Durchbruch in der Erfassung der Bedeutung von Träumen bezeichnen darf. So hat in den 70er Jahren Hoffmann [32] auf die Bedeutung der verschiedenen Traumarten und deren Beziehung zu psychischen Instanzen hingewiesen. Man fand bei Experimenten im Schlaflabor, daß Träumen in den Schlafstadien 3 und 4 andere Bilder und Inhalte bringt als Träumen in der REM-Phase, in welcher diese farbig und am lebhaftesten sind. Mit anderen zusammen haben Koukkou und Lehmann [36] versucht, der psychoanalytischen Theorie des Traumes eine neurophysiologische Grundlage zu geben. Doch heute ist die Situation diesbezüglich ernüchternd. Neue Theorien sind hinzugekommen, ohne daß sich eine einheitliche Sichtweise hätte etablieren können. So gelangen heute vermehrt auch kybernetische, molekulare oder informationstheoretische Modelle ins Blickfeld [3,29]. Die zunehmende Einschränkung auf rein deskriptive Dimensionen hat die dynamische Erfassung der Schlaf- und Traumvorgänge eher verhindert, statt Einsichten zu fördern. Bis heute fehlt diesen neuen Konzepten jedoch die klinische Relevanz ebenso wie die therapeutische Brauchbarkeit. Vielleicht werden wir aber bald von endogenen Schlafsubstanzen hören (z.B. SPP, Sleep promoting peptide), die das Verständnis und auch die Therapie von Schlafstörungen revolutionieren könnten.

Leichte Schlafstörungen. Bei jeder Schlafstörung ist von einer individuellen Situation auszugehen. Schlafstörungen bleiben etwas grundlegend Subjektives, und es wäre wohl verfehlt, mit einer Etikettierung gleich auch eine Therapie zu meinen. Im Vordergrund jeder Analyse einer Schlafstörung stehen deshalb auch die Erfragung der *subjektiven Bedeutung* und der *psychosozialen Umgebungsfaktoren*. Nicht selten ist es ausreichend, den Patienten von der psychologischen und gesundheitlichen Harmlosigkeit einer zeitweilig auftretenden Schlafstörung zu überzeugen, ihn beim Finden individueller Schlafrituale zu unterstützen und die Entkoppelung von Angst und Nichtschlafenkönnen zu ermöglichen.

Schlafstörung als Begleitsymptom. Für die Behandlung leichter Schlafstörungen eignen sich auch sog. Schlafratgeber, welche den Leser in allgemein verständlicher Sprache über Grundlagen der Schlafphysiologie und Verbesserung der Schlafhygiene informieren [42]. Wo Schlafstörungen im Zusammenhang mit somatischen oder psychiatrischen Krankheiten auftreten, müssen selbstverständlich diese spezifisch angegangen werden. Dazu kann die Behandlung einer Herzinsuffizienz ebenso gehören wie die Diagnose und Behandlung einer Demenz, Depression, Angststörung oder anderer psychiatrischer Krankheiten. Auch vom Patienten kaum geäußerte Schmerzen können einen ruhigen Schlaf verunmöglichen.

Gezielte therapeutische Maßnahmen. Im Rahmen der wissenschaftlichen Beschäftigung mit dem Schlaf-Wach-Rhythmus haben ältere Methoden wie der *sequentielle Schlafentzug*, der euphorisierend und ebenso antidepressiv wirkt, in der Behandlung von Schlafstörungen wieder vermehrte Beachtung gefunden.

Medikamente, die den Schlaf anstossen oder narkotisierend wirken, sollten nur sporadisch und keinesfalls längerfristig eingenommen werden. Schlafmittel interagieren nicht selten mit anderen Medikamenten. Auf diesen Aspekt sollte vor allem in der Behandlung älterer Patienten mit Multimorbidität geachtet werden.

8.8   Psychoneuroimmunologie

An verschiedenen Stellen dieses Kapitels wurde schon kurz erwähnt, daß das Immunsystem des Körpers auf psychische Stimuli, insbesondere auf emotionale Belastungszustände reagiert. In diesem Gebiet der Psychophysiologie sind einige grundlegende Interaktionsprozesse erforscht, jedoch noch viele Fragen offen. Die meisten Untersuchungen wurden bisher an Tieren und gesunden Personen durchgeführt. Vieles deutet darauf hin, daß die dabei gewonnenen Ergebnisse nicht ohne weiteres auf den kranken Organismus übertragen werden können. Wie schon in den vorangegangenen Kapiteln können an dieser Stelle nur einige wenige Befunde dieses sich rasch entwikkelnden Forschungsgebietes behandelt werden. Ausführlichere Darstellungen finden sich in umfassenderen Monographien [15,16].

8.8.1   Verbindungen zwischen Zentralnervensystem und Immunsystem

Interagierende Teilsysteme. Die Prozesse zwischen dem Gehirn und dem Immunsystem laufen über zwei Übertragungssysteme, das *periphere Nervensy-*

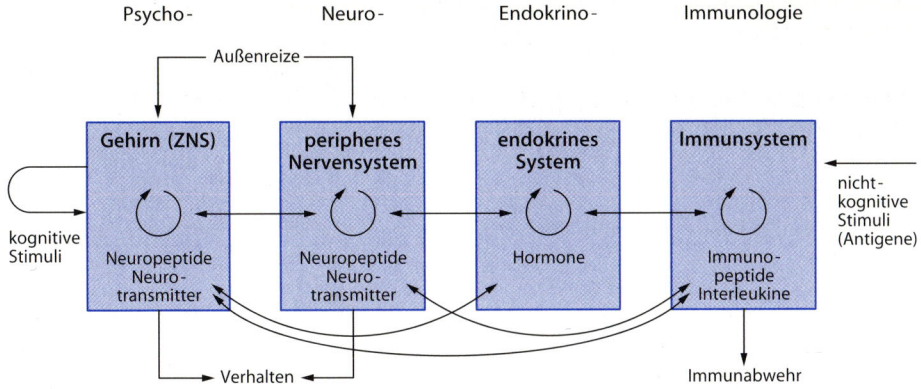

Abb. 8.18. Teilsysteme des psychoneuroimmunologischen Systems (Aus Zänker 1991 [51])

stem und das *endokrine System.* In Abbildung 8.18 sind die Wechselwirkungen zwischen den beteiligten Systemen schematisch dargestellt. Die Kommunikation zwischen und innerhalb dieser Teilsysteme erfolgt über zahlreiche Signal- und Botenstoffe. In das – in der Abbildung stark vereinfacht dargestellte – Gesamtnetzwerk, das durch zahlreiche Rückkopplungsschleifen und eine innere Dynamik gekennzeichnet ist, gliedern sich auch psychische Prozesse ein wie Wahrnehmen, Denken, Fühlen und Verhalten.

Zelluläre Grundbausteine des Immunsystems. Die Leukozyten mit ihrer Fähigkeit zur *Phagozytose* sind die Grundbausteine des Immunsystems. Sie werden durch das in mehreren Organen (Milz, Leber, Lunge, Lymphknoten) lokalisierte *retikuloendotheliale System* (RES) in ihrer Funktion unterstützt. Leukozyten können Bakterien und Giftstoffe entdecken, in sich aufnehmen und durch Verdauung unschädlich machen. Diese *unspezifische zelluläre Abwehr* ist angeboren.

Humorale Immunität. Stoffe, die den Körper zur Bildung von Antikörpern an-

regen, werden als *Antigene* bezeichnet. Die von ihnen angeregte *Bildung von Antikörpern* erfolgt in den Lymphozyten. Die sog. *B-Lymphozyten* produzieren Antikörper, die sie an das Blut abgeben (*erworbene spezifische humorale Immunität*), während die *T-Lymphozyten* die von ihnen gebildeten Antikörper in der Zellmembran einbauen (*erworbene spezifische zelluläre Immunität*). Kommt ein T-Lymphozyt mit einem Antigen in Berührung, bildet er in seiner Zellmembran Antikörper aus und wird dadurch zu einem Killer-Lymphozyten (*Killer-Zelle*).

Krankheit und Immunsystem. Grundsätzlich können Immunreaktionen auf vier Wegen zu Krankheiten führen (Tabelle 8.16). ZNS und endokrines System können auf alle vier Möglichkeiten der pathologischen Entwicklung Einfluß nehmen. *Die Beziehungen zwischen den neurophysiologischen Vorgängen und den immunologischen Prozessen sind in der Regel nicht linear.* In den meisten Fällen bestehen *Grenz- und Schwellenwerte*, deren Überschreiten sprungartig zu pathologischen Entwicklungen (z. B. von bestimmten bösartigen Tumoren) führt [2].

Tabelle 8.16. Immunreaktion und Krankheit (Aus Birbaumer und Schmidt [2])

	Immunreaktion zu schwach	zu stark
Pathologischer Einfluß von außen	Infektionskrankheiten AIDS	Allergien
Pathologischer Einfluß von innen	Krebs	Autoimmunkrankheiten, z. B. chronische Polyarthritis, Multiple Sklerose

8.8.2 Autonomes Nervensystem und Immunreaktion

Zwischen dem autonomen Nervensystem (ANS) und dem Immunsystem (IS) gibt es *kurze, mittellange und lange Kommunikationswege*. Auf Einzelheiten kann hier nicht näher eingegangen werden. Die folgenden Feststellungen fassen einige wesentliche Gesichtspunkte zusammen:

! Neurotransmitter, die für Verhalten, Emotionen und Motivation wichtig sind, regeln auch die Funktion des Immunsystems. Die *Reduktion der Immunreaktivität mit dem Lebensalter* ist eng an die abnehmende noradrenerge Innervation von Lymphgewebe gekoppelt. Dies erklärt, weshalb im Alter sowohl die Infektionsanfälligkeit wie auch die Wahrscheinlichkeit für Krebs- und Autoimmunkrankheiten zunimmt.

8.8.3 Streß und Immunsystem

Wie in Kap. 8.4 beschrieben wurde, kommt es bei längerdauernden *Distreßerfahrungen* zu einer Aktivierung der Hippocampus-Hypothalamus-Hypophysen-Nebennierenrinde-Achse und als Folge davon zu einer erhöhten Ausschüttung von ACTH und Glukokortikoiden. Letztere führen an den meisten Immunzellen zu einer **Hemmung von Immunfunktionen**, was auch den entzündungshemmenden Effekt von Glukokortikoiden in vielen Körpersystemen erklärt.

Eustreß und Immunantwort. Zeitlich kurze Belastungen, die gemeistert werden können, führen zu einem **Anstieg von Prolaktin und Wachstumshormon**. Beide Stoffe sind für Wachstum und Reifung des Organismus, so auch des Immunsystems, verantwortlich. *Kurzdauernder Streß scheint somit auf das Immunsystem eine eher stimulierende Wirkung zu haben.*

8.8.4 Depression und Immunsystem

Zahlreiche Untersuchungen haben gezeigt, daß eine längerdauernde depressive Gefühlslage mit einer Schwächung des Immunsystems einhergeht [15,16]. Als

Erklärung für diesen Sachverhalt werden vor allem die **Verhaltensweisen depressiv Kranker** diskutiert. Sie schlafen weniger, rauchen und trinken mehr und bewegen sich weniger. Dies sind alles Faktoren, welche die Immunaktivität hemmen.

> **!** Zusammenfassend läßt sich sagen, daß nach dem heutigen Wissensstand **kurzdauernde Eustreßerfahrungen** zu einer **Stimulierung** immunologischer Funktionen und **längerdauernde Distreßerfahrungen**, verbunden mit Gefühlen von Hilflosigkeit und Depression, zu einer **Schwächung** des Immunsystems führen.

8.9 Entspannungsverfahren

Zum Schluß dieses Kapitels soll noch auf eine wichtige Möglichkeit zur **unspezifischen Milderung des Aktivierungszustandes sowohl des zentralen als auch des peripheren Nervensystems** hingewiesen werden. Es handelt sich dabei um sog. Entspannungsverfahren [18], welche für Patienten geeignet sind, die an Symptomen eines erhöhten Sympathikotonus (vgl. Kap. 8.1.3) leiden. Diese Verfahren sind leicht erlernbar und können von häufig gestreßten Personen selbständig während des Tages in kurzen Arbeitspausen durchgeführt werden.

8.9.1 Progressive Muskelentspannung (PME)

Bei der von Edmund Jacobson, einem amerikanischen Physiologen, entwickelten Methode wird durch gezielte Übungen eine **willentliche Entspannung der wichtigsten quergestreiften Muskelgruppen** angestrebt. Bei der Durchführung wird der Übende aufgefordert,

- die jeweils angesprochene Muskelgruppe so weit anzuspannen, daß die Spannungsempfindung gerade noch schmerzfrei erlebt wird,
- die Spannung über eine Zeit von wenigen Minuten zu halten und dann
- die Spannung wieder loszulassen und die Empfindungen in den gelockerten Muskeln bewußt wahrzunehmen.

Die PME wird überwiegend in einer **Kurzform von 8 Übungsstunden** vermittelt, in denen die Teilnehmer schrittweise lernen, die wichtigsten Muskelgruppen ihres Körpers zu entspannen. Die psychologischen und neurophysiologischen Effekte der Übungsbehandlung konnten umfassend wissenschaftlich dokumentiert werden [18].

8.9.2 Autogenes Training (AT)

Die von dem deutsche Psychotherapeuten J.H. Schultz entwickelte Methode hat zum Ziel, über Selbstentspannung zu einer **organismischen Umschaltung** von einer aktivitätsgerichteten ergotropen in eine der Erholung dienende trophotrope Reaktionslage zu kommen. Das AT kann als eine Form der Autohypnose betrachtet werden. Zu dem Verfahren gehört das Erlernen bestimmter Übungen (Schwere-, Wärme-, Atem-, Herz-, Bauch- und Stirnkühleübung). Die Übungen sollen ebenso wie die PME zu allgemeiner körperlicher Entspannung und psychovegetativer Aktivitätsminderung führen. Obwohl das AT ein altbekanntes und bewährtes Verfahren ist, liegen bisher noch keine methodisch guten Untersuchungen vor, mit dem seine Wirksamkeit eindeutig nachgewiesen werden konnte [18].

Die Psychophysiologie ist ein breites interdisziplinäres Gebiet, welches sich in den letzten Jahren in zahlreiche Teilgebiete aufgegliedert hat. Die in diesem Kapitel behandelten Themen konzentrieren sich auf einige grundlegende Prozesse, nämlich die *Interaktionsabläufe zwischen zentralem und peripherem Nervensystem unter dem Einfluß von bestimmten kognitiven und emotionalen Zuständen*. Bei Eustreß und Distreß wirken soziale, psychologische und physiologische Faktoren zusammen. Längerdauernde Distreßerfahrungen gehen mit einem erhöhten Morbiditätsrisiko einher. Streß entsteht aus einer Transaktion zwischen Umwelt und Person und Distreß meint ein Ungleichgewicht zwischen äußeren Anforderungen, deren Regulierbarkeit und sozialer Unterstützung. Am Beispiel von Arbeitsstreß läßt sich zeigen, daß sowohl ungünstige strukturelle Rahmenbedingungen, wie quantitative und qualitative Überforderung zu Überlastung führen. Möglichkeiten, auf den Arbeitsprozeß gestaltend Einfluß zu nehmen, führen zu Streßminderung.

Die praktische Bedeutung psychophysiologischer Prozesse zeigt sich in Lebensbereichen wie der Sexualität, dem Schlaf sowie am Phänomen Schmerz. Fehlverhalten und ängstlich-depressive Emotionen können in allen drei Bereichen zu Zuständen von Krankheitswert führen. Andererseits können gezielte Empfehlungen zu Verhaltens- und Einstellungsänderungen Beschwerden und Symptome mildern.

Die Psychoneuroimmunologie untersucht Zusammenhänge zwischen Verhalten und Immunsystem. Das autonome Nervensystem und das endokrine System sind die wichtigsten Bindeglieder zwischen Gehirn und Immunsystem. Emotionale Prozesse können über diese Bindeglieder die Immunreaktion in stimulierender oder hemmender Weise beeinflussen.

Literatur

Weiterführende Lehr- und Handbücher

1. Alexander F.: Psychosomatische Medizin. Berlin: De Gruyter 1971
2. Birbaumer N., Schmidt R.F.: Biologische Psychologie. 3. Auflage. Berlin Heidelberg: Springer 1996
3. Borbély A.: Das Geheimnis des Schlafs. Stuttgart: DVA 1984
4. Buddeberg C.: Sexualberatung. 3. überarbeitete Auflage. Stuttgart: Enke 1996
5. Cannon's Stress Konzept: Überblick in Goldstein D.S.: Stress as a scientific idea: A homeostasis theory of stress and distress. Homeostasis Health Dis 36:177–215, 1995
6. Dilling H., Mombour W., Schmidt M.H.: Internationale Klassifikation psychischer Störungen – ICD-10, Kapitel V (F). Bern Göttingen: Huber 1991
7. Engel G.L.: Psychisches Verhalten in Gesundheit und Krankheit. Bern: Huber 1977
8. Fields H.L.: Pain- Mechanisms and Management. West J Med 141:347–357, 1984
9. Freud S.: Die Traumdeutung (1900). Gesamtausgabe Band 2/3, S. 1–642, London: 1977
10. Henry J.P., Stephens P.M.: Stress, Health and the Social Environment. New York Heidelberg Berlin: Springer 1997
11. Hertoft P.: Klinische Sexologie. Köln: Deutscher Ärzteverlag 1989
12. Karasek R., Theorell T.: Healthy work – Stress, productivity, and the reconstruction of working life. New York: Basic Books 1990
13. Klussmann R.: Psychosomatische Medizin. 3. Auflage. Heidelberg Berlin: Springer 1996
14. Melzack R., Wall P.D.: Pain mechansims, a new theory. Science Volumen: 971–9, 1965
15. Schedlowski M., Tewes U.: Psychoneuroimmunologie. Heidelberg Berlin: Spektrum 1996
16. Schulz K.H., Kugler J., Schedlowski M. [Hrsg.]: Psychoneuroimmunologie. Bern Göttingen: Hans Huber 1997
17. Schüssler G.: Psychosomatik/Psychotherapie systematisch. Lorch: UNI-MED 1995
18. Senf W., Broda M. [Hrsg.]: Praxis der Psychotherapie. Stuttgart: Thieme 1996
19. Siegrist J.: Medizinische Soziologie. 5. Auflage. München Wien: Urban & Schwarzenberg 1995
20. Siegrist J.: Soziale Krisen und Gesundheit. Göttingen Bern: Hogrefe 1996

Einzel- und Übersichtsarbeiten

21. Anzieu D.: Au fond du soi, le toucher. Rev Franç Psychanalyse 48:1385–98, 1984
22. Arntz A., De Jong P.: Anxiety, attention and pain. J Psychosom Res 37:432–8, 1993
23. ASCD, Association of Sleep Disorder Centers 1979. Diagnostic classification of sleep and arousal disorders. Sleep 2: S. 1–137, 1979
24. Berde C.B., Glick R.: The placebo response: powerful and still puzzling. IASP Newsletter, S. 3–5, August 1994
25. Bonica J.J.: The Management of Pain. Vol. I. 2nd Ed. Philadelphia London: Lea & Febiger 1990
26. Brown G.M.: Light, melatonin and the sleep-wake cycle. J Psychiat Neurosci 19:345–53, 1994
27. Cameron O.G., Lane R.D., Casey K.L., Rauch S.L.: Emotion and related phenomena: Functional imaging studies. Psychosom Med 60:117–118, 1998
28. Connor M.J.: Locus of control. Therapeut Care Education 4:16–26, 1995
29. Crick F., Mitchinson G.: The function of dream sleep. Nature 304:111–114, 1983
30. European CNS Advisory Board: Management of stress – a physician's slide kit. London: Solvay Pharmaceuticals 1996
31. Hoffmann S.O., Egle U.T.: Risikofaktoren und protektive Faktoren für die Neurosenentstehung. Psychotherapeut 41:13–16, 1996
32. Hoffmann S.O.: Zum psychoanalytischen Verständnis von Schlafstörungen. Entwurf einer strukturtheoretischen Klassifizierung. Psychother Med Psychol 25:51–8, 1977
33. Holmes T.H., Rahe R.H.: The social readjustment rating scale. J Psychosom Res 11:213–218, 1967
34. Kinsey A.C, Pomeroy WB, Martin CE: Das sexuelle Verhalten des Mannes. Berlin: Fischer 1966
35. Kocher R.: Psychopharmaka bei chronischem Schmerz. Basel: Ciba Geigy 1987
36. Koukkou M., Lehmann D.: Psychophysiologie des Träumens und der Neurosetherapie: Das Zustands-Wechsel-Modell, eine Synopsis. Fortschr Neurol Psyc 48:324–50, 1980
37. Kripke D.F., Simons R.N., Grafinkel L., Hammond E.C.: Short and long sleep and sleeping pills: Is increased mortality associated? Arch Gen Psychiat 36:103–16, 1979
38. Marmot M.G., Shipley M.J., Rose G.: Inequalities in Death-Specific Explanation of a General Pattern. Lancet 1:1003–1006, 1984
39. Marmot M.G.: Work and other factors influencing coronary health and sickness absence. Work and Stress 8:191–201, 1994
40. Masters W.H., Johnson V.E.: Die sexuelle Reaktion. Reinbek: rororo Sexologie 1970

41. Nitsch J.R., Hackfort D.: Stress und Schule. In: Nitsch J.R. [Hrsg.]: Stress-Theorien, Untersuchungen, Massnahmen. S. 261–311. Bern Stuttgart Wien: Huber 1981

42. Oswald J., Adam K.: So schlafen Sie besser. Wien: ORAC 1984

43. Peck C., Coleman G.: Implications of placebo theory for clinical research and practice in pain management. Theoretical Med 12: 247–70, 1991

44. Pollock H.G.: The ghost that will not go away: Specificity theory today. J Am Acad Psychoanal 5:421–30, 1977

45. Schmitt-Hellerau C.: Das Es und das Ich – Metapsychologische Überlegungen zum Thema Schlafstörungen. Z Psychoanal Theorie und Praxis VI 2:198–231, 1991

46. Schorsch E.: Perversion, Liebe, Gewalt. Stuttgart: Enke 1993

47. Siegrist J.: Der Einfluss sozialer Faktoren auf die Entstehung chronischer Krankheiten am Beispiel ischämischer Herzkrankheiten. Internist 25:659–666, 1984

48. Sigusch V. [Hrsg.]: Sexuelle Störungen und ihre Behandlung. Stuttgart New York: Thieme, Vandenhoeck & Rupprecht 1996

49. Stemmler G.: Psychophysiologie der Emotionen. Zsch psychosom Med 42:235–260, 1996

50. Strauch I.: Grundlage und Differentialdiagnose primärer Schlafstörungen. Schweiz. Rundschau Med (PRAXIS) 74:1296–1300, 1985

51. Zänker K.S.: Kommunikationsnetzwerke im Körper. Heidelberg: Spektrum 1991

Der Blick auf die Gesundheit hängt von den Sehenden ab und ändert sich mit ihnen: Mit den Kulturen, den Gesellschaften, dem Lebensalter, dem Geschlecht, dem Bildungsgrad. Er hängt auch von den Mitteln des Sehens ab: Dem Wissensstand, den bereits erfundenen Instrumenten und Techniken der Beobachtung, den involvierten Disziplinen.

Seit je wird versucht, Wesen und Bedeutung von Gesundheit zu ergründen. Die Vergegenwärtigung unterschiedlicher und auch früherer Konzepte mag mithelfen, die heutigen, maßgeblich von finanziellen Aspekten geprägten Sichtweisen zu reflektieren, wie auch das Spektrum von Werten, die mit Gesundheit verknüpft werden.

Es ist nicht nur von historischem oder theoretischem Interesse, unterschiedliche Konzepte von Gesundheit und Krankheit kennenzulernen. Diese Vorstellungen beeinflussen die Gesundheits- und Sozialpolitik, den Aufbau und die Entwicklung von Gesundheitssystemen. Sie haben auch unmittelbare Konsequenzen auf das Verhalten von Ärzten und Laien und wirken sich auf die Verständigung zwischen Ärzten und Patienten aus, die oft nicht übereinstimmende Vorstellungen von Gesundheit und Krankheit haben.

Grundlegende, noch heute geltende Vorstellungen gehen auf die griechische Antike und das ausgehende Altertum zurück, wie z. B. der im **Eid des Hippokrates** formulierte moralisch-ethische Leitgedanke, immer zum Wohle der Kranken zu handeln. Während im Mittelalter und in langen Phasen der Neuzeit das Thema Gesundheit vorwiegend in Anlehnung an das Wissen der Antike behandelt wurde [11], gewann es im 19. und 20. Jahrhundert im Zuge der sich entwickelnden Natur- und Sozialwissenschaften neue Aktualität.

1946 wurde von der **WHO eine Definition von Gesundheit** lanciert, auf welche sich die weltweit größte Expertengruppe einigte: Daß Gesundheit ein Zustand vollständigen körperlichen, geistigen und sozialen Wohlbefindens sei und nicht nur die Abwesenheit von Krankheit. Diese vielzitierte und -kritisierte Definition leitete nachhaltig ein handlungsbezogenes Nachdenken über Gesundheit ein. Trotz ihres utopisch weitreichenden, normativen und statischen Charakters hat keine andere Gesundheitsdefinition soviel bewegt und wie ein **gesundheitspolitisches Programm** gewirkt. Die technologischen Fortschritte des ausgehenden zwanzigsten Jahrhunderts (Molekularbiologie, neue bildgebende Verfahren, Informatik, Verarbeitung großer Datenmengen) bringen sowohl im natur- wie sozialwissenschaftlichen Bereich einen Wissenszuwachs, welcher das Verständnis von Gesundheit und Krankheit erweitert und die Vorstellungen darüber mitbeeinflußt.

9.1 Gesundheitsmodelle, Krankheitsmodelle

Bis weit in die Antike zurück lassen sich nebeneinander bestehende gegensätzliche Konzepte erkennen. So werden *Gesundheit und Krankheit* seit je einerseits *als Gegensätze* verstanden, andererseits *als ein dynamisches Gleichgewicht* mit fließenden Übergängen. Auch läßt sich das Verständnis weit zurück verfolgen, daß das Gleichgewicht zwischen Gesundheit und Krankheit *nicht nur eine individuelle Angelegenheit* ist, sondern *durch die physische und soziale Umgebung mitbeeinflußt* wird.

9.1.1 Gesundheit und Krankheit als Gegensätze

Dichotome Vorstellungen der Antike. In der heutigen medizinischen Praxis sind viele Spuren eines Verständnisses zu finden, welches Gesundheit und Krankheit als Gegensätze betrachtet. Noch immer besteht das Medizinstudium im wesentlichen in der Aneignung von Wissen über krankhafte Zustände des menschlichen Körpers und deren Bekämpfung durch kurative Maßnahmen. Dies hat medizinhistorisch eine lange Tradition. Bereits in der griechischen Gottheit des *Asklepios*, des Heilers von Krankheit, verkörpert sich die Vorstellung, daß Krankheit mit Verlust von Gesundheit und Gesundheit mit Abwesenheit von gesundheitlichen Störungen gleichzusetzen ist. Die ärztliche Funktion beschränkt sich auf das Behandeln von Krankheit. Für die Gesundheit ist eine andere Gottheit, *Hygieia*, zuständig. Die beiden Gottheiten verkörpern zwei unterscheidbare Grundkategorien.

Der Organismus als Maschine. Eine weitere Wurzel dieser Vorstellung geht auf das rationale Denken von *Descartes* zurück, dessen Grundregeln er am Beispiel des Menschen entwickelt hat. Die Tätigkeiten des Körpers werden als „natürliche Folge der Anordnung der Organe in dieser Maschine" bezeichnet [11]. *Gesundheit wird hier zum reibungslosen Funktionieren der Maschine Mensch.* In diesem Modell ist störungsfrei – bzw. krankheitsfrei – identisch mit leistungsfähig. Ein besseres Verständnis des Funktionierens der Maschine führt zu besserer Gesundheit, zu besserer Leistung. Die Person wird gepflegt, um ihre Leistungsfähigkeit zu erhalten. Diese Vorstellungen haben bis heute große Aktualität.

Symptome – Befunde – Diagnosen. Auch *Virchow* verhalf Mitte des 19. Jahrhunderts mit seinen zellularpathologischen Arbeiten einem rationalen, kausalanalytischen Denken zum Durchbruch, das in der Theorie wurzelte, daß es für jede Krankheit spezifische histologische Veränderungen gebe. Krankheiten werden demnach durch den Nachweis erkrankter Zellen diagnostiziert. Auch heute gilt für naturwissenschaftlich-biologische Krankheitsmodelle, daß jeder Krankheit ein pathoanatomisches, histologisches oder pathophysiologisches Geschehen zugrundeliegt. Auf den Manifestationen solcher Krankheitsprozesse beruhen die breit angewandten *medizinisch-diagnostischen Klassifikationssysteme*, wie z. B. die ICD (International Classification of Disease) oder das DSM (Diagnostic Statistical Manual der American Medical Association). Voraussetzung für eine Diagnose ist das Vorliegen definierter Symptome oder Befunde. Gesund ist eine Person, bei welcher solche pathologischen Merkmale fehlen. Je eindeutiger eine Diagnose gestellt oder ausgeschlossen werden kann, umso zufriedener sind

Kliniker. Sie müssen ihre therapeutischen Entscheide nach dem Vorliegen oder Nicht-Vorliegen einer Krankheit oder ihrer abgrenzbaren, behandelbaren Stadien richten. *Diagnostische Eindeutigkeit ist allerdings nicht immer zu erreichen.* Davon zeugt der Ausdruck „Verdacht auf...". Auch bedeutet „ohne Befund" oft genug, daß lediglich nichts nachgewiesen werden konnte. Dies hängt aber wesentlich von der Art und vom Ausmaß der vorgenommenen Untersuchungen ab.

Gliederung

Medizinische Normdefinitionen. Eine Art *Dichotomisierung von „gesund" und „nicht gesund"* findet sich ebenfalls in medizinischen Normdefinitionen. Am anschaulichsten illustrieren dies *Normtabellen*, beispielsweise Laborwerte-, Größen- und Gewichtstabellen etc., deren Beachtung auch heute zum klinischen Alltag gehört. Explizit sollen jene Werte oder Wertebereiche definiert werden, welche Krankheit von Gesundheit abgrenzen. Einem Großteil dieser Tabellen liegt eine *statistische Norm* zugrunde: Der Bereich innerhalb zweier Standardabweichungen vom Mittelwert. Allerdings hat die statistische Norm oft nur beschränkte Gültigkeit. *Biologische Normen* können eine viel größere Schwankungsbreite aufweisen und die Bedeutung pathophysiologischer Abweichungen ist oft unklar. So wurden beispielsweise im 24-Stunden-EKG registrierten Rhythmusstörungen in der Einführungsphase dieser Methode eine zu große pathologische Bedeutung beigemessen. Auch zur Beurteilung histologischer, radiologischer oder klinischer Befunde taugt die statistische Norm kaum. Hier werden epidemiologische Studien benötigt, um das Pathologische vom Normalen, oder zumindest von „harmlosen Veränderungen" abzugrenzen.

Screening-Untersuchungen. Screeninguntersuchungen illustrieren eine besondere Form dieser – unvollkommenen – diagnostischen Dichotomisierung. *Als Screening wird die Identifikation bestimmter Krankheiten bezeichnet, während diese noch asymptomatisch sind.* Diese frühe Identifikation einer Krankheit wird mit Hilfe eines Testes durchgeführt, der „negativ" oder „positiv" ausfällt. Ein solcher Test erlaubt in der Regel jedoch keine Diagnosenstellung. Ein positives Ergebnis bedeutet lediglich einen Verdacht, der mit weiteren Untersuchungen geklärt werden muß. Bei einem negativen Testergebnis wird nicht mehr weiteruntersucht. Je besser ein Test tatsächlich Erkrankte als krank identifiziert und tatsächlich Gesunde als nicht-krank, desto besser ist er als Screening-Methode. Die zur Verfügung stehenden Screening-Tests leisten diese Unterscheidung allerdings nicht vollkommen. Oft muß abgewogen werden zwischen hoher Sensitivität und tiefer Spezifität (hoher Anteil „falsch positiver" Teste, d.h. fälschlicherweise als krank Bezeichnete) oder zwischen hoher Spezifität und tiefer Sensitivität (hoher Anteil „falsch negativer", d.h. fälschlicherweise als gesund Bezeichnete). Beispielsweise weist die *Screening-Methode Mammographie* eine Sensitivität von 75 % und eine Spezifität von 95 % auf. Mit dieser Methode werden somit 25 % der Frauen, welche ein Mammakarzinom haben, nicht erfaßt und nicht weiteruntersucht, hingegen wird bei 5 % fälschlicherweise der Verdacht auf die Diagnose Brustkrebs gestellt. Je nach Krankheitsbild und Screening-Methode kann ein „cut-off" definiert werden, welcher die Anteile von „falsch positiven" und „falsch negativen" Tests in ein möglichst sinnvolles Verhältnis setzt. Dieser „cut-off" versucht, die Tragweite eines Irrtums, aber auch Kostenaspekte zu berücksichtigen.

Normwerte und Normalität. Normbegriffe von Gesundheit sind nicht allein auf physiologische Parameter beschränkt, sie betreffen auch die soziale Dimension. Auch wenn hier eine Zuschreibung von normal zu gesund und „nicht normal" zu „nicht gesund" schwieriger scheint als aufgrund meßbarer physiologischer Parameter oder statistischer Verfahren, gab und gibt es auch hier solche Verknüpfungen. Mit der Entwicklung der modernen Leistungsgesellschaft hat sich die Leistungsfähigkeit als Leitbild für Normalität entwickelt [4]. *Krankheit definiert sich über die Unfähigkeit, einen Normwert an Leistung zu erfüllen.* Entsprechende Regelungen haben sich im Sozialversicherungssystem etabliert, so beim Leistungsausfall bei Erwerbsarbeit oder bei der Altersvorsorge. Leistungsschwache oder Leistungsunwillige unterliegen zunehmend einem finanziellen Ausgrenzungsprozeß.

9.1.2 Gesundheit und Krankheit als Gleichgewicht

Gleichgewichtsmodelle der Antike. Das Konzept von Gesundheit als einem Gleichgewicht mit fließenden Übergängen und als Balance zwischen Individuum und Umwelt, wie es auch im Kapitel 1 in Abb. 1.1 dargestellt ist, läßt sich ebenso weit zurückverfolgen wie die gegensätzliche Begrifflichkeit. Krankheit wird in diesen Konzepten nicht vorwiegend als körperinternes Geschehen betrachtet, sondern als Prozeß, der durch komplexe Wechselwirkungen von Umwelteinflüssen und Reaktionen des Körpers gebildet wird. Dabei wurden ebenfalls seit je verschiedene Dimensionen/Komponenten von Gesundheit wie auch verschiedene äußere Bezugssysteme konzeptionalisiert. Solche Modelle finden

sich bereits in der Antike [11]: Bei den *Pythagoräern* ging es um numerisch richtige Verhältnisse: Gesundheit entstand, indem die ungeformte Materie mittels richtiger Zahlenverhältnisse in Anmut und Harmonie gebracht wurde. Bei *Alkmaion* ging es um ein Gleichgewicht verschiedener antagonistischer Kräfte, im *Corpus Hippocraticum* um das Gleichgewicht der im Körper zirkulierenden Säfte. Waren diese im richtigen Verhältnis vermischt, befand sich der Mensch in einem gesunden Zustand (Eukrasie), waren sie in einem gestörten Gleichgewicht (Dyskrasie), bedeutete dies Krankheit.

Bei *Platon* wurden Leib und Seele als zwei Entitäten gesehen und auch zwei Arten von Gesundheit (eine körperliche und eine seelische) sowie zwei Arten von Heilern (Ärzte und Philosophen) konzipiert.

Vorstellungen des Mittelalters. *Galen* beschrieb im 2. Jahrhundert v. Chr. eine hierarchische Ordnung von Gleichgewichtszuständen zwischen Grundelementen, Geweben und Organen. Er charakterisierte dieses Gleichgewicht als schwankend und als sich mit dem Lebensalter ändernd. Er postulierte eine enge Beziehung zwischen Körper und Seele. Solche Lehren prägten die Heilkunde bis ins ausgehende Mittelalter.

Traditionelle christliche Konzepte. In christlichen Konzepten ist Gesundheit sichtbares Zeichen für etwas Wichtigeres und Umfassenderes als körperliches Wohlergehen. Sie verweist auf die Vergebung von Sünde und ist auch Zeichen eines Glaubensaktes, da Heilung von Gott kommt (vergleiche Kultur der Wunder und Wallfahrten). *Paracelsus* benannte im 16. Jahrhundert vier Hauptbedingungen für Krankheit, nämlich den Makrokosmos (Gestirne), die Umwelt (insbesondere die Nahrung), den Mikrokosmos (der menschliche Körper) und die nicht materielle Existenz des Menschen. Die Funktion des Arztes war die eines Mediums, da es in der Einheit von Gott, Kosmos und Menschen eine Rangordnung gab, in welcher Gott über dem Arzt stand.

Aufkommen der Naturwissenschaften und des Vitalismus. Mit dem Aufkommen der *Naturwissenschaften* verlagerte sich das Substrat des Gleichgewichtes. Es ging nun um physikalische, chemische und physiologische Vorgänge und zelluläre Phänomene. Das Interesse fokussierte sich zunehmend auf die Krankheit. Dennoch gab es parallel dazu Entwicklungen, welche andere Akzente setzten. Der *Vitalismus* (Ende 17. Jahrhundert) postulierte, da Chemie und Physik allein als nicht hinreichende Erklärungen für das Leben angesehen wurden, zusätzliche Kräfte wie Seele, Lebenskraft und Naturheilkraft. Auf vitalistisches Gedankengut gründen die *Homöopathie* wie auch heutige *naturheilkundliche Gesundheitsbegriffe*.

Dualismus und Harmonie. Am Ende des 18. Jahrhunderts, bei Naturphilosophen und in der *Romantik*, rückte die Idee von vielfachen Dualitäten und Polaritäten in den Vordergrund (Objekt-Subjekt, Natur-Intelligenz, Positivität-Negativität etc.). Gesundheit wurde als Zustand verstanden, in welchem sämtliche Polaritäten der Organe untereinander im richtigen Verhältnis stehen und zusammengenommen wiederum mit der Außenwelt harmonieren. Es war auch ein Leitgedanke der Romantik, der hundert Jahre später von *Freud* wieder aufgenommen und ins Therapiekonzept der Psychoanalyse eingebracht wurde, nämlich jener der Subjektivität: Das einzige, was wir wissen können, betreffe unser subjektives Sein und wir müßten unser Forschen auch dorthin richten.

Gesundheit als Prozeß der Anpassung. Gesundheit bezeichnet somit seit je einen Prozeß der Anpassung. Sie ist nach Berger [6] „nicht das Ergebnis instinktiven Verhaltens, sondern autonomer, wenngleich kulturell geformter Reaktionen auf eine sozial geschaffene Realität. Sie bezeichnet die Fähigkeit, sich auf ein wechselndes Milieu einzustellen, erwachsen und älter zu werden, im Fall einer Verletzung oder Krankheit zu gesunden, zu leiden und in Frieden den Tod zu erwarten. Daneben schließt Gesundheit auch die Zukunft mit ein, daher gehören zu ihr auch die Angst sowie die innere Kraft, mit ihr zu leben". Solche Anpassungsprozesse können durch unterschiedliche Belastungen und Ressourcen erschwert oder erleichtert werden.

Neuere sozialwissenschaftliche Konzepte. In der sozialwissenschaftlichen Forschung wird Faktoren nachgegangen, welche die Krankheitsentstehung begünstigen oder für die Bewahrung von Gesundheit relevant sind. Dazu zählen günstige (*Ressourcen*) oder ungünstige (*Belastungen*) soziale Bedingungen sowie *individuelle Ressourcen* und *Vulnerabilitäten*.

Als *soziale Ressourcen* werden jene Hilfen und Unterstützungen bezeichnet, welche aus dem sozialen Umfeld eines Menschen stammen, so von Partnern, Freunden, Familie, Nachbarn, Arbeitskollegen und soziokulturellen Bedingungen. *Personale oder individuelle Ressourcen* sind im Menschen selbst liegende Fähigkeiten oder Grundhaltungen, die ihm helfen, mit gesundheitsbedrohenden Belastungen besser umgehen zu können, beispielsweise Selbstwertgefühl, Kohärenzgefühl etc. (s. auch Kap. 8.4 u. Kap. 13).

Dieses soziologische Modell geht im Gegensatz zum naturwissenschaftlichen Krankheitsmodell nicht von (mono)kausalen Erklärungen aus, sondern betont

Wechselwirkungen zwischen biologischen und sozialen Prozessen.

9.1.3 Gesundheit und Normvorstellungen

Vorstellungen von Gesundheit hängen eng mit denjenigen von Normalität zusammen [4]. Mit der Entwicklung der modernen Leistungsgesellschaft ist die Verknüpfung von gesund und leistungsfähig deutlich enger geworden. Damit einher ging eine zunehmende Intoleranz gegenüber Leistungsschwächeren. *Gesundheit wird aus dieser soziologischen Perspektive definiert als Zustand der optimalen Leistungsfähigkeit* eines Individuums für die Erfüllung der Rollen und Aufgaben, für die es sozialisiert wurde (vgl. Kap. 3.3). Diese Normen haben sich auf dem Hintergrund von demographischen und sozialen Charakteristika etabliert. Gesundheit und Rollenerfüllung bedeuten somit nicht für alle dasselbe, sondern haben einen Bezug zur sozialen Gruppe, der ein Individuum angehört, und zur sozialen Position, die es innehat. Durch Sozialisierung wird gelernt, welche Rollen bzw. welche Leistungen als normal gelten. Die Erwartungen differieren für Männer und Frauen, für Erwerbstätige, Hausfrauen, Mütter, Adoleszente, Rentner, etc.

9.1.4 Gesundheit und Wertvorstellungen

Da Gesundheit und Krankheit gesellschaftlich nicht wertfrei sind, sehen sich Individuen im Moment einer Diagnosestellung mit entsprechenden *Wertzuschreibungen* konfrontiert. Solche Wertzuschreibungen spiegeln gegensätzliche Pole. So werden Wohlbefinden, Lei-

stungsfähigkeit, Rollenerfüllung, Lebendigkeit, Sportlichkeit, Fitness und Jugendlichkeit eher positiv und Schmerzen, Gebrechen, Behinderungen, Störanfälligkeit, Alter, Invalidität oder Todesnähe eher negativ bewertet. Die Diskussionen um pränatal feststellbare Krankheiten und Behinderungen zeigen diese Wertezuordnung vielleicht am schonungslosesten. Die Diagnose einer fetalen Fehlbildung mittels Ultraschall oder einer Erbkrankheit mittels genetischer Analyse stellt die werdenden Eltern und die sie behandelnden Ärzte vor die ethisch brisante Frage, wie lebenswert allenfalls behindertes oder durch Krankheit eingeschränktes Leben ist (s. Kap. 11.1.2).

Auch sind soziale Ausgrenzung, Arbeitslosigkeit und Entwurzelung zu Erscheinungen geworden, denen nicht selten Krankheitswert zugeschrieben wird.

9.1.5 Ausgewählte Gesundheits- und Krankheitsmodelle der Alternativmedizin

Gemeinsamkeiten alternativmedizinischer Krankheitsmodelle

Es gibt viele alternative Krankheitsmodelle, die sich untereinander auch stark unterscheiden. *Gemeinsam ist ihnen ein kritischer Ansatz dem traditionellen naturwissenschaftlich-biologischen Krankheitsverständnis gegenüber.* Die Kritik richtet sich vorwiegend gegen die streng ursächliche biophysikalische Erklärung von Krankheiten, gegen die traditionelle Klassierung von Krankheiten und vor allem gegen die absolute Abgrenzung von gesund versus krank. In ihrem Ansatz haben diese Modelle aber auch Gemeinsamkeiten: Krankheit ist für sie stets durch mehrere, insbesondere auch soziokulturelle Faktoren bedingt. Im Verlauf und in der Heilung kommt der Arzt-Patienten-Beziehung (s. Kap. 11) ganz besondere Bedeutung zu. Sie vertreten meist auch die Überzeugung, daß die Einheit der Patienten mit ihrem Umfeld erhalten oder wieder hergestellt werden müsse.

Im Folgenden werden einige ausgewählte alternative Krankheitsmodelle skizziert, welche eine gewisse Bedeutung erlangt haben: Die Homöopathie, die anthroposophische Krankheitslehre, die Akupunktur und kulturell tradierte Krankheitsmodelle.

Homöopathie

Als Heilverfahren wurde sie ausgangs des 18. Jahrhunderts vom deutschen Arzt *Hahnemann* eingeführt, hat aber als Denkansatz schon bei *Hippokrates* und später bei *Paracelsus* Erwähnung gefunden. Ihr Erklärungsmodell beruht auf einer postulierten „Lebenskraft", die körperlichen und seelischen Vorgängen zugrunde liegt. Als Heilung wird die Wiederherstellung gestörter Gleichgewichte im Organismus angestrebt. Nur jene Heilmittel, die in einem gesunden Organismus Symptome erzeugen, die jenen der Krankheit ähnlich sind, vermögen zu heilen. Der Name Homöopathie bezieht sich auf diese Ähnlichkeitsregel. Die Medikamente, die Ungleichgewichte durch resonanzähnliche Stoffe aufheben sollen, werden entsprechend aus tierischen und pflanzlichen Stoffen gewonnen. Die Applikation erfolgt in Verdünnungsreihen, die als Dezimalpotenzen (D10, D20, D300 etc.) ausgedrückt und gemischt werden.

Anthroposophische Medizin

Die von *Rudolf Steiner* (1861–1925) begründete anthroposophische Medizin beruht auf einem Weltbild, das bestimmte Evolutionsschritte voraussetzt und den Menschen im „Urzusammenhang" mit seiner Umwelt sieht. Seiner Entwicklung gingen drei irdische Seinsstufen (Mineral, Pflanze, Tier) voraus, was als „qualitative Substanzmetamorphose" bezeichnet wird. Der Mensch selbst wird dreigegliedert und als physisches, seelisches und geistiges Wesen verstanden. Die Stoffe der Erde, die der Mensch aufnimmt, sind zugleich erfüllt von Naturprozessen, so daß im Menschen eine Art mikrokosmischer Konzentration aller Weltenprozesse enthalten ist.

Steiner sah den Menschen in drei Systeme gegliedert, das Nerven-Sinnes-System und das Stoffwechsel-Gliedmaßen-System, zwischen denen das rhythmische System die Beziehung herstellt. Die beiden erstgenannten sind einander nämlich polarisch entgegengesetzt.

Mit „Stoffen" ist mehr als die von den Naturwissenschaften mit Fachtermini bezeichneten Substanzen gemeint, genauso wie in den Organen des menschlichen Körpers zugleich die „geistig-leibliche Konstitution" gesehen wird. Krankheit wird so als Teil eines geistig-spirituellen Prozesses verstanden. Sie soll insofern bekämpft werden, als versucht wird, ein harmonisches Gleichgewicht wiederherzustellen. Dort, wo dies nicht gelingt, wird ein Sinn der Krankheit für die geistig-spirituelle Entwicklung angenommen und Patienten werden u.U. in diesem Sinne bis zum Sterben begleitet.

Hieraus ergibt sich auch der therapeutische Ansatz der anthroposophischen Medizin. Sie will einerseits den Patienten als geistig-menschliches Wesen erreichen, andererseits beruht sie auf einer eigenen Pharmazeutik, die *Steiner* um 1920 mit der Ärztin *Ita Wegmann* und dem Chemiker *Oskar Schmiedel* begründet hatte. Ähnlich der Homöopathie werden überwiegend pflanzliche Substanzen, z.T. aber auch Elemente in potenzierten Verdünnungsreihen eingesetzt. Den Pflanzen wird zugeschrieben, daß sie die Rhythmen von Erde und Kosmos in sich aufnehmen. In der Herstellung der Präparate werden diese Rhythmen übernommen („Rh-Verfahren"). In den letzten Jahren sind die anthroposophischen Heilverfahren durch die Iscadorbehandlung von Krebskrankheiten besonders bekannt geworden. Dieses aus Misteln mehrerer Wirtsbäume gewonnene Präparat wird in Dezimalpotenzen z.T. über Jahre subkutan appliziert. Die anthroposophische Medizin beschränkt sich aber nicht nur auf medikamentöse Behandlung. Sie versucht auch durch Malen, Modellieren, Farbgebung der Räume etc. die gestalterischen Kräfte des Menschen anzuregen. In der Eurhythmie wird der Einklang mit dem Rhythmus der Natur angestrebt.

Akupunktur

Akupunktur ist ein Heilverfahren, das heute auch von vielen Ärzten angewandt wird, die innerhalb der traditionellen Schulmedizin tätig sind. Akupunktur wird in der chinesischen Medizin bereits seit über 5000 Jahren praktiziert und dürfte somit eines der ältesten Heilverfahren überhaupt sein. Die ihr zugrunde liegende Lehre, die Energetik, ist in einer umfassenden Theorie des Universums verwurzelt. In ihr sind alle Elemente, also auch der Mensch, Teil der kosmischen Harmonie. Das Gleichgewicht, das die Energetik postuliert, wird durch zwei Gegenkräfte, YIN und YANG, gebildet, die zwei Formen ein- und derselben Grundenergie sind. Diese Weltauffassung ist durch drei Hauptmerkmale charakterisiert: Sie ist polaritätsbestimmt und dualistisch (Yin und Yang), zyklisch (Jahreszeiten, Tag und Nacht) und systematisch (Entsprechungen zwischen Mensch und Kosmos). So wie sie im Makrokos-

mos zwischen Himmel (Yang) und Erde (Yin) ein energetisches Wechselspiel bilden, findet man im Menschen als Mikrokosmos die gleichen Kräfte des Energiezyklus: Zwischen Kopf (Yang) und Füßen (Yin), zwischen Körperinnerem (Yin) und Körperoberfläche (Yang), zwischen Rücken (Yang) und Vorderseite (Yin) und zwischen Gliedern (Yang) und dem Rumpf (Yin).

Krankheit beruht auf einem gestörten Zusammenspiel der energetischen Kräfte. Dabei werden drei Energieformen unterschieden: Menschliche, irdische und kosmische Energie. Akupunktur ist eine ganzheitliche und umweltbezogene Medizin, die neben energetischen auch diätetischen, psychosozialen, elementaren und kosmischen Einflüssen große Bedeutung beimißt. So wird Akupunktur als Heilverfahren meist mit diätetischen und psychologischen Maßnahmen verbunden. Die eigentliche Akupunktur will primär das energetische Gleichgewicht wiederherstellen. Sie versucht, die Energieströme, die in festgelegten Bahnen (den Meridianen) fließen, in geeigneter Weise umzupolen. Die Energiebahnen oder Meridiane sind empirisch in jahrtausendalter Tradition eruiert worden. An den geeigneten Punkten wird durch die Nadeln auf den Energiefluß eingewirkt, um das Gleichgewicht zwischen Yang und Yin neu auszubalancieren.

Kulturell tradierte Krankheitsmodelle

Nicht nur in anderen Kulturen, auch in Westeuropa werden Heiler noch immer von einem erstaunlich großen und breit gefächerten Teil unserer Bevölkerung konsultiert. Dabei gibt es regionale Unterschiede, wie etwa in der Schweiz die durch Besonderheiten der Gesetzgebung begünstigte Häufung im Kanton Appenzell.

Den Heilverfahren ist gemeinsam, daß die Entstehung der Krankheit stets im soziokulturellen Zusammenhang verstanden wird. Die Bedeutung des Symptoms ist primär symbolisch. Entscheidend ist dabei, welche Bedeutung der „Kranke" oder „Befallene" den von ihm wahrgenommenen (körperlichen oder psychischen) Veränderungen beimißt.

Dem Heiler kommt die Aufgabe zu, das anscheinend abweichende oder deviante Verhalten des „Kranken" wieder in gemeinschaftskonformes Verhalten zurückzuführen, wodurch die entsprechenden Beschwerden verschwinden sollen. Was dabei als konform gilt, wird zum großen Teil durch die kulturellen Regeln festgelegt, ist aber auch der Interpretation des Heilers anheimgestellt. Diesem kommt somit als Person im Heilungsprozeß eine große Bedeutung zu.

Die Wirksamkeit vieler dieser Heilverfahren hängt damit zusammen, daß mit dem Heiler und der zugehörigen Glaubensgemeinschaft die meisten Annahmen über die Krankheitsentstehung und ihre Heilung geteilt werden. Das vereinbarte Ritual setzt dann diese Annahmen in Hoffnung um. Durch das Ritual wird das Selbstvertrauen des Kranken wesentlich aufgewertet, da er nicht nur die Zuwendung des Heilers hat und im Zentrum des Interesses der Gemeinschaft steht, sondern sich auch übernatürlichen Kräften besonders nahe fühlt.

Die tradierten Heilverfahren enthalten alte Weisheiten, die auch für die Arzt-Patient-Beziehung zentral sind (z. B. das Prinzip der Vermittlung von Hoffnung).

In Kulturen, die noch keine Schrift kannten, war das Ansehen von Heilern am größten, da der Heilprozeß ganz von der Interpretation der Situation abhing. In diesen Kulturen erfolgte die Heilung meist über die Trance der Heiler, die – in der Vorstellung der Gemeinde – dadurch einen besonderen Zugang zu übernatürlichen Kräften oder übergeordneten Prinzipien („Geist") gewannen. Je seßhafter eine Kultur wurde, je mehr Heilverfahren auch schriftlich überliefert waren, desto eingeschränkter wurde damit der persönliche Einfluß der Heiler.

9.1.6 Gesundheits- und Krankheitsmodelle von Laien (s. auch Kap. 10.2)

Subjektive Symptomwahrnehmung und -bewertung. Für die Frage, wie Laien mit Krankheit umgehen und welche Hilfe sie beanspruchen, gibt es bisher keine allgemein gültige Theorie. Die Symptomwahrnehmung und -interpretation selbst hängt wesentlich vom verfügbaren Wissen, von Erfahrungen, von der Differenziertheit des eigenen Körpererlebens und von normativen Orientierungen ab. Je nach Einschätzung einer gesundheitlichen Bedrohung ermißt ein Individuum, welche Schritte oder Aktionen es unter welchem Aufwand unternehmen will. Den Schritten liegt ausdrücklich ein *subjektives Gesundheitsverständnis* und eine *subjektive Wertung* zugrunde. In diese Wertung fließen ebenfalls die individuellen Handlungsmöglichkeiten ein, die wiederum von einer Vielzahl psychosozialer und Umweltfaktoren abhängen. So werden Geschlechts- wie auch Schichtunterschiede des Gesundheitsverhaltens im Kontext solcher subjektiver Orientierungen und Konzepte, unterschiedlicher Lebenslagen und Handlungsspielräume erklärt [2,4,9,10].

„Health belief model". Hierher gehört auch der Bereich der Selbsthilfe: Eigene therapeutische Handlungen, Selbstmedikation, Hilfesuche im Laiensystem oder auch der Versuch, in Selbsthilfegruppen die eigene Kompetenz zu erhöhen.

Dieser Prozeß der Beanspruchung medizinischer oder nichtmedizinischer Hilfe ist sehr komplex und wird im Kapitel 13: Krankheitsbewältigung ausführlicher dargelegt.

Die wichtigsten Schritte werden nach dem „health belief model" von Becker [4, S. 168] wie folgt umschrieben:

- 1. Allgemeines Gesundheitsverhalten (Bedeutung, die der Gesundheit beigemessen wird)
- 2. Einschätzen der Wahrscheinlichkeit, an einer bestimmten Krankheit zu erkranken (z.B. Grippe oder Herzinfarkt)
- 3. Einschätzen der Ernsthaftigkeit der Krankheit
- 4. Abschätzen der momentanen Bedrohung
- 5. Prüfen der Vor- und Nachteile der erreichbaren (persönlich bekannten) Heilangebote (Ärzte, medizinische Institutionen, paramedizinische Einrichtungen, Heiler)

- 6. Abschätzen des Aufwandes und der Kosten im Verhältnis zu dem zu erwartenden Nutzen aus einer allfälligen Handlung.

9.2 Pathogenese, Salutogenese

Ausgehend vom Konzept eines fließenden Gleichgewichtes, welches das Individuum ständig herzustellen versucht, um sein Wohlbefinden zu optimieren, können zwei Perspektiven eingenommen werden: Die eine beschäftigt sich damit, wie Krankheit entsteht: *Pathogenese*. Die andere befaßt sich mit Faktoren, welche Gesundheit fördern, erhalten oder wiederherstellen: *Salutogenese*. Diese von Antonovsky [1] entwickelte Sichtweise hat große Bedeutung gewonnen und findet allmählich auch Eingang in die klassische Medizin. In Tabelle 9.1 sind einige wesentliche Merkmale einer pathogenetischen bzw. salutogenetischen Sichtweise zusammengefaßt.

Tabelle 9.1. Pathogenetische und salutogenetische Sichtweise von Beschwerden bzw. Symptomen

!	Pathogenetische Sichtweise	Salutogenetische Sichtweise
	Zentrale Fragen:	Zentrale Fragen:
	• Was geht schlecht/falsch?	• Welche Ressourcen sind vorhanden/können gestärkt werden?
	• Warum gehen Organfunktionen schlecht/falsch?	• Wie kann Anpassung/Bewältigung verbessert werden?
	Abklärung zielt auf:	Abklärung zielt auf:
	• Pathologische Befunde	• Ungenutzte Funktionen
	• Ursachen für Defizite	• Defizite an möglichen Fähigkeiten
	Therapie zielt auf:	Intervention zielt auf:
	• Ausschaltung krankmachender Ursachen	• Kommunikations– und Entscheidungsfähigkeit
	• Substitution von gestörten Funktionen	• Beziehungsfähigkeit
	• Akzeptanz verordneter Maßnahmen	• Kritische Eigenwahrnehmung
	• Reduktion von Risiko	• Bewältigungsstrategien
	• Schonung im sozialen Bereich	• Streß und Angst–Management
		• Soziale Integration
	Geeignet für:	Geeignet für:
	• Notfälle	• Prävention
	• Akute Krankheiten	• Rehabilitation
	Zielgruppen:	Zielgruppen:
	• Akut Erkrankte	• Allgemeinbevölkerung
	• Personen mit Risikoverhalten	• Chronisch Kranke und Behinderte

9.2.1 Pathogenese

Die Orientierung am Pathogenetischen war lange Zeit die Sichtweise der klassischen Medizin. Gesundheit selbst wird kaum je definiert, sondern besteht im Wesentlichen im Fehlen von Krankheit. „Ohne Befund" ist nur bei einer Orientierung am Pathologischen synonym für gesund. Die *zentrale Frage* aus einer pathogenetischen Perspektive ist: Was geht schlecht bzw. falsch, und welche Ursachen lassen sich für diese Fehlfunktion eruieren? *Herausfinden*

Auch in der Prävention und der sozialwissenschaftlichen Forschung herrschte lange eine pathogenetische Ausrichtung: Man fragte danach, wie möglichst früh erkannt wird, daß ein Individuum erkranken wird oder erkrankt ist, und was getan werden kann, um Risiken auszuschalten und individuelle Krankheitsprozesse zu stoppen.

So befaßte sich die präventiv orientierte Individualmedizin beispielsweise ausgiebig mit den Risikofaktoren von Herzkreislaufkrankheiten, und dabei stand vor allem das individuelle Verhalten im Zentrum.

Typische Fragen der sozialwissenschaftlichen Forschung befaßten sich damit:

- wie sich soziale Strukturen, soziale Schichtzugehörigkeit, Zugehörigkeit zu Minoritäten etc. auf die Krankheitsentstehung oder auf Krankeitsrisiken auswirken;
- welches die gesundheitlichen Auswirkungen von Streß, von akuten oder chronischen Belastungen sind;
- welches gesundheitsgefährdende bzw. selbstschädigende Verhaltensweisen im Sinne von medizinischen Risikofaktoren sind.

9.2.2 Salutogenese

Als *zentrale Frage* stellt sich aus der salutogenetischen Perspektive, wie Gesundheit hergestellt wird, unter welchen Bedingungen Menschen gesund bleiben und was man tun kann, um diese Bedingungen für möglichst viele Menschen herzustellen. Dieses Konzept schließt auch ein, daß ein höchstmögliches Maß an Wohlbefinden trotz körperlichen, seelischen oder sozialen Problemen möglich ist. Die *Orientierung am Wohlbefinden* betont die subjektive Seite von Gesundheit. Mit der stärkeren Betonung von Gesundheit gegenüber Krankheit verlagert sich das Interesse aber auch weg vom Patienten hin zur Bevölkerung. Es rücken zudem Faktoren und Bedingungen von Gesundheit ins Blickfeld, die nicht im medizinischen Bereich oder im medizinischen Betreuungssystem liegen, und es werden Informationen relevant, die nicht aus Mortalitäts- und Behandlungsstatistiken gewonnen werden können. Die Erweiterung der bestehenden Informationsbasis um die Bevölkerungssurveys und um Informationen aus der sozialwissenschaftlichen Forschung erlaubt, zusätzliche, gesundheitsrelevante Informationen zu berücksichtigen.

Gesundheitsförderung. Eine solche Ausrichtung hatte sich bereits in der 70er Jahren in der WHO-Strategie „Gesundheit für alle bis zum Jahr 2000" abgezeichnet. In der 1986 auf der Konferenz von Ottawa formulierten Charta sind das Konzept der Gesundheitsförderung und wichtige Prinzipien für dessen Umsetzung dargelegt. Nachfolgende internationale WHO-Konferenzen haben die Bedeutung dieser Schlüsselstrategie bekräftigt und weiterentwickelt. So befaßte sich 1988 die Konferenz in Adelaide schwerpunktmäßig mit einer gesundheitsfördernden Politik, jene von 1991 in Sundsval mit einer die Gesundheit unterstützenden Umwelt und 1997 standen in Jakarta „Neue Spieler für eine neue Aera" (z. B. die Privatwirtschaft) sowie Prioritäten für das 21. Jahrhundert im Zentrum der Diskussionen.

> ! Gesundheitsförderung gemäß Ottawa-Charta der WHO [3]: „Gesundheitsförderung zielt auf einen Prozeß, allen Menschen ein höheres Maß an Selbstbestimmung über ihre Gesundheit zu ermöglichen und sie damit zur Stärkung ihrer Gesundheit zu befähigen.... Gesundheit steht für ein positives Konzept, das in gleicher Weise die Bedeutung sozialer und individueller Ressourcen für die Gesundheit betont wie die körperlichen Fähigkeiten. Die Verantwortung für Gesundheitsförderung liegt deshalb nicht nur bei dem Gesundheitssektor, sondern bei allen Politikbereichen und zielt über die Entwicklung gesünderer Lebensweisen hinaus auf die Förderung von umfassendem Wohlbefinden hin".

Verhaltensprävention – Verhältnisprävention. Es entwickelten sich auch neue Zielvorstellungen dahingehend, die einzelnen Menschen zu befähigen, informiert und kompetent Entscheidungen zu treffen, die das Gesundheitspotential erhöhen und sicherstellen, daß jede Person in einem Umfeld lebt, das ihr eine solche Wahl ermöglicht. Aus der salutogenetischen Sichtweise wird auch deutlich, daß gesundheitsfördernde Empfehlungen nicht nur auf das individuelle Verhalten abzielen können, wie dies traditionellerweise weitgehend der Fall war, sondern

ebenso bei den *Lebens-, Arbeits- und Freizeitverhältnissen* ansetzen müssen. Neuere gesundheitspolitische Programme stützen sich auf diese Leitlinien (z. B. Healthy cities).

Möglichkeiten konkreter Verhaltens- und Verhältnisempfehlungen sind nachfolgend am Beispiel des Förderns von Stillen veranschaulicht.

 Fördern des Stillens:

> *Verhaltensprävention:*
> - Propagieren des Stillens als gesunde Ernährung
> - Informieren über Stillen
> - Individuelle Stillberatung unmittelbar nach Geburt und nach Spitalaustritt.
>
> *Verhältnisprävention:*
> - Kinderfreundliche Krankenhäuser gestalten (gemäß UNICEF-Initiative „Baby friendly hospitals"): In Krankenhäusern Bedingungen schaffen, welche Müttern das Stillen erleichtern („Rooming-in", Personalausbildung, freie Zeitintervalle für das Stillen)
> - Stillgeld
> - Mutterschaftsurlaub
> - Ermöglichen des Stillens während der Arbeitszeit.

Interprofessionelle Zusammenarbeit in der Gesundheitsförderung. Da Verantwortung für Gesundheitsförderung nicht allein beim Gesundheitssektor liegt, wird ein Zusammenarbeiten und ein koordiniertes Vorgehen verschiedener Berufsgruppen und verschiedener gesellschaftlicher Bereiche notwendig. So beinhalten die in der Ottawa-Charta ausgearbeiteten Strategien folgende Punkte:

- Entwicklung einer gesundheitsfördernden Gesamtpolitik,
- Gesundheitsförderliche Lebenswelten schaffen,
- Gesundheitsbezogene Gemeinschaftsaktionen unterstützen,
- Persönliche Kompetenzen entwickeln,
- Die Gesundheitsdienste neu orientieren.

Verdeutlicht wird dies auch in den als Voraussetzungen für Gesundheit aufgeführten Bedingungen:

> **!** „Voraussetzungen für Gesundheit sind Frieden, angemessene Wohnbedingungen, Bildung, soziale Sicherheit, soziale Beziehungen, Ernährung, Einkommen, die Stärkung von Frauen, ein stabiles Ökosystem, eine nachhaltige Nutzung vorhandener Naturressourcen, soziale Gerechtigkeit, Respekt für Menschenrechte und Chancengleichheit. Die größte Bedrohung der Gesundheit ist und bleibt aber die Armut" (WHO-Erklärung von Jakarta, 1997).

9.3 Übergang Gesundheit – Krankheit

Aus der Sichtweise, daß Gesundheit einem ständigen Prozeß unterliegt und immer wieder hergestellt werden muß, gibt es nicht einen fixen Übergangspunkt von Gesundheit zu Krankheit oder umgekehrt.

Im folgenden werden zur Veranschaulichung des Praxisbezuges *vier Patientenbeispiele* geschildert.

 A. Ein *51jähriger technischer Betriebsleiter* hatte die stechenden Schmerzen links vom Sternum nie so recht ernst genommen, auch nicht, als sie in den letzten Wochen jeweils nach dem Männerturnen heftiger auftraten. Er tat dies als „nervöses Zeug" ab, das eben Teil des beruflichen Ärgers sei. Als er jedoch an diesem Abend von der Männerriege nach Hause kam, waren die Schmerzen stärker als je und strahlten in den linken Arm aus. Nachts um zwei Uhr erwachte er mit einem intensiven, vernichtenden Schmerz über der Brust. Die herbeigerufene Notfallärztin veranlaßte die Einweisung des Patienten auf die Intensivpflegestation des nahe gelegenen Krankenhauses.

Hintergrund: Der seit je äußerst strebsame Patient hatte sich im Laufe der Jahre vom Mechaniker zum technischen Betriebsleiter emporgearbeitet. Die intelligente und aufgeweckte Mutter hatte ihren Ältesten schon immer animiert, beruflich Karriere zu machen. Sie hatte sich, wie der Patient selbst, an der stillen, scheuen und überangepaßten Lebensweise des Vaters, eines Fabrikarbeiters im Eisenwerk, immer etwas gestoßen. Dieser selbst hatte als „Verdingkind" (Pflegekind) eine schwere Jugend erlebt, so daß er sich hauptsächlich bemühte, den eigenen vier Kindern in der Familie Sicherheit und Geborgenheit zu bieten. Der Patient selbst hatte aber für seine eigenen Kinder ganz andere Pläne: Der älteste war zur Zeit am Technikum, der mittlere Sohn im Gymnasium und die jüngste Tochter bereitete sich eben auf das Lehrerinnenseminar vor. Seine zurückhaltendere, mütterliche Frau machte sich gelegentlich Sorgen über das angetriebene Wesen ihres Mannes, das auch immer wieder Unruhe in die Familie brachte.

 B. Ein *27jähriger EDV-Spezialist* stolperte am Sonntag spätnachmittags, als er mit seiner Freundin durch den naheliegenden Wald lief, und stürzte leicht auf sein linkes Knie. Er stellte bald einen Druck und Schmerzen in diesem Knie fest und versuchte, unter größtmöglicher Schonung zum Auto zurückzukehren. Die Freundin fuhr ihn direkt zur Hausärztin, die mit dem Vorschlag des Patienten, seinen Hämatologen zu kontaktieren, sofort einverstanden war. Der Patient hatte bereits eine lange Karriere als *Bluter* hinter sich, in deren Verlauf sich eine gute Zusammenarbeit mit der Hausärztin eingespielt hatte. Beide wußten nun, daß es einmal mehr unumgänglich war, mit Infusionen den Gerinnungsfaktor VIII zu substituieren und das Gelenk ruhigzustellen. Von seinem Beruf her war der Patient mit präzisen technischen Abläufen vertraut. Ähnlich gründlich hatte er, unterstützt auch von der Vereinigung der hämophilen Patienten, seine Krankheit studiert und deren jeweilige Zeichen zu interpretieren gelernt.

Hintergrund: Der Patient ist der jüngere Sohn eines als Gemeindepolitiker angesehenen Lehrers, der sich öffentlich für Recht und Ordnung einsetzt. Dessen Weltbild trug auch zur traditionellen Rollenverteilung in der Familie bei. In seiner zielstrebigen, sachlich distanzierten Art hat der Vater wenig Verständnis für die emotionalen Anpassungsschwierigkeiten des Patienten an seine Krankheit gezeigt. Ihm steht die erfolgreiche ältere Tochter näher, die von ihm auch stets gefördert wurde. Sie lebt seit längerer Zeit mit ihrem Freund in einem eigenen Haushalt zusammen und arbeitet als Gymnasiallehrerin. Unser Patient blieb lange Zeit stark an die warmherzige und überbesorgte Mutter gebunden. Vom Vater erhielt er den leistungsbetonten Ansporn, von der Mutter viel verständnisvolle Ermutigung, so daß er krankheitsbedingte schulische Rückschläge zu überwinden vermochte. Er fühlt sich heute als EDV-Spezialist einer Großbank am richtigen Platz, obwohl ihm ursprünglich selbst auch ein Studium vorgeschwebt hatte. Seinen Ehrgeiz vermag er hier dank seiner Spezialistenkenntnisse zu befriedigen. Das berufliche Fortkommen ist ihm um so wichtiger, als es ihm ermöglicht, besser über seine Enttäuschung hinwegzukommen, daß er im Leistungssport als Mittelstreckenläufer nicht hatte mithalten können.

C. Die Tochter einer *47jährigen Geschäftsfrau* war am dritten Tag doch sehr beunruhigt, daß die Mutter immer noch hinter geschlossenen Läden mit über 39° Fieber, stark hustend, liegen blieb. Sie ließ sich nicht länger davon abhalten, den Hausarzt zu rufen, obwohl die Mutter darauf bestand, weiterhin mit kalten Wickeln, Kräutertee und Schwefelinhalationen ihre Grippe nach eigener Art zu kurieren. Sie wußte schließlich, daß so ein „Käfer" in der Gemeinde umging, wenn auch dieses Frühjahr heftiger als sonst. Der Hausarzt war am späten Nachmittag eigenartig berührt, als er die Patientin matt und abgespannt im Bett vorfand, wobei sie erklärte, es gehe ihr recht gut. Nicht so sehr die festgestellte <u>Pneumonie</u> beschäftigte ihn; diese hatte er seit Ausbruch der Epidemie gehäuft gefunden. Die sonst tüchtige Geschäftsfrau hatte aber eine eigenartige Unordnung im Schlafzimmer und einen Fötor, der mehr alkohol- als grippebedingt schien. Er nahm sich vor, die Patientin zu einem ausführlichen Gespräch in die Praxis zu bestellen.

Lungenentzündung

Hintergrund: Die Patientin lebte in einem komfortablen Vororteinfamilienhaus in angenehmen Verhältnissen. Als einzige Tochter eines Textilfabrikanten war sie einen gewissen Wohlstand gewohnt. Als lebhafte, intelligente und hübsche Gymnasiastin hatte sie vordergründig eine verwöhnte Jugend verlebt. Sie hat sich allerdings später oft Gedanken über das gesellschaftlich aufwendige und hektische Leben der Eltern gemacht. Die erfolgreiche „Gipfelstürmer-Haltung" des Vaters war der Ehe nicht zuträglich gewesen, da die stille und zurückgezogene Mutter an seiner fehlenden Rücksichtnahme litt. Die Patientin war denn auch froh, als sie relativ jung während eines Sprachaufenthaltes in England ihren Mann, einen Optiker, kennenlernte. Ihr Vater ermöglichte ihnen nämlich bald, zu heiraten und ein eigenes Geschäft zu eröffnen. In den letzten Jahren allerdings war ihre Ehe nicht mehr harmonisch verlaufen. Auch hatte sie Sorgen wegen ihres Sohnes, der vor wenigen Monaten als Folge seiner Drogensucht die Mittelschule aufgeben mußte. Ihre ältere Tochter, Seminaristin, war aber sehr tüchtig und verläßlich, was sich in der gegenwärtigen Krankheit wieder einmal als Vorteil erwies.

D. Eine *64jährige Bäuerin* hatte schon seit ein paar Wochen den Knoten in ihrer rechten Brust gespürt. Sie nahm an, daß es sich um ein „Rheumaknötchen" handle, das ihr die nun gelegentlich auftretenden leichten Schmerzen verursache. Sie sprach mit der Nachbarin darüber, die ihr sehr empfahl, den in der Gegend geschätzten Naturheilarzt aufzusuchen. Er habe ihr bei ihren Schulterschmerzen gut helfen können. Unsere Patientin folgte dem Rat und war froh, nach 14 Tagen zur Konsultation empfangen zu werden.

Diese vier Patienten sind aus einem Zustand scheinbarer Gesundheit heraus plötzlich erkrankt und haben jene Hilfe beansprucht, die ihnen am geeignetsten schien. Dem zuvor seine Beschwerden bagatellisierenden *Betriebsleiter* blieb nach dem lebensbedrohlichen akuten Herzinfarkt nichts anderes übrig, als sich von der Notfallärztin auf die Notfallstation einweisen zu lassen. Der *hämophile Patient* kontaktierte, seinen ungewöhnlich präzisen Sachkenntnissen gemäß, via Hausärztin das medizinische Zentrum. Die *Grippepatientin* hat ihrer Laienvorstellung folgend vorerst versucht, mit traditionellen Hausmittelchen den Fieberzustand selbst zu behandeln. Der mit der Familie vertraute Hausarzt vermutete aber, daß hinter der interkurrenten Grippe noch andere Probleme stehen müßten und bestellte deshalb die Patientin für einen baldigen Termin zu sich. Die *Bäuerin* schließlich holte, wie es im

Bergtal üblich ist, vorerst bei ihrer Nachbarin Rat, bevor sie den Naturheilarzt aufsuchte.

In Kapitel 13 wird auf den Prozeß, der eintritt, wenn eine Person sich als krank einstuft oder ärztliche Hilfe in Anspruch nehmen muß, unter Bezug auf obige Fallbeispiele ausführlich eingegangen. An dieser Stelle sollte an den vier Fallbeispielen gezeigt werden, daß der Übergang von Gesundheit zu Krankheit individuell sehr verschieden erfolgen kann. Die im Befinden der vier Personen eingetretenen Veränderungen wurden unterschiedlich wahrgenommen und bewertet. Auch in ihrem Hilfesuchverhalten entschieden sich die vier Personen entsprechend ihrer Persönlichkeit und ihrem sozialen Umfeld für unterschiedliche Lösungswege.

9.4 Gesundheits- und Krankheitsverhalten

Gesundheits- und Präventionsverhalten. Gesundheitsverhalten hat zwei Begriffsinhalte: Es bezeichnet einerseits jegliche gesundheitsrelevanten Verhaltensweisen eines Individuums, seien sie gesundheitsfördernd oder gesundheitsschädigend. Andererseits wird der Begriff in einem engeren Sinn verwendet, um all das zu bezeichnen, was Einzelne dazu beitragen, ihr Gesundheitspotential zu fördern oder zu entwickeln. Dazu gehört einerseits aktives *Präventionsverhalten*, wie z. B. sich impfen lassen, das Befolgen hygienischer Regeln, die Teilnahme an Vorsorgeuntersuchungen etc.. Dem salutogenetischen Prinzip entsprechend umfaßt es jedoch auch jegliche *gesundheitsförderliche Lebensgestaltung* und alle Maßnahmen, die das Wohlbefinden und die körperlichen Abwehrkräfte stärken (genügend schlafen bzw. sich regenerieren, sich gesund ernähren, körperlich aktiv sein, zwischenmenschliche Beziehungen pflegen, mit Risiken kontrolliert umgehen) [4].

Risiko- und Krankheitsverhalten. Im Gegensatz dazu ist *Risikoverhalten* dadurch gekennzeichnet, daß es Krankheiten mit all ihren Konsequenzen ermöglicht oder begünstigt. Als solche gesundheitsschädigenden Verhaltensweisen haben insbesondere Zigarettenrauchen, exzessiver Alkoholkonsum, körperliche Inaktivität, Fehlernährung und Übergewicht Beachtung gefunden, da sie für die derzeitig häufigsten Todesursachen eine große Bedeutung haben.

Mit *Krankheitsverhalten* wird all das bezeichnet, was ein Mensch in Bezug auf Krankheiten oder Symptome unternimmt, wenn diese auftreten oder bereits vorliegen. Es umfaßt das Wahrnehmen von Symptomen, deren Beachtung oder Nichtbeachtung, Selbstbehandlungen, das Aufsuchen ärztlicher Behandlung wie auch das Befolgen oder Nichtbefolgen ärztlicher Anweisungen.

Gesundheitsverhalten und individuelle Lebensweise. Während es inzwischen recht gut gesicherte Zusammenhänge zwischen einzelnen Verhaltensweisen und der Gesundheit bzw. der Entstehung von Krankheit gibt, ist weniger gut untersucht, warum sich manche Menschen „gesünder" oder weniger gesund verhalten als andere [8]. Kenntnisse über diese Hintergründe sind jedoch Voraussetzung für Interventionen im Bereich der Prävention und Gesundheitsförderung. Erklärungsansätze wurden auf makro- und mikrosoziologischer Ebene entwickelt. Zunehmend wird betont, daß Gesundheits-, Risiko- und Krankheitsverhalten nicht als isolierte Verhaltensmuster anzusehen sind, sondern als Teil einer übergreifenden Lebensweise, die sich im Prozeß der Persönlichkeits- und Lebensentwicklung herausbildet. Dabei spielen soziokulturelle Einflüsse wie Einstellungen und allgemeine Gesundheitsorientierungen ebenso eine Rolle wie soziostrukturelle Bedingungen [2,4,10]. So sind das Verhältnis zum Körper, die Einstufung von Verhaltensweisen in gesundheits- oder krankheitsrelevante Praktiken wie auch das Verhalten selbst kulturell geprägt. Beispielsweise findet sich in islamischen Gesellschaften gegenüber Alkohol eine abstinente Haltung, während in vielen westlichen Ländern Alkoholkonsum beinahe zwingend zu festlichen Anlässen oder geselligen Zusammenkünften gehört. Auch hat die inzwischen in den USA im Vergleich zu Europa geringer gewordene Akzeptanz gegenüber Rauchen einen kulturellen Hintergrund.

Gesundheitsverhalten, Schichtzugehörigkeit und Lebensalter. Beträchtliche Unterschiede bestehen zwischen Bevölkerungsgruppen innerhalb einzelner Kulturen. So prägen Geschlecht und Schichtzugehörigkeit die Gewohnheitsbildung, ebenso gesundheitsbezogene Verhaltensweisen aufgrund unterschiedlicher Sozialisation [4]. Auch innerhalb einzelner Gesellschaften gibt es unterschiedliche Lebensbedingungen, unterschiedliche Zugänge zu Versorgungsstrukturen und unterschiedliche Muster sozialer Beziehungen. Die Einstellung zu Körper und Gesundheit beeinflußt auch das Risikoverhalten, die Inanspruchnahme von Gesundheitsdiensten sowie die Art, wie eine Behandlung erlebt wird. Gesundheitsrelevantes Handeln verändert sich im Laufe des Lebens. Die Lebensphasen der Adoleszenz, des mittleren und höheren Lebensalters bilden unterschiedliche Kontexte für Ressourcen wie Belastungen. Nachfolgend werden diese Unterschiede an ausgewählten Beispielen illustriert.

Vorzeitig verlorene Lebensjahre. Die gesundheitlichen Auswirkungen unterschiedlichen Verhaltens zeigen sich nirgends so deutlich wie bei der Lebenslänge. So betrug 1992 in der Schweiz die Lebenserwartung bei Geburt für Frauen 81,4 Jahre, für Männer 74,7 Jahre. Dieser Unterschied ist weniger auf biologische Gründe zurückzuführen als auf unterschiedliche Verhaltensweisen. Der unterschiedlichen Lebenserwartung liegt im wesentlichen eine Übersterblichkeit der Männer zugrunde, die in zwei Altersphasen besonders deutlich ist: In der Adoleszenz bzw. im jungen Erwachsenenalter sterben rund dreimal mehr Männer als gleichaltrige Frauen, im Alter um 55–65 Jahre sterben rund zweimal soviele Männer. Die Todesursachen, die zu dieser Übersterblichkeit führen, sind im jugendlichen Alter Unfälle (vor allem Motorfahrzeugunfälle), Suizid und Aids, im mittleren Lebensalter Herz-Kreislaufkrankheiten, Lungenkrebs und alkoholassoziierte Todesfälle, – eine Auflistung von Todesursachen, die zu einem beträchtlichen Teil vermeidbar wären. Eine Art Bilanz dieses zumindest teilweise verhütbaren vorzeitigen Sterbens von Männern geht auch aus der Zusammenstellung der Ursachen potentiell verlorener Lebensjahre hervor (Tabelle 9.2). Darunter versteht man die Anzahl Jahre, die durch frühzeitige Todesfälle (meist definiert als Todesfälle vor dem 70. Lebensjahr) verloren gehen. Nach Schätzungen des Bundesamtes für Gesundheit sind fast die Hälfte der verlorenen potentiellen Lebensjahre vor 65 Jahren dem Tabakkonsum zuzuschreiben. Insgesamt ist bei *Männern* die Anzahl dieser potentiell verlorenen Lebensjahre mehr als doppelt so hoch als bei Frauen. Anteilsmäßig fallen bei den Ursachen die Unfälle am stärksten ins Gewicht (39 %), gefolgt von Krebserkrankungen (v.a. Lungenkrebs). Bei *Frauen* ist die Rangfolge umgekehrt. Rund 40 % der vorzeitig verlorenen Lebensjahre sind bei ihnen auf Krebserkrankungen (insbesondere Brustkrebs) zurückzuführen und 23 % auf Unfälle.

Die Folgen von ungünstigem Gesundheitsverhalten zeigen sich auch beim Übergewicht.

Übergewicht (Abb. 9.1). Insgesamt sind gemäß Angaben der Schweizerischen Gesundheitsbefragung von 1992/93 fast doppelt soviele Männer übergewichtig als Frauen (39 % gegenüber 22 %). Bei Frauen steigt der Anteil Übergewichtiger mit dem Alter stetig an, während er bei Männern im Alter zwischen 50 und 64 am höchsten ist und nach 65 wieder etwas tiefer liegt. Ein deutlicher Zusammenhang besteht bei Frauen und Männern mit der sozialen Schicht: Bei Menschen mit geringer Ausbildung, handwerklichen Berufen und tieferen Einkommen finden sich mehr Übergewichte als bei Personen mit höherer Ausbildung, nicht-manuellen Berufen und höheren Einkommen.

Tabelle 9.2. Potentiell verlorene Lebensjahre* nach Geschlecht, Schweiz 1992

	Männer	Frauen
Insgesamt verlorene Lebensjahre (100 %)	187′020	85′447
Unfälle	39,0 %	23,1 %
Krebs	21,6 %	39.8 %
Herzkrankheiten	17,1 %	13,0 %
Infektionskrankheiten	8,2 %	6,9 %
Atemwegserkrankungen	2,2 %	2,9 %
Andere	11,9 %	14,3 %

* zwischen dem ersten und siebzigsten Lebensjahr verlorene Lebensjahre

Quelle: Bundesamt für Statistik, Jahrbuch der Schweiz 1995

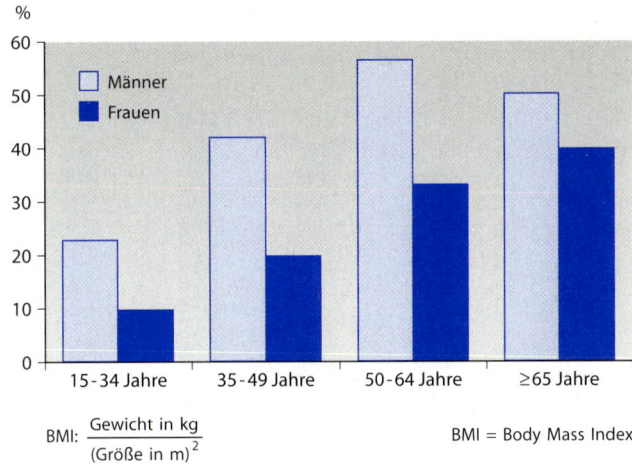

%

□ Männer
■ Frauen

15-34 Jahre 35-49 Jahre 50-64 Jahre ≥65 Jahre

BMI: $\dfrac{\text{Gewicht in kg}}{(\text{Größe in m})^2}$ BMI = Body Mass Index

Abb. 9.1. Anteil übergewichtiger Personen (BMI > 25) nach Alter und Geschlecht

Datenquelle: Schweiz. Gesundheitsbefragung 1992/93, Bundesamt für Statistik (BFS)

Geschlechtstypisches Gesundheitsverhalten. Während sich bei Männern ein im Vergleich zu Frauen ausgeprägteres selbstschädigendes Gesundheitsverhalten dokumentieren läßt, ist das Gesundheitsverhalten von Frauen noch weniger gut erfaßt. Ihr vergleichsweise geringeres Risikoverhalten wird mit ihrer Sozialisation erklärt, wie dies beim Rauchen bis lange in diesem Jahrhundert wirksam war. In der weiblichen Biographie nimmt zudem der Bereich der sexuellen und reproduktiven Gesundheit einen großen Stellenwert ein (siehe summarischer Überblick in Tabelle 9.3). Die reproduktiven Gesundheitsbelange begleiten Frauen von der Adoleszenz bis ins hohe Erwachsenenalter. Ein großer Teil der Arztbesuche und Krankenhausaufenthalte im frühen Erwachsenenalter hängt damit zusammen. Dies trifft im besonderen Masse für präventive medizinische Dienstleistungen zu. So geht aus Abbildung 9.2 hervor, daß vor allem in jüngeren Altersgruppen mehr Frauen ärztliche Konsultationen haben. Daß unterschiedliche Erfahrungen zu verschiedenen Gesundheitsbio-

graphien führen, sollen die Abbildungen 9.3a und b illustrieren. Ein beträchtlicher Anteil der Frauen gewöhnt sich bereits in frühen Jahren daran, regelmäßig einen Cervixabstrich (wie auch weitere präventive Untersuchungen) machen zu lassen. Bei Männern gibt es keine analogen präventiven Untersuchungen in dieser Altersphase. Die Prostatauntersuchungen bekommen erst später im Leben eine ver-

Tabelle 9.3. Reproduktion und Sexualität: Ausmaß gesundheitlicher Auswirkungen

● Sexualität	F, M
● Menstruation	F
● Kontrazeption	F >> M
Präservativ	F, M
Orale Kontrazeption	F
Spirale	F
Sterilisation	F > M
Ungewollte Schwangerschaft	F
Schwangerschaftsabbruch	F
● Schwangerschaft / Geburt	F >>> M
● Elternschaft	F > M
● Menopause	F
● Krebserkrankungen Genitalorgane	F > M

F: Frauen, M: Männer

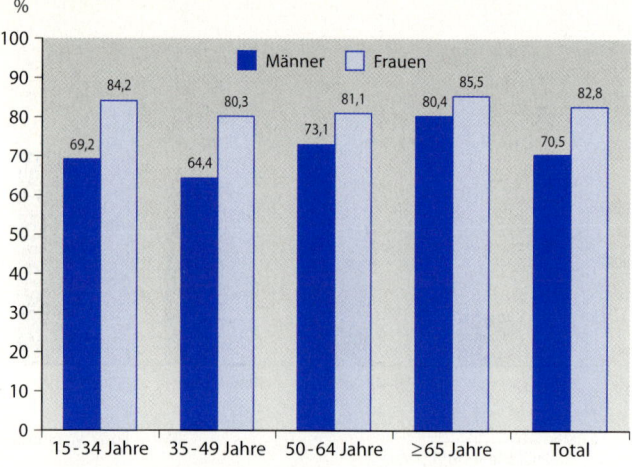

Datenquelle: Schweiz. Gesundheitsbefragung 1992/93, BFS

Abb. 9.2. Ärztliche Kontakte in den letzten 12 Monaten nach Geschlecht und Alter

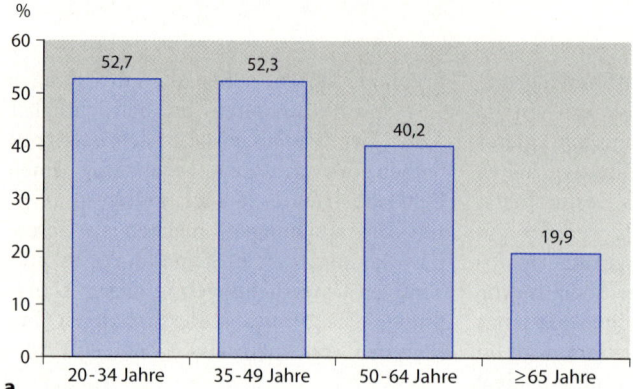

Abb. 9.3a. Zervixabstrich in den letzten 12 Monaten nach Alter, Schweiz 1992/93.

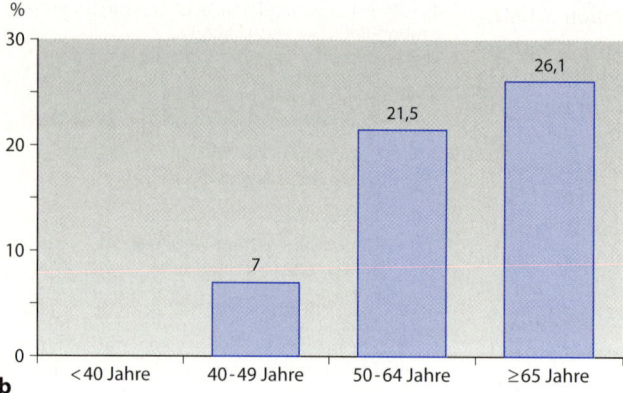

Datenquelle: Schweiz. Gesundheitsbefragung 1992/93, BFS

Abb. 9.3b Prostatauntersuchung in den letzen 12 Monaten nach Alter, Schweiz 1992/93

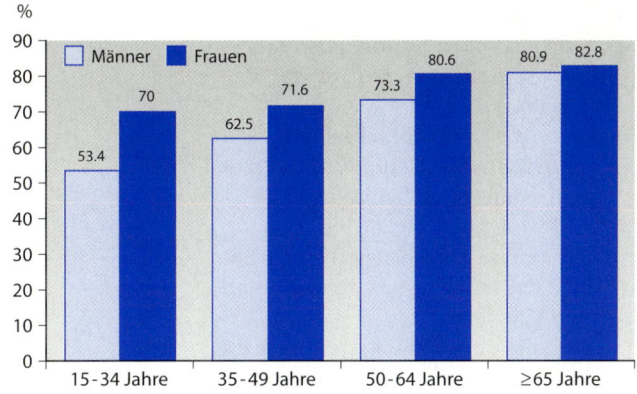

%

Männer ☐ Frauen

15-34 Jahre: Männer 53.4, Frauen 70
35-49 Jahre: Männer 62.5, Frauen 71.6
50-64 Jahre: Männer 73.3, Frauen 80.6
≥65 Jahre: Männer 80.9, Frauen 82.8

Abb. 9.4. Blutdruckmessung in den letzten 12 Monaten nach Alter und Geschlecht, Schweiz 1992/93

Datenquelle: Schweiz. Gesundheitsbefragung 1992/93, BFS

gleichbare Bedeutung. Die häufigeren ärztlichen Kontakte ermöglichen es, weitere Gesundheitsbelange zu beachten, beispielsweise den Blutdruck (vgl. Abb. 9.4), der vor allem bei jüngeren Frauen häufiger kontrolliert wird. Kontakte mit Ärzten und Gesundheitsdiensten sind ebenfalls Teil der Erfahrungen, die sich wiederum im Gesundheits- und Krankheitsverhalten niederschlagen. Diese Aspekte sind Gegenstand der Kapitel 10, 11 und 13.

Geschlecht und Gesundheit in der zweiten Lebenshälfte. Die Frage nach nicht biologisch begründeten Unterschieden im Gesundheitszustand von älterwerdenden Frauen und Männern wurde im Rahmen einer repräsentativen Befragung der Schweizer Bevölkerung 1992/93 näher untersucht. Im Zentrum der Studie stand die Frage, „wie sich die soziale Situation, d.h. die Summe der im Verlauf des Lebens im Beruf, Familie und sozialer Schicht als Frau oder als Mann gemachten Erfahrungen, anders gesagt die *gesellschaftliche Konstruktion des Geschlechts* oder das sog. *soziale Geschlecht (gender)*, auf die Gesundheit auswirken" [7, S. 12]. Einige wichtige Ergebnisse dieser Untersuchung lassen sich in folgenden Feststellungen zusammenfassen:

!

Es sind vor allem *soziale Benachteiligungen* (Bildung, sozioökonomische Ressourcen), welche den *subjektiv angegebenen körperlichen und psychischen Gesundheitszustand* negativ beeinflussen. Daß sich Frauen häufiger als krank bezeichnen, hängt wesentlich damit zusammen, daß bei ihnen Situationen sozialer Benachteiligung öfter vorkommen als bei den Männern. In derselben benachteiligten Situation bezeichnen sich Männer mindestens ebenso oft als krank wie Frauen.

Sowohl *gesundheitliches Risikoverhalten* (vor allem Alkohol- und Tabakkonsum) wie auch das *gesundheitsfördernde Verhalten* (körperliche Aktivität und Ernährungsbewußtsein) werden durch die Normen des sozialen Geschlechts und der sozialen Schicht beeinflußt. Frauen jenseits des 40. Altersjahres konsumieren weniger Alkohol und Tabak als Männer. In ihrer Freizeit bewegen sie sich körperlich weniger, achten jedoch deutlich mehr auf die Ernährung. Der *Lebensstil von Frauen zeigt somit im Durch-*

schnitt mehr gesundheitsfördern-
de Verhaltensweisen als der von
Männern.

Die *Inanspruchnahme von*
Angeboten im Gesundheitsbereich
ist maßgeblich bedingt durch:

- die geschlechtsspezifische Sozialisation von Frauen und
  Männern,
- die Entwicklung der Medizin
  und die Erreichbarkeit medizinischer Angebote sowie
- eine zunehmende Medikalisierung des Frauenkörpers, vor
  allem im Bereich der Sexualität und Fortpflanzung.

Frauen nehmen medizinische
Versorgungsangebote häufiger in
Anspruch. Sie sind aber auch
das bevorzugte Zielpublikum für
Vorsorgeuntersuchungen und
Krankheitsprophylaxekampagnen
(z. B. Krebs, Osteoporose).

Vielfalt der Einflußfaktoren für Gesund-
heits- und Krankheitsverhalten. Hier soll
abschließend noch einmal die Vielfalt der
Faktoren zusammengestellt werden, die
das komplexe Geschehen des Gesundheits-
und Krankheitsverhaltens beeinflussen:

- Kulturelle Faktoren (ethnische Zugehö-
  rigkeit, Gesundheitsorientierungen)
- Demographische Faktoren (Geschlecht,
  Alter)
- Soziostrukturelle Faktoren (soziale
  Schicht, Zugang zu Kenntnissen und
  Angeboten)
- Psychosoziale Faktoren (psychische
  Entwicklung, soziales Umfeld)
- Selbst- und Fremderfahrung mit Ge-
  sundheit und Krankheit
- Angebot und Zugänglichkeit medizini-
  scher Dienste.

Gesundheit und Krankheit haben die Menschen seit je beschäftigt. Es findet sich auch heute noch *eine Vielfalt nebeneinander bestehender Konzepte*. Einerseits bestehen Vorstellungen von Gesundheit und Krankheit als Gegensätze, wie sie sich in Lehre und Praxis der Schulmedizin niedergeschlagen haben. Andererseits wird Gesundheit als dynamisches Gleichgewicht mit fließenden Übergängen gesehen, das nicht nur eine individuelle Angelegenheit ist, sondern durch die physische und soziale Umgebung mitbeeinflußt wird.

Ausgehend vom Konzept von Gesundheit als eines fließenden Gleichgewichtes können zwei Perspektiven eingenommen werden: Die *pathogenetische Sichtweise* beschäftigt sich mit der Krankheitsentstehung, mit Risikofaktoren, mit gesundheitsgefährdenden Verhaltensweisen und krankheitsbegünstigenden Bedingungen. Die *salutogenetische Perspektive* richtet den Blick darauf, was Gesundheit fördert oder wieder herstellt. Dazu gehören nicht nur individuelles Verhalten, sondern auch die Lebens-, Arbeits- und Freizeitverhältnisse. Für die Gesundheit sind daher nicht nur der Gesundheitssektor im engeren Sinn zuständig, sondern verschiedene Politikbereiche.

Als *Risikoverhalten* fanden bisher vor allem jene gesundheitsschädigenden Verhaltensweisen Beachtung, welche für die derzeitig häufigsten Todesursachen eine große Bedeutung haben: Zigarettenrauchen, exzessiver Alkoholkonsum, körperliche Inaktivität, Fehlernährung und Übergewicht. Dazu wird auch auf das risikoreiche Verhalten von Männern, insbesondere im Motorfahrzeugverkehr, hingewiesen, das bisher ungenügend beachtet wurde. Gesundheitsrelevantes Handeln, sowohl Risiko- wie Präventions- und Krankheitsverhalten, sind jedoch nicht isolierte Verhaltensmuster, sondern Teil einer Lebensweise, die sich im Prozeß der Persönlichkeits- und Lebensentwicklung herausbildet. Entsprechend unterliegen sie einer Vielzahl von Einflüssen: Soziokulturell bedingte allgemeine Gesundheitsorientierungen und Einstellungen spielen ebenso eine Rolle wie die demographische Zugehörigkeit zu Geschlecht, Alter und sozialer Schicht, welche das Verhältnis zum Körper, die Einstellung gegenüber Risiko, wie auch die Art und Weise, wie die Gesundheitsversorgung in Anspruch genommen wird, beeinflussen.

Literatur

Weiterführende Lehr- und Handbücher

1. Antonovsky A.: Unraveling the mystery of health. How people manage stress and stay well. San Francisco: Jossey-Bass 1987
2. Franke A., Broda M. (Hrsg.): Psychosomatische Gesundheit. Versuch einer Abkehr vom Pathogenese-Konzept. Tübingen: Deutsche Gesellschaft für Verhaltenstherapie 1993
3. Gutzwiller F., Jeanneret O. (Hrsg): Sozial- und Präventivmedizin. Public Health. Bern: Hans Huber 1996
4. Siegrist J.: Medizinische Soziologie. Wien: Urban und Schwarzenberg 1995

Einzel- und Übersichtsarbeiten

5. Abel Th.: Konzept und Messung gesundheitsrelevanter Lebensstile. Prävention 4:123–128, 1992
6. Berger P.L., Luckmann T.: Die gesellschaftliche Konstruktion der Wirklichkeit. Frankfurt a.M.: S. Fischer 1969
7. Eidgenössisches Büro für die Gleichstellung von Frau und Mann/Bundesamt für Gesundheit (Hrsg.): Geschlecht und Gesundheit nach 40. Bern und Göttingen: Hans Huber 1997
8. Härtel U.: Soziale Determinanten des Gesundheits- und Krankheitsverhaltens. Ergebnisse und Folgerungen aus der Münchner Blutdruckstudie. Konstanz: Hartung-Gorre 1985
9. Mascheweksy-Schneider U., Klesse R., Sonntag U.: Lebensbedingungen, Gesundheitskonzepte und Gesundheitshandeln von Frauen. In: Stahr J., Jungk S., Schulz E. (Hrsg.): Frauengesundheitsbildung. Weinheim und München: Juventa 1991
10. Meier C.: Funktionieren und Widersprechen. Materialien zur Definition von Frauengesundheit. Bern: Abteilung für Gesundheitsforschung, ISPM 1993
11. van Spijk P.: Definitionen und Beschreibung der Gesundheit – ein medizinhistorischer Überblick . Schriftenreihe der Schweizerischen Gesellschaft für Gesundheitspolitik, Band 22, 1991

EDGAR HEIM, PETER C. MEYER

Die soziologische Analyse des Krankseins bezieht sich einerseits auf die sozialen Bedingungen der Entstehung, Wahrnehmung und Definition von Beschwerden und Krankheiten, andererseits auf die sozialen Aspekte des Krankheitsverhaltens. Psychosoziale *Einflußgrößen* wirken sich während des gesamten Krankheitsprozesses aus: Von der Entstehung der Krankheit über die Auslösung der akuten Krankheitsphase bis hin zum chronischen Verlauf mit geglückter Rehabilitation oder terminalem Ausgang.

In jeder dieser Phasen muß sich der Kranke immer wieder aufs Neue anpassen. Im psychosozialen Sprachgebrauch umschreibt der Begriff *„Patientenkarriere"* die vielfältigen psychischen und sozialen Reaktionen und Anpassungsvorgänge, die der Patient im Verlauf seiner Krankheit durchzustehen hat. Damit verwandt, aber enger gefaßt, ist der soziologische Begriff der *„Krankenrolle"*, der aufzeigt, daß jede Krankheit stets auch in den sozialen Bereich eingreift, bzw. in ihrem Verlauf von diesem abhängig ist. Die in diesem Kapitel erwähnten Studien wurden z.T. in den 50er und 60er Jahren durchgeführt. Es handelt sich dabei um grundlegende gesundheitssoziologische Arbeiten, deren Ergebnisse bis heute Gültigkeit haben.

10.1 Soziale Bedingungen von Gesundheit und Krankheit

Das menschliche Verhalten in der Krankheit kann am ehesten erklärt werden, wenn zunächst die verschiedenen Wirkfaktoren diskutiert werden, die auf den Krankheitsprozeß Einfluß nehmen.

Urteilsprozeß. In der medizinischen Praxis ist es außerordentlich schwierig, die zahlreichen Einflußgrößen oder Wirkfaktoren in den verschiedenen, am Krankheitsprozeß beteiligten Systemen gesamthaft und in ihren Wechselwirkungen zu überblicken. Es hat sich deshalb ein *Urteilsprozeß* bewährt, der als *„quasi-rational"* bezeichnet wird. Damit wird ausgedrückt, daß immer dann, wenn ein komplexes Urteil gefällt werden muß, intuitiv-globales Denken mit analytisch-deduktivem Vorgehen eine Verbindung eingeht. Dies gilt z.B. für die Meteorologie, für politische Entscheide und für viele Managementabläufe. In der Medizin verfährt der erfahrene Arzt in gleicher Weise, wenn er komplexe diagnostische Zusammenhänge zu erhellen hat.

Die Rolle der Erfahrung. Zum einen hat er aus seiner bisherigen Erfahrung ein internalisiertes Schema, das ihm hilft, vieles an seinen Patienten intuitiv zu begreifen: Äußere Erscheinung, Alter und kurze Angaben zur Berufstätigkeit geben ihm z. B. rasch einen ersten Eindruck von der Konstitution, Persönlichkeit und sozialen Situation eines Patienten. Dieser Rahmen erlaubt ihm, die vom Patienten vorgebrachten Klagen innerhalb eines der Bezugssysteme genauer und bewußter zu analysieren und dann anhand der Symptome und Krankheitszeichen den zugrunde liegenden somatischen Krankheitsprozeß zu beurteilen.

Es geht im systemischen Denken (vgl. Kap. 4) nicht primär darum, verschiedene Systeme mit ihren z.T. komplizierten Abläufen ständig in gleichem Maße wahrzunehmen und präsent zu haben. Vielmehr gilt es dort, wo der Beurteiler auf ein Nebensystem besonders aufmerksam wird, dieses nun in seine Analyse miteinzubeziehen. Gleichzeitig bleibt sich der Beurteiler der Interdependenz

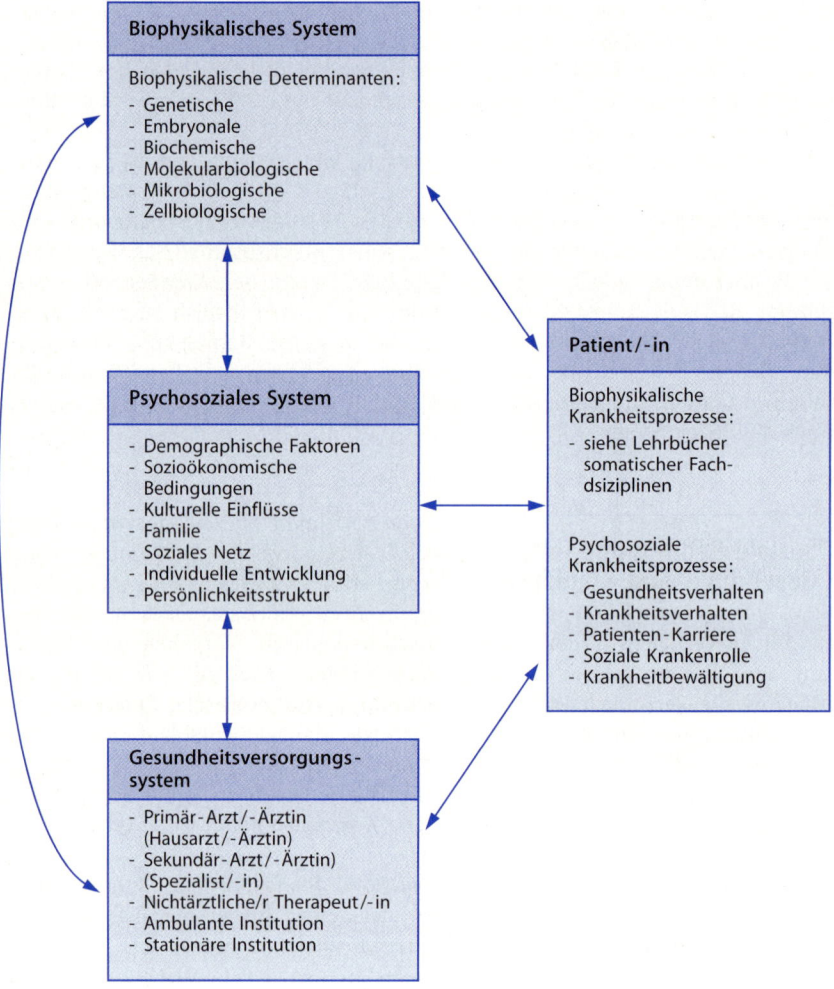

Abb. 10.1. Schematische Darstellung der Einflußgrößen auf den Krankheitsprozeß – gegliedert nach den drei wesentlichen Systemen

der verschiedenen Erklärungssysteme stets bewußt.

Vielfalt sozialer Einflußgrößen. Die folgende Übersicht soll vor allem auf die Vielfalt sozialer Einflußgrößen auf das Kranksein aufmerksam machen. Soweit sie die somatische Medizin betreffen, erfahren sie in den einzelnen Spezialdisziplinen ausreichende Berücksichtigung. Hinsichtlich der hier erwähnten psychosozialen Systeme ist zunächst festzuhalten, daß die aus Gründen der Übersichtlichkeit vorgenommene Abgrenzung gegenüber den biophysikalischen Abläufen künstlich ist und in der Natur, im Menschen selbst, nicht besteht. Im Gegenteil, hier sind die verschiedenen, in der Abbildung 10.1 aufgeführten Systeme in vielfältiger Weise miteinander verkoppelt.

10.1.1 Soziodemographische Faktoren

Soziodemographische Faktoren wie Alter, Geschlecht, Zivilstand und Nationalität sind in verschiedener Hinsicht bedeutungsvoll für Gesundheit und Krankheit und werden an mehreren Stellen in diesem Buch behandelt. Aus entwicklungspsychologischer Sicht werden Alter und Geschlecht im Kap. 5 dargestellt. Gesundheitsprobleme von Ausländern werden im Kap. 3.4 diskutiert. Wir gehen hier nur kurz auf Alter, Geschlecht und Zivilstand ein.

Alter und Geschlecht. An Gesundheitsproblemen haben *Frauen* mehr Interesse als Männer. Sie scheinen über Störfaktoren und über Krankheitssymptome im allgemeinen besser orientiert zu sein. Sie zeigen fast durchwegs eine höhere Morbidität, häufigere Arztkonsultationen und Hospitalisationen. Dabei ist interessant, daß die Frequenzen je nach Lebens-

alter unterschiedlich verteilt sind: In der Kindheit haben Mädchen weniger Arztkontakte als Knaben, bis dann um die Menarche und vor allem nach den Geburten der Kinder eine stete Zunahme erfolgt, die bis ins hohe Alter anhält. *Männer* zeigen erst ab dem 50. Lebensjahr einen Anstieg der Beanspruchung von medizinischer Hilfe, wobei dieser erhöhte Medizinkonsum ebenfalls bis ins hohe Alter anhält.

Zivilstand. Hinsichtlich des Zivilstandes ist die psychische und somatische Gesundheit von Ledigen, Getrennten, Geschiedenen oder Verwitweten durchschnittlich schlechter als die von Verheirateten. Unter den Unverheirateten sind geschiedene Menschen durchschnittlich am auffälligsten, sei es, daß sie schon die Ehe durch ihre psychischen Störungen belastet haben und so zur Scheidung beitrugen, sei es, daß die Scheidung bei ihnen ein labiles psychisches Gleichgewicht zum Entgleisen brachte. Ledige Frauen sind nicht anfälliger für psychische Störungen als verheiratete. Dagegen sind unter den ledigen Männern, die trotz eines zahlenmäßigen Überangebotes an möglichen Ehepartnerinnen ihr Junggesellendasein nicht aufgeben, mehr psychisch kranke Menschen vertreten.

10.1.2 Sozioökonomische Bedingungen

Eine ausführliche Darstellung der Zusammenhänge zwischen *sozialer Schichtung und Gesundheit* erfolgte in Kap. 3.4. Hier wollen wir uns auf praxisrelevante Aspekte des sozioökonomisch bedingten Krankheitsverhaltens beschränken.

Inanspruchnahme medizinischer Angebote. Hinsichtlich der unterschiedlichen Beanspruchung von ärztlichen Leistungen kann gesagt werden, daß Unterschichts-patienten dem Arzt gegenüber oft eine zusätzliche Hemmschwelle empfinden. Nicht nur ökonomisch, sondern in Sprache, Kultur, Wertsystem und Krankheits-modell unterscheiden sie sich oft so deutlich, daß sie sich zur Beanspruchung der ärztlichen Hilfe nur zögernd entschließen. Indirekt wirkt sich dies bei nicht wenigen Krankheiten auf den Verlauf aus, dann nämlich, wenn der Arzt zu spät oder gar nicht aufgesucht wird.

Beispiel B. In unserem Beispiel B (64jährige Bäuerin mit Mamma-karzinom, siehe Kap. 9) spielte beim Rat der Nachbarin, doch den bekannten „Naturdoktor" unten im Tal aufzusuchen, der Umstand eine nicht geringe Rolle, daß dieser ebenfalls bäuer-licher Herkunft war. Damit stand er der bäuerlichen Bevölkerung recht nahe. Der relativ junge Hausarzt dagegen, der zwar aus idealistischen Gründen die Berg-gegend als Versorgungsgebiet ge-wählt hatte, sich aber in Mentali-tät und Medizinverständnis doch recht deutlich unterschied, hatte es anfänglich viel schwerer, der ländlichen Bevölkerung näherzu-kommen. Im Beispiel unserer Pa-tientin war es deshalb wichtig, daß der Naturheilarzt bald ein-mal seine Grenzen erkannte und seine Patientin an den Hausarzt überwies. Der junge Hausarzt seinerseits war geschickt genug, die Leistungen des Naturheil-praktikers nicht unnötig zu kriti-sieren, sondern vielmehr seine eigenen Bemühungen als wich-tige Ergänzung zu denjenigen des Naturheilarztes darzustellen.

So konnte er das Vertrauen der älteren Frau gewinnen.

Hilfesuchverhalten von Unterschichts-angehörigen. Personen aus der sozialen Unterschicht haben oft keinen eigenen Hausarzt, mit dem sie in konstanter Be-ziehung stehen. Sie konsultieren deshalb häufiger staatliche Polikliniken oder me-dizinische Zentren, die zwar hinsichtlich Sachkenntnis meist gut ausgewiesen sind, dem Unterschichtpatienten aber re-lativ unpersönlich gegenübertreten. Dies verstärkt, nebst der organisatorischen Unübersichtlichkeit der großen Spitalzen-tren, die Erwartungsängste dieser Patien-ten. Sie sind zudem insgesamt schlechter über Krankheiten, Versorgungsmöglich-keiten und Gesundheitsverhalten orien-tiert, was wiederum das Erkrankungs-risiko erhöht. Ihre Prioritäten sind oft anders gelagert, da das reine Überleben sie derart beansprucht, daß Gesundheits-pflege im weiteren Sinn zu kurz kommt. Es überrascht denn auch nicht, daß diese Kranken oft erst mit folgenreicher Ver-spätung (z. B. bei Diabetes, Karzinomen, Hypertonie) einen Arzt konsultieren. Umgekehrt ist aber auch bekannt, daß unter besonderen Belastungssituationen Unterschichtpatienten oder -familien den Hausarzt oder eine poliklinische Ein-richtung gehäuft aufsuchen. Da ihr sozia-les Bezugsnetz nicht selten ungenügend ist, wird der Arzt als eine geeignete Hilfs-person gesehen. Die vorgebrachten Kla-gen sind dann zwar primär körperlicher Art, dahinter stecken aber oft soziale und familiäre Schwierigkeiten.

10.1.3 Kulturelle Einflüsse

Die Diskussion der Krankheitsmodelle hat bereits deutliche Unterschiede in der Interpretation und Verarbeitung des Krankheitsprozesses in verschiedenen Kulturen aufgezeigt. Es ist den transkulturellen Studien zu verdanken, daß die Medizin auf die Bedeutung des Krankheitsverhaltens aufmerksam wurde.

Schmerzerleben. Der amerikanische Forscher Zborowski [16] hat sich die besonderen Verhältnisse des kulturellen Schmelztiegels New York schon 1952 zunutze gemacht. Er hat bei verschiedenen *ethnischen Gruppen*, nämlich bei Personen *jüdischer, italienischer und irischer* Abstammung untersucht, wie sie *Schmerzen verarbeiten* und ihre Reaktionen dann mit denen der „old Americans" verglichen. Er fand, daß Patienten jüdischer und italienischer Herkunft zur Übertreibung ihrer Schmerzen neigten, während die angelsächsischen Yankees gefaßter und objektiver wirkten. Von irischen Patienten wurden Schmerzen sogar dort negiert, wo sie an sich bestehen sollten. Interessant war, daß das vordergründig identische Verhalten der italienischen und jüdischen Patienten je nach kulturellem Hintergrund recht unterschiedliche Motive hatte. Während den Italienern besonders an Schmerzlinderung gelegen war und sie sich zufrieden gaben, sobald die Schmerzen verschwunden waren, nahmen jüdische Patienten nur widerstrebend Schmerzmittel an. Sie waren vielmehr bemüht zu erfahren, was die Erklärung und Bedeutung ihrer Schmerzen sei und welche Folgen diese Schmerzen für ihr künftiges Wohlbefinden hätten. Zborowski versuchte, den kulturellen Hintergrund dieser Verhaltensweisen herauszuarbeiten. Er bekam von jüdischen und italienischen Patienten zu hören, daß ihre Mütter um die Gesundheit der Kinder übermäßig besorgt waren und sie ängstlich stets vor Erkältungen sowie Verletzungen in Sport und Spiel und bei Raufereien warnten.

Diagnostische Beurteilung. Auch Hilfebedürfnisse und Inanspruchnahme von Hilfeleistungen sind kulturell geprägt. Während z. B. im amerikanischen Südwesten die angelsächsische Bevölkerung von den Möglichkeiten der modernen Medizintechnologie selbstverständlich Gebrauch macht, bevorzugen in der gleichen Region die Bewohner mexikanischer Herkunft die Volksheilkunde und die Pflege in der Familie. Selbst dort, wo sich Kranke verschiedener ethnischer Herkunft mit ihren Beschwerden präsentieren, werden sie von ihren Betreuern, allen voran von den Ärzten, unterschiedlich beurteilt. Dies hat Zola [17] im bekannten Massachussetts-General-Hospital in Boston in geschickter Beobachtung erhoben. Er stellte fest, daß praktisch identische Veränderungen im Hals-, Nasen und Ohrenbereich bei den sehr ausdrucksreichen Italienern fast durchwegs als psychogen beurteilt wurden, während die von den Yankees mit angelsächsischem Understatement vorgebrachten Klagen als Hinweise auf organische Störungen galten. Wir können vermuten, daß unsere mediterranen Nachbarn in den nördlichen europäischen Sprechzimmern oft in derselben Weise mißverstanden werden. Obwohl wir als Mittel- und Nordeuropäer einander recht ähnlich sind, gibt es auch hier kulturelle Unterschiede, die dazu führen, daß Klagen dem Arzt in der Sprechstunde verschiedenartig vorgetragen und von ihm unterschiedlich interpretiert werden.

Kulturelle und individuelle Unterschiede. Kulturelle Einflüsse sind um so wirksamer, je stärker der Zusammenhalt innerhalb einer ethnischen Gruppe bestehen bleibt. Wir wissen, daß dies z. B. für die türkischen Staatsangehörigen in Deutschland oder für die italienischen in der Schweiz, ja auch für die Süditaliener in den norditalienischen Industriemetropolen gilt. Es bleibt aber unklar, ob bestimmte Krankheitssymptome bei verschiedenen ethnischen Bevölkerungsteilen tatsächlich unterschiedlich häufig auftreten, ob diese sie nur verschieden interpretieren, ob sie davon jeweils anders betroffen sind oder ob sie einfach eine andere Sprache gebrauchen, um ihre Beschwerden zu schildern. Die ausführlichen Hinweise auf soziokulturelle Unterschiede dürfen nicht darüber hinwegtäuschen, daß *individuelle Schwankungen* innerhalb der einzelnen ethnischen Gruppen stets wesentlich *größer* sind als zwischen den erwähnten Vergleichspopulationen.

Koronare Herzkrankheit. Welche tragende Kraft ein kohärentes soziokulturelles System darstellt, geht aus *zwei Studien zu koronaren Erkrankungen* hervor. In beiden Fällen ist unter natürlichen Bedingungen eine Veränderung der kulturellen Wertsysteme zustandegekommen, die sich nicht nur auf das Krankheitsmodell, sondern auch auf die Morbidität ausgewirkt hat.

Roseto ist eine kleine italoamerikanische Gemeinde in Pennsylvania. Sie war wegen dem überraschend seltenen Vorkommen von koronaren Krankheiten in eine große longitudinale Studie aufgenommen worden. Die ungewöhnlich tiefe Mortalität an Herzinfarkt überraschte die Forscher um so mehr, als andere Risikofaktoren, wie Übergewicht, gesättigte Fettsäuren, Rauchen, Bewegungsmangel stark vertreten waren. Es wurde schon bei Studienbeginn um 1960 angenommen, daß die damalige Einwanderergeneration dank enger familiärer und gesellschaftlicher Bindungen bei fehlender allgemeiner Konkurrenz ein vergleichsweise streßarmes Leben führte. Die weitere Entwicklung bestätigte dies. Anfang der 70er Jahre hatte sich das Mortalitätsrisiko an Herzinfarkt dem nationalen Durchschnitt ange-

nähert [5]. Die nächste Übergangsgeneration hat offenbar nicht nur den Schutz der engen tragenden Familienstrukturen ihrer Väter verloren; sie war zugleich dem Assimilierungsprozeß stärker ausgesetzt und durch den in einer Generation vollzogenen kulturellen Wandel besonders belastet.

Die zweite Studie bezieht sich auf japanische Einwanderer. Hier ist die Interaktion von kulturell tradierten Normen mit bestimmter Krankheitsausprägung noch direkter zu erkennen [9].

Es ist nachgewiesen, daß in Kalifornien ansässige Japaner ein höheres Risiko haben, an koronaren Herzkrankheiten zu erkranken, als jene, die in Hawaii leben, und diese wiederum ein höheres als japanische Japaner. Unter den kalifornischen Japanern bestehen aber – je nach Assimilationsgrad – ebenfalls deutliche Unterschiede, wie eine Studie an 3800 Japanoamerikanern zeigte. Diejenigen, welche die traditionelle Lebensweise beibehalten hatten, waren in ihrer Gefährdung den Japanern in Japan vergleichbar. Jene aber, bei denen die Akkulturation in Richtung westlicher Lebenswerte am meisten fortgeschritten war, zeigten ein 3- bis 5fach erhöhtes, dem der weißen Kalifornier vergleichbares Risiko. Die klassischen somatischen Risikofaktoren (wie Blutdruck, Cholesterol, Rauchen etc.) konnten die Varianz nicht erklären. So ist die große Differenz des Gesundheitsrisikos einzig auf soziokulturelle Parameter zurückzuführen: Einerseits die engen, stabilen Familienbande und die soziale Gruppenkohäsion der traditionellen Japaner, andererseits die starke soziale und geographische Mobilität mit ausgesprochenem Wettbewerbsverhalten der Amerikaner und der in Kalifornien assimilierten Japanoamerikaner.

10.1.4 Familie

Familiäre Beziehungsstörungen als Krankheitsursache. Vorrangig ist der Einfluß der Familie auf das vom einzelnen entwickelte Gesundheits-Krankheits-Modell. Durch Identifikation oder Imitation, durch gemeinsame Wertsysteme, Erfahrungen und Vorbilder werden die wesentlichen Elemente vermittelt, die das spätere Krankheitsverhalten der Kinder bestimmen. Das *Familiensystem* kann im psychosozialen Bereich aber auch direkt krankheitsverursachend oder -auslösend wirken (vgl. Kap. 11.7). Wo das Beziehungssystem gestört ist, kann ein disponiertes oder speziell betroffenes Familienmitglied mit einer Körperkrankheit reagieren. Nicht selten setzen Familien körperliche Klagen als Einstieg zu ärztlicher oder sozialer Hilfeleistung ein.

Familiäre Auswirkungen von Krankheit. Vorgänge in umgekehrter Richtung sind jedoch häufiger: Die (Körper-) Krankheit eines Familienmitgliedes kann das ganze System durcheinanderbringen (z.B.: Vater invalid nach Frühapoplexie; Mutter stirbt an Malignom; Kind bleibt nach Sportunfall paraplegisch). Die Familie muß dem kranken Glied in seiner Krankheitsverarbeitung beistehen, und sie muß durch Umverteilen der bisherigen Aufgaben zu einem neuen Gleichgewicht finden. So müssen beispielsweise bei ernsthafter Erkrankung des Vaters oder Ehegatten die familiären Aufgaben neu geregelt werden:

- Die Hausfrau muß durch Führung der Gesamtfamilie mehr Verantwortung übernehmen.
- Soziale Kontakte und Freizeittätigkeit gehen zurück.
- Kinder werden vermehrt in Aufgaben rund ums Haus eingesetzt.
- Finanzielle Verpflichtungen müssen erfüllt werden.
- Die Hausfrau muß ebenfalls zum Verdienst beitragen.
- Es können vermehrt eheliche Spannungen auftreten.
- Als Folge der Krankheit werden Zukunftspläne redimensioniert: z.B. Familiengröße, Ausbildung der Kinder oder Lebensstandard.

Gleichzeitig wird natürlich auch die Rolle des bisherigen Familienoberhauptes tangiert, welches fast immer an Einfluß verliert, auch wenn es z.B. physisch mehr anwesend ist als früher. Ähnliche Konsequenzen zieht eine ernsthafte Erkrankung der Frau nach sich, vor allem wenn sie nicht nur für die Führung des Haushaltes längere Zeit ausfällt, sondern auch selbst der Pflege bedarf.

10.1.5 Soziales Netz

Es ist allgemein bekannt, daß die Großfamilie der vergangenen Jahrhunderte viele soziale Aufgaben für ihre Mitglieder erfüllte, die heute von spezialisierten staatlichen Einrichtungen übernommen worden sind. Der moderne Mensch hat sich anstelle der eng verbundenen tragenden Großfamilie ein neues Netz an sozialen Beziehungen aufgebaut, das viele der früheren Funktionen der Sippe oder Großfamilie wahrnimmt: Freundeskreis, Berufskollegen, Nachbarn, formelle und informelle Kontakte aus der Freizeittätigkeit (Vereine, Gruppierungen, Reisebekanntschaften). Dieses *soziale Netz* hat auch für die Gesundheit und das Gesundheitswesen große Bedeutung [10]. Erste Ratschläge und Hilfeleistungen werden in städtischen Verhältnissen meist vom sozialen Netz erbracht. Hier findet ein reger Informationsaustausch darüber statt, welche Maßnahmen vorerst angezeigt seien, wo welche Hilfe im Laiensystem oder in der professionellen medizinischen Versorgung erhältlich ist und ob diese empfehlenswert ist oder nicht.

Gesundheitsverhalten (vgl. Kap. 9). Die Normen und Werte des sozialen Netzes prägen das Gesundheits- und Krankheitsverhalten. Sofern soziale Minderheiten und Randgruppen die Schulmedizin und die offizielle medizinische Versorgung nicht ablehnen, funktioniert das soziale Netz dieser Gruppen vorzüglich und unterstützt die Inanspruchnahme der modernen Medizin. In einer Studie wurden Zigeuner in der Region von Groß-Boston auf ihr Gesundheitsverhalten hin untersucht [13]. Diese Randgruppen waren nicht nur über die Krankheiten der einzelnen, weit verstreuten Mitglieder gut orientiert, sondern sie vermochten auch kompetent die vielseitigen medizinischen Einrichtungen der Region zu nutzen.

Eine andere Untersuchung [7] an der Mormonengemeinde in Salt Lake City wies nach, daß ein fest gefügtes neues soziales Netz mindestens ebenso prägt das Gesundheitsverhalten wie die Großfamilie. Die im Geist der unwidersprochenen Familienautorität und traditioneller Wertsysteme aufgewachsenen Mormonen zeigten alle ein sehr bewußtes Gesundheitsverhalten, das von präventiven bis zu kurativen Maßnahmen reichte. Dies bestätigte indirekt, daß in einem engmaschigen, sozialen Netz mit gutem inneren Zusammenhalt die tradierten Werte besser beachtet werden als in weitmaschigen, unverbindlicheren sozialen Netzen.

10.1.6 Individualisierung und Lebensstile

Seit Anfang der 60er Jahre haben sich die Lebensformen und die sozialen Beziehungen in den hochentwickelten westlichen Ländern stark verändert. Dieser Wandel wird als *„Individualisierung"* und *„Pluralisierung"* der Lebensformen beschrieben. Bindungen an traditionelle soziale Netze (Familie, Verwandtschaft, ethnische Gemeinschaften) und die Stabilität sozialer Beziehungen (Ehe, Partnerschaft, Familie) nehmen ab. Das soziale Netz wird individueller als früher gestaltet; langfristige soziale Bindungen und Abhängigkeiten werden zunehmend vermieden.

Pluralisierung der Lebensformen. Die Pluralisierung der Lebensformen zeigt sich darin, daß Männer und vor allem Frauen im Verlaufe ihres Lebens häufiger unter verschiedenen Rollenkonfigurationen wählen können. Sie können z. B. das Ausmaß ihrer Berufstätigkeit, ihre Aus- und Weiterbildung, die Art des Zusammenlebens und ihr Engagement im Haushalt und in der Kinderbetreuung in größerem Ausmaß selbst bestimmen als früher. Ein Indikator für diese Veränderungen ist die Zunahme folgender Phänomene: Ehescheidungen und Wiederverheiratungen, berufliche Mobilität, „unvollständige Familien" bzw. neue Formen des Zusammenlebens, Einpersonenhaushalte, Teilzeitstellen [8, 15]. Die in den Kapiteln 10.1.1 bis 10.1.5 beschriebenen psychosozialen Einflußgrößen verlieren damit insofern an Bedeutung, als sie nicht mehr langfristig konstant wirksam sind. Ein Individuum ist heute in verschiedenen Rollen und Lebensbereichen unterschiedlichen soziokulturellen Einflüssen ausgesetzt, und es verändert seine Situation im Laufe seines Lebens weitaus häufiger als früher.

Gesundheitsrelevante Lebensstile. Um die vielfältigen individuellen Veränderungen und den beschleunigten sozialen Wandel konzeptuell besser berücksichtigen zu können, wird in der Soziologie anstelle einzelner Merkmale der sozioökonomischen und kulturellen Zugehörigkeit vermehrt der Begriff *„Lebensstil"* verwendet. Mit diesem Begriff bezeichnen wir typische Merkmalskombinationen von sozialen Ressourcen, Einstellungen und Verhalten, mit denen sich sozial abgrenzbare Personengruppen identifizieren lassen. Moderne Lebensstile sind gekennzeichnet durch einen relativ hohen Grad an Flexibilität, durch die auf externe und interne Veränderungen reagiert werden kann. Das Konzept des *„gesund-*

heitsrelevanten Lebensstils" umfaßt gesundheitsbezogene Verhaltensweisen, Einstellungen und dafür bedeutsame soziale Ressourcen. Gesundheitsrelevante Lebensstile sind ein typisches Beispiel für das komplexe Zusammenwirken von strukturell verankerten Lebenschancen (Ressourcen) und spezifischen Mustern der Lebensführung (Einstellungen, Verhalten). Der Einfluß gesundheitsrelevanter Lebensstile kann z. B. über eine verkürzte Lebenserwartung oder über eine chronische Erkrankung die Chancen der sozialen Integration vermindern [3]. Das Konzept des Lebensstils ist in empirischen Untersuchungen schwieriger zu erfassen als etwa die Schichtzugehörigkeit, da es komplexe Merkmalskombinationen zuläßt. Für die klinische Tätigkeit, insbesondere in der Sozialanamnese, ist dieses Konzept hingegen bestens geeignet, da es die Lebenssituation eines Patienten differenzieren läßt.

10.1.7 Individuelle Faktoren

Individuelle Einflußfaktoren werden in verschiedenen Kapiteln dieses Buches analysiert. Es handelt sich im besonderen um die folgenden Faktoren:

- Prägende Einflüsse der individuellen Entwicklung, inkl. eigene Krankheitserfahrung (s. Kap. 5);
- Persönlichkeitsstruktur inkl. genetische Einflüsse (s. Kap. 7);
- kognitive Vorgänge (s. Kap. 6);
- intrapsychisch-emotionale Vorgänge (s. Kap. 5 u. 7);
- Ich-Identität und Selbstkonzept (s. Kap. 7).

Systemische Definition von Krankheit. Wir haben Gesundheit als einen Gleichgewichtszustand, resp. Krankheit als ein Ungleichgewicht zwischen verschiedenen Systemen definiert (s. Kap. 9). Der Krankheitsprozeß wird unabhängig davon ausgelöst, welches der Systeme zuerst entgleist und ob nur eines oder mehrere der Systeme beteiligt sind. Unsere grobe Unterteilung der Einflußgrößen in 1. biophysikalische Systeme, 2. psychosoziale Systeme und 3. Gesundheitsversorgungssystem erfolgte aus konzeptuellen Überlegungen (s. Abb. 10.1); wichtig sind nicht nur die Systeme und ihre Subsysteme, sondern auch ihre Querverbindungen und Interdependenzen (vgl. Kap. 4).

Der Einfluß des Versorgungssystems wird im nächsten Kap. 10.2 (Patientenkarriere) Erwähnung finden. Im Kap. 11 zur Arzt-Patient-Beziehung wird er im Zusammenhang mit Kooperation und Compliance erneut verdeutlicht. Schließlich sind Kap 4.2 (Systeme des Gesundheitswesens) und Kap. 14 (Krankheitssituation) auf den Einfluß der Versorgungsstruktur angelegt.

Auch die Verbindungen zwischen psychosozialen und biophysikalischen Systemen werden in diesem Buch mehrfach erörtert. Im Kap. 7 (Persönlichkeit) wird darauf verwiesen. Das Kap. 8 (Psychophysiologie) ist besonders darauf angelegt.

> **!**
>
> *Zusammenfassend* können wir sagen: Die erwähnten psychosozialen Einflußgrößen sind Teile des Krankheitsgeschehens; sie wirken sich auf alle erwähnten Systeme aus. In besonderem Maße bestimmen sie, wie der einzelne Mensch in der Krankheit reagiert und handelt. Dies schließt alles ein, was der Betroffene bewußt oder unbewußt zum Verlauf des Krankheitsprozesses beiträgt und wird als Krankheitsverhalten und Krankheitsbewältigung umschrieben.

10.2 Patientenkarriere

Krankheitsphasen und Krankheitserleben. Sind die Wirkfaktoren einer Erkrankung bekannt, läßt sich der Krankheitsprozeß in seinem Verlauf besser verstehen und darstellen. Nur teilweise decken sich die einzelnen Phasen oder Schritte dieses Prozesses mit jenen, die vom somatischen Krankheitsverlauf her bekannt sind. Zwar wird jede Körperveränderung psychologisch beantwortet, aber nicht jede psychologische Veränderung im Krankheitsverlauf hat eine somatische Entsprechung. Im medizinischen Sprachgebrauch wird meist zwischen *akutem und chronischem Krankheitsverlauf* unterschieden. Die möglichen Ausgänge sind entweder Heilung, Invalidität oder Tod. Im Erleben des Kranken stellt sich jedoch der Krankheitsprozeß komplexer dar. Für ihn ist häufig nicht einmal so bedeutsam, ob er an einer „akuten" oder „chronischen" Krankheit leidet. Zum einen kann die akute Krankheit schon einen langen, stummen Verlauf genommen haben (wie z. B. bei einem Kolon-Karzinom), von dem der Patient

gar nichts wahrgenommen hat. Zum andern gibt es bei vielen chronischen Krankheiten akute <u>Exazerbationen,</u> die vom Kranken jeweils als akut-bedrohliches Ereignis wahrgenommen werden. Ferner kann im chronischen Stadium einer Krankheit der Zustand des Organismus relativ stationär sein; psychosozial muß trotzdem eine vielgestaltige Anpassung weitergehen. Für den Kranken gliedert sich also der Krankheitsprozeß in Phasen oder Stadien, die ihre eigene subjektive Wertung haben. *Aus psychosozialer Sicht können die folgenden Krankheitsphasen unterschieden werden:*

- Erstes Wahrnehmen einer Veränderung
- Erste Konsequenzen
- Inanspruchnahme ärztlicher Hilfe
- Akute Krankheitsphase
- Rekonvaleszenz und/oder Rehabilitation
- Chronische Krankheitsphase, evtl. Invalidität
- Terminale Phase.

Schematisch ist dieser Verlauf in Abbildung 10.2 dargestellt.

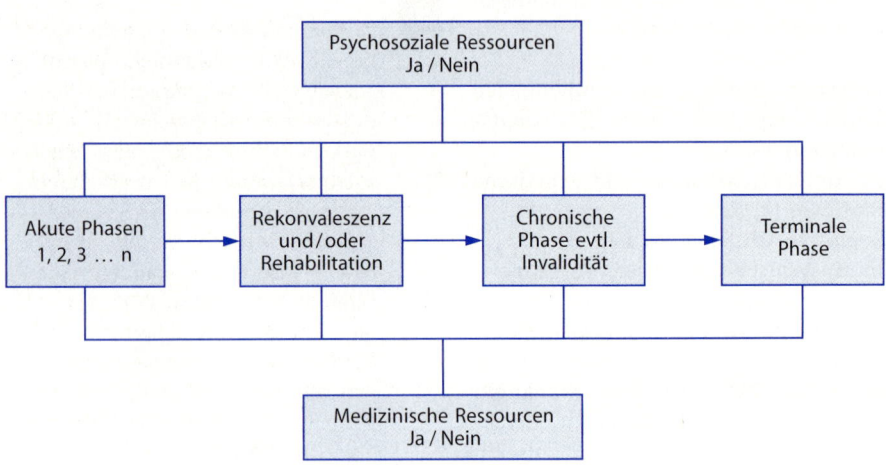

Abb. 10.2. Überblick über die verschiedenen Phasen des Krankheitsprozesses. Die schematisch dargestellten Phasen sind zugleich Abschnitte einer Patientenkarriere

Das Patientwerden und Patientsein wird medizinsoziologisch auch als *Patientenkarriere* bezeichnet. Dieser Begriff weist darauf hin, daß jede Krankheit ihren Verlauf nimmt und für den Kranken in jeder Phase bestimmte Erfahrungen und neue Aufgaben auftreten. Diese Aufgaben fordern den Kranken heraus, sie entweder in bestimmter Weise zu lösen oder (je nach Stadium) bestimmte krisenhafte Veränderungen zu wagen.

Das Verhalten des Patienten während seiner Patientenkarriere nennt man entsprechend *Krankheitsverhalten*. Dieser Begriff bezeichnet einerseits die psychische Reaktion auf empfundene Krankheitssymptome, andererseits meint er alle vom Individuum unternommenen Aktivitäten, die darauf gerichtet sind, die festgestellte Krankheit zu erklären, geeignete Behandlung zu erhalten und zur Gesundung beizutragen.

Krankheitsbewältigung und Krankenrolle. Das Krankheitsverhalten ist beobachtbar und auf die geeignete Anpassung an die Krankheitssituation ausgerichtet. Es ist zugleich von der Krankheit, vom Kranken selbst wie vom medizinischen Angebot im Versorgungssystem abhängig. Das Krankheitsverhalten hat enge Beziehung zu zwei weiteren psychosozial bedeutsamen Begriffen: einerseits zum psychologischen Vorgang der „Krankheitsbewältigung" (Coping), andererseits zum medizinsoziologisch geprägten Begriff der „Krankenrolle".

Der *Vorgang der Krankheitsbewältigung* ist hinsichtlich der Prognose und der Kooperation des Patienten derart be-

deutsam, daß er in einem eigenen Kapitel dargestellt wird (s. Kap. 13). Ebenfalls werden wir die wichtigsten sozialen Zusammenhänge der Krankheit ausführlicher abhandeln, die meist unter dem Begriff „Krankenrolle" subsumiert werden (s. Kap. 10.3).

Krankheit und soziale Prozesse. Die Medizinsoziologie bemüht sich zu untersuchen, wie gesellschaftliche Faktoren den Krankheitsprozeß beeinflussen. Zugleich verändert jede eingetretene Krankheit auch die vertrauten sozialen Rollen (z. B. als Arbeitnehmer, als Familienmitglied, als Behörde- oder Parteimitglied). In diesem Zusammenhang werden also die Auswirkungen der Krankheit auf die sozialen Prozesse erfaßt. Beides wird noch eingehend im Kap. 10.3 besprochen.

In seiner Patientenkarriere ist der Patient gleichzeitig von Veränderungen auf drei verschiedenen Ebenen betroffen, die zueinander in einer Wechselbeziehung stehen: Der somatische Krankheitsverlauf fordert in jeder Phase *psychologisch* eine neue Anpassung durch geeignete Krankheitsbewältigung. Zugleich wird in der Krankenrolle das *soziale* Rollenverständnis verändert. Was von diesen Vorgängen als aktives Handeln erkennbar wird, nennt man *Krankheitsverhalten* und meint damit die Schritte, die der Patient (im Rahmen seines Versorgungssystems) unternimmt oder unterläßt.

Der theoretische Kontext all dieser Begriffe ist das ganzheitliche Verständnis einer *Krankheit als biopsychosozialer Vorgang*. Die Begriffe selbst werden leichter verständlich, wenn wir nun untersuchen, in welchen Varianten sie in den einzelnen Krankheitsphasen auftreten.

10.2.1 Erstes Wahrnehmen einer Veränderung

„Irgend etwas ist anders; mir ist nicht wohl – bin ich etwa krank?" könnte eine gängige Umschreibung dieses Zustands in der Alltagssprache lauten. Viele andere Formulierungen sind denkbar: „Mir tut dies weh; ich habe Schmerzen; ich mag einfach nicht mehr; alles ist so düster; ich komme nicht mehr raus". - Der Betroffene realisiert, daß sich etwas an seinem vertrauten, habituellen körperlichen und/oder seelischen Zustand verändert hat. Dies kann plötzlich geschehen, wie bei einem „Hexenschuß" oder bei einer Lungenembolie; oder das Befinden verändert sich in kaum merkbaren Schritten über Monate oder Jahre hinweg wie bei einer chronisch-myeloischen Leukämie oder bei einer Arthrose.

Laiendiagnose. Sobald der Betroffene erste unübersehbare Veränderungen wahrgenommen hat, stellen sich ihm auch schon umschriebene Aufgaben: Er muß sich bemühen, diesen Zustand, zumindest in vorläufiger Weise zu klären und wird eine „Laiendiagnose" stellen: „Ich habe Hexenschuß; mir ist etwas in den Rücken gefahren; meine Gelenke sind wohl verbraucht; ich bin so müde und ausgelaugt." Seine Erklärung wird sich an seinem Krankheitsmodell orientieren, aus dem er zugleich Handlungsanweisungen bezieht (vgl. Kap. 9).

Wahrnehmung von Veränderungen des Befindens als erster Schritt des „Bewältigungsprozesses" ist nicht nur ein nüchternes Registrieren propriozeptiver

Signale von einer bestimmten Intensität. Vielmehr wird die Wahrnehmung von Anfang an subjektiv gefiltert oder verzerrt, wobei neben den im Krankheitsmodell integrierten persönlichen und soziokulturellen Faktoren vor allem das momentane Befinden ausschlaggebend ist.

10.2.2 Erste Konsequenzen: ich bin krank

Auf die vorläufige Erklärung im Sinne der Laiendiagnose muß eine erste Entscheidung folgen. Diese kann zu drei Verhaltensweisen führen: Der von den neu aufgetretenen Beschwerden geplagte Mensch kann die festgestellte Veränderung *ignorieren*; er wird in der Folge nichts Weiteres unternehmen. Oder er kann den Entscheid über die Bedeutung der Beschwerden *hinauszögern* und sie für den Augenblick vor sich selbst als nicht dringend oder nicht bedeutend bezeichnen. Schließlich kann er sich entscheiden, sofort zu *handeln*. Was nach dieser Aufzählung wie ein rationales Problemlösen aussieht, ist in Wirklichkeit wiederum ein komplexer psychischer Ablauf im Sinne des schon erwähnten Bewältigungsprozesses. Die im Kap. 9 angeführten *Patientenbeispiele* haben darauf schon hingewiesen: Nur gerade der hämophile Patient hat auf Grund seiner langen Krankheitserfahrung sachlich und zielstrebig auf die von ihm vermutete Blutung im Knie reagiert. Die ältere Patientin mit dem Mamma-Karzinom zögerte mit ihrem Entschluß, vorerst den Naturheilarzt aufzusuchen, eine umfassende medizinische Abklärung noch hinaus; ihre Eigendiagnose lautete „rheumatische Beschwerden". Der Betriebsleiter, der seine Herzbeschwerden dem beruflichen Ärger zuschrieb, verleugnete lange Zeit das Bestehen irgendeiner ernsthaften Erkrankung.

Überprüfen

Verifikation der Laiendiagnose. Die Schwierigkeit, die der Laie in dieser Phase zu meistern hat, liegt darin, den *Schweregrad der Krankheit richtig einzuschätzen.* Wenn er ihn unterschätzt oder ignoriert, wird er notwendige Schritte unterlassen und dabei Gesundheitsrisiken eingehen; er wird z. B. die Abklärung und Behandlung verschleppen, wie die Bäuerin mit dem Brustkrebs. Wenn er die Beschwerden überbewertet oder sonstwie verzerrt, so entspricht sein Verhalten einer psychischen Störung mit Körperausdruck (vgl. Kap. 8.2). Die Aufgaben der zweiten Phase der Patientenkarriere sind also die Verifikation der Laiendiagnose und der vorläufige Entscheid: „Ja, ich bin krank" oder „nein, ich bin nicht krank". Wenn der Betroffene sich für krank hält, so ist seine nächste Aufgabe die, geeignete Hilfe zu beanspruchen.

Suche geeigneter Hilfe. Häufig wird angenommen, daß, wer Beschwerden hat, auch ärztliche Hilfe sucht. Aus verschiedenen epidemiologischen Untersuchungen geht aber hervor, daß höchstens 1/4–1/3 der Kranken, die innerhalb eines definierten Zeitraums einzelne oder mehrere Beschwerden feststellen, auch professionelle medizinische Hilfe beanspruchen. Man könnte ferner annehmen, daß vor allem Kranke mit schwerwiegenden Störungen den Arzt aufsuchen. Wiederum zeigt die Erfahrung, daß von denen, die tatsächlich ärztliche Hilfe beanspruchen, nach Auffassung ihrer Ärzte nur gerade 1/5 weiterer Abklärung und Behandlung bedürfen.

Der Entscheid, *Hilfe beim Arzt* (und nicht anderswo) zu suchen, dürfte im wesentlichen von vier Faktoren abhängen:

- Einschätzung der *Ernsthaftigkeit der Krankheit* (entsprechend dem Krankheitsmodell des Patienten) und der

daraus abgeleiteten unmittelbaren Bedrohung.
- *Behinderung* der familiären, beruflichen und sozialen *Aktivitäten*, die der Betroffene als Folge der Beschwerden erwartet.
- Vorstellungen vom möglichen *Nutzen ärztlicher Hilfe* im gegebenen Zeitpunkt.
- Art des *nichtärztlichen Hilfeangebotes* im eigenen sozialen Netz.

Laiensystem und medizinische Versorgung. Die Einschätzung der Ernsthaftigkeit richtet sich aber nur teilweise nach Kriterien, die der Schulmedizin selbstverständlich sind. Freidson [6] unterscheidet 4 Personengruppen, von denen die Überweisung aus dem Laiensystem in das medizinische Versorgungssystem unterschiedlich beurteilt wird:

Es gibt, besonders in *ethnischen Randgruppen,* eine *angestammte Laienkultur,* die dem okkulten Denken in der Medizin noch stark verbunden ist. Dies gilt z. B. für Personen aus unterentwickelten Ländern, die primär immer noch lieber einem Heiler vertrauen als der offiziellen Medizin. Ähnliches ist von Zigeunern bekannt. Diese Gruppen pflegen in ihrer Ethnizität und Familie einen engen Zusammenhalt, der das kollektive Gesundheits-Krankheitsmodell bestimmt. Abweichungen davon sind dem einzelnen nur gegen erheblichen Widerstand des Kollektivs möglich.

Der Zusammenhalt als geschlossene Gruppe ist in der zweiten Kategorie schon wesentlich lockerer. Dennoch besteht in der *ländlichen Bevölkerung* bestimmter Regionen, etwa im schweizerischen Appenzell, hinsichtlich der Medizin eine eigene *Laienkultur.* Diese vertraut mehr den traditionellen Naturheilverfahren als der Schulmedizin. Die sozialen Bande außerhalb der Großfamilie sind aber viel weitmaschiger, so daß auch die Beeinflußung des einzelnen, ob er nun den Arzt aufsuchen will oder nicht, weniger bestimmend ist. In gegebenen Situationen wird das offizielle medizinische Versorgungssystem beansprucht. Wir haben in der Bäuerin mit der Brustkrebserkrankung (Beispiel B) eine typische Vertreterin dieser Bevölkerungsgruppe kennengelernt.

Die dritte Gruppe – und diese dürfte den Großteil der Kranken einschließen – ist der **Schulmedizin** gegenüber durchaus **offen**. Der einzelne versucht aber, entsprechend seinem eigenem Gesundheits-Krankheitsmodell möglichst lange und autonom mit den Beschwerden fertigzuwerden, ohne auf ärztliche Hilfe zurückzugreifen. Wenn er selbst nicht mehr weiterkommt -wie der erwähnte Betriebsleiter (Beispiel C) mit Herzinfarkt oder die Geschäftsfrau (Beispiel D) mit Grippe –, so wendet er sich nicht an einen Laienhelfer, sondern an seinen Hausarzt.

Die vierte Gruppe ist in sich wieder sehr kohärent und geht **zielstrebig auf ärztliche Hilfe aus**, wenn bestimmte Symptome oder Beschwerden eine gewisse Gefahr signalisieren. Es sind dies Menschen mit überdurchschnittlich guten medizinischen Sachkenntnissen, die sich auch weitgehend mit dem Versorgungssystem identifizieren. Dazu gehören z. B. der Großteil der Personen mit akademischer Bildung, Angehörige oder Mitarbeiter des gesamten Medizinalbereiches und Kranke mit langer Patientenkarriere, wie z. B. der erwähnte hämophile EDV-Spezialist (Beispiel A).

Selbsthilfe, Laienhilfe, nichtärztliche Hilfe. Die Alternativen zu ärztlicher Hilfe sind sehr breit gestreut. Abgesehen von eigentlicher Selbsthilfe kommen als Hilfsquellen alle jene Personen in Frage, die das nähere oder weitere Netz der sozialen Beziehungen ausmachen: Familienangehörige und Verwandte; Freunde und

Bekannte; Arbeitskollegen und Arbeitgeber; Sozialhilfe in der Gemeinde durch Gemeindeschwester, Sozialarbeiter, Pfarrer und Psychologen; das vormedizinische Versorgungsnetz mit Apotheken, Drogerien und Masseuren; die medizinischen Hilfsberufe oder paramedizinischen Dienste wie Krankenpflegepersonal, Physiotherapeuten, Arzthelferinnen, Chiropraktiker und Hebammen, Heiltätige ohne professionelle Ausbildung wie Naturheilärzte, Augendiagnostiker und Kräuterheiler. Das Ausmaß dieser Hilfeleistungen ist schwer zu quantifizieren, doch ist es erfahrungsgemäß beträchtlich.

Selbstmedikation. Genauere Vorstellungen über Selbsthilfemaßnahmen ergeben sich aus dem Medikamentenkonsum. Fast durchwegs läßt sich feststellen, daß ca. die doppelte Menge der ärztlich verordneten Medikamente aus Eigeninitiative konsumiert werden. Die Mehrheit der Kranken nimmt bei irgendwelchen Beschwerden selbstverordnete Medikamente ein, unabhängig davon, ob sie zur Zeit in ärztlicher Behandlung stehen oder nicht. Nur ein kleiner Teil der Kranken scheint Medikamente als Alternative zum Arztbesuch einzunehmen. Dagegen dürfte der Bevölkerungsanteil, der trotz Beschwerden weder Medikamente einnimmt noch den Arzt aufsucht, recht groß sein.

Wiederum sind es vorwiegend psychosoziale Kriterien, die darüber entscheiden, **ob ein Kranker Hilfe beansprucht** und **welche Art von Hilfe** er wählt.

Verzögerte Inanspruchnahme. Die Bedeutung des Entscheidungsprozesses des Kranken in diesem Krankheitsstadium liegt im **selektiven Gebrauch** des Angebotes der medizinischen Versorgung. Hier entscheidet es sich, ob Möglichkeiten der sekundären Prävention (Frühabklärung) wahrgenommen oder ob durch Verzögerung unnötige Gesundheitsrisiken eingegangen werden. Die Verzögerung läßt sich messen als die Zeit, die zwischen der ersten Symptomwahrnehmung bis zum ersten ärztlichen Kontakt verstreicht. Wiederum sind die bekannten Einflußgrößen am Werk, wobei insbesondere Alter (je älter desto eher), sozioökonomischer Status (tiefere Sozialschichten später), Symptomcharakter und Persönlichkeit für die Verzögerung bedeutsam sind. Die meisten Studien ergeben, daß sowohl starke Angst (im Sinne der subjektiven Bedrohung) wie auch fehlende oder niedrige Angst (im Sinne von Verleugnen oder Ignorieren) die Verzögerung fördern. Depressive Menschen neigen ebenfalls zum Bagatellisieren von Körperbeschwerden und Verzögern des Arztkontaktes.

Medizinische Versorgungsstruktur. Die Inanspruchnahme ärztlicher Hilfe ist aber auch von der Struktur der medizinischen Versorgung abhängig. Das Angebot (Vielfalt, Menge), die Zugänglichkeit (Notfalldienste, Wartezeiten) und die Kosten (Versicherungsgrad) sind naheliegende Determinanten. Das vorhandene Angebot wird nur dann benutzt, wenn die Kenntnisse des Patienten über die Versorgungseinrichtungen ausreichend sind. Dies dürfte in ländlichen und kleinstädtischen, überschaubaren Verhältnissen kaum ein Problem sein. In mittleren und größeren Agglomerationen, wo auch die soziale und geographische Mobilität der Bevölkerung größer ist, sind die Kenntnisse von Patienten über bestehende Versorgungsstrukturen oft lückenhaft.

Anhäufung; Zusammenballung

10.2.3 Die Inanspruchnahme ärztlicher Hilfe

Dort, wo Erwartungen und Angebot gut übereinstimmen, besteht in der medizinischen Versorgung ein günstiges Gleichgewicht. Eine von Schaufelberger, Cloëtta & Noack [14] 1985 durchgeführte Studie hat in der Region Basel einen Vergleich von Allgemeinpraxen, internistischen Praxen und universitärem Ambulatorium hinsichtlich ihrer Inanspruchnahme ermöglicht. Jene Patienten, denen vor allem an gründlicher diagnostischer Abklärung gelegen ist, bevorzugten das universitäre Ambulatorium. Patienten, die Gespräch, Ratschläge und therapeutisch-ärztliches Handeln priorisieren, zogen die hausärztliche Behandlung beim Allgemeinarzt oder Internisten vor. Insgesamt zeigten 3/4 der Patienten eine erstaunliche Treue zu dem einmal aufgesuchten Versorgungstypus. Gegenwärtig findet in dieser Hinsicht allerdings ein Wandel statt. Einerseits gibt es Patienten, welche sich aus einer gewissen Skepsis gegenüber den Ärzten relativ rasch für eine sog. „second opinion" an einen zweiten Arzt wenden. Andererseits ist in neueren Modellen der medizinischen Versorgung (vgl. Kap. 4.5.1) die freie Arztwahl eingeschränkt, indem die Patienten verpflichtet werden, im Krankheitsfall zunächst immer den gleichen Arzt zu konsultieren.

Erwartungen an den Arzt. Erst in dieser Phase *beginnt die eigentliche Patientenkarriere*, die durch die Wechselbeziehung von Patient und medizinischem Umfeld charakterisiert ist. Seine Einschätzung der Betreuer (Ärzte, Arztgehilfin, Schwester, Pfleger etc.) folgt nicht primär objektiven Kriterien der fachlichen Kompetenz. Vielmehr ist die Vorstellung des Patienten davon, was einen „guten Arzt" ausmacht, durch die persönliche Entwicklung in einem bestimmten soziokulturellen Umfeld geprägt. Allgemein wird vom Arzt neben fachlicher Kompetenz, korrekter Haltung und echtem Interesse vor allem die Fähigkeit erwartet, empathisch auf den Einzelnen einzugehen. Wenn diese Erwartungen des Patienten erfüllt sind, kann mit einer guten Kooperation gerechnet werden.

Aus ärztlicher Sicht sind es *drei mögliche Krisen* in der Patientenbehandlung, die in dieser Phase auftreten können:

- Verlust des Patienten durch Fernbleiben (drop out)
- Unterbrechung der Betreuung durch Überweisung
- Überkonsum von ärztlichen Leistungen durch bestimmte Patienten.

„Drop-out-Phänomen". Dieses Phänomen ist noch ungenügend erkannt und in der somatischen Medizin weniger erforscht als in der Psychiatrie. Lange Zeit wurde angenommen, daß dafür ausschließlich Aspekte der Arzt-Patient-Beziehung verantwortlich seien. Neuerdings wird das tragende soziale Netz des Patienten als positive Alternative zur ärztlichen Behandlung vermehrt beachtet. Nicht wenige Patienten scheinen es vorzuziehen, nach einer initialen ärztlichen Abklärung im Sinne der Selbsthilfe sich selbst zu behandeln oder dann Laienhilfe zu beanspruchen. Dort, wo die „Drop out-Quoten" im allgemeinen hoch sind, z. B. bei psychiatrischen oder symptomarmen chronischen Krankheiten wie Hypertonie, wirken relativ einfache Maßnahmen offenbar günstig: telefonische oder schriftliche Aufforderung zum oder regelmäßiges Vereinbaren eines nächsten Konsultationstermin(s).

Beispiel E (s. Kap. 9). Die erwähnte Hyperventilationspatientin hatte nach der Trennung von ihrem damaligen Freund erstmals einen Anfall von Atemnot. Sie erzählte davon vorerst ihren Arbeitskolleginnen, die ihr allerlei Ratschläge gaben vom Inhalieren von Eukalyptusdämpfen bis zum Einnehmen einer „guten Beruhigungspille". Als der Zustand sich wiederholte, meldete sich die Patientin zur Abklärung in der städtischen Ambulanz. Der behandelnde Arzt schien auf ihre Beschwerden nicht näher eingehen zu wollen und tat die Atembeschwerden als „dummes Zeug" ab. Ohne nähere Erläuterung händigte er der Patientin ein Rezept für einen Tranquilizer aus. Sie solle sich halt für einen „Atemtest" melden, falls der Zustand sich nicht bessere. Die Patientin fühlte sich verständlicherweise in ihrer Situation mißverstanden. Sie ließ sich zwar das Medikament ein paarmal vom Apotheker aushändigen, da sie dessen beruhigenden Effekt schätzte. Aber die Ambulanz mied sie künftig, ohne daß sich jemand nach ihrem Fernbleiben erkundigt hätte.

Ärztliche Überweisungen. Diese sind beim gegenwärtigen Grad an Spezialisierung in der Medizin gelegentlich schon nach dem Erstkontakt unvermeidlich. Die Überweisung ist überall dort problemlos, wo Kollegen durch regelmäßige Zusammenarbeit gut aufeinander eingespielt sind. Nachuntersuchungen haben aber ergeben, daß bei Überweisungen an eine anonyme Abklärungsstelle (meist staatliche Ambulatorien) die „Drop out-Quote" bis zu 50 % beträgt. Es hat sich gezeigt, daß wiederum einfache Maßnahmen wie persönliche Zuweisung an einen bestimmten Kollegen zu einem genau vereinbarten Datum ausreichen können, um die Behandlungskontinuität zu gewährleisten.

Überbeanspruchung ärztlicher Dienste. Sie ist primär bei Patienten mit bestimmten Persönlichkeitsstörungen festzustellen. Es sind insbesondere ängstliche oder hypochondrische Patienten (vgl. Kap. 11.6), die gehäuft psychosoziale Krisen durchmachen und nicht über geeignete Ressourcen verfügen. Dabei ist zu beachten, daß die Definition „Überbeanspruchung" immer aus ärztlicher Sicht erfolgt, während dasselbe Verhalten aus der Sicht des Patienten bedeutet, daß seine Bedürfnisse anderweitig nicht befriedigt werden konnten. Dies gilt besonders für die nicht wenigen Patienten, die in den öffentlichen Notfalldiensten mit mehr oder weniger Regelmäßigkeit auftauchen. Rasches Abschieben oder inkonsequentes Überweisen löst das zentrale Anliegen dieser Kranken nicht, endlich zu einer konstanten Behandlung zu kommen. Es besteht die Gefahr zu einem sog. *„doctor shopping"*, bei welchem häufige Arztkontakte als Ersatz für fehlende andere Sozialkontakte dienen. In solchen Situationen hat es sich als vorteilhafter erwiesen, geeignete Sozialhilfe zu vermitteln, die gelegentlich nur mittels Netzwerktherapie möglich ist, bei der sich mehrere Betreuer in die Zuständigkeit für einen Patienten teilen.

10.2.4 Akute Krankheitsphase

Unter einer akuten Krankheitsphase wird meist eine Symptomatik mit relativ plötzlichem Beginn und raschem Abklingen verstanden. Wenn auch nicht mit Gewißheit, so doch mit gewisser Wahrscheinlichkeit sind es die schwereren Krankheitszustände, die der Arzt als Akutkrankheiten zu beurteilen und zu behandeln hat. Die Krankheit kann erstmalig oder als Rezidiv auftreten oder eine akute Verschlechterung eines chronischen Leidens sein.

Konsequenzen für den Patienten. Die *psychosozialen Aufgaben*, die sich dem Patienten stellen, nachdem er sich einmal entschlossen hat, ärztliche Hilfe in Anspruch zu nehmen, sind mannigfaltig:

- Er muß sich einmal mit den im akuten Krankheitszustand aufgetretenen *Beschwerden*, Schmerzen, Behinderungen und anderen Symptomen der Krankheit oder Verletzung *abfinden*.
- Weiter muß der Patient mit dem behandelnden medizinischen Personal (Ärzten, Schwestern, Pfleger, Arzthelferinnen etc.) *neue Beziehungen* eingehen, die ihn in ein meist unerwartetes Abhängigkeitsverhältnis bringen. Je nach Persönlichkeitstypus kann dies eine konflikthafte Erfahrung sein, die unabhängig von den Krankheitsbeschwerden zu einer spürbaren Belastung werden kann.
- Das gilt um so mehr, als die akute Krankheit in aller Regel auch erhebliche motorische und/oder soziale *Einschränkungen* mit sich bringt. Am ausgeprägtesten ist dies bei einer *Hospitalisation*, wo der Patient innerhalb von Stunden sich den Regeln eines ihm bis dahin wenig vertrauten Settings unterziehen muß. Nicht nur die Umgebung mit relativ unübersichtlichen Verhältnissen ist neu für ihn. Er muß auch auf viele sonst gewohnte Privilegien der Privatsphäre verzichten und z.B. Warten, ein Mehrbettzimmer und Wünsche von Mitpatienten akzeptieren. Seine Abhängigkeit von den

beabsichtigt medizinischen Betreuern, auch wenn sie nicht <u>intendiert</u> wird, ist umfassend. Sie bestimmen die Regeln in den meisten Lebensbereichen. Der Großteil der Kranken kann sich auf die neue Situation einstellen. Nicht wenige geraten aber in eine emotionale Krise, die sich in ängstlichen, depressiven oder ärgerlich-gereizten Reaktionen äußert.

- Einschränkungen entstehen auch dann, wenn der Kranke *zu Hause bleiben kann*. Die Voraussetzungen dafür sind bei den heutigen Lebensverhältnissen, wo viele Menschen allein oder mit einem berufstätigen Partner wohnen, keineswegs immer gewährleistet. Auch dort, wo der Ehepartner zur Verfügung steht, wird durch die neue Abhängigkeit das Gleichgewicht in der Beziehung deutlich verschoben.

- Die akute Krankheit verlangt vom Patienten, daß er sich auch mit seinen Nächsten, *mit Ehepartner und Familie*, neu arrangieren muß. Es ist für den Kranken wie für die Familie wichtig, daß die Krankheit das innerfamiliäre Gleichgewicht nicht allzu sehr stört. Krisen sind oft unvermeidlich; es kann aber auch zu einer neuartigen und unerwarteten Vertiefung der Beziehungen kommen.

 Beispiel D (s. Kap. 9). In dem schon mehrfach zitierten Beispiel D der grippekranken Alkoholikerin hatte die Tochter nicht zuletzt deshalb gezögert, den Hausarzt zu rufen, da sie es gewohnt war, von der üblicherweise dominanten Mutter Anweisungen entgegenzunehmen. Es brauchte einige Überwindung, daß sie gegen den Willen der Mutter schließlich den Hausarzt kommen ließ. Umgekehrt machte es der nach außen scheinbar unabhängigen Mutter auch sehr zu schaffen, daß sie nun plötzlich auf die Pflege ihrer adoleszenten Tochter angewiesen war, vor der sie bisher ihren Alkoholismus erfolgreich verborgen hatte.

Ungewisse Zukunft. Die angeführten Aufgaben bedrohen alle das emotionale Gleichgewicht des Kranken, der sich nicht nur mit seinen Beschwerden, mit neuen und veränderten Beziehungen, sondern auch mit einer noch ungewissen Zukunft befassen muß. Wird der Apoplektiker die Sprache wieder finden? Wie wirkt sich das Glaukom auf die Lesefähigkeit aus? Ist die Brust tatsächlich von Krebs befallen und die Amputation unvermeidlich? Kann nach dem „Meniskus" die Fußballkarriere weitergehen? Ist es tatsächlich eine Viruspneumonie? Je schwerer das akute Zustandsbild, desto eher kann die Krankheit zu einer eigentlichen existentiellen Krise werden.

10.2.5 Rekonvaleszenz und/oder Rehabilitation

Mit Rekonvaleszenz ist bekanntlich der Übergang von Krankheit in Gesundheit gemeint. Rehabilitation bedeutet die besondere therapeutische Anstrengung, um eine potentielle Invalidität auf einen möglichst geringen Grad zu beschränken. Beides sind Vorgänge, deren Gelingen auch von psychosozialen Faktoren abhängig ist.

Zielsetzungen des Kranken. Wiederum gibt es *Aufgaben*, denen sich der Patient zu stellen hat. Er muß sich ein *Ziel setzen*, bzw. darüber klar werden, wohin und wie weit er in welcher Zeit kommen will. Dieses Ziel schließt die bestehenden familiären, beruflichen und sozialen Verpflichtungen ein. Nicht selten entschließt sich ein Kranker aber im Laufe des Rehabilitationsprozesses, sein Leben umzugestalten und neue Akzente zu setzen.

 Beispiel C (s. Kap. 9). Der technische Betriebsleiter hatte in den ersten Tagen der Hospitalisation innerlich noch gegen die Konsequenzen seines Herzinfarktes rebelliert. Im Laufe der folgenden Woche, als sich sein Zustand langsam besserte, nahm er sich vor, einschneidende Veränderungen in seiner Lebensgestaltung in die Wege zu leiten. Dem Sport wollte er zwar treu bleiben, dabei aber künftig auf Wettkämpfe mit der Männerriege verzichten und statt dessen vermehrt Waldläufe unternehmen. Er entschloß sich auch, zwei Vereinspräsidien abzugeben und im Beruf um Entlastung nachzusuchen. Er realisierte erst jetzt, in welchem Ausmaß er in den letzten Jahren seine Frau vernachlässigt hatte, und nahm sich vor, Freizeit und Ferien konsequenter mit ihr zu verbringen.

Umorientierung bei bleibender Behinderung. Dort, wo die Folgen der Krankheit endgültige Einschränkungen mit sich bringen, ist die Bereitschaft zur Umorientierung besonders wichtig. Durch realistisches Vorausschauen können Schwierigkeiten erkannt und gezielter angegangen werden. Der Kranke sollte jene Möglichkeiten nutzen, die ihm trotz Behinderung offen bleiben. Die Popularität des Invalidensportes zeigt, welche Ressourcen erschlossen werden können. Nicht wenige der erfolgreichen Wettkampfteilnehmer sind früher an Sport nicht interessiert gewesen. Ein anderes Beispiel der erfolgreichen Umorientierung hat ein ehemaliger Poliopatient geliefert, dessen fast totale Lähmung ihn lebenslänglich ans Krankenhaus und an das Atemgerät fesselte. Mit ganz geringen motorischen Fähigkeiten – er konnte knapp ein paar Finger bewegen – gelang es ihm, systematisch sein schon immer bestehendes Interesse an Musik in den Aufbau eines anerkannten Schallplattenversandgeschäftes – vom Krankenhausbett aus – umzusetzen.

Erschwerte Rekonvaleszenz/Rehabilitation. Schwieriger ist es dort, wo psychosoziale Faktoren Rekonvaleszenz und/oder Rehabilitation verzögern oder verhindern. Beispiele dafür reichen von den unbedeutenden Folgen eines leichten Schleudertraumas der Halswirbelsäule bis zu der anspruchsvollen Rehabilitation eines Paraplegikers. Patienten, deren psychosoziale Situation vor der Krankheit unbefriedigend oder problem- und angstbeladen war, neigen besonders dazu, ihre Rekonvaleszenz zu verlängern, oder es treten in dieser Zeit psychische Komplikationen auf. Dies konnte für ganz unterschiedliche Krankheitsgruppen nachgewiesen werden, besonders klar aber für Kranke nach einer Operation. Deren Erholungsphase ist um so länger und komplizierter, je schwieriger ihre psychosoziale Situation vor dem Eingriff war. Dies ist mehrfach für Rückenoperierte mit Lower-back-pain-Syndrom nachgewiesen. Eindrücklich konnte es aber auch bei Patienten nach einer offenen Herzoperation aufgezeigt werden. Der schwere Eingriff gilt einem Organ, das auch symbolisch bedeutsam ist. Es zeigte sich, daß präoperativ psychosozial stabile Patienten mit mäßiger Operationsangst den Eingriff langfristig am besten überstehen. Hinsichtlich der Wiedererlangung der Arbeitsfähigkeit steht eine zweite, etwas labilere Gruppe mit starkem Bedürfnis nach Abhängigkeit deutlich schlechter da. Bezüglich Überlebenschancen und Wiedereingliederung am meisten gefährdet sind jene Kranken, die ihre Ängste völlig verleugnen sowie jene, die ausgesprochen depressiv und ihrer Krankheit gegenüber pessimistisch eingestellt sind.

Rehabilitation nach Herzinfarkt. Die gegenseitige Abhängigkeit von psychischem Befinden und Erfolg der Wiedereingliederung ist auch bei vielen andern Krankheiten nachgewiesen, bei denen keine Operation notwendig wurde. Herzinfarktpatienten pflegen in der Regel vorerst den Schweregrad ihres Zustandes zu verleugnen, um nach ein bis zwei Tagen dann doch erhebliche Ängste zu entwickeln, bevor ein mehr depressives Sich-Dreinschicken oder Sich-Aufgeben erfolgt. Nicht alle werden diese starken Gefühle in der Rekonvaleszenz wieder los, und diejenigen, bei denen die Angst und/ oder Depression anhält, sind später auch psychosozial schlechter angepaßt und erleiden häufiger einen Reinfarkt [12].

> **!**
>
> *Primärer und sekundärer Krankheitsgewinn*
>
> In diesem Zusammenhang sind der primäre und der sekundäre Krankheitsgewinn bedeutsam (vgl. Kap. 7.1). Mit *Primärgewinn* ist die Lösung eines unbewußten innerpsychischen Konfliktes mittels eines Symptoms gemeint, der einer reiferen Verarbeitung nicht zugänglich ist. Bei der soeben zitierten Studie ist anzunehmen, daß die Patienten, die schon vor ihrer Herzerkrankung starke Abhängigkeitsbedürfnisse hatten, in der Krankheit nun eine (ihnen unbewußte) Konfliktlösung gefunden haben, die eine physische Heilung gar nicht erst erstrebenswert erscheinen läßt.

> Ihnen sind Patienten gegenüberzustellen, die gewisse Bedürfnisse – seien diese psychischer, sozialer oder finanzieller Art – erst bei der mit der Krankheit verbundenen Befriedigung entdecken und entwickeln. Solche Vorteile werden als *Sekundärgewinn* der Krankheit bezeichnet. Wenn auch nicht immer davon ausgegangen werden darf, daß diese Vorteile bewußt angestrebt und genutzt werden, so sind sie dem Kranken doch recht bewußtseinsnahe. Dies zeigt sich gelegentlich bei der Abklärung von Versicherungsansprüchen von Immigranten, die häufig eine körperliche Teilinvalidität als Gelegenheit zu einer gewissen Kompensation für die Mühsale des Immigrantendaseins erleben und eine entsprechend großzügige materielle Entschädigung erwarten. Diese Haltung wird sozial noch dadurch verstärkt, daß in ihren Herkunftsländern eine Invalidenrente das soziale Ansehen erhöht, während man in der Schweiz oder in Deutschland eher dazu neigt, eine wie immer geartete Invalidität zu überspielen oder zu verstecken.

Beispiel E (s. Kap. 9). Die schon zitierte Verkäuferin mit Hyperventilationszuständen hatte später, nach der unliebsamen Erfahrung in der städtischen Ambulanz, auf Empfehlung einer Kollegin ihren heutigen Hausarzt erstmals konsultiert. Nicht nur die gründliche Untersuchung, sondern auch seine Bereitschaft zuzuhören, ließ sie rasch Vertrauen fassen. Besonders schätzte sie aber, wenn er bei den gelegentlichen Nachtbesuchen, wo seine Spritze sie erst von den „Erstickungszuständen" befreite, noch etwas bei ihr sitzen blieb. Oft dachte sie in solchen Situationen, „so hätte ich mir meinen Vater gewünscht: ruhig, beständig und herzlich". Weder sie noch der Hausarzt selbst realisierten vorerst, daß die verstärkte Erwartungshaltung der Patientin im Sinne eines sekundären Krankheitsgewinnes mit der Zeit die Arzt-Patient-Beziehung auch belasten könnte.

Die Differenzierung von Primär- und Sekundärgewinn ist selbst für den Fachmann oft nicht einfach. Sie hat aber grundsätzliche und praktische Bedeutung, da viele Patienten mit psychosomatischen Störungen (vgl. Kap. 8.2) allzu leicht als Arbeitsunwillige oder Simulanten abgewertet werden, obwohl ihren Störungen echter Krankheitswert mit allen Konsequenzen zukommt.

10.2.6 Chronische Krankheit

Die chronische Krankheitsphase impliziert zunächst eine lange Dauer der Krankheit. Man spricht dann auch oft von Langzeitpatienten. Zugleich wird angenommen, daß die *Krankheit irreversibel ist und eine zumindest beschränkte Behinderung zurückläßt*. Diese Umschreibung ist aber gerade aus psychosozialer Sicht unbefriedigend, da sie zur Annahme verleitet, alle chronischen Krankheitsverläufe würden vergleichbare psychosoziale Probleme schaffen. Der Großteil der Kranken, die den medizinischen Alltag bestimmen, leidet an chronischen Krankheiten. Diese sind zu einem nicht geringen Teil Folgen von psychosozialem Risikoverhalten und werden entsprechend als *Zivilisationskrankheiten* bezeichnet. Aber sowohl in den Entstehungsbedingungen, in der Auslösung, wie auch im Krankheitsprozeß unterscheiden sich die chronischen Krankheiten untereinander derart, daß ihre Problematik differenzierter betrachtet werden muß. Um die speziellen *Aufgaben*, die sich dem chronisch Kranken stellen, genauer zu erkennen, ist es somit notwendig, chronische Krankheiten nach verschiedenen Kriterien zu unterscheiden.

Zeitpunkt des Krankheitsbeginns. Es ist von großer Bedeutung, ob eine Krankheit oder eine Behinderung schon zur Zeit der Geburt vorhanden war oder erst später erworben wurde. Im ersten Fall waren sie seit je Teil des Körperschemas des Patienten und sind somit nicht als Krankheitsphase aufzufassen.

Beispiel A (s. Kap. 9). Von den vier hier immer wieder zitierten Beispielen hat erstaunlicherweise der hämophile Patient trotz starker objektiver Behinderung die vergleichsweise beste Anpassung an seine Krankheit gefunden. Seine Krankheitsbewältigung besteht in der aktiven Auseinandersetzung mit der Störung des Blutgerinnungsfaktors VIII und im Bemühen, alle Möglichkeiten der Selbstbehandlung auszuschöpfen. So hat er eine bis dahin erfolgreiche berufliche Laufbahn als EDV-Spezialist durchgehalten, ohne daß nach außen bekannt wurde, daß er an einer schweren genetischen Störung leidet, die bis zur Einführung der Substitutionstherapie bei den meisten Betroffenen tödlich ausgegangen ist. Seine berufliche Entwicklung ist keine Ausnahme, wie internationale Untersuchungen belegen. Die Mehrheit der erwachsenen männlichen Hämophilen ist erfolgreich berufstätig. Viele sagen aber ihrem Arbeitgeber nichts von der Hämophilie. Auch heute sind noch viele Hämophile ihrer Krankheit wegen beruflich benachteiligt, oder sie haben diesbezüglich Befürchtungen.

Stationärer oder progressiver Krankheitsverlauf. Wenn die Behinderung stabil ist, z. B. als Folge eines Unfalls, ist die psychische Verarbeitung leichter möglich, als wenn das Fortschreiten der Krankheit mit vielen Ungewissheiten verbunden ist. So ist bei temporär vergleichbaren Auswirkungen die Krankheitsbewältigung für den posttraumatischen Paraplegiker einfacher als für den Kranken mit mul-

tipler Sklerose, der nicht absehen kann, wohin ihn seine Krankheit führt, auch wenn zeitweise Besserung möglich ist.

Grad der Reversibilität bzw. des rehabilitativen Funktionsausgleichs. An diesem Kriterium unterscheidet sich, welche Ziele in der Rehabilitation überhaupt angestrebt werden können. Kleine Fortschritte auf einer absehbaren Wegstrecke ermutigen den Kranken zu weiteren Anstrengungen. Der Postapoplektiker, der den Wiedergewinn der Sprache als möglich erlebt, nimmt die Mühsale des Sprachtrainings gern auf sich, um nicht dauernd auf die schriftliche Verständigung angewiesen zu bleiben.

Behinderung im Alltagsleben. Für viele chronisch Kranke besteht ein erheblicher Unterschied der Anpassungsprobleme während der Hospitalisation und nach der Entlassung in die *ambulante Nachsorge*. Während der akuten Phase mit stationärer Behandlung lassen sich Befürchtungen hinsichtlich der Arbeitsfähigkeit oder der Sexualfunktionen eher noch verdrängen. Einmal entlassen, ist die Realitätskonfrontation unvermeidlich. Der postapoplektische Patient wird z. B. feststellen, daß die Gehfähigkeit für einfache Botengänge kaum mehr ausreicht; der Postinfarktpatient kann nicht mehr übersehen, wie rasch er bei der Arbeit ermüdet; die MS-Patientin muß akzeptieren lernen, daß ihre Aufmerksamkeitsfähigkeit zum Lenken eines Automobils nicht mehr ausreicht. Anfänglich kann das Bemühen, alle diese Behinderungen herunterzuspielen oder zu verstecken, zu einem Dauerstreß führen. Umgekehrt stellt der chronisch Kranke fest, wenn er einmal mit den neuen Lebensverhältnissen vertraut ist, daß manch andere Ängste nachgelassen haben: Die Todesängste sind vorbei, die Behinderungen weniger einschneidend als befürchtet, der Zustand stabiler als erwartet. So kann mit der Zeit die emotionale Belastung einer chronischen Krankheit auch zurückgehen, und es lassen sich neue Quellen sinnvoller Lebensgestaltung erschliessen.

Künstlicher Ersatz von Körperfunktionen. Ganz besonderer Art sind die Anpassungsaufgaben für chronisch Kranke dann, wenn es um den künstlichen Ersatz von bestimmten Körperfunktionen geht: z. B. bei Stomakranken mit Anus praeter oder bei Patienten mit Herzschrittmacher oder künstlicher Niere. Chirurgen sind zunehmend bestrebt, vor größeren Eingriffen die Adaptationsfähigkeit der Patienten abzuschätzen, um nicht unnötig operative und rehabilitative Risiken einzugehen. Selbst schwerwiegende Eingriffe, die auch das Körperschema im weitesten Sinn betreffen, wie z. B. bei Nierentransplantationen, werden von geeigneten Patienten gut gemeistert.

10.2.7 Terminale Phase

Der tödliche Ausgang sowohl einer akuten wie einer chronischen Krankheit bleibt immer eine von mehreren Möglichkeiten. Bewußt erlebt wird diese Krankheitsphase meist nur bei langsam fortschreitendem Verlauf. Das akute Sterben ist in der Erfahrung anderer akuten Krisenerlebnissen vergleichbar, nur daß hier nach dem Initialstadium der akuten Bedrohung die in der Adaptationsphase mobilisierten Ressourcen nicht mehr ausreichen und es zum Exitus letalis kommt.

Subjektives Sterbeerleben. Über das subjektive Erleben des Sterbens wissen wir naturgemäß wenig. Patienten nach Herzstillstand, die reanimiert werden konnten, gaben erstaunlicherweise angenehme Gefühle an, wie sie im Übergang zu einem friedlichen Schlaf festgestellt werden können. Dies ist vielleicht ein Hinweis darauf, daß es den „natürlichen Tod" tatsächlich gibt. Das allgemeine Interesse an Sterben und Tod (vgl. Kap. 5.11) hat ein Phänomen enttabuisiert, das selbst in der Medizin lange Zeit keinen Platz mehr fand. Es spricht vieles dafür, daß es ebenso sehr an der Haltung der Ärzte wie der Patienten lag, wenn die früher gepflegte Ars moriendi lange Zeit so wenig Beachtung gefunden hat. Sterben kann subjektiv unterschiedlich erlebt werden: Als schwere qualvolle Prüfung, die angstvoll durchlitten und bewältigt werden muß. Es kann aber auch, z. B. von religiösen Menschen, als Erlösung und Befreiung erlebt werden, als Heimkehr und Übergang in ein anderes Leben.

Bewältigung des Sterbens. Als Teil einer Patientenkarriere stellt die terminale Phase ganz besondere Aufgaben. Es ist eine *Zeit der Ungewißheit, der Verlusterlebnisse und der Ängste*, die in irgendeiner Form bewältigt werden müssen. Es sind dies:

- Die *Furcht vor dem Unbekannten*. Wer sich nicht schon zuvor wegen irgendeiner Krankheit auf dem Sterbebett fühlte, muß sich hier einer großen Ungewißheit ausgesetzt fühlen.
- *Die Furcht vor dem Alleinsein*. In einer Zeit, da über die Hälfte der Menschen unseres Kulturkreises in einem Spital und viele andere in einem Altersheim sterben, ist die Gefahr der Vereinsamung besonders groß.
- Die Furcht vor dem *Verlust der Familie und der Freunde*, von denen sich der Sterbende in einem eigentlichen Trauerprozeß lösen muß.
- Die Furcht vor dem *Verlust des Körpers* als wesentlicher Teil des Selbst (also nicht bloß von dessen Funktionen). Und damit verbunden:

- Die Furcht vor dem *Verlust der Identität*, der Körperintegrität, die beide unsere Einmaligkeit ausdrücken.
- Die Furcht vor dem *Verlust der Selbstkontrolle*. In unserer rationalen Kultur wird sie hoch gewertet, ihr Zerfall ist aber als Folge des Nachlassens der psychischen und physischen Kräfte wie auch unter der Einwirkung der Medikamente und medizinischen Maßnahmen z.T. unvermeidlich.
- Die *Furcht vor der Regression*, also des Rückzugs auf frühe, z.T. kindliche psychische Verhaltensweisen, die durch passives Sichergeben das Sterben fördern.

... Zusammenfassung

Nur ein kleiner Teil der vielen, im Leben eines Menschen durchlebten Krankheiten erstreckt sich über die meisten der hier beschriebenen Phasen. Auch ist nicht jeder Kranke von den jeweiligen Aufgaben und Krisen gleich betroffen. Die hier erwähnten psychosozialen Aspekte des Krankheitsprozesses sind somit mehr idealtypisch zu verstehen. Sie müssen auf die jeweiligen Verhältnisse uminterpretiert werden. Wir fassen in Tabelle 10.1 das Wesentliche noch einmal zusammen.

Tabelle 10.1. Überblick über Patientenkarrieren: ihre Phasen, Aufgaben und möglichen Konflikte oder Krisen

Phasen:	Patientenbezogene Aufgaben:	Mögliche Konflikte oder Krisen:
1. Wahrnehmung einer Veränderung: „Bin ich krank?"	– Laiendiagnose stellen	– Verzerrtes Wahrnehmen – Ignorieren der Symptome
2. Erste Konsequenzen: „Ich bin krank!"	– Laiendiagnose verifizieren – Hilfe in Anspruch nehmen	– Verzögern der Inanspruchnahme von Hilfe
3. Inanspruchnahme ärztlicher Hilfe: „Ich muss zum Arzt!"	– Geeignete Versorgungsstelle aussuchen und kontaktieren	– „Drop out" aus Behandlung Beziehungsunterbrechung bei Überweisung – Überbeanspruchung ärztlicher Hilfe

4. Akute Krankheitsphase: „Ich muss mich auf die Krankheit einstellen!"	– Beschwerden und Behinderung akzeptieren
	– Neue Beziehungen zu medizinischem Personal eingehen; Abhängigkeit annehmen
	– Einschränkungen auf sich nehmen:
	  • bei Hospitalisation
	  • bei Pflege in Familie
	– Familiäre Beziehungen anpassen
	– Ungewisse Zukunft ertragen
	– Selbstkonzept anpassen:
	  • Körperschema, Krankheitsmodell
	  • Lebenswerte und -ziele
		– Emotionales Gleichgewicht verlieren
		– Vertrauenskrisen
		
		– Rebellieren oder Resignieren
		
		– Partnerkonflikt
		
		– Verzweifeln
		– Identitätskrise
		– Körperschemastörungen
		
		– Orientierungslosigkeit

5. Rekonvaleszenz und/ oder Rehabilitation: „Ich bin auf dem Weg zur Besserung!"	– Neue Ziele setzen – Umorientieren – Neuen Sinn finden	– Regression – Besserung verhindern oder verschleppen – Sekundärgewinn missbrauchen
6. Chronische Krankheitsphase: „Ich werde nie mehr gesund!"	– wie 4. und 5.; zusätzlich: – Psychosoziale und körperliche Einschränkungen akzeptieren – Auf neue akute Krisen und Progredienz gefasst sein können	– wie 4. und 5.; zusätzlich: – Behinderung überspielen wollen
7. Terminale Phase: „Ich muss sterben!"	– Ungewissheit und multiple Verluste annehmen	– Verzweiflung, Auflehnung

10.3 Krankenrolle

Rollenverständnis des Kranken. In der Medizin wurde Krankheit lange Zeit als biologisches Phänomen erforscht, dem allenfalls gewisse psychische Aspekte zugestanden wurden. Die Medizinsoziologie konnte durch Untersuchungen nachweisen, daß *jede Krankheit auch soziale Implikationen* hat. In einer streng logischen Analyse hat der bedeutende amerikanische Soziologe Parsons [11] das besondere Rollenverständnis des Kranken herausgearbeitet und anfangs der 50er Jahre unter dem Begriff „sick role" oder *Krankenrolle* beschrieben (zum Begriff „soziale Rolle" vgl. Kap. 3.3). Sein Konzept ist seither mannigfach überprüft und diskutiert worden und hat trotz gewisser kritischer Einwände bis heute seine Gültigkeit bewahrt. Parsons geht von der Annahme aus, daß Kranksein nicht eine vorsätzliche oder bewußte Handlung ist, sondern eine Erfahrung, die einem mehr oder weniger ungefragt auferlegt wird. Gleichzeitig bejaht er jedoch eine gewisse Eigenverantwortlichkeit, er weist auch darauf hin, daß gewisse Kranke Privilegien mißbrauchen, die ihnen aus der Krankenrolle entstehen. *Er kennzeichnet deshalb Krankheit*, wie seither in der Medizinsoziologie üblich, *als deviantes oder abweichendes Verhalten.* Von der Norm sozialen Verhaltens abweichend

Krankheit als „Verhaltensstörung". Wie bei anderem, von sozialen Normen abweichendem Verhalten (z. B. Kriminalität), werden den Kranken von der Gesellschaft bestimmte *Pflichten* auferlegt, u. a. die Forderung, das Abweichen oder die Krankheit möglichst zielstrebig zu überwinden. Die Gesellschaft bietet dafür öffentliche Einrichtungen der medizinischen Versorgung an, die von ihr als Gesamtes getragen werden. Parsons mahnt besonders, daß Krankheit nicht dazu

mißbraucht werden darf, sich den üblichen sozialen Verpflichtungen zu entziehen. Es brauche daher einen entsprechenden sozialen Druck, um das deviante Verhalten wieder in ein gesellschaftskonformes zu überführen. So verstanden ist Krankheit mehr als nur ein biologischer Prozeß, sie ist stets auch eine Verhaltensstörung. Das medizinische Versorgungssystem ist aus den gleichen Überlegungen nicht nur zu Hilfeleistungen aufgefordert, sondern zugleich auch als gesellschaftliches Regulationssystem eingesetzt, das dazu beiträgt, den devianten Kranken wieder in einen Zustand zurückzuführen, welcher der sozialen Norm so gut wie möglich entspricht. Diese *theoretische Argumentation* mag den Mediziner vorerst fremd anmuten. Wenn die Postulate Parsons' im Einzelnen diskutiert werden, zeigt sich aber, daß sie in vielerlei Hinsicht für das tägliche praktische Handeln des Arztes bedeutsam sind.

10.3.1 Befreiung von sozialen Rollenverpflichtungen

Eine Krankheit befreit von bestimmten beruflichen und sozialen Verpflichtungen und Verantwortungen. Wie weit die Entlastung geht, hängt vom Schweregrad der Krankheit ab: Je schwerer die Krankheit, desto weitreichender die Befreiung. Der Arzt ist aufgefordert, dies mittels Arztzeugnis zu attestieren, um verhindern zu helfen, daß die durch die Krankheit bewirkte Befreiung von bestimmten Pflichten mißbraucht wird.

In der medizinischen Praxis hat dieser Aspekt zweierlei Bedeutung:

- Eine ärztliche Diagnose ist nicht nur eine biologisch-medizinische Aussage, sondern hat zugleich auch eine wichtige soziale Funktion.

- Der Mißbrauch von Krankheit ist vielerorts als sog. Absentismus zu einem echten sozialen Problem geworden.

Ärztliche Diagnose. Sie entspringt einem komplexen Entscheidungsprozeß, der letztlich, wie erwähnt, „quasirational" erfolgt. Aufgrund einer Kombination von erfaßten Merkmalen wird nach einem durch Konventionen vorgegebenen Raster eine Zuordnung vorgenommen. Da sowohl Zahl und Variation der Merkmale wie auch das einzusetzende Raster (oder Klassifikationssystem) viel Spielraum offen lassen, sind Diagnosen, ähnlich anderen komplexen Urteilsprozessen, letztlich eine Einschätzung nach Wahrscheinlichkeit. Der Ausdruck „quasirational" will daran erinnern, daß das rational-deduktive Vorgehen durch das aus der Erfahrung gespeiste intuitive Verständnis ergänzt wird.

> **!** Der klinische Alltag lehrt, daß Ärzte in ihren diagnostischen Beurteilungen oft von einander abweichen. Dort, wo die Diagnose zudem (z.B. für die Beurteilung der Arbeitsfähigkeit) ein soziales Kriterium abgeben soll, nimmt die Ungewißheit noch zu. Es ist somit fragwürdig, wenn die Gesellschaft Kranksein nur von einer ärztlichen Diagnose abhängig machen will.

Problematik von Arztzeugnissen. Ärzte sind sich des teilweise großen Aufwandes für die Erarbeitung einer einigermaßen zuverlässigen Diagnose zunehmend bewußt. Sie wehren sich deshalb verständlicherweise dagegen, daß Arbeitgeber und Versicherungsträger sie immer wieder zum Ausstellen von Arztzeugnissen beanspruchen. Die gängige Forderung, daß jede Arbeitsabsenz von mehr als drei Tagen mit einem ärztlichen Zeugnis attestiert werden müsse, ist auch darum nicht sinnvoll, weil ein Großteil der Krankheiten innerhalb von Tagen ohne ärztliche Intervention abklingt. So scheint es unzweckmäßig, den Absentismus mit ärztlicher Kontrolle eindämmen zu wollen.

Krankheitsetikettierung. Eine andere soziale Konsequenz der ärztlichen Diagnose wird unter dem *Begriff des „labeling", der Krankheitsetikettierung*, zusammengefaßt [6]. Damit wird postuliert, daß zumindest bestimmte ärztliche Diagnosen einen entscheidenden Einfluß auf das Verhalten des Kranken und seiner Umgebung ausüben. Ein klassisches Beispiel hierzu ist die *Schizophrenie*, deren Ätiologie heute multikausal verstanden wird (genetisch-biologische, psychodynamische, systemische, familiäre und soziale Faktoren). Unabhängig davon ist aber ein Kranker, der einmal mit dem Etikett Schizophrenie versehen ist, sozial gezeichnet. Seine emotionalen und kognitiven Verhaltensweisen werden künftig von der näheren Umgebung genau beobachtet und seine Verantwortlichkeit, speziell im sozialen Handeln, wird in Frage gestellt. Dies wiederum wirkt auf den Krankheits- resp. Gesundungsprozeß zurück, indem der Patient durch die ihm nun plötzlich zugewiesene Außenseiterrolle vermehrt psychosozialen Stressoren ausgesetzt ist. Man weiß aber, daß gerade diesen Stressoren in der Auslösung einer nächsten Krankheitsphase großes Gewicht zukommt. Der Circulus vitiosus der „Etikettierung" ist somit vollständig.

„Labeling-theory". In ähnlicher Weise wird von den Vertretern der „labeling-theory" argumentiert, daß jede Krankheitsbezeichnung zu einem bestimmten Reaktionstyp der Umgebung führe. Bekannt ist, daß entstellende Mißbildungen, Epilepsie oder psychische Störungen ein tiefes, bestimmte andere Krankheiten dagegen, z. B. koronare Herzerkrankungen, ein hohes soziales Prestige haben. Wieder andere Krankheiten, z. B. die meisten Infektionskrankheiten, liegen in der neutralen Mitte [6]. Wenn auch die „labeling-theory" in ihrer einseitigen Ausrichtung nur einen Teilaspekt heraushebt, so gilt es, diesen kritischen Ansatz ernst zu nehmen. Er weist auf die *Folgen eines jeden öffentlichen Bekanntwerdens der Diagnose* hin.

Sorgsamer Umgang mit ärztlichen Diagnosen. Für das ärztliche Verhalten ergeben sich demnach zwei Konsequenzen: Zum einen muß der Arzt seinem Patienten die festgestellte *diagnostische Beurteilung immer in einem weiteren Kontext* erklären und dort, wo er berechtigt ist, Angehörige zu orientieren, darauf achten, daß seine Aussagen nicht diskriminierend umgedeutet werden. Zum anderen gilt es, das *Arztgeheimnis sehr ernst zu nehmen.* Den Forderungen von Versicherungsträgern und anderen öffentlichen und privaten Institutionen, ärztliche Diagnosen bekanntzugeben, sollte nur unter Gewährleistung eines ausreichenden Persönlichkeitsschutzes entsprochen werden. Die EDV birgt für bestimmte Patientengruppen, wie z. B. psychisch Kranke, zweifellos eine beachtliche Gefahr. Schon heute sind, gerade aus dem Verwaltungsbereich, soziale Diskriminierungen Betroffener bekannt.

Absentismus. Unter Absentismus oder „krank feiern" werden Kurzabsenzen vom Arbeitsplatz aus andern als streng medizinischen Gründen verstanden. Die dafür wesentlichen Motive liegen im Sozial- und Arbeitsbereich. Das Ausmaß variiert und ist vom Gesellschaftssystem abhängig. Die Arbeitsmoral in den westlichen Industrienationen ist vom Wettbe-

werbsdenken her bestimmt, wobei die Zusicherung des Arbeitsplatzes meist leistungsabhängig ist. Wer durch viele Krankheitsabsenzen auffällt, riskiert den Arbeitsplatz zu verlieren. Diese Interdependenz zeigt sich darin, daß unter rezessiven Wirtschaftsbedingungen der Absentismus stark zurückgeht. Einzelne Patienten wagen es selbst dann nicht mehr, einen Arzt aufzusuchen, wenn eine Konsultation angezeigt ist. So ließ sich z. B. in Deutschland folgender Zusammenhang zwischen Konjunktur und Krankmeldungen nachweisen [2]: Je schlechter die Wirtschaftslage, desto niedriger ist der Krankenstand.

Häufigkeit von Krankheitsabsenzen. In den industrialisierten Ländern Europas betragen die krankheits- und unfallbedingten Absenzen vom Arbeitsplatz (ohne Ferien und Militärdienstleistungen) ca. 13–26 Arbeitstage pro Jahr. Die Schweiz liegt dabei an der unteren Grenze; in den USA liegen sie noch deutlich niedriger. Die Gesamtsumme der versicherten Absenzen verursacht allein in der Schweiz pro Jahr ca. 2 Mrd. Franken Sozialkosten. Davon sind aber nur ca. 2 % auf Absentismus im eigentlichen Sinn zurückzuführen. Dieser verteilt sich sehr ungleich. Er ist unter jüngeren Arbeitnehmerinnen am häufigsten anzutreffen. Von ihnen melden sich aber nur etwa 10 % zu einer ärztlichen Untersuchung. Während früher der „blaue Montag" typisch war, sind heute Kurzabsenzen vor dem (verlängerten) Wochenende häufig. Die Motive liegen meist in einer Mischung von Schwierigkeiten am Arbeitsplatz (Unzufriedenheit mit Arbeit, Betriebsklima, Vorgesetzten, Mitarbeitern) und familiären Problemen (z. B. Krankheit oder Alkoholismus des Ehepartners, Überforderung und Erschöpfung durch Doppelaufgaben).

Verantwortung des Arztes. Wiederum ist es wichtig, daß der Arzt seine Verantwortlichkeit gegenüber diesem sozialen Problemkreis klar absteckt. So sehr die gute Kooperation mit Arbeitgebern im Interesse der Rehabilitation bei längerfristigen, krankheitsbedingten Abwesenheiten zu empfehlen ist, so klar drängt sich für den Arzt Zurückhaltung auf, wenn es um die Mitwirkung zur Kontrolle des Absentismus geht.

10.3.2 Befreiung von Verantwortung

Akut- und Zivilisationskrankheiten. Parsons [11] nimmt an, daß der Kranke im allgemeinen nicht in der Lage ist, die Entstehung und den Verlauf der Krankheit selbst zu steuern. Er ist deshalb auch für seinen Zustand nicht verantwortlich. Um den Krankheitsprozeß zu überwinden, sind deshalb nach seiner Auffassung neben dem guten Willen oder der ausreichenden Motivation des Kranken vor allem kurative Maßnahmen notwendig. Dieses Postulat ist bis heute relativ umstritten geblieben. Allzu offensichtlich ist es, daß das *Risikoverhalten* des einzelnen *bei den typischen Zivilisationskrankheiten* zu deren Entstehung und Verlauf beiträgt. Die Kritik geht dahin, daß Parsons Annahme zwar für viele Akutkrankheiten (wie z.B. Infektionen) gültig sei, aber bei den Konsumkrankheiten wie Alkoholismus, Rauchen und Adipositas und deren Folgen nur beschränkt zutreffe. *Fettsucht; Fettleibigkeit*

Strafrechtliche Beurteilung. Mißbräuchliche Befreiung von der Verantwortung für das eigene Verhalten droht auch bei forensischen Beurteilungen, wenn der Krankheitsbegriff allzu extensiv ausgelegt wird. Dies gilt insbesondere bei strafrechtlichen Gutachten, wo der psychiatrische Experte jeweils die Zurechnungsfähigkeit eines Delinquenten zu beurteilen hat. Wenn streng deterministisch vorgegangen wird, können bei jedem Angeklagten „krankhafte Motive" gefunden werden, die eine asoziale Tat erklären. In der Regel wird der Arzt aber nur dort Einschränkung oder Aufhebung der Zurechnungsfähigkeit attestieren, wo er einen unmittelbaren kausalen Zusammenhang zwischen Tat und Pathologie des Täters feststellen kann, wie z.B. bei einem pathologischen Rausch oder einer paranoiden Psychose.

10.3.3 Gesundungswille

Rechte und Pflichten des Kranken. Das Postulat, gesund werden zu wollen, ist im Zusammenhang mit den beiden ersten Postulaten zu sehen. Die dort aufgeführten Rechte sind nur zuzugestehen, wenn der Kranke auch Pflichten auf sich nimmt. Er muß also akzeptieren, daß Kranksein sozial unerwünscht ist und daß von ihm erwartet wird, das Seine zur Überwindung der Krankheit beizutragen. Das augenscheinliche Paradox, dem Kranken vorzuschreiben, was er spontan zu wollen hat, ist auf dem Hintergrund des schon diskutierten Sekundärgewinnes einer Krankheit zu sehen. Dabei geht es weniger darum, einzelnen Kranken „schlechten Willen" zu unterstellen, als vielmehr die allgemeine Verpflichtung zu betonen, das deviante Verhalten möglichst rasch zu überwinden.

Beitrag zur Gesundung. Diese Forderung ist bei akuten Krankheiten mit absehbarem Ende klar zu erfüllen, während bei chronischen Leiden, speziell bei solchen mit Invalidisierung, der Kranke trotz bestem Willen nicht in der Lage ist, wieder gesund zu werden. Hier muß die Forderung also dahingehend modifiziert werden, daß der Kranke subjektiv seinen Teil zur bestmöglichen Rehabilitation beizutragen hat. Die ganze Diskussion der komplexen Zusammenhänge von psychosozialen Wirkfaktoren hat gezeigt, daß der Gesundungswille nicht einfach auf die Frage der individuellen Motivation zurückgeführt werden kann. Die Kritik an Parsons hat dazu geführt, das Krankheitsverhalten in seinen vielschichtigen sozialen und kulturellen Facetten intensiver zu untersuchen und besser zu verstehen.

10.3.4 Kooperationsbereitschaft

Die Forderung, gesund werden zu wollen, zieht jene nach sich, um geeignete Hilfe nachzusuchen. Diese bietet der Arzt unter bestimmten Voraussetzungen an. Der Beitrag des Kranken ist es, zu kooperieren.

Implikationen für die Arzt-Patient-Beziehung. In dieser Forderung ist eine ganz bestimmte Auffassung von der Arzt-Patient-Beziehung enthalten (vgl. Kap. 11). Trotz der gegenseitigen Abhängigkeit sind die Rollen ungleich verteilt. Kompetenz und Macht sind auf der Seite des Arztes. Bis zu einem gewissen Grad ist der entsprechende Vorsprung notwendig, um im geeigneten Sinn auf den Patienten einwirken zu können. Die *Überlegenheit des Arztes* besteht erstens darin, daß er dank seiner *fachlichen Ausbildung und Kompetenz* professionellen Status hat. Zweitens hat der Arzt in der Krankheitssituation den Vorzug, daß er über jenes *Dienstleistungsangebot* verfügt, das der Patient benötigt. Drittens befindet sich *der Kranke temporär in Abhängigkeit* vom Arzt, da er allein die Krankheit nicht überwinden kann. Diese Ausgangslage ist dafür verantwortlich, daß der Großteil der Kranken gut kooperiert. Diese Konstellation kann aber umgekehrt bestimmten Patienten den Zugang zum Arzt erschweren. Dies gilt für Unterschichtpatienten und für Patienten aus einem anderen Kulturraum, wie dies beim Besprechen der Wirkfaktoren aufgezeigt wurde. Soziale Erwartungen dürfen sich deshalb nicht alleine auf den Patienten beschränken. Parsons hat denn auch analoge Forderungen an den Arzt formuliert (s. Kap. 11.2 Arztrolle).

10.3.5 Differenzierung der Krankenrolle

Trotz der schon erwähnten kritischen Einwände hat Parsons' Konzept der Krankenrolle das Medizinverständnis der letzten Jahrzehnte wesentlich verändert. Krankheit wird nicht länger einfach als biologischer Prozeß sui generis verstanden und Behandlung nicht länger als ein durch ärztliche Aktivität an passivduldsamen Patienten vollzogenes Prozedere in der privaten Zweierbeziehung einer Praxis gesehen. Krankheit wird vielmehr als Teil des sozialen Zusammenlebens interpretiert, wobei das Verhalten in der Krankheit als Sonderfall des Sozialverhaltens allgemein erklärt wird.

Soziokulturelle Aspekte von Krankheit. Der Medizinsoziologe Freidson [6] hat in Erweiterung des Parsons-Konzeptes die Krankenrolle in einem neuen Zusammenhang interpretiert. Er kritisiert die seiner Meinung nach allzu statische Erklärung Parsons und sieht das Krankheitsverhalten als Interaktion zwischen Krankem und Versorgungssystem. Dem Arzt kommt dabei eine Schlüsselrolle zu. Durch den generell an sie ergangenen gesellschaftlichen Auftrag hat die Medizin das Monopol und die Macht zu legitimieren, was krank ist und was nicht. So schafft die Medizin eben erst die Voraussetzung dafür, was als „sich krank verhalten" umschrieben wird. Natürlich ist dieses Verhalten von Kultur zu Kultur und von Gesellschaftssystem zu Gesellschaftssystem verschieden. Auch innerhalb einer Gesellschaft verändern sich Wertsysteme laufend. So ist das, was als Krankheit gilt, auch nicht auf Dauer festgeschrieben. Freidson kritisiert ferner Parsons dafür, daß er seine Vorstellung der Krankenrolle weitgehend von den sozialen Bedingungen der westlichen Industrienationen ableitet. Auf die ganz anderen Verhältnisse der östlichen Kulturen oder unterentwickelten Länder wird dabei nicht Rücksicht genommen. Er macht denn auch klar, daß Abweichung – oder umgekehrt die Legitimität der Krankheit – eine Funktion der gesellschaftlichen Werte ist.

> **!** Der *biophysische Teil einer Krankheit* ist durch die naturwissenschaftlichen Kenntnisse relativ gut abgesichert und somit weitgehend unabhängig von willkürlicher Bewertung durch Menschen. Der *psychosoziale Teil einer Krankheit* ist hingegen wesentlich durch die sozialen Verhältnisse bestimmt. Er ist nicht absolut und unveränderbar, er wird vielmehr von Ärzten und Gesellschaft „beigemessen".
>
> Die *„beigemessene Gewichtigkeit"* entscheidet über die Differenzierung der Krankenrolle in einer gegebenen Krankheitssituation. Sie ist bei einer leichten Erkältung sehr verschieden von jener bei einer ernsthaften Pneumonie. Die Gewichtigkeit bezieht sich erstens auf den *Schweregrad* der jeweiligen Krankheit. Die zweite Achse der Gewichtigkeit besteht aus der *sozialen Legitimität bzw. Stigmatisierung* einer Krankheit.

Gesellschaftliches Ansehen von Krankheit und Krankheitsverhalten. Eine früh erworbene leichte Mißbildung oder Krankheitsfolge (z. B. Pockennarben oder leichte Lähmung nach Poliomyelitis) wird ebenso wie eine schwere, folgenreiche Krankheit (z. B. Krebs) als „legitim" gewertet. Der Kranke wird in bezug auf diesen Zustand dauernd von normalen sozialen Rollenverpflichtungen wie der Militärpflicht befreit und erhält gewisse Privilegien wie persönliche Anteilnahme oder eine Invalidenrente. Umgekehrt gilt für Zustände, die geringes gesellschaftliches Ansehen haben, daß der Kranke zwar ebenfalls von gewissen Rollenverpflichtungen befreit wird, aber kaum mit Privilegien rechnen kann. Dabei wird weniger die Krankheit des Betroffenen (z. B. „Stotterers" oder „Epileptikers") als illegitim gewertet, als vielmehr sein Verhalten, das als sozial deviant stört. In Tabelle 10.2 sind die Zusammenhänge zwischen dem Schweregrad und der sozialen Legitimität einer Krankheit zusammengefaßt.

Die Zuteilung von Krankheiten in verschiedene Stufen von Gewichtigkeit kann dazu verleiten, Krankheit statisch zu interpretieren. Es sei deshalb nochmals daran erinnert, daß Krankheit als Prozeß während der verschiedenen Phasen sozial unterschiedlich gewichtet wird. Ebenso ist die Krankenrolle nicht starr, sondern je nach Verlauf der Patientenkarriere in den einzelnen Phasen verschieden charakterisiert.

Tabelle 10.2. Differenzierung der Krankenrolle nach dem Schweregrad der Krankheit und der sozialen Legitimität des krankheitsbedingten Verhaltens. (Nach Freidson 1979)

| | *Soziale Legitimität:* | | |
	Illegitim (stigmatisiert):	**Bedingt legitim:**	**Bedingungslos legitim:**
Schweregrad:			
Geringfügige Abweichung (leichte Krankheit)	„Stotterer"	„Erkältung"	„Pockennarben"
	Teilweise Aussetzung einiger gewöhnlicher Verpflichtungen, wenige oder keine neuen Privilegien; Annahme einiger neuer Verpflichtungen	Zeitweilige Aussetzung einiger gewöhnlicher Verpflichtungen; zeitweilige Vergrösserung gewöhnlicher Privilegien. Verpflichtung, gesund zu werden	Keine besondere Veränderung der Verpflichtungen oder Privilegien
Schwerwiegende Abweichung (schwere Krankheit)	„Epilepsie"	„Lungenentzündung"	„Krebs"
	Aussetzung einiger gewöhnlicher Verpflichtungen; Annahme neuer Verpflichtungen; weniger oder keine neuen Privilegien	Zeitweilige Befreiung von gewöhnlichen Verpflichtungen; Zunahme gewöhnlicher Privilegien; Verpflichtung sich einer Behandlung zu unterziehen und mitzuhelfen	Dauernde Aussetzung vieler gewöhnlicher Verpflichtungen; deutliche Zunahme an Privilegien

10.3.6 Wandel in der Krankenrolle

Der Patient als Kunde, Konsument und mündiger Partner. Der Wandlungsprozeß, den die Medizin gegenwärtig durchläuft (vgl. Kap. 1.2), hat u. a. auch zu neuen Zuschreibungen und Erwartungen an die Krankenrolle geführt. In den Konzeptionen von Parsons und Freidson ist die Krankenrolle als die eines *hilfsbedürftigen und hilfesuchenden Bittstellers* charakterisiert. Diese Definition der Krankenrolle hat nach wie vor Gültigkeit vor allem bei akuten und schweren Krankheiten. Handelt es sich jedoch um eine Vorsorge- oder Routineuntersuchung oder um eine eher leichte Erkrankung, so

kann die Krankenrolle ganz anders definiert werden. So spricht man in neuerer Zeit von Patienten als *Kunden, Konsumenten* oder *mündigen Partnern.* Diesen neuen Rollenzuschreibungen gemeinsam ist, daß dem Kranken nicht nur Rechte und Pflichten, sondern auch *Wünsche* im Hinblick auf die Behandlung zugestanden werden. Er erhält dadurch die Möglichkeit, nicht nur zu äußern, *daß* er behandelt werden möchte, sondern auch *wie* der Arzt mit ihm umgehen soll.

Kommerzielle Aspekte. Gleichzeitig weisen diese neuen Zuschreibungen der Krankenrolle auf kommerzielle Aspekte der Medizin hin. Die Möglichkeiten der Diagnostik und Therapie haben sich in so vielfältiger Weise entwickelt, daß – ähnlich wie im Gastgewerbe oder in der Hotellerie – medizinische Leistungen mit unterschiedlichem Standard und Komfort angeboten werden. Je weniger schwer die Krankheit, je besser die finanzielle Situation, je höher der Bildungsstand und je besser der Informationsstand eines Kranken über das medizinische Angebot ist, desto mehr Möglichkeiten hat er, den Arzt, den Ort, den Zeitpunkt und den „Service" für eine medizinische Behandlung zu wählen.

Autonomie und Wohl des Kranken versus Klassenmedizin. Diese Entwicklung hat zwei Seiten. Soweit sie der Autonomie und dem Wohl eines Kranken dient, ist sie zu begrüssen. Es darf jedoch nicht

übersehen werden, daß diese Veränderungen auch in Richtung einer Klassenmedizin gehen können, in welcher eine gute medizinische Versorgung nur noch für die ökonomisch besser gestellten Schichten der Bevölkerung zugänglich ist. In den USA, wo das Gesundheitswesen in hohem Maße den Regeln der freien Marktwirtschaft gehorcht, hängt das Angebot und die Qualität der medizinischen Versorgung wesentlich davon ab, welchen sozioökonomischen Status ein Kranker hat. Hier besteht die Gefahr, daß die ethischen Grundprinzipien des ärztlichen Handelns (vgl. Kap. 11.1) nicht mehr beachtet werden und das ärztliche Handeln zu einem ökonomischen Produkt wird, welches bedenkenlos dem Ziel der Profitmaximierung untergeordnet wird.

Medizinsoziologische Untersuchungen haben gezeigt, daß *demographische, ökonomische, kulturelle, familiäre und soziale Bedingungen sowohl für die Erhaltung von Gesundheit als auch das Auftreten und den Verlauf von Krankheiten von Bedeutung sind.* Alleinsein, niedriger sozioökonomischer Status und geringe familiäre und soziale Unterstützung korrelieren mit höherer Morbidität und ungünstigerem Verlauf von Krankheiten. In den hochentwickelten westlichen Ländern zeigt sich in den letzten Jahren eine *Individualisierung und Pluralisierung von Lebensstilen.* Gesundheitsrelevante Einstellungen und Verhaltensweisen zeigen dabei je nach Lebensstil eine große Variationsbreite. Der Arzt sollte den Einstellungen und Verhaltensweisen eines Kranken sowohl in der Diagnostik als auch der Therapie von Krankheiten Beachtung schenken.

Im *Verlauf einer Krankheit können aus psychosozialer Sicht verschiedene Phasen unterschieden werden,* in welchen sich ein kranker Mensch mit neuen Aufgaben und Herausforderungen konfrontiert sieht. Das Wahrnehmen von Veränderungen der Befindlichkeit führt zu einer Laiendiagnose, welche in einem zweiten Schritt verifiziert oder falsifiziert wird. Die Inanspruchnahme ärztlicher Hilfe und die Bestätigung einer akuten Krankheit haben für den Patienten einschneidende Veränderungen im Berufs- und Privatleben zur Folge. Je nach Verlauf der Krankheit – baldige Besserung oder Persistenz von Beschwerden und Behinderung – sind die Konsequenzen für den Kranken unterschiedlich. Im Falle des tödlichen Verlaufs einer Erkrankung muß der Kranke Ungewißheit und multiple Verluste bewältigen und annehmen. Der Ablauf der einzelnen Krankheitsphasen wurde in der Medizinsoziologie unter dem Begriff *Patientenkarriere* konzeptualisiert.

Ausgehend von der *Theorie sozialer Rollen* können die Erwartungen an einen Kranken als *Rollenverpflichtungen* beschrieben werden. Kranke sind in der Regel von normalen sozialen Rollenverpflichtungen befreit. Je nach Art der Erkrankung ist die Verantwortung des Kranken für sein Leiden unterschiedlich groß. Es wird von ihm erwartet, daß er den Willen und die Motivation hat, möglichst bald wieder gesund werden zu wollen. Dazu gehört, daß er um kompetente Hilfe nachsucht und mit den ihn behandelnden Ärzten kooperiert. Der Wandel in der Medizin hat zu neuen Zuschreibungen und Erwartungen an die *Krankenrolle* geführt. Neben dem hilfsbedürftigen und hilfesuchenden Bittsteller in einer akuten Notsituation gibt es den Patienten, der als Kunde und Konsument in hohem Maße über die Art und Weise der Inanspruchnahme medizinischer Angebote entscheiden kann. Eine einseitige Orientierung der Medizin an den individuellen und egoistischen Wünschen von Patienten und Ärzten birgt die Gefahr der Entwicklung einer Klassenmedizin, welche die ethischen Grundprinzipien des ärztlichen Handelns mißachtet.

Literatur

Weiterführende Lehr- und Handbücher

1. Ridder P.: Einführung in die Medizinische Soziologie. Stuttgart: Teubner 1988
2. Siegrist J.: Medizinische Soziologie. 5., neu bearbeitete Auflage. München: Urban & Schwarzenberg 1995

Einzel- und Übersichtsarbeiten

3. Abel Th., Rütten A.: Struktur und Dynamik moderner Lebensstile: Grundlagen für ein neues empirisches Konzept. In: Dangschat J.S. & Blasius J. (Hrsg.): Lebensstile in den Städten. Konzepte und Methoden, Opladen: Leske & Budrich, S. 216–234, 1994
4. Beck U.: Risikogesellschaft. Frankfurt: Suhrkamp 1986
5. Bruhn J.G., Phillips B.U., Wolf S.: Social readjustment and illness patterns: comparisons between first, second and third generation Italian-Americans living in the same community. J Psychosom Res 16: 387–394, 1972
6. Freidson E.: Der Ärztestand. Stuttgart: Enke 1979
7. Geertsen R., Klauber M.R., Rindflesh M., Cane R.L.: Reexamination of Suchman's views on social factors in health care utilisation. J Health Soc Behav 16: 226–237, 1975
8. Honneth A.: Desintegration. Bruchstücke einer soziologischen Zeitdiagnose. Frankfurt: Fischer Taschenbuch 1994
9. Marmot M.G., Syme S.: Acculturation and coronary heart disease in Japanese Americans. Am J Epidemiol 104: 225–247, 1976
10. Meyer P.C., Suter C.: Soziale Netze und Unterstützung. In: Weiss, W. (Hrsg.): Gesundheit in der Schweiz. Zürich: Seismo, S. 194–209, 1993
11. Parsons T.: The social system. London: Routledge & Kegan 1951
12. Powell L.H., Shaker L.A., Jones B.A., Vaccarino L.V. Thoresen C.E., Patillo J.R.: Psychosocial predictors of mortality in 83 women with premature acute myocardial infarction. Psychosom Med 55: 426–433, 1993
13. Salloway J.C.: Medical utilisations among urban gypsies. Urban Anthropol 2: 113–126, 1973
14. Schaufelberger H.J., Cloetta B., Noack H.: Der Patient in der ambulanten ärztlichen Versorgung. Ergänzungsbericht. Institut für Ausbildungs- und Examensforschung. Bern: Inselspital 1985
15. Sommer J.H., Höpflinger F.: Wandel der Lebensformen und soziale Sicherheit in der Schweiz. Nationales Forschungsprogramm 29. Grüsch: Rüegger 1989
16. Zborowski M.: Cultural components in responses to pain. J Soc Issues 8: 16, 1952
17. Zola I.K.: Culture and symptoms: An analysis of patients' presenting complaints. Am Sociol Rev 31: 615–630, 1966

Die Beziehung zwischen Arzt und Patient ist ein zentrales Thema der Medizin. In den verschiedenen Epochen der Medizingeschichte wurde und wird sie immer wieder neu diskutiert und beschrieben. Im Wandel der Arzt-Patient-Beziehung spiegelt sich nicht nur die Entwicklung der Medizin, sondern auch der Kultur und Gesellschaft wieder. Allgemeine Vorstellungen, was Beziehung, Gespräch und Handeln zwischen zwei Personen bedeuten, finden in der Arzt-Patient-Beziehung ebenso ihren Niederschlag wie Gesundheits- und Krankheitskonzepte einer bestimmten Zeitepoche. Je nachdem, ob Krankheit entsprechend **einem naturwissenschaftlichen Modell** als **Störung** physiologischer Funktionsabläufe bzw. **Defekt** von Organstrukturen oder entsprechend **einem anthropologisch-biographischen Ansatz als existentielle Krise** gesehen wird, ist der Stellenwert und die Sichtweise der Arzt-Patient-Beziehung recht unterschiedlich. Der Wandel der Medizin (vgl. Kap. 1.2) hat auch Auswirkungen auf die Arzt-Patient-Beziehung. Je nach Krankheitssituation ist der Entscheidungs- und Handlungsspielraum zwischen Arzt und Patient verschieden groß. Ihre Beziehung wird sich deshalb z. B. in der Praxis eines Hausarztes, einer chirurgischen Notfallstation oder auf einer Rehabilitationsabteilung in unterschiedlicher Weise konstellieren. Nicht selten kommen weitere Bezugspersonen hinzu: auf Seiten des Patienten seine nächsten Angehörigen und auf Seiten des Arztes Vertreter verschiedener medizinischer Partnerberufe. Wesentliche Rahmenbedingungen sowie personen- und situationsbezogene Faktoren, welche für die Arzt-Patient-Beziehung wichtig sind, sollen in diesem Kapitel dargestellt werden. Die verschiedenen Aspekte werden an einem komplexen Fallbeispiel veranschaulicht, auf welches immer wieder Bezug genommen wird.

Der Einfachheit halber wird der Begriff Arzt-Patient-Beziehung im Text dieses Kapitels mit APB abgekürzt. Damit soll auch angedeutet werden, daß die Geschlechterkonstellation Arzt/Ärztin, Patient/Patientin in diesem Zusammenhang eine nicht unbedeutende Rolle spielt, worauf im Abschnitt 11.5 eingegangen wird.

Ein 14jähriger Jugendlicher, der seit Geburt an einem Herzfehler leidet, wird wegen einer akuten Verschlechterung seiner Herzleistung in einer Klinik für Herzchirurgie operiert. Durch den operativen Eingriff läßt sich die Herzinsuffizienz nur teilweise verbessern. In den ersten Tagen nach der Operation treten auf der Intensivstation verschiedene Komplikationen auf. Wegen weiterbestehender Herzinsuffizienz ist die Durchblutung der Nieren und der beiden Beine ungenügend. Die Situation läßt sich durch medikamentöse Maßnahmen nicht beeinflussen. Wegen zunehmender Kreislauf- und Niereninsuffizienz muß der Patient zwei Wochen nach der Herzoperation an beiden Unterschenkeln amputiert werden und wird dialysepflichtig. Zeitweise wird er in den ersten Tagen nach der zweiten Operation immer wieder künstlich beatmet, da auch die Atemfunktion ungenügend ist. Während des Aufenthalts auf der Intensivstation sind neben den Chirurgen noch weitere Spezialisten – Anästhesist, Nephrologe, Angiologe, Psychiater – als Konsiliarärzte an der Behandlung beteiligt. Der Patient wird täglich von seiner Mutter besucht, welche vom 100 km entfernten Wohnort jeweils mit der Bahn anreist. Nach einigen Wochen tritt im Gesundheitszustand des Patienten ein labiles Gleichgewicht ein. Für die weitere Behandlung werden einerseits eine Herztransplantation und andererseits ein mehrwöchiger Aufenthalt in einer speziellen Rehabilitationsklinik in Betracht gezogen. Bis zum Beginn des Rehabilitationsaufenthaltes wird der Patient auf Wunsch der Eltern nach Hause entlassen. Der Hausarzt wird telefonisch und in einem ausführlichen Brief über die in der Klinik erfolgte Behandlung informiert mit dem Angebot, den Patienten bei einer

Verschlechterung jederzeit wieder zur stationären Behandlung einweisen zu können. Für die zweimal wöchentlich erforderliche Dialyse sucht der Patient jeweils ein nähergelegenes regionales Krankenhaus auf. Zu Hause wird er von seiner Mutter und einer drei Jahre älteren Schwester betreut. Der Vater ist Vertreter im Außendienst und deshalb während der Woche häufig abwesend. Dreimal wöchentlich kommt eine Lehrerin zu dem Patienten nach Hause, um ihn in einigen Schulfächern zu unterrichten.

11.1 Rahmenbedingungen und Determinanten

Die APB findet zwar **als dyadische Beziehung** in der Kommunikation und Interaktion zwischen Arzt und Patient statt. Für diese Beziehung spielen jedoch gewisse **Rahmenbedingungen** eine Rolle, welche **unabhängig von den jeweiligen Personen** Gültigkeit haben. Es sind dies:

- Gesetzliche Bestimmungen,
- ethische Prinzipien,
- Standesregeln,
- vertragliche Vereinbarungen und
- der systemische Kontext (vgl. Kap. 4).

Diese Rahmenbedingungen haben sich in den letzten Jahren deutlich gewandelt. Konnte der Arzt früher Patienten nach bestem Wissen und Gewissen entsprechend seinen eigenen Vorstellungen behandeln (nicht immer zum Wohle des Patienten), so ist die Freiheit zur Gestaltung der APB heute durch Gesetze, Richtlinien und Verträge begrenzt, um nicht zu sagen eingeengt. Die Kenntnis und Berücksichtigung dieser Rahmenbedingungen ist in einer Zeit, in welcher Ärzte vermehrt der öffentlichen und auch der Kritik ihrer Patienten ausgesetzt sind, besonders wichtig.

Neben diesen personenunabhängigen Bedingungen gibt es einige *Determinanten*, welche in hohem Maße *von den jeweiligen Situationen bzw. Personen* einer konkreten APB abhängig sind. Hier sind zu nennen:

- Behandlungsauftrag
- Einstellungen und Erwartungen von Arzt und Patient
- Persönlichkeitsmerkmale
- Kommunikation und Interaktion (vgl. Kap. 3.2 und 12).

Die erwähnten Rahmenbedingungen und Determinanten der APB werden nachfolgend im Einzelnen dargestellt.

11.1.1 Gesetzliche Rahmenbedingungen

Ob ein Land ein *staatliches Gesundheitswesen* hat, wie z. B. England, oder die *Gesundheitsversorgung freiberuflich* geregelt ist (Schweiz, Deutschland, Österreich), beeinflußt zwar nicht unmittelbar, aber indirekt die APB. Vor allem die Interessen des Arztes sind unterschiedlich, je nachdem, ob er als Staatsangestellter oder „freier Unternehmer" seinen Beruf ausübt. Die rechtlichen Bestimmungen, welche für die APB Gültigkeit haben, sind vor allem im *Zivil-, Straf-* und *Versicherungsrecht* geregelt [1]. Einige wichtige gesetzliche Regelungen, die unmittelbar die APB betreffen, sollen an dieser Stelle kurz erwähnt werden (Näheres siehe Lehrbücher der Rechtsmedizin).

Rechts-, Urteils- und Handlungsfähigkeit.
Rechtsfähig ist jedermann, unabhängig von seinem Alter und seinen intellektuellen Fähigkeiten. *Urteilsfähig* im Sinne des Zivilgesetzes ist jeder, dem nicht wegen seines Kindesalters oder infolge von Geisteskrankheit, Geistesschwäche oder Trunkenheit die Fähigkeit mangelt, vernunftmäßig zu handeln. *Handlungsfähigkeit* besitzt, wer mündig, d. h. volljährig und urteilsfähig ist.

In dem geschilderten Fallbeispiel könnte z. B. für den Arzt eine schwierige Situation eintreten, wenn der 14jährige Patient die weitere Dialysebehandlung verweigern würde, seine Eltern jedoch vom Arzt fordern würden, diese notfalls auch gegen den Willen ihres noch nicht mündigen Kindes weiterhin durchzuführen. Rein rechtlich geht es hierbei um die Frage der Urteilsfähigkeit. Die unterschiedlichen Meinungen von Patient und Eltern sind in einer solchen Situation aber häufig Folge eines ungelösten und manchmal auch unbewußten familiären Beziehungskonfliktes, so daß der Hausarzt in einer solchen Situation primär nach einem solchen Konflikt suchen und ihn zu lösen versuchen sollte. Ließe sich kein Konflikt eruieren, wäre für den Arzt maßgebend, ob dem Patienten die Konsequenzen seiner Ablehnung der Dialysebehandlung, nämlich ein baldiger Tod an Nierenversagen, bewußt wären. Würde der Patient in Kenntnis dieser Konsequenzen trotzdem an seinem Entscheid festhalten, könnte ihn der Arzt nicht zu einer Dialysebehandlung zwingen. Möglich wäre allerdings, daß der Arzt den Patienten nach Eintreten einer Bewußtseinsstörung (infolge der Niereninsuffizienz) entsprechend dem Willen der Eltern zur Dialyse einweisen würde, da der Patient dann nicht mehr als urteilsfähig zu betrachten ist. Die Fortsetzung der Behandlung wäre allerdings nur möglich, wenn von Seiten des Patienten keine schriftliche Willensbekundung vorliegen würde, die dem Arzt ein Eingreifen in dieser Situation verbieten würde.

Mit dieser möglichen Entwicklung des geschilderten Fallbeispiels soll deutlich gemacht werden, daß in der APB gelegentlich *komplexe Konstellationen* auftreten können, in welchen sich der Arzt in seinen Entscheidungen und seinem Handeln genau an gesetzliche Regelungen halten muß.

Schweigepflicht. Auf die Schweigepflicht des Arztes wird schon im *Hippokratischen Eid* hingewiesen, indem gefordert wird, daß der Arzt „die Geheimnisse des Patienten zu wahren" habe. Wenn man diese Formulierung liest, könnte man vermuten, daß der Arzt Geheimnisherr über die Patienteninformation sei. *Genaugenommen ist aber nicht der Arzt, sondern der Patient Herr über Informationen, die seine Gesundheit betreffen.* Dies bedeutet, daß der Arzt Patienteninformationen (selbst an Arztkollegen) nur dann weitergeben darf, wenn er dazu die Zustimmung des Patienten hat. Würde sich also im geschilderten Fall z. B. die Lehrerin des Jungen beim Hausarzt nach der Gesundheit des Patienten erkundigen, so könnte er ihr nur nach vorheriger Rücksprache und mit Einverständnis des Patienten Auskunft geben.

Körperverletzung. Therapeutische Maßnahmen, die ohne Einverständnis des Patienten durchgeführt werden, stellen juristisch eine Körperverletzung dar. Deshalb müssen Patienten z. B. vor einem operativen Eingriff eine schriftliche Einverständniserklärung unterzeichnen, daß sie über die vorgesehene Behandlung informiert wurden und damit einverstanden sind. Im Hinblick auf eine allfällige Herztransplantation müßte eine Einverständniserklärung sowohl von den Eltern als auch vom Patienten unterzeichnet werden. Die Eltern müßten unterschreiben, da ihr 14-jähriger Sohn noch nicht handlungsfähig ist, der Patient, da bei ihm mit 14 Jahren schon eine ausreichende Urteilsfähigkeit angenommen werden kann.

Patientenrechte. Patienten fühlen sich, vor allem bei stationären Behandlungen in Großkliniken, nicht selten ausgeliefert und schutzlos. Je mehr Spezialisten und Pflegepersonen sich um einen Patienten kümmern, desto mehr besteht die Gefahr, daß der Patient im Ungewissen ist, *wer* ihm gegenüber *wofür verantwortlich ist.* In diesem Zusammenhang ist es wichtig zu betonen, daß *Patienten Rechte haben, die von jedem Arzt zu respektieren sind.* Im Einzelnen handelt es sich um folgende Rechte:

- Das Recht auf sorgfältige Behandlung,
- das Recht auf Information, einschließlich Einsicht in die Krankengeschichte,
- das Recht auf Selbstbestimmung,
- das Recht auf Geheimhaltung,
- das Recht auf Kontakt zur Außenwelt, insbesondere zu Angehörigen,
- der Schutz der menschlichen Würde,
- das Recht auf Beschwerde,
- Rechte hinsichtlich Kooperation in Forschung und Lehre

- Rechte zur Abfassung schriftlicher Verfügungen betreffend lebensverlängernder Maßnahmen, Organentnahme und Obduktion.

Auch wenn diese Rechte des Patienten in der Regel respektiert und eingehalten werden, so berichten doch Patientenorganisationen immer wieder über Klagen von Kranken, die sich von einzelnen Ärzten ungerecht behandelt fühlen. Gelegentlich sind Patienten durch die Lektüre sog. Patientenratgeber [27] über ihre Rechte besser informiert als die behandelnden Ärzte. In einzelnen Ländern wie z. B. den USA hat in den letzten Jahren eine zunehmende „Verrechtlichung" der APB dahingehend stattgefunden, daß immer häufiger der Auftrag des Patienten und die Dienstleistung des Arztes vor Beginn einer Behandlung schriftlich in einem Vertrag geregelt werden.

Medizinischer Fortschritt und gesetzliche Regelungen. In den letzten Jahrzehnten hat die medizinische Forschung in einigen Bereichen Fortschritte erzielt, welche *menschliche Grundwerte* tangieren und wo die Meinungen auseinandergehen, wieweit in diesen Bereichen ärztliches Handeln zulässig sei. Erwähnt seien hier die *Reproduktionsmedizin*, die *Transplantationsmedizin* und die *Gentherapie*. In diesen Bereichen sind in verschiedenen Ländern in jüngerer Zeit Gesetze verabschiedet worden bzw. gegenwärtig noch in Diskussion.

11.1.2 Ethische Prinzipien

Ethische Fragen haben in den letzten Jahren in der Medizin an Bedeutung und Aktualität gewonnen. Dies hängt vor allem damit zusammen, daß

- durch den naturwissenschaftlich-technischen Fortschritt sich *der Konflikt zwischen dem Wollen, Können und Dürfen im ärztlichen Denken und Handeln* verschärft hat (Beispiele: Intensiv-, Transplantations- und Reproduktionsmedizin sowie Gentechnologie);
- die herkömmlichen Einstellungen im Grenzbereich von Leben und Sterben, Geburt und Tod sich verändert haben (Beispiele: Abtreibung, Sterbehilfe);
- in der Rangfolge des obersten Gebots ärztlichen Handelns – Wohl oder Wille des Kranken – sich ein Wandel vollzieht.

Bedeutung der Ethik. Die *Pluralisierung von Wertvorstellungen* ist ein Kennzeichen der gesellschaftlichen Entwicklung in vielen westlichen Ländern. Von daher ist es nicht einfach, zur Bewältigung und Lösung der oben angedeuteten Konflikte allgemein verbindliche ethische Richtlinien zu formulieren. Manche Kritiker sprechen von einer *Privatisierung der Ethik* oder gar einem *Verschwinden der Moral*. In dieser Situation kommt der Medizinethik eine wichtige Bedeutung zu. Ihre Funktion läßt sich in folgender Weise definieren [2]:

> ! Die Medizinethik hat die Aufgabe, ärztliches Denken und Handeln überall dort zu hinterfragen, zu überprüfen und zu reflektieren, wo sich zwischen dem Wollen, Können und Dürfen moralische Konflikte ergeben. Sie ist insofern eine Variante der allgemeinen philosophischen Ethik, als sie deren Methoden und Ergebnisse auf den Handlungsbereich der Medizin anwendet.

Hippokratischer Eid. Ethische Grundprinzipien, welche für die APB Gültigkeit haben, sind schon im *Eid des Hippokrates* formuliert [13]. Dieser griechische Arzt, der im 4. Jahrhundert v. Chr. lebte und als Begründer einer wissenschaftlichen Heilkunde gilt, forderte u. a.: Der Arzt solle in seinem Handeln

- ohne Ansehen der Person die Würde des Menschen schützen und dessen Selbstbestimmungsrecht achten,
- das Wohl des Patienten über sein eigenes oder das Interesse Dritter stellen,
- das menschliche Leben in all seinen Formen schützen und bewahren und
- sich jederzeit seiner Verantwortung vor dem Patienten und der Allgemeinheit bewußt sein und selbstkritisch seine Kompetenz nicht überschreiten.

> **!** Im hippokratischen Eid werden die wesentlichen *ethischen Prinzipien* erwähnt, an denen der Arzt sein Handeln orientieren sollte. Es sind dies: Die *Autonomie* des Patienten, sein *Wohl*, das *Fernhalten von Schaden* und die *Gerechtigkeit*.

Ethische Richtlinien. Konkrete Richtlinien für die Einhaltung und Umsetzung dieser Prinzipien in verschiedenen *Grenzbereichen der Medizin* werden in der Schweiz von der Schweizerischen Akademie der Medizinischen Wissenschaften erarbeitet und erlassen. Tabelle 11.1 gibt einen Überblick über die verschiedenen Bereiche, zu denen Richtlinien (Stand Anfang 1998) vorliegen. In vielen Ländern bestehen vergleichbare Richtlinien.

Ethik-Kommissionen. Zur *Beurteilung von Forschungsuntersuchungen* am Menschen und zunehmend auch zur *Entscheidungsfindung in schwierigen Einzelfällen* wurden in den letzten Jahren an Kliniken sowie auf kantonaler und nationaler Ebene sog. Ethik-Kommissionen gebildet. Für deren Organisation und Tätigkeit wurden von der erwähnten Akademie ebenfalls Richtlinien erlassen. Für Forschungsuntersuchungen am Menschen, insbesondere für die Prüfung neuer Heilmittel, wurden außerdem von der Interkantonalen Kontrollstelle für Heilmittel (Adresse: Erlachstrasse 8, 3000 Bern 9) Richtlinien erlassen, welche allgemeine Gültigkeit haben und bei wissenschaftlichen Studien eingehalten werden müssen [18].

Tabelle 11.1. Ethische Richtlinien und Empfehlungen der Schweizerischen Akademie der Medizinischen Wissenschaften (Stand Anfang 1998)

Richtlinien liegen vor:
- Für Forschungsuntersuchungen am Menschen
- Für die Organisation und Tätigkeit medizinisch-ethischer Kommissionen zur Beurteilung von Forschungen am Menschen
- Für genetische Untersuchungen am Menschen
- Zur Sterilisation
- Für die ärztlich assistierte Fortpflanzung
- Zur Definition und Feststellung des Todes im Hinblick auf Organtransplantationen
- Für die Organtransplantation
- Für die Transplantation fötaler menschlicher Gewebe
- Für die ärztliche Betreuung sterbender und zerebral schwerst geschädigter Patienten
- Zur somatischen Gentherapie am Menschen
- Für wissenschaftliche Tierversuche

Die Richtlinien sind zu erhalten bei:
Schweizerische Akademie der Medizinischen Wissenschaften, Petersplatz 13, 4051 Basel

Kehren wir zu unserem eingangs geschilderten Fallbeispiel zurück. Eine ethische Konfliktsituation entstünde z. B. dann, wenn für die vorgesehene Herztransplantation des Patienten ein Spenderorgan zur Verfügung stehen würde, für welches gleichzeitig auch ein 60jähriger, schwer herzkranker Mann geeignet wäre, der auf der Warteliste potentieller Organempfänger unmittelbar vor dem 14jährigen Jungen plaziert ist. Wie soll hier entschieden werden? Wer soll das Organ erhalten? Der junge Patient, der möglicherweise bald auch noch eine Niere braucht und dessen weitere Entwicklung aufgrund der Multimorbidität ungewiß ist oder der 60jährige, der bis vor kurzem gesund war und erst nach einem schweren Herzinfarkt in einen lebensbedrohlichen Zustand geraten ist?

Ethische Entscheidungsfindung. In dieser Situation geht es um die Frage der sog. *Organallokation* [21], der Verteilung lebenswichtiger Spenderorgane. Da in der Transplantationsmedizin die Zahl der zur Verfügung stehenden Spenderorgane deutlich geringer ist als die Zahl potentieller Organempfänger, müssen immer wieder Entscheidungen von weittragender Konsequenz gefällt werden. *Ethische Entscheidungen sollte der Arzt wenn immer möglich nicht allein fällen.* Er kann aber für die ethische Entscheidungsfindung aus seiner Kenntnis der Krankheit des Patienten, dessen Persönlichkeit und Familie wichtige Informationen zur Entscheidungsfindung beitragen. Diese kurzen Hinweise sollen genügen, um die Bedeutung ethischer Prinzipien für die

APB anzudeuten (Nähere Informationen zur Medizinethik s. [2]).

11.1.3 Standesordnung und Standesregeln

Als Ergänzung zu den gesetzlichen Regelungen und den ethischen Prinzipien gibt es in vielen Ländern sog. *Standesordnungen*, welche von den nationalen Ärztegesellschaften formuliert und beschlossen werden und für ihre Mitglieder verbindlich sind. In der Schweiz existiert eine *Standesordnung FMH* (Federatio Medicorum Helveticorum), welche von der Verbindung der Schweizer Ärzte in jeweils aktualisierter Version herausgegeben wird.

Zweck einer Standesordnung. Eine Standesordnung regelt die Beziehung des Arztes zu seinen Patienten und seinen Kollegen sowie das Verhalten in der Öffentlichkeit und gegenüber den Partnern im Gesundheitswesen. Sie bezweckt [35]

- das Vertrauen in die Beziehung zwischen Arzt und Patient zu fördern,
- die Gesundheit der Bevölkerung durch integere und kompetente Ärzte zu fördern,
- die Qualität der ärztlichen Ausbildung und Tätigkeit sicherzustellen,
- das Ansehen und die Freiheit des Arztberufes zu wahren,
- das kollegiale Verhältnis unter den Ärzten zu fördern,
- standesunwürdiges Verhalten zu definieren, zu verhüten und zu ahnden.

Betrachtet man die einzelnen Artikel einer Standesordnung, so beinhalten sie einerseits konkrete *Auslegungen und Ausführungen gültiger Gesetze und ethischer*

Prinzipien. Andererseits sind darin aber auch *berufsständische Interessen*, wie z. B. Freiberuflichkeit, Medientätigkeit, Titelführung und Werbung geregelt.

11.1.4 Vertragliche Vereinbarungen

Die APB ist auch eine *Geschäftsbeziehung*, indem der Arzt sein Wissen und Können einem Patienten gegen Bezahlung zur Verfügung stellt. Auftraggeber für eine ärztliche Behandlung ist der Patient. Der Arzt ist frei, eine Behandlung abzulehnen, sofern nicht Nothilfe erforderlich ist. Als Kostenträger fungieren die Kranken-, Unfall- und Invaliditätsversicherungen. Diese schließen einerseits mit ihren Mitgliedern (Patienten) und andererseits auch mit den Ärzten oder Krankenhäusern Verträge ab. Lange Zeit waren die Kostenträger hinsichtlich der Bezahlung von ärztlichen Leistungen relativ großzügig. So wurden z. B. Vorsorgeuntersuchungen, Behandlungen von Störungen ohne Krankheitswert und Kuraufenthalte ohne größere Vorbehalte entschädigt.

Kostenpflichtige Leistungen. Die Kostensteigerung im Gesundheitswesen hat jedoch in den letzten Jahren dazu geführt, daß die Kostenträger ihre *Leistungspflicht enger definieren* und nur noch die Kosten für ärztliche Leistungen übernehmen, welche in einem Katalog enthalten sind, der zwischen ihnen, den Ärzten und gesundheitspolitischen Instanzen ausgehandelt wurde. Beschränkungen bestehen z. B. im Leistungsumfang für Krebsvorsorgeuntersuchungen, Ultraschalluntersuchungen in der Schwangerschaft, physikalische und psychotherapeutische Behandlungen sowie für gewisse Medikamente und Hilfsmittel.

Technische und sprechende Medizin. Gegenwärtig besteht in vielen Ländern durch die Versicherungsträger eine relativ gute Bezahlung von medizinisch-technischen Leistungen und eine vergleichsweise bescheidene Honorierung ärztlicher Gespräche. Dies führt dazu, daß nicht wenige Ärzte zur Sicherung ihres Einkommens Labor- oder apparative Untersuchungen veranlassen, die nicht unbedingt erforderlich sind und das Gespräch mit dem Patienten auf ein Minimum beschränken. An dieser Situation wird deutlich, daß die finanziellen Rahmenbedingungen den Umgang des Arztes mit seinen Patienten nachhaltig beeinflussen können (vgl. Kap. 4.6).In der Schweiz und in Deutschland sind gegenwärtig Bestrebungen im Gange, die Entschädigung medizinisch-technischer Untersuchungen und operativer Eingriffe finanziell ab- und Gesprächsleistungen aufzuwerten.

 Kommen wir zurück auf unser Fallbeispiel des 14jährigen Patienten. Für die Bewältigung der schwer belastenden Krankheitssituation (vgl. Kap. 13) muß der Hausarzt sowohl mit dem Jungen, seinen Eltern wie auch mit den an der Behandlung beteiligten Spezialisten Gespräche führen. Für diese z.T. sehr zeitaufwendige Arbeit wird er von der Krankenkasse des Patienten nur sehr bescheiden honoriert. Es besteht deshalb für ihn die Versuchung (möglicherweise sogar die finanzielle Notwendigkeit), Laboruntersuchungen, Elektrokardiogramme und Röntgenuntersuchungen zu veranlassen, die nicht notwendig wären, durch deren Vergütung er aber für den zeitlichen Einsatz für Gespräche quasi kompensatorisch entschädigt wird.

11.1.5 Der systemische Kontext

In Kapitel 4 wurde die APB als *soziales Mikrosystem* definiert, welches in einer *Hierarchie mit anderen Systemen* und mit diesen ständig in Interaktion steht. Nicht wenige Ärzte neigen dazu, die Bedeutung des systemischen Kontextes ihrer Tätigkeit zu unterschätzen. Die APB als vertrauensvolle, exklusive Zweierbeziehung wird gelegentlich noch in einer Weise idealisiert, welche der Realität nicht mehr entspricht. Im eingangs geschilderten Fallbeispiel wird deutlich, daß *der systemische Kontext einer APB umso wichtiger ist, je komplexer die Gesundheitsprobleme des Patienten sind.* Eine kosmetische Operation, wie z. B. die Korrektur altersbedingter Hautfalten im Gesicht, läßt sich relativ isoliert vom Umfeld in der Praxis eines plastischen Chirurgen durchführen, wenn die Patientin die Behandlungskosten selbst bezahlt. Ist eine Krankheit schwerwiegend und sind die Möglichkeiten zu ihrer Behandlung begrenzt, ist es für den Arzt unerläßlich, die Beziehung zum Patienten immer unter Berücksichtigung anderer sozialer Systeme (Familie, Krankenhaus, Versicherungsträger, Gesetze, Wertsysteme) zu gestalten. Nur so ist er in der Lage, eventuelle Rollenkonflikte (vgl. Kap. 3.3) rechtzeitig zu erkennen und in der APB zu berücksichtigen.

11.2 Die Arztrolle

Entsprechend der in Kap. 10.3 beschriebenen *Krankenrolle* wurde auch die Rolle des Arztes untersucht und gemäß den Erwartungen beschrieben, welche die Gesellschaft einem Arzt gegenüber hat. (vgl. Kap. 3.3). Die von dem amerikanischen Soziologen Parsons [26] formulierten Punkte gelten als *klassische Rollenerwartungen an den Arzt*, die bis heute Gültigkeit haben. Sie sind in Tabelle 11.2 im Überblick dargestellt. Daneben gibt es *neue Erwartungen an den Arzt*, die sich vor allem aus der Kostenentwicklung im Gesundheitswesen ergeben haben und von ihm den Nachweis von Wirksamkeit, Zweckmäßigkeit und Wirtschaftlichkeit seines Handelns fordern (s. Kap. 11.2.2).

11.2.1 Klassische Rollenerwartungen

Die von Parsons beschriebenen Erwartungen an die Arztrolle stehen im Einklang mit den erwähnten ethischen Grundprinzipien und sind eine wesentliche Voraussetzung für eine *Vertrauensbasis in der APB.*

Fachliche Kompetenz. Vom Arzt wird erwartet, daß er sein Bestes zur Heilung oder Linderung der Beschwerden des Pa-

Tabelle 11.2. Typische, sozial normierte Erwartungen an den Arzt (Nach Parsons 1951 [26])

- Fachliche Kompetenz
- Allparteiliche Haltung
- Respektierung und Beschränkung auf den gestellten Auftrag
- Affektive Neutralität
- Auf das Wohl der Gemeinschaft ausgerichtete Haltung

tienten beiträgt. Um dieser Verantwortung gerecht zu werden, soll er große fachliche Kompetenz erwerben und ausüben. Er wird zugleich von bestimmten sozialen Einschränkungen befreit, die ihn in seiner Berufsausübung behindern könnten. Es ist ihm z. B. erlaubt, in einmaliger Weise in die *Privatsphäre seines Patienten* einzudringen. Einerseits hat er direkten Zugang zu dessen Körper mit all seinen Funktionen, was eine *Intimität des Kontaktes* ergibt, die z.T. selbst dem Lebenspartner vorenthalten bleibt. Es ist ihm gestattet, durch Interventionen, die Schmerzen verursachen (z. B. Blutentnahme) oder welche die Körperintegrität verletzen (wie chirurgische Eingriffe), auf den Patienten physisch einzuwirken. Andererseits erhält der Arzt persönliche und vertrauliche Informationen, die der Patient sonst niemandem mitteilt.

Allparteiliche Haltung. Der Arzt soll eine allparteiliche Haltung einnehmen, unabhängig von Geschlecht, Alter, Religion, Rasse oder sozialer Herkunft des Patienten. Er ist somit offen für jedermann, der seiner Hilfe wirklich bedarf. Umgekehrt schützt er sich gegen allzu persönliche Erwartungen des Patienten, wie z. B. gegen dessen Wunsch, mit dem Arzt eine bevorzugte freundschaftliche Beziehung anzuknüpfen.

Respektierung des Auftrages. Der Arzt soll den an ihn gestellten Auftrag respektieren und sich (z. B. als Spezialarzt einer bestimmten Richtung) auf fachliche Belange beschränken, in denen er kompetent ist. Patienten, für die er sich nicht zuständig fühlt, soll er somit weiterweisen. Zugleich verpflichtet er sich, von den genannten Privilegien nur dort Gebrauch zu machen, wo dies der ärztliche Auftrag erfordert. Dadurch soll der Patient vor Mißbrauch der Intimität in der Beziehung zum Arzt geschützt werden.

Eine Patientin soll sich z. B. vor dem Arzt ausziehen dürfen, ohne befürchten zu müssen, sexuell mißbraucht zu werden; oder ein Patient soll die Gewißheit haben, daß die ärztliche Verfügung über seinen Körper von der Befriedigung sadistischer Bedürfnisse frei ist.

Affektive Neutralität. Der Arzt bewahrt affektive Neutralität. Damit ist gemeint, daß er den Patienten auch nicht emotional zur Befriedigung eigener Bedürfnisse mißbraucht, sondern objektiv und professionell auf dessen Anliegen eingeht. Parsons sieht in jeder APB eine gewisse Parallele zur Situation in einer Psychotherapie. Unter „Neutralität" versteht er nicht kühle, sachliche Distanz, sondern einfühlende Anteilnahme (Empathie, vgl. Kap. 11.3.3).

Wohl der Gemeinschaft. Der Arzt nimmt eine auf das Wohl der Gemeinschaft ausgerichtete Haltung ein. Dies bedeutet zunächst: Das Interesse des Patienten soll für den Arzt vor den eigenen Interessen (z. B. Bereicherung) stehen. Wiederum stehen hier den Privilegien des Berufsstandes besondere Verpflichtungen gegenüber, die das ärztliche „Gewerbe" von anderen unterscheidet: Der Arzt soll einen Patienten nicht wegen finanzieller Notlage abweisen, nicht um Honorare feilschen, keine Eigenwerbung betreiben u. a. m..

11.2.2 Neue Rollenerwartungen

In den letzten Jahren haben ökonomische Gesichtspunkte im Gesundheitswesen eine zunehmende Bedeutung gewonnen. Vor allem die diagnostischen und therapeutischen Möglichkeiten der Spitzenmedizin sind immer schwieriger zu finanzieren. Die Kostensteigerung hat u. a. dazu geführt, daß an den Arzt von Patienten, Versicherungsträgern und gesundheitspolitischen Instanzen neue Erwartungen gerichtet werden. So soll er sein Handeln immer wieder im Hinblick auf dessen Wirksamkeit, Zweckmäßigkeit und Wirtschaftlichkeit kritisch überprüfen.

Wirksamkeit. Vom Arzt wird erwartet, daß er in der Patientenbehandlung nur solche Maßnahmen einsetzt, deren *Wirksamkeit erwiesen* ist. Dies gilt für medikamentöse, chirurgische, technisch-apparative und psychotherapeutische Interventionen in gleicher Weise. Die Wirksamkeit einer Therapiemaßnahme muß mit wissenschaftlichen Methoden erwiesen sein, wenn sie unter die Leistungspflicht der Versicherungsträger fallen soll. So wird z. B. für neue Medikamente der Wirksamkeitsnachweis in sog. *Doppelblind-Studien* verlangt. Dabei wird eine Wirksubstanz gegen ein Plazebo (vgl. Kap. 11.4) so getestet, daß weder Arzt noch Patient wissen, ob der einzelne Kranke, der die Behandlungskriterien erfüllt, die Wirksubstanz oder das pharmakologisch neutrale Plazebo erhält. Bei neuen psychotherapeutischen Verfahren wird die Wirksamkeit in sog. *kontrollierten Interventionsstudien* überprüft. Dabei werden die Patienten nach dem Zufallsprinzip entweder der Interventionsgruppe oder der Kontrollgruppe zugewiesen. Die Kontrollgruppe erhält dann – sofern dies ethisch vertretbar ist – während einer bestimmten Wartephase, während der die Interventionsgruppe therapiert wird, keine Behandlung. Sofern sich das Therapieverfahren als wirksam erweist, haben die Patienten der Kontrollgruppe nach Abschluß der Studie die Möglichkeit, dieses ebenfalls zu erhalten.

Zweckmäßigkeit. Bei nicht wenigen Therapiemaßnahmen wird die erwünschte Wirkung durch sog. *uner-*

wünschte Nebenwirkungen relativiert. So haben z. B. Zytostatika, welche in der Behandlung von Krebserkrankungen zur Hemmung des Tumorwachstums eingesetzt werden, einschneidende und belastende Nebenwirkungen wie z. B. Haarausfall, Übelkeit, Erbrechen und Hemmung der Hämatopoese. Deshalb muß der Arzt vor der Anwendung therapeutischer Maßnahmen deren Zweckmäßigkeit – *Verhältnis von Nutzen und möglichem Schaden* – kritisch abwägen. Kehren wir zu dem eingangs erwähnten Fallbeispiel des 14-jährigen Jugendlichen zurück. Die Zweckmäßigkeit der mehrwöchigen Behandlung in einer Rehabilitationsklinik ist hier nicht einfach abzuschätzen. Von Vorteil wäre ein solcher Aufenthalt im Hinblick auf die Wiedererlangung einer möglichst guten Funktion des Bewegungsapparates (Anfertigung von Prothesen, Gehschulung, Physiotherapie) und allenfalls auch Verbesserung der Herzleistung. Die erneute räumliche Distanz vom familiären und sozialen Beziehungsnetz, der Verzicht auf die vertraute häusliche Atmosphäre, die Unterbrechung des Schulunterrichtes und der Kontakt mit anderen, ebenfalls schwer behinderten Menschen in der Rehabilitationsklinik stellen jedoch Nachteile dar, die nicht außer Acht gelassen werden dürfen. Die Überprüfung der Zweckmäßigkeit therapeutischer Maßnahmen erfordert vom Arzt, daß er Pro und Contra seines Handelns abschätzt und wenn möglich den Patienten in wichtigen Fragen mitentscheiden läßt.

Wirtschaftlichkeit. Die Kosten für das Gesundheitswesen nehmen nach wie vor zu. Vieles, was medizinisch machbar ist, kann kaum mehr finanziert werden. Deshalb richtet sich an jeden Arzt die Erwartung zu *kostenbewußtem Handeln*. So bestehen z. B. bei Medikamenten mit gleichen oder ähnlichen Wirkstoffen oft beträchtliche Preisunterschiede. Oder bei psychotherapeutischen Behandlungen ist kritisch zu fragen, welche Behandlung bei welcher Störung die besten Erfolgsaussichten hat. Die Frage der Wirtschaftlichkeit stellt sich aber nicht nur in Bezug auf einzelne therapeutische Leistungen, sondern auch auf die Gesamtbehandlung einer bestimmten Krankheit. So werden gegenwärtig z. B. für „Standardoperationen" wie Appendektomie oder Cholezystektomie sog. *Fallpauschalen* errechnet, welche ein Arzt oder ein Krankenhaus für die Durchführung einer entsprechenden Behandlung vergütet erhalten.

Die erwähnten neuen Erwartungen an die Arztrolle werden in Zukunft sowohl in der Ausbildung als auch in der Weiter- und Fortbildung vermehrt zu berücksichtigen sein.

11.2.3 Ideal und Realität der Arztrolle

Wie schon in Bezug auf die *Krankenrolle* sind die Forderungen Parsons an die Arztrolle idealtypisch zu verstehen. Freidson [16] meint denn auch, daß sie sich grundsätzlich nicht von Erwartungen unterscheiden, die an einen beliebigen Beruf zu stellen sind, wo für Laien eine Dienstleistung erbracht wird: „Auch Installateure sollen ja aufgrund ihrer Leistung ausgewählt werden, universalistische Normen anwenden und funktionell spezifisch sowie affektiv neutral sein" [16, S. 135]. Freidson charakterisiert das ärztliche Handeln viel pragmatischer als Parsons. Die in der Ausübung des Berufes festzustellende Unsicherheit lasse sich nicht mit fehlenden objektiven Regeln begründen. Im Gegenteil, diese seien ausreichend, um auch eine standespolitische Selbstkontrolle zu garantieren.

Wie weit gelegentlich die Idealerwartungen an die Fähigkeiten von Ärzten und deren reale Handlungsmöglichkeiten auseinandergehen, wird in dem schon mehrfach erwähnten Beispiel des 14jährigen Jungen deutlich. Trotz bestem Bemühen konnten die Chirurgen bei der Herzoperation kein besseres Resultat erreichen. Anstelle einer Beschränkung auf die Behandlung des Herzfehlers mußten sie sich vom Patienten und seinen Eltern die Zustimmung zur Amputation beider Unterschenkel und zum Beginn einer Dialysebehandlung erbitten. Affektive Neutralität bei einem so tragischen Behandlungsverlauf ist wohl ebenfalls nur beschränkt möglich. Wie der psychiatrische Konsiliararzt in einer Besprechung mit dem gesamten Behandlungsteam feststellen konnte, waren sowohl bei den Ärzten als auch den Schwestern und Pflegern Gefühle von Mitleid und Schuld aufgetreten, die zunächst mit einem diagnostischen Aktivismus abgewehrt wurden. Für den Hausarzt stellt sich die schwierige Frage, bis zu welchem Punkt er sich als kompetent betrachtet, den Patienten bis zum Eintritt in die Rehabilitationsklinik bzw. zur beabsichtigten Herztransplantation zu behandeln. Zu häufige Überweisungen an Spezialisten würden das Vertrauen des Patienten in ihn ebenso belasten wie das Übersehen einer neu aufgetretenen Komplikation.

Realität des Arztberufes als Belastung.
Hier wird die enorme Belastung deutlich,
in welche ein Arzt immer wieder geraten
kann (vgl. Kap. 2.3 und Kap. 8.4). Das Ertragen und Akzeptieren einer im Einzelfall sich immer wieder ergebenden *Dis-*
krepanz zwischen dem, wie man helfen
möchte und dem, wie man helfen kann,
gehört zu den schwierigen Seiten des
Arztberufes.

11.3 Interaktionsbereiche der Arzt-Patient-Beziehung

11.3.1 Beziehungs- und Handlungsebenen

Soziokulturelle Rahmenbedingungen.
Wie auf den vorangegangenen Seiten ausgeführt wurde, ist die APB Ausdruck und
Spiegelbild der Kultur und Gesellschaft,
zu denen die Medizin gehört. Was Kommunikation, Beziehung und Kooperation
heißt, wird in hohem Masse durch soziokulturelle Entwicklungen und Vorstellungen beeinflußt. In Kap. 1.2 (vgl. Tabelle
1.1) wurden einige für die Medizin relevante gesellschaftliche Veränderungen beschrieben, welche u. a. zu einem Wandel
der APB [19] geführt haben:

- Demographische und ökonomische
  Entwicklungen,
- gesundheitspolitische Steuerungspro-
  zesse,
- der Wissenszuwachs in den naturwissenschaftlichen und technischen Disziplinen,
- die Ausweitung von Informationsnet-
  zen und die zeitliche Verkürzung der
  Informationsübermittlung,
- Grenzen der Finanzierbarkeit medizinischer Leistungen,
- strukturelle Veränderungen der Systeme der Gesundheitsversorgung.

In den hochentwickelten westlichen Ländern kommen zwei weitere Tendenzen
hinzu, welche für die APB von unmittelbarer Bedeutung sind: Die *Pluralisierung*
von Wertvorstellungen und die *Hervorhe-*
bung der Rechte des Individuums im Verhältnis zu seinen Verpflichtungen gegenüber der Gemeinschaft.

**Medizinische Disziplin und Krankheits-
situation.** Innerhalb dieser Rahmenbedingungen wird die APB entscheidend
von der jeweiligen medizinischen Disziplin, der zu behandelnden Krankheit
und der spezifischen Krankheitssituation
geprägt. So bringen z. B. Allgemeinmedizin oder Gynäkologie, Chirurgie oder
Psychiatrie besondere Bedingungen mit
sich, welche die jeweiligen diagnostisch-
therapeutischen Interventionen und das
Verhältnis zwischen Patient und Arzt
auf ihre Weise beeinflussen. Und nicht
zuletzt spielen die Art und Schwere der
Erkrankung, welche einen Patienten veranlassen, ärztliche Hilfe in Anspruch zu
nehmen, für die Konstellation und Entwicklung der APB eine Rolle. Die folgenden Ausführungen orientieren sich an
der *Grundfigur der Medizin*, die Viktor
von Weizäcker Anfang des 20. Jahrhunderts in der kurzen Formel zusammengefaßt hat [36]:

> **!** „Die Grundfigur der Medizin ist
> ein Mensch in Not und ein
> Mensch als Helfer."

In der ärztlichen Grundversorgung, d. h.
in der hausärztlichen Praxis eines Allge-
meinarztes bzw. Allgemeininternisten ereignet sich diese Grundfigur täglich in
vielfältigen Variationen.

**Kognitive, emotionale und verhaltens-
orientierte Beziehungsebene.** Systematisch läßt sich das Interaktionsgeschehen
in einer APB in die *drei Ebenen Kognition, Emotion und Verhalten* aufteilen
(vgl. Kap. 6.2 und 7.1). Die Interaktion
findet gleichzeitig auf diesen drei Ebenen
statt, so daß die Entwicklung einer konkreten APB durch Ereignisse und Veränderungen auf jeder dieser drei Ebenen
beeinflußt wird. *Kognitive Vorgänge* wie
Wahrnehmung, Bewertung und Beurteilung von Krankheitssymptomen laufen
dabei sowohl beim Arzt als auch beim
Patienten ab. Diese Kognitionen gehen
auf beiden Seiten mit *Emotionen* einher.
Kognitive und emotionale Aspekte werden *fortlaufend kommuniziert* und bilden
die Grundlage für die *Kooperation* zwischen Arzt und Patient. Somit läßt sich
die Interaktion in einer APB unterteilen
in die Bereiche:

- *Kognitive Prozesse*: Analyse und Bewertung von Krankheitssymptomen
  und Krankheitszeichen sowie von vor-
  bestehenden und sich entwickelnden
  Erwartungen
- Äußerung und Beantwortung von *Gefühlen* und *Stimmungen*
- *Kommunikation*: Übermittlung von Information durch verbale und averbale
  Äußerungen
- *Kooperation*: Umsetzung von ausge-
  tauschter Information in Handeln.

11.3.2 Kognitive Prozesse
in der Arzt-Patient-Beziehung

Krankheitssymptome und -zeichen.
*Symptome sind subjektive Wahrnehmun-
gen,* welche ein Patient an sich feststellt,
als Hinweise auf eine mögliche Erkrankung bewertet und gegenüber dem Arzt
als Beschwerden vorbringt. In Kap. 10.2

[handschriftliche Notiz am oberen Rand: ausgedehnter, meist entzündeter Haut...]

wurde dieser Vorgang ausführlich beschrieben. *Symptome* wie z. B. Schwindel,
Schmerz oder Angst *können rein subjektiv sein* und ohne beobachtbare Erscheinungen vorhanden sein. Oder sie können
mit *objektivierbaren Krankheitszeichen*
wie unsicherem Gang, Exanthem bzw.
Schwellung und Zittern einhergehen. Bei
dem eingangs geschilderten Fallbeispiel
des 14jährigen Jungen ist die Situation
so, daß ein Teil seiner Symptome (Schwäche, Leistungsverminderung, Ermüdbar-
keit) unmittelbar mit Krankheitszeichen
(insuffiziente Herz- und Nierenfunktion)
in Zusammenhang gebracht werden
kann. Andere Symptome (Niedergeschlagenheit, Angst, Appetitmangel) sind nicht
ohne weiteres objektivierbar, sondern
aufgrund der Gesamtsituation *erklärbar.*
Die Unterscheidung zwischen objektivierbaren und erklärbaren Krankheitssymptomen kann für die *Stellung einer
Krankheitsdiagnose* von Bedeutung sein.
Allgemein läßt sich sagen, daß die Beurteilung von Beschwerden, über welche
der Patient klagt, einfacher ist, wenn sie
mit objektivierbaren Krankheitszeichen
einhergehen.

**Diskrepanz zwischen Symptomen und
Befunden.** Wesentlich schwieriger ist
die Situation, wenn die geklagten Symptome vom Arzt nicht durch entsprechende Befunde objektiviert werden können. Dies ist häufig bei sog. *psychosomatischen Störungen* (vgl. Kap. 8.1) der Fall.
Bei diesen Störungen können situativ
auftretende *Gefühle somatisiert* werden
und sich in zeitlich begrenzten Dysfunktionen des vegetativen Nervensystems
(z. B. einer paroxysmalen Tachykardie)
äußern. Das Fehlen objektivierbarer Befunde führt in der APB mittel- und längerfristig sowohl beim Arzt als auch
beim Patienten zu deutlichen Emotionen
und gelegentlich zu schwierigen Behand-
lungskonstellationen.

Wechselseitige Erwartungen. *Die Erwartungen eines Patienten gegenüber einem Arzt* können recht unterschiedlich sein. Nach verschiedenen Untersuchungen [19] wünscht sich *der moderne Patient* im Arzt an oberster Stelle einen Ratgeber, dann einen Führer, einen Vertrauten, anschließend einen Techniker, einen Erzieher und zuletzt ein menschliches Vorbild. Der *Ratgeber als Ideal des Arztes* deutet darauf hin, daß Patienten heute wenn immer möglich eine symmetrische Beziehungskonstellation in der APB wünschen (vgl. Kap. 1.2). Auch *von Seiten des Arztes* bestehen *Erwartungen an den Patienten. Der moderne Arzt* möchte im Patienten einen ehrlichen, vertrauensvollen Kunden mit realistischen Erwartungen, einen kooperativen und verantwortungsbewußten Partner, der entsprechend den Notwendigkeiten seiner Krankheit handelt und in schwierigen Situationen mitentscheidet. In der Regel werden wechselseitige Erwartungen in der APB nicht offen kommuniziert. Arzt und Patient gehen von einem *stillschweigenden Konsens ihrer gegenseitigen Erwartungen* aus. Besonders in längerdauernden APB kann es sinnvoll und notwendig sein, die gegenseitigen Erwartungen gelegentlich zum Gegenstand eines Gesprächs zu machen.

Verzerrung der Wahrnehmung. In Kap. 3.1.5 wurde darauf hingewiesen, daß Vorurteile und stereotype Einstellungen sowohl auf Seiten des Arztes wie auch des Patienten wechselseitig die Wahrnehmung in der APB verzerren können. Bei Ärzten finden sich solche Stereotype vor allem gegenüber Problempatienten wie z. B. Schmerzkranken, Drogenabhängigen oder psychisch Kranken. Umgekehrt haben diese Patienten nicht selten auch ein fixiertes Arztbild und nehmen ärztliche Verhaltensweisen, die außerhalb ihrer Erwartungen liegen, nicht wahr.

! Kognitive Prozesse in der APB sind von besonderer Bedeutung, wenn Arzt und Patient einen unterschiedlichen soziokulturellen Hintergrund (Nationalität, Religion, Schichtzugehörigkeit) haben. In der konkreten Behandlungssituation werden Kognitionen für die Entwicklung der APB umso bedeutsamer, je größer die Diskrepanz zwischen Arzt und Patient in der Beurteilung und Bewertung von Krankheitssymptomen und allenfalls erforderlichen Behandlungsmaßnahmen ist. Hier bewährt es sich, zunächst einen (allenfalls auch beschränkten) Konsens zu suchen, bevor therapeutische Maßnahmen empfohlen und verordnet werden.

11.3.3 Emotionale Vorgänge in der Arzt-Patient-Beziehung

Emotionale Grundhaltung des Arztes. Für die Entwicklung einer vertrauensvollen APB ist es günstig, wenn der Arzt im emotionalen Bereich *vier Grundregeln* beachtet:

- *Empathie* gegenüber einem Kranken und einfühlende Anteilnahme an seinem Leiden
- *Affektive Neutralität*
- *Emotionale Echtheit*
- *Adäquate emotionale Nähe und Distanz.*

Dies bedeutet, daß der Arzt in seiner emotionalen Grundhaltung flexibel sein sollte und die Äußerung von Gefühlen sowohl der jeweiligen Krankheitssituation wie der Persönlichkeit des Kranken anpassen sollte. Dies ist nur möglich, wenn er seine eigenen Gefühlsreaktionen einem Patienten gegenüber wahrnimmt und allenfalls auftauchende Gefühlsreaktionen steuern und kontrollieren kann.

 Am Fallbeispiel des herzkranken Jugendlichen lassen sich die Schwierigkeiten auf der emotionalen Beziehungsebene zwischen Arzt und Patient verdeutlichen. An die Herzoperation hatten sowohl der Patient wie auch die Ärzte die Hoffnung, das Leiden des Patienten durch den Eingriff mildern zu können. Die nach der Operation nicht eingetretene Besserung löste bei den Ärzten Bedauern, Mitleid und Ratlosigkeit bezüglich des weiteren Vorgehens aus. Der Patient war einerseits erleichtert, die Operation überstanden zu haben, andererseits jedoch enttäuscht und verzweifelt, daß die erhoffte Besserung in seinem Befinden nicht eintrat. Nach einigen Tagen kamen Gefühle von Ärger und Wut hinzu, die er jedoch nicht zeigen konnte, da er sich dem Behandlungsteam gegenüber zu Dankbarkeit verpflichtet fühlte.

Kongruenz und Inkongruenz von Emotionen. Besonders in schwierigen Behandlungssituationen sind die Gefühle, welche Arzt und Patient wechselseitig empfinden, oft verschieden: Beim Arzt z. B. Mitleid, Schuldgefühle und Ohnmacht, beim Patienten Enttäuschung, Ärger und Wut. Besonders der *Austausch sog. negativer Gefühle* ist in der APB ebenso wie in anderen Vertrauensbeziehungen schwierig, da jeder den anderen schonen und nicht kränken möchte. Wesentlich einfacher sind Behandlungssituationen, in welchen sich Arzt und Patient gemeinsam über ein freudiges Ereignis, z. B. die Geburt eines gesunden Kindes, freuen können.

Gefühlsäußerungen von Patienten. Die Äußerung schmerzlicher und unangenehmer Gefühle ist besonders für schwerkranke Patienten eine Möglichkeit, sich zu entlasten. Nicht wenige Ärzte sind gegenüber *spontanen Gefühlsäußerungen ihrer Patienten jedoch recht hilflos.* So wird das Weinen eines Kranken nicht selten als Zeichen interpretiert, der Patient sei unzufrieden, undankbar oder unbeherrscht. Anstelle der Gefühlsäußerung Raum zu geben (vgl. Kap. 12) versuchen nicht wenige Ärzte, durch Ablenkung oder Bagatellisierung emotionale Äußerungen von Patienten zu verhindern. Kranke äußern jedoch nicht nur schmerzliche Gefühle, sie können einem Arzt gegenüber auch Sympathie und Zuneigung empfinden. Auch von Seiten des Arztes können einem Patienten gegenüber Sympathie- oder gar Liebesgefühle auftauchen. Auf den Umgang mit diesen Gefühlen werden wir in Kap. 11.6 noch näher eingehen.

Übertragung und Gegenübertragung. Das Phänomen der Übertragung und Gegenübertragung in der APB wurde schon eingehend in Kap. 7.1.3 erläutert. Hier sei nur noch einmal kurz erwähnt, daß *unbewußte und auch unbewältigte Gefühle, Wünsche und Erwartungen aus der Kindheit* sowohl von Seiten des Patienten wie auch des Arztes in die APB einfließen können. Übertragung und Gegenübertragung gehen in der Regel mit intensiven Gefühlen einher, deren Wahrnehmung und Erkennung überaus wichtig sind, um fragwürdigen und destruktiven Entwicklungen einer APB rechtzeitig entgegenwirken zu können.

> Kranksein löst intensive und häufig ängstigende Gefühle aus. *Das Zulassen von Gefühlen, deren Äußerung und wechselseitige Wahrnehmung ist für das Gelingen einer konstruktiven APB außerordentlich wichtig.* Dem Patienten steht es zu, Gefühle gleich welcher Art offen zu äußern. Der Arzt sollte sich im Umgang mit seinen Gefühlen einem Patienten gegenüber an die Grundregeln der Empathie, der affektiven Neutralität, der emotionalen Echtheit und der adäquaten emotionalen Nähe und Distanz halten. Bei Nichtbeachtung dieser Grundregeln besteht die Gefahr von unbewußten und unkontrollierten Gegenübertragungsreaktionen des Arztes auf den Patienten, welche die APB belasten und in eine destruktive Richtung lenken können.

11.3.4 Kommunikation in der Arzt-Patient-Beziehung

Man kann nicht nicht kommunizieren. Diese Grundtatsache der menschlichen Kommunikation wurde in Kap. 3.2.2 schon eingehend behandelt. In der APB findet somit ständig Kommunikation, d.h. Informationsaustausch zwischen Arzt und Patient statt. Auf das ärztliche Gespräch als eines bewußten und gezielten Informationsaustausches wird in Kap. 12 ausführlich eingegangen. An dieser Stelle sollen deshalb nur einige allgemeine Gesichtspunkte der Kommunikation in der APB kurz erwähnt werden.

Konsultationsdauer. Ein Vergleich der Dauer von Konsultationen in der allgemeinärztlichen Praxis zeigt beträchtliche Unterschiede zwischen einzelnen Ländern (Tabelle 11.3). So gibt es Länder, in denen mehr als die Hälfte der Konsultationen weniger als 5 Minuten dauern. Die Schweiz zeichnet sich im internationalen Vergleich dadurch aus, daß kürzere und längere Konsultationszeiten etwa gleich verteilt sind. Dies läßt darauf schließen,

Tabelle 11.3. Dauer der Konsultationen in Allgemeinpraxen in verschiedenen Ländern (Aus Bollag 1996 [9])

Dauer der Konsultation Land	< 5 Min. (%)	5–9 Min. (%)	10–15 Min. (%)	> 15 Min. (%)
Andorra	15	37	24	24
Belgien	14	23	42	21
Kroatien	53	32	12	3
Finnland	29	27	29	16
Frankreich	10	16	42	32
Irland	34	39	15	12
Israel	37	46	13	5
Litauen	14	29	43	14
Norwegen	37	18	25	20
Rumänien	11	37	44	9
Slowenien	48	39	9	4
Spanien	52	35	10	3
Schweden	36	27	17	20
Schweiz	19	28	32	22
England	37	52	8	2

daß in der Schweiz, einem Land mit hoher Arztdichte, die Ärzte die Möglichkeit haben, die Dauer einer Konsultation den Notwendigkeiten anzupassen.

Bedeutung der Kommunikation. Die Kommunikation zwischen Arzt und Patient hat einen bedeutenden Einfluß auf:

- Die Zufriedenheit des Patienten,
- die Zufriedenheit des Arztes,
- das Stellen einer richtigen Diagnose,
- die Kooperationsbereitschaft des Patienten und
- die Vermeidung von juristischen Auseinandersetzungen.

Die Regeln für eine gute Kommunikation des Arztes klingen, wenn sie aufgelistet werden, einfach und selbstverständlich. Wissenschaftliche Untersuchungen der Kommunikationsabläufe in einer APB belegen jedoch, daß *das Selbstverständliche nicht so häufig praktiziert wird*, wie es an sich zu erwarten wäre. *Klagen von Patienten* betreffen vor allem die zu kurze Zeit, welche sich der Arzt für eine Konsultation nimmt und oft auch nehmen kann. Weitere Kritikpunkte sind die mangelnde Verständlichkeit seiner Äußerungen infolge des Gebrauchs von Fachausdrücken und das Nichteingehen auf unangenehme Fragen von Patienten.

> **!** Patienten haben an das Kommunikationsverhalten eines Arztes folgende Erwartungen. Er sollte
>
> - offen, wahrheitsgetreu und verständlich informieren,
> - belastende Informationen schonungsvoll mitteilen,
> - genügend Zeit für das Gespräch haben,
> - auf Fragen und Wünsche eingehen und

> - entwertende und kränkende Äußerungen gegenüber dem Patienten unterlassen.

Vor allem unter Zeitdruck und in emotional belastenden Behandlungssituationen ist es oft nicht einfach, diese Regeln in angemessener Weise zu beachten.

11.3.5 Kooperation in der Arzt-Patient-Beziehung

Bereiche für die Kooperation. Kooperation, d.h. gemeinsames Handeln von Arzt und Patient ist in verschiedenen Bereichen der Medizin für den Erfolg und die Wirksamkeit medizinischer Maßnahmen eine grundlegende Voraussetzung. So z.B.:

- Bei der *Gesundheitserziehung* (z.B. zu Fragen gesunder Ernährung, körperlicher Bewegung, des Nicht-Rauchens und Autofahrens ohne Alkohol)
- In der *Präventivmedizin* (z.B. bei Reihenuntersuchungen von sog. Risikopopulationen mit erhöhten Blutdruck- oder Blutfettwerten, bei Impfaktionen oder Screening-Untersuchungen von Neugeborenen zum Ausschluß genetisch bedingter Stoffwechselstörungen)
- Bei *Vorsorgeuntersuchungen* (z.B. zur Früherkennung von Zervix- oder Mamakarzinomen bei Frauen und Lungen- oder Prostatakarzinomen bei Männern)
- In der *Rehabilitation* und *Langzeitbehandlung* von chronisch Kranken (z.B. Schmerzpatienten, Herz- und Lungenkranken, Patienten mit Erkrankungen des Bewegungsapparates)

Aber nicht nur in diesen speziellen Bereichen, sondern ganz allgemein bei der *Durchführung therapeutischer Maßnahmen* wie der Einnahme von Medikamenten, der Einhaltung von Diät oder der Durchführung physiotherapeutischer Übungsprogramme ist der Arzt auf die Kooperation des Patienten angewiesen. Im geschilderten Fallbeispiel des 14jährigen Patienten sind z. B. die Einhaltung einer Nierendiät, die regelmäßige Einnahme von Herzmedikamenten sowie die Durchführung von Übungen zur Kräftigung der Muskulatur wichtige Elemente im Rahmen des Therapieprogrammes.

Compliance

Der englische Begriff „compliance" wird auch im deutschen Sprachraum zur Bezeichnung des *Zusammenwirkens von Arzt und Patient* verwendet. Compliance bedeutet „Willfährigkeit, Unterwürfigkeit und Einwilligung" und paßt somit eher zu einer asymmetrischen APB, mit dem Arzt in der dominierenden und dem Patienten in einer unterwürfigen Rolle. In verschiedenen Untersuchungen hat sich gezeigt, daß gerade eine solche Konstellation der APB die Kooperationsbereitschaft des Patienten eher hemmt als fördert. Da die Begriffe *Compliance* und *Non-Compliance* jedoch geläufig sind, sollen sie auch hier verwendet werden, jedoch in folgender Bedeutung:

> **!** Compliance bedeutet sowohl *Mitwirkung* als auch *Mitarbeit* des Patienten in der Einhaltung medizinischer Empfehlungen und therapeutischer Maßnahmen. *Mitwirkung* setzt Interesse des Patienten an den für seine Gesundheit relevanten Fragen voraus. *Mitarbeit* bedeutet zielgerichtete und überprüfbare Einhaltung und Durchführung therapeutischer Empfehlungen.

Mangelnde Compliance – Häufigkeit des Problems. Untersuchungen zu Fragen der Compliance wurden vor allem an Patienten mit sog. asymptomatischen Erkrankungen wie z. B. arterieller Hypertonie durchgeführt [33,34]. In der Hypertoniebehandlung besteht die Schwierigkeit, daß Patienten in der Anfangsphase der Erkrankung keine oder nur leichte Symptome eines erhöhten Blutdruckes wahrnehmen, die Einnahme von blutdrucksenkenden Medikamenten jedoch z.T. mit Nebenwirkungen (z. B. Verminderung der sexuellen Reaktionsfähigkeit) einhergeht. Faßt man die Ergebnisse verschiedener Studien zusammen, so läßt sich sagen, daß Patienten mit asymptomatischen Erkrankungen in der Einnahme einer prophylaktischen Medikation nur in 30 bis 35 % eine sehr gute Compliance zeigen. Im Durchschnitt nimmt

- *ein Drittel der Patienten die Medikamente korrekt ein,*
- *ein Drittel nur einen Teil der Medikation ein und*
- *ein weiteres Drittel die Medikamente nicht ein.*

Gründe für Non-Compliance. Für die mangelnde Kooperation von Patienten in der Durchführung von Behandlungsmaßnahmen gibt es verschiedene Gründe, die im Einzelfall eine unterschiedliche Bedeutung haben. Tabelle 11.4 gibt einen Überblick über die wichtigsten Ursachen für eine mangelnde oder fehlende Kooperation von Patienten.

Compliance verbessernde Maßnahmen. Aus den in der Tabelle aufgelisteten möglichen Gründen lassen sich Maßnahmen zur *Verbesserung der Compliance* ableiten: Solche sind u. a.:

- Klare und verständliche Patienteninformation über die Krankheit, deren

Tabelle 11.4. Mögliche Gründe für Non-Compliance von Patienten

- Patientenbezogene Faktoren:
  - Mangelnder Leidensdruck
  - Angst, Therapie „könnte schaden"
  - Intelligenzmangel, Vergesslichkeit, Bequemlichkeit
- Therapiebezogene Faktoren:
  - Kompliziertes Therapieschema (viele Medikamente, mehrmalige tägliche Einnahme)
  - Nebenwirkungen
  - Langzeittherapie
- Arzt-Patient-Beziehung:
  - Unzureichende Information
  - Unzufriedenheit
  - Zu lange Konsultationsintervalle
- Gesundheitsinstitution:
  - Lange Wartezeiten
  - Schlecht organisierte Visiten

mögliche Folgen und die Notwendigkeit therapeutischer Maßnahmen
- Information über (Neben-)Wirkungen von Medikamenten
- Einbezug des Patienten in die Verlaufsbeobachtung von Symptomen (z. B. Blutdruck- oder Blutzuckermessung)
- Einbezug von Angehörigen bei diätetischen Maßnahmen oder kognitiven Defiziten des Patienten
- Einfaches Therapieschema (Konsens über Therapie, Einmaldosierung von Medikamenten)
- Angemessene Nach- bzw. Langzeitbehandlung (regelmäßige Konsultationstermine, ergänzende Teilnahme an Patientengruppen).

Möglichkeiten zur Verbesserung der Arzt-Patient-Interaktion

Vor allem bei chronischen Erkrankungen fällt es Patienten nicht leicht, über Monate, oft auch Jahre mit dem Hausarzt und eventuellen Fachärzten kontinuierlich zusammenzuarbeiten. *Das Akzeptieren und Bewältigen einer chronischen Krankheit ist ein Prozeß*, der nicht einmal abgeschlossen ist, sondern sich weiterentwickelt (vgl. Kap. 13). Von Seiten

des Arztes ist es dabei erforderlich, in der APB eine *Atmosphäre des Vertrauens* zu schaffen und aufrechtzuerhalten.

Folgende Verhaltensweisen des Arztes fördern eine vertrauensvolle APB:

- Konstante, sachliche und wohlwollende Grundhaltung
- Klärung der Verantwortlichkeit (für was ist der Patient, der Hausarzt und der Facharzt zuständig)
- Vermeidung kränkender Bemerkungen
- fortlaufende Information über diagnostische und therapeutische Schritte
- Vermeidung von vorschnellen Versprechungen, Überengagement und unvermitteltem Rückzug
- Schaffung von Spielraum für eigenständige Entscheidungen und Aktivitäten des Patienten.

Tabelle 11.5. Beispiele für Fragen zur Verbesserung der Arzt-Patient-Interaktion (Aus Roensberg 1993 [31])

Beispiele für Fragen zur Verbesserung der Arzt-Patienten-Interaktion	
Laienkonzept	„Was wissen Sie über Ursachen und Folgen dieser Erkrankung (über die Behandlung)?"
Gefühlsebene	„Welche Sorgen macht Ihnen diese Diagnose (dieser Behandlungsvorschlag)?"
Compliance-Anamnese	„Die meisten Menschen haben manchmal Schwierigkeiten, ihre Medikamente regelmäßig einzunehmen. Ist es Ihnen früher auch schon einmal so ergangen?"
Feedback holen	„Wie glauben Sie meine Empfehlungen in die Tat umsetzen zu können? Wo glauben Sie, könnten Schwierigkeiten auftreten?"
Rollentausch	„Wenn Sie an meiner Stelle wären und einen Patienten wie Sie selbst überzeugen wollten: Wie würden Sie vorgehen?"
Premack-Prinzip	„Welche für die angenehme Gewohnheit, der Sie täglich nachgehen, könnten Sie am besten nutzen, um gleichzeitig immer an die Einnahme Ihrer Tabletten zu denken?"
Nutzenanalyse	„Was glauben Sie, ist Ihr Gewinn, wenn Sie aktiv an den Behandlungsmaßnahmen mitwirken?"

Fragen zur Verbesserung der Kooperation. Konsultationen in der hausärztlichen Praxis werden in der Regel durch Fragen des Arztes eingeleitet. Wenn er sich nach dem aktuellen Befinden des Patienten erkundigt hat, kann der Arzt durch die Wahl der Themen und die Art der Fragen dazu beitragen, daß die Kooperation in der APB möglichst gut ist, bzw. sich allenfalls verbessert. In Tabelle 11.5 sind einige mögliche Fragen aufgeführt, die geeignet sind, die Arzt-Patient-Interaktion zu verbessern oder auf einem guten Niveau zu halten.

11.4 Plazebophänomene

Placebo ist ein lateinischer Begriff und bedeutet: „Ich werde gefallen bzw. angenehm sein". Ein sog. Plazeboeffekt wird einerseits der APB und andererseits sog. *Leer- oder Scheinmedikamenten* zugeschrieben. Dabei handelt es sich um biochemisch unwirksame, indifferente Substanzen, welche in der wissenschaftlichen

Prüfung neuer Medikamente und gelegentlich in der ärztlichen Behandlung eingesetzt werden.

11.4.1 Plazeboeffekte in der Arzt-Patient-Beziehung

Die APB hat nicht selten einen psychologisch bedingten Heileffekt. Gelegentlich kommen Patienten mit der unausgesprochenen oder offenen Erwartung: „Dieser Arzt und seine Behandlung werden mich heilen!". Vertrauen und Sympathie zu einer Person, die zuhört, nachfragt, sorgfältig untersucht sowie die Beschwerden und die therapeutischen Maßnahmen angemessen erklärt, können dazu führen, daß es einem Patienten „gleich schon etwas besser geht". Hierbei handelt es sich im einen *unspezifischen Effekt*, der darauf zurückzuführen ist, daß die positive Erfahrung einer APB sowohl die Wahrnehmung wie die Stimmung des Patienten modulieren kann. Er richtet seine Aufmerksamkeit weniger auf das, was ihm Beschwerden macht und ihn ängstigt, als vielmehr auf das an seinem Körper und in seinen Gedanken, was ihn hoffnungsvoll stimmt.

11.4.2 Wirkungsmechanismen beim Plazeboeffekt

Untersuchungen zum Plazebophänomen in der APB deuten darauf hin, daß dabei im wesentlichen zwei Faktoren eine Rolle spielen [3], eine sog. kognitive Umstrukturierung und Suggestion.

Kognitive Umstrukturierung. Das *Ritual der ärztlichen Untersuchung* sowie die Verordnung von therapeutischen Maßnahmen bedeuten psychologisch Interventionen, die eine gewisse Heilwirkung haben können. Der Glaube eines Patienten, daß ihm dieser Arzt bzw. diese Behandlung helfen werden, führt zu einer *selektiven Aufmerksamkeit* für Zeichen einer Besserung. Jede zufällige Besserung im subjektiven Befinden wird dadurch besonders bewertet und erlebt und der Person des Arztes oder der therapeutischen Maßnahme zugeschrieben. Dies wiederum verstärkt den Plazeboglauben. So können z. B. äußerlich-formale Aspekte der galenischen Zubereitung einer Wirksubstanz für das Ausmaß der Plazebowirkkomponente von Bedeutung sein: bei einer größeren Spritze mit einer farbigen Zubereitung der Injektionslösung ist mit einer stärkeren Wirkung zu rechnen als bei einer kleinen weißen Tablette [7].

Suggestion. Untersuchungen mit gesunden Probanden haben gezeigt, daß in Studien mit biochemisch indifferenten Substanzen sowohl positive als auch aversive Wirkungen erzielt werden können [3]. Gibt man z. B. Probanden eine che-misch neutrale Substanz mit der Ankündigung, es handle sich dabei um ein Schlafmittel, so berichten zahlreiche Studienteilnehmer über einen positiven Effekt. Verabreicht man ein Plazebo mit der Bemerkung, dieses bewirke eine Leistungssteigerung, verursache aber als Nebenwirkung Übelkeit, so berichten zahlreiche Probanden nach der Einnahme über Übelkeit.

11.4.3 Plazebos in Medikamentenstudien

In der wissenschaftlichen Überprüfung der Wirkung neuer Heilmittel werden Plazebos systematisch eingesetzt und zwar in sog. *Doppelblind-Versuchen.* Dabei wissen weder der Studienarzt noch der an der Studie teilnehmende Patient, ob er die Wirksubstanz oder das Plazebo erhalten hat. Aus dem Vergleich der therapeutischen Effekte in den mit Plazebo bzw. Verum behandelten Patientengruppen kann auf die Wirksamkeit des neuen Medikamentes geschlossen werden.

11.4.4 Plazebos in der Behandlung von Problempatienten

Bei Problempatienten z. B. mit chronischen Schmerzen, die zu Schmerzmittelkonsum neigen, werden gelegentlich Plazebos eingesetzt, um ihnen zu „beweisen", daß ihre Schmerzen „nicht so schlimm" sind. Hier stellt sich die Frage, ob diese Anwendung eines Plazebos sinnvoll oder eher fragwürdig ist. Meister und Niebel [24] haben eine Reihe guter Argumente zusammengestellt, weshalb Plazebos als „Therapie" in der praktischen Medizin nicht verwendet werden sollen. Das *wichtigste Argument gegen Plazebos* ist, daß deren Einsatz eine *Täuschung des Patienten* bedeutet, welche mit einer vertrauensvollen APB nicht vereinbar ist. Der Arzt übernimmt dabei die Rolle eines „Detektivs, um den Patienten zu entlarven". Gerade Patienten, für deren Beschwerden neben somatischen Ursachen auch psychische Faktoren eine Rolle spielen, reagieren auf diese Art der Bloßstellung in der Regel gekränkt und brechen danach eine Behandlung oft ab. Bei Ärzten kann dieses Verhalten der Patienten Ärger auslösen und zu unüberlegten Beurteilungen wie „Simulant" führen.

Sinnvolle Anwendung von Plazebos. Eine sinnvolle und allgemein akzeptierte praktische Anwendung von Plazebos beschränkt sich somit auf den *kontrollierten klinischen Versuch*, bei welchem die teilnehmenden Patienten vorgängig auf die Möglichkeit hingewiesen wurden, Plazebo zu erhalten. Der Einsatz von Plazebos ohne Information des Patienten hat für die APB mehr Nach- als Vorteile zur Folge.

11.5 Geschlechterfragen in der Arzt-Patient-Beziehung

Der ärztliche Beruf wird oft als geschlechtsneutral dargestellt. Verschiedene Untersuchungen haben jedoch gezeigt, daß sowohl das Geschlecht des Arztes als auch des Patienten für die APB sowie das diagnostische und therapeutische Vorgehen von Bedeutung sind [25].

11.5.1 Unterschiede zwischen Ärztinnen und Ärzten

Eine Untersuchung aus den Niederlanden in 21 allgemeinärztlichen Gruppenpraxen, in welchen jeweils gleich viele Ärztinnen wie Ärzte tätig waren und die Patientinnen/Patienten wählen konnten, ob sie von einer Frau oder einem Mann behandelt werden wollten, ergab u. a. folgende Ergebnisse [6].

Haben Ärztinnen und Ärzte unterschiedliche Patienten? Zunächst zeigte die Studie, daß der Anteil von Patientinnen in der gesamten Stichprobe der 21 Gruppenpraxen mit 62 % deutlich höher lag als der der Patienten (38 %). Die Ärztinnen hatten deutlich mehr Patientinnen (71 %) als Patienten (29 %), während die Ärzte durchschnittlich 55 % Patientinnen und 45 % Patienten behandelten. Man kann also sagen, daß sich *Patientinnen in der Allgemeinpraxis eher für eine Ärztin entscheiden*, wenn sie die Möglichkeit haben, zwischen einer Ärztin oder einem Arzt zu wählen. Umgekehrt *bevorzugen Patienten eher einen Arzt*.

Konsultationsthemen. Die gleiche Studie zeigte, daß auch bei den von den Patientinnen/Patienten angesprochenen Themen zwischen den Konsultationen bei Ärztinnen und Ärzten Unterschiede bestanden. Neben der erwarteten Überrepräsentation von Fragen zu Empfängnisverhütung und Erkrankungen der weiblichen Geschlechtsorgane wurden Ärztinnen signifikant häufiger wegen sozialen, endokrinologischen und metabolischen Problemen (einschließlich Eßstörungen) konsultiert. Ärzte wurden häufiger bei Erkrankungen der männlichen Geschlechtsorgane und der Atmungsorgane um Rat gefragt.

Konsultationsdauer. In der Studie zeigte sich weiter, daß

- Ärztinnen längere Konsultationen haben als Ärzte;
- Patientinnen längere Konsultationen haben als Patienten und

- in Teilzeit arbeitende Ärzte beiderlei Geschlechts längere Konsultationen haben als vollzeitarbeitende Ärzte.

Allgemein läßt sich somit sagen, daß *sowohl Ärztinnen als auch Patientinnen in der APB dem Gespräch einen höheren Stellenwert einräumen als Ärzte und Patienten.*

Diagnostisches und therapeutisches Vorgehen. Ärztinnen veranlassen seltener medizinisch-technische Untersuchungen und verordnen bei vergleichbaren Erkrankungen weniger Medikamente als Ärzte. Bei Patienten mit funktionellen Beschwerden des Magen-Darm-Traktes verordneten Ärztinnen häufiger Quellmittel und Psychopharmaka, die Ärzte häufiger krankheitsspezifische Medikamente wie Antazida und H2-Antagonisten. Eine vergleichbare Studie an der Medizinischen Universitätspoliklinik des Kantonsspitals Basel [15] ergab ähnliche Resultate wie die großangelegte niederländische Studie.

11.5.2 Unterschiedliche Behandlung von Patientinnen und Patienten

Eine Übersichtsarbeit über die Diagnostik und Behandlung von Frauen und Männern mit koronarer Herzkrankheit (KHK) zeigte deutliche Geschlechtsunterschiede [10]. Frauen, die sich mit den typischen Symptomen einer KHK bei einem Arzt melden,

- müssen länger auf einen Konsultationstermin warten,
- erhalten weniger häufig diagnostische und therapeutische Verfahren wie Thrombolyse, Koronarangiographie, Ballondilatation und koronare Bypass-operationen und

- werden im Fall einer akuten Myokardischämie signifikant seltener auf eine Intensivstation aufgenommen als Männer.

Die genannten Unterschiede gelten sowohl für Frauen, bei denen eine KHK vermutet wurde, als auch für Frauen, bei denen die Diagnose feststand.

Mögliche Gründe für Geschlechtsunterschiede. In der erwähnten Übersichtsarbeit [10] werden eingehend mögliche Ursachen für die *schlechtere Behandlung von Patientinnen mit KHK* diskutiert. Mehrere Erklärungen sind denkbar:

- Die *Prävalenz* von KHK ist in fast allen Altersgruppen bei Männern höher als bei Frauen. Diese Tatsache könnte dazu beitragen, daß Ärzte die Häufigkeit und Ernsthaftigkeit einer KHK bei Frauen unterschätzen.
- Möglicherweise werden deshalb auch die *Beschwerdeschilderungen* von Patienten als ernstzunehmender beurteilt als die von Patientinnen. Dies könnte auch eine Erklärung für die Unterschiede im diagnostischen und therapeutischen Vorgehen sein.
- In der Mehrzahl der publizierten *wissenschaftlichen Studien* zur KHK wurden überwiegend Männer untersucht. Dies könnte ein Grund sein, daß im Denken der Ärzte KHK eher mit „Mann" als mit „Frau" assoziiert wird.
- Die geschilderten Geschlechtsunterschiede in der Diagnostik und Behandlung beschränken sich nicht auf die KHK. Frauen werden auch signifikant seltener zu Dialysen und Nierentransplantationen vorgeschlagen. Es könnte sich somit um sog. *geschlechterstereotype Vorstellungen* (vgl. Kap. 5.8.6) von Ärzten handeln, welche Beschwerdeschilderungen von Patienten

als ernstzunehmender bewerten als die von Patientinnen.

- Schließlich könnte auch die *Selbstdarstellung* von Patientinnen dazu beitragen, daß ihre Beschwerdeschilderungen nicht so ernst genommen werden. Ärzte tendieren offenbar dazu, das Verhalten einer Patientin eher als „appellativ" zu bewerten als das eines Patienten.

> **!** Geschlechterfragen spielen in der Arzt-Patient-Beziehung eine nicht zu unterschätzende Rolle. *Ärztinnen und Patientinnen messen der „sprechenden Medizin" eine größere Bedeutung bei. Ärzte und Patienten tendieren eher zur „technisch-apparativen Medizin".* Besonders bei ernsthaften Erkrankungen ist darauf zu achten, daß Patientinnen in der Behandlung durch Ärzte wegen ihres Geschlechtes keine Benachteiligung entsteht.

11.5.3 Fragen zur Sexualität

In der frauenärztlichen und allgemeinärztlichen Praxis spielen Fragen zur Sexualität im ärztlichen Gespräch eine wichtige Rolle. Gynäkologen gebrauchen im Gespräch mit Patientinnen häufiger vage Begriffe wie „da unten", „das" oder „es", wenn es sich um die Vagina handelt. Ärztinnen sprechen häufiger und direkter sexuelle Themen an. Auch auf Seiten der Patienten werden sexuelle Fragen häufiger von Frauen als von Männern spontan zur Sprache gebracht [6].

Fragen nach sexueller Ausbeutung. Es kann lange dauern, ehe eine Patientin über ihre Erfahrungen mit sexueller Belä-

stigung und Ausbeutung – in der Kindheit, Jugendzeit oder in einer aktuellen Beziehung – sprechen kann. Die Angst, daß ihr nicht geglaubt wird und die Angst vor möglichen Konsequenzen für sie und ihre Familie halten sie davon ab, über solche Erfahrungen zu sprechen. Verschiedene Untersuchungen haben gezeigt, daß Patientinnen über sexuell traumatisierende Erfahrungen offener mit einer Ärztin sprechen und das Thema weniger verzögern oder vermeiden [6]. Für die Tatsache, daß Ärzte seltener von sexuell traumatisierenden Erfahrungen hören als Ärztinnen, gibt es verschiedene Erklärungen:

- Erstens kann es sein, daß Ärzte gegenüber sexuell traumatisierenden Erfahrungen von Patientinnen weniger sensibel sind oder größere Hemmungen haben, dieses Thema anzusprechen.
- Zweitens ist es möglich, daß Patientinnen nicht so leicht mit einem Arzt über diese Erfahrungen sprechen können und im Gespräch auch weniger Signale in diese Richtung geben.
- Drittens ist zu vermuten, daß die erwähnten Resultate eine geschlechtsabhängige Selektion repräsentieren, wobei Patientinnen, welche sexuell traumatisierende Erfahrungen gemacht haben, eher eine Ärztin aufsuchen, so daß Ärzte von weniger Patientinnen konsultiert werden, die sexuell ausgebeutet wurden.

Arzt oder Ärztin als Gesprächspartner? Auf die Problematik sexueller Ausbeutung und deren gesundheitliche Konsequenzen kann hier nicht näher eingegangen werden (s. hierzu [12]). Für das ärztliche Gespräch über sexuelle Fragen (vgl. Kap. 8.5.6) ist es jedoch wichtig zu wissen, daß für die betroffenen Patientinnen das Geschlecht des Arztes häufig eine wichtige Rolle spielt. Ärzte sollten deshalb Patientinnen, welche solche Erfahrungen im Gespräch signalisieren, offen danach fragen, ob sie diese mit ihm besprechen wollen oder ob sie zur Bearbeitung und Behandlung dieser Problematik die Überweisung an eine Ärztin wünschen.

11.6 Sexuelle Belästigung in der Arzt-Patient-Beziehung

Die Diskussion von sexueller Belästigung im Zusammenhang mit der APB konzentriert sich hauptsächlich auf die Belästigung von Patientinnen durch Ärzte. Viel weniger bekannt ist die Tatsache, daß auch Ärztinnen durch Patienten sexuell belästigt werden können [6].

> **!**
> Was ist sexuelle Belästigung?
> Als sexuelle Belästigung wird ein verbaler Ausdruck oder physisches Verhalten oder jedes visuelle Vorgehen bezeichnet, das die Würde oder physische Integrität des Menschen verletzen kann. Sexuelle Belästigung kann in unterschiedlichen Formen stattfinden: Lästige Blicke, sexistische Bemerkungen, vulgäre und peinliche Kommentare, Aufhängen oder Verwenden von pornographischem Material, Berührungen, anzügliche Aufforderungen oder Annäherungsversuche mit Versprechen von Belohnung oder Androhen von Repressalien.

Formen sexueller Belästigung in der Arzt-Patient-Beziehung. Unerlaubte sexuelle Bemerkungen und Handlungen an und vor allem mit Patientinnen gehören leider zur Realität des Arztberufes. In ih-

ren extremen Ausmaßen – sexuelle Nötigung oder Vergewaltigung – beschäftigen sie die Justiz. Viel häufiger sind jedoch *subtile Formen der sexuellen Belästigung,* die oft über lange Zeit ohne Konsequenzen bleiben, für die Patientinnen jedoch in hohem Maße belastend und schädigend sind. Als *häufige Formen sexueller Belästigung in der APB* sind zu nennen [23]:

- Diagnostische oder therapeutische Berührungen, die von Patientinnen als sexuell erlebt werden
- Unnötige oder unnötig intensive genitale Untersuchungen
- „Verhängnisvolle Affären" mit Patientinnen, oft aus einer unrealistischen Rettungsphantasie heraus
- Berufliches Angebot, „lustfördernde Techniken" persönlich auszuprobieren
- Übergriffe auf Patientinnen, die körperlich, geistig oder emotional keinen Widerstand leisten können
- Angebot einer persönlichen „Sex-Therapie" bei Patientinnen mit Beziehungs- oder Sexualproblemen.

Sexuelle Belästigung von Ärztinnen. Ärztinnen werden bisweilen von Patienten als Frau und nicht als Ärztin behandelt. In einer in Ontario, Kanada, durchgeführten schriftlichen Befragung von Ärztinnen berichteten 75 %, im Verlauf ihrer beruflichen Laufbahn einmal von einem Patienten sexuell belästigt worden zu sein [28]. Am häufigsten waren sexuell anzügliche Bemerkungen, Angebote und Einladungen zu privaten Begegnungen mit sexuellen Absichten sowie tendenzielle körperliche Berührungen.

Risikofaktoren für sexuelle Belästigungen von Patientinnen. Größere Untersuchungen aus den USA an Ärzten, die sich Patientinnen gegenüber sexuell unangemessen verhielten, ergaben folgende Ergebnisse [23]: Ein großer Teil der Ärzte hatte Symptome einer *Substanzabhängigkeit* (Alkohol/Medikamente). Von ihrer *Persönlichkeit* her waren es oft sozial isolierte Menschen, die gelegentlich auch Symptome einer Sexsucht hatten. Sexuelle Übergriffe ereigneten sich häufig in *Phasen einer allgemeinen Lebensunzufriedenheit* aufgrund persönlicher Krisen der Ärzte. In vereinzelten Fällen waren es auch Ärztinnen, welche aus einer persönlichen Krise heraus gegenüber Patienten sexuelle Übergriffe machten.

Präventive Maßnahmen. Präventive Maßnahmen zur Vorbeugung sexueller Belästigung und Ausbeutung von Patienten sollten auf mehreren Ebenen ansetzen [12]:

- Das Thema sollte in die *Ausbildungsgänge* aller Berufsgruppen im Gesundheitswesen einbezogen werden.
- Jungen und unerfahrenen Ärzten und Ärztinnen sollte *im Rahmen von Supervision Anleitung zum Umgang mit erotischen Gefühlen und Phantasien* im Verlauf ärztlicher Behandlung gegeben werden.
- Berufsverbände sollten *klare ethische Richtlinien* für die Beziehung zwischen Ärzten und Patienten formulieren, in welchen sexuelle Kontakte als *nicht vertretbare Kunstfehler* deklariert werden.

Vorgehen bei sexuellen Übergriffen. Was ist im Falle des Bekanntwerdens von sexuellen Übergriffen in einer APB zu tun? Bisherige Erfahrungen zeigen, daß Entscheidungen über geeignete therapeutische und juristische Maßnahmen gegenüber den Tätern nicht von einer Einzelperson, sondern von einer durch die jeweilige ärztliche Standesorganisation ernannten *Kommission aus unabhängigen*

Expertinnen und Experten getroffen werden sollten. Diese hat je nach Einschätzung der Persönlichkeit des ärztlichen Täters und der Schwere des Vergehens die Aufgabe, Schritte in Richtung einer Rehabilitation des Arztes oder seines Ausschlusses von der weiteren ärztlichen Tätigkeit zu veranlassen.

Folgetherapie für Opfer. Patientinnen, welche in einer ärztlichen Behandlung einen sexuellen Übergriff oder gar eine sexuelle Ausbeutung erfahren haben, brauchen nicht selten psychotherapeutische Hilfe im Rahmen einer sog. Folgetherapie. Die Indikation und der Zeitpunkt einer solchen Behandlung sind genau abzuklären. Patientinnen, welche nach der Erfahrung einer schweren sexuellen Ausbeutung im Rahmen einer ärztlichen Behandlung im Hinblick auf eine Folgetherapie unentschlossen sind, kann auch die Lektüre von Berichten selbstbetroffener Frauen empfohlen werden [5].

Mißbrauch mit dem sexuellen Mißbrauch. Es ist unethisch, als Arzt eine Patientin sexuell zu belästigen oder sich („aus therapeutischen Gründen") mit ihr in sexuelle Handlungen einzulassen. Andererseits sollte aber auch vor einer unkritischen Verwendung des Begriffes „sexueller Mißbrauch" in der APB gewarnt werden. Zum einen sind die verschiedenen Formen sexueller Übergriffe und Ausbeutung klar zu definieren [12]. Zum anderen ist nicht zu übersehen, daß Ärzte allzu oft in Boulevardmedien, der Regenbogenpresse und in TV-Arztserien zu „Idolen und Buhmännern" für alle möglichen Wunschphantasien bzw. Empörungen gemacht werden [11]. Dabei werden sie gelegentlich zur Zielscheibe ungerechtfertigter Verdächtigungen, denen in erster Linie durch eine klare Haltung und ethisch verantwortliches Handeln gegenüber Patienten zu begegnen ist.

11.7 Schwierige Arzt-Patient-Beziehungen

Je nachdem, wie eine „schwierige APB" definiert wird und ob es sich um Behandlungssituationen in der ärztlichen Praxis, einer Poliklinik oder Klinik handelt, differiert der Anteil sog. „schwieriger Patienten" in der Wahrnehmung von Ärzten zwischen 5 und 20% [20]. Die Mehrzahl der bisher zu dieser Thematik durchgeführten Studien fokussierte auf „schwierige Patienten" oder „schwierige Behandlungssituationen". Daß Schwierigkeiten in der APB auch mit „schwierigen Ärzten" zu tun haben können, wurde in bisherigen Studien zu diesem Fragenbereich nur ansatzweise untersucht [22]. Für das Auftreten von Schwierigkeiten in einer APB gibt es zahlreiche Gründe. Diese können mit der *Art der Erkrankung*, dem *Verhalten von Patient und Arzt*, ihren *Persönlichkeiten* und nicht zuletzt auch mit *gesellschaftlichen Trends* zusammenhängen.

11.7.1 Gründe für schwierige Arzt-Patient-Beziehungen

Unerfüllte und diskrepante Erwartungen. Im konkreten Fall einer schwierigen APB findet sich häufig eine Kombination von Gründen. Wie das eingangs dargestellte Fallbeispiel des 14jährigen Jungen mit dem angeborenen Herzfehler und dem ungünstigen Krankheitsverlauf nach der Herzoperation zeigt, entwickeln sich Schwierigkeiten in einer APB nicht selten erst im Verlauf längerdauernder Behandlungen. Eine häufige Konstellation ist dabei, daß entweder *gemeinsame Erwartungen von Arzt und Patient nicht in Erfüllung gehen* (dies ist z. B. eine Schwierigkeit im Beispiel des 14jährigen

Patienten) oder daß über längere Zeit *zwischen beiden diskrepante Erwartungen* bestehen, die nicht wahrgenommen und ausgesprochen werden.

Unbewußte Konflikte. Schwierigkeiten in der APB zeigen sich in der Regel im Verhalten von Patient und Arzt sowie in ihrer Kooperation. *Non-Compliance des Patienten* (s. Kap. 11.5.3) oder *Fehlhandlungen des Arztes* (s. Kap. 7.1.3) sind Hinweise auf mögliche Konflikte in der APB, die beiden nicht oder nur teilweise bewußt sind.

Schwierige Persönlichkeiten. Persönliche Einstellungen und Merkmale sowohl des Arztes wie des Patienten können ebenfalls die Ursache von Schwierigkeiten in ihrer Beziehung sein. Persönlichkeitsmerkmale können dabei auf beiden Seiten so markant und dominierend sein, daß sie das Kriterium einer *Persönlichkeitsstörung* (Näheres siehe Lehrbücher der Psychiatrie) erfüllen. Bisweilen besteht zwischen Ärzten und Patienten mit exzentrischen Persönlichkeitszügen eine Art wechselseitige Anziehung, so daß sowohl einzelne Ärzte als auch bestimmte Patienten gehäuft in schwierige APB geraten können.

Gesellschaftliche Trends. Lipsitt [22] sieht einen Grund für das häufige Auftreten von Schwierigkeiten in der APB auch in dem Trend, daß unsere *„Fast-food-Gesellschaft"* zu einer *„Fast-care-Gesellschaft"* wird, in welcher Begegnungen zwischen Arzt und Patient nach dem Muster *„touch and go"* stattfinden. Die Entwicklungen im Gesundheitswesen (vgl. Kap. 1.2 und 4.6) könnten dahin gehen, daß APB unter einen zunehmenden *Zeit-, Leistungs- und Kostendruck* geraten. Die Folge wäre vermutlich eine Zunahme sowohl frustrierter Ärzte als auch Patienten und eine auf beiden Seiten zunehmende Unzufriedenheit mit den Einschränkungen zur Gestaltung einer APB.

11.7.2 Der schwierige Patient

Aus der Sicht der Ärzte gibt es bestimmte *Patiententypen*, deren Verhalten und Einstellungen sie als schwierig erleben. Tabelle 11.6 gibt einen Überblick über eine Typologie schwieriger Patienten [29]. *Passive Erwartungshaltung, Vorwürfe* und *Entwertungen*, aber auch unterwürfige Idealisierung bei gleichzeitiger *Unzuverläßigkeit* in der Einhaltung von Behandlungsempfehlungen sind Verhaltensweisen, welche Ärzten bei ihren Patienten häufig Mühe bereiten. Das Verhalten dieser sog. Problempatienten löst beim Arzt oft *starke Gefühlsreaktionen* aus. Das Aufkommen intensiver Gefühle kann somit als eine Art *Warnsignal* betrachtet werden, daß sich in der Beziehung zu einem Patienten Schwierigkeiten entwickeln könnten.

Hilfesuchende, hilfeabweisende Patienten. Besonders schwierig ist der Umgang mit Patienten, die sich hilfesuchend an den Arzt wenden, seine Behandlungsempfehlungen aber ablehnen. Z.B. bei *Patientinnen mit Eßstörungen* ist dieses hilfeabweisende Krankheitsverhalten beson-

ders häufig anzutreffen. Auch bei *chronisch Schmerzkranken* (s. Kap. 8.6) findet sich dieses Verhaltensmuster, welches die Behandlung schwierig macht. Typische Gefühlsreaktionen des Arztes auf solche Patienten sind Ärger und Wut, die ihn – sofern er sie nicht wahrnimmt und kontrolliert – zu unbedachten kränkenden Bemerkungen veranlassen können.

11.7.3 Der schwierige Arzt

Eine Reihe von Verhaltensweisen und Einstellungen von Ärzten können bei erheblicher Ausprägung ebenfalls zu Schwierigkeiten in der APB beitragen [8]. Es sind dies

- Geltungsbedürfnis und Kränkbarkeit
- Neigung zu Oberflächlichkeit im Gespräch und im Handeln
- Unfähigkeit zum Einfühlen und Mitfühlen
- Unwilligkeit, sich rational und emotional in die spezielle Lage eines Patienten zu versetzen
- Kritiklosigkeit gegenüber Grenzen der eigenen ärztlichen Kompetenz
- Selbstgefälligkeit und übertriebene Selbstsicherheit.

Tabelle 11.6. Typologie schwieriger Patienten – aus der Sicht der Ärzte

- Oral fordernde Patienten (z. B. Süchtige, Depressive)
- Vorwurfsvoll-entwertende Patienten
- Dramatisierende Patienten
- Mißtrauisch abweisende Patienten
- Unterwürfige Patienten
- Schweigende Patienten
- Patienten mit starker Regressionstendenz
- Patienten mit persistierenden Idealisierungstendenzen gegenüber dem Arzt
- Patienten mit suizidalen Tendenzen
- Patienten mit chronifizierten somatoformen Störungen und ausgeprägter Abwehr
- Selbstdestruktive Patienten

Gemeinsamkeiten schwieriger Patienten und Ärzte. Vergleicht man die genannten Merkmale der Ärzte mit den in Tabelle 11.6 aufgeführten der Patienten, so zeigen sich einige Ähnlichkeiten. *Überhebliche, unrealistische Erwartungen an sich selbst und an den anderen* ist eines der gemeinsamen Motive für Schwierigkeiten bei Patienten und Ärzten. Ein Weiteres ist der Umgang mit Gefühlen. Das *Nichtwahrnehmen und Nichtzulassen von Gefühlen* sowohl auf Seiten des Patienten wie des Arztes erschweren ihre gegenseitige Beziehung. Und schließlich ist die *Unfähigkeit zur Anerkennung von Grenzen* eigener Möglichkeiten und derjenigen des andern ein gemeinsames Merkmal von schwierigen Patienten und Ärzten.

11.7.4 Konflikte in der Arzt-Patient-Beziehung

In Kap. 7.1.3 wurde schon ausführlich dargestellt, daß auch unbewußte Konflikte und deren Ausagieren zu Schwierigkeiten in der APB führen können. Vergleichbar der Situation in einer Paarbeziehung können sich auch in der APB sog. *Kollusionen* auf dem Hintergrund unbewußter gegenseitiger Wünsche und Ängste entwickeln (vgl. Kap. 5.9.5). Dabei spielen *Übertragungs- und Gegenübertragungsphänomene* eine wichtige Rolle (vgl. Kap. 7.1.3).

Das „Helfersyndrom". Eine in helfenden Berufen oft auftretende Kollusion ist die zwischen einem Helfer und einem Hilfsbedürftigen. Im „Helfersyndrom" [32] bezieht sich der gemeinsame, unbewußte Konflikt auf die Angst vor der Trennung und auf die Angst, auf sich selbst angewiesen zu sein. Diese Ängste werden gegenseitig verleugnet und unbewußt in eine regressive bzw. progressive Position aufgeteilt. Die *regressive Position* erlaubt einem Hilfesuchenden, Bedürfnisse nach Schutz und Rückhalt nachzuholen, die er z. B. in seiner Kindheit entbehren mußte. In der *progressiven Position* werden eigene Abhängigkeitswünsche überspielt, indem man als Helfer einem Schwächeren beistehen kann.

Der „omnipotente Helfer". Die beruflichen Aufgaben des Arztes und von Pflegenden kommen dem Verhalten eines Helfers in einer progressiven Position entgegen, da ja Patienten stets in einer gewissen Abhängigkeit zu ihnen stehen. Bedenklich und bisweilen sogar gefährlich kann ein solches Verhalten werden, wenn der Progressive als omnipotenter Helfer mit anderen Menschen regelmäßig so umgeht, als ob sie hilflos und abhängig wären, auch wenn sie gar keine regressiven Ansprüche stellen. Im geschilderten Beispiel des 14jährigen Patienten, der wegen seiner Herz- und Nierenerkrankung sowie den Unterschenkelamputationen hilfsbedürftig ist, könnte z. B. für den Hausarzt die Gefahr bestehen, die Rolle eines omnipotenten Helfers einzunehmen und dabei Wünsche und Möglichkeiten des Patienten zu Selbständigkeit und Unabhängigkeit zu wenig zu berücksichtigen.

„Burn-out-Syndrom". Das sog. Burn-out-Syndrom [17] umschreibt einen Zustand von Gespanntheit, Reizbarkeit und Übermüdung, der schließlich in Apathie, innere Distanzierung, Zynismus oder Rigidität übergeht. Das Burn-out-Syndrom tritt u. a. bei Ärzten und Pflegepersonen auf, die mit anhaltend hohen und belastenden Anforderungen (z. B. in der Behandlung Schwerstkranker oder auf psychiatrischen Aufnahmestationen) konfrontiert sind. Auch Ärzte, die sich in ihrer psychischen und physischen Belastbarkeit fortdauernd überschätzen, laufen Gefahr, zu sog. *hilflosen Helfern* zu werden. Psychophysiologisch handelt es sich beim „Burn-out" um einen Zustand von *anhaltendem Distreß*, bei welchem ein Mißverhältnis zwischen den beruflichen Anforderung und den eigenen Bewältigungsmöglichkeiten besteht. Wie in Kap. 8.4 Streß aus psychosozialer Sicht ausgeführt wurde, gehen anhaltende Distreßerfahrungen aufgrund einer Schwächung körpereigener Abwehrkräfte mit einem erhöhten Morbiditätsrisiko einher.

11.7.5 Umgang mit schwierigen Arzt-Patient-Beziehungen

Die in diesem Kapitel dargestellten Schwierigkeiten in der APB lassen sich nicht mit einer perfekten Krankheitsbehandlung lösen. Gerade in schwierigen Krankheitssituationen wird deutlich, daß die jeweilige Krankheit nur ein Aspekt, die Persönlichkeiten des Patienten und des Arztes zwei weitere, ebenso wichtige Faktoren für das Gelingen oder Scheitern einer APB sind. Michael Balint, ein aus Ungarn stammender und später in London tätiger Psychoanalytiker, hat dies in seinem Buch „Der Arzt, sein Patient und die Krankheit" [4] eindrücklich dargestellt.

Balint-Gruppen. Auf ihn geht auch das Modell der sog. Balint-Gruppen zurück. Es handelt sich dabei um Gruppen für Ärzte, in denen unter Leitung eines erfahrenen Psychotherapeuten das eigene Verhalten im Umgang mit Problempatienten kritisch reflektiert wird. Die Gruppen bestehen aus 8–12 Ärzten und Ärztinnen, die sich 14-täglich oder einmal monatlich für ca. zwei Stunden treffen. Anhand eines Behandlungsfalles eines Teilnehmers, welcher vorgestellt und diskutiert wird,

sollen Fähigkeiten in der Selbstbeobachtung und -erfahrung verbessert werden. Insbesondere geht es in diesen Gruppen darum, eigene Gegenübertragungsreaktionen (s.Kap. 7.1.3) bei Problempatienten besser zu verstehen und ihnen in der Behandlung Rechnung zu tragen. Die Teilnahme an einer solchen Gruppe über einen längeren Zeitraum ist besonders für Ärzte, die in der Grundversorgung tätig sind, eine gute Möglichkeit, ihre fachliche Kompetenz im Umgang mit Problempatienten zu verbessern.

11.8 Interaktion Arzt-Patient-Familie

In den Kapiteln Entwicklungspsychologie (Kap. 5) und Persönlichkeitspsychologie (Kap. 7) wurde ausführlich dargestellt, wie *das Individuum in einer ständigen Interaktion mit seiner familiären Umwelt steht*. Dies gilt in besonderer Weise auch für kranke Menschen. Für den Arzt sind dabei drei Fragen von besonderem Interesse:

- Welche Rolle spielt die Familie für die *Entstehung* und für die Aufrechterhaltung von Krankheit?
- Welche *Auswirkungen* haben Krankheit und therapeutische Maßnahmen auf die Familie und deren Mitglieder?
- Welche Rolle spielt die Familie in der *Erhaltung von Gesundheit* und in der *Bewältigung von Krankheit*?

Der Wandel der familiären Lebensformen (s. Kap. 5.10.2) hat dazu geführt, daß heute die Rolle familiärer Systeme sowohl als Ressource wie auch als Belastung für einen Kranken vielfältig sein kann. Nicht selten kann das Verhalten eines Familienmitgliedes einem Kranken gegenüber gleichzeitig sowohl entlastend als auch belastend sein.

 Kommen wir noch einmal auf das eingangs dieses Kapitels geschilderte Fallbeispiel des 14jährigen Jugendlichen zurück. Die täglichen Besuche seiner Mutter nach der Herzoperation wurden vom Patienten als wichtige emotionale Unterstützung erlebt. Gleichzeitig äußerte er im Gespräch mit dem psychiatrischen Konsiliararzt jedoch auch den Gedanken, daß er sich von der Fürsorglichkeit seiner Mutter manchmal „erdrückt" fühle. Ihre tägliche Präsenz an seinem Krankenbett halte z. B. seine Klassenkameraden davon ab, ihn gelegentlich in der Klinik zu besuchen.

11.8.1 Patient Familie

In den Kapiteln 5.10.6 und 7.1.5 wurde schon ausgeführt, welche Merkmale sog. *dysfunktionale Familien* haben, d. h. familiäre Systeme, deren Kommunikation und Interaktion gestört sind. Richter [30] hat in diesem Zusammenhang den Begriff *Patient Familie* geprägt, um deutlich zu machen, daß nicht nur Einzelpersonen, sondern auch familiäre Systeme als Ganzes krank sein können.

Familiäre Symptomträger. In solchen dysfunktionalen Familien erkrankt nicht selten ein Familienmitglied. Die *Symptombildung* signalisiert einerseits den *familiären Konflikt*, andererseits *neutralisiert sie auch die Konfliktdynamik*, indem die Aufmerksamkeit der Familienmitglieder vom Konflikt auf das Sym-

ptom gelenkt wird. Eine solche Konstellation findet sich z. B. in *Familien junger Frauen mit einer Eßstörung*. Typische Auffälligkeiten in solchen Familien sind:

● Diffuse Grenzen zwischen den familiären Subsystemen „Eltern" und „Kinder"
● Überbehütung von nach Autonomie strebenden Adoleszenten
● Vermeidung von Auseinandersetzungen
● Verschleierung eigener Absichten
● Bagatellisierung und Ignorierung von Krankheitszeichen (z. B. Gewichtsabnahme, gestörtes Eßverhalten).

Rolle des Hausarztes bei Familienkonflikten. Werden Familienkonflikte durch die Symptombildung eines Familienmitgliedes somatisiert und damit teilweise neutralisiert, so sollte sich der Hausarzt nicht auf die Abklärung und Diagnostik des Symptoms oder der Störung beschränken, sondern versuchen, sich auch über das Familiensystem ein Bild zu machen (Beurteilungskriterien s. Kap. 5.10.5). Dabei empfiehlt sich z. B. bei Eßstörungen folgendes *schrittweise Vorgehen*:

● Genaue Symptomanalyse (Gewicht, Gewichtsschwankungen, familiäre Eßgewohnheiten);
● Analyse des sozialen Beziehungsnetzes der Patientin und der Familie
● mehrdimensionale Problemanalyse (individuell, familiär, schulisch, gesellschaftlich)
● Aufklärung über die Ernsthaftigkeit der Störung und Hinweise auf therapeutische Möglichkeiten
● Aushandeln erster konkreter Schritte zur Verhaltensänderung (Ernährung, Rhythmisierung des Eßverhaltens)
● Darlegung eigener therapeutischer Grenzen

- Absprache von Vereinbarungen, wie im Falle von Nichteintreten einer Symptombesserung und Veränderung der familiären Interaktion weiter zu verfahren ist (z. B. Überweisung zur psychotherapeutischen Behandlung, Klinikeinweisung).

Auf nähere Einzelheiten der Familienberatung und Familientherapie kann an dieser Stelle nicht eingegangen werden (s. Lehrbücher der Familientherapie).

11.8.2 Familiäre Auswirkungen von Krankheiten

Schwere, chronische und unheilbare Krankheiten eines Familienmitgliedes haben auf das ganze Familiensystem weittragende Auswirkungen.

 Dies war auch bei dem 14jährigen, schon mehrfach erwähnten herzkranken Jugendlichen der Fall. Vor allem die Mutter fühlte sich durch seine schwere Krankheit zunehmend selbst belastet. Der *Familienalltag* und die *familiären Gewohnheiten der Freizeitgestaltung* wurden weitgehend auf den Patienten ausgerichtet. Die Mutter konnte ihre Rolle als Hausfrau nur noch teilweise erfüllen, so daß eine Schwester des Patienten neben der Schule einen beträchtlichen Teil der Haushaltarbeiten verrichten mußte. Durch die Ängste um das kranke Kind war auch die *Ehebeziehung der Eltern* beeinträchtigt, indem sich die Mutter mehr um den Patienten als um ihre Paarbeziehung kümmerte.

Überforderungsreaktionen. Auch bei der Betreuung eines *chronisch kranken alten Menschen in der Familie* kann das Paar- oder Familiensystem an den Rand seiner Belastbarkeit gelangen. Bekannt sind solche Situationen bei der Betreuung dementer Alterspatienten, die vollständig auf fremde Hilfe und Pflege angewiesen sind. Hier kann es bei den gesunden Ehepartnern oder Kindern zu Erschöpfung, Depression oder Suchtverhalten (Alkohol, Medikamente) kommen.

Entlastung der Angehörigen. Die Rolle des Hausarztes besteht hier in erster Linie darin, die Betreuungspersonen dahingehend zu beraten, daß sie sich zeitweise von den Betreuungsaufgaben entlasten, indem das kranke Familienmitglied z. B. stunden- oder tageweise in einer Tagesklinik betreut wird oder die Hilfe krankenhausexterner Dienste in Anspruch genommen wird. Schließlich sollte der Hausarzt darauf achten, daß die gesunden Familienmitglieder durch die Betreuungsaufgaben nicht in eine *soziale Isolation* geraten.

11.8.3 Bewältigung von Krankheit und Erhaltung von Gesundheit

In der Bewältigung schwerer Krankheiten spielt die Familie im Prozeß der Auseinandersetzung mit der Krankheit und der Anpassung an die veränderte Lebenssituation eine zentrale Rolle. Hierauf wird in Kap. 13 ausführlich eingegangen. Allgemein läßt sich sagen, daß den gesunden Familienmitgliedern im Verhältnis des Kranken zur außerfamiliären Umwelt eine *Mittler- und Schutzfunktion* zukommt. Möglichkeiten des Umgangs mit einer Behinderung können innerhalb der Familie erprobt werden und kompensatorische Strategien zum Ausgleich verlorener Fähigkeiten überlegt und entwickelt werden. So machte z. B. der Vater des 14jährigen Patienten, der sich lange Zeit im Hintergrund gehalten hatte, den Vorschlag, daß neben der Lehrerin regelmäßig auch zwei Klassenkameraden seines Sohnes ihn zu Hause besuchten. Er führte mit den Eltern dieser Kameraden Gespräche und vereinbarte eine Regelung, daß sein Sohn gelegentlich auch die Familien dieser beiden Klassenkameraden besuchen konnte.

Vermittlung von Anerkennung. In solchen Situationen hat der Hausarzt die wichtige Funktion, die Anstrengungen aller Familienmitglieder zur Bewältigung krankheitsbedingter Belastungen immer wieder anzuerkennen. Die Bestätigung, daß die Hilfe innerhalb der Familie eine wichtige Ergänzung zu den ärztlichen Behandlungsmaßnahmen darstellt, sollte dabei gelegentlich direkt ausgesprochen werden.

Der Hausarzt als Familienarzt. In den USA und den Niederlanden wurde der sog. Familienmedizin („family medicine") in den letzten Jahrzehnten im Rahmen der Gesundheitsversorgung der Bevölkerung große Beachtung geschenkt. Als Hauptanliegen der Familienmedizin wurden dabei formuliert [14]:

- Die Gewährung von kontinuierlicher und umfaßender *medizinischer Primärversorgung,*
- die Betonung der *menschlichen Dimension* der Medizin mit einer Neuordnung der Werte und Prioritäten der etablierten Schulmedizin,
- eine mehr *auf die Familie* als auf das Individuum *ausgerichtete medizinische Versorgung.*

Patienten- und Arztfamilie. An verschiedenen Stellen dieses Buches (vgl. Kap. 2.2.2, 3.3.3 und 5.9.5) wurde darauf hingewiesen, daß die ärztliche Tätigkeit infolge ihrer hohen Anforderungen sowie zeitlichen und emotionalen Belastungen auch Auswirkungen auf die Partner- und Familienbeziehungen von Ärzten hat. Das Miterleben sowohl von Familienkonflikten als auch von gelungener familiärer Unterstützung in Patientenfamilien gibt dem Arzt die Möglichkeit, aus den familiären Erfahrungen seiner Patienten für seine eigenen familiären Beziehungen wichtige Anregungen und Hinweise zu erhalten.

Die **Gestaltung der Arzt-Patient-Beziehung** ist eine grundlegende Herausforderung und Notwendigkeit für die ärztliche Tätigkeit. Die Beziehung zwischen Arzt und Patient findet innerhalb gewisser **Rahmenbedingungen** statt, welche von den jeweiligen Personen unabhängig sind. Hierzu zählen gesetzliche Bestimmungen, ethische Prinzipien, Standesregeln und vertragliche Vereinbarungen. An die **Arztrolle** richten sich bestimmte gesellschaftliche Erwartungen, die der einzelne Arzt zu erfüllen hat: Fachliche Kompetenz, Allparteilichkeit, affektive Neutralität und eine auf das Wohl der Gemeinschaft ausgerichtete Grundhaltung.

Die **Arzt-Patient-Beziehung** entwickelt sich gleichzeitig auf einer **kognitiven und emotionalen Beziehungs-** sowie auf einer **Handlungsebene**. Die Vorgänge auf diesen Ebenen beeinflussen die Kooperation zwischen Arzt und Patient. **Geschlechterfragen** spielen sowohl auf Seiten der Ärzte wie der Patienten für die Entwicklung der Arzt-Patient-Beziehung eine nicht zu unterschätzende Rolle. Ärztinnen und Patientinnen messen der sprechenden, Ärzte und Patienten der technisch-apparativen Medizin eine größere Bedeutung bei. Ärzte sollten in der Behandlung von Patientinnen darauf achten, daß diesen wegen ihres Geschlechts keine Benachteiligungen entstehen.

Der Umgang mit **sexuellen Themen** in der Arzt-Patient-Beziehung ist ein besonders sensibler Bereich. **Sexuelle Belästigungen** finden sowohl von Ärzten gegenüber Patientinnen als auch von Patienten gegenüber Ärztinnen statt. **Schwierigkeiten in der Arzt-Patient-Beziehung** können sowohl mit Persönlichkeitsmerkmalen des Patienten als auch des Arztes zusammenhängen. Unrealistische wechselseitige Erwartungen, Nichtwahrnehmen und -zulassen von Gefühlen sowie die Unfähigkeit zur Anerkennung von Grenzen sind häufige Motive in schwierigen Arzt-Patient-Beziehungen.

Die **Familie des Patienten** kann für den Arzt in dreifacher Weise von Bedeutung sein: Als Ausgangspunkt für die Entstehung und Aufrechterhaltung von Krankheit, als soziale Gruppe, die unter den Auswirkungen einer schweren Krankheit zu leiden hat und als System, welches für die Bewältigung von Krankheit und die Erhaltung von Gesundheit wichtig ist.

Literatur

Weiterführende Lehr- und Handbücher

1. Honsell H. [Hrsg.]: Handbuch des Arztrechts. Zürich: Schulthess 1994
2. Kahlke W., Reiter-Theil S. [Hrsg.]: Ethik in der Medizin. Stuttgart: Enke 1995
3. Pöppel E., Bullinger M., Härtel U. [Hrsg.]: Medizinische Psychologie und Soziologie. Weinheim: Chapman & Hall 1994

Einzel und Übersichtsarbeiten

4. Balint M.: Der Arzt, sein Patient und die Krankheit. 9. Auflage. Stuttgart: Klett-Cotta 1996
5. Bass E., Davis L.: Trotz allem – Wege zur Selbstheilung für sexuell missbrauchte Frauen. Berlin: Orlanda Frauenverlag 1990
6. Bensing J., Brink A. van den, Bakker D. de: General practitioner (M/F). The small difference with the large consequences. Med Contact 29/30:879–883, 1992 (published in the Dutch language)
7. Binz U.: Das Plazebo-Phänomen. Dissertation Universität Mannheim 1977
8. Bochnik H.J., Gärthner-Huth C., Richtberg W. [Hrsg.]: Schwierige Ärzte, schwierige Patienten. Köln: Deutscher Ärzteverlag 1986
9. Bollag U.: Patientenbetreuung in der Allgemeinpraxis. Internationale Studie über Kontinuität und Langzeitlichkeit. Ars Med 9:551–555, 1996
10. Brezinka V.: Ungleichheiten bei Diagnostik und Behandlung von Frauen mit koronarer Herzkrankheit. Z Kardiol 84:99–104, 1995
11. Buddeberg C.: Idol oder Buhmann – Phantasie- und Realbilder des Gynäkologen. Arch Gynecol Obstet 259 [Suppl]:33–35, 1996
12. Buddeberg C.: Sexualberatung. 3. überarbeitete Auflage. Stuttgart: Enke 1996
13. Capelle W.: Hippokrates: Fünf auserlesene Schriften. Zürich: Artemis 1955
14. Cogswell B.E.: Family physician: an new role in process of development. Marriage Family Rev 4:1–30, 1981
15. Conen D., Kuster M.: Geschlechts- oder symptomspezifisches Verhalten männlicher Assistenzärzte? Soz Präventiv Med 33:167–172, 1988
16. Freidson E.: Der Ärztestand. Stuttgart: Enke 1979
17. Freudenberger H.J.: Burn out. Toronto: Bantam 1981
18. Interkantonale Kontrollstelle für Heilmittel: Reglement über die Heilmittel im klinischen Versuch. Bern: IKH Dok 230.1, 1993
19. Lang E., Arnold K. [Hrsg]: Die Arzt-Patient-Beziehung im Wandel. Stuttart: Enke 1996
20. Langewitz W., Keller R.: Die schwierige Arzt-Patient-Beziehung – Befunde und Lösungsmöglichkeiten. PRAXIS 86:1383–1386, 1997
21. Largiadèr F., Candinas D., Mosimann F. [Hrsg.]: Organallokation. Bern Göttingen: Huber 1997
22. Lipsitt D.: The Challenge of the „Difficult Patient". Gen Hosp Psychiat 19:313–314, 1997
23. Mäulen B.: American Medical Association – Strenges Vorgehen gegen sexuelle Übergriffe. Dt Ärztebl 94:A-2806–2807, 1997
24. Meister W., Niebel J.: Missbrauch und internistische Indikation der Plazebotherapie. In: Hippius H., Überla K. Laakmann G., Hasford J. [Hrsg.]: Das Plazebo-Problem. S. 127–132. Stuttgart: Fischer 1986
25. Noordenbos G.: Geschlechtsfragen in der Arzt-Patienten-Beziehung. Arch Gynecol Obstet 259 [Suppl.]:6–16, 1996
26. Parsons T.: The social system. London: Routledge & Kegan 1951
27. Pfändler K.: Die Rechte der Patienten. K-Dossier Nr. 4. Rorschach: Löpfe-Benz 1994
28. Phillips S.P.P., Schneider M.S.: Sexual harassment of female doctors by patients. N Engl J Med 23:1936–1939, 1993
29. Reimer Ch.: Schwierige Patienten und ihre Therapeuten. Prax Psychother Psychosom 36:173–181, 1991
30. Richter H.E.: Patient Familie. Reinbek: Rowohlt 1996
31. Roensberg W.: Compliance – Qualitätsmessung der Arzt-Patient-Beziehung. Z Allg Med 69:557–562, 1993
32. Schmidbauer W.: Die hilflosen Helfer. Überarbeitete und erweiterte Neuausgabe. Reinbek: Rowohlt 1998
33. Steiner A., Vetter W.: Patienten-Compliance – Begriffsbestimmung, Messmethoden. PRAXIS 83:841–845, 1994
34. Steiner A., Vetter W.: Patienten-Compliance – Möglichkeiten zur Verbesserung. PRAXIS 84:58–62, 1995
35. Verbindung der Schweizer Ärzte FMH: Standesordung FMH. Schweiz Aerzteztg 78:373–383, 1997
36. Weizäcker V. von: Der Arzt und der Kranke, 1926. In: Gesammelte Schriften Bd. 5. Frankfurt a.M.: Suhrkamp 1987

CLAUS BUDDEBERG, KURT LAEDERACH, BARBARA BUDDEBERG-FISCHER

Das Gespräch zwischen Arzt und Patient umfaßt im Idealfall die Geschichte einer Krankheit, eines Erkrankten und seines Leidens (historia morbi, aegroti et passionis). Dies bedeutet, daß Arzt und Patient sowohl über Beschwerden und Symptome der jeweiligen Krankheit als auch über subjektive, krankheitsbezogene Vorstellungen und die aktuelle Lebenssituation des Patienten miteinander kommunizieren. Ein Gespräch, welches sich an einem solchen **biopsychosozialen Krankheitsmodell** orientiert, erfordert von Seiten des Arztes neben einer **sachlich-fachlichen** auch eine **dialogische Kompetenz**, die dem Patienten Selbstbestimmung zugesteht und autoritäres Handeln vermeidet. Das ärztliche Gespräch hat klare Zielsetzungen und unterscheidet sich vom Alltagsgespräch dadurch, daß der Arzt sein Gesprächsverhalten auf die jeweilige Untersuchungs- oder Beratungssituation ausrichtet. Der Einsatz spezieller **kommunikativer Fertigkeiten** ermöglicht es ihm, auch in schwierigen Situationen auf einen Patienten so einzugehen, daß sich dieser verstanden und akzeptiert fühlt.

Kommunikation und Gesprächsführung. In Kap. 3.2 wurden die *Grundeigenschaften menschlicher Kommunikation*, Kriterien zur Beurteilung von *Kommunikationsabläufen*, typische *Kommunikationsstörungen* und einige *Regeln für gute Kommunikation* dargestellt. In weiteren Kapiteln wurden schon einzelne Aspekte der Gesprächsführung kurz erwähnt (vgl. Kap. 5.9.6, 5.10.5, 8.5.6 und 11.3.4). In diesem Kapitel sollen methodische Aspekte der Gesprächsführung sowie konkrete *Kommunikationsfertigkeiten* („communication skills") im Überblick behandelt werden (ausführliche Darstellungen siehe [1,2,3]). *Fähigkeiten und Fertigkeiten der Gesprächsführung können nicht aus einem Lehrbuch gelernt werden.* Sie lassen sich nur in praktischen Kursen anhand von Übungen im Rollenspiel, in der Analyse von auf Videoband aufgezeichneten Gesprächen sowie in konkreten Patientengesprächen erlernen. Insofern beinhaltet dieses Kapitel einige Grundlagen, wie sie im Gruppenunterricht für Psychosoziale Medizin (oder anderen Kursen zum Erlernen der Gesprächsführung) vermittelt werden.

Ist Gesprächsverhalten lernbar? Ein häufiges Argument, welches sowohl von Studierenden als auch von Ärzten vorgebracht wird, lautet: „Gesprächsführung ist nicht lernbar. Entweder man hat eine Begabung dafür oder man hat sie nicht!" In methodisch gut angelegten Studien ließ sich zeigen, daß Kommunikationsfertigkeiten erlernbar sind und damit die Gesprächskompetenz von Ärzten wesentlich verbessert werden kann [18]. So ergab eine an der Medizinischen Universitätspoliklinik des Kantonsspitals Basel durchgeführte kontrollierte Studie an Assistenzärzten, daß mit einem spezifischen Kommunikationstraining von lediglich 22 Stunden, verteilt über 6 Monate, die Kommunikationsfertigkeiten der Trainingsgruppe deutlich verbessert werden konnten [11].

12.1 Schwierigkeiten in der Arzt-Patient-Kommunikation

Mangel an kommunikativer Kompetenz. Kommunikationsschwierigkeiten zwischen Arzt und Patient sind in der ärztlichen Praxis ein häufiges Problem. In einer Konsensuskonferenz zu diesem Thema wurden aufgrund zahlreicher internationaler Studien folgende *Mängel bzw. Probleme der Arzt-Patient-Kommunikation* ermittelt:

> **!**
> - In einem üblichen ärztlichen Gespräch kommen mehr als die Hälfte der Beschwerden des Patienten nicht zur Sprache.
> - Vor allem psychosoziale Probleme werden nicht erkannt und psychische Störungen nicht diagnostiziert.
> - In mehr als der Hälfte der Konsultationen stimmen Arzt und Patient nicht überein, welches das hauptsächliche Gesundheitsproblem des Patienten ist.
> - Die öffentliche Kritik gegenüber Ärzten richtet sich nicht gegen deren klinische, sondern gegen ihre mangelnde kommunikative Kompetenz.
> - Kunstfehler in der ärztlichen Behandlung sind häufig auf ungenügende Kommunikation zwischen Arzt und Patient zurückzuführen.
> - Patienten erinnern sich nach einer Arztkonsultation häufig nicht mehr daran, was ihnen der Arzt hinsichtlich ihrer Krankheit und Therapieempfehlungen gesagt hat.

Zufriedenheit des Patienten. Befragungen von Patienten über ihre Zufriedenheit mit einer ärztlichen Behandlung ergeben in der Regel hohe Zufriedenheitswerte von über 90 %. Bei einer kritischen Analyse solcher Befragungen zeigt sich, daß viele Fragebogen zur Patientenzufriedenheit Frageformulierungen enthalten, welche dem Patienten *Antworten im Sinne der sozialen Erwünschtheit* (hohe Zufriedenheit) nahelegen [12]. Die Beantwortung von Fragen im Sinne der sozialen Erwünschtheit ist in der Sozialpsychologie ein bekanntes Phänomen. Von daher sind Ergebnisse von Studien kritisch zu hinterfragen, in welchen einseitig hohe Zufriedenheitswerte ermittelt werden.

Bedeutung einer guten Kommunikation. Die Bedeutung eines guten Untersuchungsgespräches für die richtige Diagnosestellung und die Kooperation des Patienten in der Behandlung (vgl. Kap. 11.3.5) wurde in zahlreichen Untersuchungen bestätigt [16]. Von daher läßt sich sagen, daß der *Erfolg oder Mißerfolg einer ärztlichen Behandlung in hohem Masse von der Qualität der Arzt-Patient-Kommunikation* abhängt. Auch Patienten mit schweren, unheilbaren Krankheiten fühlen sich durch ihre Krankheit weniger belastet, wenn sie von ihrem Arzt adäquat und regelmäßig informiert werden und die Möglichkeit haben, ihm Fragen zu stellen.

Schwachpunkte der Gesprächsführung. Welches sind die häufigsten Mängel und Fehler in der Arzt-Patient-Kommunikation, die auf unzureichende Kompetenz des Arztes in der Gesprächsführung zurückzuführen sind? Studien zu dieser Frage zeigen Schwächen vor allem in folgenden Punkten [16]:

- *Unterbrechen* von Schilderungen des Patienten
- *Mangelnde Strukturierung* des Gesprächs
- *Einengung des Patienten* in seinen Möglichkeiten, sich zu äußern, durch Suggestiv- und geschlossene Fragen (s. 2.3.2)
- *Nichteingehen auf emotionale Äußerungen* des Patienten
- *Unklare und mißverständliche Erklärungen* zu Untersuchungsbefunden, Krankheitsdiagnosen und therapeutischen Empfehlungen.

12.2 Zielsetzungen eines Untersuchungsgespräches

Obwohl es in Abhängigkeit vom *jeweiligen Ort* (z. B. Allgemeinpraxis, Facharztpraxis, Klinik) und der *jeweiligen Situation* (z. B. Notfall, reguläre Konsultation, bei akuter oder chronischer Krankheit) Besonderheiten in den Aufgaben eines ärztlichen Gespräches gibt, gelten folgende .....

! *Zielsetzungen für ein Gespräch bei einer Erstuntersuchung:*

- Herstellen einer Beziehung zum Patienten
- Erheben einer biopsychosozialen Anamnese

- Erstes Beurteilen der relevanten Mitteilungen des Patienten
- Formulieren einer (vorläufigen) Diagnose
- Festlegen des weiteren diagnostischen bzw. therapeutischen Vorgehens
- Motivieren des Patienten für die weitere Kooperation.

Das *Nichterfragen von Grunddaten* und das *Fehlen von Hypothesen* für die Vertiefung des Gespräches in wichtigen Punkten sind häufige Merkmale einer fehlerhaften Gesprächsführung [14].

Hypothesen für das Erfragen relevanter Information. Damit der Arzt während des Gespräches die zur Erfassung der *Krankheit*, der *Persönlichkeit* des Kranken und seines *subjektiven Leidens* geeigneten Fragen stellen kann, sollte er sich in Gedanken fortlaufend Hypothesen zu folgenden vier Punkten bilden:

- Zu möglichen Schwierigkeiten, die von Seiten des Patienten dem Fortgang des Gespräches entgegenstehen könnten
- Zur Anamnese bzw. Krankheitsgeschichte im engeren Sinn
- Zu möglichen Diagnosen
- Zur Persönlichkeit des Patienten.

Das *Gespräch* sollte somit in den Überlegungen des Arztes von einem *kognitiven Prozeß begleitet sein*, in dessen Verlauf er aufgrund der erhaltenen Information immer wieder *Hypothesen entwickelt und diese mittels geeigneter Fragen verifiziert bzw. falsifiziert*. Das Entwickeln geeigneter Hypothesen für die Diagnose einer Krankheit wird wesentlich durch das Wissen und die Erfahrung eines Arztes bestimmt.

12.3 Aufbau und Technik des Anamnesegespräches

12.3.1 Aufbau des Anamnesegespräches

Gesprächsschritte. Das Anamnesegespräch sollte einen sinnvollen Aufbau haben, eine Art „roten Faden", an dem sich vor allem der noch wenig erfahrene Arzt orientieren kann. In Abbildung 12.1 sind die einzelnen Schritte des Gespräches von 1 bis 10 schematisch dargestellt. Auf der rechten Seite der Abbildung werden für jeden Schritt Ziele, Durchführung und Möglichkeiten der Dateninterpretation angeführt [1].

Erster Schritt: Vorstellen, Begrüßen. Vor allem bei einer stationären Behandlung in einer Klinik mit ihren vielen Ärzten ist dieser Schritt zur Einleitung des Gespräches sehr wichtig, da für den Patienten nicht ohne Weiteres ersichtlich ist, *welcher Arzt in welcher Funktion für ihn zuständig ist.* Dieser Schritt erscheint selbstverständlich, er wird jedoch gerade im Klinikalltag häufig vergessen. Das Ziel dieses Schrittes besteht darin, den Patienten wissen zu lassen, wer in welcher Funktion mit ihm das Gespräch führen wird.

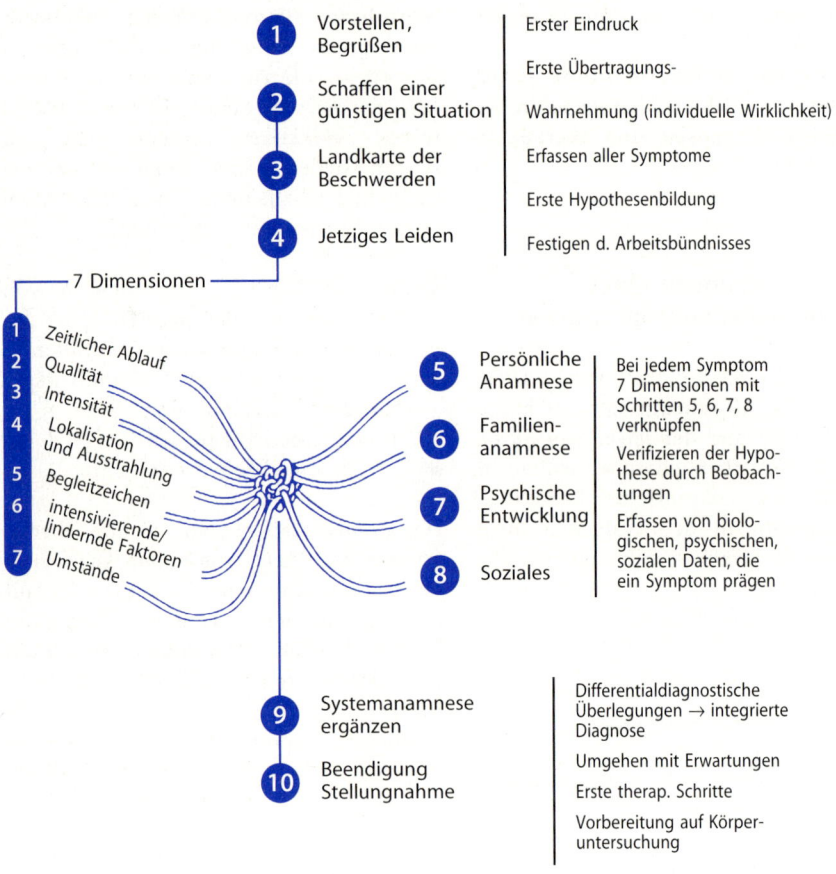

Abb. 12.1. Schrittweiser Aufbau des Anamnesegespräches (Aus Adler und Hemmeler 1992 [1])

Zweiter Schritt: Schaffen einer günstigen Situation. Bei bettlägerigen Patienten in der Klinik ist es wichtig, sie so zu lagern (z. B. Hochstellen des Kopfteiles des Bettes), daß sie sich möglichst wohl fühlen, den Gesprächspartner sehen und sich gut äußern können. Der Arzt sollte sich so ans Bett setzen, daß der Augenkontakt mit dem Patienten etwa *auf gleicher Ebene* möglich ist. Außerdem sollte er sich vergewissern, daß das *Gespräch möglichst wenig gestört* wird (z. B. durch Besuche, angemeldete Untersuchungen). Günstig ist auch eine kurze Erklärung, wieviel Zeit für das Gespräch voraussichtlich zur Verfügung steht. Bei Anamnesegesprächen in der *Praxis* spielt die *Raumatmosphäre* (traditionell mit strengem Mobiliar in weißem oder glänzendem Metall oder wohnlich mit Holz und Farbe) als Rahmen für das Gespräch eine gewisse Rolle. Auch die *richtige Distanz* zwischen Arzt und Patient ist von Bedeutung. Im Sprechzimmer fühlen sich die meisten Patienten wohl, wenn sie über die Ecke des Schreibtisches und nicht hinter diesem („Barriere") plaziert werden. Insgesamt sollte die Gesprächssituation so gestaltet sein, daß sich der Patient als *gleichwertiger* (wenn auch nicht gleichartiger) Partner akzeptiert fühlt.

Dritter Schritt: Landkarte der Beschwerden. Bei diesem Schritt geht es um eine erste Skizze (Landkarte) der Beschwerden des Patienten und nicht um Einzelheiten. Dieser Schritt wird mit einer *Eröffnungsfrage* (z. B. „Was führt Sie zu mir?", „Welches sind die Umstände, die Sie heute bei uns eintreten bzw. zu mir in die Sprechstunde kommen lassen?" oder „Wie fühlen Sie sich?") eingeleitet. Durch eine *offene Frage* (s. 12.3.2) angeregt, kann der Patient selbst wählen, ob er zunächst von körperlichen Beschwerden, bisherigen Behandlungserfahrungen oder einer schwierigen Familiensituation berichten will. Wie Studien gezeigt haben, enthält häufig *die Antwort des Patienten auf die Eröffnungsfrage* in gedrängter Form wichtige Informationen für das Verständnis der Symptome und der Persönlichkeit des Patienten.

Vierter Schritt: Jetziges Leiden. Die Exploration des jetzigen Leidens anhand aktueller Beschwerden und Symptome ist die zentrale Phase eines Anamnesegespräches.

> **!** *Jedes Symptom sollte in folgenden sieben Dimensionen erhellt werden:*
>
> - *Zeitliches Auftreten* („Wann haben die Beschwerden begonnen?")
> - *Qualität* der Beschwerden (z. B. stechend, ziehend, brennend)
> - *Intensität* der Beschwerden (z. B. erträglich, unerträglich)
> - *Lokalisation* und event. Ausstrahlung
> - Eventuelle *Begleitsymptome* (z. B. Schwindel, Übelkeit)
> - Faktoren, welche das *Symptom intensivieren oder lindern* (z. B. bei Anstrengung, Aufregung)
> - *Umstände*, unter denen das Symptom auftritt (z. B. nach dem Essen, beim Gehen).

Wie Erfahrungen aus dem Unterricht von Studierenden zeigen, werden diese „sieben Dimensionen" häufig unvollständig erfaßt, was die Diagnosenstellung erschwert oder unmöglich macht. Während dieser *Phase der Symptomexploration* ist das *Entwickeln von Hypothesen* für die Formulierung weiterer Fragen (siehe oben) äußerst wichtig.

Fünfter bis achter Schritt: Persönliche Anamnese, Familienanamnese, psychische Entwicklung, Soziales. Die *Reihenfolge* dieser Schritte kann variiert werden. Nicht selten – vor allem bei komplexen Krankheiten mit zahlreichen Symptomen – können alle Angaben auch nicht in einem Gespräch erfragt werden. Diese Schritte haben zum Ziel, dem Arzt ein *Gesamtbild* von der bisherigen Biographie und der aktuellen Lebenssituation des Patienten zu vermitteln.

Neunter Schritt: Systemanamnese. In dieser Gesprächsphase sollen *Informationen ergänzt* werden, die beim Besprechen der aktuellen Beschwerden noch nicht zur Sprache kamen. Durch das Erfragen von Störungen anderer Organsysteme wird die Erfassung somatischer Daten abgerundet.

Zehnter Schritt: Beendigung, Stellungnahme. Zum Abschluß des Anamnesegespräches sollte der Patient die Möglichkeit zu *Fragen* und *Bemerkungen* erhalten, etwa: „Haben Sie noch Fragen an mich? Haben wir etwas Wichtiges vergessen?" Der Arzt sollte am Ende des Gespräches wichtige Informationen zusammenfassen, soweit möglich kurz dazu Stellung nehmen und dann zur *körperlichen Untersuchung* (s. Kap. 12.7) überleiten.

Abschließend ist zu betonen, daß die angeführten Schritte ein *Schema* darstellen, welches für den konkreten Fall zu modifizieren ist.

Gesprächsnotizen. Soll sich der Arzt während des Gespräches Notizen machen? Auf diese Frage läßt sich keine allgemein gültige Antwort geben. Das Schreiben während des Gespräches schafft eine gewisse Distanz und stört teilweise die Aufmerksamkeit und Fähigkeit zur Empathie. Gerade bei komplexen Beschwerde-schilderungen ist es jedoch oft unerläßlich, daß sich der Arzt gewisse Notizen macht. Im Unterricht für Studierende empfiehlt es sich, das *Anamnesegespräch schrittweise zu üben*, indem die einzelnen Studierenden jeweils nur einige der genannten Schritte durchführen und die Gesprächsführung dann weitergeben.

Schwierige Themenbereich. Studierende haben in der Regel weniger Mühe, Patienten nach ihren Beschwerden zu fragen als mit ihnen über ihre *psychosoziale Lebenssituation* und ihre *persönliche Entwicklung* zu sprechen. Bei diesen persönlichen Fragen – vor allem Patienten gegenüber, die im Alter ihrer Eltern sind – besteht eine gewisse Unsicherheit, wie direkt und genau z. B. die Familiensituation, Schwierigkeiten in der Ehebeziehung oder die Zufriedenheit mit dem Sexualleben angesprochen werden können. Zum einen sind dies Fragen, die bei Patienten oft *Gefühlsreaktionen* auslösen und zum anderen befürchten Medizinstudierende, Patienten mit solchen Fragen *zu nahe zu treten*. Nach dem Prinzip des Modelllernens ist es für Studierende deshalb lehrreich, wenn sie die Gesprächsführung bei „heiklen Fragen" direkt oder mittels Video von einem erfahrenden Arzt lernen können.

12.3.2 Fragetypen

Wie bereits erwähnt, gibt es in der Gesprächsführung auch Fertigkeiten, die lernbar sind. Dazu gehören verschiedene Typen von Fragen, von denen sich *vier Grundtypen* unterscheiden lassen.

- *Offene Fragen*; Beispiele: „Wie geht es Ihnen?" „Was hat Sie veranlaßt, mich aufzusuchen?" Offene Fragen geben dem Patienten die Möglichkeit, seine

Beschwerden und seine Situation in seinen eigenen Worten zu schildern. Sie eignen sich als *Eröffnungsfrage* eines ärztlichen Gespräches sowie beim Besprechen von **Problemen, die den Patienten emotional bewegen.**

- *Gezielte Fragen;* Beispiele: „Können Sie mir Ihren Schwindel noch näher beschreiben?" „Was meinen Sie mit Nervenzusammenbruch?" Gezielte Fragen weisen den Patienten an, sich zu einem bestimmten Thema zu äußern, lassen ihm aber die Möglichkeit, dies mit seinen eigenen Worten zu tun. Sie eignen sich für die **genauere Exploration von Beschwerden und Problemen.**

- *Geschlossene Fragen;* Beispiele: „Haben Sie an Gewicht abgenommen?" „Sind Ihre Schmerzen stärker geworden?" Diese Fragen können mit „Ja" oder „Nein" beantwortet werden und schränken deshalb die Möglichkeiten des Patienten stark ein, Beschwerden aus seiner Sicht zu schildern. Geschlossene Fragen eignen sich zur **exakten Symptomexploration** und für **Notfallsituationen,** in welchen sich der Arzt möglichst rasch ein Bild über die Situation des Patienten machen muß.

- *Suggestive Fragen;* Beispiele: „Es geht Ihnen doch schon etwas besser?" „Im Sexuellen ist doch alles in Ordnung?" Suggestivfragen lassen dem Patienten kaum Möglichkeiten, sich zu äußern, da der Arzt ihm indirekt zu verstehen gibt, welche Antwort er erwartet. Diese Fragen sollten in einem **Anamnesegespräch nicht verwendet** werden. Sie können allenfalls in einer schwierigen Gesprächssituation geeignet sein, um Schweigen oder Widerstände des Patienten zu überwinden.

Ungeeignete Fragen. Bei schwierigen Themen, in welchen die Antworten und Gefühlsreaktionen eines Patienten nicht abzuschätzen sind (z. B. beim Gespräch über Suchtmittelkonsum oder Suizidgedanken), versuchen auch erfahrene Ärzte, die emotionale Spannung in einem Gespräch dadurch zu „entschärfen", daß sie auf geschlossene oder suggestive Fragen ausweichen. Diese „Vermeidungsstrategien" führen jedoch dazu, daß dem Arzt wichtige Informationen oft nicht mitgeteilt werden.

12.3.3 Gesprächsförderndes Verhalten

Nichtdirektive und direktive Gesprächsführung. Je nach der *Art der Fragen,* welche der Arzt stellt und seinen *Reaktionen auf die Antworten* des Patienten kann er das Gespräch mehr oder weniger direktiv gestalten [17].

 Offene Fragen und *offen endende Reaktionen* auf Äußerungen des Patienten eignen sich für einen *nicht direktiven Gesprächsstil.*

Gezielte und geschlossene Fragen sowie gezieltes Nachfragen sind typische Strategien für einen *direktiven Gesprächsstil.*

In Tabelle 12.1 sind einige Möglichkeiten zusammengefaßt, wie der Arzt auf Äußerungen des Patienten nicht direktiv reagieren kann und den Patienten vorsichtig auffordern kann, in seinen Schilderungen fortzufahren.

Reaktionen auf Gefühlsäußerungen. Gefühlsäußerungen des Patienten geben Einblick in das subjektive Erleben seines Krankseins. Mit dem Zeigen von Gefühlen – vor allem Angst, Trauer, Verzweiflung – öffnet sich der Patient dem Arzt gegenüber. Unausgesprochen erwartet er

Tabelle 12.1. Spezifische offen endende Reaktionen zur Förderung eines nicht direktiven Gesprächsablaufs (Nach Smith und Hoppe 1991 [17])

- Abwartendes, verständnisvolles Schweigen
- Nonverbale Reaktionen (Gesten mit der Hand oder Kopfnicken als Aufforderung, weiterzusprechen)
- Neutrale verbale Reaktionen („Mmm", „ja")
- Wiederholendes „Echo" (Patient: „Der Schmerz ist in meinem Rücken...", Arzt: „Ihrem Rücken...")
- Offen endende Bemerkungen („Fahren Sie weiter ...")
- Kurze Zusammenfassungen („Sie hatten also über's Wochenende auf der Notfallstation zahlreiche Untersuchungen...")

eine Reaktion des Arztes auf seine emotionale Mitteilung. Wie kann der Arzt auf solche Gefühlsäußerungen reagieren und dem Patienten vermitteln, daß er ihn versteht und sein Erleben nachempfinden kann? Geeignete Möglichkeiten in dieser Situation sind:

- *Eingehen auf die Gefühle* und sie *benennen* („Das macht Sie traurig")
- Bestätigen, daß *Gefühle in dieser Situation berechtigt sind* („Ich kann mir gut vorstellen, daß Ihnen das Angst gemacht hat")

- *Vermittlung von Anerkennung* („Damit sind Sie in bewundernswerter Weise umgegangen")
- *Unterstützung anbieten* („Ich denke, daß wir gemeinsam einen Weg finden können").

Hilfreiches Gesprächsverhalten. Tabelle 12.2 gibt noch einmal einen Überblick über Möglichkeiten, wie der Arzt einen Patienten bei der Schilderung belastender Beschwerden und Erfahrungen unterstützen kann. Wichtig dabei ist, daß die Reaktion des Arztes nicht „perfekt", sondern echt und empathisch erfolgt.

Tabelle 12.2. Hilfreiches Gesprächsverhalten

!

- Zuhören
  - Zeigen, daß man zuhört durch zugewandte Körperhaltung, Blickkontakt, Kopfnicken und bestätigende Äusserungen.
- Wiederholen/Nachfragen/Strukturieren
  - Mit eigenen Worten wiedergeben, was man verstanden hat.
  - Nachfragen, wenn man etwas nicht sicher verstanden hat.
  - Bei „Vielrednern" Gespräch auf wesentliche Informationen lenken.
  - Zielsetzungen des Gesprächs im Auge behalten.
- Gefühle
  - Auf Gefühle eingehen, die mit den Äußerungen des Gesprächspartners verbunden sind.
  - Gefühle benennen, die hinter den Schilderungen vermutet werden können.
- Antworten/Reaktionen
  - Möglichst keine vorschnellen Urteile, Wertungen und Ratschläge abgeben.
  - Den Gesprächspartner ermuntern, selbständig Lösungsmöglichkeiten für seine Probleme zu erwägen.
  - Dem Gesprächspartner die Entscheidung überlassen, welche Lösung für seine Situation die richtige ist.
  - Gespräch eventuell vorläufig beenden, ohne auf eine Entscheidung zu drängen.
  - Bereitschaft zeigen und ausdrücken, in einem weiteren Gespräch allenfalls auf diesen Punkt noch einmal zurückzukommen.

Tabelle 12.3. Funktionen, Zielsetzungen und Methodik des ärztlichen Gesprächs (Nach Bird und Cohen-Cole 1990 [5])

Funktionen	Zielsetzungen	Methodik/Fertigkeiten
1. Informationsgewinnung (kognitive Funktion)	● Genaue und effiziente Datenerhebung ● Klärung somatischer und psychosozialer Probleme des Patienten	● Offene und gezielte Fragen ● Ermuntern/Bestätigen des Patienten ● Wiederholen von Aussagen ● Zusammenfassen ● Prioritäten klären ● Klärung der Krankheitsvorstellungen des Patienten
2. Rückmeldung/ Reaktion auf Gefühle des Patienten (emotionale Funktion)	● Herstellen u. Aufrechterhalten eines affektiven Rapports ● Zufriedenheit von Patient und Arzt ● Erleichterung bei Distreß ● Klärung psychiatrischer Krankheiten	● Verbalisieren, Verdeutlichen ● Berechtigung von Gefühlen ansprechen ● Unterstützung ● Respekt, Verständnis
3. Beeinflussung und Veränderung von Verhalten (Verhaltensfunktion)	● Verständnis des Patienten für seine Krankheit und Behandlungsmaßnahmen ● Einbeziehung des Patienten in den Behandlungsprozeß ● Einhalten von Behandlungsvorschlägen (Medikamente/ Lebensgestaltung) durch den Patienten	● Orientierung über die Krankheit (Basisinformation, Vorstellungen des Patienten, Verständnis prüfen, Fragen klären) ● Aushandeln und Aufrechterhalten eines Behandlungsplans (Informationsstand und Verständnis prüfen, Ziele beschreiben, Klären von Vorlieben und Verpflichtungen, Feststellung und Prävention von Rückfällen) ● Motivierung nicht kooperativer Patienten (Feststellung von Non-Compliance, Versprechungen klären, Lösungen aushandeln, Absichten bestätigen)

12.3.4 Funktionen, Zielsetzungen und Methodik des Gesprächs

Julian Bird und Steven A. Cohen-Cole haben in einem „Three-Function Model of the Medical Interview" [5] versucht, den *drei zentralen Funktionen* eines ärztlichen Gesprächs (Informationsgewinnung, Reaktion auf Gefühle des Patienten und Beeinflußung und Veränderung von Verhalten) entsprechende *Zielsetzungen* und *Fertigkeiten* zuzuordnen. Ohne auf Einzelheiten des Modells an dieser Stelle näher einzugehen, sei es in Tabelle 12.3 wiedergegeben. Seine praktische Bedeutung wird bei Gesprächsübungen unmittelbar deutlich.

Tabelle 12.4. Häufige Fehler der Gesprächsführung

!

- Fehler der Gesprächssteuerung
  - Gespräch zu eng oder zu weit
  - Einseitige Ausrichtung auf Symptombefragung
  - Arzt manipuliert das Gespräch durch Unterbrechen, Themenwechsel, überraschendes Beenden
  - Arzt strukturiert zu wenig, läßt Patient abschweifen
  - Arzt führt Gespräch ohne Arbeitshypothesen bezüglich Gesprächsverhalten, Symptomatik, Diagnose oder Persönlichkeit

- Falsches Rollenverständnis des Arztes
  - Ist autoritär oder dogmatisch.
  - Kritisiert den Patienten unnötig, macht ihn lächerlich.
  - Streitet sich mit Patient.
  - Macht deplazierte Äußerungen über Kollegen oder Angehörige.
  - Läßt sich vom Patienten (ungebührlich) einnehmen oder schmeichelt ihm.

- Ungeeignete Kommunikation
  - Vorwiegender Gebrauch von geschlossenen und Suggestiv-Fragen.
  - Arzt unterbricht oft oder kann Pausen nicht aushalten.
  - Nichtbeachtung averbaler Mitteilungen des Patienten.
  - Arzt verwirrt den Patienten durch unverständliche Fachausdrücke, lange Aussagen, lange Pausen oder abrupten Themenwechsel.

12.3.5 Häufige Fehler der Gesprächsführung

Das ärztliche Gespräch ist ein differenziertes Instrument für die Gestaltung einer Arzt-Patient-Beziehung. Aus der Vielfalt der Krankheitssituationen und der Persönlichkeiten von Patient und Arzt ist verständlich, daß sich in der Gesprächsführung oft unbeabsichtigt eine Vielzahl von Ungeschicklichkeiten und Fehler ereignen können. In Tabelle 12.4 sind häufige Fehler, wie sie nicht nur Studierenden, sondern auch erfahrenen Ärzten unterlaufen können, im Überblick zusammengefaßt.

12.4 Das Visitengespräch

In Kap. 3.2.4 wurde als Beispiel für mögliche Kommunikationsstörungen ein kurzes Visitengespräch mit einer Krebspatientin wiedergegeben und kommentiert. Der Schriftsteller Thomas Bernhard [4]

meint zur Visite in seinem Roman „Der Atem": *„Die Visite, der Höhepunkt an jedem Tag, war gleichzeitig immer die größte Enttäuschung"*. Weshalb sind Visitengespräche für Arzt und Patient in unterschiedlicher Weise schwierig und nicht selten unbefriedigend? Untersuchungen von Visitengesprächen haben einige wichtige Ergebnisse geliefert, weshalb das Visitengespräch für den Arzt eine besondere Herausforderung darstellt [10].

Schwere der Erkrankung. Patienten, die längere Zeit in stationärer Behandlung sind, leiden oft an schweren, unheilbaren Krankheiten. Ihre Grundstimmung schwankt zwischen Hoffnung auf Besserung (zumindest des Krankheitsverlaufs) und Verzweiflung. Von daher haben sie an die behandelnden Ärzte oft Erwartungen, die angesichts der Schwere der Erkrankung überhöht und unrealistisch sind. Werden ihre Hoffnungen enttäuscht, so reagieren sie mit Niedergeschlagenheit, Ratlosigkeit und Angst. Das Visitengespräch ist für sie ein Ereignis, bei welchem sie aus Äußerungen des Arztes oder von Pflegepersonen Rückschlüsse auf ihre Krankheit und deren weiteren Verlauf ziehen.

Zeitdruck. Visiten auf einer Krankenhausabteilung finden nicht selten unter Zeitdruck statt. Notfälle, neu eingetretene Patienten und die Erledigung der Stationsarbeit fordern vom Arzt ein hohes zeitliches Engagement. Visiten beginnen vielfach später, als sie geplant sind und stehen von daher oft unter Zeitdruck.

Asymmetrische Beziehungskonstellation. Der am Krankenbett stehende Arzt und der im Bett liegende Patient begegnen sich in einer klar asymmetrischen Konstellation. Von daher besteht die Gefahr, daß der Arzt das Gespräch nicht nur strukturiert, sondern auch dominiert und dem Patienten oft nur die Rolle des Zuhörers bleibt. Dies ist besonders ausgeprägt bei sog. Chefarztvisiten, wenn eine ganze Gruppe von Ärzten dem Patienten gegenübertritt.

Verbales Vermeidungsverhalten. Besonders Patienten gegenüber, deren Krankheitsverlauf ungünstig ist, fühlen sich Ärzte oft unsicher. Nicht selten empfinden sie auch Mitleid und unterschwellige Schuldgefühle, den Zustand des Patienten nicht bessern zu können. Werden ihnen dann beim Visitengespräch vom Patienten „unangenehme Fragen" gestellt, reagieren sie auf die Bitte um Information oft mit

- Nichtbeachten der Frage
- Themen- oder Adressatenwechsel (zu Kollegen oder Pflegepersonen)
- Mitteilung funktionaler Unsicherheit („da müssen wir erst noch diese und jene Untersuchung machen").

Empfehlungen für das Visitengespräch. Wie läßt sich trotz der schwierigen Rahmenbedingungen ein kurzes Visiten-gespräch für Patient und Arzt befriedigend gestalten? Die Beachtung folgender Punkte ermöglicht es, selbst ein wenige Minuten dauerndes Gespräch empathisch und kompetent zu gestalten:

- Diskussion von Befunden vor dem Betreten des Krankenzimmers und nicht am Krankenbett.
- Ausrichtung des Gespräches mehr auf das Befinden und weniger auf Befunde des Patienten.
- Über wichtige und belastende Befunde außerhalb des Visitengespräches z. B. im Zimmer des Stationsarztes informieren.
- Beim Gespräch selbst Hektik und Zeitdruck vermeiden und den Patienten ermuntern, sich zu äußern und allenfalls Fragen zu stellen.

Besprechungen im Behandlungsteam. Auf Intensivstationen oder Abteilungen mit einem hohen Anteil an schwerkranken Patienten bewähren sich regelmäßige Besprechungen des ganzen Behandlungsteams unter Leitung eines psychiatrischen Konsiliararztes. Dabei können schwierige Verhaltensweisen des Patienten oder Spannungen im Behandlungsteam geklärt und besprochen werden. Solche Gespräche haben für die Mitglieder des Behandlungsteams sowohl eine entlastende als auch eine Fortbildungsfunktion, indem ausgehend von konkreten Fallbeispielen allgemeine Fragen der Behandlung von Schwerkranken besprochen werden können.

12.5 Das Beratungsgespräch

Während beim Anamnesegespräch das Gewinnen/Erfragen von krankheitsrelevanten Informationen im Vordergrund steht, dient das Beratungsgespräch in erster Linie der *Vermittlung von Informa-*

tionen. Beratung ist ein wichtiger Bestandteil der ärztlichen Tätigkeit. Sie kann stattfinden in verschiedenen

- **Gesundheitsbereichen** (z. B. Ernährung, Konsumgewohnheiten, Antikonzeption, Schwangerschaft),
- **Krankheitssituationen** (z. B. Umgang mit chronischem Kranksein, Behinderung, Invalidität) und
- **Lebensfragen** (z. B. Erziehung, Sexualität, Partner- und Familienbeziehungen).

Beraterrolle. Patienten drängen gelegentlich ihre Ärzte in die Beraterrolle. Dies vor allem dann, wenn sie ihre Patientenrolle passiv definieren und für die Bewältigung krankheitsbedingter Probleme wenig oder keine Verantwortung übernehmen wollen. Der Arzt hat gegenüber dem Patienten einen deutlichen *Vorsprung an Information und Erfahrung.* Bis heute benutzen nicht wenige Ärzte diesen Vorsprung, um Patienten in *paternalistischer Weise* in Lebens- und Beziehungsfragen zu beraten. Häufig sind sie aber gerade in diesen Bereichen im Vergleich zu ihren Patienten weder besser informiert noch haben sie mehr Erfahrung.

Beratung als Prozeß. Beratung von Patienten ist häufig nicht ein einmaliger Vorgang. Gerade in der Hausarztpraxis ist Beratung von chronisch Kranken ein Prozeß, der sich über Jahre erstrecken kann [6]. Für das *Gelingen eines Beratungsgesprächs* sind folgende Gesichtspunkte von Bedeutung:

- Äußere *Rahmenbedingungen* (Teilnehmer, Raum, Zeit, Atmosphäre)
- *Zielsetzungen* für das Gespräch (von welcher Ausgangssituation zu welchem Ziel: z. B. bessere Kenntnisse, Verhaltens- oder Einstellungsänderung)

- *Schritte im Beratungsprozeß:*
  - Vermittlung von Sachinformation
  - Vermittlung von Kommunikations- und Verhaltensmöglichkeiten im Umgang mit einem Problem
  - Abbau von Fehlvorstellungen
  - Ermutigung zum Erproben neuer Verhaltensweisen zur Problemlösung
  - Klärung von Verantwortlichkeit (wofür ist der Arzt, der Patient oder sind andere Personen zuständig?)
- Aufzeigen der **Möglichkeiten und Grenzen** einer Beratung
- Aufzeigen *alternativer Möglichkeiten,* falls Beratung nicht ausreicht (z. B. Literaturempfehlung, Psychotherapie).

Praktische Durchführung. Beratungsgespräche können als Einzel-, Paar- oder Familiengespräche durchgeführt werden. Der Arzt hat dabei eine *aktiv-strukturierende, aber nicht dominierende Haltung* zu übernehmen. Zwischen einzelnen Beratungsgesprächen (Dauer je nach Problem 10 bis maximal 30 Minuten) können dem Patienten Empfehlungen/„Hausaufgaben" (z. B. Führen eines Symptomkalenders, Probehandeln) gegeben werden. Beratung bei umschriebenen Problemen beschränkt sich meist auf 2 bis 5 Gespräche im Zeitraum von ca. 6 Monaten.

12.6 Das Übermitteln schlechter Nachrichten[1]

Das Übermitteln schlechter Nachrichten ist eine Sondersituation eines Arzt-Patienten-Gespräches. Es ist wichtig, auch hier vom *Austausch von Information* und nicht vom reinen *Vermitteln von In-*

---

[1] unter Mitarbeit von Prof. Dr. med. Wolf Langewitz, stv. Leiter der Abteilung für Psychosomatik, Bereich Innere Medizin, Kantonsspital Basel

formation zu sprechen: Schlechte Nachrichten treffen selten auf ein Gegenüber, welches keine eigenen Vorstellungen, Erklärungen, Hoffnungen und Erwartungen hat. Das Mitteilen schlechter Nachrichten (z. B. die Diagnose einer Krebserkrankung oder einer schweren Fehlbildung eines ungeborenen Kindes) bereitet Ärzten Mühe, da sie in die *Rolle eines Unheilüberbringers* geraten.

12.6.1 Formen der Übermittlung schlechter Nachrichten

Im folgenden werden kurz drei Kommunikationsmuster skizziert, wie sie beim Mitteilen schlechter Nachrichten häufig Anwendung finden. Wie schlechte Nachrichten übermittelt werden, hängt in hohem Masse von der Persönlichkeit und der Erfahrung des Arztes ab.

Kurze und knappe Mitteilung des Unvermeidbaren. Manche Ärzte sind der Auffassung, schlechte Nachrichten sollten am besten kurz und korrekt mitgeteilt werden. Ein typisches Beispiel für eine solche Mitteilung wäre: „Guten Tag, mein Name ist Dr. X., ich habe Ihren Mann operiert. Ich muß Ihnen leider mitteilen, daß die Lungenkrebserkrankung so weit fortgeschritten ist, daß wir nichts mehr machen konnten. Alles weitere wird Ihnen der Stationsarzt, Dr. Y. mitteilen. Auf Wiedersehen!"

Als Begründung für diese Art der Kommunikation werden angeführt, daß Verzweiflung und Schock beim Empfänger einer schlechten Nachricht ohnehin unvermeidbar seien und es deshalb am besten sei, die Katastrophe kurz und bündig zu übermitteln. Der Rest sei Schicksal.

Die sanfte empathische Art. Andere Ärzte bevorzugen die „sanfte Mitteilung des Unvermeidbaren" und halten ein Gespräch dann für geglückt, wenn der Patient hat weinen können. Ein Beispiel für ein solches verstehendes, empathisches Vorgehen wäre, wenn die Mitteilung des Befundes „bösartiger Tumor" z. B. so erfolgen würde, daß der Arzt nach dem Erklären des Untersuchungsergebnisses sagt: „Ich kann verstehen, daß Sie jetzt erst einmal entsetzt sind". Nachdem der Patient feuchte Augen bekommt, fährt der Arzt fort: „Ich kann gut mitempfinden, daß dies ein sehr trauriger Moment für Sie ist". Bei dieser Art der Mitteilung steht das *Ansprechen von Gefühlen und deren Zulassen* im Vordergrund des Gespräches.

Die offene und vollständige Information. Bei dieser Art der Mitteilung bemüht sich der Arzt um eine verständliche Sprache; er teilt alles mit, was aus seiner Sicht für das Verständnis der Erkrankung wichtig ist. Aus einem solchen Gespräch nimmt der Patient in der Regel diejenigen Informationen mit, die für ihn besonders wichtig sind. Oft sind die Informationen, die der Patient in Erinnerung behält, andere, als der Arzt beabsichtigt hat. Durch das spontane Einsetzen von psychischen Abwehrmaßnahmen wie Verleugnen und Verdrängen (vgl. Kap. 7.2.2) nimmt der Patient selektiv nur diejenigen Informationen auf, die er momentan verkraften kann.

Mögliche Reaktionen von Patienten. Wie reagieren Patienten auf die Mitteilung schlechter Nachrichten? Wenn sie den ersten Schock überwunden haben, stellen sie oft:

- Fragen hinsichtlich der weiteren Prognose der Erkrankung
- Existentielle Fragen nach dem Sinn des Todes bzw. Schuldfragen
- Fragen, die sich fachlich nicht beantworten lassen.

In der Regel brechen intensive Emotionen wie Verzweiflung, Wut oder Trauer durch, auf welche der Arzt eingehen sollte.

Grundregeln für das Überbringen schlechter Nachrichten. Es gibt einige Verhaltensweisen, die das Überbringen schlechter Nachrichten erleichtern. Der *Überbringer schlechter Nachrichten* sollte

- sich auf das Gespräch fachlich und innerlich gut vorbereiten
- sich genau überlegen, was er wie am besten mitteilen möchte
- in Betracht ziehen, ob allenfalls die Anwesenheit einer Drittperson (z. B. Krankenschwester, Angehörige, Fachkollegen) günstig sein könnte
- eine ruhige und ungestörte Atmosphäre für das Gespräch suchen
- die Mitteilung nicht unter Zeitdruck überbringen.

Wenn möglich sollte die Mitteilung schlechter Nachrichten mit dem *gleichzeitigen Übermitteln positiver Botschaften* kombiniert werden (z. B. das Angebot eines kontinuierlichen Behandlungsangebotes unabhängig vom weiteren Verlauf der Erkrankung). Wichtig ist auch, sich bewußt zu sein, daß das Annehmen und Akzeptieren schlechter Nachrichten Zeit braucht und daher von Seiten des Arztes *Warten können* und *Geduld* erforderlich sind.

12.7 Psychologische Aspekte der Körperuntersuchung

Die Technik der körperlichen Untersuchung wird in vielen medizinischen Lehrbüchern beschrieben. Kaum erwähnt werden hingegen die psychologischen Vorgänge, die zwischen Arzt und Patient während einer körperlichen Untersuchung ablaufen. Im folgenden werden einige grundsätzliche Aspekte der Arzt-Patient-Interaktion bei der körperlichen Untersuchung dargestellt und Schwierigkeiten aufgezeigt, die dabei auftreten können.

Merkmale der körperlichen Untersuchung. Die Körperuntersuchung, ein integraler Bestandteil jeder ärztlichen Tätigkeit, wird von jedem Studierenden der Medizin bereits früh erlernt. Dabei wird das Augenmerk vor allem auf die *technisch korrekte Ausführung der Untersuchung* von Organsystemen oder einzelner Organe sowie auf den Untersuchungsablauf gelegt. Häufig wird kaum beachtet, daß es sich dabei um eine ganz *unübliche und grundsätzlich ungewöhnliche körperliche und psychische Annäherung* zweier fremder und gleichzeitig in bezug auf Erwartungen und Absichten ganz ungleicher Menschen handelt. Die besondere Abhängigkeit des Patienten in der Arzt-Patient-Beziehung (APB) und Ereignisse wie sexuelle Übergriffe (vgl. Kap. 11.6) in der ärztlichen Praxis zeigen, daß die Thematik der somatopsychischen, psychosomatischen Interaktion unter Ärzten ebenso wie in der Öffentlichkeit hoch aktuell ist.

Körperuntersuchung und Intimität. Die Erhebung von Körperbefunden (der Körperstatus) ist wohl der ungewöhnlichste Teil der Arzt-Patient-Interaktion. Die Untersuchung enthält je nach Situation einfachere und schwierigere Elemente. Relativ unproblematisch ist die Untersuchung von Patienten mit peripher-körperlichen Befunden (beispielsweise Frakturen), interaktionell schwieriger sind schon Befunderhebungen am Abdomen und sicherlich am „eindringendsten" sind Untersuchungen oder manuelle Maßnahmen an primären und sekundären Geschlechtsorganen (weibliches Genitale, vaginale Untersuchung, weibliche Brüste, männliches Genitale) sowie die Rektaluntersuchung. Aussagen entsprechender Fachärzte bestätigen die bei solchen Untersuchungen gelegentlich auftretende Problematik der Abgrenzung. Hinzu kommt der Aspekt von Gleich- oder Gegengeschlechtlichkeit in der Begegnung mit Patientinnen oder Patienten (s. Kap. 11.5).

12.7.1 Grundsätzliche Aspekte der körperlichen Untersuchung

Wie in Kap. 3 und 11 erwähnt, beinhaltet jede Begegnung zweier Individuen neben einem inhaltsgebundenen stets auch einen Beziehungsaspekt. Inhaltlich sucht der Patient beim Arzt fachliche Kompetenz und menschliches Verständnis. Jeder kranke Mensch befindet sich dabei in einer für ihn meist *ungewöhnlichen* und *ungewollten Bedürftigkeit und Abhängigkeit*. Dabei spielen gleichzeitig Gefühle von Unlust, Angst, Scham oder Schmerz eine wesentliche Rolle. Die akute Krankheitssituation mit gelegentlich vitaler Bedrohung und die komplementäre Interaktionssituation erlauben es dem Patienten meist nicht, über solche Gefühle nachzu denken oder von sich aus darüber zu sprechen. Die Untersuchungssituation und die dabei auftretenden Emotionen können *frühere Erfahrungen in Denken, Fühlen und Handeln* aktivieren und damit eine sog. *Regression* (s. Kap. 7.1.3) auslösen.

Implizite werden (in aller Regel unbewußt) neben den erwähnten Inhalten auch Konflikte zu früheren Bezugspersonen – namentlich den Eltern – reaktiviert, die schließlich das Verhalten, Fühlen und Denken des Patienten nachhaltig beeinflussen. Dies kann in der APB zu Verzerrungen der Wahrnehmung (vgl.

Kap. 3.1.5, 6.2.3 und 11.3.2) und situativ zu unangebrachten Gefühlen oder Reaktionen führen. Gleichzeitig ist auch der Arzt dieser Regression ausgesetzt und wird individuell darauf reagieren.

Übertragung und Gegenübertragung. Nicht nur während der Anamneseerhebung, sondern besonders bei der körperlichen Untersuchung dringt der Arzt in unterschiedlichem Maße handelnd in die Intimsphäre eines Patienten ein. Viele Patienten empfinden dabei nur am Rande ein gewisses Unbehagen, andere fühlen sich hilflos, ausgeliefert und abhängig. Nicht jeder Kranke kann mit solchen Gefühlen adäquat umgehen. Zudem ist die Heftigkeit der Gefühle von Ausgeliefertsein und des Bedrängtwerdens von zeitlichen und situativen Gegebenheiten abhängig (Ablauf der Untersuchung, Untersuchungssituation und Atmosphäre zwischen Arzt und Patient).

Die erwähnten Phänomene können mit dem von Freud entdeckten und beschriebenen *Konzept der Übertragung/ Gegenübertragung* verstanden werden (siehe Kap. 7.1.3). Das folgende Fallbeispiel von Paula Heimann [9] soll dies veranschaulichen.

 Ein schwer kranker Patient, der bereits mehrere Klinikaufenthalte hinter sich hat, wird wegen Verschlechterung seines Befindens erneut eingewiesen. Während der Eintrittsuntersuchung fährt er die Assistenzärztin unwirsch an, indem er bemerkt, daß sie ihn nicht vollständig (und besonders nicht genital) zu untersuchen brauche, da dies vor einiger Zeit bereits von einem Spezialisten vorgenommen worden sei. Daraufhin bricht die Ärztin die Untersuchung ab. In der Besprechung mit dem Oberarzt wird deutlich, daß sie sich im Rahmen einer Gegenübertragung auf Ängste und Befürchtungen des Patienten eingelassen hat und deswegen auf das Einholen von wichtigen Befunden verzichtet hatte. Nachdem die Ärztin die Gefühle und Befürchtungen des Patienten in der APB verstehen konnte, ist es ihr möglich, die körperliche Untersuchung und Befunderhebung ohne Schwierigkeiten nachzuholen.

Realbeziehung und Arbeitsbündnis.
Daß der weitaus größte Teil der Patienten eine körperliche Untersuchung ohne Schwierigkeiten akzeptieren kann, hängt damit zusammen, daß neben der Übertragungs- auch eine Realbeziehung, bzw. ein Arbeitsbündnis zum Arzt besteht [7,21]. Diese Realbeziehung orientiert sich an den gegenseitigen Rollenerwartungen zwischen Arzt (vgl. Kap. 11.2) und Patient (vgl. Kap. 10.3).

> **!** Bei der Erhebung von Körperbefunden soll technisch deshalb in einer Weise vorgegangen werden, die sich der verschiedenen Qualitäten einer Annäherung bewußt ist und möglichst vorsichtig und behutsam mit entsprechend ausgelösten Gefühlen umzugehen versteht.

Der Arzt als Handelnder

Bedeutung der Berufskleidung und äußeren Erscheinung. Im Unterschied zur Klinik, wo das Tragen eines weißen „Arztkittels" meist noch Vorschrift ist, findet man in der Praxis immer weniger Ärzte, die während der Untersuchung Berufskleider tragen. Dies mag darauf zurückzuführen sein, daß bei erfahrenen Ärzten die technisch-gefärbte Art der Berührung während der Körperuntersuchung jeden möglichen oder phantasierten Zweifel des Patienten über die Absicht dieser Annäherung ausräumt. Nicht so bei Studierenden, die technische Handlungen noch lernen und üben müssen. Es erscheint deshalb gerade in Untersuchungskursen wichtig, daß sich Studierende gegen die (ungewollte) Mitteilung möglicher Doppelbotschaften schützen. So wirkt ein ungelenker Untersuchungsgriff von einem Arzt in weißem Kittel weit weniger „eindringend", als wenn er von einer Person in Straßenkleidung ausgeführt wird. Auch Zeichen von Sorgfalt, die z. B. in entsprechender Körperpflege und Kleidung des Arztes zum Ausdruck kommen, können helfen, die Eindeutigkeit professioneller Absichten in einer Situation körperlicher Nähe zu unterstreichen. Dabei ist beim Arzt auch auf die Zurschaustellung besonderer Identifizierungsmerkmale einer bestimmten Gruppenzugehörigkeit (wie beispielsweise Tätowierungen, Ohrringe, Bracelets, Daumenringe) zu achten. Grundsätzlich brauchen die Patienten die *Privatsphäre des Arztes* nicht zu kennen, weshalb es seitens des Arztes wohl verfehlt wäre, solche Phantasien mit bestimmten Etiketten zu fördern. Das Interesse der Patienten am Privatleben des Arztes kann jedoch ganz unterschiedlich sein. Im Krankenhaus ist es wegen der krankheits- und institutionsbedingten Kürze der Interaktion meist nicht sehr groß. Bei einer Langzeitbehandlung in einer Praxis kann sich dies aber ändern und sollte beachtet werden.

Auftreten des Arztes. Als weiterer Parameter muß das Auftreten des Arztes gegenüber Patienten betrachtet werden, welches die Interaktion ebenso beeinflußt. Mitunter zeigt sich darin sein Konzept von Gesundheit und Krankheit (vgl. Kap. 9.1). Wie Tress [19] beschreibt, gibt es viele Ärzte, die nach dem **Modell der Reparierbarkeit** arbeiten. Patienten tolerieren bisweilen Verletzungen von Höflichkeit und Anstand, indem sie diese damit relativieren, daß für sie allein die fachliche Qualifikation zählt. Dies mag in einem Klinikbetrieb noch angehen, ist jedoch in einer Arztpraxis, in welcher der Hausarzt seine Patienten über längere Zeit zu behandeln hat, unangebracht.

Technischer Ablauf der Körperuntersuchung

Entkleidung und Nacktheit. Da sich der mobile Patient meistens bis auf die Unterwäsche auszieht, muß dafür gesorgt sein, daß neben Paravent oder Vorhang auch ein Stuhl für die Kleiderablage bereitsteht. Während der körperlichen Untersuchung auf der Liege und auch bei Patienten im Bett soll **grundsätzlich nur die zu untersuchende Körperregion** frei gelegt werden. Die übrigen Körperteile (besonders Genitale, Oberschenkel, Abdomen und vorderer Thorax) sollten mittels Tuch bedeckt sein. Kleidungsstücke wie z. B. ein Büstenhalter sollten von einer Patientin nach Durchführung des jeweiligen Teils des Untersuchungsgangs (Herzauskultation und Brustuntersuchung) wieder angezogen werden. Selbstverständlich sind Untersuchungsort und Patient vor unbefugten Blicken zu schützen. Das **Abschließen der Tür des Untersuchungsraumes** hingegen wird von den meisten Patienten vielleicht deswegen als unangenehm empfunden, weil es Phantasien von Situationen von andersartiger Intimität erzeugt. Die Untersuchungssituation ist ja in ihren Grundsätzen sachbezogen und juristisch gesehen sowohl in der Praxis wie im Spital als „technische

Handlung" definiert, die von erotischen Aspekten frei sein sollte.

Untersuchungsablauf. Konsequenterweise beginnt die Körperuntersuchung an den exponierten Körperstellen wie Händen oder Füßen (cave ethnische Besonderheiten!). Immer soll zuerst mit der **Inspektion** begonnen werden. Belastende oder schmerzhafte Untersuchungen sollen grundsätzlich am Ende des Untersuchungsganges stattfinden. Gerade bei **emotional hoch besetzten Körperregionen** wie Abdomen, Genitale und weiblicher Brust soll der Inspektion eine **instrumentierte Untersuchungstechnik** folgen. Dies geschieht beispielsweise bei der Untersuchung des Abdomens durch die Auskultation mit dem Stethoskop. Diese sollte selbstverständlich auch aus anderen Gründen (z. B. wegen Peritonismus) stets vor der Palpation erfolgen. Bei Genitale und Brust ist neben hygienischen Gründen auch aus Gründen der Schaffung einer professionellen Distanz die Untersuchung mittels Handschuhe derjenigen mit bloßen Händen vorzuziehen.

Vermeidung von Störungen. Zusätzlich gilt es zu vermeiden, daß Arzt und Patient während der Untersuchung von Pflegepersonal, Studierenden oder gar Fremden gestört werden. Dazu sind geeignete Vorkehrungen zu treffen. Störungen durch einen Personensucher („Piepser") sind im Krankenhaus (leider) kaum zu vermeiden, müssen jedoch vom Patienten nicht nur als belastend empfunden werden. Solche Störungen können manchmal durchaus helfen, die Realsituation immer wieder vor Augen zu führen und gefährdete Patienten vor unkontrollierter Regression schützen.

Umgang mit Emotionen. Der Ursprung von Emotionen, welche während einer Körperuntersuchung bei Patient und

Arzt auftreten können, ist oft nur sehr schwer zu eruieren. Nicht immer können Gefühle, die aus einer Übertragung entstehen, von solchen unterschieden werden, die mit aktuellen Triebbedürfnissen in Zusammenhang stehen. Als *Erkennungshilfe* mag gelten, daß erstere qualitativ eher als unangepaßt wirken als letztere. Vorteilhaft ist, wenn sich der Arzt in diesen Situationen über mögliche Gründe für emotionale Reaktionen bei sich und beim Patienten klar werden kann, oder zumindest eine gewisse Schulung und Introspektion besitzt, die es ihm ermöglicht, eigene Gefühle und Reaktionen gegenüber Patienten zu verstehen. Vasella hat dies in einer Übersichtsarbeit dargestellt [20]. Ein empathischer Arzt wird sich kaum erlauben, einem Patienten unvermittelt die Decke vom Bett zu ziehen, ohne ihm erklärt zu haben, daß er dies nun tun müsse, um z. B. Leber, Milz oder Abdomen untersuchen zu können. Unangebracht sind kumpelhafte Bemerkungen wie: „So, jetzt wollen wir noch unter die Motorhaube schauen" oder „Darf ich mir noch ihren reizenden Bauch ansehen?" Solche Bemerkungen zeugen von fehlender Einsicht des Arztes in die Schwierigkeiten von Patientinnen und Patienten. Das Duzen in einer APB ist in den meisten Fällen ebenfalls inadäquat, da es sowohl den Arzt wie den Patienten zu kumpelhaftem Verhalten verleiten kann.

12.7.2 Körperliche Untersuchung schwieriger Patienten

In Kap. 11.7 wurden schon Persönlichkeitsmerkmale schwieriger Patienten beschrieben. Diese können speziell bei der Körperuntersuchung in Erscheinung treten. Im folgenden sollen einige Typen von Patienten beschrieben werden, bei denen die Körperuntersuchung von Seiten des Arztes besondere Sensibilität verlangt.

Die Unersättlichen. Diese Patienten zeichnen sich dadurch aus, daß sie nie genug Arzt, nie genug Zuwendung, Untersuchungen und Erklärungen bekommen können. Werden Zuwendungen beschränkt oder entzogen, reagieren sie unwirsch, wütend und werden manchmal sogar ausfällig. In der Körperuntersuchung sind sie meist gespannt, beobachten genau, mit welcher Miene bestimmte Befunde seitens des Arztes erhoben werden und fragen dann stets unmittelbar nach, so daß ein geordneter Untersuchungsgang oft schwierig einzuhalten ist. Hier sollte klar strukturiert werden. Der Arzt sollte vor der Untersuchung die in etwa zur Verfügung stehende Zeit mitteilen und dem Patienten versichern, daß nach der Untersuchung genügend Zeit bleibe, um eventuelle Fragen zu besprechen. Diese Limitierung kann gelegentlich schwierig einzuhalten sein. Der bisweilen zu beobachtenden passiven Aggressivität begegnet man am besten mit klaren Erklärungen wie z. B.: „Ich bin dafür verantwortlich, daß wir herausfinden, woran sie leiden. Sie sollten mir Ihre Vorstellungen dazu mitteilen, damit wir gemeinsam einen Behandlungsplan erstellen können".

Die Mißtrauischen. Bei diesen Patienten kann nichts getan werden, das nicht Verdacht, Mißtrauen oder Unbehagen erwecken kann. Äußerungen, „wieso dies nicht genauer und das andere zu lange untersucht wurde, der Untersuchungsgang beim vorherigen Arzt anders war oder die Erklärungen verständlicher formuliert wurden etc.", sind für diese Patienten typisch. In solchen Situationen gilt: Seien Sie den Bemerkungen gegenüber tolerant und nehmen Sie diese als Anregungen für Verbesserungen auf. Denken Sie daran, daß es jedem anderen Arzt ebenso ergehen kann wie Ihnen. Sie können nichts gut genug tun. Bemühen Sie sich nicht um Begründungsplädoyers, Sie werden mit Bestimmtheit „verlieren".

Die Verleugner. Sie bagatellisieren Beschwerden, spielen Befunde herunter, betonen ihre Unabhängigkeit und lassen sich oft nur schwer dazu bewegen, in eine Untersuchung einzuwilligen. Hier sollte der Arzt klare Begründungen geben, weshalb er dies und das wissen oder untersuchen möchte. Die Erhebung der Befunde ist von Diskussionen über die Diagnose oder das weitere Vorgehen klar abzugrenzen. Lassen Sie sich nicht von Bagatellisierungen anstecken, untersuchen Sie den Patienten genau und verordnen Sie auch ein EKG, wenn er über „unwesentliche" Magenbeschwerden klagt, die jetzt schon wieder vorüber seien.

Die Unmöglichen. Hier handelt es sich um Patienten, welche sich in der Patientenrolle nicht zurechtfinden. Ihnen kann zeitweise nichts mehr recht sein, vor allem nicht, daß sie sich jetzt beim Arzt oder in der Klinik befinden. Sie sind oft affektinkontinent, einmal weinerlich, dann wieder aggressiv, beschuldigen und bedrohen manchmal den Arzt, gelegentlich sogar tätlich. Bleiben Sie korrekt und ruhig, erklären Sie genau, was sie bei der Untersuchung des Körpers machen werden und kommentieren sie die einzelnen Untersuchungsschritte. Erläuterungen zu Befunden sollten nicht erst am Schluß der Untersuchung, sondern fortlaufend gegeben werden. Falls Ihnen die Situation nicht kontrollierbar erscheint, gilt es zu erwägen, ob – allenfalls auch gegen den augenblicklichen Willen des Patienten – sedierende Medikamente gegeben werden sollten. Diese Entscheidung muß bei lebensbedrohlichen Zuständen manchmal recht rasch getroffen werden (können). Mancher Patient zeigt sich im Nachhinein für die Übernahme dieser Verantwortung durch den Arzt erleichtert und erkennt klare Entscheidungen an.

Die Nörgler. Sie wollen es ganz genau wissen und zeichnen sich dadurch aus, daß sie für alles Erklärungen haben wollen. Erläutern Sie ruhig und sachlich. Zeigen Sie, daß Sie die Ängste wahrnehmen und bieten Sie auch an, nach einer gewissen Zeit mit dem Patienten nochmals über alles sprechen zu wollen. Es ist wichtig zu wissen, daß diese Patienten zahlreiche Ärzte und Laien um ihre Meinung fragen (auch solche, die von gesundheitlichen Problemen nichts verstehen). Seien Sie deshalb darauf gefaßt, daß Sie „geprüft" werden; am besten beugen Sie dieser Möglichkeit vor, indem Sie z. B. sagen: „Ich weiß, daß Sie von vielen anderen auch schon über die Bewertung der Befunde gehört haben. Es interessiert mich, welchen Reim Sie sich darauf machen. Ich werde mich bemühen, stets offen zu Ihnen zu sein. Trotz ihrem Wunsch, alles genau wissen zu wollen, spüren Sie vielleicht auch, daß es derzeit noch einiges gibt, was sich nicht verstehen läßt." Sie können so das Arbeitsbündnis stärken und gleichzeitig den Patienten beruhigen.

12.7.3 Besondere Untersuchungssituationen

In der Klinik oder auch in der Praxis gibt es bestimmte, mit Schwierigkeiten verbundene Situationen, in welchen die Erhebung von Körperbefunden heikel ist. Im Folgenden werden einige solcher Situationen erläutert. Die erwähnten Hinweise sind ohne wesentliche Einschränkungen auf ähnliche Situationen übertragbar.

Patienten anderen Geschlechts im selben Alter. Die Untersuchung bietet hier besondere Schwierigkeiten, da seitens des Arztes und der Patientin (oder umgekehrt) Erwartungen und Phantasien geweckt werden können, die eher mit einer Begegnung in außerberuflicher, denn in professioneller Situation zu tun haben. Wichtig erscheint es hier, sich klar abzugrenzen und anzuerkennen, daß es unter Umständen für die Patientin schwierig sein könnte, bestimmte Untersuchungen (z. B. Intimbereich) zuzulassen. Es sollte genau beachtet werden, daß nicht eigene Vorstellungen in die Situation hineingebracht werden, die von der Patientin wahrgenommen werden könnten. Als Arzt wird man besonders die oben erwähnten Möglichkeiten zur Schaffung von Distanz mittels instrumentierter Untersuchungsvorgänge in Betracht ziehen.

Patienten, die plötzlich weinen. Immer wieder kommt es vor, daß Patienten während der körperlichen Untersuchung ihre Affekte, besonders Trauer und Hilflosigkeit, nicht mehr kontrollieren können. Ein empathischer Arzt wird dafür Verständnis zeigen. Der Patient soll Zeit haben, sich wieder zu fassen, wozu in den meisten Fällen die Körperuntersuchung unterbrochen werden soll. Auch ist es hilfreich, als Ausdruck einer emotionalen Zuwendung dem Patienten ein Taschentuch o.ä. zu reichen. Zudem ist es wichtig, mögliche Ursachen des augenblicklichen Auftauchens von Gefühlen in Erfahrung zu bringen, wozu ein kurzes Gespräch im Anschluß an die Untersuchung sinnvoll sein kann.

Der sterbende Patient. Wie Studien zeigen, verbringen Ärzte auffallend wenig Zeit bei Patienten, welche im Sterben liegen [15]. In präterminalem Zustand bemerken sensible Patienten oft eine Haltungsänderung der betreuenden Ärzte. So werden Sterbende auf der Krankenvisite z. B. nicht mehr untersucht, oder es tritt ein unverhofftes Interesse des Arztes an psychosozialen Anliegen des Patienten an die Stelle des vorher medizinisch-technischen, eher unpersönlichen Gesprächs. Die Änderung der Beziehung kann für den Patienten durchaus nützlich sein, wenn sie vom Arzt rechtzeitig angesprochen wird. Ungut wäre allerdings, wenn sich die APB ändern würde, ohne daß Raum für ein Gespräch über Fragen um Sterben und Tod bliebe (vgl. Kap. 5.12.5). Man sei dabei aber vorsichtig, um dem Patienten die Beschäftigung mit diesen Fragen nicht aufzudrängen. Immer soll es der Patient sein, welcher entscheiden kann, wieviel er von dem besprechen möchte, was ihn beschäftigt.

Körperuntersuchung während laufender Psychotherapie. Aus naheliegenden Gründen ist der Arzt, welcher das Eintrittsgespräch führt, auch gleichzeitig derjenige, welcher den Patienten im Anschluß an das Gespräch körperlich untersucht. Sobald eine psychotherapeutische Behandlung jedoch begonnen hat, soll der entsprechende Arzt in bezug auf körperliche Interaktion, also auch auf die Überprüfung oder Erhebung von Körperbefunden, vollständige „Abstinenz" einhalten, wie dies schon Freud [8] und später andere [13] hervorgehoben haben. *Eine tiefenpsychologisch orientierte psychotherapeutische und gleichzeitig ärztliche Behandlung vertragen sich nicht, da die körperliche Interaktion beim Patienten unrealistische Phantasien, Wünsche oder Ängste auslösen könnte.* In diesem Fall soll die ärztliche Behandlung einem Kollegen übergeben werden, damit Phantasie und Realität auch vom Patienten getrennt wahrgenommen werden können.

Der weitere Abklärungen fordernde Patient. Patienten, welche nach ausgedehnter Untersuchung weitere Abklärungen verlangen, sind nicht so selten anzutreffen. Dies mag einerseits mit einer ungenügenden Information seitens des Arztes zusammenhängen, andererseits auch mit der (unbewußten) Angst des Patienten, etwas Entscheidendes sei vom untersuchenden Arzt nicht wahrgenommen oder übersehen worden. Eine solche Haltung kann auch Ausdruck einer psychischen Störung sein und muß dann gesondert bewertet werden. Es bedeutet im allgemeinen keinen Verlust an Prestige, wenn sich der betreffende Arzt dieser Forderung offen stellt und zur Beruhigung des Patienten eine Nachfolgeuntersuchung bei einem Kollegen vorschlägt. Dieses Vorgehen ist auch dann angezeigt, wenn keine pathologischen Befunde erhoben werden können, was besonders bei Patienten mit psychosomatischen Störungen nicht so selten anzutreffen ist. Diese Offenheit kann gerade das Bündnis zum behandelnden Arzt dahingehend stärken, daß eine anschließende Besprechung der Befürchtungen des Patienten zu deren Hintergründen führen kann.

> **!** Die körperliche Untersuchung von Patienten stellt an den Arzt hohe Anforderungen. Diese betreffen die korrekte Anwendung der Untersuchungstechnik, die Beurteilung der Interaktion, die Erkennung von (unbewußten) Wünschen und Ängsten des Patienten sowie den adäquaten Umgang mit schwierigen Konstellationen der Arzt-Patient-Beziehung.

12.8 Die ärztliche Untersuchung von Kindern[1]

In den deutschsprachigen Lehrbüchern der Pädiatrie finden sich weder Empfehlungen, wie man als Arzt ein Anamnesegespräch mit einem Kind (und allenfalls einem begleitenden Elternteil) führen soll, noch Hinweise auf psychologische Aspekte der körperlichen Untersuchung bei Kindern. Für die Behandlung von Kindern sind *Kenntnisse der Entwicklungspsychologie*, wie sie in Kap. 5.1 bis 5.6 behandelt wurden, unerläßlich. Ob das Verhalten eines Kindes während einer ärztlichen Untersuchung entwicklungs- und altersgerecht oder auffällig ist, läßt sich nur beurteilen, wenn der Arzt Vorstellungen davon hat, wie der normale Reifungs- und Entwicklungsstand eines Kindes in einem bestimmten Alter ist. Die folgenden Ausführungen konzentrieren sich auf die ärztliche *Untersuchung von Kindern im Vorschulalter*.

12.8.1 Allgemeine Gesichtspunkte

Der primäre Zugang auf ein Kind hat altersgerecht und angepaßt an den Entwicklungsstand des Kindes zu erfolgen. Ein kommunikatives „Anfreunden" weckt Vertrauen und ist ideale Voraussetzung für den anschließenden Untersuchungsgang.

Temperament des Kindes. Bei der Besprechung der Temperamentskonstellationen bei Kleinkindern (vgl. Kap. 5.4.7) wurden drei Temperamentstypen beschrieben:

---

[1] Wichtige Hinweise zu diesem Kapitel verdanken wir Prof. F.H. Sennhauser, Direktor der Universitätskinderklinik Zürich.

- Einfache, ausgeglichene Kinder
- Ängstliche, scheue Kinder
- Komplizierte Kinder
- Sog. Mischtypen.

Für die ärztliche Untersuchung gelten vergleichbare Gesichtspunkte wie für die Erziehung. Dies bedeutet für den Umgang in der kinderärztlichen bzw. allgemeinärztlichen Praxis:

- Aktiven Kindern sollte Gelegenheit gegeben werden, aktiv zu sein:
- Ängstliche Kinder brauchen mehr Zeit und Unterstützung.
- Im Umgang mit komplizierten Kindern sollte der Arzt in seinem Verhalten möglichst flexibel sein.

Soziokulturelle Gesichtspunkte. Die Untersuchung eines Kindes kann zusätzlich erschwert werden, wenn es sich um fremdsprachige Kinder handelt, deren Muttersprache der Arzt nicht kennt. Je nach dem *kulturellen Hintergrund der Eltern* gelten für die Familienmitglieder im Kontakt mit der außerfamiliären Umwelt, zu der auch eine Arztpraxis zählt, ganz bestimmte Regeln. So kann es z. B. einer Mutter verboten sein, allein mit ihrem kranken Kind zum Arzt zu gehen. Nur der Vater als Familienoberhaupt und Sprecher der Familie kann die Rolle übernehmen, mit dem Arzt in Anwesenheit des Kindes und seiner Frau zu kommunizieren. Bei solchen Konstellationen empfiehlt es sich, als *Dolmetscher* eine *weibliche Person* zu wählen, um zu gewährleisten, daß Fragen und Informationen des Arztes „ungefiltert" (d. h. ohne Zensur durch den Vater) an die Mutter gelangen. Für den Arzt stellt sich dabei die Aufgabe, gleichzeitig mit mehreren Personen zu kommunizieren. Averbal mit dem Kind und seinen Eltern sowie verbal via Dolmetscherin (und allenfalls den Vater) mit der Mutter und dem kranken Kind.

Prioritäten setzen. Kranke Kinder sind gelegentlich weniger geduldig als kranke Erwachsene (das Gegenteil ist allerdings auch möglich). Dies bedeutet, daß oft eine ausführliche Anamneseerhebung und körperliche Untersuchung in einer Konsultation nicht möglich sind. Aufgrund der Antworten auf die Eröffnungsfrage („Was führt Sie zu mir?") muß der Arzt abschätzen, wo er die Schwerpunkte für das Anamnesegespräch und die Untersuchung zu setzen hat. Kinder reagieren auf ein *Fehlverhalten des Arztes* (Kontaktnahme, Umgang, Dauer der Konsultation) empfindlicher als Erwachsene. Dies bedeutet, daß sie große Widerstände gegen weitere Konsultationen haben, wenn ihre Erfahrungen bei der Erstkonsultation negativ waren.

Die Bedeutung von „Übergangsobjekten". Im Rahmen der Ich-Entwicklung (Kap. 5.4.8) wurde die Bedeutung von sog. „Übergangsobjekten" (z. B. Stofftieren) zur Milderung von Ängsten bei Kindern besprochen. Kranke Kleinkinder kommen häufig mit ihrem Lieblingsstofftier zur ärztlichen Untersuchung. Gelegentlich kann der Kontakt zum Kind und auch der Abbau von Ängsten dadurch erleichtert werden, daß dieses „Übergangsobjekt" ins Gespräch und in die Untersuchung miteinbezogen wird. So kann z. B. eine Untersuchung des Mittelohres oder auch des Abdomens mit Einverständnis des Kindes zunächst symbolisch an einem Teddybär vorgenommen werden. Hat dieser die Untersuchung gut überstanden, hat auch das Kind mehr Vertrauen, in die unbekannte und ungewohnte körperliche Untersuchung einzuwilligen.

Die Bedeutung von Spielzeug. Wartezimmer von Kinderarztpraxen haben immer eine Spielecke. Auch für Allgemeinärzte, welche Kinder behandeln, ist es von Vorteil, eine gewisse Grundausstattung an Spielzeug zu haben. Nicht selten kommen sogar kranke Mütter mit ihrem gesunden Kleinkind in die Praxis, wenn sie für die Zeit der Arztkonsultation keine Betreuung organisieren konnten. *Spielzeuge haben eine mehrfache Funktion in der Arztpraxis*: Zum einen sollen sie dem Kind eine *altersgerechte Umwelt* bieten. Dann dienen sie zur *Ablenkung* und damit zur Angstminderung. Und schließlich kann ein Kind mit einem Spielzeug oder einer Zeichnung *symbolhaft sein Erleben zum Ausdruck bringen*, wozu es verbal (noch) nicht in der Lage ist.

12.8.2 Das Anamnesegespräch

Berufskleidung ja oder nein? Soll ein Arzt während der Untersuchung eines Kindes einen Arztkittel tragen, ein weißes T-Shirt oder Zivilkleidung?

Die Untersuchung eines Kindes ist wie die Untersuchung eines Erwachsenen keine normale Alltagsbegegnung. Der Arzt ist Träger einer Rolle und dies sollte auch für ein Kind optisch wahrnehmbar sein. Neben hygienischen Gesichtspunkten ist es also wichtig, dem Kind zu vermitteln, daß nicht der „Onkel Doktor" in Pullover und Hose an ihm Handlungen vornimmt, die höchst ungewöhnlich sind. Es sollte unzweifelhaft klar sein, daß dies ein Erwachsener in einer speziellen Rolle ist, der sich dem Kind in ungewöhnlicher Weise nähert.

Mit dem Kind und nicht über das Kind sprechen. Kleinkinder kommen in aller Regel mit einem Elternteil in die Arztpraxis. Hier besteht die Gefahr, daß zwei Erwachsene – Arzt und Mutter bzw. Vater – „über den Kopf des Kindes hinweg" das Gespräch führen. Das Anamnesegespräch – teils auf die Mutter, teils auf das Kind ausgerichtet – bietet eine gute Gelegenheit zur vorsichtigen Kontaktnahme. Dabei muß der Arzt in seinem Gesprächsverhalten flexibel sein, d. h. er muß seine Fragen und Formulierungen abwechselnd dem Kind und seiner Mutter anpassen. *Fragen des Arztes* sollten entwicklungsgerecht formuliert werden und *Fragen des Kindes* ebenso entwicklungsgerecht beantwortet werden.

Geteilte Aufmerksamkeit. Als eine Grundregel für das ärztliche Gespräch mit mehreren Personen (Mutter und Kind, Paare, Familien) gilt eine *allparteiliche Haltung* des Arztes. Dies bedeutet nicht selten, daß er einem scheuen, zurückhaltenden Kind wesentlich differenziertere Beachtung schenken muß als seiner aktiven, wortreichen Mutter. Nur wenn es dem Arzt gelingt, *zum kranken Kind und zum begleitenden Elternteil* eine vertrauensvolle Beziehung herzustellen, schafft er günstige Voraussetzungen für die anschließende körperliche Untersuchung.

12.8.3 Die körperliche Untersuchung

Freundliche, angenehme Atmosphäre. Mehr noch als bei Erwachsenen spielt bei kranken Kindern die *Atmosphäre des Untersuchungszimmers* eine nicht unwesentliche Rolle. Der Raum sollte freundlich möbliert und genügend warm sein, daß das zur Untersuchung entkleidete Kind nicht friert. Ebenfalls wichtig ist, daß das Untersuchungszimmer ruhig ist, d. h. die Aufmerksamkeit des Kindes weder durch Straßenlärm noch durch Geräusche aus dem Wartezimmer gestört wird.

Das „schreiende" Kind. Wenn ein Kind weint oder schreit, bevor der Arzt mit der Untersuchung begonnen hat, gibt es dafür verschiedene Gründe. Das Kind

- kann Schmerzen haben und deshalb weinen
- kann Hunger und/oder Durst haben
- kann sich – sofern es noch Windeln trägt –, wegen einer feuchten Windel unwohl fühlen.

Die Grundbedürfnisse für das Wohlbefinden des Kindes sollten also erfüllt sein, bevor man mit der körperlichen Untersuchung beginnt.

Vermeiden rhetorischer Fragen. Wohlgemeinte Fragen wie: „Darf ich Dich am Bauch untersuchen" oder „darf ich Dir in den Hals schauen?", erweisen sich als verhängnisvoll, wenn das Kind daraufhin mit „nein" antwortet. Soll der Arzt dann auf die notwendige Untersuchung verzichten oder die Meinung des Kindes mißachten und das sich wehrende Kind untersuchen? Um solchen Schwierigkeiten zu entgehen, ist es besser, keine rhetorischen Fragen zu stellen, sondern freundlich aber bestimmt zu sagen: „Ich möchte Dich jetzt da oder dort untersuchen".

Erklärungen während der Untersuchung. Sowohl die einzelnen Untersuchungsschritte wie auch die Untersuchungsinstrumente (Reflexhammer, Stethoskop) sollten dem Kind vorgängig erklärt werden. Bei manuellen Untersuchungsschritten sollte man verständlich sagen, *was man macht*, gelegentlich vielleicht auch erwähnen, *weshalb man dieses oder jenes macht*. Den Einsatz von Reflexhammer und Stethoskop kann man entweder spielerisch bei sich selbst, dem begleitenden Elternteil oder einem Stofftier zeigen. Wenn es möglich ist, sollte bei den einzelnen Untersuchungsschritten eine adäquate spielerische Note integriert sein.

Reihenfolge der Untersuchungsschritte. Anders als bei der Untersuchung eines kranken Erwachsenen darf sich der Arzt beim kranken Kind nicht gleich dem „schmerzenden Organ" zuwenden. Zunächst sollten diejenigen Untersuchungen vorgenommen werden, welche für das Kind vermutlich am wenigsten unangenehm sind. Eindeutig schmerzhafte Untersuchungen (z. B. Abtasten einer gespannten Bauchdecke) sollten am Ende der Untersuchung stehen, damit die natürliche Reaktion des Kindes („Schreien") den weiteren Untersuchungsgang nicht mehr stören kann.

Ankündigung unangenehmer Handlungen. Nicht sinnvoll ist es, unangenehme Handlungen (wie z. B. die Untersuchung eines entzündeten Mittelohres) dadurch erträglich machen zu wollen, daß man sie bagatellisiert („das tut gar nicht weh!") Kinder erwarten ebenso wie Erwachsene, daß der Arzt ihnen gegenüber ehrlich ist und die Wahrheit sagt, selbst wenn diese unangenehm ist.

Umgang mit überängstlichen Müttern. Nicht selten sind die Eltern eines Kindes besorgter als der Patient selbst. Dies zeigt sich schon während des Anamnesegespräches. Hat man den Eindruck, daß sich die Angst oder Nervosität einer Mutter auf das Kind überträgt, sollte man ihr verständnisvoll und freundlich anbieten, daß die Unterstützung des Arztes bei der Untersuchung allenfalls auch von der Praxisassistentin übernommen werden kann.

Anerkennung zum Schluß. Ist die Untersuchung durchgeführt, empfiehlt es sich, dem Kind für seine Kooperation mit ein paar anerkennenden Worten zu danken. Das Abgeben einer Belohnung in Form eines kleinen Geschenkes ist eher zwiespältig, da man damit bei eventuellen weiteren Konsultationen unter Zugzwang gerät, immer eine Belohnung abzugeben oder diese gar zu steigern.

Abschluß der Untersuchung. Eventuelle weitere Untersuchungen, die zur Abklärung erforderlich sind, sollten sowohl dem Kind wie den Eltern erklärt werden. Ebenso wie Erwachsene erwarten kranke Kinder am Ende der Konsultation eine verständliche Erklärung des Arztes, was ihnen fehlt und was der Arzt zu tun gedenkt, um die Krankheit zu behandeln. Auch hier sollte man ehrlich informieren, d. h. bei einer schwerwiegenden Erkrankung sowohl deren Ernsthaftigkeit ansprechen als auch das eigene Bemühen, dem Kind so weit als möglich helfen zu wollen.

12.9 Die Untersuchung von Adoleszenten

Im Kapitel Entwicklungsschritte der Adoleszenz (vgl. Kap. 5.6) wurde ausgeführt, daß Jugendliche zu Erwachsenen oft eine ambivalente Beziehung haben. Dies kann sich auch in einer ärztlichen Untersuchung zeigen. Wie bei der Untersuchung von Kindern empfiehlt es sich auch bei Jugendlichen, die Arztrolle durch Tragen entsprechender Kleidung klar zum Ausdruck zu bringen.

Verleugnung oder Überbewertung von Beschwerden. Für jugendliche Patienten typisch ist, daß sie Beschwerden entweder *überbewerten*, *bagatellisieren* oder *verleugnen*. Durch die phasentypischen Veränderungen des Körpers ist es gelegentlich für sie nicht einfach, körperliche

Befindlichkeitsveränderungen entweder als „normal" oder als Zeichen einer Krankheit zu werten. Deshalb sollte bei der Anamneseerhebung klar differenziert werden, *was* der Jugendliche an seinem Körper wahrgenommen hat und *wie* er diese Veränderung bewertet.

Emotionaler Kontakt. In der Adoleszenz sind Stimmungsschwankungen ein häufiges Phänomen. Deshalb ist es nicht ungewöhnlich, wenn Jugendliche mürrisch zum Arzt kommen. Auf Fragen antworten sie oft kurz und bündig, wohlgemeinte Freundlichkeit des Arztes löst bei ihnen gelegentlich Mißtrauen aus. Bei der körperlichen Untersuchung können junge Frauen und Männer ausgesprochen schamhaft sein. Dies läßt sich damit erklären, daß ihnen ihr Körper und dessen Veränderungen oft noch fremd und unvertraut sind.

Geschlechterkonstellation. Bei *gegengeschlechtlicher Konstellation* (Arzt/Patientin bzw. Ärztin/Patient) empfiehlt es sich, für die körperliche Untersuchung die Praxisassistentin beizuziehen und dieser eine konkrete Aufgabe zu übertragen. Die Anwesenheit einer Drittperson im Untersuchungszimmer mindert die Gefahr, daß der körperliche Kontakt während der Untersuchung als bedrohlich erlebt wird. *Verzerrungen in der Wahrnehmung einer Beziehung* sind bei Adoleszenten häufiger als bei Erwachsenen, da in ihrem Denken und Erleben unbewußte Phantasien eine größere Rolle spielen.

Kontinuierliche Erklärungen während der Untersuchung. Wie Kinder erwarten auch Jugendliche während einer Untersuchung kontinuierliche Informationen, *was* der Arzt tun wird und *wozu* er diese oder jede Untersuchung vornimmt. Das Erklären des ärztlichen Handelns unterstreicht den Realbezug und beugt Ängsten vor eventuellen (sexuellen) Übergriffen vor.

Kompromisse in der Compliance. Wie gegenüber den Eltern so hält sich auch gegenüber dem Arzt die Kooperationsbereitschaft kranker Jugendlicher in Grenzen. Die Autonomieentwicklung ist ein zentraler Schritt in der Phase der Adoleszenz. Kranksein und allenfalls sogar eine schwere Krankheit zu haben, bedeutet Bedrohung von und Verzicht auf Autonomie. Die Notwendigkeit, sich bei einer Untersuchung einem Erwachsenen unterordnen zu müssen, kann dadurch kompensiert werden, daß man bei der Einhaltung von Behandlungsempfehlungen nicht ganz zuverlässig ist. Mangelnde Compliance sollte nicht disziplinierend, sondern verständnisvoll angesprochen und deren mögliche Gründe geklärt werden.

Studien zur Arzt-Patient-Kommunikation zeigen deutliche **Mängel in der kommunikativen Kompetenz** von Ärzten: Ungenügende Strukturierung des Gespräches, Nichteingehen auf emotionale Äußerungen des Patienten sowie mißverständliche Erklärungen von Untersuchungsbefunden und Krankheitsdiagnosen sind die häufigsten Unzulänglichkeiten der Gesprächsführung. Das **Anamnesegespräch** sollte einen klaren Aufbau haben und in einzelnen Schritten durchgeführt werden. Durch die Wahl **bestimmter Fragetypen** und sein Gesprächsverhalten kann der Arzt ein Gespräch mehr oder weniger direktiv gestalten. Offene Fragen eignen sich für einen **nicht direktiven**, gezielte und geschlossene Fragen eher für einen **direktiven Gesprächsstil**.

Informationsgewinnung, Reaktion auf Gefühle des Patienten und die Beeinflussung von Verhalten sind drei **zentrale Funktionen eines ärztlichen Gespräches**. Das **Visitengespräch** und das **Beratungsgespräch** haben besondere Zielsetzungen, denen durch entsprechende kommunikative Fertigkeiten Rechnung zu tragen ist. Das **Übermitteln schlechter Nachrichten** stellt eine besondere Herausforderung dar. Die verständlichen emotionalen Reaktionen des Patienten auf die Mitteilung schlechter Nachrichten können durch geeignetes Gesprächsverhalten des Arztes teilweise aufgefangen werden.

Die **körperliche Untersuchung** hat neben einer **technischen auch eine psychologische Dimension**. Die reale Untersuchungssituation kann durch Übertragungs- und Gegenübertragungsphänomene seitens des Patienten wie des Arztes erschwert werden. Kleidung und Auftreten des Arztes sind wichtige Faktoren, um Nähe und Distanz bei der Körperuntersuchung in adäquater Weise zu gestalten. Bei Patienten mit besonders ausgeprägten Persönlichkeitsmerkmalen, in schwierigen Krankheitssituationen und bei gegengeschlechtlicher Konstellation der Arzt-Patient-Beziehung können zusätzliche Schwierigkeiten auftreten, die zu beachten sind.

Die **ärztliche Untersuchung von Kindern und Jugendlichen** hat einige Besonderheiten. Sowohl in der Kontaktnahme wie auch bei der Anamneseerhebung bringt der Altersunterschied zwischen Arzt und Patient eine gewisse Distanz, deren Überwindung nur gelingt, wenn der Arzt entwicklungsphysiologische und -psychologische Kenntnisse hat. Die körperliche Untersuchung von Kindern sollte von Erklärungen begleitet sein, welche den Patienten verstehen lassen, was mit ihm und seinem Körper geschieht. Bei Jugendlichen kann die Arzt-Patient-Beziehung dadurch erschwert werden, daß diese auf möglichst viel Unabhängigkeit und Selbständigkeit bedacht sind und deshalb den Erwartungen des Arztes nach Kooperation ambivalent gegenüberstehen. Der Arzt sollte in seinem Rollenverhalten flexibel sein und für Ängste und Widerstände von Seiten der Patienten Verständnis haben.

Literatur

Weiterführende Lehr- und Handbücher

1. Adler R., Hemmeler W.: Anamnese und Körperuntersuchung. 3. Auflage. Stuttgart Jena: Fischer 1992
2. Meerwein F.: Das ärztliche Gespräch. 3. überarbeitete und erweiterte Auflage. Bern: Huber 1994
3. Morgan W.L., Engel G.L.: Der klinische Zugang zum Patienten: Anamnese und Körperuntersuchung. Bern: Huber 1977

Einzel- und Übersichtsarbeiten

4. Bernhard Th.: Der Atem. München: DTV 1981
5. Bird J., Cohen-Cole S.A.: The Three-Function Model of the Medical Interview. In: Hale M.S. [Ed.]: Methods in Teaching Consultation – Liaison Psychiatry. Basel: Karger 1990
6. Culley S.: Beratung als Prozess. Weinheim Basel: Beltz 1996
7. Deutsch H.: Technique: The therapeutic alliance. Int Rev Psycho-Anal 16:427–31, 1989
8. Freud S.: Die Abstinenzregel. In: Vorlesungen zur Einführung in die Psychoanalyse (1916/17). Studienausgabe Bd. I. Frankfurt: Fischer 1989
9. Heimann P.: Bemerkungen zur Gegenübertragung: Psyche 9:483–93, 1964
10. Köhle K., Raspe H.H.: Das Gespräch während der ärztlichen Visite. München Wien: Urban & Schwarzenberg 1982
11. Langewitz W., Eich P., Kiss A., Wössmer B.: Improving communication skills – a randomized controlled behaviourally oriented intervention study for residents in Internal Medicine. Psychosom Med (in press), 1998
12. Langewitz W., Wössmer Buntschu B., Kiss A., Lang Th.: Die Beziehung zwischen Arzt und Patient – Standortbestimmung ihrer Qualität und Verbesserungsmöglichkeiten. Schweiz Med Wschr 122:475–480, 1992
13. McLaughlin J.T.: Touching limits in the analytic dyad. Psychoanal Q 64:433–465, 1995
14. Platt F.W., McMath J.C.: Clinical hypocompetence: the interview. Ann Int Med 91:899–902, 1979
15. Saunders C.M.S.: Telling patients. Dist Nurs:149–154, 1965
16. Simpson M., Buckman R., Stewart M., Maguire P., Lipkin M., Novack D., Till J.: Doctor-patient communication: the Toronto consensus statement. Br Med J 303:1385–1387, 1991
17. Smith R.C., Hoppe R.B.: The Patient's Story: Integrating the Patient – and Physician – centered Approaches to Interviewing. Ann Int Med 115:470–477, 1991
18. Smith R.C., Marshall A.A., Cohen-Cole S.A.: The efficacy of intensive biopsychosocial teaching programs for residents: A review of the litterature and guidelines for teaching. J Gen Int Med 9:390–396, 1994
19. Tress W.: Psychosomatische Grundversorgung. S. 36–47. Stuttgart: Schattauer 1994
20. Vasella D.L.: Psychologische Aspekte der körperlichen Untersuchung. In: Uexküll T.v. et al. [Hrsg.], 4. Auflage, S. 221–226. München: Urban & Schwarzenberg, 1986
21. Zinn W.M.: Transference phenomena in medical practice: Being whom the patient needs. Ann Int Med 113:293–98, 1990

Es gibt kaum eine Krankheit, die den Betroffenen nicht auch psychisch fordern würde. Die so entstehenden vielfältigen psychosozialen Belastungen sind jenen, die durch andere Streßzustände bedingt sind (vgl. Kap. 8.4), durchaus vergleichbar. Immer muß der Patient in irgendeiner Form auf seine wie immer beschaffene Krankheit reagieren. Diesen Vorgang nennt man Krankheitsbewältigung oder Coping. Ob der Arzt sich nun bemüht oder nicht, zu verstehen, wie der Patient seine Krankheit erlebt, immer wird er direkt oder indirekt auf diesen Einfluß nehmen. Je besser aber der Arzt versteht, wie sich ein Patient auf die krankheitsbedingten Belastungen einstellt, desto eher kann er ihn dabei unterstützen. Er kann dann geeignete Möglichkeiten der Bewältigung, z. B. aktiv in der Diagnostik mitzumachen, ebenso ermutigen wie ungeeignete Haltungen, z. B. die Symptome einer AIDS-Erkrankung nicht wahrzunehmen, in Frage stellen. Im Erkennen von Belastungen und Mitwirken beim Bewältigungsvorgang hat also jeder Arzt, jede Ärztin die Möglichkeit, entscheidend auf die Kooperation und Compliance (vgl. Kap. 11) der Kranken einzuwirken.

13.1 Erläuterung der Begriffe

13.1.1 Die zu bewältigenden Belastungen

Subjektives Krankheitserleben. Die übliche ärztliche Beurteilung einer Krankheitssituation orientiert sich am biologischen Krankheitsprozeß. Dem Nephrologen oder Urologen ist z. B. wichtig, ob das Blasenkarzinom oberflächlich aufsitzt oder ob bereits eine Wandinfiltration stattgefunden hat, ob renale Stauung besteht, ob Lymphknotenmetastasen auszumachen sind, ob eine Teilresektion noch möglich und eine Chemotherapie sinnvoll ist. Im Erleben des Kranken sind ganz andere Gesichtspunkte von Belang. Diese sind in Tabelle 13.1 im Kontext des Krankheitserlebens zusammengestellt.

Die Übersicht zeigt in konzentrierter Form, welche Herausforderung Kranksein für einen Menschen bedeutet. Ein afrikanisches Sprichwort faßt dies in ebenso schlichter wie überzeugender Weise zusammen: „Du weißt nicht, wie schwer die Last ist, die du nicht trägst."

Die in Kap. 9.3 zitierten Patientenbeispiele A bis D sollen etwas konkreter illustrieren, wie vielfältig und zugleich verschiedenartig die Belastungen durch Krankheit sein können:

Tabelle 13.1. In der Krankheit zu bewältigende psychosoziale Belastungen

1. Gestörtes *emotionales Gleichgewicht*:
   - durch neue oder verstärkte Gefühle
   - durch innere und äußere Bedrohung

2. *Körperintegrität und Wohlbefinden* sind verändert:
   - durch Verletzung oder Behinderung
   - durch Schmerz und Beschwerden von Krankheit und/oder durch Therapie
   - durch Invalidität

3. Verändertes *Selbstkonzept*:
   - durch Autonomie- und Kontrollverlust
   - durch verändertes Körperschema und Selbstbild
   - durch Ungewißheit hinsichtlich Krankheitsverlauf, künftiges Familien- und Sozialleben

4. Verunsicherung hinsichtlich der *sozialen Rollen und Aufgaben*:
   - durch Trennung von Familie, Freunden und Bekannten
   - durch Aufgeben wichtiger sozialer Funktionen
   - durch neue soziale Abhängigkeit

5. *Veränderte Umgebung*:
   - durch neue Beziehungen mit Medizinalpersonen
   - durch Hospitalisation
   - durch Konfrontation mit neuen Verhaltensregeln, Werten und (Fach-)Sprache

6. *Bedrohung des Lebens*, Angst vor dem Sterben:
   - durch akute Krise oder chronische Progredienz
   - durch Vielzahl an Verlusterlebnissen

 Beispiel A. Als der *Betriebsleiter* nach seinem *Herzinfarkt* seine Tätigkeit wieder aufnahm, fühlte er sich trotz des guten Vorsatzes, sich nun vermehrt zu schonen, ängstlich und verunsichert. Stets war er von der Frage bedrängt, ob er den beruflichen Aufgaben noch gewachsen sei oder ob er dem Leistungsdruck erneut erliegen werde. Seine Arbeitskollegen stellten erstaunt fest, daß sein forsches und dezidiertes Auftreten einem eher nachdenklichen, aber auch toleranten Verhalten gewichen war. Er machte zwar seinen Vorsatz wahr, vermehrt für die Familie zu leben; doch bereitete es nun seiner Frau Sorge, daß er sich von allen sozialen Kontakten zurückzog und nur noch wenige seiner Freunde sehen mochte.

 Beispiel B. Der *hämophile* Patient ärgerte sich darüber, daß er sich wegen seiner Knieblutung erneut hospitalisieren lassen mußte. Dem dynamischen und ehrgeizigen *EDV-Spezialisten* behagte es ganz und gar nicht, immobil ans Bett gefesselt zu sein, schon gar nicht im jetzigen Zeitpunkt, wo er an einem wichtigen Auftrag arbeitete, von dessen Erfüllung möglicherweise seine Beförderung zum Abteilungsleiter abhing; aber die Angst vor der progressiven Invalidisierung als Folge der Gelenkblutungen überwog den beruflichen Ehrgeiz. Seine Ärzte stellten wie üblich fest, daß sie es mit einem intelligenten, verständigen und kooperativen Patienten zu tun hatten. So nahmen sie es denn auch

hin, daß der Patient durch regen geschäftlichen Telefonverkehr und tägliche Besuche der Freundin mit der Außenwelt einen besonders intensiven Kontakt pflegte.

des Krankenhauses isoliert. Der verantwortliche Abteilungsarzt kontaktierte die Sozialarbeiterin, um mit ihrer Hilfe eine geeignete langfristige Rehabilitation in die Wege zu leiten.

 Beispiel C. Der *alkoholkranken Geschäftsfrau* erging es in der Folge nicht sonderlich gut. Die Ehetherapie brachte zwar eine Klärung der Beziehung, indem die beiden Partner sich einigten, ein weiteres halbes Jahr das Zusammenleben zu erproben. Der Mann drohte aber, er würde zu seiner Freundin ziehen, falls die Spannungen anhalten sollten. Unter diesem Erfolgsdruck traten immer wieder Schwierigkeiten auf, welche die Patientin nach wenigen Monaten erneut zum Trinken brachten. Von da an war der Circulus vitiosus geschlossen. Alkoholisierter Zustand – erhöhte Reizbarkeit – Ehestreit – Schuldgefühle und Spannungen – Alkoholkonsum, den die Patientin immer schlechter kontrollieren konnte. Es kam zur Scheidung mit ihren sozialen Konsequenzen. Als die Patientin schließlich wegen akuten Ösophagusblutungen (als Folge einer progredienten Leberzirrhose) hospitalisiert werden mußte, wirkte sie apathisch, desinteressiert, in bezug auf die Sucht uneinsichtig und bagatellisierend. Sie erhielt praktisch nur von ihrer Tochter regelmäßig Besuch, die sich aber von der Situation überfordert fühlte. Offenbar war die Patientin auch außerhalb

 Beispiel D. Die *Bäuerin* wurde von ihrem Hausarzt in die Frauenklinik eingewiesen, als er den bereits nicht mehr verschiebbaren Knoten in der rechten Brust festgestellt hat. Dort wurde ein *fortgeschrittenes Mammakarzinom* diagnostiziert und eine Ablatio veranlaßt. Die Patientin bereitete in der medizinischen Behandlung vordergründig keine Schwierigkeiten. Sie fühlte sich aber in der fremden Umgebung des Zentrumspitals verloren und auch etwas ratlos. Sie klagte ihrer Nachbarin, welche sie im Spital besuchte, daß sie recht müde sei und sich nun in ihr Schicksal ergebe. In ihrem Verhalten war sie auffallend still, geduldig, aber deutlich bedrückt; einzig auf den Vorschlag der zusätzlichen Chemotherapie reagierte sie heftig abweisend. Die Kinder kamen gelegentlich aus dem Bergtal auf Besuch, während der Ehemann den Hof kaum je verlassen konnte. So überrascht es nicht, daß sich die Patientin im Zentrumspital unglücklich fühlte und zunehmend vereinsamte.

Belastungen und psychische Reaktionen. Die Beispiele illustrieren die durchgestandenen Belastungen und die jeweiligen psychischen Reaktionen. Während der zuvor tüchtige Betriebsleiter bei der

Wiederaufnahme der Arbeit nach seinem Herzinfarkt vorerst recht verunsichert war, hatte der ebenfalls beruflich stark engagierte EDV-Spezialist aufgrund langer Erfahrung mit seiner Krankheit (Hämophilie) eine realistische, sachliche Einstellung. Nach außen waren die Veränderungen bei der alkoholkranken Geschäftsfrau am einschneidensten: innerhalb eines Jahres Scheidung, Verlust der zuvor wichtigen Berufsarbeit, soziale Isolation, körperliche Schädigung und zunehmende Wesensveränderung. In der letzten Konsequenz war aber der Zustand der Bäuerin noch bedenklicher, hatte sie doch vorerst auf das fortschreitende Karzinom apathisch-depressiv reagiert. Zu dieser Entwicklung trug vor allem auch die große Distanz des Zentrumspitals von ihrer heimatlichen Umgebung bei. Die Distanz verhinderte, daß das übliche familiäre und soziale Netz sie zu tragen vermochte, obwohl die Patientin ihren Angehörigen und Bekannten innerlich stark verbunden war.

13.1.2 Definition der Krankheitsbewältigung

Reaktion auf Krankheit. Die mannigfachen psychosozialen Belastungen, die jede Krankheit mit sich bringt, müssen stets in einer bestimmten Weise beantwortet werden. Ein Grundsatz der Kommunikationslehre lautet: Man kann nicht nicht-kommunizieren, was besagt, daß man selbst dann, wenn man sich nicht mitzuteilen meint (durch Schweigen, Warten, Gesten etc.), eben doch eine Aussage macht (s. Kap. 3.2). In Analogie müssen wir festhalten:

> **!** Auf Krankheit kann man nicht nicht-reagieren! Offen bleibt wie und mit welchen innerpsychischen, verhaltensmäßigen oder sozialen Reaktionsmustern ihre Belastungen beantwortet werden.

Die Analyse der Patientenkarriere mit den verschiedenen Krankheitsphasen hat aufgezeigt, daß jeder Kranke sich laufend an die sich verändernden Aufgaben und Erwartungen neu anpaßt. „Reaktion" bedeutet in diesem Zusammenhang immer auch das Bestreben, mit den Problemen und Belastungen der Krankheit fertig zu werden. Die psychosoziale Forschung hat sich diesem Aspekt besonders zugewandt. Sie hat dabei festgestellt, daß Belastungen durch Krankheit jenen durch andere psychosoziale Stressoren nicht nachstehen. Entsprechend sind auch die psychophysiologischen Auswirkungen auf den Organismus denen anderer Stressoren vergleichbar (vgl. Kap. 8.4); dies wiederum beeinflußt indirekt den Krankheitsverlauf.

Krankheitsbewältigung. Die Fähigkeit, die Streßreaktion psychisch adäquat zu verarbeiten, ist somit klinisch bedeutsam. Sie wird mit dem Ausdruck „Coping" oder „Krankheitsbewältigung" umschrieben und ist im wesentlichen von den inneren und äußeren Ressourcen einer Person abhängig [2, 4].

> **!** *Krankheitsbewältigung* (Coping) kann als das Bemühen definiert werden, bereits bestehende oder erwartete Belastungen durch die Krankheit innerpsychisch (emotional/kognitiv) oder durch ziel-

gerichtetes Handeln vorbeugend auszugleichen oder ihre Manifestation zu verarbeiten und zu meistern.

13.2 Einflußfaktoren der Krankheitsbewältigung

In Tabelle 13.2 sind die wichtigsten Faktoren zusammengefaßt, welche für die Krankheitsbewältigung eines Patienten von Bedeutung sind.

Personenmerkmale. Es ist naheliegend, daß wie im übrigen psychosozialen Verhalten auch in der Krankheitsbewältigung individuelle Unterschiede zu beobachten sind. Für eine junge Mutter von 35 Jahren mit zwei kleinen Kindern ist eine Brustkrebserkrankung in der Regel eine viel dramatischere Erfahrung als für eine einsame 78-jährige Witwe, die mit dem Leben weitgehend abgeschlossen hat. Ein ängstlich-hypochondrischer Beamter wird sich vermutlich mit den Ansprüchen der Rehabilitation nach Herzinfarkt schwerer tun als ein sportlicher Manager, der nun erkennt, daß er seinen Organismus im Beruf zu einseitig belastet hatte und nun gewillt ist, seine Lebensführung dem Gesundheitszustand anzupassen. Je-

doch nicht nur Alter, Beruf und biographische Gegebenheiten sind individuell bestimmend. Es gibt verschiedene psychologische Dispositionen, die darüber entscheiden, welche Formen der Bewältigung vom Einzelnen vorgezogen werden. Der Ausdruck personale oder interne Ressourcen, wie wir ihn in den Kap. 9 und 10 kennengelernt haben, umschreibt dies genauer. Von besonderer Bedeutung ist die sogenannte

Kontrollüberzeugung. Damit ist gemeint, ob durch eigenes Verhalten wichtige Ereignisse im Leben beeinflußt werden können (internale Kontrolle) oder ob externe Faktoren entscheidend sind (externale Kontrolle). Es zeigt sich, daß Personen mit starker internaler Kontrollüberzeugung aktiver und meist erfolgreicher mit Belastungen umgehen als Personen, die sich external kontrolliert fühlen. Wir werden unten noch sehen, wie einflußreich diese und andere interne Ressourcen hinsichtlich der gelungenen Bewältigung sind. Ein verwandter Begriff ist jener der *Attribution*, der umschreibt, wie dem eigenen oder fremden Handeln Ursachen zugeordnet werden. In der oben beschriebenen *subjektiven Krankheitstheorie* (s. Kap. 9) lernten wir kennen, wie jedes Individuum, ob bewußt oder vorbewußt, seiner Krankheit eine Erklärung zuordnet – oder eben *attribuiert*.

Tabelle 13.2. Einflußfaktoren auf die Krankheitsbewältigung

Personenmerkmale:	Alter, Geschlecht, personale oder interne Ressourcen (u. a. Kontrollüberzeugung), Lebensgeschichte, frühere Bewältigungserfahrung, etc.
Krankheitsmerkmale:	Art, Schwere, Dauer, Behinderungen etc.
Merkmale der Behandlung:	Diagnosestellung, Arzt-Patient-Beziehung, Setting der Behandlung (Hospitalisation), Patientenkarriere, etc.
Soziales Umfeld:	Soziale oder externe Ressourcen, Familie, Freunde, ökonomische Lebensverhältnisse, etc.
Merkmale der Situation:	Aktuelle Lebenssituation, Lebensereignisse als Zusatzbelastung, etc.

Krankheit. Entsprechend den Merkmalen einer Krankheit variieren die Belastungen und damit bis zu einem gewissen Grad auch der Erfolg der Bewältigung. Dennoch zeigt die Forschung, daß die Muster der Bewältigung weniger von der Art (Diagnose) der Krankheit als von der jeweiligen Krankheitssituation abhängen.

Behandlung. Ein Analoges gilt für die Merkmale der Behandlung. Wir werden im folgenden Abschnitt anhand eines Beispieles von Brustkrebspatientinnen sehen, daß jede *Krankheitssituation*, eingeschlossen die momentane Behandlung, die Kranken unterschiedlich belastet, bzw. verschiedenartige Bewältigungsformen bedingt [6]. Nebst der Krankheit können es aber auch andere Stressoren sein, wie z.B. Arbeitsplatzverlust, Eheprobleme etc., die mit der Krankheit nur mittelbar zusammenhängen, die aber zur Gesamtbelastung beitragen.

Soziales Umfeld. Auf die Bedeutung des sozialen Umfeldes wurde auch schon hingewiesen (vgl. Kap. 10). Dabei hat sich die Fähigkeit, vom Umfeld Zuwendung und Unterstützung zu erwirken, als besonders hilfreich erwiesen.

> **!** Unter dem Begriff *soziale Unterstützung* (social support) werden Hilfen verstanden, die dem einzelnen durch Beziehungen und Kontakte mit seinem Umfeld zugänglich werden und die dazu beitragen, die Gesundheit zu erhalten und psychische und somatische Belastungen zu meistern und Krankheitsfolgen zu bewältigen.

Individuen, die über ein geeignetes soziales Netz als externe Ressource verfügen, sind in erstaunlich hohem Masse gegen Folgen von Krankheit geschützt.

13.3   Ziele der Bewältigung

Die Bedeutung des Betrachtens. Das Ziel der Krankheitsbewältigung ist es, das Individuum auf eine neue, durch den manifesten Krankheitsprozeß entstandene Situation optimal einzustellen. Allerdings kann die Meinung darüber, was unter den gegebenen Umständen als Optimum zu verstehen sei, je nach Betrachter recht verschieden sein. Wir wollen uns dies anhand des fiktiven Beispiels einer Frau vorstellen, die eine verdächtige Verhärtung in der Brust festgestellt hat. Aus der Sicht der *Patientin* ist es wichtig, das psychische Gleichgewicht aufrechtzuerhalten, um auch eine objektiv bedrohliche Krankheitssituation ohne allzu große Erschütterung auszuhalten. So mag eine Patientin mit einem offensichtlich malignomverdächtigen Knoten im Interesse ihres innerpsychischen Gleichgewichtes den Verdacht über eine bestimmt Zeit verleugnen. Aus *ärztlicher Sicht* wären aber im Sinne der Früherfassung eine rasche Konsultation und diagnostische Klärung optimal, ohne Rücksicht auf das emotionale Befinden der Patientin. Aus der Sicht der unmittelbaren *Umwelt*, also des Ehepartners, der nächsten Angehörigen, des Arbeitsplatzes, Freundeskreises etc. sind es noch einmal andere Kriterien, nämlich jene der allgemeinen psychosozialen Anpassung, die für die Beurteilung der geeigneten Krankheitsverarbeitung gelten. Es wird von der Kranken erwartet, daß sie nach Maßgabe des jeweiligen Krankheitszustandes ihre Rollen als Ehefrau, Mutter, Kollegin etc. weiterhin in geeigneter Weise wahrnimmt. *Die Einschätzung, was eine geeignete und was eine ungeeignete Bewäl-*

Tabelle 13.3. Ziele der Krankheitsbewältigung aus der Sicht von Patienten, medizinischem Personal und familiärem/sozialem Umfeld

Patienten	Medizinisches Personal	Familiäres/soziales Umfeld
Wiederherstellen des emotionalen Gleichgewichtes	Kooperation in Diagnostik und Therapie	Aufrechterhalten oder Wiedergewinnung von:
Wiedergewinnen von Wohlbefinden und Körperfunktionen	Einlassen auf konstruktive Arzt-Patient-Beziehung	– familiären Beziehungen
Ertragen der krankheitsbedingten Belastungen	Anpassen an Regeln des medizinischen Umfeldes, spez. Krankenhaus	– beruflicher Tätigkeit
Umbesinnen auf neue Lebensziele	Aktive Zielsetzung in Rehabilitation	– finanziellen Ressourcen
Sinnfinden in existentiellen Fragen	Selbstbeherrschen von Emotionen	– sozialen Beziehungen
etc.	etc.	– etc.

tigungsform sei, ist somit stark situations- und beurteilerbezogen. Damit ist auch schon angedeutet, daß die Art und Weise, wie die betroffene Person versucht, ihre Krankheit zu bewältigen, zu einer erheblichen Diskrepanz zwischen dem Bedürfnis nach subjektiver Entlastung und der Forderung nach objektiv effizientem Verhalten im Sinne der Compliance führen kann.

Betrachter und Bewältigungsziele. Neben dem implizit gegebenen Hauptinteresse der Patientin, die Krankheit als Ganzes zu überwinden, sind es *Teilziele*, die ihre Beurteilung der Krankheit und ihr Verhalten mitbestimmen. Sie will beispielsweise das durch die Krankheit ausgelöste Mißbehagen (Schmerz oder emotionale Spannung) so gering wie möglich halten. Auf Selbstwert und Selbstachtung ist Rücksicht zu nehmen; diesem Ziel gilt auch das Bestreben, die Beziehungen zu nahestehenden Menschen aufrechtzuerhalten. Je nach Krankheitssituation, je nach Persönlichkeitstyp wären hier noch andere Teilziele zu nennen, die in der subjektiven Gewichtung vorrangig werden können. Tabelle 13.3 gibt einen Überblick über mögliche Ziele der Bewältigung aus der Sicht von Patienten, medizinischen Betreuern und familiären bzw. sozialen Bezugspersonen.

13.4 Der Bewältigungsvorgang

13.4.1 Ablauf des Bewältigungsvorganges

Krankheitsbewältigung ist mehr als ein einfaches Reaktionsmuster, das, einmal angewandt, immer wieder gleichförmig wiederholt wird. Es handelt sich vielmehr um einen längerdauernden Prozeß, der sich in den einzelnen Phasen der Krankheit wandelt und der gegebenen Situation jeweils neu anpaßt. Es ist ja auch erkennbar geworden, daß jede Krankheitsphase ihre besonderen Aufgaben und Belastungen mit sich bringt, die entsprechend beantwortet werden müssen. Noch sind wenige Studien bekannt, welche die Krankheitsbewältigung langfristig untersucht haben. Sie bestätigen aber, was der Hausarzt intuitiv weiß, daß nämlich je nach Lebensalter, nach

Krankheitsart und -stadium die Verarbeitungsform variiert [6].

Phasen des Bewältigungsvorganges. Innerhalb der einzelnen Krankheitsphasen, von denen jede eine gesonderte Problemsituation darstellt, läuft aber innerpsychisch immer wieder ein ähnlicher Vorgang ab. Es ist dies eine Art Problemlösungsverfahren, mit dem versucht wird, den geeignetsten Weg zu finden, um das Problem zu klären und zu verarbeiten. Bildlich gesprochen ist es, wie wenn derselbe „Chip" oder Mikroprozessor, der ein fixes Teilprogramm enthält, in wechselnden Programmphasen eingegeben wird, um immer wieder neue Teilaufgaben zu lösen. Den „Chip" nennen wir in unserem Zusammenhang „Bewältigungsvorgang". Dieser kann als eine Folge von Teilschritten dargestellt werden. Zunächst stellt der Patient gewisse Veränderungen in seiner Befindlichkeit fest.

Daran schließt sich erst das Wahrnehmen der – mehr oder weniger umschriebenen – körperlichen Veränderung an, die nun beurteilt und auf ihre Konsequenzen hin überprüft werden muß. In einem letzten Schritt kommt es zur eigentlichen Krankheitsbewältigung, die auf verschiedenen Ebenen (handelnd, kognitiv, emotional) und in entsprechend vielfältigen Bewältigungsformen erfolgen kann. In Wirklichkeit sind diese Teilschritte kaum auseinanderzuhalten, sondern durch mannigfache Rückkoppelungsvorgänge untereinander verbunden. Sie folgen auch nicht einem streng logischen Ablauf, wie dies bei einem deduktiven Problemlösungsverfahren, z. B. in Mathematik oder Philosophie, der Fall sein mag. Der Bewältigungsvorgang verläuft gewissermaßen gefiltert, indem zwischen den einzelnen Teilschritten schon gewisse Vorentscheide als erste mögliche Bewältigungsformen möglich sind. Sie werden vorbewußt

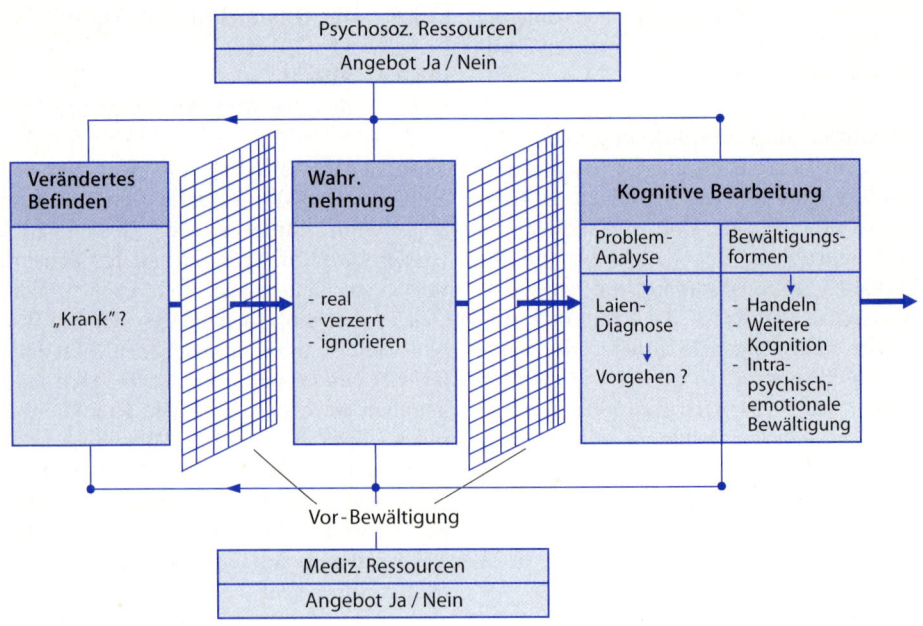

Abb. 13.1. Detaillierte Darstellung des Bewältigungsvorganges

oder unbewußt eingesetzt und stehen somit den psychischen Abwehrmechanismen nahe. Abbildung 13.1 stellt die einzelnen Phasen des Bewältigungsvorganges schematisch im Überblick dar.

13.4.2 Verändertes Befinden

Gegenüber dem üblichen Wohlbefinden oder einem schon vertrauten Krankheitszustand ist eine Veränderung eingetreten, z.B. Schmerz, Unwohlsein, Angst, innere Spannung. Die Zentren der Selbstregulation entscheiden darüber, ob die Veränderung an die kortikalen Zentren des Bewußtseins weitergeleitet wird oder nicht. Dabei nehmen nicht nur physiologische Regulationszentren wie bei der Schmerzverarbeitung, sondern auch vorbewußte kortikale psychische Zentren Einfluß. Durch Verdrängen bzw. Unterbinden der afferenten Projektion eines Signals zu den kortikalen Zentren kann der weitere Ablauf schon in diesem Teilschritt blockiert werden. So mag z.B. die Wirkung eines kariösen Zahnes beim einen Patienten die Schmerztoleranz schon überschreiten, während bei einem anderen die Schmerzsignale gleich wieder verdrängt werden; oder die eine Frau mag beim Duschen eine kleine Unebenheit in ihrer Brust wahrnehmen und bewußt auf ihre Natur hin (Tumor?) prüfen, wogegen die andere den gewonnenen Eindruck gleich blockiert und gar nicht zuläßt, daß er das Bewußtsein erreicht (Verdrängen als Abwehrmechanismus).

13.4.3 Wahrnehmen

Individueller Wahrnehmungsstil. Diese unterschiedliche individuelle Verarbeitung propriozeptiver Signale geht darauf zurück, daß somatische Reaktionsmuster und deren symbolische und sprachliche Äquivalente seit der Kindheit unterschiedlich erlernt werden. So entwickelt sich bei jedem Menschen eine Art Wahrnehmungsstil, der je nachdem zu überscharfer oder zu reduzierter Wahrnehmungsbereitschaft führen kann.

Im wesentlichen sind es *drei Formen, wie Veränderungen der Befindlichkeit* wahrgenommen werden:

- Reales Wahrnehmen von Symptomen;
- verzerrtes Wahrnehmen von Symptomen;
- ignorieren von Symptomen.

Selbst das *reale Wahrnehmen* ist nicht eine reine Körperfunktion, wie die gängige medizinische Differenzierung in „organische" und „funkionelle" Symptome unterstellt. Jede Krankheit hat ihre physiologischen und psychologischen Anteile. Die Frage ist jeweils nur, welche wieviel zum Krankheitsbild beitragen. Der Übergang von realer zu verzerrter Wahrnehmung ist durchaus fließend, so wie auch das Spektrum von Menschen, die Schmerz übertreiben (Aggravierer) zu jenen, die sie untertreiben (Dissimulierer) keine scharfen Abgrenzungen kennt.

Am deutlichsten ist die *Verzerrung der Wahrnehmung* dort, wo Körpersymptome eigentlich Ausdruck von psychischen Störungen sind. Wiederum ist der gängige medizinische Wortschatz, der solche Beschwerden wechselnd als „psychogen", „psychosomatisch", „mental", „funktionell" bezeichnet, ungenau.

Das *Ignorieren von Symptomen* kann entweder habituell als Konsequenz des Krankheitsmodells erfolgen, indem Körperveränderungen gezielt bagatellisiert werden, wie dies vor allem von indianischen oder asiatischen Kulturen bekannt ist. Aber auch in unseren Verhältnissen werden Körperveränderungen ignoriert, etwa dann, wenn ihre Konsequenzen vom Individuum momentan nicht verkraftet werden können. Hier ist das Ignorieren also praktisch identisch mit den psychischen Abwehrmechanismen des Verdrängens oder des Verleugnens.

Beispiel A. Der oben zitierte *Betriebsleiter* war unfähig, die koronaren Herzbeschwerden als solche gelten zu lassen. Er betrachtete sie für sich und bezeichnete sie auch vor andern als Ausdruck seines beruflichen Ärgers – was sie teilweise auch waren. Hätte er ihnen aber die volle Bedeutung als Anzeichen einer Verengung seiner Herzkranzgefäße zugemessen, wie es ihm die Erklärung seines Hausarztes nahelegte, dann wäre sein Selbstwertgefühl wesentlich beeinträchtigt worden. Konsequenterweise hätte er dann nämlich seine ehrgeizigen beruflichen wie sportlichen Aktivitäten einschränken müssen. Beides schien ihm unerträglich, da er auf diese Leistungen angewiesen war, um vor sich selbst und der Umwelt zu bestehen. Er wählte also die innerpsychische Abwehr des Verleugnens und dissimulierte seinen Zustand, bis schließlich der manifeste Herzinfarkt ihn mit seinem körperlichen Zustand unübersehbar konfrontierte.

Merkmale der Krankheit. Neben den Eigenheiten des psychischen Apparates sind es auch Charakteristika der Krankheit selbst, welche für die Wahrnehmung ausschlaggebend sind. Ein plötzlicher Schwindelanfall, eine heftige Magenblutung, ein starker Schmerz oder eine intensive Atemnot können der bewußten Wahrnehmung kaum entzogen werden. Dagegen sind z. B. schmerzlose Lymphknotenvergrößerungen, passagere Darmreizungen oder ein schleichender Merkfähigkeitsverlust leichter auszublenden.

Wiederum können wir uns im Übergang zum nächsten Teilschritt eine Art psychisches Filter („Vorbewältigung") denken, das unbewußt steuert, ob die wahrgenommenen Signale der realistischen Beurteilung zugeführt, blockiert (d. h. verdrängt oder verleugnet) oder in anderer Weise durch psychische Abwehrmechanismen verzerrt werden.

Bewältigung und Abwehr. In der Krankheitsbewältigung haben die *psychischen Abwehrmechanismen* (s. Kap. 7.3 und Tab. 13.5) eine große Bedeutung. Als unbewußt ablaufender Vorgang schalten sie sich, für Patienten und Arzt meist unerkannt, in der Vorbewältigung ein. Verdrängung und Verleugnung sind dabei die häufigsten, aber keineswegs die einzigen Abwehrformen. Je nach Umständen kann aus dem Verhalten des Patienten auch auf Rationalisieren, Reaktionsbildung, Ungeschehenmachen, Isolieren, etc. geschlossen werden.

13.4.4 Kognition

Kognition umschreibt alle innerpsychischen Prozesse, die nicht strikt auf das emotionale Erleben ausgerichtet sind, also Denk-, Urteils-, Entscheidungs-, Erinnerungs- und Gedächtnis-Speicherungsvorgänge. Diese sind so eng miteinander verbunden und beeinflussen sich wechselseitig derart unmittelbar im Ablauf, daß man sie nur artifiziell auseinanderhalten kann (vgl. Kap. 6). Von den verschiedenen kognitiven Vorgängen interessieren uns im Zusammenhang mit der Krankheitsbewältigung vor allem jene zwei, die hauptsächlich zur Problemlösung beitragen. Es sind dies das Beurteilen oder Bewerten, (das zu der schon erwähnten Laiendiagnose führt) und die Entschlußfaßung als Konsequenz der Beurteilung (vgl. Abb. 13.1).

Beurteilen – Problemanalyse. Das Beurteilen müßte streng logisch jenen Schritten folgen, die in Problemlösungsverfahren allgemein beachtet werden. Dies entspräche den Entscheidungsschritten eines digital gesteuerten Computers. Das Alltagsdenken der meisten Menschen und auch der meisten Kranken folgt aber eher dem Analogverfahren, d. h. aufgrund ähnlicher Erfahrungen wird abgeschätzt, ob und wie weit die momentane Situation früheren vergleichbar ist (vgl. Kap. 3.2.2).

> **!**
>
> *Die folgenden Fragen muß sich früher oder später jeder Kranke ob implizit oder explizit beantworten:*
>
> Ist die Bedrohung schweren Grades, muß etwas dagegen unternommen werden, in welcher Zeit? Ist sie allgemeiner oder mehr persönlicher Art, welches sind die Folgen (minimal und maximal)? Welche Ressourcen stehen mir zur Verfügung, um der Bedrohung zu begegnen? Welches sind deren Vor- und Nachteile? Welche Konsequenzen muß ich jetzt, welche eventuell später ziehen? Mit welchen minimalen bzw. maximalen Verlusten muß ich in jedem Fall rechnen?

Rückkoppelung der Bewältigungsschritte. Wenn auch in Abb. 13.1 „Problemanalyse" nach „Wahrnehmung" folgt, ist die Wahrnehmung als bewußter Vorgang ihrerseits nicht unabhängig von der Kognition. Im Sinne der laufenden Rückkoppelung wird je nach wahrgenommenem Eindruck der Bedrohung das „Wahrnehmen" als solches gleich auch wieder verändert. Wir vermuten, daß es sich hier um einen U-förmigen Zusammenhang handelt: Die Wahrnehmung einer in der Beurteilung als Bagatellunfall eingestuften Veränderung (z. B. leichte Spannung im Brustbereich, die als rheumatisch abgetan wird) wird rasch ausgeblendet und ignoriert. Ein plötzlich deutlich wahrgenommener, unübersehbar typischer „bösartiger" Knoten vermag die Patientin derart in Panik zu versetzen, daß sie temporär die Wahrnehmung ebenfalls abblockt und verzerrt. Dagegen ist eine Patientin, die nach früherem Karzinomverdacht in der senologischen Abklärung auf die Frühzeichen eines eventuellen künftigen Karzinoms aufmerksam gemacht worden war, nun entsprechend vorbereitet, die Veränderung von Anfang an mit mäßiger Angst realistisch einzuschätzen und die entsprechenden Konsequenzen zu ziehen.

Wahrnehmung und Laiendiagnose. Die Wahrnehmung einer Bedrohung erfolgt also schrittweise, indem die vorerst eingesetzte Verleugnung nach und nach aufgegeben wird und einer realitätsgerechten Beurteilung Platz macht. Im Beurteilungsprozeß berücksichtigt das Individuum somit objektive Kriterien der Krankheit und Krankheitssituation (z. B. Größe, Dauer, Lokalisation, Schmerz) ebenso wie subjektive Erfahrungen im Sinne des individuellen Krankheitsmodells. Am Ende dieses Teilschrittes steht somit die *Laiendiagnose*. Diese ist in ihrer Funktion nur beschränkt der Diagnose des Arztes vergleichbar, wie wir schon begründet haben (vgl. Kap. 9.3). Viele der gewonnenen Eindrücke bleiben für ihn unbestimmt und unerklärlich.

Dies ist ein psychologisch unangenehmer Zustand, der zu innerer Spannung führen kann. Von daher entsteht ein starkes Bedürfnis, die festgestellten Veränderungen irgendeinem Begriffssystem, eben dem Krankheitsmodell des Laien, zuzuordnen. Es hängt stark von den emotionalen Bedürfnissen des Patienten ab, wie weit sich seine Diagnose dem objektiven medizinischen Befund nähert. Nicht zuletzt deshalb, damit er die Frage nach etwaigen unangenehmen Konsequenzen noch offenlassen kann, zieht der Laie meist vage Formulierungen und Umschreibungen eines Zustandes wie „rheumatisch", „nervös", „infektiös", „erschöpft", etc. vor. Nicht selten fließen aber – im Sinne des Primärgewinnes – in die Laiendiagnose auch *unbewußte Wunscherfüllungen* ein. Damit verhüllt dann die symbolische, subjektive Interpretation der Krankheit das medizinische Krankheitsbild.

> ❗ Krankheit kann als *unbewußte Wunscherfüllung* symbolisch die Bedeutung von Selbstbestrafung, Auflehnen, Erleichterung, Verlust oder Bedrohung haben.

Entschlußfassung – Konsequenzen. Die Beurteilung dient letztlich dazu, zu einem Entscheid zu gelangen, welche der momentanen Lage angemessen ist. So rational, wie es sich der distanzierte Beobachter vorstellt, werden in der Krankheitsbewältigung wohl nur ausnahmsweise Entscheide getroffen. Häufig entsteht ein sog. *Entscheidungskonflikt*: Unterschiedliche Interessen kollidieren, wenn es gilt, eine Veränderung herbeizuführen. Als erstes ist das Widerstreben gegen jeden Vorgang zu nennen, der mit Unsicherheit verbunden ist. Eine bedrohliche Krankheit ist ja gerade dadurch charakterisiert, daß ihr Verlauf kaum oder nur unzureichend abgesehen werden kann. Eine weitere Belastung entsteht daraus, daß als Folge des Krankheitsverlaufs, wie immer die Entscheidung fällt, wichtige Bedürfnisse (beruflich, familiär) zurückgestellt werden müssen oder gar wesentliche, auch dauernde Nachteile (Ablatio mammae) zu erwarten sind. Schließlich kann der Entscheidungskonflikt auch durch den Druck der Umstände verschärft werden, etwa wenn dem Patienten vor einem operativen Eingriff nicht genügend Zeit bleibt, die Konsequenzen und Alternativen in Ruhe durchzudenken. Noch andere objektive und subjektive Einflußgrößen mögen mitbeteiligt sein, wenn es darum geht, aus der Krankheitsbeurteilung Konsequenzen zu ziehen. Der Entscheid im Rahmen der Krankheitsbewältigung muß logischerweise die gleichen Schritte durchlaufen, wie sie für *Entscheidungsprozeße* generell gelten:

- 1. Einschätzen der bedrohlichen Situation
- 2. Alternativen suchen
- 3. Alternativen abschätzen und gewichten
- 4. Vorgehen festlegen.

13.5 Bewältigungsformen

Konsequenz der Kognition ist, geeignete Bewältigungsformen zu wählen und einzusetzen. Damit wird erst wirksam, was die zuvor erwähnten Schritte vorbereitet haben. Diese sind Teil des Vorentscheides, ob der Patient sich selbst behandelt, Laientherapie bevorzugt oder sich an den Primärarzt des medizinischen Versorgungssystemes (meist Hausarzt) wendet.

Lange Jahre standen zwei Pole eines möglichen Spektrums der Krankheitsbewältigung im Vordergrund: Das überscharfe Herausgreifen der Beschwerden („hypervigilant focussing") als der eine, die Verleugnung als Gegenpol. Diese zwar methodisch einfache Aufteilung hat in bezug auf den Wahrnehmungsvorgang gewisse Kenntnisse gebracht. Je mehr sich aber die Copingforschung entwickelt hat, desto weniger vermochte diese einfache Gliederung zu genügen. Heute liegen Forschungsergebnisse vor:

- 1. Aus verschiedenen *Krankheitsbereichen* (Herzkreislaufkrankheit, respiratorische Krankheiten, Diabetes, Hämophilie, Ophtalmologie, Verbrennungen, Karzinome, terminale Krankheiten etc.).
- 2. Zu unterschiedlichen *diagnostischen und therapeutischen Interventionen* (Abdominalchirurgie, Herzchirurgie, zahnärztliche Chirurgie, verschiedene endoskopische Untersuchungen, Nierentransplantationen, Hämodialyse etc.).
- 3. Zu vielen *medizinischen Situationen* (Hospitalisation, Intensivpflege, Geburtshilfe, geriatrische Einrichtungen, psychiatrische Kliniken etc.).
- 4. Zu mehreren *Zielgruppen* (Kinder, Adoleszente, Frauen versus Männer, mittleres und hohes Alter, Familien, Hausarzt, Arzt allgemein, Pflegepersonal etc.).

Bewältigungsformen. Es erstaunt nicht, daß in diesem weit gefächerten Untersuchungsfeld zahlreiche Bewältigungsformen isoliert wurden. In der eigenen Forschung konnten 30 klinisch relevante Bewältigungsformen unterschieden werden [3]. Sie lassen sich im wesentlichen auf drei Gruppen verteilen (Tab. 13.4). In der Tabelle sind zu den Gruppen die einzelnen Bewältigungsformen aufgelistet und kurz umschrieben, so daß passende Beispiele leicht ausgedacht werden können.

Bewältigungsformen, die direktes Handeln auslösen. Sie sind Verhaltensweisen, die auch dem Beobachter (und damit dem Arzt) unmittelbar zugänglich sind. Sie werden deshalb nicht selten als die geeignetsten Bewältigungsformen betrachtet, was aber in dieser Vereinfachung nicht stimmt. Aktivität ist der Passivität nicht immer überlegen. Es hängt vielmehr von der Krankheitsphase ab, welche Grundhaltung und welche Bewältigungsformen am besten geeignet sind. So gibt es Patienten, die nach frischem Herzinfarkt die Treppe hinaufsteigen wollen, um sich und der Umgebung zu beweisen, daß sie doch nicht krank sein könnten. Diese aktive Flucht nach vorn entspricht der Tendenz zur Verleugnung der phasenspezifischen Anforderungen, sich vorerst passiv in die Krankheit zu ergeben (Stoizismus).

Tabelle 13.4. Berner Bewältigungsformen BEFO (Kurzdefinition mit Beispiel) [Heim et al., 1991]

Handlungsbezogen	
H 1 Ablenkendes Anpacken:	Vertraute Tätigkeit Ablenkung einsetzen: „Ich stürze mich in die Arbeit, um die Krankheit zu vergessen"
H 2 Altruismus:	Selbst in belastender Situation eigene Wünsche und Bedürfnisse hinter diejenigen von anderen zurückstellen, um so etwas für andere zu tun: „Solange es mir noch möglich ist, will ich etwas für meinen Mann tun"
H 3 Aktives Vermeiden:	Notwendige medizinische Handlungen unterlassen, obwohl minimale Einsicht für deren Notwendigkeit besteht. „Ich mag gar nicht alle drei Monate zur Krebsnachkontrolle gehen; für mich ist jetzt alles in Ordnung"
H 4 Kompensation:	Ablenkende Wunscherfüllung: kaufen, essen, irgend etwas Lustvolles tun. „Seit der Operation esse ich viel mehr Schokolade, ich weiß auch nicht warum"
H 5 Konstruktive Aktivität:	Eine Handlung, die subjektiv hoch gewertet wird und die kreative Leistungen einschließt, die ev. vor der Krankheit zurückgestellt werden mußte: „Ich hatte früher nie gedacht, daß mir ein Hobby, wie jetzt das Malen, so viel bedeuten könnte"
H 6 Konzentrierte Entspannung:	Meist Körperübungen (z. B. Autogenes Training, Yoga, Meditation), die durch innere Sammlung von Krankheit ablenken und zugleich Entspannung bewirken. „Unglaublich, was mir dies bringt: mich hinlegen, entspannen und ein paar Minuten ruhig durchatmen"
H 7 Rückzug (sozial):	Aktiver Rückzug aus vertrautem sozialem Umfeld, um nicht auf andere Leute eingehen zu müssen und Zeit für sich zu gewinnen: „Bevor ich irgendetwas unternehmen konnte, mußte ich die Situation ganz allein für mich verarbeiten"
H 8 Solidarisieren:	Hilfreiche Begegnung und Austausch mit Personen, die von gleicher oder ähnlicher Krankheit betroffen sind. „Ich fühle mich am besten von Menschen verstanden, die durch ihre Krankheit ähnliches durchmachen müssen wie ich"
H 9 Zupacken (krankheitsbezogen):	Selbstverantwortliches, aktives Angehen der Krankheitssituation und ihrer Probleme. „Für mich ist es wichtig alles zu tun, um die Abklärung zu beschleunigen"
H 10 Zuwendung:	Möglichkeit sich auszusprechen und verstanden, getragen zu sein, wird als hilfreich eingeschätzt und angestrebt. „Ohne Unterstützung meines Mannes und der Kinder hätte ich das alles nie durchgestanden"

Tabelle 13.4. Fortsetzung

Kognitionsbezogen	
K 1 Ablenken:	Auseinandersetzung mit Krankheitssituation ausweichen, indem Aufmerksamkeit auf anderes gerichtet wird. „Wenn die schweren Gedanken wieder kommen, denke ich sofort an etwas anderes, erfreulicheres"
K 2 Aggravieren:	An sich nicht so bedeutende Aspekte der Krankheit werden als schlimmer beurteilt oder dargestellt als sie objektiv sind, um so von Hauptbefund abzulenken. „Ich male mir sehr genau aus, was auf mich zukommt, ja ich übertreibe die Krankheit sogar, so bin ich auf alles gefaßt"
K 3 Akzeptieren, Stoizismus:	Krankheit als schicksalhaft, vorbestimmt und unabänderlich mit mehr oder weniger Gelassenheit hinnehmen. „Wenn es so weit ist, gibt es nichts anderes als sich dreinschicken"
K 4 Dissimulieren:	Verharmlosen der momentanen Krankheitssituation, indem offensichtliche Gegebenheiten verleugnet oder bagatellisiert werden. „Ich wüßte nicht, was mich jetzt noch plagen sollte, die Brustamputation habe ich gut überstanden, ich will leben wie zuvor"
K 5 Haltung bewahren:	Bemühen, das eigene Betroffensein durch die Krankheit vor Außenstehenden oder vor sich selbst mehr oder weniger geschickt zu verbergen, Selbstkontrolle anstreben. „Es ist wichtig, sich auch in schweren Zeiten in der Hand zu haben und durchzuhalten"
K 6 Humor, Ironie:	Durch humorvolles oder selbstironisches Überspielen wird die Bedeutung der Krankheitssituation relativiert. „Was soll ich mich darüber aufregen, es hilft mir, gelegentlich auch über mich selbst zu lachen"
K 7 Problemanalyse:	Gezielte kognitive Analyse der Krankheitssituation und daraus die richtigen Schlüsse für einen selbst ziehen. „Bevor ich mich zur Operation entschliesse, will ich alles ganz genau erklärt haben"
K 8 Relativieren:	Versuch, sich mit der eigenen Krankheitssituation abzufinden, indem diese bewußt mit schlimmeren Krankheiten oder Schicksalsschlägen anderer Menschen verglichen wird: „Was ich da alles im Krankenhaus gesehen habe! Da ist mein Problem noch ganz harmlos!
K 9 Religiosität:	In tröstender und stützender Weise im Glauben Rückhalt finden; Gottes Wille als gerechte Fügung annehmen. „Ich glaube, ich kann alles leichter annehmen, weil mir der Glaube so hilft"
K 10 Grübeln:	Ein grüblerisches, zwanghaftes Hin- und Herüberlegen der Krankheitssituation, ohne zu einem klaren Schluß zu kommen. Gedanklich im Kreis-Herumdrehen. „Ganz besonders vor dem Schlafen, wenn ich wach im Bett lag, kamen die Gedanken und ließen mich nicht los"
K 11 Sinngebung:	Der Krankheit wird Sinn zugeordnet. Sie wird als Chance zu veränderter, vertiefter Lebenshaltung verstanden. „Seit ich weiß, daß ich Krebs habe, schaue ich das Leben anders an und setze neue Prioritäten"
K 12 Valorisieren:	Selbstwertgefühl dadurch stärken, daß ähnliche schwierige Situationen erinnert werden, die erfolgreich gemeistert wurden. „Noch immer, wenn etwas Schweres auf mich zukam, habe ich es gemeistert; so kann ich auch dieser Krankheit gefaßt entgegensehen"

Tabelle 13.4. Fortsetzung

Emotionsbezogen	
E 1 Hadern, Selbstbedauern:	Die momentane Krankheit wird als unverdient und ungerecht empfunden; entsprechend wird mit dem Schicksal gehadert oder der eigene Zustand beklagt. „Es gibt schon Momente, wo ich mich frage, warum es immer mich trifft"
E 2 Emotionale Entlastung:	Die durch die Situation ausgelösten Gefühle werden offen ausgedrückt; dadurch fühlt sich der Betroffene entlastet. „Wenn ich darüber spreche, was diese Krankheit alles mit sich bringt, heule ich mich jedesmal aus"
E 3 Isolieren, Unterdrücken:	Bestimmte der Situation angemessene Gefühle werden nicht wahrgenommen. „Während der ganzen Abklärung war ich wie in einem Nebel, ich spürte gar keine Angst"
E 4 Optimismus:	Zuversichtliche Haltung bei aller Einsicht in die momentane Belastung durch die Krankheitssituation. „Ich war schon immer ein fröhlicher Mensch, ich glaube, das hilft mir auch diese Krankheit zu überwinden"
E 5 Passive Kooperation:	Sich dem behandelnden Arzt oder Team zuversichtlich anvertrauen, im Wissen um deren fachliche und menschliche Kompetenz. „Die Ärzte werden wohl wissen, was gut für mich ist, ich vermag da nicht mitzureden"
E 6 Resignation, Fatalismus:	Aufgeben von Hoffnung auf Veränderung zum Guten; sich in Krankheitssituation und ihre Folgen mutlos ergeben. „Als ich diese Diagnose hörte, brach eine Welt zusammen, ich wollte nicht mehr weiterleben"
E 7 Selbstbeschuldigung:	Krankheit und ihre Folgen dem eigenen Verhalten zuschreiben, sich entsprechend schuldig fühlen. „Natürlich hätte ich früher zur Abklärung gehen sollen, aber man denkt doch nicht gleich ans Schlimmste"
E 8 Schuld zuweisen, *Wut ausleben:*	Enttäuschung und Verärgerung dadurch entschärft, daß Verantwortung für Zustand den anderen, Ärzten oder Schwestern, zugeschanzt und entsprechend Wut an ihnen ausgelassen wird. „Die größte Wut habe ich auf jene Ärztin, die mir die Diagnose so kalt und schonungslos aufgebrummt hat"

 Beispiel. Ein *Herzinfarktpatient* und *Betriebsleiter* hatte in der ersten Krankheitsphase ebenfalls Mühe, seine erzwungene Passivität zu akzeptieren. Nachdem er aber seine Situation als unabänderlich realisiert hatte, entschloß er sich, in Therapie und Rehabilitation ernsthaft mitzumachen. Seine Haltung entsprach dem „Zupacken". Dabei befand er sich jedoch in einem gewissen Zwiespalt, indem er sich gleichzeitig halb grüblerisch mit der Krankheit auseinandersetzte (Grübeln) und halb abgeklärt eine neue Lebenshaltung anstrebte (Sinngebung). Auch nach seiner Rückkehr nach Hause war die Ambivalenz weiter erkennbar. Der schon erwähnten Ängstlichkeit und Tendenz, sich sozial zurückzuziehen, stand der Versuch entgegen, sich im Berufsfeld aktiv besser abzugrenzen. In der Tat hat sich der Zustand des Patienten erst im Laufe des ersten halben Jahres nach Krankenhausentlassung einigermaßen stabilisiert, als er nämlich realisierte, daß er im Betrieb auch ohne die alte Hektik voll akzeptiert war. Durch ein regelmäßiges körperliches Aufbautraining (Waldläufe) erfuhr er, was sein Körper noch alles zu leisten in der Lage war („aktives Ablenken").

Kognitive Bewältigungsformen. Sie decken das ganze Spektrum der innerpsychisch-rationalen Verarbeitung ab. Sie entsprechen einer Haltung, welche die bewußte intellektuelle Auseinandersetzung mit der Krankheit sucht. Die geistige Anstrengung soll also helfen, die Situation zu meistern. Gerade an dieser Gruppe der Bewältigungsformen läßt sich erkennen, daß die oben geschilderten Teilschritte nahtlos ineinander übergehen, also im Erleben der Kranken eine Einheit bilden. Zum Beispiel, eine klare Beurteilung vornehmen und der Krankheit einen positiven Sinn geben (Sinngebung), stellt einen geschlossenen Vorgang dar.

Emotional ausgerichtete Bewältigungsformen. Sie überlappen z.T. mit den unbewußten Abwehrvorgängen, z.T. handelt es sich um vorbewußte bis bewußte Haltungen gegenüber der Krankheit. Immer ist eine emotionale Komponente aus dem breiten Spektrum des Gefühlsbereichs beteiligt. Dort, wo intensive Gefühle den Patienten bedrängen, kann schon das Abreagieren der Gefühle wesentliche Entlastung bringen, was somit auch eine Bewältigungsform darstellt.

13.6 Gegenüberstellung von psychischen Abwehrmechanismen und Bewältigung

Abwehrmechanismen. In Kapitel 7 wurden sie eingehend als Teil der Lehre der Psychoanalyse erläutert. Auch Abwehrmechanismen sind, wie die Bewältigung, darauf ausgerichtet, psychische Krisen zu überwinden. Allerdings beziehen sie sich auf innerpsychische und damit unbewußte Vorgänge, vor allem emotionale Spannungen, die bei innerpsychischen Konflikten entstehen. Während sich Coping vor allem auf bewußte, realitätsnahe Belastungen bezieht, folgen Abwehrmechanismen einer eigenen, eher irrationalen Logik. Sie können zwar adaptiv wirken, indem sie negative Emotionen stabilisieren. Sie sind aber in der Krankheitsverarbeitung z.T. ungeeignet, weil sie eine bestimmte Realitätsverzerrung fördern, etwa wenn die körperliche Bedrohung einer Krankheit einfach nicht wahrgenommen wird. Die sog. „Projektion" kann dazu beitragen, daß der Patient seine Aggressivität auf seine Betreuer überträgt und dann ihr Verhalten als feindselig erlebt. Oder in der sogenannten „Spaltung" kann er versuchen, die Betreuer auseinander zu dividieren, also die „guten" Schwestern gegen die „bösen" Ärzte auszuspielen. Tabelle 13.5 gibt eine Gegenüberstellung der beiden psychischen Prozesse.

Ineinandergreifen von Abwehr und Bewältigung. Sinnvoller als die Abgrenzung ist das Abstimmen oder Integrieren der beiden Abläufe. Es hat sich sowohl in der Forschung wie auch in der Praxis gezeigt, daß die scharfe Trennung der Abwehr als „unbewußt-rigid oder pathologisch" und der Bewältigung als „bewußt, flexibel und adäquat" nicht sinnvoll ist.

Tabelle 13.5. Abgrenzung Bewältigung und Abwehr

Bewältigung	Abwehr
Bewußt	Unbewußt
Realitätsorientiert	Nur bedingt rationale, internale Konfliktverarbeitung
Ziel: Adaptiv: Anpassen an die oder Verändern der Umwelt	Ziel: Innerpsychische Stabilisierung, Konfliktneutralisierung
Bewußte Kontrolle negativer Emotionen	Negative Emotionen vom Bewußtsein fernhalten
Handlungs-, kognitions- oder emotionsbezogen	Intrapsychische Emotionsregulierung

Die Krankheitsbewältigung muß als Gesamtes verstanden werden, wobei Abwehr und Bewältigung ineinandergreifen. Sie bilden letztlich nichts anderes als zwei unterschiedliche Ebenen des gleichen Regulationssystems der Person. Erst ihr Ineinandergreifen sichert die Anpassung und die Bewältigung.

13.7 Wirksamkeit der Krankheitsbewältigung

Der Erfolg oder die Effektivität der Krankheitsbewältigung. Sie werden, wie oben bei den Zielen erwähnt, je nach Perspektive des Beurteilers variieren. Das Gelingen hängt u. a. stark von den Ressourcen des Kranken ab. Diese liegen zum einen in der Person selbst: die physische und psychische Konstitution, Intelligenz (Problemlösung), emotionale Ausgeglichenheit, angemessenes Gesundheits- und Krankheitsverständnis. Zum anderen sind Einwirkungen des Umfeldes wichtig: Stabilität und Zuwendung der Kernfamilie sowie Tragfähigkeit eines engeren und weiteren sozialen Netzes. Die theoretischen Annahmen gehen dahin, daß ein Teil der Krankheitsbewältigung *persönlichkeitsabhängig ("trait")* und somit überdauernd ist, ein anderer Teil jedoch von der besonderen *Krankheitssi-*tuation *("state")* abhängt. Dabei ist Krankheitsbewältigung nicht ein statisches Phänomen, sondern ein durch die erwähnten Ressourcen mitbestimmter Prozeß. Er muß somit von Krankheitsepisode zu Krankheitsepisode neu beurteilt werden.

Psychisch widerstandsfähige Persönlichkeiten. Wenn wir vorerst von den inneren Ressourcen ausgehen, dann wissen wir aus der täglichen Erfahrung des Arztes, daß es Menschen gibt, die als lebenstauglicher imponieren als andere. Die Forschung hat herauszufinden versucht, was „lebenstauglich" in diesem Zusammenhang bedeuten könnte. Einmal zeigt sich, daß Menschen, die nach dem *Prinzip Hoffnung* zu leben vermögen, deren Bewältigung also von starkem Optimismus geprägt ist, manche Schwierigkeiten besser meistern als andere. Eine weitere Persönlichkeitseigenschaft, die in der Bewältigung als erfolgreich nachgewiesen werden konnte, wird mit dem Begriff *„hardiness"* (Durchstehvermögen, Zähigkeit) umschrieben. Dies sind Menschen mit klarer Zielsetzung, die eine starke internale Kontrollüberzeugung haben und sich Herausforderungen stellen. Trotz großer beruflicher Belastung erwiesen sie sich in prospektiven Studien als deutlich weniger krankheitsanfällig. In ähnlicher Weise scheinen Menschen, die eine starke *Selbstüberzeugung* oder *Selbst-*

wirksamkeit aufweisen, krankheitsresistent zu sein. Es handelt sich hier um ein noch wenig verstandenes, aber um so eindrücklicheres Phänomen: Wie anhand großer randomisierter Studien aufgezeigt werden konnte, war bei Menschen über 65 Jahren die „Selbstüberzeugung" der deutlich beste Prädiktor für die 5-Jahre-Überlebenswahrscheinlichkeit, also wichtiger als alle übrigen bekannten Risikofaktoren oder Gesundheitsmarker (Rauchen, Gewicht, Bewegung, Alter, Medikamente, soziale Vernetzung, etc.) [8].

Salutogenese. Möglicherweise besteht hier ein Zusammenhang zu einem weiteren, neuen Forschungsansatz, der vom israelisch-amerikanischen Medizinsoziologen Aaron Antonovsky [1, 5] entwickelt wurde (vgl. Kap. 9.1). Er stellte fest, daß selbst in umfassenden, optimal kontrollierten prospektiven Untersuchungen die Zusammenhänge mit pathogenen Faktoren selten eine höhere Korrelation als r = 0.3 ergeben. Mit anderen Worten, gut zwei Drittel der Wahrscheinlichkeit solcher Voraussagen ließen sich nicht erklären. Von den untersuchten Personen scheinen also eine große Zahl trotz identischer Risikofaktoren nicht zu erkranken, d. h. ihr „Heil" bewahrt zu haben. Somit setzt er dem Begriff der *„Pathogenese"* jenen der *„Salutogenese"* gegenüber. Es muß sich um eine Widerstandskraft handeln, die mit den üblichen somatischen Risikofaktoren nicht zu erfassen ist. Aus seiner Forschung an Holocaust-Überlebenden, später an vielen anderen Bevölkerungsgruppen, leitete er den Begriff *Kohärenzgefühl (sense of coherence)* ab. Damit ist die Fähigkeit gemeint, trotz schwerster Belastung (wie z. B. Konzentrationslager) psychisch so resistent zu bleiben, daß man nicht zusammenbricht, d. h. „kohärent" bleibt. Nach seiner Forschung weisen Personen mit einem guten Kohärenzgefühl folgende Eigenschaften auf:

- 1. *„Verstehbarkeit"*, d. h. Stimuli und Signale des Umfeldes können in sinnvoller Weise verstanden, geordnet und interpretiert werden.
- 2. *„Handhabbarkeit"* oder die Befähigung, unter Belastung innere und äußere Ressourcen mobilisieren zu können.
- 3. *„Sinnhaftigkeit"*, d. h. Belastungen als sinnvoll zu akzeptieren und als Herausforderung zu verstehen.

Wir sehen hier in manchem eine Entsprechung zur Coping-Forschung, indem etwa Bewältigungsformen wie „Problemanalyse" (Verstehbarkeit), „Zupacken" und „Zuwendung" (Handhabbarkeit) und „Sinngebung" (Sinnhaftigkeit) Teil des Kohärenzsinns sind. In einer breiten, z.Zt. aktiven Forschung hat sich bei Krebsverläufen, Herz- und Kreislaufkrankheiten etc. dieser Ansatz als vielversprechend erwiesen.

Soziale Unterstützung als Beispiel externaler Ressourcen. Der Begriff als solcher wurde oben schon eingeführt. Kein einzelnes Konstrukt der psychosozialen Forschung hat sich als so fruchtbar erwiesen, wie jenes der *sozialen Unterstützung*. Verschiedene prospektive Studien an großen Zahlen von Normalpopulationen in ganz unterschiedlichen Ländern führten immer wieder zum gleichen eindrücklichen Ergebnis: Über ein gutes soziales Netz zu verfügen, d. h. gute zwischenmenschliche Beziehungen zu pflegen, ist einer der wichtigsten protektiven Faktoren gegen Krankheit und Sterben überhaupt.

Abbildung 13.2 zeigt graphisch den Zusammenhang von sozialer Integration mit Mortalitätsrisiko auf [7]. Danach ist das Sterberisiko für Menschen, die sozial schlecht integriert sind, um ein Mehrfaches erhöht. Wenn also das soziale Netz reißt, d. h. Verluste in der Partnerschaft,

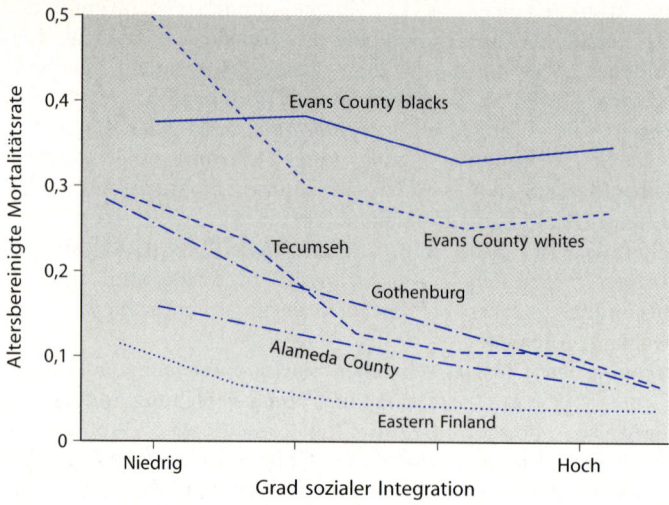

Abb. 13.2. Grad sozialer Integration und altersbereinigter Mortalität bei Männern in fünf Langzeitstudien. (Aus House et al., 1988)

Familie, bei der Arbeit, durch Flucht oder Emigration auftreten, scheint die Widerstandskraft deutlich nachzulassen. Ob die Erklärung primär im veränderten Coping liegt, oder ob die neuropsychoimmunologischen Abläufe (vgl. Kap. 8.9) verantwortlich sind, ist im einzelnen noch nicht geklärt. Vermutlich handelt es sich um eine Kombination der Vorgänge.

Wirksamkeit der Bewältigung in Krankheitsbereichen. Der Hauptteil der Copingforschung hat sich den verschiedenartigen Krankheitsbildern der Medizin zugewandt. Es gibt kaum einen Bereich, der dabei nicht erfaßt worden wäre. Ein auffallendes Ergebnis ist allerdings, daß die Verteilung der eingesetzten Bewältigungsformen in so unterschiedlichen Bereichen wie Krebserkrankungen, chronische Nierenstörungen, Rückenleiden etc. nicht so sehr differieren. Die Erklärung ist naheliegend, daß entscheidender als die ärztliche Diagnose die jeweiligen psychosozialen Belastungen sind, die, – wie wir oben gesehen haben, – relativ ähnlich

bleiben. Natürlich gibt es auch sehr spezifische Bewältigungsmuster, wie sie besondere Situationen erfordern, etwa akuter versus chronischer Schmerz, Immobilität, besondere Interventionen wie Herzkatheter, chronische Krankheitsverläufe, Sterbephase etc. Eine Langzeitstudie über 5 Jahre konnte nicht nur aufzeigen, daß die Bewältigungsmuster sich über die Zeit verändern, sondern daß auch ihre Wirksamkeit variiert. Eine verleugnende oder ablenkende Haltung vermag beispielsweise zwar während der Chemotherapie die Patienten emotional zu entlasten, ist aber bei einem Rezidiv ungeeignet. Auffallend ist, daß es leichter gelingt aufzuzeigen, welche Art der Bewältigung nicht hilft, also unwirksam oder negativ bleibt, als daß positive Zusammenhänge belegt werden können. Dies liegt wohl daran, daß die positiven Einwirkungen stärker von den jeweiligen persönlichen und situativen Bedingungen abhängen und weniger generalisiert werden können. Trotzdem können wir vorsichtig folgende Typisierung vertreten:

Geeignete oder positiv wirksame Bewältigung ist durch eine aktive zupackende, kooperative Haltung charakterisiert, wobei der Kranke auf seine Weise zur Problemlösung und Therapie beiträgt, eine optimistische Einstellung hat und es versteht, sich aus dem sozialen Umfeld Zuwendung und Unterstützung zu verschaffen.

Ungeeignete oder negativ wirkende Bewältigung zeichnet sich durch eine passive, grüblerische, selbst- oder fremdanklagende, oft auch resignative Haltung aus, wobei der soziale Rückzug auch die Unterstützung von außen (Familie, Arzt) erschwert.

Je nach Art der Krankheit werden unterschiedliche psychosoziale Belastungen sowohl im innerpsychischen Gleichgewicht wie im sozialen Umfeld ausgelöst, auf die der Betroffene immer reagieren muß. Als Krankheitsbewältigung wird sein Bemühen bezeichnet, diese krankheitsbedingten Belastungen durch geeignetes Handeln oder durch innerpsychische Verarbeitung auszugleichen oder zu überwinden. Dieser Vorgang wird nicht nur durch die Art und Schwere der Krankheit beeinflußt, sondern ebenso durch die Persönlichkeit des Kranken und die Ressourcen, die ihm das Umfeld anbietet. Das jeweilige Ziel der Bewältigung kann aus Sicht des Arztes anders lauten als aus jener der Kranken oder ihres Umfeldes. Nur wenn hier die geeignete Abstimmung erfolgt, kann auch mit einer Kooperation der Kranken gerechnet werden.

Die Krankheitsbewältigung verläuft üblicherweise in bestimmten (zirkulären) Schritten, die fließend ineinander übergehen und vom Patienten meist nicht bewußt gesteuert werden: Verändertes Befinden – Wahrnehmen der Krankheitssymptome – Beurteilen (Problemanalyse) – eigentliche Bewältigung – ev. erneute Beurteilung, etc.

Abgestützt durch eine breite Forschung kann eine ungeeignete oder negativ wirkende Bewältigung (passiv, grüblerisch, selbstanklagend, resignativ, etc.) von einer geeigneten oder positiv wirksamen Bewältigung (aktiv zupackend, kooperativ, optimistisch, reflektiv, um soziale Unterstützung bemüht, etc.) unterschieden werden.

Literatur

Weiterführende Lehr- und Handbücher

1. Antonovsky A: Unravelling the Mystery of Health. San Francisco: Jossey-Bass 1987
2. Beutel M: Bewältigungsprozesse bei chronischen Erkrankungen. Weinheim: VCH, ed. Medizin 1988
3. Heim E, Augustiny KF, Blaser A, Kühne D, Rothenbühler M, Schaffner L, Valach L: Manual zur Erfassung der Krankheitsbewältigung: Die Berner Bewältigungsformen (BEFO). Bern: Huber 1991
4. Heim E, Perrez M (Hrsg.): Krankheitsverarbeitung. Jahrbuch der Medizinischen Psychologie, Band 10. Göttingen: Hogrefe 1994

Einzel- und Übersichtsarbeiten

5. Antonovsky A: Die salutogenetische Perspektive: Zu einer neuen Sicht von Gesundheit und Krankheit. MEDUCS 2:51–57, 1989
6. Heim E, Schaffner L, Valach L: Coping and psychosocial adaptation. Longitudinal effects over time and stages in breast cancer. Psychosom Med in print (1997)
7. House JS, Landis KR, Umberson D: Social relationship and health. Science 241:540–545, 1988
8. Idler EL, Kast St: Health Perceptions and Survival: Do Global Evaluations of Health Status Really Predict Mortality? J Gerontol Soc Sci 33:55–65, 1991

In den vorangegangenen Kapiteln wurden Gesundheit und Krankheit sowie verschiedene Konstellationen der Arzt-Patient-Beziehung in ihrer psychologischen und soziologischen Dimension dargestellt. Im abschließenden Kapitel sollen noch einige spezielle Krankheitssituationen beschrieben werden, mit denen der in der Klinik oder Praxis tätige Arzt häufig konfrontiert wird. Zum einen sind es Situationen, in welchen **rasches Entscheiden** und **Handeln** gefordert sind (Notfall, akutes Kranksein), zum andern Situationen, in welchen **neben der ärztlichen Behandlung psychosoziale Betreuung und Unterstützung** erforderlich sind (chronisches Kranksein, Rehabilitation, Multimorbidität im Alter, Abhängigkeit), und schließlich Situationen, in welchen weniger das ärztliche Handeln als vielmehr die **Begleitung** und **emotionale Unterstützung** des Patienten im Vordergrund stehen (terminale Krankheit und Sterbebegleitung). Dabei wird auf Konzepte und Modelle Bezug genommen, die in vorangegangenen Kapiteln dieses Buches ausführlich erörtert wurden.

14.1 Notfallsituationen in der Medizin

14.1.1 Merkmale einer Notfallsituation

Eine medizinische Notfallsituation ist häufig durch folgende Merkmale charakterisiert:

- Sie trifft die Beteiligten unvorbereitet.
- Die Ereignisse überstürzen sich.
- Sie erzeugen beim Betroffenen und seinen Angehörigen Angst.

Aus der Vielfalt möglicher Notfallsituationen sollen vier Konstellationen kurz beschrieben werden.

14.1.2 Der internmedizinische Notfall

Plötzlich auftretende Krankheitssituationen gehen seitens des Patienten in der Regel mit **unerwarteten, intensiven Beschwerden und Symptomen** wie Schmerzen, Atemnot, Beeinträchtigung der sensorischen Wahrnehmung (Seh- oder Hörverlust) oder Beeinträchtigung des Bewußtseins einher. Diese können isoliert oder in Kombination auftreten. Sie erzeugen beim Patienten **Angst** und veranlassen ihn, unverzüglich einen Arzt oder eine Notfallstation aufzusuchen.

Ärztliches Handeln in der Notfallsituation. Situationen, welche innerhalb weniger Minuten ärztliches Handeln erfordern, sind in der Medizin zum Glück relativ selten. Meistens besteht Zeit für ein *kurzes Anamnesegespräch, welches auf das aktuelle Leiden ausgerichtet ist.*

> **!** Die Beschwerden werden dabei mit *gezielten Fragen* in ihren *sieben Dimensionen* (vgl. Kap. 12.3.1) abgeklärt: *Wann* sind *welche Beschwerden* in *welcher Intensität* in *welcher Körperregion* aufgetreten? Gibt es *Begleitsymptome, verstärkende oder mildernde Faktoren* und *Umstände,* unter denen die Beschwerden aufgetreten sind? Die Haltung des Arztes sollte dabei möglichst ruhig und überlegt sein.

An das Anamnesegespräch schließt sich eine *gezielte körperliche Untersuchung* an. In der Hausarztpraxis muß der Arzt dann kurzfristig entscheiden, ob der Patient eine Notfallmedikation benötigt und/oder notfallmäßig hospitalisiert werden muß. Auf einer Notfallstation wird das Krankheitsbild in der Regel mit *Zusatzuntersuchungen* lebenswichtiger Organfunktionen (Kreislauf, Atmung, zentrales Nervensystem) abgeklärt. Nach der Diagnosenstellung muß dann ein *Entscheid über erste therapeutische Maßnahmen* getroffen werden.

Psychosoziale Notfallsituationen. In der Praxis wird der Hausarzt gelegentlich in der Nacht zu Notfällen gerufen, bei denen nicht körperliche Symptome, sondern *psychische Symptome* eines Patienten, *dramatisches Ausagieren von Gefühlen* oder *Streit zwischen Familienmitgliedern* im Vordergrund stehen. Auf die vielfältigen Ursachen solcher Notfallsituationen kann hier nicht näher eingegangen werden (s. Lehrbücher der Psychiatrie). Wichtig in solchen Situationen ist jedoch:

- Daß der Notfallarzt die bei ihm aufkommenden *Gefühle wie Ärger oder Ohnmacht genau wahrnimmt und kontrolliert.*
- Daß man anerkennt, daß auch *psychisches Leiden* ein Maß erreichen kann, welches aus der Sicht der Betroffenen *den Charakter eines Notfalles* hat.
- Daß dabei zunächst die *aktuelle Beruhigung des Patienten* bzw. *der beteiligten Familienmitglieder* im Vordergrund steht und die Klärung möglicher Ursachen auf einen Zeitpunkt verschoben wird (z. B. Konsultation am nächsten Tag in der Arztpraxis), wenn die emotionale Krisensituation mit heftigen Gefühlen abgeklungen ist.

„Pflegenotfälle". In der Klinik werden besonders vor Wochenenden oder Feiertagen gelegentlich Patienten unter dem „Vorwand" einer akuten Symptomatik zugewiesen, die eigentlich als chronisch Kranke einzustufen sind. Auch hier stehen psychosoziale Gründe, wie eine Überforderung der Angehörigen oder des Hausarztes, im Vordergrund. Ärgerliche Gefühle entstehen dabei weniger gegenüber dem Patienten als vielmehr gegenüber dem einweisenden Arzt, der einen „unangenehmen Patienten abgeschoben hat". Für die Behandlung und Lösung solcher Notfallsituationen ist die baldige Einbeziehung des Sozialdienstes oder allenfalls auch eines psychiatrischen Konsiliararztes zu empfehlen.

14.1.3 Der chirurgische Notfall

Bei Patienten mit Unfallverletzungen, die notfallmäßig eine chirurgische Behandlung benötigen, steht zunächst das kompetente ärztliche Handeln ganz im Vordergrund. Neuere Untersuchungen [16] zeigen jedoch, daß psychosoziale Faktoren für die postoperative Behandlung und den postoperativen Heilungsverlauf eine wichtige Rolle spielen. In Kapitel 8.4 wurde anhand eines dreidimensionalen Streß-Modells (s. Abb. 8.7) ausgeführt, daß das *Verhältnis von äußeren Anforderungen, Kontrollierbarkeit einer Situation und sozialer Unterstützung* darüber entscheidet, ob ein Individuum eine Situation im Sinne einer *Distreßerfahrung* wahrnimmt. Ein schwerer Unfall bedeutet ohne Zweifel zunächst einmal eine Distreßerfahrung. Wie lange der Patient nach der Operation seine Situation jedoch als Distreß erlebt, hängt wesentlich von seiner *prämorbiden Persönlichkeit* und der *Behandlung und Betreuung auf der Intensivstation* ab.

Psychosoziale Vulnerabilität. Patienten, welche einen akuten medizinischen Notfall in einer Situation erleiden, in welcher sie psychisch belastet sind, haben ungünstigere Ausgangsbedingungen für die Bewältigung eines Unfallereignisses. Bei ihnen ist die Häufigkeit sog. *posttraumatischer Belastungsstörungen* wesentlich höher als bei Unfallpatienten, welche vor dem Ereignis psychisch gesund waren. *Vorbestehende psychische Erkrankungen* oder *aktuelle psychosoziale Krisensituationen* (z. B. Scheidung, Arbeitslosigkeit) erhöhen das Risiko:

- Daß der Patient in der postoperativen Behandlungsphase psychisch dekompensiert und eine psychische Störung entwickelt.
- Daß der somatische Heilungsverlauf verzögert ist.
- Daß die mittel- und längerfristige Rehabilitation schwieriger ist.

Subjektive Bewertung des Unfallereignisses. Neuere Untersuchungen zeigen [16], daß für den Heilungsverlauf nach einem Unfall der Schweregrad der Verletzung eine geringere Bedeutung hat als die *subjektive Bewertung des Unfallereignisses* durch den Patienten. Von entscheidender Bedeutung ist, wie intensiv und lange der Patient die Situation als *lebensbedrohlich erlebt hat*. So haben Patienten, deren Unfallverletzungen objektiv einen mittleren Schweregrad hatten (also aus medizinischer Sicht keine Lebensbedrohung vorlag), die aber die Situation als lebensbedrohlich wahrgenommen haben, für den somatischen und psychosozialen Heilungsverlauf eine ungünstigere Prognose. Erklärbar wird dieser Sachverhalt auf dem Hintergrund des dreidimensionalen Streßmodells: Das Unfallereignis wird (z. B. wegen erhöhter psychosozialer Vulnerabilität) als gravierend bewertet (hohe Anforderung) und die eigenen Möglichkeiten zur Kontrolle und Regulierung der Situation werden als gering eingestuft. Ist dann auch noch die soziale Unterstützung eingeschränkt (z. B. durch Schwierigkeiten in der Familie oder am Arbeitsplatz), dann ist die *psychosoziale Ausgangssituation* für die Bewältigung des Unfallereignisses denkbar ungünstig. Sinngemäß läßt sich dieser Zusammenhang auch auf intern-medizinische Notfallsituationen übertragen.

14.1.4 Der Patient auf der Intensivstation

Was Personen auf einer Intensivstation erleben, was sie fühlen und wie sie ihre Situation einschätzen, zeigen Befragungen von Patienten auf Intensivstationen [14].

 Folgende Bereiche wurden als belastend beurteilt:

- Nicht zu wissen, wie lange man auf der Intensivstation und im Krankenhaus bleiben muß.

- Ungenügende Informationen über die Krankheit und deren Prognose.
- Zu kurzer Kontakt zu den behandelnden Ärzten.
- Fehlende Informationen, was die Ärzte als nächsten Behandlungsschritt tun werden.

Belastungsfaktoren auf der Intensivpflegestation. Aus der Sicht des Patienten werden folgende Faktoren der Intensivbehandlung als belastend wahrgenommen [18]:

- Mangelnde Orientierungshilfen
- Fehlender Tag-Nacht-Rhythmus durch permanente Beleuchtung
- Sensorische Monotonie (durch rhythmische Geräusche wie EKG-Aufzeichnung, Signaltöne, etc.)
- Sensorische Überstimulation (durch Miterleben von Behandlungsmaßnahmen bei anderen Patienten)
- Längerdauernder Schlafentzug
- Kommunikationsdefizite
- Fehlen von konstanten Bezugspersonen (durch häufigen Wechsel des Behandlungsteams).

Obwohl der Patient medizinisch meist hochkompetent behandelt wird, fühlt er sich psychosozial bisweilen überfordert und isoliert.

Bedeutung der „Apparatemedizin". Medizinische Intensivpflegestationen sind dadurch gekennzeichnet, daß zur Überwachung lebenswichtiger Funktionen des Patienten zahlreiche Apparate zum Einsatz kommen. Wie erleben Patienten in Intensivpflege die Abhängigkeit von diesen Apparaten? *Von der Mehrzahl der Patienten wird die hochtechnisierte Behandlung eher als beruhigend denn als bedrohlich erlebt* [6]. In diesem Punkt

gehen die Beurteilungen von Patienten und Pflegenden gelegentlich auseinander. So zeigte eine gleichzeitige Befragung von Herzinfarktpatienten und Pflegepersonen einer Intensivstation, daß die Pflegenden die Belastung der Patienten durch die Apparatemedizin wesentlich höher einstuften als die Patienten selbst [17].

Verzögerte psychische Reaktionen. Nicht selten ist zu beobachten, daß Patienten, die während einigen Tagen in einem lebensbedrohlichen Zustand waren, diese Akutphase psychisch relativ ruhig durchlebten. Erst nach Besserung ihres somatischen Zustandes geraten sie in eine psychische Krise mit Angst, Niedergeschlagenheit und gelegentlich sogar Suizidgedanken. Dies läßt sich so erklären, daß während der kritischen Phase bedrohliche Gefühle durch *Abwehrmaßnahmen* (vgl. Kap. 7.2.2) wie Verdrängung und Verleugnung neutralisiert werden. Nach Abklingen der Bedrohung und Lockerung der psychischen Abwehr treten dann die Gefühle mit zeitlicher Verzögerung in Erscheinung. Das Erkennen solcher verzögerter psychischer Reaktionen ist für das Behandlungsteam wichtig, um das „unverständliche Verhalten" eines aus einer Lebensbedrohung geretteten Patienten richtig beurteilen und verstehen zu können.

Abwehrmaßnahmen des Behandlungsteams. Pflegepersonen und Ärzte von Intensivstationen stehen häufig unter höchsten Anforderungen fachlicher und psychischer Art. Stirbt der Patient trotz all ihrer Bemühungen, treten auch bei ihnen intensive Gefühle auf. Bestehen in einer solchen Situation innerhalb des Behandlungsteams Spannungen, so können sich bei Pflegenden und Ärzten Verhaltensweisen zeigen, die Abwehrcharakter haben. Nach Geisler [6] finden sich folgende typischen Abwehrmechanismen:

- Vermeidung von Patientenkontakten durch vermehrte Zuwendung zu den Apparaten
- Verdrängung von Gefühlen und Überspielen von Unzufriedenheit mit distanziert-unterkühltem Ton oder Sarkasmus
- Diagnostischer und therapeutischer Aktivismus.

14.1.5 Psychosoziale Aspekte der Intensivmedizin

Aus den vorangegangenen Ausführungen lassen sich unter Berücksichtigung des Streßkonzeptes folgende Empfehlungen für die Behandlung von Patienten in Intensivpflege und für den Umgang innerhalb des Behandlungsteams formulieren. *Patienten*, die wegen eines lebensbedrohlichen Zustandes intensivmedizinisch behandelt werden müssen, sollten

- kontinuierlich über ihren Zustand und die vorgesehene Behandlung informiert werden;
- soweit wie möglich von Belastungen der Station (Geräuschen, Hektik) abgeschirmt werden;
- regelmäßig Besuche von nächsten Angehörigen empfangen können;
- so früh wie möglich wieder ein gewisses Maß von Kontrolle und Regulierbarkeit ihrer Situation erhalten (z. B. Dosierung von Schmerzmitteln innerhalb eines vorgegebenen Rahmens, Zeitpunkt der Körperpflege).

Ärzte und Pflegende intensivmedizinischer Stationen sollten

- regelmäßige Teambesprechungen (allenfalls unter Leitung eines Supervisors) durchführen, in denen auch ihre emotionalen Belastungen ausgesprochen werden können;

- für die Behandlung psychosozialer Risikopatienten zusätzliche Personen (Psychologe, Konsiliarpsychiater) beiziehen können;
- regelmäßige und ausreichende Erholungspausen haben.

14.2 Akute und chronische Krankheit

14.2.1 Merkmale akuten und chronischen Krankseins

Eine *akute Krankheit* (z. B. eine Lungenentzündung) ist dadurch gekennzeichnet, daß für den davon Betroffenen der Übergang von Gesundsein zu Kranksein innerhalb kurzer Zeit stattfindet, die Phase des Krankseins zeitlich begrenzt ist und danach wieder ein Zustand von Gesundheit eintritt. Die einzelnen Phasen, welche der Patient in diesem Prozeß durchläuft, wurden im Kapitel 10.2 beschrieben. *Chronisches Kranksein* liegt dann vor, wenn eine Krankheit über mehrere Jahre oder lebenslang besteht und zu einer (beschränkten) Behinderung führt (vgl. Kap. 10.2.6). Beispiele für eine chronische Krankheit sind Diabetes mellitus oder ein Herzfehler.

> **!** Chronische Krankheiten lassen sich nach den folgenden vier Kriterien unterscheiden [15]:
>
> - Zeitpunkt des *Krankheitsbeginns* (bei Geburt oder schleichend)
> - Gute oder schlechte *Heilungschancen*
> - Ausmaß der *Lebensbeeinträchtigung*
> - Stationärer oder schleichend progressiver *Verlauf.*

Tabelle 14.1. Unterschiede zwischen akuter und chronischer Krankheit

	Akute Krankheit	Chronische Krankheit
● Ursachen	● eruierbar ● biologische oder physikalische Noxen	● multifaktoriell, oft unklar ● biologische, psychische und soziale Noxen
● Verlauf	● definiert, begrenzt	● unklar, offen
● Subjektives Erleben/ Symptomentwicklung	● initial intensiv, bedrohlich ● kontrollierbar ● Hoffnung	● zunehmende Funktionseinschränkung ● unkontrollierbar ● Verunsicherung
● Prognose	● keine Residuen ● günstig	● keine Heilung ● offen
● Ausgang	● Rekonvaleszenz	● Invalidität

Für den Umgang mit einer chronischen Krankheit spielen Vorgänge der **Krankheitsbewältigung** eine wichtige Rolle, wie sie in Kapitel 13 beschrieben wurden. In Tabelle 14.1 sind einige wichtige Unterschiede zwischen akuter und chronischer Krankheit zusammengefaßt.

14.2.2 Behandlungsmodell bei akuter und chronischer Krankheit

Die Unterscheidung zwischen einer akuten und chronischen Krankheit ist nicht immer einfach, wie das folgende Fallbeispiel zeigt.

 Ein 45jähriger Bauarbeiter leidet seit 6 Monaten an Rückenschmerzen, die wiederholt zu kurzzeitiger Arbeitsunfähigkeit führten. Die eingehende medizinische Abklärung ergibt als mögliche Ursachen degenerative Veränderungen an der Lendenwirbelsäule sowie als zusätzliche Belastungsfaktoren Übergewicht und starke berufliche Belastung durch schwere körperliche Arbeit. Der Verlauf während der 6 Monate zeigt insgesamt eher eine Verschlechterung, indem zusätzlich Schlafstörungen sowie ein leichtes depressives Syndrom auftreten. Der Patient hat vor fünf Jahren eine Eigentumswohnung gekauft, welche durch Hypotheken belastet ist.

Liegt hier eine akute Krankheit vor oder spricht der bisherige Verlauf eher für ein chronisches Leiden? Je nachdem, welches Behandlungsmodell der Arzt in diesem Fall wählt, wird sein praktisches Vorgehen unterschiedlich sein (Tabelle 14.2).

Behandlungsmodell bei akuter Krankheit. Ist der Arzt der Auffassung, es handle sich um ein akutes Rückenleiden, welches bisher noch nicht eingehend abgeklärt und konsequent behandelt wurde, wird er in folgender Weise vorgehen: Er wird weitere Untersuchungen veranlassen (z. B. Computertomographie, Magnetresonanzuntersuchung), um mögliche weitere **Ursachen** der Erkrankung zu klären. Sich selbst wird er als **Ziel setzen, den Patienten heilen** zu wollen, woraus sich für die Arzt-Patient-Beziehung eine klare

Tabelle 14.2. Das Behandlungsmodell des Arztes bei akuter und chronischer Krankheit

	Akute Krankheit	Chronische Krankheit
• Fragestellung	Warum ist der Patient krank?	Wie kann der Patient mit seinen Symptomen umgehen?
• Abklärung	Suche nach Ursachen	Suche und Ausschöpfen des Selbsthilfepotentials
• Behandlungsziel	Heilung	Optimierte Funktion, Verhaltens- und Einstellungsänderung
• Arzt-Patient-Beziehung		
• Arzt	Für Therapieerfolg allein-verantwortlicher Experte	Mitverantwortlicher Berater
• Patient	Passiver Empfänger von therapeutischen Maßnahmen	Kritischer Partner

Polarisierung ergibt: Der *Arzt in der Expertenrolle* und der Patient als Empfänger therapeutischer Verordnungen.

Behandlungsmodell bei chronischer Krankheit. Beurteilt der Arzt die Situation des Patienten eher als Ausdruck einer chronischen Krankheit, wird sein Vorgehen in wichtigen Punkten anders sein: Er wird sich und dem Patienten die Frage stellen, *wie er mit seinem Rückenleiden eventuell besser umgehen könne* und ob er in einigen Punkten sein Verhalten oder seine Einstellung ändern könne, um Belastungen für ihn und seine Wirbelsäule zu vermindern. In der Arzt-Patient-Beziehung wird *der Arzt* eine partnerschaftliche Konstellation anstreben und *seine Rolle als die eines Beraters definieren*.

14.2.3 Behandlungsmodell bei chronischer Krankheit

Ein nicht unbeträchtlicher Teil der Kostensteigerungen im Gesundheitswesen ist darauf zurückzuführen, daß Patienten mit chronischen Krankheiten nicht mit einem adäquaten Behandlungsansatz therapiert werden, sondern immer und immer wieder nach dem „Akutmodell".

Versuchungen für Arzt und Patient. Nach den Regeln eines freiberuflichen Gesundheitswesens ist es für den Arzt finanziell lukrativer, einen Patienten mit einer chronischen Krankheit immer wieder abzuklären und zusätzliche fachärztliche Untersuchungen zu veranlassen. Der Patient fühlt sich in dieser Phase durch die Bemühungen der Ärzte ernstgenommen und hofft auf eine vollständige Heilung seines Leidens. Diese Art der ärztlichen Zuwendung gibt dem Patienten einen *sekundären Krankheitsgewinn* (s. Kap. 10.2.5), erschwert jedoch seine Bereitschaft, in der Behandlung selbst Verantwortung zu übernehmen und mitzuarbeiten. Die Aktivitäten der Ärzte führen dazu, daß der Patient immer regressiver wird und die Hoffnung hat, man finde doch noch *die* Ursache seines Leidens und ein *entsprechendes Wundermittel* zu dessen Heilung.

Chronische Krankheit und Invalidisierung. Die Statistik der Schweizer Invaliden-Versicherung (IV) zeigt in den letzten Jahren einen deutlichen Anstieg von Rentenempfängern wegen sog. psychogener Leiden. Darunter sind auch Patienten mit chronischen Krankheiten, bei denen sich sekundär eine psychische Überlagerung des Grundleidens entwickelt hat. Gerade bei Patienten mit therapieresistenten Schmerzerkrankungen (vgl. Kap. 8.6) handelt es sich nicht selten um Kranke, bei denen ein chronisches Leiden über Jahre mehr oder weniger erfolglos nach dem Akutmodell behandelt wurde.

Prävention von Invalidisierung. Ist eine Krankheit chronisch geworden und der Patient deshalb invalid, sind die Heilungschancen deutlich vermindert. Deshalb ist es wichtig, schon frühzeitig – d.h. nach 6–8 Wochen Persistenz der Beschwerden – einen Behandlungsansatz zu wählen, der den Patienten zunehmend in die Verantwortung für seine Krankheit und für Entscheidungen über diagnostische und therapeutische Maßnahmen einbezieht.

14.3 Rehabilitation

Wie schon erwähnt, führt chronische Krankheit häufig zu Behinderungen, welche die Lebensqualität eines Menschen nachhaltig beeinträchtigen können. Die Behinderungen können dabei sowohl die Funktionsfähigkeit von Organsystemen (z.B. des Bewegungsapparates) als auch die psychosozialen Funktionen eines Individuums betreffen.

14.3.1 Klassifikation von krankheitsbedingten Behinderungen

1980 hat die Weltgesundheitsorganisation (WHO) erstmals eine „Internationale Klassifikation der Schädigungen, Fähigkeitsstörungen und Beeinträchtigungen"

(ICIDH = international classification of impairment, disabilities and handicaps) bei chronischen Krankheiten herausgegeben. Seit 1995 liegt eine zweite, überarbeitete Auflage dieser Klassifikation in deutscher Übersetzung vor [10]. Die folgenden Ausführungen orientieren sich an dieser Klassifikation.

Das theoretische Modell (Abb. 14.1). Die „Internationale Klassifikation der Krankheiten" (ICD = international classification of diseases) sucht *Gesundheitsstörungen als Einheiten gleicher Ätiologie, Pathogenese und Manifestation* zu erfassen. Ihr liegt damit ein *kausaler Denkansatz* zugrunde. Im Gegensatz oder besser in Ergänzung zu diesem Ansatz ist die ICIDH ein *final orientiertes Konzept*, welches die Manifestation einer Krankheit auf drei Dimensionen beschreibt.

> **!** *Krankheitsbedingte Behinderungen* lassen sich auf drei Ebenen beschreiben [10]:
>
> - 1. *Auf der Ebene der Störung der biologischen und/oder psychischen Struktur und Funktion*; in der englischsprachigen Originalfassung der WHO als *„impairment"* und in deutscher Sprache als *„Schädigung"* bezeichnet.
> - 2. *Auf der Ebene der Störung der Fähigkeiten der betroffenen Person zur Ausführung zweckgerichteter Handlungen*; in der Originalfassung als *„disabilities"* und deutsch als *„Fähigkeitsstörung"* bezeichnet.
> - 3. *Auf der Ebene der Störung der sozialen Stellung oder Rolle der betroffenen Person und ihrer Fähigkeiten zur Teilnahme am gesellschaftli-*

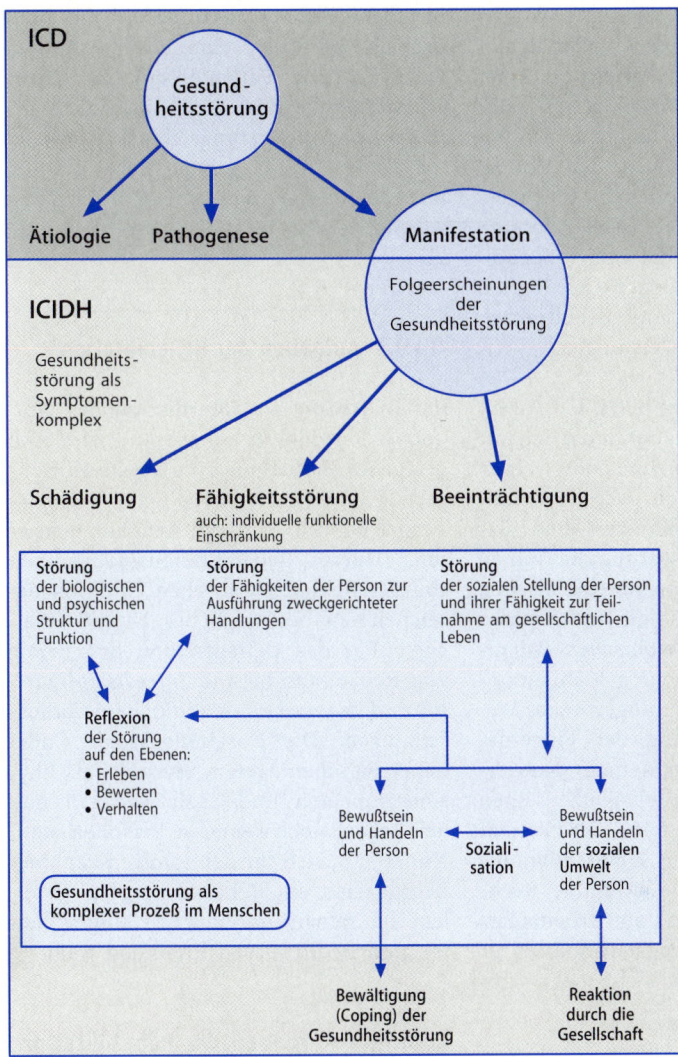

Abb. 14.1. Dimensionen der Manifestation einer Gesundheitsstörung (Aus Jochheim/Matthesius 1995 [10])

chen Leben; englisch als *„handicap"* und deutsch als *„(soziale) Beeinträchtigung"* benannt.

Gesundheitsstörung als Folge einer chronischen Krankheit wird damit als ein *komplexer Prozeß sowohl innerhalb des* *Individuums als auch im Verhältnis des* *Individuums zu seiner Umwelt verstanden* (vgl. Kap. 1.3 und Abb. 1.1).

Schädigung („impairment"). Schädigung meint eine Beeinträchtigung oder einen Verlust von normalerweise vorhandenen psychischen, physiologischen oder anatomischen Strukturen oder Funktionen des

Organismus. Beeinträchtigung bzw. Verlust können dabei temporär oder dauerhaft sein. *Beispiele:* Ein *Patient mit einer chronischen Polyarthritis* hat z. B. Schädigungen der Gelenke und damit in Zusammenhang Einschränkungen der Beweglichkeit in den betroffenen Gelenken. Oder ein *Patient nach einem schweren Schädel-/Hirntrauma* hat eine Schädigung einer umschriebenen Hirnregion und als Folge davon eine Beeinträchtigung seiner Gedächtnisleistungen.

Fähigkeitsstörung („disability"). Fähigkeitsstörung meint eine durch die Schädigung bedingte Begrenzung oder einen Verlust von Fertigkeiten, Verhaltensweisen, Kommunikationsfähigkeit und Belastbarkeit. Fähigkeitsstörung hat einen direkten Bezug zum sozialmedizinischen Begriff der Leistungsfähigkeit. *Beispiele:* Der Patient mit der *chronischen Polyarthritis* ist z. B. nicht mehr gehfähig, sondern auf einen Rollstuhl angewiesen. Wegen einer Deformierung der Fingergelenke kann er auch nicht mehr Klavierspielen und am Arbeitsplatz seinen Computer bedienen. Oder der Patient mit der *unfallbedingten Hirnschädigung* vergißt am Monatsende, wichtige Rechnungen zu bezahlen, und am Arbeitsplatz versäumt er Besprechungstermine, da er sich an die Absprachen nicht mehr erinnern kann.

Beeinträchtigung („handicap"). Beeinträchtigung meint die sozialen Benachteiligungen, die einem Individuum aus einem Schaden und dem Verlust von Fähigkeiten erwachsen. Die Benachteiligungen sind Folge davon, daß das Individuum teilweise oder vollständig nicht mehr in der Lage ist, soziale Rollenverpflichtungen zu erfüllen. *Beispiele:* Der Patient mit der *chronischen Polyarthritis* ist z. B. teilweise nicht mehr in der Lage, seine Tätigkeit als Sachbearbeiter in ei-

ner Versicherung auszuführen und muß deshalb beruflich umgeschult werden. Oder bei dem Patienten mit der *Hirnschädigung* erweist sich die Einschränkung seiner Leistungsfähigkeit als so massiv, daß er in seinem Beruf als Gemeindeschreiber nicht mehr arbeitsfähig ist und deshalb invalidisiert werden muß.

14.3.2 Aufgaben der Rehabilitation

Rehabilitation als interdisziplinäre Aufgabe. Rehabilitation hat zum Ziel, durch geeignete Maßnahmen die negativen Konsequenzen krankheitsbedingter Behinderungen so weit als möglich zu kompensieren. Durch Rehabilitationsmaßnahmen soll der Behinderte in allen Funktionsbereichen ein bestmögliches Niveau erreichen. Für das Gelingen und den Erfolg von Rehabilitation sind *Interdisziplinarität und Teamarbeit* unabdingbare Voraussetzungen. Die Zusammenarbeit findet dabei zwischen Ärzten, Psychologen, Physiotherapeuten und Sozialarbeitern und bei Bedarf noch weiteren Personen statt. Nur so läßt sich für den infolge Krankheit Behinderten ein Behandlungsplan erstellen, der seinen individuellen Möglichkeiten und Bedürfnissen Rechnung trägt.

Konkrete Aufgaben der Rehabilitation

Die konkreten Aufgaben der Rehabilitation umfassen folgende Schritte [3]:

- 1. *Diagnostik der Erkrankung* mit Definition des Gesundheitsschadens (falls noch nicht ausreichend erfolgt oder falls die vorliegenden Befunde nicht mehr aktuell sind), Funktionsdiagnostik (körperliche, mentale und psychische Leistungsfähigkeiten und Grenzen) und psychosoziale Diagnostik.

- 2. *Erstellung eines Rehabilitationsplans* für den Patienten, der auf Behandlungskonzepten der Vorbehandler und auf Ergebnissen der Verlaufsdiagnostik aufbaut und die individuellen Voraussetzungen und Möglichkeiten des Patienten sowie besondere Anforderungen an ihn in Beruf und Alltag berücksichtigt.
- 3. Eine eingehende *Information des Patienten* über die Erkrankung und deren Folgen sowie die Prüfung des Verstehens dieser Informationen durch wiederholte ärztliche und Teamgespräche.
- 4. *Optimierung* der medizinischen Therapie und Durchführung von physikalischen, psychologischen und anderen Therapiemaßnahmen.
- 5. Die *Förderung einer angemessenen Krankheitsverarbeitung* und Einstellung zur Erkrankung wie Akzeptanz und Verarbeitung der definitiven Behinderungen. Motivation zur aktiven Krankheitsverarbeitung und Aufbau eines eigenverantwortlichen Gesundheitsbewußtseins.
- 6. *Verhaltensmodifikationen* mit dem Ziel, eine krankheitsadäquate Ernährungs-, Bewegungs- und Freizeitgestaltung auszubilden und gesundheitsschädigendes Verhalten abzubauen sowie gesundheitsfördernde Verhaltensweisen zu entwickeln.
- 7. *Training von Restfunktionen* und Ausbildung neuer Fertigkeiten zur vollständigen oder teilweisen Kompensation von Einschränkungen in Funktionen.
- 8. *Anleitung und Schulung* in Möglichkeiten der Selbstkontrolle und Selbstbehandlung der Erkrankung.
- 9. *Beratung von Bezugspersonen* über den adäquaten Umgang mit dem Rehabilitanden und seiner Erkrankung/Behinderung.
- 10. *Sozialmedizinische Beurteilung der Leistungsfähigkeit* des Patienten und auch der Leistungsfähigkeit der sozialen Ressourcen und Kompetenzen der sozialen Umgebung.
- 11. *Beratung des Patienten* im Hinblick auf die berufliche Tätigkeit und das Alltagsleben auf der Basis des erreichten Leistungsvermögens.
- 12. *Planung und Anregung der Nachsorge*, einschließlich Berufsförderung. Dabei ist eine kooperative, multidisziplinäre Vorgehensweise erfolgversprechender als ein individuelles Vorgehen des Arztes.

14.3.3 Schwierigkeiten der Rehabilitation

Der Erfolg von Rehabilitationsmaßnahmen hängt nicht nur davon ab, was während eines stationären Aufenthaltes in einer Rehabilitationsklinik oder einer ambulanten Rehabilitation erreicht werden kann. Die Einstellung der Umwelt zu Behinderung und die Stellung von Behinderten in der Gesellschaft sind Faktoren, auf die der Arzt nur teilweise Einfluß nehmen kann.

Leistungsdruck und Behinderung. Die Arbeitsbedingungen in hochtechnisierten Gesellschaften sind häufig so, daß das einzelne Individuum permanent unter einem Leistungsdruck steht und von einem Verlust seines Arbeitsplatzes bedroht ist, wenn seine Leistungsfähigkeit nachläßt. Diese Situation führt zu einer *latenten Diskriminierung von Behinderten in der Arbeitswelt*. Besonders in Zeiten hoher Arbeitslosigkeit ist es für Behinderte außerordentlich schwierig, auf dem Arbeitsmarkt eine Stelle zu finden.

Die Präsenz von Behinderten in der Öffentlichkeit. Die Stellung von Behinderten in der Gesellschaft läßt sich u. a.

daran messen, wie sie im öffentlichen Leben präsent sind. Hier gibt es Länder, in denen die Akzeptanz von Behinderten wesentlich besser ist als in der Schweiz oder in Deutschland. In Kanada z. B. sieht man im Straßenbild wesentlich häufiger körperlich und geistig Behinderte. So ist es in den Straßen von Toronto oder Montreal keine Seltenheit, daß man einem Rollstuhlfahrer begegnet, der allein unterwegs ist, obwohl er auf eine Unterstützung seiner Atmung durch Sauerstoff angewiesen ist und sich seine Mobilität darauf beschränkt, daß er mit kleinsten Fingerbewegungen die Steuerungstechnik seines mit einem Elektromotor angetriebenen Rollstuhles bedient.

Verbale und faktische Unterstützung von Behinderten. Behinderten mangelt es in der Regel nicht an verbaler Unterstützung. Diese wird durch Politiker, Vertreter von Behindertenorganisationen und durch karitative Organisationen immer wieder betont. Faktisch sieht die Situation für Behinderte jedoch deutlich anders aus, z. B. in öffentlichen Verkehrsmitteln, öffentlichen Gebäuden und nicht zuletzt in Arztpraxen. Wie viele Arztpraxen sind rollstuhlgängig? Wie viel Zeit und Engagement investiert der einzelne Arzt, mit einem teamorientierten Ansatz Behinderte längerfristig zu behandeln? Fragen der Behandlung und Betreuung von Behinderten haben in der Ausbildung von Studierenden der Medizin nur einen bescheidenen Stellenwert. Hier ließe sich einiges ändern, um angehende Ärzte für die Behandlung von Behinderten besser auszubilden und zu motivieren.

14.4 Multimorbidität im Alter

Im Kapitel 5.11.3 wurde ausgeführt, daß ein hoher Anteil älterer Menschen im Alter über 75 Jahre noch bei guter bis sehr guter Gesundheit ist. Dennoch ist nicht zu übersehen, daß Älterwerden oft mit *Multimorbidität* einhergeht und sog. Alterspatienten sowohl in der ärztlichen Praxis wie in Kliniken einen hohen Anteil ausmachen.

14.4.1 Gesundheitsprobleme älterer Menschen

Ambulante Gesundheitsversorgung. Welches sind die *häufigsten gesundheitlichen Probleme*, wegen denen über 60jährige einen Arzt aufsuchen. Verschiedene Untersuchungen [11] ergaben folgende Beschwerden:

- Schwindel und Benommenheit
- Atembeschwerden
- Rückenbeschwerden
- Sehstörungen
- Herzbeschwerden
- Kopfschmerzen.

Diese Beschwerden deuten auf *Erkrankungen des Herz-Kreislauf-Systems*, der *Atmungsorgane*, des *Bewegungsapparates* und der *Sinnesorgane* hin.

Stationäre Gesundheitsversorgung. Die sog. Spitalmorbidität für Alterspatienten (Abb. 14.2) zeigt, daß bestimmte Krankheiten mit zunehmendem Alter häufiger bzw. seltener zu einer Klinikbehandlung führen. Typisch für ältere Patienten ist, daß sie häufig gleichzeitig an mehreren Krankheiten leiden.

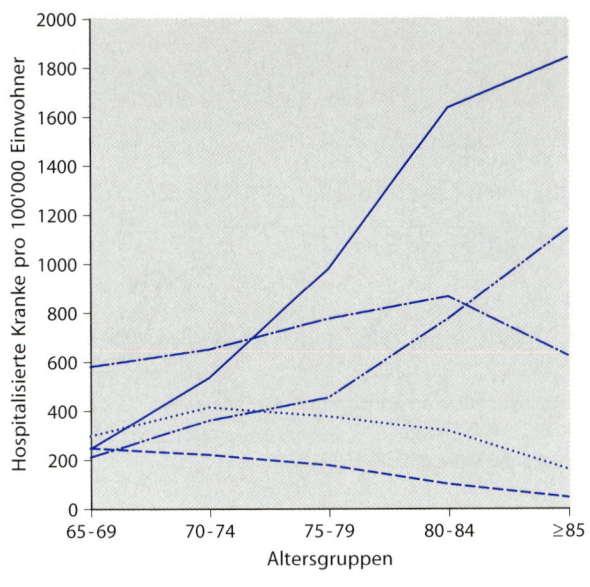

Organische Psychosen und degenerative Krankheiten ZNS
Frakturen der unteren Extremitäten
Ischaemische Herzkrankheiten
Chronisch-obstruktive Lungenkrankheiten
Neoplasien der Atmungsorgane

Abb. 14.2. Krankenhausmorbidität – für fünf Krankheiten in Altersgruppen über 65 Jahren (Quelle: Medizinische Statistik VESKA 1989 [12] und statistisches Jahrbuch der Schweiz 1991)

14.4.2 Aufgaben der Geriatrie

Die Besonderheiten und die Komplexität von Krankheiten alter Menschen haben dazu geführt, daß es in vielen Ländern zur Entwicklung einer speziellen Fachdisziplin, der Geriatrie, gekommen ist. Die Geriatrie befaßt sich, gemäß einer Definition der WHO, mit den klinischen, präventiven, rehabilitativen und sozialen Aspekten von Krankheiten bei älteren Menschen (Näheres siehe spezielle Lehrbücher).

Die „vier Riesen" der Geriatrie. Die vier häufigsten Ursachen, weshalb hochbetagte Menschen vorübergehend oder längerfristig eine stationäre Behandlung brauchen, sind:

- Immobilität *Unvermögen, Harn oder Stuhl*
- Inkontinenz *willkürlich zurückzuhalten*
- Intellektueller Abbau
- Instabilität, Stürze und Unfälle.

Mehrdimensionale Diagnostik. Ähnlich wie bei chronischen Krankheiten im jüngeren Alter sollte auch bei Krankheiten des älteren Menschen die Diagnose von Krankheiten gemäß ICD („International Classification of Diseases") [4] durch eine *Erfassung und Beurteilung der Alltagsaktivitäten* (ADL = „Activities of Daily Living") ergänzt werden (vgl. Kap. 5.11.5). Die genaue Beurteilung des *Unterstützungsbedarfs* auf verschiedenen Ebenen der Alltagsbewältigung ermöglicht es dem Arzt, zu entscheiden, ob er einen alten Menschen ambulant zu Hause behandeln kann oder in ein Pflegeheim einweisen muß.

AADL
Advanced Activities of Daily Living

Selbstgestaltungsebene

- Freizeitgestaltung
- Soziale Kompetenz

IADL
Instrumental Activities of Daily Living

Unabhängigkeitsebene

- Telefonieren/Einkaufen
- Haushalt/Kochen
- Wäsche waschen/Tranportmittel benutzen
- Medikamente/Geldhaushalt

BADL
Basic Activities of Daily Living

Selbständigkeitsebene

- Essen
- Baden/Waschen
- Ankleiden / Kontinenz
- Toilettenbenutzung/Transfer
- Bewegung/Treppen steigen

Abb. 14.3. Alltagsaktivitäten (Nach Barthel 1965 und Lawton 1962 [2, 9])

Kompetenz in Alltagsaktivitäten. Abbildung 14.3 gibt einen Überblick über die drei Ebenen von Alltagsaktivitäten, deren Beurteilung bei Alterspatienten wichtig ist:

- *Die Kompetenz eines Patienten in den AADL-Funktionen* („advanced activities of daily living") entscheidet über den *Sozialisierungsbedarf* (z. B. Teilnahme an Aktivitäten in Senioren-Zentren).
- *Die Kompetenz in den IADL-Funktionen* („instrumental activities of daily living") entscheidet über die *Entlassungsfähigkeit aus der stationären Behandlung* und den *Unterstützungsbedarf zu Hause* (z. B. durch Nachbarschaftshilfe, krankenhausexterne Dienste, Mahlzeitendienst).

- *Die Kompetenz in den BADL-Funktionen* („basic activities of daily living") entscheidet über den *Pflegebedarf*.

Ist ein Alterspatient nicht mehr in der Lage, die basalen Alltagsaktivitäten selbst zu erledigen, so ist eine Betreuung in einem Pflegeheim oder die Organisation einer umfassenden häuslichen Pflege meist unerläßlich.

14.4.3 Ältere Patienten in der Arztpraxis

Um eine Arztpraxis auch für ältere Patienten „gerecht" zu gestalten, sollte der Arzt einige wichtige Punkte in der Praxisorganisation und in seinem Verhalten berücksichtigen [5].

Praxisorganisation. Die nachfolgenden Punkte erscheinen beim Lesen wie selbstverständlich, sind aber in vielen Arztpraxen nicht berücksichtigt. So sollte

- das Praxisschild gut lesbar sein
- der Telefonbeantworter deutlich besprochen werden
- Treppenaufgänge genügend gesichert sein
- Stühle im Wartezimmer bequem und ausreichend hoch sein
- Patienteninformationen deutlich sichtbar und in großer Schrift gegeben werden.

Gespräch und Untersuchung älterer Patienten. Die Behandlung älterer Patienten braucht häufig *mehr Zeit* als die jüngerer Patienten. Oft sind schon die Anamneseerhebung schwieriger und die Gesundheitsprobleme vielfältiger. Die Multimorbidität von älteren Patienten verführt den Arzt nicht selten zu *Überdiagnostik* und *Übertherapie*. So sind ein Teil der Gesundheitsprobleme auf die Verordnung ungeeigneter oder zu vieler Medikamente zurückzuführen (z. B. Verordnung von Tranquilizern mit langer Halbwertszeit zum Schlafen, welche am folgenden Morgen durch Muskelrelaxation und unterschwellige Sedierung die Gefahr von Stürzen erhöhen). Bei der Untersuchung (Entkleiden und Ankleiden, Lagerung auf dem Untersuchungstisch) ist oft die Hilfe einer Praxisassistentin erforderlich. Und schließlich sollte die *Verordnung von Medikamenten* mit Angaben zur Dosierung *immer schriftlich* erfolgen, da sich Patienten an mündliche Empfehlungen oft nicht mehr erinnern.

Information von Angehörigen. Sofern Angehörige vorhanden sind (Ehepartner, Kinder), sollten sie in regelmäßigen Abständen entweder zu einer Konsultation mit eingeladen oder telefonisch informiert werden. Nicht zuletzt sind Angehörige gerade von pflegebedürftigen Alterspatienten auch selbst immer wieder auf die Anerkennung und Beratung des Hausarztes angewiesen.

14.5 Abhängigkeit

14.5.1 Bedeutung des Phänomens

Abhängigkeit als allgemeines Phänomen. Abhängigkeit ist ein Phänomen, das im Verlauf der menschlichen Entwicklung, bei Krisen oder im Kranksein immer wieder Bedeutung gewinnt. In unterschiedlichem Ausmaß sind das Kind oder der alte Mensch auf Unterstützung, der akut oder chronisch Kranke auf kompetente Hilfe der Umgebung angewiesen. Als *Gegenpol zur Autonomie* bzw. zur gesellschaftlich hochbewerteten Selbständigkeit, wird Abhängigkeit zumeist negativ erlebt. So wenig, wie es nur Freiheit von etwas, sondern auch Freiheit zu etwas gibt, bedeutet Abhängigkeit auch die Fähigkeit, Wünsche z. B. nach Fürsorglichkeit und Geborgenheit wahrzunehmen. Die Balance von Bedürfnis nach Autonomie und von Akzeptanz der Realität, in welcher der Einzelne immer auch in Abhängigkeiten lebt, ist Ausdruck eines Reifungsprozesses.

Selbstwertgefühl und Abhängigkeit. Das Ausmaß dieses Reifungsprozesses und das entsprechende, daraus resultierende Selbstwertgefühl entscheidet darüber, wie ein Mensch Situationen erhöhter Abhängigkeit bewältigt. Menschen mit einem ungenügend ausgebildeten Selbstwertgefühl tendieren zu komplementären Beziehungskonstellationen. Der hilflos-passiv Abhängige sucht den aktiven Helfer, was unter Umständen längerfristig zu einer typischen Kollusion (vgl. Kap. 5.9.5) führen kann. Helfer-Syndrom und „burn out" (s. Kap. 11.7.4) sind nicht selten Formen der Überforderung von Mitarbeitern therapeutischer Einrichtungen, die chronisch Kranke oder Behinderte betreuen.

Abhängigkeit von Substanzen. Die heute zunehmende Bedeutung des Begriffes Abhängigkeit resultiert aus der epidemiologisch gesehen hohen Verbreitung des Gebrauches von *Alkohol, Medikamenten und Drogen.* Nicht zuletzt die HIV-Gefährdung hat die Diskussion um die Bedeutung des gesellschaftlichen Stellenwerts des Drogengebrauchs nochmals akzentuiert. Patienten mit Abhängigkeitserkrankungen spielen sowohl in Hausarzt- und Facharztpraxen wie auch in der klinischen Medizin eine große Rolle.

Überwindung von Schranken. Ein entscheidendes Charakteristikum der Abhängigkeit von Substanzen ist der starke, gelegentlich übermächtige Wunsch oder das Verlangen, Substanzen wie Alkohol, Medikamente, Tabak oder Drogen zu konsumieren. Dabei wird leicht vergessen, daß jeder Trieb oder jedes Interesse eines Menschen die Dimension eines abhängigen Verhaltens annehmen kann. So kennen wir die Eßsucht, die Spielsucht, die Sexsucht und viele andere Süchte. Bei allen diesen Abhängigkeiten besteht ein *unwiderstehliches Verlangen* nach – wenigstens scheinbarer – *Überwindung der dem Individuum in der Realität gesetzten Schranken.* Diese sollen mit Hilfe von Mitteln oder Handlungen, die dem Lustgewinn, der Unlustverminderung, der Verminderung der sozialen Distanz, der Steigerung des Selbstwerterlebens und/oder der Leistungssteigerung dienen, überwunden werden.

14.5.2 Substanzmittelabhängigkeit

Merkmale und Folgen. Abhängigkeit von einer Substanz, die zeitweise oder fortgesetzt eingenommen wird, äußert sich in psychischen und physischen Zeichen und in einem Verhalten, das sich auf die Substanzeinnahme konzentriert. Die Substanz selbst verursacht einen psychotropen, d. h. angstlösenden, beruhigenden, dämpfenden oder stimulierenden Effekt. Abhängigkeiten führen zu Veränderungen im Umgang mit Substanzen, indem eine Einengung von Freiheitsräumen zugunsten des zunehmenden Substanzkonsums auftritt. Trotz wiederholter Hinweise auf die substanzspezifischen schädlichen Folgen des Substanzgebrauchs werden diese weiter konsumiert. Abhängigkeiten entwickeln sich je nach Persönlichkeit und Umfeld in einem unterschiedlichen Zeitspektrum von wenigen Monaten bis zu vielen Jahren. Bei *absolutem oder relativem Entzug* einer Substanz treten Entzugssymptome auf. Bestimmte Substanzen können psychotische Zustandsbilder hervorrufen. Dies gilt insbesondere für Psychostimulantien (Kokain, Amphetamin), während Beruhigungs- und Schlafmittel (Benzodiazepine, Barbiturate) sogenannte Entzugspsychosen verursachen können.

Defizite in der Selbstwertsteuerung. Zum Verständnis der Substanzmittelabhängigkeit ist das System des Selbstwertes und der Selbstsicherheit von Bedeutung, weil hier die komplexen Bezüge von Kognitionen, Affekten, von Handlungen bzw. „Bewältigungsstrategien" koordiniert und gesteuert werden. Allfällige Defizite in der Selbstwertsteuerung werden durch Substanzgebrauch vorübergehend aufgefangen und teilweise kompensiert. Die *Einnahme von Suchtmitteln läßt sich somit als Versuch verstehen, Ge-*

fühle des Ungenügens, der Unsicherheit und der inneren Leere zu kompensieren. Substanzgebrauch als Verstärkung des Selbstwertgefühls ist eine wichtige Leitlinie, um das Verhalten und die innere Dynamik eines suchtmittelabhängigen Menschens zu verstehen. Das Ausmaß der Selbstunsicherheit kann so groß bzw. der Anspruch an sich selbst oder der Widerstreit mit der Norm so intensiv sein, daß der Versuch einer „Selbstbehandlung" mittels Alkohol, Medikamenten oder Drogen bis hin zur Selbstzerstörung führen kann. Entsprechend ist in der Behandlung von suchtmittelabhängigen Menschen die *Bearbeitung der Selbstwertstörung* von großer Bedeutung.

14.5.3 Substanzmittelabhängigkeit bei Ärzten

Zahlreiche Untersuchungen haben gezeigt, daß die Häufigkeit von Alkoholsucht bei Ärzten gleich hoch ist wie in vergleichbaren Bevölkerungsgruppen und die Abhängigkeit von Medikamenten sogar höher liegt [1]. Substanzmittelgebrauch ist somit nicht nur ein Problem, mit welchem Ärzte bei Patienten, sondern gar nicht so selten auch bei sich selbst konfrontiert werden. Der regelmäßige Gebrauch von Substanzen hat für Ärzte fatale Folgen, indem sie aufgrund einer substanzinduzierten Selbstüberschätzung sowohl die Grenzen in der Arzt-Patient-Beziehung nicht mehr respektieren (vgl. Kap. 11.6) als auch die Grenzen ihrer fachlichen Kompetenz nicht mehr sehen und respektieren können.

14.6 Terminale Krankheit und Sterben

Der Begriff „terminale Krankheit" wird in der Medizin zur Bezeichnung von Krankheitssituationen verwendet, in denen *der Tod eines Patienten nicht mehr abwendbar erscheint.* Es gibt Krankheiten, bei deren Diagnose ein tödlicher Verlauf (innerhalb von Monaten oder Jahren) so gut wie sicher ist. Doch sind Voraussagen über die voraussichtlich noch verbleibende Lebenszeit im Einzelfall kaum möglich. In diesem Kapitel sollen einige Fragen der *Behandlung und Betreuung von Patienten in den letzten Tagen vor ihrem Tod* besprochen werden. Auf psychologische Vorgänge des Sterbens und einige Aspekte der Sterbebegleitung und Sterbehilfe wurde in den Kap. 5.12.3 bis 5.12.5 schon ausführlich eingegangen.

14.6.1 Ängste und Erwartungen terminalkranker Patienten

Ängste. In der Terminalphase einer Krankheit haben Schwerkranke vor allem Angst

- vor Schmerzen und Leiden
- vor dem Alleinsein
- vor dem im Stich gelassen werden.

Viele Krankheiten, die zum Tode führen (z. B. Krebserkrankungen, AIDS, terminale Herzinsuffizienz), gehen im Terminalstadium mit schweren *Schmerzen, Atemnot* und *Einschränkungen des Bewußtseins* einher. Diese Beschwerden erzeugen Gefühle vitaler Bedrohung und von Todesangst. Untersuchungen über die Bewußtseinslage von Sterbenden haben gezeigt, daß mehr als zwei Drittel der Patienten 24 Stunden vor ihrem Tode örtlich und zeitlich voll orientiert waren. Noch 15 Minuten vor ihrem Tode war ein Viertel der Sterbenden ansprechbar [19]. Daraus wird deutlich, daß schwerkranke Patienten in den letzten Stunden ihres Lebens in der Mehrzahl wach und ansprechbar sind und Erwartungen an Zuwendung und Kommunikation haben.

Erwartungen an offene Kommunikation.
Der Wunsch und das Bedürfnis unheilbar Kranker nach offener Kommunikation über ihre Situation ist durch zahlreiche Untersuchungen belegt [7]. Der *Zeitpunkt*, zu welchem ein Patient ein offenes Gespräch über sein Sterben und seinen Tod wünscht, ist allerdings sehr unterschiedlich. Manche Schwerkranke wünschen ein offenes Gespräch, lange bevor ihre Krankheit terminal ist, und andere in den letzten Tagen oder Stunden vor ihrem Tod. Es gibt allerdings auch Patienten, die sterben, ohne daß sie mit einem Arzt, einer Pflegeperson oder einem Angehörigen über ihren Tod gesprochen haben.

Erwartungen an ärztliche Behandlung.
Verständlich ist die Erwartung Sterbender, *daß ihr Leiden* durch ärztliche und pflegerische Maßnahmen *möglichst erträglich wird*. *Schmerzbehandlung*, *Linderung von Atemnot und starken Ängsten* (gelegentlich auch durch Medikamente) stehen im Vordergrund der Erwartungen an den Arzt. Bei Sterbenden, die auf Grund von Einschränkungen des Bewußtseins motorisch unruhig sind, stellt sich die Frage einer sog. *medikamentösen Sedierung*. Hier ist zu beachten, daß eine Sedierung nicht der Linderung von Ängsten und der Ratlosigkeit des Behandlungsteams, sondern der Linderung unangenehmer Beschwerden des Sterbenden dienen soll.

Erwartungen an Pflege und Betreuung.
Neben dem *Stillen von Grundbedürfnissen* (Ernährung, Wärme, Sauberkeit) haben Sterbende häufig ein großes *Bedürfnis nach Nähe und Geborgenheit*. Diesem können Betreuungspersonen durch Anwesenheit am Sterbebett, Halten einer Hand und andere, dem Sterbenden angenehme körperliche Kontakte entsprechen. Von zentraler Bedeutung ist die *emotionale Zuwendung*, d.h. das Einfühlen und Mitfühlen mit dem Sterbenden. Pflegepersonen, Ärzte und Angehörige können dabei Erfahrungen von einer Tiefe und Intensität machen, welche nicht nur für den Sterbenden, sondern auch für sie selbst eine Bereicherung sind.

14.6.2 Zielsetzungen für Behandlung und Betreuung

Wer ist wofür zuständig? Es gibt Patienten, deren Sterben und deren Sterbebegleitung für das Behandlungsteam und für die Angehörigen eindrücklich sind und bei denen sich nie die Frage stellt, wer welche Aufgabe übernehmen soll. Anders ist es bei Patienten, die eine schwierige Sterbephase durchlaufen. *Risikofaktoren für die Bewältigung des eigenen Sterbens* können sein:

- Eine Nichtannahme der zum Tode führenden Krankheit
- Eine pessimistische Lebensphilosophie
- Frühere psychische Erkrankungen
- Schwierige soziale und familiäre Verhältnisse
- Sog. unerledigte Geschäfte
- Bedrohliche Sterbe- und Todesphantasien.

Individuelles Betreuungskonzept. Bei Patienten, deren letzte Lebenstage schwierig verlaufen, ist es wichtig, daß sich das

Behandlungsteam in einer oder allenfalls auch mehreren Besprechungen überlegt, wer welche Aufgaben in der Betreuung des Sterbenden übernehmen soll. Dabei ist es eine Frage der Solidarität innerhalb des Behandlungsteams, daß sich *die behandelnden Ärzte an der Betreuung beteiligen*. Für diese Aufgaben werden Studierende und auch Ärzte während der Weiterbildung in der Regel zu wenig vorbereitet. Dies hängt nicht zuletzt damit zusammen, daß sich diese Aufgaben nicht in der Theorie lernen lassen, sondern nur in praxisnahem, problemorientiertem Lernen.

Ausbildung für den Umgang mit Schwer- und Todkranken. Aus der Erfahrung heraus, daß die Betreuung Sterbender eine Herausforderung und bisweilen auch eine schwere Belastung darstellt, wurden in den letzten Jahren spezielle Ausbildungscurricula für den „Umgang mit Schwer- und Todkranken" entwickelt [7]. Auf Einzelheiten dieser Ausbildung kann an dieser Stelle nicht näher eingegangen werden. Zwei Punkte sollen jedoch kurz erwähnt werden, da sie für die Zusammenarbeit im Behandlungsteam wichtig sind.

Kommunikation mit Sterbenden. Für das Gespräch über Fragen des Sterbens und des Todes eignet sich häufig eine symbolhafte Sprache, d. h. daß sowohl der Sterbende wie auch sein Gesprächspartner wichtige Punkte in „Bildern" ansprechen.

 Eine 68jährige Patientin, die an einer fortgeschrittenen Krebserkrankung der Gebärmutter leidet und voraussichtlich nur noch wenige Tage zu leben hat, äußert Ärzten und Schwestern gegenüber. „Ich will nach Hause gehen, lassen Sie mich aufstehen und allein nach Hause gehen!" Der körperliche Zustand der Patientin ist eindeutig so, daß sie dazu nicht fähig ist. Auch ihr 74jähriger Ehemann ist nicht in der Lage, sie zu Hause zu betreuen. Nachdem der Arzt zunächst versucht hat, ihr zu erklären, daß dies nicht möglich sei und die Patientin weiter eindringlich auf ihrem Wunsch beharrt, führt eine Schwester mit ihr ein ausführliches Gespräch. In diesem geht es darum, wohin die Patientin gehen würde, falls sie die Klinik verlassen würde. Dabei äußert die Patientin den Wunsch, mit ihrem Mann noch einmal ihre Lieblingswanderung zu unternehmen, die sie gemeinsam viele Male gemacht hatten. Die Schwester hat den Gedanken, daß zwischen diesem Wanderweg und dem Lebensweg der Patientin Parallelen bestehen könnten und bietet ihr an, in den kommenden Tagen jeweils während einer kurzen Zeit den Wanderweg in Erinnerungen gemeinsam mit der Patientin zu gehen. Daraus ergeben sich mehrere Gespräche, in welchen die Patientin symbolisch wichtige Stationen ihres Lebens noch einmal lebendig werden läßt. Nach Beginn dieser Gespräche äußert sie nicht mehr den Wunsch, nach Hause entlassen zu werden.

Dieses Beispiel zeigt anschaulich, daß wichtige Anliegen eines Sterbenden oft leichter in einem Bild, einer Erinnerung oder einer Geschichte thematisiert werden können als in einer nüchternen, an

Fakten orientierten Sprache. Hier sei noch einmal auf das Buch von Elisabeth Kübler-Ross: „Interviews mit Sterbenden" [8] hingewiesen, in dem Möglichkeiten für Gespräche mit Sterbenden eindrücklich dargestellt sind.

Bedeutung des eigenen Todes. Jeder Mensch entwickelt im Verlauf seines Lebens Vorstellungen über den und über seinen Tod. Auch wenn Sterben in unserer Gesellschaft stark tabuisiert ist (vgl. Kap. 5.12.6), haben Ärzte, die immer wieder das Sterben von Patienten miterleben, eigene Vorstellungen über das Sterben und den Tod. Diese Vorstellungen prägen unser Denken und Handeln. Es ist wichtig, sich mit diesen Vorstellungen von Zeit zu Zeit zu beschäftigen, da sie sich wandeln. Gelegentlich kann es auch in einem Behandlungsteam sinnvoll sein, unter Leitung eines erfahrenen Supervisors über diese Vorstellungen zu sprechen, da sie verständlich machen, weshalb wir als Ärzte, Pflegende oder Angehörige unterschiedlich fühlen und handeln, wenn wir einen sterbenden Menschen begleiten.

14.6.3 Sterben zu Hause

Terminalkranke haben nicht selten den Wunsch, zu Hause zu sterben. Hier ist es wichtig, daß der verantwortliche Klinikarzt mit den Angehörigen und dem Hausarzt genau bespricht, welche Unterstützung die Angehörigen für die Betreuung und Pflege des Sterbenden zu Hause brauchen. Neben regelmäßigen Hausbesuchen des Arztes können pflegerische Aufgaben durch eine Gemeindeschwester oder bei Krebskranken z. B. auch durch eine speziell ausgebildete Onkologieschwester übernommen werden. Sterben Patienten zu Hause, ist es wichtig, daß

die Tätigkeit des Arztes nicht mit der Leichenschau endet, sondern daß er nach einiger Zeit den Hinterbliebenen ein Gespräch anbietet, in welchem Fragen des Trauerns und der Bewältigung von Trauer besprochen werden (s. Kap. 5.12.7).

14.6.4 Wünsche für den Todesfall

Nicht wenige Menschen möchten Fragen ihres Sterbens, von Wiederbelebungsmaßnahmen, einer eventuellen Organspende oder Autopsie sowie ihre Wünsche für die Todesanzeige und Bestattung regeln, bevor sie sterben. Hier sollte der Arzt wissen, daß es Vorlagen gibt, wie vertrauliche Anweisungen für den eigenen Todesfall abgefaßt werden können [13].

Patiententestament. Der Text für ein sog. Patiententestament, in welchem ein Patient seine Wünsche betreffend lebensverlängernden und Wiederbelebungsmaßnahmen festhält, kann folgenden Wortlaut haben [13].

 „Ich möchte am Ende meines Lebens nicht künstlich am Leben erhalten werden, wenn die Prognose hinsichtlich meiner Krankheit aussichtslos ist oder wenn eine irreversible Bewußtlosigkeit oder eine schwere Dauerschädigung des Gehirns eingetreten ist. In diesem Fall lehne ich eine Intensivtherapie oder eine Reanimation (Wiederbelebung) ab, ebenso wie sämtliche anderen lebensverlängernden Maßnahmen. Die Ärzte sollen sich darauf beschränken, mein Leiden zu lindern. Ich möchte, daß mir die Ärzte ausreichende Mengen von Schmerzmitteln geben, auch wenn dies den Todeseintritt beschleunigen sollte. Ich bevollmächtige hiermit nachstehende Personen, für mich Auskünfte bei den Ärzten einzuholen und dafür zu sorgen, daß diese Verfügung eingehalten wird. Ich entbinde sämtliche Ärzte gegenüber diesen Personen vom Berufsgeheimnis."

Verbindlichkeit eines Patiententestaments. Für den Arzt ist es von Vorteil, wenn er von Patienten rechtzeitig über das Vorliegen eines Patiententestaments informiert wird. In diesem Falle ist es für ihn und die Angehörigen möglich, den Wünschen eines Sterbenden in angemessener Weise zu entsprechen. Bestehen allerdings Zweifel an und über die Abfassung eines solchen Testamentes, so sollte der Arzt nicht dem Drängen von Angehörigen unbesehen nachgeben, „endlich nichts mehr zu tun". In diesem Zusammenhang sei noch einmal auf die Ausführungen zur passiven Sterbehilfe in Kap. 5.12.5 hingewiesen.

In diesem Kapitel wurden einige Krankheitssituationen beschrieben, in welchen die Beachtung psychosozialer Aspekte von besonderer Bedeutung ist. In **Notfallsituationen** ist es wichtig, die Anamnese und die körperliche Untersuchung gezielt durchzuführen. Für die Bewältigung von Unfallerlebnissen und Behandlungserfahrungen auf einer Intensivstation spielen die Persönlichkeit des Patienten und die Erfahrung von Lebensbedrohung und Kontrollverlust eine wichtige Rolle. Patienten mit **erhöhter psychosozialer Vulnerabilität** haben ein größeres Risiko zur Entwicklung posttraumatischer Belastungsstörungen.

Das **Behandlungsmodell bei akuter und chronischer Krankheit** unterscheidet sich in wichtigen Punkten. Während bei akuter Krankheit der Arzt häufig in der Rolle eines alleinverantwortlichen Experten steht, ist seine Aufgabe bei chronischer Krankheit die eines mitverantwortlichen Beraters. Bei akuter Krankheit ist das Ziel die Klärung von Krankheitsursachen und die Heilung, bei chronischer Krankheit der Umgang mit Symptomen und die Unterstützung des Patienten beim Einsatz eigener Ressourcen.

Für die **Rehabilitation von chronisch Kranken und Behinderten** bewährt sich eine Differenzierung der Behinderung in **Schädigungen** („impairment"), **Fähigkeitsstörungen** („disabilities") und **Beeinträchtigungen** („handicaps"). Rehabilitation ist eine interdisziplinäre Aufgabe. Behandlungspläne sollen individuell dem Einzelfall entsprechend entwickelt und durchgeführt werden.

Alte Menschen leiden häufig gleichzeitig an mehreren Krankheiten (**Multimorbidität**). Auch hier ist es wichtig, nicht nur die einzelnen Krankheiten zu diagnostizieren und zu behandeln, sondern ergänzend dazu die erhaltenen und fehlenden **Alltagsaktivitäten** zu beurteilen. Die **Pflegebedürftigkeit** eines Patienten hängt davon ab, in welchem Maß er noch in der Lage ist, basale Aktivitäten des Alltagslebens selbst zu erledigen.

Abhängigkeit ist ein Phänomen, welches nicht nur in der Form von Abhängigkeitserkrankungen auftritt, sondern als immer wiederkehrende Lebenserfahrung. Patienten mit Substanzmittelabhängigkeit leiden oft an einer **Selbstwertstörung**, deren Behandlung im Therapieplan einen zentralen Stellenwert einnehmen sollte.

Terminale Krankheit und Tod sind Situationen, in denen neben dem ärztlichen Handeln auch das Betreuen und Begleiten eines Menschen wichtig werden. Sterbende haben vor allem Angst vor Schmerzen, vor dem Alleinsein und vor dem im Stichgelassenwerden. Sterben ist ein individueller Prozeß, in welchem die Biographie des Sterbenden und seine Vorstellungen von Sterben und Tod zu berücksichtigen sind.

Literatur

Weiterführende Lehr- und Handbücher

1. Aach R.D., Girard D.E., Humphrey H., McCue J.D., Reuben D.B., Smith J.W., Wallenstein L., Ginsburg J.: Alcohol and other substance abuse and impairment among physicians in residency training. Ann Intern Med 116:245–254, 1992
2. Barthel D.W., Mahoney F.I.: Functional Evaluation. The Barthel Index. Md State Med J 14:61–65, 1965
3. Buschmann-Steinhage R., Vogel H.: Medizinische Rehabilitation der Rentenversicherung: Kritik und Weiterentwicklungsansätze. Verhaltenstherapie + Psychosoziale Praxis 25:63–75, 1993
4. Deutsches Institut für medizinische Dokumentation und Information (DIMDI) [Hrsg.]: ICD-10. Internationale statistische Klassifikation der Krankheiten und verwandter Gesundheitsprobleme. 10. Revision. Bern: Huber 1994
5. Frankenberg H. v.: Der ältere Patient in der Praxis. Köln: Echo 1990
6. Geisler, L.: Arzt und Patient – Begegnung im Gespräch. Frankfurt am Main: Pharma 1987
7. Koch U., Schmeling Ch.: Betreuung von Schwer- und Todkranken. München Wien: Urban & Schwarzenberg 1982
8. Kübler-Ross E.: Interviews mit Sterbenden. 20. Aufl. Stuttgart: Kreuz 1996
9. Lawton Powell M., Moss M., Fulcomer M.: A Research and Service Oriented Multilevel Assessment Instrument. J Gerontol 37:91–99, 1962
10. Matthesius R.G., Jochheim K.A., Barolin G.S., Heinz Ch. [Hrsg.]: Die ICIDH – Bedeutung und Perspektiven. Berlin Wiesbaden: Ullstein Mosby 1995
11. Mayer K.U., Baltes P.B. [Hrsg.]: Die Berliner Altersstudie. Berlin: Akademie 1996
12. Medizinische Statistik VESKA 1989. Aarau: VESKA 1990
13. Meine Wünsche für den Todesfall – Vertrauliche Anweisungen für meine Angehörigen. Rorschach: K-Typ 1988
14. Pauser G., Benzer H., Bunzel B., Kubinger K.D., Riegler R.: Die Intensivmedizin – und was ist danach? Psychosoziale Nachuntersuchung ehemaliger Intensivpatienten. Anaesthesist 33:189–195, 1984
15. Petermann F., Nöcker M., Bode V.: Psychologie chronischer Krankheiten im Kindes- und Jugendalter. Weinheim: Psychotherapie Verlags-Union 1987
16. Schnyder U., Buddeberg C.: Psychosocial aspects of accidental injuries – an overview. Langenbeck Arch Chir 381:125–131, 1996
17. Unger S., Bertel O.: Unterschiedliche Beurteilung der intensivmedizinischen Betreuung durch Patienten mit akutem Myokardinfarkt und durch ihr Pflegepersonal. Schweiz Med Wochenschr 115:1814–1817, 1985
18. Wendt M.: Die Intensivbehandlung und ihre Belastungsfaktoren. In: Hannich H.J., Wendt M., Lawin P.: Psychosomatik der Intensivmedizin. Stuttgart: Thieme 1983
19. Witzel L.: Der Sterbende als Patient. Med Klin 68:1373–1378, 1973

H

Hamburger Wechsler-Intelligenztest   242
Handeln, kostenbewußtes   429
Handhabbarkeit   501
Händigkeit   252
Handlung, kontraphobische   288
Handlungsfähigkeit   421
Handlungsspielraum   91, 92
Haschisch   222
Hausarzt   53, 276
Hausarztpraxis, traditionelle   83
Hausfrauenrolle   174
Haushaltsgröße   162
Health belief model   369
Health Maintenance Organization
  (HMO)   6
Hebamme   109
Heiler   369
Heimkind   116
Helfer, omnipotenter   448
Helfersyndrom   448
Hemisphäre   311
– linke   311
– rechte   311
Herausforderung   314
Herkunft, familiäre   16
Herkunftsfamilie   166
Herzbeschwerden   516
Herzinfarkt   271, 318, 404
Herzkrankheit, koronare   59, 328, 390,
  442
Herz-Kreislauf-Krankheiten   316
Herztod   205
Hierarchie   80, 272
– flache   80
Hilfe, ärztliche   201, 399
– Inanspruchnahme   201, 399
Hilfeangebot, nichtärztliches   397
Hilfesuchverhalten   388
– Unterschichtsangehörige   388
Hilflosigkeit   148
Hippokratischer Eid   361, 422, 424
Hirnhälfte   229
Hirnreifung   120
Hirnrinde   102
Hirnschädigung   219, 226, 514

Hirntod   205
HMO   6, 83
Hochkonjunktur   63
Hoffnungslosigkeit   148
Homöopathie   365, 367
Homosexualität   168, 252
Hören   223, 307
Humor   497
Hypertonie   243, 304
– essentielle   243
Hyperventilation   246, 271
Hypnose   238, 269
Hypochondrie   68
Hypothalamus   220

I

Ich-Bewußtsein   221
Ich-Du-Definition   38
– Bestätigung   38
– Entwertung   38
– Verwerfung   38
Ich-Entwicklung   123, 131
– Phasen   131
Identifikation   287
Identität   144
Identitätssuche   142, 143
– Knaben   143
– Mädchen   142
Imitationslernen   267
Immobilität   517
Immunität   355
– humorale   355
– zelluläre   355
Immunreaktion   356
– autonomes Nervensystem   356
Immunsystem   354, 355
– Krankheit   355
– zelluläre Grundbausteine   355
Impotenz   67
Inanspruchnahme   382, 387, 398
– Gesundheitsangebote   382
– medizinische Angebote   387
– verzögerte   398
Individualisierung   392
Individualität   149
Individuum   7, 90

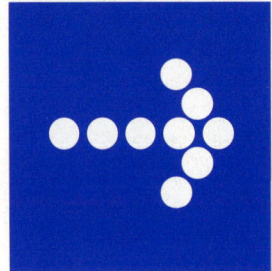

Liebe Leserin, lieber Leser,

Autoren und Verlag haben sich Mühe gegeben, dieses Lehrbuch für Sie so zu schreiben und gestalten, daß Sie optimal damit lernen und repetieren können.
Ist uns dies gelungen?

Wir freuen uns, wenn Sie uns über Ihre Erfahrungen berichten. Bitte schreiben Sie uns oder besuchen Sie uns im Internet!

Unsere Internet-Adresse:
http://www.springer.de/medic-de

Unsere e-mail Adresse:
med.lehrbuch@springer.de

Unsere Postadresse:
Springer-Verlag
Programmplanung Med. Lehrbuch
z. Hd. Anne C. Repnow
Tiergartenstraße 17
69121 Heidelberg